PETER MEYER REISEFÜHRER
Landeskunde & Reisepraxis

GHANA

*Praktisches Reisehandbuch
für die »Goldküste« Westafrikas*

VON JOJO COBBINAH

pmv

10. Auflage Frankfurt am Main 2009
PETER MEYER VERLAG

INHALT

10 **GHANA SE'W AKWAABA!**
Willkommen in Ghana!

NATUR &
NATURPARKS

Naturräume 18
Schnitt durch Ghana 19
Regenmengen 21
Klimadaten 22

Vegetationszonen &
Naturschutzgebiete 34
Tips zum Besuch
der Naturparks 37

15 **GHANA UND SEINE LANDSCHAFTEN**
15 Lage und Regionen
16 Naturräume
19 Gewässersysteme
20 **Jahreszeiten und Temperaturen**
23 **Vegetationszonen und ihre Flora & Fauna**
24 Der tropische Wald
28 Die Savanne
31 Mücken, Fliegen & Co.
32 Vogelwelt
33 Mangroven und Meeresfauna
36 **NATIONALPARKS & SCHUTZGEBIETE**
38 Shai Hills: Picknick-Areal der Accraner ■ 1
38 Kakum: Von Baumwipfel zu Baumwipfel ■ 2
40 Cape Three Points: Das Kap der Hoffnung ● 4
40 Ankasa-Nini-Suhien: Aufsteigender Stern ■ 6
41 Boin & Yoyo Forest Reserves ● 7|8
41 Bia: Heimat der Primaten ■ 9
42 Owabi: Wilde, weit gereiste Vögel ◆ 11
42 Bobiri: Regenwald voller Flattertiere ◆ 12
42 Bofoum: Rauschende Wasserfälle & Höhlen ◆ 13
43 Digya: Groß und unerschlossen ■ 15
43 Bui: Das Schnauben der Hippos ■ 16
44 Buabeng-Fiema: Großes Affentheater ◆ 17
44 Mole: Bestes Revier für eine Foto-Safari ■ 18
46 Wechiau: Refugium der Flußpferde ◆ 19
46 Gbele: Bongos und Böcke ● 20
46 Esen-Epam: Big Tree & Big Butterflies ● 21
46 Atiwa-Atwirebu: Zauberhafter Wald ● 22
47 Tafi-Atome: Mehr Affe oder Meerkatze? ◆ 23
47 Agumatsa: Seltene Flattermänner ● 24
48 Kyabobo: In den Bergen im Osten ■ 25
48 Kalakpa: Allein unter Tieren ◆ 26
48 Xavi: Bird Watchers Traum ◆ 27

GESCHICHTE & GEGENWART

DER BLICK ZURÜCK 51
Kaiserreiche des Sahel 51
Gana: Stark und sagenumwoben 51
Mali entfacht einen Goldrausch 53
Das Reich Songhay 54
Die mysteriösen Anfänge der Akan 55
Völker aus dem Meer ... 56
Die Europäer kommen 58
Harte Konkurrenz um Gold und Sklaven 59
Kolonialismus 62
DIE REPUBLIK GHANA SEIT 1957 64
Wirtschaft heute 71
Land- & Forstwirtschaft 72
Bodenschätze 76
Industrie 78
Tourismus 80

Mittelalterliche Großreiche 53

Ethnische Gliederung 57

Sklavenburgen 60
Kwame Nkrumah 65
Ghanas neuer Präsident 69
Strom für Ghana: Das Volta-Projekt 75
Ghana und Deutschland 79

MENSCHEN & KULTUR

AUF DEM WEG ZU DEN MENSCHEN 83
Bevölkerung: Fakten & Daten 83
Stolze, freie Menschen 85
Lebendige Monarchien 88
Land der starken Frauen 90
Philosophie und Religion 94
Christentum und Islam 96
Sprache und Bildung 97
Von Prinzen, Philosophen und Priestern 98
Schulen für alle 99
VOM SCHÖNEN UND NÜTZLICHEN 101
Über Kunst und Kunsthandwerk 102
Symbole und Farben 103
Keramik nach alter Technik 105
Kunst, die schwer wiegt: Die Ashanti-Goldgewichte 106
Schmuck aus Edelmetall, Schnitzen für die Ahnen 107
Kente & Adinkra: Die Kunst des Webens 108
Bau- & Wohnformen 109
FESTE, MUSIK & LITERATUR 113
Feste der Trauer, Feste der Freude 113
Musik gibt den Takt an 118
Highlife aus Ghana 120
Ghanas große Erzählkunst 122
Literatur und Dichtung 123
Film und Theater 124

Festkalender 116

REISE-INFORMATIONEN

Ghana im Internet 129

Diplom. Vertretungen 133
Tropeninstitute 138

Checkliste fürs Kofferpacken 145

- 127 **RICHTIG VORBEREITET …**
- 127 Reisedauer und -routen
- 128 Beste Reisezeit | Reisekosten
- 130 Reiseversicherungen | Währung & Zahlungsmittel
- 132 Einreisebestimmungen
- 136 **Gesundheitsvorsorge**
- 136 Pflicht-Impfung | Malaria-Prophylaxe 137
- 140 Impfempfehlungen | Krankenversicherung
- 140 Reiseapotheke | Reisen mit Kindern
- 142 Infos für Behinderte
- 142 **Was mitnehmen?**
- 143 Sport- & Camping-Ausrüstung
- 146 Bücher zum Einstimmen oder Mitnehmen
- 147 **ANREISE & WEITERREISE IN AFRIKA**
- 147 Organisierte Reisen
- 149 **Individuelle Anreise**
- 149 Mit dem Flugzeug | 153 Andere Reisewege
- 155 **DEN REISEALLTAG MEISTERN**
- 155 Zeitdifferenz | Öffnungszeiten | Geldwechseln
- 156 Post & Telefon | Gesundheitstips 159
- 161 Presse & Medien | Unterkunft 162
- 164 **Verkehrsmittel & -wege**
- 165 Mit dem Bus fahren
- 168 Taxifahren in Ghana | Per Mietwagen unterwegs 169
- 171 Per Flugzeug, Eisenbahn & Schiff durchs Land

ZU GAST & LANDESKÜCHE

Erdnußsuppe 193
Lamm mit Okra 196
Speise-Lexikon 197

- 175 **ALLES EASY ODER KULTURSCHOCK?**
- 176 Vom Geben und Nehmen
- 180 Sicherheit und Kriminalität
- 181 Umweltschutz auf Reisen
- 182 Kleider machen Leute
- 183 Fotografieren | Auf dem Markt

- 186 **TYPISCH ESSEN & TRINKEN**
- 186 Eß- und Trinkgewohnheiten
- 188 Wohin zum Essen?
- 190 **Gerichte und ihre kleinen Geheimnisse**
- 192 Fufu: Pampe oder Kloß? | Suppen und Soßen
- 194 Andere Spezialitäten
- 196 Was trinkt man dazu?

IN ACCRA SCHLÄGT DER PULS 201
Vom Dorf zur Großstadt 202
Stadtrundgang 207
Von Christiansborg nach James Town 207
Vom Arts Centre zum Nationalmuseum 211
Auf der Independence Avenue 212
Außerhalb der Ring Road 214
Accras Kunstszene 216
Spiegel des Lebens: Accras Märkte 217
Makola Market 218
Kaneshie Market 219
Verbindungen 220
Fernverbindungen 220
Stadtverkehr 224
Unterkunft 226
Downtown 226 | Osu, LaBone & La 228
Cantonments, Airport Area & Nordosten 229
Im Westen & Norden 231
Apartments & Lodges 232 | Luxus-Hotels 233
Essen & Ausgehen 235
Ghanaisch-afrikanische Küche 235
Internationale Küche 237
Vegetarisch 239
Fast-Food & Snacks 239
Nightlife 241 | Theater & Kino 243
Einkaufen & Freizeit 243 | Sport 246
Weitere praktische Informationen 247

ACCRA & GREATER ACCRA
Tips zur Orientierung 206

Essengehen auf dem Night Market 219

Tourist-Information 247

AUSFLÜGE IN GREATER ACCRA 252
Dodowa & Shai Hills Resource Reserve 252
Strände bei Accra 254
Westlich von Accra: Baden & Trommeln 254
Östlich von Accra: La Pleasure & Coco Beach 255
Tema, Accras geschäftige Schwester 259
Verbindungen 260
Unterkunft & Restaurants 261
Weitere Informationen 262
Ada und die Voltamündung 262
Prampram, ein Fischerort 263
Am Fuße des Volta: Ada 264

Der Sargmacher von Teshie-Nungua 256
KAIPTC 258

DIE KÜSTE & DER WESTEN

Sklavenhandel – Die Routen	273	
Feste im Fanti-Land	280	
Wichtige & sehenswerte Sklavenburgen	278	
Winneba	284	
Asafo – Ein Bund fürs Leben	286	
Cape Coast	295	
Cape Coast Centre	297	
Elmina & Beach	306	
Takoradi	319	
Busua	327	
Roter Adler unter afrikanischer Sonne	331	
Tarkwa	340	

271 **Die Geschichte der Küste – Geschichte, die die Welt veränderte**

277 **DIE KÜSTE ZWISCHEN ACCRA UND CAPE COAST**
277 Das Spinatpflückerland
281 **Orte & Strände**
281 Gomoa Fetteh | Senya Beraku
282 Baden in Winneba
285 Agona-Swedru | Apam
286 Mankesim & Saltpond
287 Kormantse & Abandze | Anomabo & Fort William
288 Biriwa, Ort deutscher Sehnsüchte
289 **Das geschichtsträchtige Cape Coast**
290 Cape Coast Castle
292 Weitere Sehenswürdigkeiten
294 Verbindungen | Unterkunft
296 Essen & Trinken
298 Weitere Informationen
299 **Ausflug in den Regenwald: Kakum-Nationalpark**
301 Weitere Besichtigungen
303 **Elmina und seine Burgen**
304 Sehenswertes
307 Praktische Informationen
309 Romantischer Strandurlaub

311 **DURCH DEN WESTEN DES LANDES**
311 Reisen in Westghana
313 **Shama an der Pra-Mündung**
314 **Sekondi-Takoradi**
317 Praktische Informationen
322 **Die sagenhaften Strände im Westen**
323 Butre, Busua und Dixcove
328 Dschungelfeeling in Akwidaa & am Cape Three Points
330 Prince's Town
332 Der Strand von Miamia
334 Romantische Tage in Axim
335 Esiama und Nkroful
336 Das Stelzendorf Nzulezo
337 Das Ende Ghanas: Half Assini & Elubo
338 Regenwald pur: Ankasa-Nini-Suhien-Nationalpark
339 **Die Minenstadt Tarkwa**
342 Dschungeltour zum Bia-Nationalpark

ASHANTI, DAS HERZ GHANAS	345	**ASHANTI &**
Die Geschichte der Asante	345	**BRONG-AHAFO**
Reisen in Ashanti	349	Ashanti 344
Kumasi – Die Goldene	351	*Von Beruf: Asantehene* 348
Rückblick	351	
Sehenswertes: Das Kulturzentrum	352	
Der Königspalast	354	
Wo Einkaufen ein Erlebnis ist: Kumasis Zentralmarkt	355	
Weitere Sehenswürdigkeiten	355	Kumasi: Übersicht 358
Verbindungen	Unterkunft	360	Kumasi: Zentrum 359
Restaurants	364	
Kumasi bei Nacht	366	
Einkaufen & Besorgen	366	
Weitere Informationen	367	
Ausflüge von Kumasi	368	
Kunsthandwerk	368	
Mampong/Ashanti	372	
Obuasi, die Goldgräberstadt	372	
Trips für Naturliebhaber	374	
Der heilige See Bosumtwi	377	
BRONG-AHAFO: UR-LAND DER AKAN	381	Brong-Ahafo 380
Sunyani, die Hauptstadt der Region	382	*Feste in Brong-Ahafo* 382
Die Kakaostadt Berekum	385	Sunyani 384
Dormaa-Ahenkro	386	
Stadt der Holzwirtschaft: Mim	387	
Die Region im Norden	388	
Techiman, Wiege der Akan	388	Techiman 388
Ausflüge von Techiman	389	
Wenchi: Ausgangspunkt für Hobby-Archäologen	391	
Für Tierfreunde: Bui-Nationalpark	392	
Zu den frechen Affen von Buabeng-Fiema	393	
Kintampo & Umgebung	395	*Oware und Da-me* 396
Station am Voltasee: Yeji	397	

NORD-GHANA

- 401 **DAS ANDERE GHANA**
- 401 Abschied vom Süden
- 402 Die Menschen des Nordens
- 404 Wirtschaft im Norden
- 405 **Tamale & die Northern Region**
- 408 Verbindungen | Unterkunft & Essen *(Tamale 409)*
- 412 Ausflug nach Salaga
- 413 Die Königsstadt Yendi
- 414 Zur Gambagastufe
- 414 Mole-Nationalpark, Damongo und Larabanga
- 418 **Upper West Region**
- 420 Wa – die Vergessene *(Wa 423)*
- 422 Nach Wechiau zu den Flußpferden
- 424 Tumu und Gbele-Schutzreservat
- 425 **Die Upper East Region** *(Upper East Region 426)*
- 427 Bolgatanga *(Bolgatanga 429)*
- 430 Die singenden Felsen von Tongo
- 431 Navrongo, Tono und Paga
- 435 Sirigu und Widnaba
- 435 Die Grenzstadt Bawku

OST-GHANA & VOLTA-GEBIET

- 439 **DIE GRÜNEN BERGE DER EASTERN REGION**
- 441 **Im Westen des Ostens**
- 441 Akim-Oda und Akwatia *(Feste in Ostghana 440)*
- 442 **Koforidua und die Kwahu-Berge** *(Koforidua 446)*
- 447 Das Kakao-Institut
- 447 Geheimnisvolles Atiwa-Atwirebu
- 448 Bunso und Begoro
- 449 Nkawkaw
- 450 Wandern bei Mpraeso und Obo
- 452 **Durch die Akwapim-Berge zum Volta-Staudamm**
- 452 Aburi *(Aburi 453)*
- 455 Mampong-Akwapim
- 455 Zum Schrein von Larteh *(Schiffsreisen auf dem Voltasee 458)*
- 455 Die Fürstenstadt Akropong
- 457 Akosombo & Staudamm *(Akosombo 461)*

WASSER, WALD & HÖHLEN: DIE VOLTA REGION 463

Volta Region 462

Ho: Das Tor zu den Bergen 466

Feste in der Volta Region 464

Praktische Informationen 466

Die Weber von Kpetoe 468

Ho 467

Die Berge von Amedzofe 468

Affen-Reservat von Tafi 470

Fährhafen am Volta 471

Kpandu & Torkor 471

Kete Krachi 472

Hohoe & Ausflüge 473

Hohoe 474

Wasserfälle, Berge & Höhlen 476

Nördlich von Hohoe und zum Kyabobo-Nationalpark 479

Die Atlantikküste des Volta-Gebietes 481

Jenseits des Volta: Sogakope & Xavi 481

Die Lagunenstadt Keta 483

Urzeitechsen: Meeresschildkröten 485

An Togos Grenze: Aflao 485

Western Region & Küste 488 – 489

KARTEN & REGISTER

Central Region & Greater Accra 490 – 491

Accra: Downtown 492 – 493

Ghana Überblick & Kartenschnitte vordere Umschlaginnenseite

Accra: Osu & Ringway Estate 494 – 495

Accra: Airport & Cantonments 496

Register Orte & Sehenswürdigkeiten, Personen & Schlagworte 497

Accra Überblick & Kartenschnitte hintere Umschlaginnenseite

Legende & Kartenverzeichnis 512

Unsere Inhalte werden ständig gepflegt, aktualisiert und erweitert. Für die Richtigkeit der Angaben kann der Verlag jedoch keine Haftung übernehmen. Autor und Verlag freuen sich über Hinweise. | © pmv Peter Meyer Verlag, Schopenhauerstraße 11, 60316 Frankfurt am Main, http://www.PeterMeyerVerlag.de. | Umschlag- und Reihenkonzept, insbesondere die Kombination von Griffmarken und Schlagwort-System auf dem Umschlag, sowie Text, Gliederung und Layout, Karten, Tabellen und Illustrationen sind urheberrechtlich geschützt. | Lektorat & Herstellung: Annette Sievers | Druck & Bindung: AZ Druck, Kempten, www.az-druck.de | Umschlaggestaltung: Agentur 42, Mainz, pmv | Fotos: wenn nicht anders angegeben alle Fotos von Jojo Cobbinah, Verlagsarchiv | Zeichnungen: Silke Schmidt | Karten: Peter Meyer Verlag, Lizenzanfragen willkommen | Bezug über den Verlag ✆ 069/49 44 49 | ISBN 978-3-89859-153-9

IMPRESSUM

Mix
Produktgruppe aus vorbildlich bewirtschafteten Wäldern und anderen kontrollierten Herkünften

Zert.-Nr. GFA – COC – 001493
www.fsc.org
© 1996 Forest Stewardship Council

Wir drucken klimaneutral und umweltfreundlich auf FSC-Papier aus kontrollierten Beständen

GHANA SE'W AKWAABA!

Willkommen in Ghana!

Diesen Satz werden Sie in Ghana oft hören. Wer ihn ausspricht, meint es wörtlich: Willkommen! Nichts gefällt Ghanaern mehr, als wenn sich ihre Besucher wohl fühlen. Um dies zu erreichen, tun sie fast alles. Und auch ich möchte mit diesem Buch nichts weiter, als daß Sie Ghana lieben werden und leichter entdecken können: Seine reiche Kultur und die Lebendigkeit des *Ghanaian way of life* werden Ihren Aufenthalt an der »Goldküste« zu einem unvergeßlichen Erlebnis machen.

Aber mal ehrlich: Fast 600 Jahre nach den ersten Erkundungsreisen der Europäer ist ihnen Afrika doch unbekannt geblieben. Oft genügt allein die Ankündigung einer Reise nach Afrika, um wohlmeinende Freunde, Nachbarn, Familienmitglieder, Kollegen in helle Aufregung zu versetzen. Gleich sind negative Assoziationen zur Stelle. Was willst du da? Kann man überhaupt dort Urlaub machen? Bist du sicher, du kommst lebend wieder zurück? Sogar die Mehrheit der wirklich interessierten Menschen hat nur diffuse Vorstellungen, wenn von Afrika die Rede ist. Kein Wunder, daß so gedacht wird, kursieren doch seit jeher etliche irrige Ansichten und zum Teil tendenziöse Berichte über unseren Kontinent: Krieg, Hunger, Krankheiten, Aids, Armut, Hitze, wilde Tiere und dergleichen. In diesem Tenor dürfte Afrika eigentlich unbewohnbar sein.

Liebe Leserin, lieber Leser, seien Sie versichert, der »dunkle Kontinent« ist alles andere als dunkel, es sei denn, man meint damit seine überwiegend dunkelhäutige Bevölkerung. Wer schon in Afrika oder anderen Teilen der Welt gewesen ist, weiß mit Sicherheit bereits, daß der ganze Globus *eine* Welt darstellt und daß sich die Menschen doch sehr ähneln. Überall.

Und trotzdem: Afrika ist ein Kontinent der Kontraste. Die bunten Fernsehberichte über wilde Tiere und Safaris, vermeintlich primitive Stämme, Armut auf dem Land und in den Städten, über Krieg, Hunger und Krankheit sind wahr. Auch ist es eine Tatsache, daß Afrika ein aufstrebender Kontinent ist, der versucht, sich von jahrhundertelanger Unterdrückung, Unterentwicklung und Vorurteilen zu befreien. Die Zwischenbilanz dieser modernen Entwicklung ist durch brodelnde Städte mit Verkehrschaos, Wolkenkratzern, Alkoholismus, Kriminalität und anderen typisch urbanen Problemen gekennzeichnet. Dies gilt auch für Ghana.

Und dann gibt es den ländlichen Raum, wo die Mehrheit der Bevölkerung lebt, da wo Afrika quasi unverändert geblieben ist. Dort überwiegen immer noch Tugenden wie Vitalität, Spontaneität, Freundlichkeit, Humanität, Toleranz und Bescheidenheit. Diese Seite ist genauso echt und für Afrika insgesamt eher typisch.

Trotz der großartigen Landschaften, die Afrika zu bieten hat – sein Juwel sind die Menschen. Nirgendwo sonst trifft man auf ausgelassenere, freundlichere Menschen, insbesondere in Ghana, wo Glück nicht unbedingt etwas mit dem Plus auf dem Kontoauszug, dem Aussehen des Autos, mit der Hautfarbe oder gar mit der Qualität der Kleidung zu tun hat. Sollten Sie am Ende Ihrer Ghana-Reise mit diesen Sätzen einverstanden sein, hätte Afrika gewonnen, und die Welt hätte ganz bestimmt einen weiteren glühenden Verfechter für Frieden und Verständigung hinzubekommen. Allein diese Aussicht macht eine Reise nach Ghana sinnvoll und aufregend.

Nun ist dieses Buch schon seit 1993 ein treuer Begleiter der meisten Ghana-Reisenden. Über ein Entwicklungsland, besonders ein afrikanisches, zu schreiben ist ungemein schwierig. In unserem Zielland muß man mit dem Problem der Vielfalt fertig werden. Hier leben Völker mit verschiedenen Kulturen, Sprachen, Religionen und Weltanschauungen, die es zu berücksichtigen gilt. Die Gefahr, selbst ungewollt, die eine oder andere ethnische Gruppe in den Vordergrund zu heben oder zu marginalisieren, ist immer gegeben. Klar, daß in einem Reiseführer nicht sämtliche Aspekte eines Landes behandelt werden können. Fragt sich nur, welche Themen für den Neuankömmling in unserem Land am wichtigsten sind? Und so paradox es klingen mag, in einem Entwicklungsland wie Ghana verändert sich vieles sehr schnell und in kürzester Zeit! Seit Juli 2006 haben wir eine neue Währung, die nach der heftigen Inflation der vergangenen Jahre endlich für schlanke Geldbeutel sorgt. 2008 feierte Ghana seinen 50. Geburtstag, in manchen Orten hängt sogar noch Festtagsschmuck von den Feierlichkeiten. Die häufigen Stromunterbrechungen der vergangenen Jahre sind bald Geschichte, da vor der Küste Ghanas erneut Erdöl in rauen Mengen entdeckt wurde. Zusätzlich versorgt seit Anfang 2009 eine neue Gasleitung aus Nigeria kommend Benin, Togo und Ghana mit billigem Erdgas. In den vergangenen Jahren öffneten mehrere neue Luxushotels und ausländische Banken ihre Pforten. Neue Straßenbauprojekte haben Ghanas Straßennetz erheblich verbessert, der Mobilfunk expandiert unaufhaltsam um 10 % pro Jahr. Immer mehr Fluggesellschaften fliegen die Hauptstadt Accra an, und seit dem 7. Januar 2009 haben wir einen neuen Präsidenten!

Vielen Dank an dieser Stelle für die zahlreichen Leserbriefe mit viel Lob und brauchbaren Beiträgen zur Reisepraxis. Sie tragen dazu bei, daß das Buch immer besser wird, getreu dem ghanaischen Sprichwort, daß vier Augen besser sehen als zwei. Gewiß kann man Ghana, je nach Standpunkt, aus vielerlei Sichtweisen betrachten. Ich bin mir bewußt, daß bestimmte Sachen mir als Landsmann für immer verschlossen bleiben werden. Zum Beispiel werde ich nie erfahren, wie Ghanaer wirklich mit Ausländern weißer Hautfarbe umgehen, wenn ich nicht dabei bin. Es ist auch wahr, daß ich weniger angebettelt werde; daß kaum jemand meine Adresse haben will. Auch ist es wahr, daß die Dichte der Heiratsanträge an mich pro Quadratkilometer immer viel dünner bleiben wird als für ausländische Touristen, da man sie ja für reicher hält. Es ist auch so, daß manches, was dem Neuankömmling als sehr eigenartig oder komisch vorkommt, mir so vertraut ist, daß ich es kaum wahrnehme bzw. erwähne.

Und dennoch: Meine Leser sollen versichert sein, daß dieser Reisebegleiter ein ehrlicher Versuch ist, Ghana zugleich mit Nähe und mit Distanz zu präsentieren. Für die eigene Meinungsbildung gibt aber nur eine Reise dorthin Aufschluß. Ich wünsche Ihnen alles Gute dazu!

Jojo Cobbinah

Afrika in eigener Sache

Eine Bitte habe ich noch. Vergessen Sie nicht, Ghana ist nur einer von insgesamt 55 Staaten, die es in Afrika gibt! Es versteht sich wohl als ein afrikanisches Land in jeder Hinsicht, kann und will aber nicht als die Verkörperung Afrikas angesehen werden. Die Kultur, die Menschen, Sitten und Gebräuche sollten deswegen in erster Linie als ghanaisch betrachtet werden, selbst wenn die Versuchung groß ist, alles in einen Topf zu werfen. Warum dies betont wird? Nun, viele Nichtafrikaner haben die Neigung, Afrika praktisch als ein Land zu betrachten, nur, weil alle Afrikaner überwiegend dunkelhäutig sind. Nennen Sie sich einen Ghana-Experten, wenn Sie nach zwei oder drei Wochen der Meinung sind, Sie hätten genug über das Land erfahren – Sie wären trotzdem kein Afrika-Kenner. Es bleibt faszinierend, Urlauber nach einigen Wochen in Ghana sagen zu hören: »In Afrika ...« oder »Die Afrikaner sind ...«.

In vieler Hinsicht ähneln sich Afrikaner sehr, aber nicht immer. Es gibt kulturelle, sprachliche, geschichtliche Unterschiede, die berücksichtigt werden müssen, damit eine richtige Einschätzung möglich wird. Afrikas Charme und Selbstverständnis beruhen gerade auf der Akzeptanz dieser fundamentalen Tatsachen. Afrikaner können sehr gut mit dieser Vielfalt leben.

In den Schlagzeilen

Ghanaer stellen zufrieden fest, daß die Nachrichten über ihr Land in den deutschen Medien meistens positiv sind – im Gegensatz zum allgemeinen Trend, wenn es um Afrika geht. Ghanaer lesen gern, daß ihr Land als friedlich, demokratisch und fortschrittlich gilt. Bundespräsident Köhler besuchte Ghana 2007, Nordrhein-Westfalen ist seit 2007 Partnerland. Für Fußballfreunde begann 2008 mit dem *Africa Cup of Nations* in Ghana, bei dem das Gastgeberland Dritter wurde. Im Zuge der gestiegenen Aufmerksamkeit geriet die Hauptstadt ins Tagungsfieber – neue Hotels und Konferenzzentren entstanden, die Infrastruktur wurde verbessert. Die Afrikanische Union versammelte sich in Accra, dann tagte die Generalversammlung der UNCTAD *(United Nations Conference on Trade and Development)*, gefolgt von den AKP-Ländern *(Afrika-Karibik-Pazifik)*. Im Dezember 2008 glänzte Ghana mit friedlichen Wahlen. Zunehmend wird über das Erdöl in den Gewässern des Landes berichtet, es sorgt für milliardenschwere Investitionen. Im Schwall der guten Nachrichten stoßen jedoch die beunruhigenden Berichte, daß Ghana ein Drogentransitland geworden ist, negativ auf.

NATUR & NATURPARKS

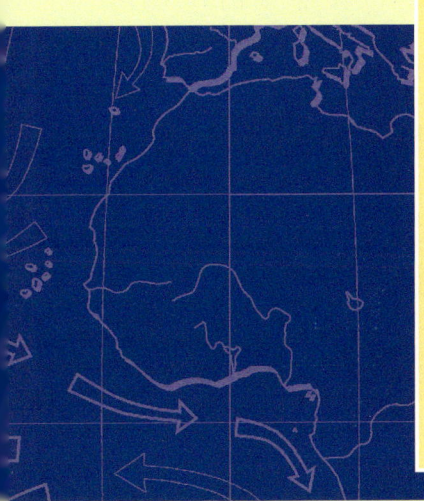

ODENKYEM

Das Krokodil lebt im Wasser, atmet aber Luft.

- **NATUR & NATURPARKS**
- **GESCHICHTE & GEGENWART**
- **MENSCHEN & KULTUR**
- **REISE-INFORMATIONEN**
- **ZU GAST & LANDESKÜCHE**
- **ACCRA & GREATER ACCRA**
- **DIE KÜSTE & DER WESTEN**
- **ASHANTI & BRONG-AHAFO**
- **DER NORDEN**
- **OST-GHANA & VOLTA-GEBIET**

GHANA UND SEINE LANDSCHAFTEN

Dickicht, Grasland, Savanne ... und dann plötzlich ist der Regenwald da. Wer Ghana zunächst nur von der Landkarte her kennt, für den wird das Aussehen der tatsächlichen Landschaft die erste Überraschung nach der Ankunft in Ghana sein.

Geographiebücher lehren, daß fast die Hälfte des Landes kaum höher als 150 m gelegen ist und mit einigen Ausnahmen kaum eine mittlere Höhe von 400 m überschreitet. In der Tat, es gibt im eigentlichen Sinne keine Gebirgslandschaft. Richtig hohe Berge sind selten, aber einige Berggipfel der *Akwapim-Togo-Gebirgskette* nähern sich immerhin der 1000-Meter-Grenze.

Und dann heißt es, Ghana besitze zwei Vegetationsformen: *Wald* und *Savanne*. Wenn der Besucher nun eine klar definierte Landschaft ohne Höhepunkte vorzufinden glaubt, wird er wiederum sehr erstaunt sein, denn die Bücher sagen nicht, *wie* abwechslungsreich eine Wald- bzw. Savannenlandschaft sein kann. Die Landschaften wechseln schnell, besonders im Süden, und auf kurzen Distanzen kann man durch verschiedene Vegetationszonen fahren. In manchen Gebieten mutet das Land wie ein japanischer Shintogarten an; seine Schönheit liegt im Detail. In anderen Gegenden ist es ein Versteckspiel aus Dikkicht, Busch- oder Grasland. Und dann ist plötzlich der Regenwald da, geheimnisvoll, stumm und voller Schönheit.

Lage und Regionen

Wenn man will, kann man Ghana als das Herzland Westafrikas bezeichnen, denn

Verschlungen: Regenwald im Kakum-Nationalpark

es liegt in der Mitte des westafrikanischen Subkontinents am *Golf von Guinea*: von 4°45' bis 11°10' nördlicher Breite sowie von 3°15' West bis 1°12' Ost. Bis zum Äquator sind es noch 540 km übers Meer. Der Nullmeridian von Greenwich verläuft ein wenig östlich der Hauptstadt Accra und schneidet die Hafenstadt *Tema*.

Ghana mißt in Nord-Süd-Richtung rund 700 km, in der Breite maximal 450 km, die gesamte Küstenlänge beträgt 550 km. Seine Gesamtfläche beträgt 239.460 km², auf die sich statistisch gesehen 93 Einwohner je km² verteilen (Deutschland: 357.050 km², 231 je km²). Ghana hat fast gleich lange Grenzen mit *Côte d'Ivoire* im Westen bzw. *Togo* im Osten, im Norden grenzt es zum Teil entlang dem 11. Breitengrad an *Burkina Faso*.

Politisch ist das Land in 10 Verwaltungseinheiten unterteilt, deren Einteilung ich in diesem Buch folge: **Greater Accra** (GA) mit der Hauptstadt *Accra* an der Küste, **Zentral-Region** (Central Region, CR), **West-Ghana** (Western Region, WR), **Ost-Ghana** (Eastern Region, ER), die Regionen **Ashanti** (ASH) und **Brong-Ahafo** (BA) in der Mitte des Landes, das **Voltagebiet** (Volta Region, VR) zwischen Voltasee und der Grenze zu Togo, **Nord-Ghana** (Northern Region, NR), das sich noch einmal in **Nordwest** (Upper West, UWR) und **Nordost** (Upper East Region, UER) unterteilt. Insgesamt gibt es 140

Landkreise (*Districts*), weitgehend mit Selbstverwaltung, doch in vielen Bereichen existieren neben der modernen Verwaltung auch die traditionellen Autoritätsstrukturen.

Naturräume

Ghana, das auf der Karte eine nahezu rechteckige Form besitzt, hat drei Haupt-Landschaftsformationen: die *Küstenebene*, die *Regenwaldzone* und die *Savanne*, wobei die Oberflächengestalt eine weitere Unterscheidung erfordert, wenn ein detailliertes Bild präsentiert werden soll.

Die Küstenebene

Unmittelbar hinter der Grenzstadt *Half Assini* im Südwesten zieht sich für etwa 100 km die ghanaische Küste als eine schmale, flache und gerade Linie als *Ausgleichsküste* bis *Axim*. Einen Kontrast bilden die dichten Kokospalmen und das niedrige Mangrovendickicht an den Lagunen und Flußmündungen. Hinter *Cape Three Points,* dem südlichsten Zipfel Ghanas, verläuft die Küste in zunehmend nordöstliche Richtung bis Togo.

Schon ab Axim ist die Küste stärker gegliedert und von vielen Landspitzen und Einbuchtungen gekennzeichnet. Von nun an überwiegen Sandbänke, flachwellige Landschaften und Lagunen. Bis zur Grenze und darüber hinaus nimmt die Zahl dieser vom Meer abgetrennten seichten Strandseen, die von Flüssen und durch schmale Durchlässe zum Atlantik mit Wasser und Schwemmaterial gefüllt werden, beträchtlich zu. Praktisch jeder Ort ist hier von einer Lagune umgeben. Nördlich der Lagunenlandschaft gewinnt das Land an Vielseitigkeit. Bei *Ada* hat sich der Volta ein breitgefächertes Delta geschaffen. Es wird von der *Ebene von Accra* umschlossen, die einen Teil der *Low Plains* bildet, im Norden von den Ausläufern der *Akwapim-Togo-Gebirgskette* abgegrenzt wird und im Osten an die Grenze zu Togo stößt.

Die heranbrechenden Wellen entlang der feinsandigen, gleichförmigen Küste erwiesen sich früher als sehr gefährlich für die Schiffe, die zu nah an die Küste kamen. Der Mangel an Naturhäfen machte es für »Entdecker« unmöglich, an Land zu gehen. Dieser Zustand blieb, bis künstliche **Häfen** wie der von *Takoradi* (1928) angelegt wurden. So war es bis vor nicht allzu langer Zeit ein recht problematisches Unterfangen, Handel mit dem Ausland zu treiben. Die Schiffe mußten vor der Brandungslinie auf Reede gehen und die gesamte Ladung mit kleinen Booten über die großen Atlantikwellen ans Land gebracht werden.

Die Low Plains

Die auch *Akanebene* genannten Low Plains liegen zwischen 100 und 200 m hoch, schließen sich an die tiefer liegende Küstenebene an und bilden eine Zwischenzone zum *Ashanti-Hochland*. Sie reichen im Westen bis Côte d'Ivoire und werden von den drei großen Flüssen *Tano, Ankobra* und *Pra River* durchflossen. Hinter den Akwapim-Hügeln im Osten werden die Low Plains von der *Accra-Ebene* begrenzt. Accra und Tema weisen mit 300 – 750 mm jährlich die niedrigsten Regenmengen im ganzen Land auf.

Die Low Plains bilden ein Mosaik aus verschiedenartigen Naturlandschaften, die zwischen Hügelgruppen mit Gräsern, Strauchwerk, spärlich bewachsenen Landstrichen und einer baumlosen Ebene mit hohem Gras abwechseln. Sie dienen hauptsächlich als Weideland für Ziegen, Schafe und Kühe.

Das Hochland von Ashanti

Das Ashanti-Hochland ist nicht mit der gleichnamigen Verwaltungsregion gleichzusetzen. Es erstreckt sich vielmehr zwischen den Städten *Koforidua* im Südosten und *Wenchi* in nordwestlicher Richtung über ein Gebiet von etwa 300 km. Liegt dieses Gebiet an sich schon zwischen 250 und 350 m hoch, sind hier Berge bis zu 780 m Höhe nicht außergewöhnlich. Im Westen liegen nur wenige herausragende Punkte, im Osten grenzt sich das Ashanti-Hochland dagegen durch verschiedene Hochplateaus vom tiefer liegenden Voltabecken ab. Zu nennen wären die *Wenchi-Hochebene* (knapp 400 m), die *Mampong-Stufe* (350 m hoch) und die stark nach Süden abfallende *Kwahu-Ebene* (etwa 300 m).

Das Gestein im Ashanti-Hochland besteht zum Teil aus Granit und beherbergt unter anderem Gold- und Diamantenfelder, die teils unter Regenwaldgebieten liegen. Eine Besonderheit stellt der *Bosumtwi-See* südlich von Kumasi dar. Die Entstehung des zuflußlosen, von steil aufragenden Felswänden umgebenen und nahezu kreisrunden Sees gibt den Wissenschaftlern heute noch Rätsel auf – und den Menschen in seiner Umgebung viel Stoff für Legenden.

Die Akwapim-Togo-Kette

Dies ist eine Berg- und Hügelkette (auch als Schwelle bezeichnet), die ihrerseits als ein Ausläufer der *Atakora-Gebirgskette* aus Togo und Benin angesehen werden kann. Sie erhebt sich in der Nähe des Dorfes *Pokoasi* bei Accra, wird vom Volta durchschnitten und überquert das Togogrenzgebiet bei *Dutukpene*. Der Akwapim-Gebirgszug wird durch tiefe und enge Täler bzw. Schluchten gekennzeichnet. Er besteht aus dicht gefalteten Schichten mit Erhebungen vulkanischen Ursprungs, deren regenwaldbestandene Abhänge Höhen zwischen 350 und 650 m erreichen. Es handelt sich hier um ein Erdbebengebiet. Das schwerste Erdbeben ereignete sich 1939 in Accra (↗ Accra, Rückblick).

Das Voltabecken

Das riesige ovale Voltabecken liegt eingeklemmt zwischen dem Ashanti-Hochland und den Akwapim-Togo-Bergen. Im Norden wird das Becken durch die *High Plains* und die *Gambaga-Stufe* eingefaßt. Es stellt mit einer Fläche von rund 87.000 km² die größte geomorphologische Einheit des Landes dar. Von den Volta-Flüssen und zum Teil vom Voltasee bedeckt, liegt das Becken nur etwa 150 m über dem Meeresspiegel; innerhalb des Beckens sind die Höhenunterschiede nur sehr gering. Die vorherrschende Vegetationsform ist Baumsavanne und offene Grassavanne.

Das Voltabecken wird von zahlreichen Nebenflüssen des Volta durchströmt, unter anderem von *Afram*, *Kulpawn*, *Nasia*, *Oti*, *Pru*, *Sene*, ↗ Gewässersysteme.

Die High Plains im Norden

Wenn von der *Savanne* gesprochen wird, meint man jene Landschaftsform, die den gesamten Norden Ghanas umfaßt. Die Menge des Regenwassers in dieser Zone, die nördlich des Waldgebietes liegt, übersteigt in der Regel kaum 1000

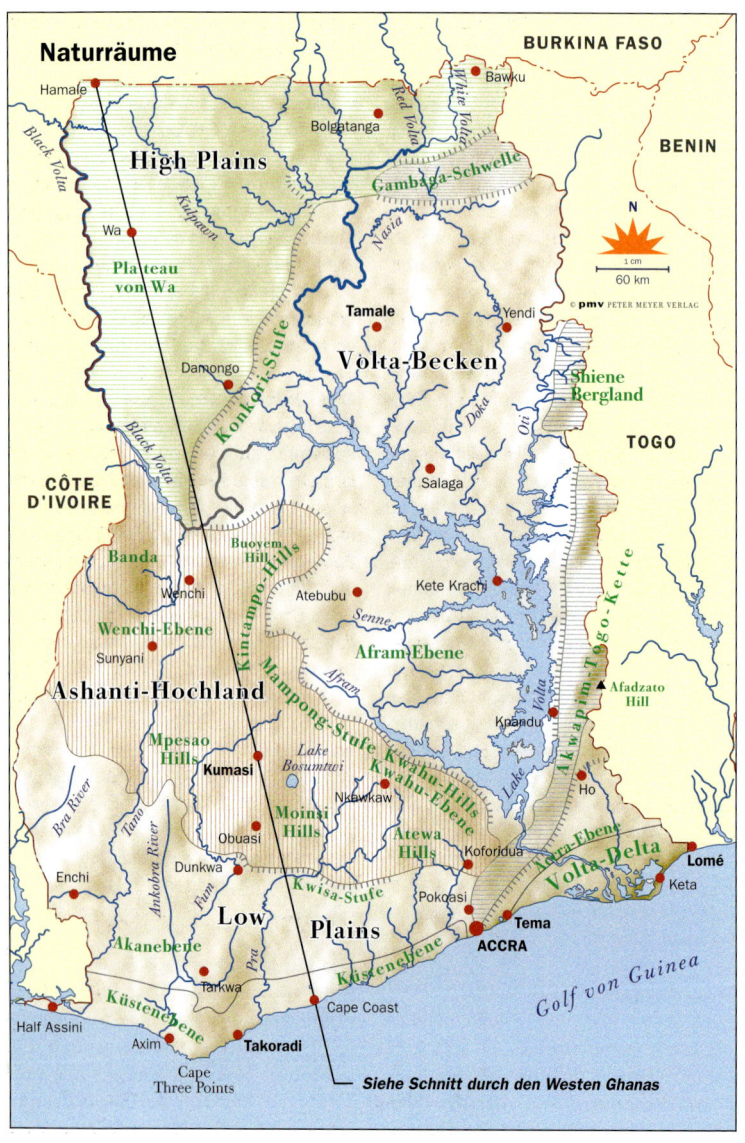

bis 1500 mm pro Jahr. Der nördliche Bereich der High Plains bekommt nur halb soviel Regen wie der südliche und ist somit noch trockener.

Mit circa 130.000 km² nimmt diese Landschaft einen beträchtlichen Teil Ghanas ein. Die High Plains beginnen nördlich des Einschnitts des Schwarzen Volta, steigen beim *Plateau von Wa* auf eine Höhe von über 300 m an und beschreiben um das Voltabecken herum einen Bogen nach Osten. Bei der *Gambaga-Stufe* steigt das Land auf etwas über 500 m, um südlich davon um so schroffer 250 m zum Voltabecken hin abzufallen.

Die High Plains bestehen vorwiegend aus Granitgestein, über dem sich ein eisenhaltiger, daher roter Boden, *Laterit* genannt, abgelagert hat. Die Vegetationsformen der Savanne wechseln zwischen Trockenwald, Baumsavanne mit Hochgras und offener Grassavanne. Sie ist eigentlich ein kleiner Teil des riesigen Savannengürtels, der sich südlich der Sahara von der Atlantikküste im Westen bis zum Roten Meer im Osten über eine Breite von 200 bis 300 km erstreckt, bekannt als die *Sahel-Zone*.

Gewässersysteme

Ghana ist ein wasserreiches Land. Viele, zum Teil recht breite Flüsse fließen durch das gesamte Land und sorgen dafür, daß Flora und Fauna ihre lebensnotwendige Wasserzufuhr erhalten.

Und wie könnte es anders sein, das große *Voltabecken* ist das wichtigste Entwässerungssystem Ghanas. Interessant ist die Tatsache, daß Ghanas größter Fluß – der rund 1600 km lange **Volta** – in einer Region der Welt entspringt, die bekanntlich sehr wasserarm ist. Eigentlich besteht der Strom aus drei getrennten Flüssen, die alle aus Burkina Faso kommen. Sie vereinigen sich in Ghana, werden im *Voltasee* bei Akosombo gestaut, und fließen schließlich in der *Bucht von Benin* ins Meer. Der **Schwarze Volta**, der längste der Quellflüsse, entspringt im *Hochland von Orodara* in Burkina Faso. Über mehrere hundert Kilometer bildet

Der Schnitt verdeutlicht, wie Ghana vom Volta geprägt wird

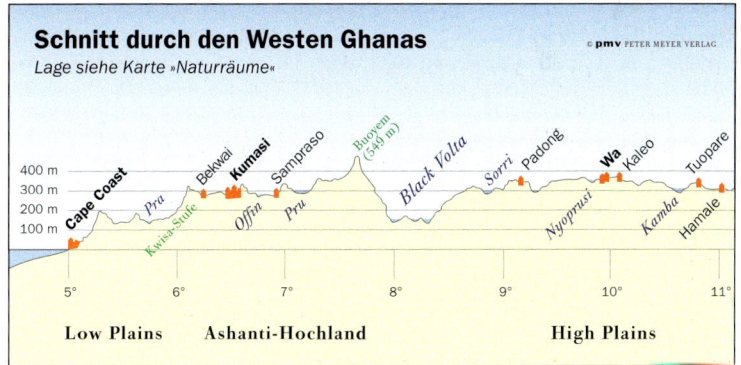

er die Westgrenze Ghanas zu Burkina Faso und zu Côte d'Ivoire. Südlich von *Bole* wird er ein rein ghanaischer Fluß und wird bei Bui gestaut. Der **Weiße Volta** entspringt nördlich von Ouahigouya auf der *Yatenga-Hochebene*. Er fließt bei *Bawku* nach Ghana, wird durch die Gambaga-Stufe nach Westen gerichtet und vereint sich kurz danach mit dem **Roten Volta**, der fortan zum Weißen Volta wird. Mit anderen Nebenflüssen wie dem *Nasia* und dem *Kulpawn* ist der Weiße Volta der wasserreichste der Volta-Brüder. Alle drei, zusammen mit **River Oti** aus dem Togo-Atakora-Bergland kommend und ebenfalls in den Volta-Stausee mündend, entwässern 67 % der gesamten Oberfläche Ghanas.

Vor dem Bau des **Volta-Stausees** (↗ Wirtschaft) war der Fluß trotz seiner Breite kaum schiffbar. Zu viele Stromschnellen und Niedrigwasser während der Trockenzeit machten ihn mancherorts unpassierbar. Nach dem Aufstauen des Volta sind die ursprünglichen Mündungsgebiete überschwemmt, und die beiden Flüsse fließen getrennt in den See.

Die unbekannteren Flüsse

Dann sind da noch die vielen Flüsse, die unabhängig vom Volta ihre eigenen Systeme bilden: die Flüsse *Ankobra*, *Bia*, *Pra* und *Tano* entspringen im Süden des Ashanti-Hochlandes und münden direkt in den *Golf von Guinea*. Zusammen mit seinen Nebenflüssen *Anum*, *Offin* und *Birim*, besitzt der **Pra** das zweitwichtigste Flußsystem, doch wegen seiner vielen Stromschnellen ist er kaum schiffbar, außer für eine relativ kurze Strecke in seinem Mündungsgebiet bei Shama.

Der aus der Wenchi-Hochebene entspringende **Tano** entwässert mit mehreren Nebenflüssen die regenreiche südwestliche Waldzone Ghanas. In seinem Lauf bildet er mehrere Stromschnellen und Wasserfälle und ist erst ab Tanoso für leichte Boote schiffbar. Auf einer Länge von 50 km formt er im Südwesten die Grenze zu Côte d'Ivoire, bevor er auf ivorischer Seite in die *Ehy-Lagune* mündet.

JAHRESZEITEN UND TEMPERATUREN

Ghana ist ein typisch tropisches Land, das klimatisch vom nahen Äquator beeinflußt wird. So kennt Ghana keine vier Jahreszeiten, sondern lediglich eine trockene und eine feuchte Jahreszeit. Man kann es auch so beschreiben: die Trockenzeit ist bullenheiß, die Regenzeit schwülwarm.

Tropisches Klima bedeutet, daß die Durchschnittstemperaturen zwischen 28 und 32 Grad pendeln. Allerdings gerät in den Tropen die menschliche Empfindung für Wärme und Kälte oft durcheinander, weshalb es keine Seltenheit ist, Europäer anzutreffen, die bei 25 Grad anfangen zu zittern! Man muß es selbst erlebt haben.

Im Norden liegen die Durchschnitts- wie auch die Spitzentemperaturen höher als im Süden, größer sind aber auch die Temperaturunterschiede zwischen Tag und Nacht. Die höchste Temperatur wurde im Städtchen *Navrongo* in Nordghana gemessen: 42,2 Grad. Im Jahresmittel liegt hier auch die Sonnenscheindauer mit 8,3 Stunden pro Tag am höchsten.

Tropisches Klima bedeutet zudem, daß die Regenfälle sehr stark saisonge-

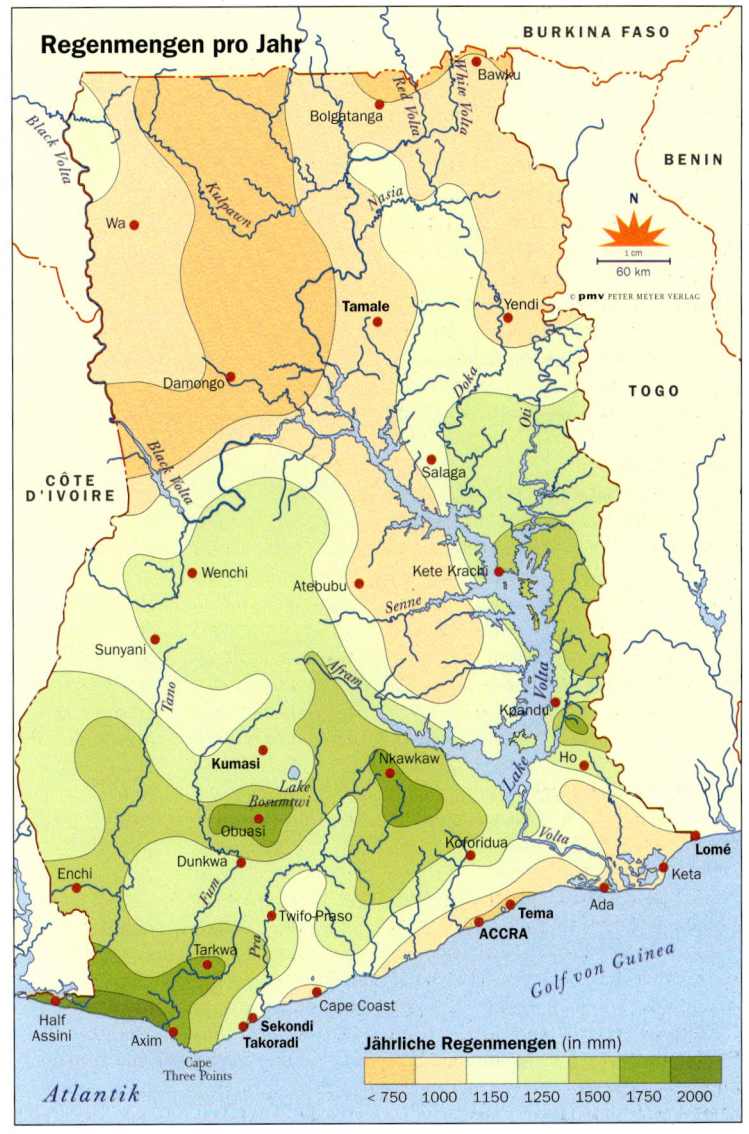

prägt sind und je nach Gebiet mehr oder weniger häufig auftreten. Ebenso ist es nicht ungewöhnlich, daß ein Regenmonat ganz ohne Regen verstreicht.

Die Regenzeit

Der **südliche Teil des Landes** hat *zwei Regenzeiten pro Jahr,* etwa zwischen **April und Juni** und im **September/Oktober**. Auch während dieser Zeit ist Sonnenschein garantiert, allerdings gekoppelt mit einer hohen Luftfeuchtigkeit von 90 %, da der Wind dann aus südwestlichen Richtungen vom Meer kommt. In großen Teilen des Landes werden in dieser Zeit die höchsten Temperaturen gemessen, meistens unmittelbar vor den **Monsunregen**. Die **Zwischenmonsunmonate Juli und August** sind die kühlsten Monate in Südghana. Die Temperatur »stürzt« dann bis auf etwa 24 bis 26 Grad. In Südghana ist die relative Luftfeuchtigkeit allgemein hoch, besonders nachts und frühmorgens. In einigen Orten am westlichen Küstenabschnitt erreicht sie morgens die 90- bis 95-%-Marke und fällt nachmittags auf 70 bis 65 % ab. Dort fällt auch am meisten Regen. Die Luftfeuchtigkeit führt dazu, daß es sehr schwül bleibt, selbst wenn das Thermometer nur 27 Grad anzeigt.

KLIMADATEN

	Ort	Höhe	Jan	April	Juli	Okt	Jahr Ø
Lufttemperatur °C pro Monat im Ø	Axim	9 m	27,1	27,6	25,4	26,2	26,6
	Accra	59 m	27,4	27,6	24,3	26,0	26,4
	Kumasi	288 m	25,3	26,5	24,3	25,0	25,4
	Tamale	183 m	28,2	30,0	25,4	26,2	27,8
Höchsttemperatur pro Monat im Ø	Axim		32,0	33,0	29,2	30,9	31,3
	Accra		33,4	33,3	29,0	31,7	32,0
	Kumasi		33,6	33,9	30,0	31,7	32,3
	Tamale		37,8	38,9	32,8	34,8	36,0
Tiefsttemperatur pro Monat im Ø	Axim		20,2	21,6	20,2	20,8	20,9
	Accra		20,3	21,5	19,6	20,7	20,5
	Kumasi		12,8	20,0	18,9	18,9	18,0
	Tamale		17,2	21,1	20,0	20,0	19,5
Regenmenge mm im Ø	Axim		51	142	156	205	2129
	Accra		15	86	46	67	733
	Kumasi		17	145	126	202	1481
	Tamale		2	88	128	98	1053
Luftfeuchtigkeit Mittags-Ø in %	Axim		78	74	77	80	77
	Accra		64	70	76	73	71
	Kumasi		56	70	78	74	70
	Tamale		20	52	72	66	52

Axim: Küste West • Accra: Küste Ost • Kumasi: Landesinnere • Tamale: Nordghana

Die Trockenzeit

In Ghana fällt die Trockenzeit meist mit der Harmattan-Saison zusammen. **Harmattan** ist eigentlich der Name der aus Nordosten wehenden Passatstürme, die aus der Sahara kommen und Ghana von **November bis Februar** erreichen. Das Resultat sind warme Tage und kühle Nächte. Für den Tag sind jetzt 25 – 27 Grad typisch, nachts zeigt das Thermometer oft weniger als 20 Grad an. Wenn man überhaupt von Kälte sprechen kann, bringt die Harmattan-Saison die kältesten Nächte, besonders im Norden Ghanas, wo es mit 15 Grad doch empfindlich kühl sein kann. Die niedrigste Temperatur Ghanas von 12 Grad wurde in *Kumasi* und *Tafo* (beide in Ashanti) registriert. Für die Bewohner Nordghanas sind der Dezember und der Januar die kühlsten Monate, und auch sonst bringt fast überall im Land der Januar die niedrigsten Temperaturen, außer in den Küstengebieten, wo wie gesagt der August am kühlsten ist.

Das andere Hauptmerkmal dieser Jahreszeit sind die trüben Tage, verursacht durch den feinen **Sand:** der Harmattan verfrachtet jährlich mehrere Milliarden Tonnen Staub aus den Wüstengebieten Nordafrikas nach Südwesten. Weil der Wind aus der Wüste kommt, ist die Luftfeuchtigkeit niedriger als während der Regenzeit und fällt bis auf 25 %. Die Trockenzeit bedeutet auch für weite Teile des Landes Wasserknappheit von Ende Oktober bis Ende März.

* **Tip:** Viele Besucher Ghanas sind enttäuscht, wenn sie zwischen November und Februar zu keinem Foto mit klarem blauen Himmel kommen: Der Harmattan »vernebelt« alles.

VEGETATIONSZONEN UND IHRE FLORA & FAUNA

Da die verschiedenen Klimazonen auch unterschiedliche Vegetationsformen hervorrufen, bestehen in Ghana optimale Voraussetzungen für eine vielfältige, zum Teil tropische Pflanzen- und Tierwelt. Die dürftige Infrastruktur mancherorts und die Undurchdringlichkeit des Regenwaldes haben dazu geführt, daß große Teile der tropischen Waldgebiete noch nicht vernichtet und noch nicht ganz erforscht sind. Tatsächlich werden immer wieder unbekannte Tiere und Pflanzen entdeckt, die für die Menschheit (etwa für die Medizinforschung) von Interesse sind.

In Bezug auf »die afrikanische« **Tierwelt** hat der europäische Tourist oft vorgefertigte Vorstellungen. Aus vielen Fernsehdokumentationen kennt er bereits die atemberaubenden Bilder von der Serengeti und denkt, in ganz Afrika wäre es so. Weit gefehlt. Aufgrund der Geographie unterscheidet sich die Tierwelt in Westafrika von der Ostafrikas erheblich, sowohl in der Menge als auch in der Vielfalt der vorkommenden Arten. Um es genau zu sagen: Giraffen gibt es in den Küstenländern Westafrikas nicht!

Zudem sind die Länder Westafrikas meistens dichter besiedelt, der Raum für Tiere ist deswegen seit langem begrenzt. Allein die Tatsache, daß das Tier als Nahrungsquelle angesehen wird, hat zu seiner starken Dezimierung in vielen Landstrichen Westafrikas geführt. Landwirtschaft, Industrie und Verkehr haben ihr Übriges getan. Das erklärt, warum selbst viele Westafrikaner noch nie Großwild zu Gesicht bekommen haben. Ich selbst habe meinen ersten Leoparden, Elefanten und die erste Giraffe im Berliner Zoo gesehen ... Jedoch kann ich mich an Tiere erinnern, die in meiner Jugendzeit zahlreich vorhanden waren und heute nahezu von Ghanas Bildfläche verschwunden sind, zum Beispiel der *Schwarzducker* (ewio auf Akan, Cephalophus niger), *Rotducker* (dabo, Cephalophus natalensis), *Dianameerkatze* (boapea), *Brauner Gereza* (fokokoo, Colobus badius), das *Riesenschuppentier* (apraa, Manis gigantea), *Erdferkel* (opoo, Oryteropus afer), *Zibetkatze* (kankane, Civettictus civetta), *Stachelschwein* (kotoko, Hystrix sp), *Quastenstachler* (apese, Atherurus sp), *Ginsterkatze* (abrebea, Geneta servalina), *Warzenschwein* (ebee, Phacochoerus aethiopicus).

Der tropische Wald

Ursprünglich umfaßte Ghanas Anteil am intakten Regenwald eine Fläche von 85.000 km². Dies war ein recht ansehnliches Erbe. Aber nach dem Zweiten Weltkrieg brauchte Großbritannien Geld. Die Edelhölzer wurden wahllos gefällt, weitflächige Kakao- und Kaffeeplantagen angelegt und große Areale für Ananas-Farmen gerodet. Es begann der großflächige Abbau von Bodenschätzen. Nach dem Erlangen der Selbständigkeit 1957 hatte der neue Staat drückendere Probleme als den Umweltschutz; damals auch für westliche Staaten noch kein Thema. Der Holzschlag für den Export von Edelhölzern war ein lukratives Geschäft, denn ohne Bedenken benutzte man früher in Europa Edelholz selbst für Bauverschalungen, und auch heute sind Klodeckel aus Mahagoni noch üblich und Möbel aus Tropenholz plötzlich wieder modern.

Die enorme Abholzung und die rücksichtslose Schürferei führte zur Zerstörung der zusammenhängenden Wälder und in der Folge zu Bodenerosion. Die schnell wachsende Bevölkerung und der daraus resultierende »Landhunger« und steigende Brennholzbedarf haben ihr Übriges getan, um den Waldbestand innerhalb von 60 Jahren auf ein Viertel schrumpfen zu lassen! Nur im äußersten Südwesten des Landes, mit seinem heiß-feuchten Klima, kann von einem tropischen Regenwald, Dschungel im wahrsten Sinne des Wortes, gesprochen werden.

> *** Tip:** Käufer von Tropenholzmöbeln sollten sich darüber im klaren sein, daß im Regenwald keine nachhaltige Forstwirtschaft möglich ist, der Primärwald also in jedem Fall vernichtet wird (Quelle: www.Regenwald.org). Wenn Sie sich für den Schutz von Tropenholz interessieren, können Sie unter www.greenpeace.de eine Liste der gefährdeten Arten einsehen.

Immergrün und Regengrün

Beim tropischen Regenwald unterscheidet man grob zwischen *immergrünem* und *regengrünem Feuchtwald*. Beim **immergrünen Feuchtwald** verlieren die Baumriesen, deren Kronen alle anderen überragen, nicht ihre Blätter, sondern bilden ein ständig dichtes und grünes Blätterdach. Die niedrigwüchsigeren Pflanzen haben es daher schwer, an Licht und Wasser heranzukommen, weshalb sich viele Gewächse (wie die Bromelien) »spezialisiert« haben. Im **regen-**

Geheimnisvoll: Die Fülle des tropischen Waldes ist noch weitgehend unerforscht

grünen Feuchtwald gibt es dagegen ein dichteres, immergrünes Unterholz, da die hochwachsenden Bäume in der Trokkenzeit ihr Laub abwerfen und so mehr Licht nach unten durchlassen.

Aufgrund der hohen Regenfälle bis zu über 2000 mm jährlich, der unterschiedlichen Voraussetzungen des Bodens oder der Höhenlage ist die Vegetation des Regenwaldes naturgemäß üppig und vielfältig. Es ist unmöglich, sämtliche Pflanzen des Dschungels in einem Buch wie diesem zu nennen, weshalb ich nur die markantesten erwähne, um eine Ahnung von dem Pflanzenreichtum zu vermitteln: Hauptbestandteil des Regenwaldes sind die immergrünen, majestätischen, hochwachsenden **Bäume**, oft bis zu 50 m hoch und 3 m dick. Sie wachsen nur sehr langsam, können dafür nahezu 300 Jahre alt werden. Sie haben keine Rinde und sind deswegen leicht zu verarbeiten. Begehrt von der Holzindustrie sind sie auch wegen ihres besonders harten und wasserresistenten Holzes. Zu den **Hart- bzw. Nutzhölzern** gehören verschiedene Mahagoniarten wie *Azobé, Sapeli* oder *Khaya* (Afrikanisches Mahagoni) und verschiedene Arten des *Afrikanischen Walnußbaum*s sowie die blattwechselnden Arten wie *Odum, Wawa* (auch *Samba* genannt), *Bombax* oder *Afromosia*. Andere typische Baumarten sind *Kola-, Kalebassen-* und *Kautschukbäume*. Ebenfalls zu den Gummilieferanten zählen die **Ficusarten,** zu denen die uns bekannten *Feigen-* und *Gummibäume* gehören. In den Tropen können sie sehr weit ausladende Kronen ausbilden, beginnen ihr Wachstum aber oft als **Epiphyten.** Ein hervorragendes Beispiel dieser Parasitenpflanze ist die *Würgerfeige*.

NATUR: VEGETATIONSZONEN UND IHRE FLORA & FAUNA

Als kleine Liane klettert sie zunächst einen Baum hoch und bildet rasch Luftwurzeln zum Boden und um den Wirtsbaum herum. Wenn der Baum schließlich vom Wurzelwerk der Würgerfeige eingehüllt ist, wird sein Leitsystem abgedrückt. Der Wirtsbaum wird langsam erwürgt. Unzählige andere **Lianenarten,** für den Menschen zur Herstellung von Körben, Taschen, Matten, Trennwänden und Häuserdächern wichtig, sowie *Farne, Flechten* und *Pilze* bilden das Unterholz des Regenwaldes.

Zu den harmlosen Schmarotzerpflanzen gehören die für den Regenwald typischen **Bromelien-Arten,** im Volksmund *Ananasgewächse* genannt. Dieser Pflanzentyp hat eine raffinierte Methode entwickelt, um für sich Wasser zu sichern. Seine langen, steifen und sternförmig angeordneten Blätter fangen Tau und Regentropfen auf, die sich im Trichter der Pflanze sammeln. Ebenfalls in den Trichter fallende Partikel und Tierchen werden von der Pflanze in Nahrung umgesetzt, da sie ja unter dem dichten Laubdach ohne die energiebringenden Sonnenstrahlen auskommen muß. Das wenig entwickelte Wurzelwerk dient nur zur Verankerung am Boden oder auf Ästen von »Gastbäumen«.

Aufsitzer: Bromelie

Ebenfalls nur als Gäste haften die zahlreichen **Orchideenarten** an anderen Pflanzen und Bäumen an; sie wachsen – für Spaziergänger oft gut getarnt – besonders gern in den Höhenlagen ab 700 Meter.

Wenn der Regenwald gerodet ist, werden reine **Nutzpflanzen** wie *Ananas, Limonen, Apfelsinen, Avocados, Guajavas* und *Bananen* gepflanzt. Hinzu kommen die Blütenpflanzen und Bäume, die oft zu schönen Hecken-Zäunen und Baumalleen in den Städten gepflanzt werden. Von Zeit zu Zeit lassen solche Gewächse die Tropen wie den wahren Garten Eden erscheinen. Unter den bekanntesten sind *Bougainvillea, Hibiskus, Fuchsie, Jakaranda, Neem* und der *Flammenbaum* (Feuerakazie), der feurig rot blüht.

Palmen

Allein mit der Palme, oft Bestandteil des Sumpf-Regenwaldes, könnte man Bücher füllen. Die schönsten unter den insgesamt circa 1200 Arten sind die **Fächerpalmen,** die nach der Form ihrer Wedel so bezeichnet werden. Sie haben heute keinen direkten Nutzen, außer als schattige Zierde vor den Häusern zu stehen. Früher nannte man sie auch »Baum der Reisenden«, da sich zwischen den Enden der Blätter Wasser sammelt, das Reisende schlürften. Dann kommen die majestätischen, fiederblättrigen **Königspalmen,** die bis zu 25 m hoch wachsen. Auch sie werden hauptsächlich zur Verschönerung in Alleen gepflanzt, obwohl ihr Außenholz sehr hart und als Bauholz gut zu verwenden ist.

Kokospalmen, ebenfalls fiederblättrig, sind fast überall zu finden, wo sich Menschen angesiedelt haben, und natürlich an der ganzen Küste, wo sie teilweise in Plantagen kultiviert werden. Da alle Teile einer bis 30 m hoch wachsenden Kokospalme verwendbar sind, hat sie einen großen Nutzwert: Die Kokosnuß, eine fast kopfgroße Steinfrucht, enthält in dem weißen Samenfleisch eine süßliche Flüssigkeit, die man einmal als frische Kokosnußmilch probieren sollte. Aus dem getrockneten Fruchtfleisch, der *Kopra,* wird durch heißes Auspressen weißes, nussig schmeckendes Kokosöl und Kokosfett gewonnen; in Deutschland kennt man dieses meist als Palmin oder Hautcreme. Die Fruchtfasern aus der Umhüllung der Nuß werden als Bast zu Schnüren, Tauen und Matten verarbeitet, die geraden Fasern zu Teppichen oder Läufern und Matratzenfüllstoff. Die gefiederten Blätter dienen wie auch die anderer Palmen als Dachabdeckung.

Die in Westafrika wichtigste Palmenart ist die **Ölpalme,** ein fiederblättriger, hochwachsender und in Plantagen gezogener Baum. Von der Ölpalme werden praktisch alle Teile nutzbringend verarbeitet. Aus den langen Wedeln macht man Besen und Dachabdeckungen. Interessanter ist noch, was zwischen den Wedeln herauswächst: An den langen Fruchtständen wachsen nämlich zu Hunderten pflaumengroße, rötliche Früchte, deren äußere Schicht stark ölhaltig ist. Daraus wird das Palmöl gewonnen. Der harte Steinkern enthält einen haselnußgroßen, fettreichen Samen, aus dem Palmkernöl gewonnen wird. Und der aus den abgeschnittenen männlichen Blütenständen gewonnene zuckerhaltige Saft wird zu Palmwein vergoren, ein auf dem Land sehr beliebtes, relativ stark alkoholhaltiges Getränk.

Symbol für Urlaubsparadies: Palmwedel am Strand

Tiere des Dschungels

Wer noch nie im Dschungel war, kann sich nicht vorstellen, wie interessant der Regenwald mit seinem ganzen Artenreichtum sein kann. Es ist eine Welt, die sich kennenzulernen lohnt. Nur so kann man sich überzeugen, wie erhaltenswert dieses einzigartige Wunder der Natur ist. Während Ihres Aufenthaltes in Ghana sollten Sie mindestens einen Ausflug in den Dschungel einplanen. Besonders in den Regenwäldern im Westen, in Ashanti und Brong-Ahafo gibt es reichlich Möglichkeiten, in den Schutzgebieten seltene Tiere zu beobachten.

In allen Nationalparks Ghanas werden Sie mit hoher Wahrscheinlichkeit **Affen** begegnen oder sie zumindest hören: *Meerkatzen, Husarenaffen, Stummelaffen, Schimpansen, Paviane, Pottos, Mandril* und *Mangaben* ... eine Vielzahl von Arten in den unterschiedlichsten Farben und Größen.

Neben den teils farbenprächtigen, vielstimmigen Vogelarten sind es die vielen **Säugetiere,** die den Wald so aufregend machen. Die Familie der *Antilopen* zum Beispiel besteht aus mehr als 50 Arten, darunter solche ungleichen Verwandten wie *Leier-, Pferde-* und *Kuhantilopen, Gazellen, Buschböcke* und *Ducker.*

Und dann gibt es andere **Dschungelbewohner** wie *Riesenwald-, Pinselohr-* und *Schuppentiere, Palmhörnchen, Igel, Warane, Otter, Schildkröten, Riesenschnecken, Chamäleons,* die man ohne viel Mühe sehen kann.

Die Savanne

Die Savanne besteht überwiegend aus einem ausgedehnten Grasland mit niedrigen Bäumen. Aber Savanne ist nicht gleich Savanne: man unterscheidet zwischen **Trockenwald** (auch *Baumsavanne* genannt) mit periodischer Belaubung der relativ dicht stehenden Bäume und Hochgras, der **Strauchsavanne** sowie der **offenen Grassavanne** mit 4 m hohem *Elefantengras,* einer Hirsegrasart.

Die Savanne ist keineswegs baumlos, der unumstrittene König des Graslandes ist der **Baobab,** auch *Affenbrotbaum* genannt. Sein auffälligstes Merkmal ist der mächtige, nicht sehr hohe, aber im Alter unglaublich dicke Stamm. Das wenige Blattwerk wirft er in der Trockenzeit ab, die jungen Blätter können als Gemüse gegessen werden. Von der gurkenförmigen Frucht mit fester Schale können sowohl das säuerliche Mark wie die fetthaltigen Samen verwendet werden.

Für die Savannengebiete Ghanas ist der **Karité** charakteristisch, auch *Shea-Butterbaum* genannt, der

Weißnasenmeerkatze

König der Savanne: Baobab

bis zu 5 Meter hoch werden kann. Aus den Samen dieses knorrigen Baumes wird ein pflanzliches Öl gewonnen, das zum Teil exportiert wird und auch in der Kosmetikindustrie seine Verwendung findet.

☀ **Tip:** Mit dem Kauf von nachhaltig hergestellten Kosmetikartikeln können Sie die nordghanaischen Shea-Produzentinnen unterstützen, www.the-body-shop.de.

Die **Tamarinde** ist ein weitverbreiteter Baum, da er nicht nur im heißen Flachland als Schattenspender beliebt ist. Seine länglichen Schoten werden geerntet und finden sich zu Mus verarbeitet in Saucen und Getränken wieder. Tamarinden-Mus ist auch für seine Abführwirkung bekannt.

Wie sein englischer Name schon sagt, produziert der *Silk Cotton Tree*, der **Kapokbaum**, »Baum-Wolle« im wahrsten Sinne des Wortes. Die feine Wolle aus den Fruchtkapseln wird als Füllstoff für Matratzen und Kopfkissen benutzt. Solche Naturprodukte tauchen oft in Deutschlands Möbelgeschäften auf und werden dort für teures Geld verkauft. Der Kapok ist eigentlich ein Urwaldbaum, der bis zu 60 Meter hoch wachsen kann, aber er ist auch in der Feuchtsavanne zu finden, besonders im Raum um Tamale. An seinen mächtigen Bretterwurzeln, die meterhoch aufragen, ist er sehr leicht zu erkennen.

Aus Fernsehsendungen kennt fast jeder die schirmartigen Bäume auf der afrikanischen Ebene. Es handelt sich hier um eine weit verbreitete, anspruchslose und unverwüstliche Baumart, die fast jede Trockenheit überlebt: die **Aka-**

zie. Die »echte Akazie« ist eine sehr artenreiche Pflanzengattung der Familie der *Hülsenfrüchte,* die wiederum zur Unterfamilie der *Mimosen* gehören, und als Bäume oder Sträucher mit oder ohne Dornen vorkommen. *Acacia albida,* zu deutsch *Anabaum,* ist der eigentliche Name für diesen Charakterbaum der Savanne.

Tiere der Savanne

Aufgrund der offenen Landschaft bietet die Savanne bessere Chancen für Tierbeobachtungen als der Regenwald, zumal sie Heimat großer **Säugetiere** ist. Besonders Großkatzen wie *Leoparden* und *Schwarze Leoparden, Löwen, Hyänen, Zibet-, Wild-* und *Ginsterkatzen* lohnen jede Anstrengung in den Nationalparks, auch wenn hier nur noch kleine Populationen leben. Andere mögliche Begegnungen der aufregenden Art sind

Tarnfarben: Die Zibetkatze ist farblich an die Savanne angepaßt

sicherlich jene mit *Elefanten, Erdferkeln, Büffeln, Warzenschweinen, Mungos, Schimpansen, Pavianen, Stachelschweinen* und *Flußpferden.*

Zu den **Reptilien** zählen die berüchtigten *Krokodile* und andere meist landbewohnende Kriechtiere wie *Leguane, Chamäleons, Warane* und *Schlangen.* Die harmlosen kleinen *Eidechsen* und *Gek-*

Ist am häufigsten zu sehen: Die bunte Eidechse Agame Lizard

kos sind praktisch Haustiere, die überall zu beobachten sind. Besonders schön sind die männlichen Eidechsen mit ihren bunten Köpfen, die oft angetroffen werden und hübsche Fotomotive abgeben.

Es gibt noch relativ viele **Krokodile** in ghanaischen Gewässern, zum Beispiel in den Flüssen Volta, Pra, Densu, Tano sowie in anderen kleineren Flüssen. Die ghanaischen Krokodile sind allerdings nicht so groß und aggressiv wie anderswo in Afrika, es wird äußerst selten von Krokodilattacken berichtet. Die rund 250 Millionen Jahre alten Urviecher sind Kaltblüter und brauchen tropische Temperaturen, da sie ihren Körper nicht selbst aufheizen können. In der Regenzeit hungern sie, in der Trockenzeit jagen und paaren sich die Urechsen. Beim Jagen wird die Beute ins Wasser gezogen, ertränkt und anschließend in großen Stücken ganz verschlungen.

☀ **Tip:** Interessant sind die Krokodil-Beschwörungen, die in einigen Küstenorten stattfinden, z.B. in ↗ Akatekyi.

Schlangen gibt es in großer Vielzahl. Allerdings sind Schlangen scheue, lärm- und erschütterungsempfindliche Tiere, die überhaupt kein Interesse an Menschen haben und jeder Begegnung mit diesen lieber aus dem Weg »kriechen«. Zur Beruhigung sei gesagt, daß man ein Jahrzehnt in Ghana leben kann, ohne je eine Schlange gesehen zu haben. Im dichten Wald ist die Wahrscheinlichkeit einer Begegnung am größten. Es gibt viele harmlose und etliche giftige bzw. gefährliche Arten wie etwa *Felsen-* und *Königspython*, *Schwarze* und *Grüne Mamba*, *Viper*, *Schwarze Cobra*, *Baumnatter* (Twig Snake) und *Puffotter*.

Kaltblütig: Drei verschiedene Krokodilarten leben in Ghana

Mücken, Fliegen & Co.

Nach Meinung vieler Experten besitzt Westafrika die meisten der farbenprächtigsten **Schmetterlinge** der Welt! Es gibt circa 1500 Schmetterlings- und vielleicht 20.000 Falterarten, ganz zu schweigen von den elegant anmutenden **Libellen.** Es ist unmöglich, hier einen Vortrag über Schmetterlinge zu halten. Es genügt zu sagen, daß es sie in Hülle und Fülle gibt und daß Interessierte viel Freude haben werden, sie zu suchen, zu finden und zu fotografieren. Überall gibt es Schmetterlinge: im Wald, in der Savanne (vor allem an Wasserstellen), auf der Wiese, an Flußläufen usw.

Sandkathedrale: Termitenhügel

Nun, es gibt natürlich auch unangenehme Insekten in Ghana, aber Ghana hat in dem Sinne kein Insektenproblem, daß man ununterbrochen nach Schnaken und Mücken schlagen müßte. Natürlich wird man im Regenwald von allerlei Insekten gequält, aber das sind zum größten Teil keine gefährlichen Artgenossen. Dennoch sollte man sich vor der malariaübertragenden **Anophelesmücke** – besonders in allen feuchteren Gebieten (dazu zählt auch Accra) und während der Dämmerung – in acht nehmen. Die Moskitos können allein durch ihr lästiges Gesumme die tropische Nacht zum Alptraum machen.

In der Regenzeit werden oft ganze Landstriche von **Termiten** überfallen, denn nach der langen trockenen Periode schwärmen die sonst flügellosen Tiere zur Paarung aus. Wie bei den Ameisen bildet das Königspaar dann einen neuen Staat mit oft vielen Millionen Arbeitern und Soldaten, denn schließlich legt die 10 cm große Königin alle drei Sekunden ein Ei. Im Norden und in der Ebene von Accra sind die typischen Termitenhügel häufig zu sehen. Oft sind es wahre Kathedralen, manchmal 3 bis 4 Meter hoch, die von den nur 1 bis 2 cm großen, lichtscheuen, unterirdisch lebenden Termiten aus Holz, Lehm und Kot hochgezogen werden. Sie können durch ihren Holzfraß großen Schaden an Bauten und Bäumen anrichten.

Mit dem Einsetzen der Regenzeit kommen auch *Heuschrecken* und andere Insekten vor, sie sind aber keine Plage wie woanders, wo manchmal ganze Ernten vernichtet werden. Ebenfalls in den Savannengebieten ist die **Tsetse-Fliege** zu Hause, die vor allem Kühen und anderem Großvieh die tödliche Schlafkrankheit bringt. Die etwa 20 verschiedenen Arten dieser Stechmückengattung besitzen noch einmal diverse Unterarten, die jeweils andere Lebensbedingungen vorziehen. So gibt es Arten, die an freies Wasser gebunden sind, einige gehen vorzugsweise in der Dämmerung auf Nahrungssuche, andere stechen nur tagsüber. Grundsätzlich saugen sowohl das Weibchen als auch das Männchen

Blut. Für Menschen stellt die Tsetse-Fliege, zumindest in Ghana, keine Gefahr dar.

Hängt seine Nester an die schwankenden Palmwedel: Altwelt-Palmsegler

Vogelwelt

Bisher wurde die Vogelwelt in Westafrika, insbesondere Ghana, wenig beachtet, obwohl hier viele schöne, seltene Vogelarten vorkommen. *Birdlife International*, der Dachverband aller Vogelkundler der Welt, hat 15 endemische Spezies im Regenwaldbereich Westafrikas ausgemacht, darunter 14, die vom Aussterben bedroht sind! In Bezug auf Ghana nennt die Organisation die folgenden **Schutzgebiete** als die wichtigsten Biotope, die folglich auch die besten Areale für Vogelbeobachtung sind: Es sind die Nationalparks *Ankasa-Nini-Suhien, Bia, Kakum* und *Mole* sowie die Naturreservate *Atiwa-Atwirebu, Cape-Three-Points, Afadzato-Agumatsa* und *Assin-Atandasu* sowie die »Ramsar-Gebiete« der *Songaw-Lagune* und *Voltamündung*. Rund **180 Vogelarten** leben in diesen Gebieten. Einige der interessantesten sind *Weißschopfreiher, Kongo-Schlangenhabicht, Langschwanzhabicht* und das sehr seltene *Weißbrust-Perlhuhn*.

Die Nationalparks **Kakum** an der Küste und **Mole** im Nordwesten gehören unter den vielen Möglichkeiten zu den besten Revieren für Vogelkundler. In diesen beiden Parks wurden die meisten Arten gezählt, darunter solche wie: *Doppelzahn-Bartvogel, Dominikanerwitwe, Gabelracke, Gleitaar, Grau-* und *Gelbschnabeltoko, Kaffernhornrabe, Schwarzmilan, Flughuhn, Graupapagei,* diverse *Flammenkopfbartvögel, Haubenzwergfischer, Helmperlhuhn, Kuckuck, Mohrenralle, Pirol, Oryxweber, Schmetterlingsfink, Rostsperling, Schreiseeadler, Strichelracke, Schuppenköpfchen, Strahlnektarvogel, Weißflankenbuntschnäpper, Schwarzkehlchen, Schildrabe, Senegaltrappe, Haus-* und *Palmsegler, Rahmbrustprinie, Tiputips, Weißstirnspint,* verschiedene Singvögel sowie Würger- und Webervögel.

Einige Besonderheiten des **Atiwa-Atwirebu-Reservats**, dem »Zauberwald« nordwestlich von Accra nahe Kibi, ist der wunderschöne *Saphirspint*, ein selten zu sehender, blau gefiederter Vogel. Hier wohnt auch die *Glanzkopftaube*, der beeindruckende *Riesenturako*, die gefährdeten *Narinatrogon, Glanzlappenschnäpper* und *Vielfarbenwürger*, der *Grüne Tropfenastrild* und der *Rotschwingen-Buschdrossling* sowie der *Einfarb-Necktarvogel*. Alle diese sehenswerten Vögel können in Atiwa-Atwirebu in Ruhe beobachtet werden, da hier keine Rücksicht auf Ranger oder Zeitaufwand genommen werden muss.

Fühlt sich auch in Ghana wohl: Senegal-Rake

Der Weißkehlspint brütet in Kolonien und wandert außerhalb der Brutzeit bis Tansania und Angola

Wenn Sie sich für Vögel interessieren, sollten Sie nicht versäumen, die Wasserlandschaften der **Songaw-Lagune** und die **Voltamündung** zu besuchen, die unter dem besonderen Schutz der Ramsar-Konvention stehen. Dort auf den kleinen Inseln der Lagunen, *Hevikpodzi* (Vogelwarte) genannt, sind im Laufe der Jahre wahre Paradiese für Wasservögel entstanden. Man kann sie ganz einfach mit von Fischern gemieteten Booten besuchen.

Interessante Vögel in diesen Gebieten ist unter anderem die *Küstenseeschwalbe* (Arctic tern), die mit rund 20.000 km im Jahr den wohl längsten Zugweg unternimmt und dabei auch in den Tropen bzw. am Volta Station macht. Häufig zu sehen sind auch der *Weiße Küstenreiher* und der große *Afrikanische Löffler* mit seinem breiten, löffelartigen Schnabel. Er brütet seinen Nachwuchs im Schilf aus und sucht sich seine Nahrung im Schlamm oder untiefen Gewässern. Der *Graufischer*, eine schwarz-weiß gefiederte Eisvogelart, ernährt sich hauptsächlich von Fischen, Krustentieren und Wasserinsekten. Gewöhnlich lauert er im Baumgeäst, kann aber auch schwirrend über dem Wasser nach Fischen suchen, die er im Flug verschlingt.

In den Sumpfgebieten sind *Schwarzhalsreiher*, ein Watvogel, der eine Körpergröße von 85 cm und eine Flügelbreite von 150 cm erreicht. Er ist mit dem in Europa bekannten Graureiher verwandt, seine Schwingen sind aber an den Spitzen schwarz gefärbt, woran er in seinem kraftvoll langsamen Flug zu erkennen ist. Den schwarzen Hals hat er dann im Gegensatz zu den Löfflern, Ibissen und Störchen eingezogen. Der Schwarzhalsreiher brütet in Kolonien auf wassernahen Bäumen oder in Schilfbeständen. Sein Gelege besteht aus zwei bis vier Eiern, die in 25 – 28 Tagen ausgebrütet werden.

Zu sehen ist ebenfalls der *Gelbkehlpieper*, ein Alleingänger, der oft und gern auf Bäumen oder Büschen nistet. Bei der Futtersuche durchwühlt er die Erde. Seine gelbe Färbung ab dem Hals reicht auf der Unterseite bis zur unteren Schwanzpartie.

Keine Seltenheit ist der *Sichelstrandläufer*, der rund 20 cm klein ist, 40 – 60 g wiegt und 17 Jahre alt werden kann. Sein Name stammt von seinem langen gebogenen Schnabel, mit dem er im Schlick nach Kleintieren sucht.

✺ **Tip:** www.birdlife.org, www.ghanawildlifesociety.org

Mangroven und Meeresfauna

An den Flußläufen und in den Sumpfgebieten der Küste wachsen hauptsächlich *Bambus-, Palmen-* und *Mangrovenwälder,* die das brackige Wasser lieben. Typisch für *Mangroven* sind die Stelzen, auf denen sie über dem Wasser stehen. Es sind Luftwurzeln, die das Salz aus dem Meerwasser ausscheiden können. Merkwürdigerweise werden die Mangroven in

	Savanne
	Offene Grassavanne
	Offene Baum- und Strauchsavanne
	Baumsavanne mit Hochgras
	Trockenwald
	Regenwald
	Trockener und feuchter Höhenwald
	Offener, regengrüner Wald
	Regengrüner, temperierter Wald
	Immergrüner Regenwald
	Küstensavanne
	Busch und Grasland
	Strand, Palmen, Bambus, Mangroven

1 **Nationalparks**, **4** **Tierreservate** und andere **3** **Naturschutzgebiete**

1	GRA	Shai Hills
2	CR	Kakum
3	CR	Assin-Attandoso Nature Reserve
4	WR	Cape Three Points Forest Reserve
5	WR	Ankobra Rainforest Reserve
6	WR	Ankasa-Nini-Suhyien
7	WR	Boin Forest Reserve
8	WR	Yoyo Forest Reserve
9	WR	Bia Resource and Biosphere Reserve
10	WR	Bia Nationalpark
11	ASH	Owabi Wildlife Sanctuary
12	ASH	Bobiri Wildlife Sanctuary
13	ASH	Bofoum Wildlife Sanctuary
14	ASH	Kogyae Strict Nature Reserve
15	ASH	Digya
16	BA	Bui
17	BA	Buabeng-Fiema Monkey Sanctuary
18	NR	Mole
19	UWR	Wechiau Hippo Sanctuary
20	UWR	Gbele Resource Reserve
21	ER	Esen-Epam Forest Reserve
22	ER	Atiwa-Atwirebu
23	VR	Tafi-Atome Monkey Sanctuary
24	VR	Agumatsa National Reserve
25	VR	Kyabobo
26	VR	Kalakpa Wildlife Sanctuary
		Region

Mangroven

Ghana, von wenigen Ausnahmen abgesehen, nicht so hoch und undurchdringlich wie die in den Nachbarländern. Dennoch gibt es rund um die Lagune von Prince's Town und an der Mündung des Dodowa-Flusses unweit von Accra gute Beispiele.

Die **Gewässer** der westafrikanischen Küste zählen zu den fischreichsten der Welt, obwohl spanische, koreanische, taiwanesische und japanische Schiffe mit ihren hochmodernen Fangmethoden kontinuierlich dafür sorgen, daß es hier immer weniger Fische gibt.

An der ghanaischen Küste treffen der aus dem südlichen Afrika kommende *Benguelastrom* und der warme *Kanarenstrom* zusammen. Das Ergebnis ist ein wohltemperiertes Wasser, das für **Fische** genau richtig zu sein scheint: nie zu kalt, nie zu warm. Ghanas Küstenbewohner ernähren sich daher fast ausschließlich von Meeresprodukten. Ein oft sehr malerisches Bild zeigt sich entlang der ganzen Küste, wenn die bunten Fischerkanus frühmorgens von hoher See zurückkehren. Angelandet werden Fische in allen Größen und von allen Arten: *Barrakudas, Heringe, Makrelen,* verschiedene *Haiarten, Speer-, Thun- und Tintenfische, Meeresaale, Zackenbarsche* usw., ganz zu schweigen von den wunderbaren Krustentieren wie *Hummer, Langusten* und *Krabben* oder schmackhaften Weichtieren wie *Muscheln* und *Schnecken*.

NATUR: VEGETATIONSZONEN UND IHRE FLORA & FAUNA

NATIONALPARKS & SCHUTZGEBIETE

Seit der Kolonialzeit wurde der Wald in großem Maßstab für wertvolle Devisen abgeholzt. Es wurde nicht konsequent aufgeforstet, die Landschaft zur Gewinnung von Bodenschätzen verunstaltet und Erosion als »gottgewollt« hingenommen. Tiere wurden hauptsächlich als laufende, schmackhafte Barbecues betrachtet. Die Wechselbeziehung zwischen Klima und Ökologie wurde nicht erkannt bzw. mißachtet. Nun da viele der vorher zahlreichen Tierarten verschwunden sind, die Regenfälle nicht mehr regulär kommen und die Landschaft immer lichter wird, ist offensichtlich, daß drastische Schritte notwendig sind. Nur: In Sachen Naturschutz klaffen Anspruch und Wirklichkeit weit auseinander. Wirtschaftliche Zwänge lassen die schönen Sonntagsreden über ökologische Belange wie Hohn klingen.

Offene Wunden der Goldgier

Glücksritter, Desperados, Gestrandete, Profitgeier, vom Goldrausch Geblendete ... Schon seit der Kolonialzeit wird das reiche Goldvorkommen des Landes professionell ausgebeutet. Und das Goldfieber ist seither kaum gesunken. In den Gebieten um *Tarkwa, Prestea, Bogoso* und *Obuasi* werden im Tagebau riesige Areale für die **Goldgewinnung** umgepflügt, ohne Rücksicht auf Verluste. Im Norden und Osten schürfen Desperados wie wild auf eigene Faust. Große Mengen an Quecksilber, das zur Trennung des Metalls eingesetzt wird, sickern ungehindert ins Grundwasser und gefährden die Lebensgrundlage der umliegenden Orte. Schon gleichen diese Gebiete einer Mondlandschaft, doch die versprochenen Kontrollen finden nicht statt (↗ Wirtschaft, Bodenschätze).

Naturschutz hat Zukunft

So sorglos mit der Natur in der Vergangenheit umgegangen wurde, so erfreulich ist die Tatsache, daß der Umweltproblematik in Ghana heute mehr Aufmerksamkeit gewidmet wird. Die Errichtung und der Ausbau von Nationalparks ist nur ein Beispiel dafür. Was einer konsequenteren Umweltpolitik im Wege steht, ist der Mangel an Geld, um sinnvolle Alternativen, adäquate Einnahmequellen und Arbeitsplätze zu entwickeln. Ebenso fehlt Personal mit entsprechendem Know-how, das die neugewonnenen Erkenntnisse umsetzen und weitervermitteln könnte.

Um die ökologischen Schutzmaßnahmen sozialverträglich zu gestalten, wurde die Philosophie des Naturschutzes – anders als in den meisten anderen afrikanischen Ländern – regelrecht konzipiert. Zunächst wurden **drei Hauptziele** angepeilt: Es war äußerst notwendig, die dezimierte Tierwelt in abgegrenzten Gebieten zu schützen; dann war es wichtig, die gewohnte Lebenswelt der Tiere zu erhalten, damit sich ein ökologisches Gleichgewicht einstellt. Schließlich sollte der Wald, Hauptstütze des Lebens und voller natürlicher Reichtümer, erhalten werden.

Mit diesen drei Hauptzielen vor Augen wurden **Nationalparks und Naturschutzgebiete** geschaffen. Touristen spielten in diesen Überlegungen eine untergeordnete Rolle, was erklärt, warum fast alle

Nationalparks und Reservate kaum Straßen, Hotels und Restaurants aufweisen.

Das heißt nicht, daß man Ghanas Nationalparks nicht besuchen könnte. Im Gegenteil, man darf sich im Schutzgebiet frei bewegen. Der obligatorische Wildhüter, der einen begleitet, ist nicht nur da, um die Besucher vor den Tieren zu schützen, sondern auch die Tiere vor den Menschen. So gesehen sind Ghanas Nationalparks nur für diejenigen interessant, die Zeit, Geduld, großes Interesse und Hartnäckigkeit mitbringen.

Klassifizierung der Naturparks

Seit den 1960er Jahren ist ein Flickenteppich von 70 Nationalparks, Wildtierreservaten und anderen Schutzgebieten entstanden. 67 davon sind zudem als »wichtige Vogelreservate« klassifiziert.

Nationalparks, *National Parks,* wurden eingerichtet, um dem breiten Publikum die Schätze der Natur zugänglich zu machen. Sie sind ganzjährig offen und können jederzeit in Begleitung eines Wildhüters besucht werden. Bei der Anmeldung vor Ort zahlt man die Eintrittsgebühr.

TIPS ZUM BESUCH DER NATURPARKS

▶ Wer sich für den Besuch eines Naturparks interessiert, sollte vor der Reise an das **Department of Game and Wildlife** schreiben und um aktuelle Informationen bitten bzw. sich dort anmelden. Das Department sagt Ihnen, welche Parks zur Zeit zu besuchen sind und versucht dann, einen Wildhüter für Sie zu organisieren. Die Kosten für den Führer variieren je nach Dauer der Tour, sind aber sehr gering. Unterkunft und Verpflegung muß man meist selbst organisieren bzw. mitbringen. Anreise und Übernachtung erfolgen immer am besten vom nächstgelegenen Ort aus.

Anmeldung: *Department of Game & Wildlife,* P.O. Box M239, ✆ 021/666129, Fax -476, Accra. Die netten Leute dort schreiben immer zurück (an die langen Postwege denken!) und geben hilfreiche Informationen, auch zu Unterkunft und Preisen.

Vor Ort: Die einzelnen Parks sind mit allen praktischen Informationen in den Orts- bzw. Routenkapiteln zu finden.

Eintritt: Für alle Natur- und Nationalparks:
Ausländer: 4 €; Gruppenmitglieder, Entwicklungshelfer und Studenten 3 €; Kinder 2 €; jede geführte Stunde 1,50 €.
Ghanaer: 1,80 €, Studenten 1 €, Kinder 0,50 €.

Ausrüstung: Um eine Tour in einem Naturpark sinnvoll gestalten zu können und um Kratzer, Moskitostiche, Feuerameisenbisse etc. zu vermeiden, sind:
❏ langärmelige Hemden,
❏ lange Hosen aus festem Stoff (Jeans),
❏ Socken,
❏ geschlossene, feste Schuhe,
❏ ein Regencape,
❏ ein Fernglas
❏ und etwas Abenteuergeist unbedingt notwendig. Zur Campingausrüstung ↗ »Reisevorbereitung«.

Symbole & Übersichtskarte: ↗ Seite 34.
■ = Nationalpark
◆ = Tierreservat
● = Naturschutzgebiet, Forstreservat, Resource & Biosphere Reserve

Die **Wildtierreservate,** *Wildlife Sanctuaries,* wurden zunächst mit dem Ziel errichtet, die Tierbestände für die Jagd zu erhalten. Inzwischen hat sich die Einsicht der Politiker und der Bevölkerung zu Gunsten der Tierwelt gewandelt und es herrscht ein generelles Jagdverbot. Wildreservate eignen sich für Wanderungen, aber man muß sich vorher beim *Department of Wildlife* in den regionalen Hauptstädten anmelden.

Andere **Schutzgebiete,** wie die *Strict Nature Reserves,* wurden gegründet, um bestimmte Tiere und Pflanzen vor der völligen Ausrottung zu schützen. Hier dürfen sich Menschen nur mit Genehmigung sehen lassen, die meist lediglich Wissenschaftlern gewährt wird.

Für die Rettung des Regenwaldes wurden **Forstreservate,** *Forest Reserve* und *Resource & Biosphere Reserve,* mit partiellem Waldschlagverbot ausgewiesen. Die Intention ist, der Holzwirtschaft durch *Sekundärwald* (keine Monokultur) eine fundierte Grundlage zu geben, um damit das unkontrollierte Abholzen zu verhindern. In diesem Zusammenhang wurde auch der Export von Rundhölzern nach Übersee verboten. Dennoch gibt es immer noch illegalen Holzabschlag und Schmuggel, der nicht selten, wie in den 90er Jahren aufgedeckt, in deutschen Seehäfen endet.

❶ Shai Hills: Picknick-Areal der Accraner

Nur 50 km von *Accra* entfernt, auf der Straße Richtung Akosombo einfach zu erreichen, liegt dieses kleine Wildtierreservat von nur 40 km² Größe.

Das Schutzgebiet liegt in einer reizvollen, schönen Hügellandschaft – den *Shai Hills.* Sie sind Teil der Küstensavannenlandschaft mit wenig Bäumen, aber Wildwest-Flair. Der Park wurde bereits 1961 errichtet, um die stark reduzierten Wildbestände um Accra zu stabilisieren. Im Jahr 2000 hat das Areal eine Aufwertung erlebt und ist nun ein Nationalpark. Rund 90 Vogelarten, dazu verschiedene Reptilien, Antilopen- und Affenarten, die von Januar – Mai leicht zu beobachten sind, leben hier. Auch interessant sind die vorgeschichtlichen Höhlen, die früher von Menschen bewohnt waren. Archäologische Funde besagen, daß einst sogar Büffel hier beheimatet waren.

✺ **Tip:** Ein Ausflug ist von Accra aus per Taxi oder Mietwagen leicht zu bewerkstelligen, ↗ »Ausflüge in Greater Accra«.

❷ Kakum: Von Baumwipfel zu Baumwipfel

Der neben Mole bekannteste Nationalpark Ghanas, 350 km² groß, wurde erst 1990 offiziell als solcher klassifiziert. Aufgrund seiner günstigen Lage in der Zentral-Region, praktisch vor den Toren der großen Sklavenburgen von *Elmina* und *Cape Coast*, ist dieser Park schnell zum Liebling aller Touristen avanciert. Die Möglichkeit, eine Tour zu den Burgen mit einer Stippvisite in den Tropenwald zu kombinieren, bietet sich einfach an.

Der Kakum-Nationalpark liegt 33 km nördlich von Cape Coast. Hier kommt der Regenwald mit seinen Geheimnissen so nah an die Küste heran, daß Beobachtungen aller Art möglich sind. Das gut geschulte Personal macht auf über 40 verschiedene Pflanzen und Bäume der seltensten Arten aufmerksam, beispielsweise den *Feigenbaum,* der große Bäume unauffällig zu Tode quetschen

Kob-Antilope: In den Shai Hills oder im Mole-Nationalpark läßt sie sich leicht beobachten

kann, oder den *Otuwerebaum*, dessen riesige Dornen früher zu Stempeln verarbeitet wurden. Es gibt auch etliche Pflanzen, die medizinisch genutzt werden, worüber die Wildhüter Auskunft geben.

Ebenfalls von Interesse sind die Touren zu den bedrohten Tieren im Inneren dieses tropischen Waldes. Beheimatet sind hier die fast ausgestorbenen *Mona-Meerkatzen*, *Bongo-Antilopen*, *Waldelefanten*, *Waldbüffel* und das *Riesenwaldschwein*. Da diese Tiere sehr schwer zu sehen sind, planen die Parkbehörden Beobachtungsposten oberhalb einiger Wasserstellen und an anderen günstigen Punkten. So wird es bald möglich sein, die seltenen Tiere aus sicherer Entfernung und ohne nennenswerte Störung zu Gesicht zu bekommen.

Was Kakum bereits jetzt zum Publikumsmagnet macht, ist der seit ein paar Jahren existierende **Canopy Walkway**. Dieser spektakuläre Urwaldspaziergang in schwindelerregender Höhe auf mit Netzen gesicherten Holzplanken bietet die einmalige Möglichkeit, durch die gigantische Baumwelt des afrikanischen Dschungels zu laufen und Beobachtungen in den oberen Etagen des Urwaldes zu machen. Über 330 m und über sieben Brücken, mitunter rund 40 m oberhalb des Erdbodens verläuft der Weg. Er ist völlig ungefährlich, selbst wenn ein mulmiges Gefühl erst überwunden werden muß. In nur vier anderen Ländern der Welt gibt es eine derartige Möglichkeit, und die Kakum-Anlage ist angeblich die einzige in Afrika. Für alle, die nicht schwindelfrei sind, wird ein zweistündiger lehrreicher Waldspaziergang angeboten, um die Schätze des Waldes kennenzulernen.

Im Nordosten schließt sich das 260 km² große ❸ *Assin-Attandaso Nature Reserve* an, das bisher touristisch nicht erschlossen ist.

☀ **Tip:** Man kann in Kakum campen und eine geführte Nachtwanderung unternehmen, um die nachtaktiven Tiere des Regenwaldes zu sehen bzw. zu hören. ↗ Camping-Ausrüstung, Reise-Information.

Auskünfte (auf Englisch) erhalten Sie bei: CEDECOM, Dept. of Game & Wildlife, P.O. Box 2288, Cape Coast, ✆ 042/32348.

Praktische Infos: ↗ »Die Küste zwischen Accra und Cape Coast«.

TIERE SIND GLÜCKSSACHE

▶ Viele Urlauber hoffen, in Ghana auf quasi ostafrikanische Verhältnisse zu treffen. Doch abgesehen davon, daß es in Westafrika kein Großwild gibt und im Dschungel naturgemäß wenig zu sehen ist, haben unterschiedliche wirtschaftliche und ökologische Gründe dazu geführt, daß die erwähnten Tiere auch in den Reservaten weder zahlreich noch leicht zu sehen sind. Die Reservate sind primär zum Schutz der Natur eingerichtet worden und selten gut erschlossen. Außer in Mole sind in vielen der Parks nur wenige Tiere übrig, nachdem sie jahrzehntelang ohne Kontrolle gejagt wurden. Wenn Sie die Meßlatte nicht zu hoch anlegen, werden Sie dennoch interessante Touren durch die Natur erleben. ◀

☀ **Tip:** Für Fotos im relativ dunklen Dschungel ist ein Blitzlichtgerät nützlich. Batterien nicht vergessen.

---

❹ Cape Three Points: Das Kap der Hoffnung

Fast versteckt an der einsamen Küste rund um den südlichsten Punkt Ghanas und in Büchern kaum erwähnt, liegt das 50 km² kleine *Cape Three Points Forest Reserve*, wahrscheinlich das letzte Stück ursprünglicher Küstenwald. Nur 3 km vom Meer entfernt trifft man auf ein Areal, das es mit der Biodiversität großer Waldreservate aufnehmen kann. Kleine Populationen von bedrohten Säugetieren wie der *Bongo-Antilope*, dem *Diana-Affen*, der *Halsbandmangabe* sowie diversen Vogelarten wie dem *Goldhelm-Hornvogel*, *Grünschwanzbleda* und *Kupferglanzstar* sollen hier noch anzutreffen sein.

Am Ankobra-Fluß liegt ein weiteres geschütztes Waldgebiet, das ❺ **Ankobra Rainforest Reserve,** das bislang touristisch nicht erschlossen ist.

☀ **Tip:** Anfahrt über Takoradi und Akwidaa bzw. Axim, Ausflüge werden vor Ort organisiert, ↗ »Durch den Westen«.

❻ Ankasa-Nini-Suhien: Aufsteigender Stern

Im äußersten Südwesten Ghanas erstreckt sich dieser Nationalpark fast bis zur Grenze von Côte d'Ivoire. Wegen seiner Lage war der Park lange recht unbekannt. Doch mit seinem neu errichteten Besucherzentrum mausert er sich zum aufsteigenden Stern am Naturtourismus-Himmel. Wer ein Faible für Botanik hat, wird hier sein Paradies finden.

Das Schutzgebiet umfaßt eines der wenigen wirklich unberührten Waldgebiete im heutigen Ghana – eine Folge der höchsten Niederschläge im ganzen Land und Grund für den besonderen Artenreichtum. Untersuchungen haben ergeben, daß die biologische Vielfalt in diesem Gebiet die größte in Ghana ist. Auf einem einzigen Hektar wachsen 300 verschiedene Pflanzenarten. Hier leben nach wie vor seltene Waldelefanten, Wildschweine, Antilopen, Riesenschlangen, zwanzig Primaten- und unzählige Vogelarten. Dank der Arbeit von Gruppen wie ↗ *Freunde von Ankobra* und dem *WWF* (World Wildlife Fund) haben jüngste Maßnahmen zur Aufwertung und zum besseren Schutz des Parks geführt. Der eigentliche, unberührte Kern von 175 km² zwischen den Flüssen *Nini* und *Suhien* wurde mit dem 359 km² großen **Ankasa-Sekundärwald** zu einem einzigen großen Schutzgebiet zusammengelegt. *Ankasa*, Akan für »der Ort, wo man nicht spricht«, ist tatsächlich ein Ort, an dem alle Worte überflüssig sind. »Lassen Sie die hier lebenden Affen durch das Gehölz krachen und mit ihrem Gekreisch Ihren Atem rauben. Waten Sie durch Flüsse, die einfach auf Felsen platschen. Nehmen Sie die Natur einfach in sich auf«, empfiehlt der Leiter des Parks.

☀ **Tip:** Am praktischsten ist die Anfahrt über ↗ Takoradi. Im Park können kleine Gruppen übernachten und campieren. Die Tour dorthin muß selbst organisiert werden.

⑦ ⑧ Boin & Yoyo Forest Reserve

Die Gebiete der früheren *Boin- und Yoyo-Waldreservate* wurden jüngst zusammengefasst, ihr Status als Naturschutzgebiet zum Forest Reserve herabgestuft. In dem 305,62 km² großen Areal darf nun – nach Genehmigung der *Ghana Forestry Commission* – kontrolliert Edelholz geschlagen werden. Hier standen mal wieder Wirtschafts- vor Naturschutzbelangen. Gleichzeitig fehlt das Geld, um die Genehmigungen vor Ort zu kontrollieren. So sind der Wald und seine Bewohner schlecht geschützt. Berichte sprechen von unerlaubten Farmgründungen, Wilddieberei und unkontrollierter Abholzung des Regenwaldes im großen Stil.

⑩ Bia: Heimat der Primaten

Der *Bia-Nationalpark* im Westen Ghanas ist 190,7 km² groß. Er wurde vom ehemaligen *Krokosua-Waldreservat* abgegrenzt und bereits 1997 als eigenständiger Nationalpark anerkannt. Der Park besteht aus intaktem Primärwald, einer der wenigen noch existierenden im Land. Hier sind nicht nur 189 Vogelarten, Waldelefanten und die seltene, nur in wenigen Gebieten Westafrikas vorkommende, rötlich schimmernde Echse *Agama paragama sylvanus* (Falsche Agame) zu Hause. Der Park ist Heimat aller zehn bekannten Primatenarten Westafrikas: *Schimpanse* (Pan Troglodytes), *Roter Colobus, Schwarz-, Weiß-* und *Olive-Colobus, Diana-* und *Husarenaffe, Mona-Meerkatze, Mangabe* und *Pavian*. Seit 1983 ist der Park zudem **UNESCO-Biosphärenreservat**. Mit finanzieller Hilfe der EU wird derzeit versucht, die Bestände im Park besser zu schützen: 2007 einigten sich Ghana und die EU vertraglich auf einen Fünfjahresplan zur Unterstützung der Schutzgebiete Ghanas. Rund 2,6 Mio. GHC wurden dem *Protected Areas Development Programme* (PADP) zur Verfügung gestellt, um den Bau von Verwaltungszentren und Besuchercamps im Ankasa- und im Bia-Nationalpark zu ermöglichen.

Da sich dichter Wald nicht für intensive Tierbeobachtung eignet, ist der Bia-Nationalpark in erster Linie wegen seiner seltenen Pflanzen, Bäume und Blumen interessant. Mehr Informationen über die *West African Primate Conservation Action* unter www.wapca.com.

* **Tip:** Besucher sollten sich möglichst vor Antritt der Reise in den Büros der *Wildlife Division* in den regionalen Hauptstädten über die aktuellen Straßenbedingungen informieren. Die Infrastruktur ist in vielen Gebieten unzureichend und kann bei schlechtem Wetter schnell zusammen brechen.
* **Tip:** Der Eingang zum Bia-Nationalpark befindet sich in Kunkumso bei New Debiso.
* **Tip:** Besucher starten von ↗ Kumasi oder ↗ Tarkwa aus und erreichen den Park via Sefwi-Wiawso. Sie müssen bereit sein, ausgedehnte Fußmärsche durch unwegsames Terrain zu unternehmen. Unbedingt Campingausrüstung mit allem Drum und Dran mitnehmen.

11 Owabi: Wilde, weit gereiste Vögel

Das *Owabi Wildlife Sanctuary* liegt etwa 23 km nordwestlich von Kumasi entfernt und ist sehr gut zu erreichen. Hier leben besonders viele Vögel, die im und am Owabi-Stausee günstige Lebensbedingungen gefunden haben. Etliche Zugvögel kommen zum Überwintern her. Für Wanderer ist das Reservat sehr gut geeignet. Es gibt nur Fußpfade, ein ortskundiger Führer bringt einen sicher durch das Labyrinth der Wege.

Allied Hornbill

* **Tip:** Ein Tagesausflug ist von ↗ Kumasi aus individuell möglich.

12 Bobiri: Regenwald voller Flattertiere

Im *Bobiri Wildlife Sanctuary* ist nach Expertenmeinung das beste Waldareal der Republik für alle, die den Regenwald kennenlernen wollen, dennoch ist es auf keiner offiziellen Karte eingezeichnet. Besucher sind im 55 km² großen Schutzgebiet nahe *Kubeasi*, nur 30 km östlich von Kumasi, höchst willkommen. Eine Vielzahl von Vögeln, Affen und Antilopen lebt hier. Doch das Hauptinteresse in Bobiri gilt der Pflanzenwelt, durch die man auf fünf Naturpfaden geführt wird. Hier und im angeschlossenen Blumengarten hat man rund 500 verschiedene Schmetterlingsarten gezählt!

* **Tip:** Wird auch *Bobiri Forest and Butterfly Sanctuary* genannt. Es gibt eine einfache Unterkunft. Das Tourist Board in ↗ Kumasi hilft gern weiter.

13 Bofoum: Rauschende Wasserfälle & Höhlen

Das *Bofoum Wildlife Sanctuary*, 90 km nordöstlich von Kumasi und etwa 55 km² groß, ist vor allem wegen der **Bamfabiri-Wasserfälle** Ziel von Tagestouristen aus Kumasi; sie sind aber nur während der Regenzeit sehenswert. Interessanter ist, daß abgesehen von *Pavianen, Mona-Affen, Buschböcken* und dem nur 55 cm hohen *Schwarzrückenducker* sowie verschiedenen Vogelarten Bofoum auch alle drei der in Westafrika bekannten *Krokodilarten* beherbergen soll.

* **Tip:** Durch das Reservat gehen nur Fußwege, Übernachtung in ↗ Kumasi möglich.

15 Digya: Groß und unerschlossen

Mit 3120 km² Fläche ist er der zweitgrößte Nationalpark Ghanas. Er liegt am westlichen Ufer des Volta-Stausees, in den Regionen Brong-Ahafo und Ashanti. Im Park leben Elefanten, Leoparden und eine Population von *Manatees* (See-Elefanten).

Erdferkel

Mangels Infrastruktur ist dieser Park nur entweder über *Atebubu* oder per Boot von *Kete Krachi* aus zu besuchen, dort gibt es keine Übernachtungsmöglichkeiten. Und da getreu der ghanaischen Philosophie auch innerhalb des weitläufigen Parks die Natur nicht verändert wurde, ist Campingausrüstung unbedingt erforderlich. Man sollte sich nur mit einem ortskundigen Führer auf den Weg machen und sich dabei auf schier unendliche Fußmärsche durchs Gelände einstellen, um eines der scheuen Tiere sehen zu können. Im Digya-Nationalpark sind immer noch Wilddiebe aktiv; sie sind aber keine Trophäenjäger, sondern hauptsächlich zur eigenen Fleischversorgung unterwegs. Bis jetzt sind noch keine Konflikte zwischen Wilderern und Schutzpersonal bekannt.

Tip: Die Anreise erfolgt über *Ejura*, *Atebubu* oder *Dadieso*. Es empfiehlt sich, vorher das Tourist Board in ↗ Kumasi zu konsultieren.

16 Bui: Das Schnauben der Hippos

Ein günstiger Ort für eine ereignisreiche Safari ist der Bui-Park in der Region Brong-Ahafo. Das schöne Areal von 2200 km² Größe wird vom Schwarzen Volta durchflossen. Der Park ist über das Städtchen *Wenchi* zu erreichen, wo man Quartier beziehen sollte. Der Nationalpark besteht überwiegend aus einer Savannen-Waldlandschaft, ähnlich der in Mole, nur ein wenig dichter. Im Bui-Park sind Elefanten, Leoparden, Büffel und zahlreiche Affenarten zu Hause. Eine seiner größten Attraktionen sind die vielen Flußpferde, die in diesem Volta-Abschnitt leben. Ihr Refugium steht allerdings in Gefahr, bald in einem Stausee unterzugehen. Der Black Volta soll hier in einem zweiten Staudamm aufgestaut werden, um die Stromerzeugung des *Akosombo-Staudamms* zu ergänzen.

Schon seit den Siebzigern ist dieses Projekt in Planung, wurde jedoch aus Geldmangel nie verwirklicht – bis Ghana 2006 und 2007 in eine tiefe Energiekrise geriet. In das Projekt ist schließlich das chinesische Unternehmen *Sinohydro* eingestiegen, das den Bau mit rund 600 Mio US$ finanziert. Seitdem sind chinesische Ingenieure und ghanaische Arbeiter mit dem Bau des Staudamms beschäftigt. Obwohl seitens der *EPA Ghana (Environmental Protection Agency)* eine offizielle Umweltstudie durchgeführt wurde (deren Ergebnis übrigens bislang Staatsgeheimnis ist …), ist noch nicht entschieden, was mit den Flußpferden geschehen soll.

Tip: Vor Ort gibt es keine Infrastruktur. Wer sich von Unbequemlichkeiten nicht abhalten läßt, reist über ↗ Wenchi an.

17 Buabeng-Fiema: Großes Affentheater

Das 80 ha große *Affenschutzreservat* nördlich von *Nkoranza*, das die beiden namensgebenden Dörfer **Buabeng** und **Fiema** einschließt, veranschaulicht eine Variante afrikanischen Tierschutzes: Seit über 160 Jahren sind die hier heimischen *Weißbart-Stummelaffen* (Colobus polycomos) und *Mona-Meerkatzen* (Cercopithecus campbelli lowei) durch ein religiöses Tabu geschützt, nach dem Motto »Solidarität mit unseren haarigen Verwandten«. Sie dürfen nicht gejagt werden und können sich überall frei und unbehelligt bewegen. Besonders die **Mona-Meerkatzen**, derzeit 250 Exemplare, kommen regelmäßig in die Dörfer, um nach Eßbarem zu suchen. Dabei stopfen sie sich wie Hamster beide Bakken voll (ihr Backenbart tarnt die Vorratslage gut), und versuchen obendrein mit Händen und Füßen so viel sie tragen können, wegzuschleppen. Die langschwänzigen Tiere – der schmale Rükken ist braun, die Brust weiß – gelten als besonders schlau.

Der Bestand der **Weißbart-Stummelaffen** beträgt etwa 150 Stück. Sie zeichnen sich dadurch aus, daß sie als einzige Affenart lediglich vier Finger und keinen Daumen besitzen. Ihr langer weißer, buschiger Schwanz, ihr schwarzes Fell und das von einem weißen Haarkranz eingerahmte schwarze Gesicht machen sie besonders attraktiv. Die Affen fressen nicht nur die Schalen von Yams und Kochbananen, die man ihnen überläßt, sie holen sich auch Essen aus den Vorratsspeichern, klettern in Häuser und Küchen und trinken aus den Wassereimern. Diese Kapriolen werden von den Dorfbewohnern mit großem Langmut geduldet, denn sie glauben, daß alles, was man den Affen antut, früher oder später einem selbst geschehen wird.

Das ist umso erstaunlicher, da hier Affen sonst eher als Fleischlieferanten angesehen werden. Ende der 60er Jahre wollten einige Leute beweisen, daß sie nichts mehr von der traditionellen Religion hielten. Sie begannen, die Affen systematisch zu jagen. Für den langfristigen Schutz der Tiere mußte die Staatsgewalt hinzugezogen werden. Dank der Initiative der Bevölkerung wurde schließlich auch der Wald unter Schutz gestellt, um die weitere Zerstörung des Lebensraumes der Affen zu verhindern.

Wer in diesen Teil von Brong-Ahafo kommt, sollte nicht versäumen, nach *Buabeng* und *Fiema* zu fahren. Eine bessere Gelegenheit, die äußerst scheuen und vielerorts bedrohten Tiere in natura zu beobachten, gibt es fast nirgends!

✸ **Tip:** Übernachtungsmöglichkeiten gibt es in ↗ Nkoranza bzw. Techiman.

18 Mole: Bestes Revier für eine Foto-Safari

1971 gegründet, hat sich der *Mole National Park* im Nordwesten des Landes zu einer touristischen Attraktion mit zunehmender Besucherzahl entwickelt. Nur hier kann man eine regelrechte Foto-Safari machen. Das heißt, der Park besitzt außer seinem Tierreichtum auch eine Infrastruktur in Form von Pisten, einem Motel und genügend Personal für interessante Touren durch den Park.

Der Mole-Park ist circa 4200 km² groß und dehnt sich über eine wellige Baum-Savanne mit schönen Akazienbaumbeständen und vielen Kleinbäumen aus. In

Gewaltig: Der Elefant und sein Appetit sind von zerstörerischer Kraft

dem riesigen Areal liegen, verstreut und fernab jeglicher Zivilisation, 32 kleine Camps mit der nötigsten Ausstattung für Besucher. Eine Campingausrüstung ist – für alle Fälle – erforderlich. Die beste Zeit für Fotosafaris oder Tierbeobachtungen ist die Trockenzeit von November – Mai. Dann sind die Pisten in akzeptablem Zustand, das Gras nicht so undurchdringlich und die Tiere öfters durstig, so daß man sie mit einem Fernglas leicht beim Trinken beobachten kann. Unmittelbar unterhalb des einzigen Motels im Park befindet sich ein großes Wasserloch, wohin zu verschiedenen Tageszeiten Tiere kommen und wo man gute Chancen hat, Wild zu beobachten. In der Regenzeit von Juni – Oktober sind die Pisten des Parks kaum mit dem Auto befahrbar; Fußmärsche in Begleitung von Wildhütern sind dann am besten.

Etwa 93 **Tiergattungen** bevölkern den Park, darunter 9 Amphibien- und 33 Reptilienarten, außerdem Löwen, Leoparden und andere Wildkatzen. Mehr als 300 **Vogelarten** wurden hier registriert, darunter rund 160 heimische, die ganzjährig im Park bleiben. Dazu gehören in großer Zahl solch imponierende Vögel wie Uhus, Adler, Bussarde und Geier. Hornvögel mit ungewöhnlichen Schnäbeln, Rabenvögel, Perlhühner und verschiedene Spechtarten lassen sich leicht unterscheiden. Auch die kleinen Webervögel bauen in Mole ihre kunstvollen hängenden Nester. Eine Vielzahl von europäischen Vögeln gesellt sich zum Überwintern dazu, so zum Beispiel farbenprächtige Eisvögel und weiße Kraniche.

❋ **Tip:** Oktober – Mai ist hier Hochsaison, deswegen frühzeitig anmelden. Die Anreise per Bus erfolgt immer über ↗ Tamale.

19 Wechiau: Refugium der Flußpferde

Das **Wechiau Hippo Sanctuary** ist ein Öko-Tourismus-Projekt, das 1999 mit engagierter Hilfe ausländischer Organisationen und einer Gemeinschaft von 22 umliegenden Dörfern im Nordwesten Ghanas gestartet wurde. *Wechiau,* ein Weiler im Grenzland zu Côte d'Ivoire, ist das Zentrum dieses einmaligen Projekts, das von den Einheimischen selbst verwaltet wird. In einem 40 km langen Abschnitt des Black Volta leben rund 50 Flußpferde in ihrem natürlichen Habitat, die aufgrund unkontrollierter Jagdaktivität extrem gefährdet sind. Dank der Weitsicht der traditionellen Machthaber, ist das Wechiau-Projekt heute ein erfolgreiches Beispiel für nachhaltigen Umweltschutz. Als Nebeneffekt haben sich viele Vögel, Fledermäuse, Eidechsen, Pythons und Schmetterlinge hier angesiedelt.

* **Tip:** Wechiau ist rund 46 km von ↗ Wa bzw. 23 km von ↗ Ga entfernt. Ein Besucherzentrum im Ort betreut Gäste.

20 Gbele: Bongos und Böcke

Das 546,50 km² große *Gbele Resource Reserve* wurde ursprünglich für die Trophäenjagd gegründet. Aber nach intensiven Jagdaktivitäten und Wilddieberei waren die Bestände dermaßen reduziert, daß 1974 die Jagd hier verboten werden mußte und ein Schutzreservat eröffnet wurde. Heute soll das Gbele-Reservat das einzige in Ghana sein, wo die hübsche und in Westafrika seltene *Roan-Antilope* in nennenswertem Umfang gesehen werden kann. Anderes noch vorhandene Wild sind *Bongos,* eine Antilopenart, bei der beide Geschlechter ein leierförmiges Gehörn tragen, *Hartebeest* und *Defassa-Wasserbock.* Hartnäckige Gerüchte besagen, daß hier noch der seltene afrikanische *Wildhund* und die *Goldkatze* leben würden. Das Schutzreservat liegt abseits touristischer Wege im hohen Norden, nicht weit von *Tumu* (55 km südlich) und der Grenze zu Burkina Faso.

* **Tip:** Schönste Zeit ist hier ab Juni, es gibt keinerlei Infrastruktur, ↗ Tumu.

21 Esen-Epam: Big Tree & Big Butterflies

Das relative kleine *Forest Reserve Esen-Epam* von 4610 Hektar Größe liegt zwischen *Agona-Swedru* und *Akim-Oda* in der Ost-Region. Das Hauptinteresse in diesem Schutzgebiet mit immergrünem Tropenwald gilt dem größten Baum Westafrikas, *The Big Tree,* ein seltenes Exemplar des Kapok-Baumes, der 108 Meter in die Höhe ragt. Glücklicher Nebeneffekt des geschützten Waldes ist die hervorragende Möglichkeit, hier schöne Vögel zu beobachten. Im Städtchen Asantemanso wurde ein *Visitors' Centre* für die wachsende Zahl an Gästen eröffnet.

* **Tip:** Das Areal ist von Accra, Winneba oder Agona-Swedru aus einfach und schnell über die Hauptstraße nach ↗ Akim-Oda erreicht.

22 Atiwa-Atwirebu: Zauberhafter Wald

Nur 10 km nördlich von *Kibi* (Eastern Region) liegt das 200 km² große Areal des *Atiwa-Atwirebu Forest Reserve,* das 1952 unter Schutz gestellt wurde. Hier gedeihen über 150 verschiedene Arten von Farnen, von denen drei bis Baumhöhe

Rote Jatropha mit Gast

wachsen, Wildorchideen und weitere Pflanzen, die Naturinteressierte begeistern können. Umschwirrt und bekrabbelt werden sie von Ameisen (allein 50 Arten!), Insekten und Schlangen. Die Hauptmerkmale Atiwa-Atwirebus sind aber die großen Bestände von seltenen Vögeln und atemberaubend schönen Schmetterlingen, darunter 6 endemische Arten und der größte Schmetterling des afrikanischen Kontinents, der *Ritterfalter* (Papilio Antimachus), den man mit viel Glück sehen kann.

*Tip: Das Waldreservat von Atiwa-Atwirebu (auch *Atewa-Atwirebu*) kann in einem Tagesausflug von ↗ Koforidua bzw. ↗ Accra aus innerhalb 1 – 2 Std. erreicht werden.

23 Tafi-Atome: Mehr Affe oder Meerkatze?

In der *Voltaregion* befinden sich zwischen der Provinzhauptstadt *Ho* und *Hohoe* mehrere Affen-Reservate mit Hunderten von Affen verschiedener Art. Aufgrund der traditionellen Toleranz der Ewe werden die Tiere nicht gejagt, sondern absolut in Ruhe gelassen; deshalb haben die Tiere ihre Scheu gegenüber Menschen verloren. In den Ausläufern der *Avatime-Berge* können Sie im Tafi-Atome-Affenreservat vor allem die gelehrigen *Mona-Meerkatzen* beobachten, deren Population nach Einbußen durch Wilderer heute wieder auf 60 – 80 Tiere angewachsen ist.

*Tip: In ↗ Ho hilft das Ghana Tourist Board weiter, in ↗ Hohoe das Büro des District Assembly.

24 Agumatsa: Seltene Flattermänner

Das *Agumatsa-Naturreservat* liegt im Distrikt *Hohoe* (Volta Region), im Grenzland der Togo-Atakora-Berge, die hier zwischen 600 und fast 900 m Höhe erreichen. Das 20 km² große Areal ist ein Mikrokosmos der verschiedenen Ökosysteme: feucht, immergrüner Wald, Guinea-Savanne und Grasland. Es ist die geschützte Heimat von unzähligen Schmetterlingen, Antilopen, Fledermäusen und rund 10 Vogelarten, die auf der bedrohten Liste stehen. Einige sind die *Kongotaube* (African wood pigeon) und der *Barthoniganzeiger* (Least honey guide). Fünf Raubvogelarten wurden ebenfalls in diesem Revier gesichtet, zum Beispiel der äußerst seltene *Einfarb-Schlangenadler* (Brown snake-eagle). Innerhalb dieses Areals befindet sich auch der **Wli-Wasserfall,** der höchste Westafrikas. In 600 m Höhe fällt der *Agumatsa-Fluß* über ein System von Sturzstellen und Kaskaden rund 70 m tief in eine natürliche Senke, deren imposante felsige Flanken sowohl als schöne Bergkulisse als auch Heimat einer großen Kolonie von 500.000 *Flughunden* dienen.

> ✶ **Tip:** Standort des Reservats ist ➚ Wli-Afegame, wo sich ein Büro des Game & Wildlife befindet. Von Hohoe sind es rund 22 km bis zum Reservat.

25 Kyabobo: In den Bergen im Osten

Der 1997 gegründete Nationalpark liegt im Grenzgebiet zu Togo, im äußersten nordöstlichen Winkel der Voltaregion, mit den höchsten Erhebungen der gesamten Republik. Der Name bezieht sich auf Ghanas zweithöchsten Berg *Dzebobo* (881 m), der sich im Park befindet. Die größte Attraktion hier ist der natürliche Reiz einer Berglandschaft voller Elefanten, Büffel, Affen aller Art, bunter Vögel und Schmetterlinge und versteckter Wasserfälle (z.B. *Laboum Waterfalls*). Über die Togo-Grenze hinweg verbindet sich der Park mit dem *Parque National de Fazao-Malfacassa*, wodurch ein sehr großes Gebiet unberührter Natur unter Schutz steht.

Der 340 km² große Park liegt im Distrikt *Nkwanta*, 10 km von der gleichnamigen Provinzhauptstadt entfernt. Von dort starten die meisten Expeditionen, die, aufgrund des bergigen Terrains, nur zu Fuß möglich sind. Schon die Anreise hierher verläuft nicht ohne Strapazen und will sorgfältig geplant sein. Allein die Fahrt von Hohoe über Kadjebi nach Nkwanta dauert wegen holpriger Straßen mehrere Stunden. Zudem fahren auf dieser Strecke nicht viele Autos, weit und breit ist keine touristische Infrastruktur vorhanden. Fazit: Ohne Zelt und reichlich Proviant geht es kaum.

> ✶ **Tip:** Wer an einer Tageswanderung oder gar mehrtägigen Trekkingtour interessiert ist, meldet sich im Parkbüro in ➚ Nkwanta an.

26 Kalakpa: Allein unter Tieren

1000 km² groß ist dieses 1975 gegründete Reservat in der Voltaregion an den Ausläufern der Togo-Berge. Es umfaßt sowohl Regenwald als auch Savanne. Alle typischen Tiere der Waldgebiete, außer Leoparden und Elefanten, sind hier heimisch: mehrere Affenarten, Buschböcke, Büffel und angeblich auch die nachtaktive Ginsterkatze.

> ✶ **Tip:** Um dorthin zu gelangen, fährt man auf der Straße zwischen Akosombo und Ho bis Sokode, von wo aus eine Nebenpiste 12 km weiter bis ➚ Abutia-Kloe führt.

27 Xavi: Bird Watchers Traum

Das im Jahr 2000 begonnene *Community Eco-tourism Project* befindet sich in einem Areal, daß sowohl Küstensavanne als auch ein Ramsargebiet beinhaltet. Das *Xavi-Vogelschutzreservat* erstreckt sich über die Sümpfe am schmalen *Lotor River*, der in die Avu-Lagune mündet. Xavi bietet Ornithologen beste Bedingungen, um Vögel aus der Nähe zu sehen. In schlanken Kanus geht es über den Fluß, dessen Ufer Rastplatz für überwinternde Vögel aus Europa ist. Hier leben auf kleinstem Raum rund 90 Vogelarten, darunter viele, die nicht alltäglich sind: *Bismarckfischer*, *Weißkehlspint*, *Dominikanerwitwe* und der *Spornkuckuck*.

> ✶ **Tip:** Beste Ausgangspunkte für den Besuch sind ➚ Ada, Sogakope oder Akatsi, die über Hotels verfügen.

GESCHICHTE & GEGENWART

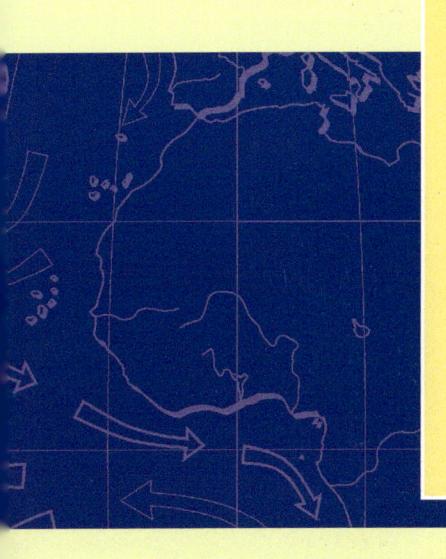

SANKOFA

Sieh' auf deine Vergangenheit und du erkennst deine Zukunft

- NATUR & NATURPARKS
- GESCHICHTE & GEGENWART
- MENSCHEN & KULTUR
- REISE-INFORMATIONEN
- ZU GAST & LANDESKÜCHE
- ACCRA & GREATER ACCRA
- DIE KÜSTE & DER WESTEN
- ASHANTI & BRONG-AHAFO
- DER NORDEN
- OST-GHANA & VOLTA-GEBIET

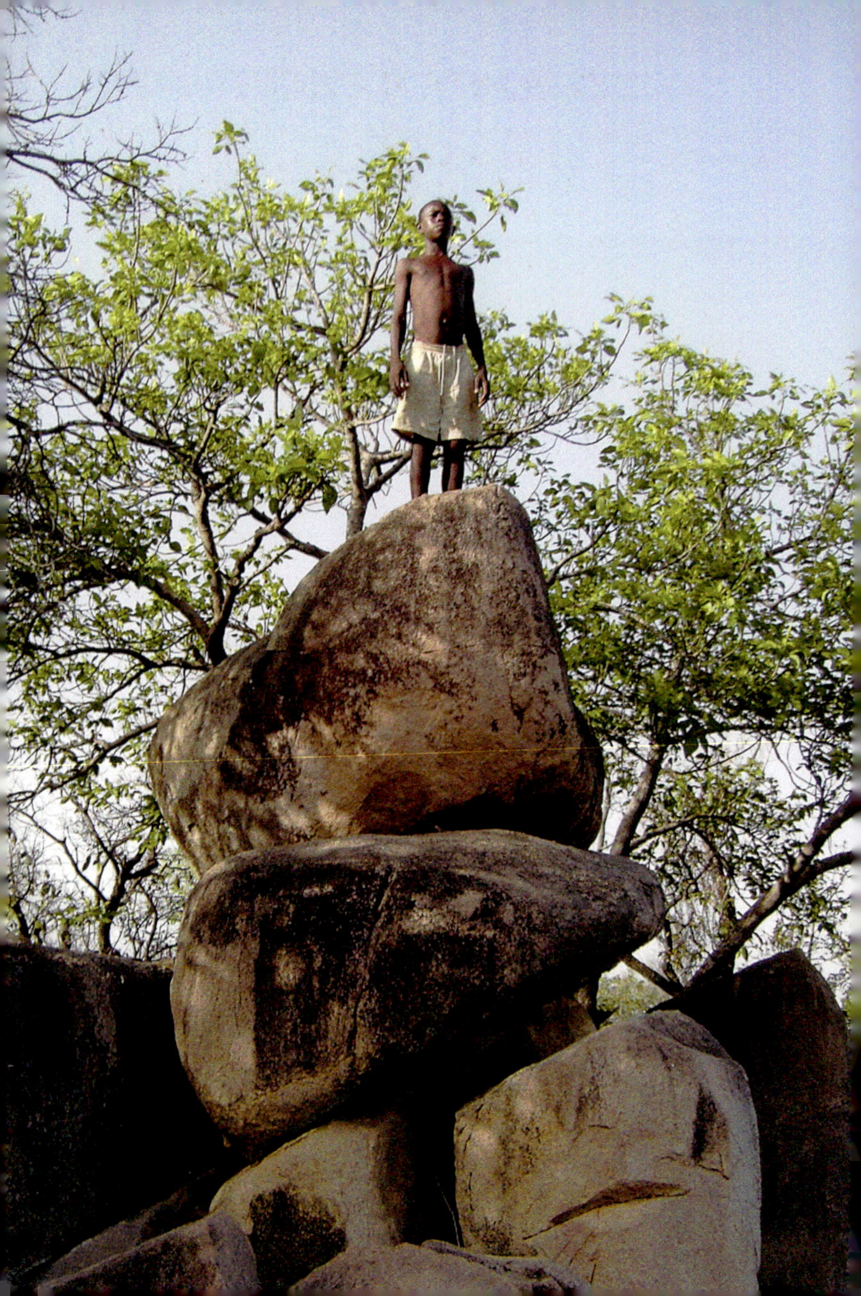

DER BLICK ZURÜCK

Konkrete Zeugnisse der frühesten menschlichen Besiedlung in Ghana reichen 30.000 bis 40.000 Jahre zurück. An der jetzigen ghanaischen Küste, nahe der Industriestadt Tema, wurden eindeutige Hinweise auf menschliche Siedlungen gefunden. Noch ist unklar, wer dort gelebt hat und was für ein Leben die Menschen führten. Doch ihre Existenz kann niemand mehr leugnen. Wenn heute afrikanische Länder als »junge Republiken« bezeichnet werden, meint man ihre jüngste Entstehung als unabhängige politische Gebilde. Die Völker und ihre Kulturen jedoch sind alles andere als jung.

Es ist unmöglich, die Geschichte des heutigen Ghana zu behandeln, ohne ein wenig auszuholen – zeitlich wie geographisch. Denn das Siedlungsgebiet, in dem das Volk damals lebte, umfaßt Teile des heutigen Côte d'Ivoire, von Burkina Faso, Nigeria und Togo. Für die Anfänge der ghanaischen Geschichte muß man sogar bis zu den früheren Kaiserreichen der Westsahara, woher nachweislich die meisten Bewohner des heutigen Ghana stammen, ausholen.

KAISERREICHE DES SAHEL

Westafrika ist kulturgeschichtlich ein faszinierendes Gebiet, ein Gebiet mit einer großartigen Vergangenheit. Längst zu Berühmtheiten geworden sind die drei frühen Kaiserreiche Gana, Mali und Songhai, die fast die gesamte Geschichte des westafrikanischen Subkontinents für über ein Jahrtausend prägten.

Die Kaiserreiche entstanden entlang den prähistorischen Handelsrouten, die auch während und nach dem fortschreitenden Austrocknen der Sahara zwischen den Völkern nördlich und südlich der Wüste aufrechterhalten wurden (man nimmt an, daß die Sahara vor 10 bis 12.000 Jahren noch bewaldet und dicht besiedelt war). Gehandelt wurde mit Gold, Elfenbein, Leder, Baumwolle aus dem Süden und mit Messing, Kupfer, Seide, Pferden und dem lebensnotwendigen Salz aus den Minen von *Idjil* und *Taghaza* nordwestlich der Sahara. Dieser Handel, der zunächst mittels Pferden, Wagen und später mit den dürreresistenteren Kamelen bestritten wurde, führte sogar bis zur Mittelmeerküste. Dadurch gelangten afrikanische Produkte nach Europa, lange bevor der weiße Mann seinen Fuß auf den Kontinent gesetzt hatte.

Gana: Stark und sagenumwoben

Das erste dieser Kaiserreiche, auch Alt-Ghana genannt, entstand dort, wo die heutigen Republiken Mauretanien, Senegal und Mali liegen, am südlichen Ende der Karawanenstraße. Der genaue Zeitraum seiner Entstehung ist unbekannt, aber die Anfänge gehen etwa bis auf 600 n.Chr. zurück. Zwar behaupten einige Historiker, daß das Gana-Reich von (weißen) Berbern schon im 4. Jahrhundert gegründet worden sei, doch hatte

Wachsam: Auf dem Naturwachturm in Nania, einem frühzeitlichen Sklavenlager im Norden Ghanas

GESCHICHTE: KAISERREICHE DES SAHEL 51

zu dem ersten belegbaren Zeitpunkt, nämlich 790 n.Chr., eine rein schwarze Dynastie die politische Macht von Gana inne. **Tunka Maghan Ciss** hieß der Herrscher über das Soninke-Volk, auf dessen Gebiet sich das Kaiserreich Gana etablierte. Diese Dynastie herrschte ununterbrochen **bis zum 11. Jahrhundert.** Gana lag am Schnittpunkt der altbekannten Handelswege zwischen den Oasenvölkern der Sahara und den Lieferanten von Gold und Elfenbein aus den Waldgebieten südlich der großen Savannen. Es besaß die Kontrolle über die Goldminen im Nordosten des Reiches, den Goldhandel und über eben die Handelsrouten. Die Stadt *Kumbi Saleh* war bis zum 11. Jahrhundert ein berühmtes Handelszentrum. Nicht weit von ihr entfernt soll sich die noch nicht ausgegrabene Hauptstadt befunden haben.

Reisende berichteten immer wieder mit Überschwang vom sagenhaften Reichtum des Kaiserreiches. So notierte *Ibn Haukal* (943 – 977), ein arabischer Geograph, lakonisch: »Der König von Gana ist der reichste König der Erde«. Und ein anderer, der Geograph *al-Bakri* schwärmte 1067: »Der König besitzt einen Palast und zahlreiche überkuppelte Räume, die von einer Art Stadtmauer umgeben sind (…) Der König schmückt sich wie eine Frau an Hals und Unterarmen, auf dem Kopf trägt er eine hohe, mit Gold verzierte Mütze, die mit einem Turban aus feiner Baumwolle umwickelt ist. Bei Audienzen oder während der Anhörung von Beschwerden gegen Beamte sitzt er in einem Kuppelbau, einem Pavillon, um den 10 Pferde stehen, die mit goldbestickten Decken geschmückt sind. Hinter dem König stehen 10 Pagen mit goldbestickten Schilden und Schwertern und zu seiner Rechten die Söhne der Vasallen-Könige seines Landes mit prächtigen Gewändern und golddurchwirktem Haar.«

Der Reichtum der Herrscher und deren riesiger Hofstaat wurden gestützt von Beamten, Kriegern, Handwerkern und natürlich Händlerfamilien und arme Bauern. Daneben existierte eine starke Priesterkaste wie in Ägypten, doch ist nur sehr wenig Konkretes über das damalige Leben bekannt.

Bei einer entscheidenden Schlacht **1076** fügten die strengislamischen und heißblütigen **Almoraviden**, die bereits in Marokko eine Herrscherdynastie gegründet hatten, dem Kaiserreich Gana eine empfindliche Niederlage zu und leiteten die Zersetzung des Reiches ein. Die Almoraviden waren eine von dem asketischen Islamgelehrten *Abdullah Ibn Yassin* geführte puritanische Sekte des Islam, eine mönchische Kriegerkaste. Nach Eroberung und Zerstörung der Hauptstadt und Islamisierung der negriden Völker am Saharaarand wandten sich die Almoraviden 1086 in Richtung Spanien, wo sie die Dynastie der dort schon lange ansässigen maurischen Omayaden ablösten. Gana erholte sich nicht mehr so richtig von dieser Niederlage. Die Zentralmacht zerbröckelte zusehends, die Randvölker des Reiches rebellierten und gründeten eigene Staaten, einige Völker wie die *Akan* (heute zum Teil in Ghana lebend) und *Dioula* (heute hauptsächlich in Senegal ansässig) lehnten den Islam ab und flohen gen Süden. Die Handelswege verschoben sich nach Osten. Neue Machtzentren entstanden, aber Ganas traditionelle

Mittelalterliche Großreiche
(ungefähre Lage)

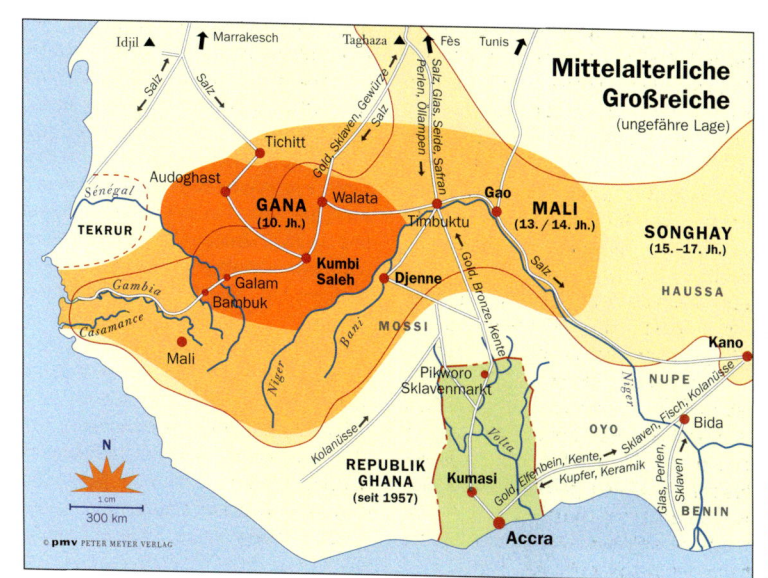

Struktur der Zentralgewalt blieb unverändert und fand Kontinuität in den Nachfolgerstaaten.

Mali entfacht einen Goldrausch

Auf Gana folgte das Kaiserreich Mali, das vom Volk der *Malinke* beherrscht wurde. Mali wurde von König *Moussa Keita* bereits **um 1200** herum als kleines Fürstentum unter Ganas Vorherrschaft gegründet. Der erste eigentliche Kaiser des Reiches war jedoch der legendäre Mande-König **Sundiata (der Löwe)**, der in der *Schlacht von Kirina* 1235 das endgültige Ende des Gana-Reiches herbeiführte. Mali wurde noch reicher, mächtiger und berühmter als Gana. Sein bedeutender Ruf reichte bis nach Europa, wo man im 14. Jahrhundert anfing, neben den üblichen Silbermünzen nach dem Vorbild der arabischen Kalifen nun auch Goldmünzen zu prägen. Ein enormer Aufschwung setzte im Goldhandel ein. Mali florierte und besaß intellektuelle Zentren wie *Timbuktu* und *Djenne*, deren Universitäten mit denen von Ägypten und Spanien sowie anderen muslimischen Zentren Gelehrte austauschten.

»Die Menschen in Mali sind selten ungerecht und haben eine große Abneigung gegen Ungerechtigkeit wie alle andere Völker. Der Sultan zeigt keine Gnade gegen Gesetzesbrecher. Es gibt absolute Sicherheit in ihrem Land. Weder Reisende noch Einheimische dort brauchen sich vor Räubern oder Gewalttätern zu fürchten. Sie nehmen nie Besitz vom Vermögen eines weißen Mannes, der in ihrem Land stirbt ...« So sah

Arabischer Händler
(aus einer Handschrift aus dem 13. Jahrhundert)

12.000 Sklaven, 800 Hofdamen für seine Gemahlinnen und weiteren Tausenden Begleitern – verteilte er unterwegs so viel Gold an das Volk, daß weltweit der Goldpreis sank. Erst zwölf Jahre später konnte diese Inflation wieder aufgefangen werden. Wenn die Erzählung wahr ist, dann hat der stets in Brokat und Seide gewandete Musa überall dort, wo er auf dem Weg nach Mekka Station gemacht hat, eine Moschee bauen lassen.

Bis zu seinem Tode 1335 erlebte Mali ein Goldenes Zeitalter, in dem Frieden und Wohlstand herrschten. Auch in Europa war Mansa Musa wohlbekannt, wie eine Karte aus dem 14. Jahrhundert zeigt, auf der er als »Herr der Neger von Guinea« abgebildet ist. Unter seiner Herrschaft erstreckte sich das Mali-Reich in West-Ost-Richtung vom Atlantik bis zum heutigen Nigeria.

einer der größten islamischen Literaten seiner Zeit, *Ibn Battuta,* das Land, das er zwischen den Jahren 1325 und 1354 bereist hatte. Noch mehr Zeugnisse von der Größe des Kaiserreichs bekommen wir von den Berichten der afrikanischen Gelehrten aus Timbuktu, die ihre Eindrücke Ende des 16. und Anfang des 17. Jahrhunderts ganz authentisch in zwei bekannten Büchern, *Tarikh es Sudan* und *Tarikh el Fettach,* niedergeschrieben haben.

Schillernd und von *Griots,* den wandernden Historienerzählern heute noch besungen, ist die Geschichte der Pilgerreise des größten aller Mali-Kaiser, **Mansa Kankan Musa,** der 1312 den Thron bestieg. Auf seiner ersten Pilgerreise nach Mekka 1324 – angeblich mit

Das Reich Songhay

Mit Beginn des **15. Jahrhunderts** begann der Verfall Malis. Die Angriffe der Nachbarvölker wie *Mossi, Bambara, Fulbe* und vor allem der *Songhay* wurden immer häufiger. *Niani,* die einst stolze Hauptstadt Malis, war Anfang des 18. Jahrhunderts zu einer Ruinenstadt verkommen.

Der berühmte Gründer von Songhay war **Sonni Ali Ber,** der von 1464 bis 1492 regierte. Ihm gelang es, die Übermacht von Mali zu brechen, das Reich gegen Angriffe der Mossi und Fulbe erfolgreich zu verteidigen und das Reichsgebiet erheblich zu vergrößern. Unter ihm wurde Songhay ein Kaiserreich mit der Stadt *Gao* als Zentrum.

Es war allerdings der direkte Nachfolger von Sonni Ali, der als Songhays größter Sohn in die Geschichte eingehen sollte: **Askia Touré**, »**der Große**«, ein ehemaliger Provinzgouverneur, regierte von 1493 bis 1528 und bescherte Songhay eine glänzende Blütezeit. Der Staat war inzwischen (als erster) zum Islam übergetreten, womit die innere Einheit und der Anschluß an die internationale Handelsgemeinschaft garantiert waren. Es gab ein stehendes Heer und ein aus der Familie rekrutiertes festes Beamtennetz. Als Askia Touré starb, erstreckte sich Songhay über das Gebiet der heutigen Republiken Mauretanien, Senegal, Mali und Niger, konnte sich aber gegen die marokkanischen Armeen Ende des 16. Jahrhunderts nicht mehr behaupten.

DIE MYSTERIÖSEN ANFÄNGE DER AKAN

Woher die Akan-Völker, die Bevölkerungsmehrheit des heutigen Ghana, kamen, bleibt undurchsichtig. Erstens pflegen die Akan-Völker zu viele widersprüchliche Legenden über ihre Ahnen, zweitens mangelt es an Nachweisen der behaupteten Ursprünge.

Einige Akan beharren darauf, daß sie immer im heutigen Gebiet Ghanas gelebt hätten, andere sind überzeugt, daß die Akan aus einem Land weiter nördlich des Waldgebietes stammen, aus dem sie wegen eines Krieges vertrieben worden waren.

Historiker sind in dieser Frage ebenfalls uneinig. Einige Forscher sagen, die ersten Akan kämen aus Alt-Ägypten, von wo angeblich die Mehrheit aller negriden Völker stammt. Manche meinen, die Akan hätten sich vor bereits 2000 Jahren im Gebiet des *Offin-Flusses* (Zentralghana) niedergelassen und erst nach einer gewissen Zeit hätten sie begonnen, die verschiedenen Akan-Teilstaaten wie *Adansi, Denkyira* oder *Twifo* zu gründen.

Andere Historiker sind sehr vorsichtig und bestätigen lediglich die Existenz von vielen Stämmen an der Küste zwischen 1000 und 1400 n.Chr. Zweifellos existierte ein Königreich, genannt *Accani*, im Gebiet des heutigen Elmina. Dies wurde durch seefahrende Portugiesen bestätigt, denen ein Volk mit einer hochentwickelten Kultur begegnete. Sie überlieferten, daß die Accani königliche Insignien wie Trommeln, Trompeten und Stühle, die bis heute ebenfalls an der ghanaischen Küste ihre Anwendung finden, benutzten.

Was auch immer geschah, fest steht, daß die Mehrzahl der Vorfahren der heutigen Bewohner Ghanas in kleinen Gruppen aus dem westlichen Sudan einwanderte. Es ist durchaus wahrscheinlich, daß die Wellen der Emigrationen in Richtung Süden von den Desintegrationsprozessen der alten Kaiserreiche Gana und vor allem Mali und Songhay ausgelöst wurden.

Die verschiedenen Akan-Völker

Die ersten Wandergruppen, die das Gebiet des heutigen Ghana erreichten, waren die **Guan**. Wenn man bedenkt, daß der Name *Guan* auf Akan *Flucht* bedeutet, könnte man sagen, da sei möglicherweise ein Quentchen Wahrheit in der Legende. Aus dem nördlichen Savannengebiet kommend, ließen sie sich zunächst an den Ufern des Volta nieder. Überall dort, wo sie heute zu finden sind, sind sie mehr oder weniger mit anderen Völkern vermischt, denn sie hinterließen ihre Spuren im ganzen Land und haben teilweise die Sprache des Mehrheitsvolkes übernommen. Dennoch existiert eine eigenständige *Guansprache,* die als Vorläufer der Akansprache angesehen wird.

Den Guan folgten auf ihrer Wanderung nach Süden die **Fanti**, die ersten »puren« Akan. Sie wanderten in kleinen Gruppen ein und ließen sich schließlich im heutigen Gebiet von Cape Coast nieder, wo sie auch heute noch hauptsächlich leben. Sie sprechen die Akan-Sprache *Fanti.*

Von den »späteren« **Akan,** die allesamt den *Twi-Dialekt* sprechen, gelten die *Bono* (auch *Brong*) als die ersten Einwanderer. Andere Untergruppen heißen z.B. *Ashanti, Kwahu, Wassa* oder *Assin.*

Die Akan besiedelten zuerst das Savannengebiet südlich des Schwarzen Volta um Kintampo und Techiman und sickerten langsam in die fruchtbaren Wälder ein. Ihr Gebiet umfaßte schließlich das ganze Waldgebiet zwischen den Flüssen Volta und Tano sowie zwischen Fanti- und Guanland. Im heutigen Ghana leben die Akan in Ashanti, Brong-Ahafo, in großen Teilen der Ost-, Zentral- und West-Regionen und Accra mit starken Minderheiten im Voltagebiet.

Völker aus dem Meer ...

Von den Einwanderern, die aus dem Osten kamen, sind die **Ewe** aus Nordbenin die größte Gruppe. Fast alle Ewe haben ihre Wurzeln in Notsie im heutigen Togo. Von dort aus sollen sie nach Westen gewandert sein, nachdem das Leben unter einem brutalen und gottlosen Diktator unmöglich geworden war. Die flüchtenden Gruppen waren meist kleine, autonome Einheiten, geführt von einem Häuptling und einem Ältestenrat.

Die *Ada, Krobo* und *Ga* bilden die nächste Gruppe der Einwanderer, die in Ghana **Ga-Adangbe** genannt wird. Sie bevölkern heute die Gebiete in und um Accra sowie die Küstenebene in östlicher Richtung bis Ada an der Voltamündung. Der Legende nach stammen sie alle aus dem Mündungsgebiet des Niger.

Weil die Ewe- und Ga-Völker zum größten Teil mit Booten entlang der Küste zu ihren heutigen Siedlungsgebieten kamen, behaupteten viele, sie wären aus dem Meer gekommen. Wenn man dies nicht wörtlich nimmt, stimmt es sogar.

... und Völker weniger mysteriöser Herkunft

Glaube und Tradition im Norden Ghanas zeigen, daß dieses Gebiet ursprünglich von Landwirtschaft betreibenden Urbewohnern wie den *Kokomba, Chamba, Talensi, Sisala, Vagala* und *Templensi* besiedelt war, ehe diese von stärkeren Kriegerbanden wie den *Dagomba* oder *Gonja* unterjocht wurden. Diese miteinander verschmolzenen Gruppen bilden im heutigen Ghana die zweitgrößte Volksgruppe, genannt **Mole-Dagbani.** Ihr Hauptmerkmal ist ihre Vorliebe für ein Leben in kleinen Kommunen. Ohne sichtbare Familienbande oder Kontakte zu ihren Nachbarn, aber oft mit den gleichen oder ähnlichen Sprachen, weist die Kultur auf gemeinsame Ahnen hin. Der *Tindana,* eine Art Hohepriester, verkörperte die oberste Autorität für alle. Seine Aufgabe war es, das Land zu verteilen und die wiederkehrenden Festtage festzusetzen.

Der Überlieferung nach verließen die Dagomba und ihr Brudervolk, die *Mam-*

Ethnische Gliederung

Gur-Sprachen
- Mole-Dagbani, 17%
- Grusi
- Gurma
- Lobi

Kwa-Sprachen
- Akan, 53%
- Guan
- Ewe, 13%
- Ga-Adangbe, 8%
- Togo-Sprachen

prusi, ihre Heimat an den Ufern des Tschadsees zu Anfang des 15. Jahrhunderts. Warum sie das taten, bleibt rätselhaft. Zunächst wanderten sie im heutigen Nordnigeria ein. Sie wurden wieder gesichtet, als sie im Gebiet *Pusiga,* Nordghana, auftauchten, geführt von ihrem starken König *Gbewaa.* Scheinbar ohne große Mühe schob Gbewaa die Urbevölkerung beiseite und gründete um 1425 sein Reich in dem Gebiet zwischen der Gambaga-Stufe und dem Schwarzen Volta.

Nach Gbewaas Tod entstand zwischen seinen drei Söhnen *Tohogu, Sitobu* und *Mantambu* Streit. Jeder wollte König werden. Tohogu, der rechtmäßige Erbe, flüchtete vor seinen Brüdern in Richtung Nordosten, wo er im Gambaga-Hochland das Königreich *Mamprugu* gründete (noch heute sind dort die Mamprusi ansässig). Seine Brüder gaben die Verfolgung auf, teilten das alte Kernland unter sich auf und riefen das Reich der *Dagomba* bzw. *Nanumba* ins Leben.

Gonja, die Spätankömmlinge

Kaum hatten sich die Dagomba niedergelassen, da mußten sie enger zusammenrücken. Sie wurden nun selbst Opfer einer neuen Invasionswelle von einer Volksgruppe, die vermutlich dem mächtigen Mali-Reich angehört hatte. Dieses *Mande*-sprechende Volk der **Gonja** infiltrierte zwischen 1600 und 1620 das Dagombaland vom Westen her, über das Tal des Weißen Volta. Sie hatten keine Probleme, die angesiedelten Dagomba Richtung Osten zu vertreiben. In *Yendi* gründeten die geflüchteten Dagomba eine neue Hauptstadt, die bis heute die königliche Hauptstadt geblieben ist.

Die Gonja übernahmen den größten Teil des Landes in Zentralghana, lebten aber mit den besiegten Dagomba in Frieden und Freundschaft.

DIE EUROPÄER KOMMEN

Die ersten Europäer, die im 15. Jahrhundert Oberguinea, wie die westafrikanische Küste damals bezeichnet wurde, erreichten, müssen ziemlich überrascht gewesen sein. Statt auf Wilde, Kannibalen und Monster, die laut grausiger Märchen südlich der Sahara wohnten, trafen sie auf Menschen, die keineswegs Anstalten machten, sie zu verspeisen. Sie widmeten sich stattdessen einer offensichtlich traditionsreichen Handwerkskunst wie der Bildhauerei, dem Weben und Färben von Stoffen – und der Goldschmiedekunst.

Die erste Berührung mit Europa erfuhr das Land wahrscheinlich durch portugiesische Seefahrer, die die Ostpassage nach Indien sowie Gold, Elfenbein und Gewürze suchten. Im Auftrag des portugiesischen Infanten **Heinrich des Seefahrers** (1393 – 1460) segelten auf den ersten atlantiktüchtigen Schiffen profitsuchende Kaufleute und todesmutige Abenteurer die Küste Westafrikas entlang. Von den monatelangen Fahrten ins Ungewisse kehrten viele nicht wieder zurück. Zwischen 1444 und 1447 erreichten die Seeleute das *Kap Verde* beim heutigen Dakar (Senegal); seit dieser Zeit begann der europäische Handel mit schwarzen Sklaven. Man schrieb das Jahr **1471**, als die Portugiesen schließlich den Golf von Guinea erreichten und

São Jorge da Mina auf einer Karte aus dem 15. Jahrhundert: »In der Mitte von Äthiopien [gemeint war ganz Afrika] erbaute Johann II. an der den Goldminen nächstgelegenen Küste eine Festung mit Schutzwehr und Mauern, eingefriedet von Pfahlwerk und Festungsgraben, nachdem das Mauerwerk mit Schiffen aus Portugal herbeigeschafft worden war.«

bei der Landung an Ghanas Küste eine wichtige Entdeckung machten: So viel Gold fanden sie zwischen den beiden Mündungen des Ankobra und des Volta, daß sie das ganze Gebiet *Mina de Ouro*, die Goldmine, nannten.

Mit allen Mitteln verteidigten die Portugiesen ihre Monopolstellung. Konkurrenten, die der Einflußsphäre Portugals zu nahe kamen, wurden kurzerhand verhaftet und exekutiert. Es ging soweit, daß sie bereits 1443 Papst *Eugen IV.* dazu brachten, die erste von insgesamt drei päpstlichen Bullen zum Schutz aller portugiesischen »Rechte« zwischen dem Kap Bojador (Nordafrika) und Ostindien zu proklamieren. Sein Nachfolger, Papst *Sixtus*, ging noch einen Schritt weiter und belegte alle »Unbefugten«, die Handel treiben oder Heiden und islamische »Irrgläubige« bekehren wollten, mit Exkommunikation. Einem genuesischen Kaufmann, der gegen die Vorschriften des »Romanus Pontifex«, der päpstlich erlassenen »Charta des portugiesischen Imperialismus« verstoßen hatte, hat man angeblich wie einem Dieb die Hände abgehackt.

Um die Pfründe zu sichern und auszubauen, errichteten die Portugiesen 1482 bei **Elmina** einen mächtigen Stützpunkt, den sie *São Jorge da Mina* nannten.

Harte Konkurrenz um Gold und Sklaven

Zunächst konzentrierten sich die Portugiesen auf den reinen Handel mit Gold, Pfeffer und Elfenbein. Mit der Entdeckung Amerikas 1492 und der darauf folgenden raschen Entwicklung der Tabak-,

GESCHICHTE: DIE EUROPÄER KOMMEN

Baumwoll- und Zuckerindustrie entstand jedoch großer Bedarf an billigen Arbeitskräften. Menschen wurden zum Exportschlager. Ab **1505** begannen die **Sklaventransporte** von Afrika nach Süd- und Mittelamerika, die über mehr als drei Jahrhunderte lang das Schicksal Afrikas grundlegend bestimmen sollten.

* **Tip:** Mehr darüber im Zusammenhang mit den *Sklavenburgen*, ↗ Die Küste & der Westen, »Geschichte der Küste«.

Der einträgliche **Handel mit Menschen und Gold** führte dazu, daß andere europäische Kaufleute – Holländer, Engländer, Franzosen, Dänen, Schweden und Preußen aus Brandenburg – hellhörig wurden und bald an der Guineaküste erschienen. Sie alle versuchten, das Monopol der Portugiesen zu brechen.

Diese konnten ihre Macht, durch den kolonialen Reichtum demoralisiert und ausschließlich feudalistisch organisiert, nicht mehr aufrechterhalten. 1637 eroberte die holländische *Ostindische Kompanie* die Festung in El Mina.

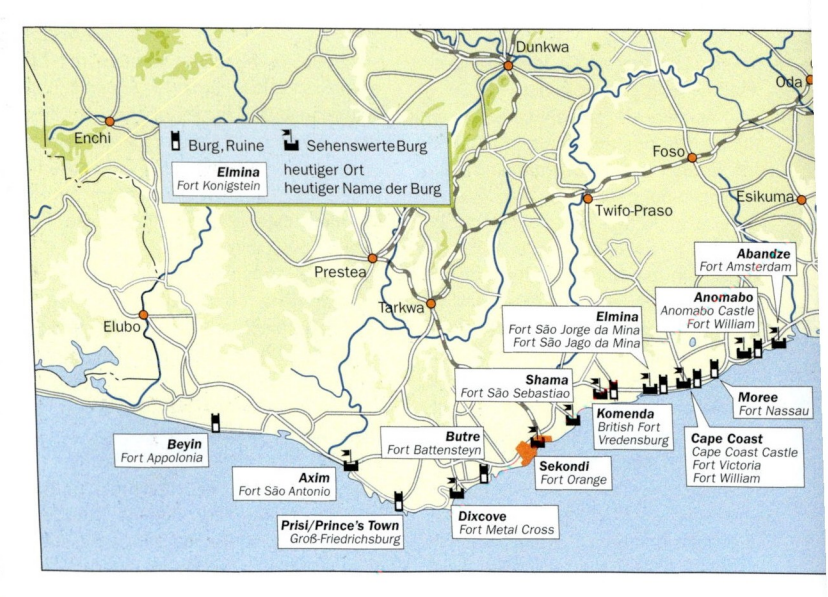

Bis zur **Mitte des 18. Jahrhunderts** wütete eine wilde Handelskonkurrenzjagd entlang der gesamten Guineaküste. An der Goldküste entrissen die Holländer den Engländern deren Festungen, Schweden, die 1657 in Cape Coast gelandet waren, wurden von Dänen verdrängt, die nahe dem heutigen Accra eine Burg bauten. 1677 hatte Kurfürst *Friedrich Wilhelm* fünf Schiffe ausgestattet, die am Kap der drei Spitzen einen deutschen Stützpunkt errichten sollten, 1720 ging dem brandenburgisch-preußischen Unternehmen jedoch das Geld aus, und die Niederlassungen wurden an Holland veräußert und so fort. Die Burgen und Wehranlagen, die heute überall an Ghanas Küste zu finden sind, sind die stummen Zeugen der europäischen Anstrengung, günstige bzw. ertragreiche Gebiete des afrikanischen Kontinents zu beherrschen.

☀ **Tip:** Mehr zu den brandenburgischen Aktivitäten ↗ *Prince's Town,* »Roter Adler unter afrikanischer Sonne«.

Briten und Missionare

Im Laufe der Zeit verloren einige europäische Staaten die Lust am ständigen, personal- und kostenintensiven Konkurrenzkampf und verließen freiwillig die westafrikanische Szene. Aktiv blieben nur die **Briten,** die **Anfang des 19. Jahrhunderts** die Hälfte des Handels mit Kakao, Kaffee, Elfenbein, Gold, Palmöl einerseits und Textilien, Tabak, Alkohol und Zucker andererseits kontrollierten. Schließlich übernahmen oder kauften sie die Besitztümer der Dänen und Holländer auf.

Die Sklavenhändler hatten sich bei ihren Aktivitäten auf die Küstengebiete konzentriert. Das Innere des afrikanischen Kontinents sowie das Schicksal der Bevölkerung war ihnen gleichgültig, nicht aber den **Missionaren,** deren erklärte Aufgabe es war, das Wort des Christen-Gottes zu predigen. Nach dem **Verbot des Sklavenhandels** um 1850 und dem damit einkehrenden Frieden konnte ein gewisser Erfolg im Bemühen der Missionare verbucht werden. Bereits 1828 war die *Baseler Mission* mit einigen Pastoren an der Goldküste aktiv. Sie eta-

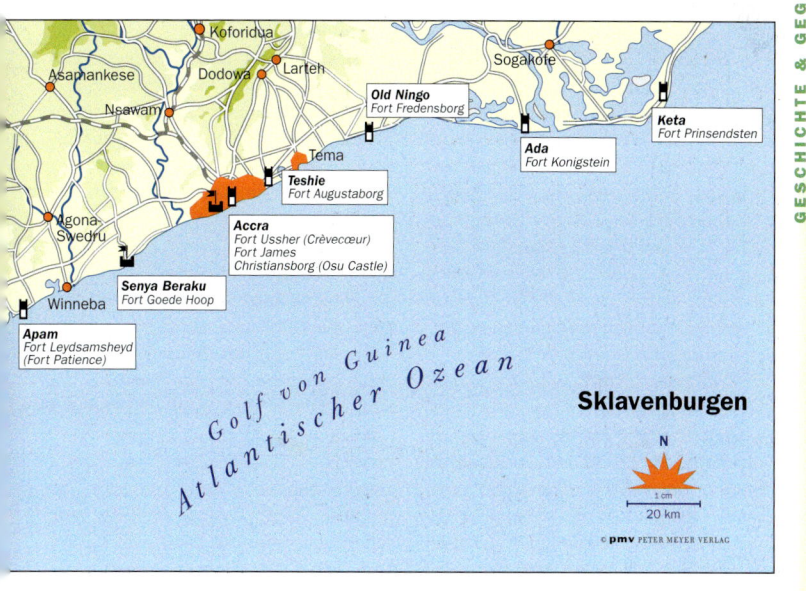

Sklavenburgen

GESCHICHTE: DIE EUROPÄER KOMMEN

Die gut erhaltene Burg von Elmina und die vielen übrigen Burgen lassen etwas von dem Ausmaß der Sklavenhatz und dem Konkurrenzgedrängel der Europäer erahnen

blierte sich im Akwapim-Hochland und eröffnete dort Schulen. Aus den Heiden sollten »ordentliche« Christen werden. Ihnen folgten *Methodisten* aus Schottland, die 1835 ihre Missionstätigkeit im Fantiland aufnahmen. Im Voltagebiet wirkte die *Bremer Mission* emsig, andernorts waren diverse protestantische Kirchen tätig, und 1890 kehrten auch die Katholiken an die Goldküste zurück, wo sie einst mit den Portugiesen vergeblich versucht hatten, Fuß zu fassen.

Kolonialismus

Die Industrialisierung Europas, die zunehmende Wichtigkeit des afrikanischen Marktes, schließlich das Verbot des Sklavenhandels und die allmähliche Bildung einer einheimischen Elite brachten während des **19. Jahrhunderts** große, gar revolutionäre Veränderungen nach Westafrika. Hatten bisher vorwiegend private Gesellschaften den Handel in der Hand, wurde es nun auch für die europäischen Regierungen wichtig, Überseekolonien zu besitzen. Jetzt ging der Kampf um Afrika erst los.

Die Kolonie Goldküste

Die britische Regierung stellte zunächst **1821** die Goldküste unter ihre direkte Kontrolle. Doch das Reich der Ashanti hatte gegen die britische Kontrolle der Küstengebiete aufgebegehrt und kämpfte verbissen, um die eigenen Interessen zu verteidigen. Die britische Armee mußte empfindliche Niederlagen einstecken, so verlor bei einer Schlacht auch der britische Gouverneur, *Sir Charles McCarthy*, sein Leben. Nach sieben Jahren hatte die britische Krone genug vom kolonialen Abenteuer. 1828 gab sie die Kontrolle über die Gebiete an die private Handelskompanie zurück.

1830 schickte die Handelskompanie den jungen **George Maclean** als ihren Sachverwalter an die Goldküste. Obwohl Maclean «Gouverneur» genannt wurde, war er lediglich für die Kompanie zuständig. Seine Befugnisse reichten nur bis zu den Mauern des Handelsstützpunktes. Ihm war ausdrücklich untersagt, sich in die Angelegenheiten der Bevölkerung einzumischen. Maclean machte jedoch genau das Gegenteil. Er schloß Friedensabkommen mit den benachbarten Völkern ab, etablierte eine Gerichtsbarkeit und stationierte Ordnungskräfte entlang der wichtigsten Handelswege. Seine Politik war erfolgreich, der Handel florierte, es herrschte Frieden. Macleans de-facto-Kolonie war natürlich unerwünscht. Rasch wurde er abgesetzt und die britische Regierung übernahm wieder die direkte Verantwortung für die Goldküste. Ihre Herrschaft basierte auf dem daraus folgenden **Bond of 1844** genannten Abkommen.

Großbritannien war in der Zwischenzeit zu einer Weltmacht aufgestiegen und dachte nicht daran, auch nur einen Quadratzentimeter seiner Einflußsphäre aufzugeben, im Gegenteil. Es war jetzt an der Goldküste fest verankert, die übrigen europäischen Staaten hatten seit Aufhebung des Sklavenhandels kein wirtschaftliches Interesse mehr. Ashanti war praktisch ausgeschaltet. Am **24.7.1874** wurde trotz erheblichen Widerstandes seitens der einheimischen Elite die Goldküste formell zur britischen Kronkolonie proklamiert.

Aufbegehren

Lange bevor die Grenzen endgültig feststanden, gab es wegen der durch das Kolonialsystem bedingten Einschränkungen bereits Zeichen der Unzufriedenheit im Land. Bereits 1868 hatten gebildete Könige der Fanti-Küstenvölker die *Fanti Confederacy* gegründet, um das Selbstbestimmungsrecht ihrer Völker gegenüber Britannien zu betonen. Ihre Arbeit brachte keinen großen Erfolg. Zum ersten Mal jedoch gab es einen organisierten Protest. Mehr Widerstand sollte folgen. 1897 formierte sich die *Aborigines Rights Protection Society* (ARPS), und 1914 machte die neu gegründete *West African Convention*, geführt von den Afrikanern T. Hutton Mills und John Casely-Hayford, einen weiteren Versuch den Protest zu erweitern.

1947 wurde eine neue Partei mit dem Namen *United Gold Coast Convention* (UGCC) gegründet. Dies war eine Sammelbewegung von liberalen Intellektuellen, reichen Kaufleuten und einigen *Chiefs*, wie die Landes-Könige bei den Briten bezeichnet wurden. Sie taten ihr Bestes, die vorhandene Opposition im Lande zu bündeln und dadurch effektiver zu machen. Doch waren sie lediglich an einem schrittweisen Prozeß zur Unabhängigkeit interessiert, den sie mit dem Slogan «Independence in the shortest possible time» umschrieben. Grundlegende Veränderungen waren dadurch nicht zu erreichen. Bis Kwame Nkrumah kam und forderte: «**Independence NOW!**».

✳ **Tip:** Lesen Sie ↗ Kwame Nkrumah, Großer Sohn Afrikas, ab Seite 65.

DIE REPUBLIK GHANA SEIT 1957

Ghana ging voller Hoffnung in die Unabhängigkeit. Dank guter Weltmarktpreise für Kakao, Gold und Diamanten war das Land am Vortag der Unabhängigkeit die reichste britische Kolonie Afrikas. Es verfügte über eine starke Wirtschaft und beträchtliche Devisenreserven.

Grundsätzlich betrachtete **Nkrumah** Ghanas Freiheit als Fanal der afrikanischen Revolution, die zur Befreiung aller Kolonien führen sollte. Er unterstützte finanziell und politisch viele Befreiungsbewegungen auf dem Kontinent, gründete eine (kurzlebige) Union mit Guinea und Mali, ging auf Konfrontationskurs zur Politik der Westmächte, die er imperialistisch nannte, und wurde in London und Washington zunehmend mit Argwohn betrachtet, im gleichen Umfang hofierte Nkrumah die sozialistischen Länder.

Wirtschaftlich war Nkrumah der unbestrittene Motor der sozialen Revolution, die nach 1957 in Ghana einsetzte. Mit den angesparten Reserven startete Nkrumah eine Wirtschaftpolitik, die Ghanas Unabhängigkeit untermauern sollte. Die Briten hatten einen intakten Markt hinterlassen (anders als beispielsweise die Franzosen, die nach Guineas Unabhängigkeit Fabriken etc. zerstörten), aber die Defizite in den Bereichen Bildung, Gesundheit und Industrie waren enorm. Als überzeugter Sozialist stellte Nkrumah die ghanaische Wirtschaft auf eine staatsmonopolistische Basis, gründete viele Staatsbetriebe und hemmte die Aktivitäten des Privatkapitals. Die großen Projekte in Akosombo und Tema

wurden durchgeführt, Universitäten gegründet, neue Fabriken errichtet, Nkrumah wollte die Ohnmacht Afrikas nicht hinnehmen und versuchte, die große Lücke in der Entwicklung innerhalb einiger Jahre zu schließen. Bei diesem enormen Kraftakt verbrauchten sich Reserven und Energien schnell. Die Quittung folgte bald: Die Staatsfinanzen wurden aufgebraucht, Ghana ging pleite.

Ein Putsch folgt dem anderen ...

Am **24. Februar 1966** putschte erstmals eine Gruppe von Offizieren. An Nkrumahs Stelle trat eine Militärjunta – tausende jubelten auf den Straßen. Die neuen Machthaber versprachen Freiheit, Wohlstand und Demokratie. Doch die Probleme im Land blieben ungelöst und bis 1979 sah Ghana eine Reihe von Regierungen kommen und gehen. Zwar wurden wieder politische Parteien zugelassen, Ghana erhielt eine neue Verfassung und nach sechs Jahren Militärherrschaft wurde auch wieder ein neues Parlament gewählt. Doch weder Kofi Busia, von der *Progress Party* (PP), noch die nachfolgenden Putschisten aus Militärkreisen hatten der Misere etwas entgegenzusetzen. Im Gegenteil: Ghanas Wirtschaft kam vollends zum Erliegen.

▶ Staatsmann, Revolutionär, Panafrikanist, Sozialist, Erlöser, Träumer, Spinner: Nkrumah war und ist umstritten. Aber es gibt kaum einen afrikanischen Politiker, der seine ganze Energie mehr auf die völlige Befreiung und Einigung des gesamten Kontinents gerichtet hat als er.

NKRUMAHS WERDEGANG

Am **21. September 1909** wird Nkrumah in *Nkroful*, einem Dorf im Südwesten Ghanas, geboren. Als Sohn eines Goldschmiedes und einer Bäuerin wächst er in sehr einfachen Verhältnissen auf. Während Nkrumahs Schul- und Jugendjahre verwalten noch die Briten die damalige Goldküste als Kolonie. Früh fällt dem jungen Mann der Widerspruch der Briten in ihrem Verhältnis zur Demokratie auf.

Er macht sich Gedanken über das Kolonialsystem und kommt zum Ergebnis, daß die Unterjochung und Ausbeutung schnellstens beendet werden sollte. Der organischen Zersplitterung des Kontinents mußte mit der politischen und wirtschaftlichen Einheit Afrikas begegnet werden. 1935 verläßt Nkrumah seine Heimat, um in Nordamerika zu studieren. Ohne Geld für die Schiffspassage, geht er als »blinder Passagier« an Bord und kommt unter großen Entbehrungen in den USA an. An den Universitäten Lincoln und Pennsylvania studiert er politische Wissenschaften und Volkswirtschaft. Und er begegnet in den USA promi-

nenten Kämpfern für die Freiheit der afrikanischen Völker: *W.E.B. du Bois*, *Marcus Garvey*, *Eric Williams* und anderen. Nach fast zehn Jahren in Amerika, er hatte promoviert, geht Nkrumah 1945 nach London, um im kolonialen Machtzentrum zu agitieren. Dort gründet er mit anderen Literaten wie *Eric Williams* (Trinidad), *Jomo Kenyatta* (Kenia), *Nnamdi Azikiwe* (Nigeria) – die später führende Rollen auf dem Weg in die Unabhängigkeit ihrer jeweiligen Länder spielen werden – den *Pan African Congress*, dessen Konferenzen ab 1945 unter anderem in Manchester, London und Brüssel stattfinden.

DER WEG IN DIE UNABHÄNGIGKEIT

1947 holt die von *Dr. J.B. Danquah* geführte *United Gold Coast Convention* Nkrumah in seine Heimat zurück, um ihn zum Generalsekretär der Partei zu

Kwame Nkrumah: Führer in die ghanaische Unabhängigkeit, Vorkämpfer für die anderer afrikanischer Länder

einer Konferenz der unabhängigen Staaten Afrikas. Als die *Organisation Afrikanischer Einheit* (OAU) 1962 in Addis Abeba gegründet wird, ist Nkrumah selbstverständlich einer der prominenten Mitbegründer. Am 1. Juli 1960 wird Ghana eine Republik, Nkrumah ihr erster Präsident.

MILITÄRPUTSCH – NKRUMAHS TOD

1966 wird Kwame Nkrumah durch einen Militärputsch abgesetzt. Die rasche Industrialisierung bei gleichzeitig hoher Staatsverschuldung und steigenden Lebenshaltungskosten, seine Auffassung vom Kommunismus, der Kampf gegen die Opposition im Innern mit 3000 Gegnern im Gefängnis sowie seine Alleinherrschaft mit Repression und willkürlichen Verhaftungen hatten ihm viele Feinde eingebracht.

Nkrumah verbringt die restlichen Jahre seines Lebens im Exil in Guinea. 1972 stirbt er 63jährig in Bukarest an Krebs. Selbst nach seinem Tode bleibt Nkrumah umstritten. Zunächst wird er in Konakry (Guinea) begraben. Dann in seinem Heimatdorf Nkroful. In Anerkennung seines Wirkens für Ghana beschließt die Rawlings-Regierung schließlich, ein Mausoleum für den ersten Präsidenten Ghanas zu errichten. So kehrt er am 1. Juli 1992 als Held der Nation mit allen Ehren an den Ort zurück, von dem aus er die Unabhängigkeit verkündet hatte. Seine Statue wird wieder vor dem Parlament errichtet. Das *Kwame Nkrumah Mausoleum* zählt heute zu den Nationaldenkmälern Ghanas.

machen. Zwei Jahre später verläßt er die UGCC, die ihm zu liberal und elitär ist, und gründet die *Convention People's Party* (CPP). Mit der Devise **Independence NOW** gelingt es ihm, die Massen zu mobilisieren. Nach den ersten allgemeinen Wahlen 1952 bildet Nkrumah die erste Regierung der Goldküste mit einer Mehrheit von acht Kabinettsmitgliedern. Ab 1954 ist seine Regierung eine rein afrikanische Angelegenheit, mit dem Gouverneur als einzigem Repräsentanten der englischen Königin.

1957: FREIHEIT FÜR IMMER!

Am 6. März 1957 wird die ehemalige Goldküste als erste Kolonie im tropischen Afrika unabhängig. Der neue Staat wird Ghana getauft, in Erinnerung an das hochentwickelte, glorreiche Kaiserreich Gana. Das heutige Ghana erhebt keinen erblichen Anspruch auf das alte Reich, versteht sich jedoch als seine symbolische Fortsetzung.

Accra wird Hauptstadt des revolutionären Afrikas. Alle wichtigen Repräsentanten der Gebiete unter kolonialer Herrschaft verbringen entscheidende Etappen ihres Lebens in Ghana und werden großzügig unterstützt: *Kamuzu Banda, Robert Mugabe, Sam Nujoma, Eduardo Mondlane, Amilcar Cabral* und viele andere. 1958 beruft Nkrumah in Accra die «Konferenz der afrikanischen Völker» ein. Zum ersten Mal kommen Afrikaner zusammen, um über ihre Zukunft zu reden. Ein Jahr danach ist Accra wieder Schauplatz

Spätes Gedenken: Nkrumah Memorial in Accra

IM RÜCKBLICK

Die Verdienste Nkrumahs werden erst deutlich, als sich die nachfolgenden Regierungen als korrupt und ineffizient entpuppen. Trotz aller Kritik, wie Verschleudern von Staatsgeldern, Größenwahnsucht und diktatorischer Staatsführung, merkt die Mehrheit der Ghanaer nun, was ihnen Nkrumah eigentlich wert war. Der Mann hatte es verstanden, ihnen eine nationale Identität zu geben. Ihm sind unter anderen die Durchführung des gigantischen, aber notwendigen Volta-Staudamm-Projekts, der Bau der modernen Industriestadt Tema und ihres Hafens, die Einführung der allgemeinen Schulpflicht, die kostenfreie Studienmöglichkeit, der Ausbau von Verkehrswegen sowie die Organisation des Sozial- und Gesundheitswesens zu verdanken. In ganz Afrika wird Nkrumah wegen seiner radikalen Opposition gegen Fremdbestimmung und seines starken Plädoyers für eine kontinentale politische Einheit geschätzt. In einer Zeit, in der Afrika viele Konfliktherde aufweist und die Welt sich zunehmend in Wirtschaftsblöcken gruppiert, bleibt die grundsätzliche Richtigkeit seiner Analysen bewundernswert. ◄

Literatur

Es gibt keine Bücher von Kwame Nkrumah in deutscher Sprache. Im Verlag Panaf Books Ltd, 243 Regent Street, London WIR 8PN, sind auf Englisch erschienen: *Toward Colonial Freedom*, 1962; *Autobiography*, 1957; *I speak of Freedom*, 1961; *Africa must Unite*, 1963; *Consciencism*, 1964; *Neo-colonialism*, 1965; *Challenge of the Congo*, 1966; *Voice from Conakry*, 1967; *Dark Days in Ghana*, 1968; *Handbook of Revolutionary Warfare*, 1969; *Class Struggle in Africa*, 1970; *The Struggle continues*, 1973; *Revolutionary Path*, 1974.

1979 wurde schon wieder geputscht. Ein junger Fliegerleutnant, **Jerry John Rawlings** riß die Macht an sich. Der 1947 geborene Sohn eines Schotten und einer Ghanaerin unterbrach die laufenden Vorbereitungen zur Rückkehr einer demokratisch gewählten Regierung und führte stattdessen drakonische »Säuberungen« durch. Drei ehemalige Staatschefs und fünf andere hohe, korrupte Militärs wurden hingerichtet. Schließlich ließ er doch noch die geplanten Wahlen zu und kehrte nach nur drei Monaten der politischen Bühne den Rücken. Als neuer Präsident wurde der Universitätsprofessor **Dr. Hilla Limann** gewählt. Er erwies sich als ein Mann der Integrität, war aber gleichermaßen unfähig, die Talfahrt der Wirtschaft zu stoppen. Am **31. Dezember 1981** putschte sich Fliegerleutnant **Rawlings** erneut an die Macht. Diesmal blieb er. Als Staatschef rief er das *Provisional National Defence Council* (PNDC) ins Leben, ernannte ein Kabinett von zivilen Technokraten, setzte die Verfassung außer Kraft, löste die Nationalversammlung auf und verbot jede politische Tätigkeit. Das zweite Erscheinen Rawlings markiert gleichzeitig einen dramatischen Umschwung in der Wirtschaftspolitik des potentiell reichen Landes.

Aufschwung unter Rawlings

Wenige Länder in Afrika haben sich nach Jahren der Stagnation oder gar des Rückschritts so glänzend aus ihrer schwierigen Lage gezogen wie Ghana. Kontinuierliche Zuwachsraten von 4 bis 6 % des Bruttosozialprodukts jährlich wurden normal. Das Land gewann seine Kreditwürdigkeit zurück und Investoren fanden wieder Vertrauen. Devisenreserven konnten angelegt, drückende Auslandsschulden abgetragen werden. Dazu hatten selbstverständlich auch die strengen Auflagen des *Internationalen Währungsfonds* (IWF) und der Weltbank beigetragen, die Rawlings schon kurz nach seiner Machtübernahme akzeptieren und umsetzen mußte. Geldabwertung, Entlassungen bei den überbesetzten Staatsunternehmen, Subventionsabbau und ähnliches gehörten zu diesem Maßnahmenkatalog. Anderswo in der Welt führten solche Maßnahmen oft zu Unruhen, Ghana hingegen stabilisierte sich. Nach dem großen Experiment des Sozialismus unter Nkrumah sowie nach den Jahren der Korruption, Mißwirtschaft und Entbehrungen fand Ghanas Bevölkerung mit »J.J.« sein Selbstvertrauen wieder.

Rückkehr zur Demokratie

Im **Oktober 1992** macht Ghana einen neuen Anlauf zu mehr Demokratie und legt sich per Volksabstimmung eine neue Verfassung zu. Die **Verfassung der Vierten Republik** garantiert freie Wahlen für alle Erwachsenen ab 18 Jahre, Meinungs- und Pressefreiheit, Recht auf körperliche Unversehrtheit und Gleichheit vor dem Gesetz. Die von der UNO aufgestellten Menschenrechtskonventionen sind anerkannt. Es gibt keine allgemeine Wehrpflicht; Ghana besitzt eine kleine Berufsarmee. Das Volk wählt die 230 Abgeordneten, die in der *National Assembly* zusammenkommen. Diesem Parlament steht der ebenfalls vom Volk direkt gewählte Präsident vor. Alle vier Jahre wird gewählt, ein Präsident darf nur zwei Amtsperioden regieren.

Da Parteien wieder zugelassen sind, gründet Rawlings flugs die *National Democratic Congress* (NDC) und nimmt als Zivilist an den Wahlen vom **3. November 1992** gegen vier weitere Parteien teil. Die NDC gewinnt mit über 58 %. Im Dezember **1996** kann Rawlings sein Ergebnis für eine zweite Amtszeit wiederholen.

Nach J.J. Rawlings

Vier Jahre Später legt Rawlings verfassungsgemäß sein Präsidentenamt nieder. Kaum jemand hatte damit gerechnet, da in Afrika in solchen Fällen schon oft die Verfassung kurzerhand im Sinne des Regierenden geändert wurde! Rawlings aber hielt Wort und beendete nach 19 Dienstjahren eine lange politische Ära in Ghanas Geschichte.

Sieben Parteien aller Couleur standen **7.1.2001** zur Wahl, doch primär ging es um ein Rennen zwischen dem Kandidat der regierenden NDC, Vizepräsident *Prof. Atta Mills*, und *J.A. Kufuor* von der größten Oppositionspartei, *New Patriotic Party* (NPP). **J.A. Kufuor** von der NPP gewann klar mit 56 % der Stimmen und bescherte Ghana damit einen Regierungswechsel, der gleichzeitig einen Neuanfang ohne Rawlings Partei darstellte.

Rückwirkend kann man sagen, daß J.J. Rawlings das Land politisch geprägt hat. Er hat es demokratisch ausgerichtet und ihm eine bis heute gültige Verfassung hinterlassen. Wirtschaftlich hat seine Regierung allerdings versagt. Zwar gab es Programme gegen Inflation, Arbeitslosigkeit und niedrigen Lebensstandard. Doch noch nicht einmal mit Hilfe der Weltbank konnten nennenswerte Erfolge erzielt werden. Der Regierungswechsel 2001 war da nur folgerichtig.

GHANAS NEUER PRÄSIDENT

▶ **John Evans Atta Mills** wurde am 21. Juli 1944 in Tarkwa geboren. Unter Jerry Rawlings war er bereits vier Jahre lang Vizepräsident Ghanas. Sein jetziger Wahlsieg ist die Krönung einer politischen Laufbahn, die auch zwei erfolglose Versuche als Präsidentschaftskandidat des *National Democratic Congress* (NDC) beinhaltet. Er gilt als ein besonnener Mann des Ausgleichs, der die stark polarisierte Politik in Ghana positiv beeinflussen kann. Mills besuchte das elitäre *Achimota College* in Accra, studierte an der dortigen Uni Jura und spielte nebenbei in der Hockey-Nationalmannschaft. Nach einem Master an der *University of London* promovierte er an der renommierten *London School of Oriental and African Studies* über Steuerrecht. Während seiner Zeit dort wurde Mills als Fulbright-Stipendiat an die ebenso berühmte *Stanford Law School* in den USA berufen. Mit 27 Jahren erhielt er schließlich seine Doktorwürde. In Ghana lehrte er über 30 Jahre lang als Professor der Rechtswissenschaften an der *University of Ghana* und war in zahlreichen Gremien und Ausschüssen tätig. Er ist verheiratet und hat einen erwachsenen Sohn.

Übrigens: Vizepräsident ist der ehemalige Kommunikationsminister *John Dramani Mahama*. Der 50-Jährige stammt aus Damongo. ◀

Die Zeichen stehen auf Fortschritt – auch wenn viele im Land davon noch nicht profitieren

Die NPP-Regierungszeit

Ghanas Ansehen in der Welt wächst während der Amtszeit John Kufuors. Der Geschäftsmann mit langer politischer Laufbahn regiert bis 2008 und das, wie viele außenstehende Beobachter finden, nicht schlecht. Nach den streckenweise turbulenten Jahren mit Rawlings sehnen sich die Ghanaer nach ruhigeren Zeiten, weniger Korruption und einem besseren Leben. Und tatsächlich bekämpft Kufuor Auslandsverschuldung und Arbeitslosigkeit rasch und erfolgreich. Das Land bekommt viel Unterstützung aus dem westlichen Ausland. Die Inflation sinkt von 46 auf 15 %, die Bereiche Straßenbau und Telekommunikation werden erheblich ausgeweitet, eine allgemeine Krankenversicherung und eine kostenlose Grundschulbildung eingeführt. Dennoch müssen Kufuors Anhänger zugeben, daß er innenpolitisch teilweise unklug agiert. Zu viele Minister, zu viele Auslandsreisen, steigende Kriminalität in den Städten, Geldverschwendung und Selbstgefälligkeit sind einige der Vorwürfe. Ein Großteil der Bevölkerung – ungelernte Arbeiter, Bauern und Angehörige der armen Schichten – fühlt sich zunehmend an den Rand gedrängt und im politischen Prozeß nicht berücksichtigt. So gibt es beispielsweise seit 2005 zwar ein allgemeines Krankenversicherungssystem, das *National Health Insurance System* (NHIS) und rund die Hälfte der Bevölkerung ist bereits versichert und wird kostenlos ärztlich versorgt. Doch das System ist freiwillig und schließt damit den armen Teil der Bevölkerung faktisch aus.

Auf ein Neues

Die Präsidentschaftswahlen 2008 werden von sieben Parteien und einem unabhängigen Kandidaten ausgefochten. Da Präsident Kufuor nach zwei Amtsperioden nicht mehr kandidieren darf, tritt an seiner Stelle der frühere Außenminister *Nana Akufo-Addo* als Kandidat der NPP an. Der erste Wahlgang im Dezember brachte keinen Sieger mit einer Mehrheit von über 50 % hervor. Erst am **4. Januar 2009,** nach einer zweiten Runde und einer Nachwahl im Wahlkreis Tain (Brong Ahafo), steht **John Evans Atta Mills** von der oppositionellen NDC mit einer hauchdünnen Mehrheit von 50,23 % als Sieger fest. Mit dem Versprechen, für mehr Gerechtigkeit und Kontinuität zu sorgen, wird er am 7. Januar 2009 als Staatschef vereidigt. Die Bevölkerung erwartet von der neuen Regierung niedrigere Preise für Lebensmittel und Energie, höhere Einkommen bzw. staatliche Bezüge, mehr Wohnraum sowie soziale Gerechtigkeit.

Mit dem Ölfund in ghanaischen Gewässern und der aktuellen Weltfinanzkrise steht Ghana unbestritten vor neuen Herausforderungen. Aber der friedliche Wechsel hat gezeigt, daß Demokratie auch in Afrika funktionieren kann.

WIRTSCHAFT HEUTE

In den Jahren nach der Selbständigkeit unter Kwame Nkrumah (1957 – 1966) beeinflußte der Staat nach dem Muster sozialistischer Staatsbetriebe fast alle Bereiche der Wirtschaft.

Seit 1981 versucht der Staat, die negativen Aspekte dieser Politik zu beseitigen, dies mit tatkräftiger Hilfe der Weltbank. Die schwankende Weltmarktlage macht jegliche langfristige Planung zunichte. Die Bevölkerung nimmt in den Ballungszentren stark zu, dort herrscht Wohnungsmangel und die Arbeitslosigkeit

---

> **Wirtschaftsdaten (2008)**
> **Bruttosozialprodukt:** 16,8 Mrd US$, entspricht etwa 747 US$ pro Kopf
> **Bruttoinlandprodukt:** + 7,1 %
> **Industrie:** 24 % des BSP
> **Dienstleistungen:** 39 % des BSP
> **Inflation:** 16,5 % (2007: 10 %)
> **Mindestlohn:** 2,25 GHC (ca. 2,20 US$) (2007: 1,90 GHC)
>
> Quelle: Jahresbericht der Botschaft Accra

---

deren Musterschüler in der »Dritten Welt« Ghana ist, sowie Druck vom IWF (Internationaler Währungsfond). Auf dem von ihnen geforderten Programm der strukturellen Anpassungsmaßnahmen standen bzw. stehen Punkte wie der Abbau der Subventionierung von Lebensmitteln, die Abwertung der Landeswährung, die Reduzierung des aufgeblähten Staatsapparats, neue Kredite und Reprivatisierung großer Teile der Wirtschaft. Hatten diese Maßnahmen zunächst zu Arbeitslosigkeit und einer astronomischen Teuerungsrate von weit über 120 % jährlich geführt, ist in der Wirtschaft mittlerweile eine gewisse Entspannung eingetreten, die Teuerungsrate verlangsamt sich.

Die **Hauptprobleme heute** sind Kapitalmangel (der informelle Sektor macht 45 % der gesamten ghanaischen Wirtschaft aus), immer noch hohe Auslandsschulden mit hohen Tilgungsraten bei gleichzeitig niedrigen Weltmarktpreisen für Agrarerzeugnisse und Rohstoffen.

Land- & Forstwirtschaft

Mehr als 50 % der Bevölkerung sind in der Landwirtschaft (mit Fischerei) tätig, die meisten als **Subsistenz-Bauern. Das** heißt, die Bauern sind in der Hauptsache Selbstversorger. Sie produzieren Grundnahrungsmittel wie Mais, Reis, Hirse, Yams, Maniok, Kochbananen, Gemüse, Obst für sich und verkaufen lediglich, was übrigbleibt. Daher ist Ghana auf Nahrungsmittelimporte angewiesen; besonders Reis und Fleisch werden in großen Mengen eingeführt.

Eine wichtige Minderheit der Bauern ist in der **Monokulturwirtschaft** tätig. In der Kolonialzeit wurden solche Strukturen geschaffen, um die Industrie der europäischen Metropolen mit Rohstoffen für Luxusgüter zu versorgen. Große Kakao-, Zuckerrohr-, Kaffee-, Ölpalm- und Kautschukplantagen wurden angelegt, die unverarbeiteten Erzeugnisse exportiert. Zurück kamen die gleichen Produkte in Form von Schokolade, Würfelzucker, Instant-Kaffee, Seife und Autoreifen. Dies ist weitgehend unverändert geblieben, und diese paradoxe Situation stellt immer noch ein Haupthindernis für die Entwicklung dar. Statt die teuren Endprodukte selbst herzustellen, bleibt die Wirtschaft den Schwankungen der Weltmarktpreise für Agrarerzeugnisse ausgeliefert.

In jüngster Zeit wird versucht, sich aus der Abhängigkeit von den Monokulturen zu lösen und Produkte wie Tabak, Ananas, Bananen, Palmkernöl und Kopra (getrocknete Kokosnuss) zu produzieren. Andere vielversprechende Alternativen sind Kolanüsse, Sheabutter und Baumwolle.

🔸 **Tip:** Bekannt für fairen Handel ist z.B. *Transfair e.V.*, Remigiusstraße 21, 50937 Köln, http://transfair.shop.de. Informationen auch unter www.eco-world.de.

Süße Bohne: Kakao

Die wichtigste Kulturpflanze in Ghana ist Kakao. Es waren vor allem Portugiesen und Spanier, die den Kakao aus Südamerika in ihre westafrikanischen Besitzungen einführten. In Ghana geschah dies 1879 durch einen gewissen *Tetteh Quarshie*, der die ersten Pflanzen in 📍 *Mampong-Akwapim*, nördlich von Accra, kultivierte. Sehr rasch entstanden weitere Farmen, vorwiegend in Ashanti, Brong-Ahafo und Ostghana. Die Goldküste eroberte den Weltmarkt in kürzester Zeit und war bis vor wenigen Jahren der größte Kakaoproduzent der Welt.

Heute ist Ghana hinter Côte d'Ivoire (40 %) auf den zweiten Platz gerutscht, liegt aber mit 20 % Anteil am Kakao-Weltexport weit vor Indonesien, Kamerun und Brasilien. Hauptabnehmer des ghanaischen Kakaos sind die EU (Holland, England, Deutschland) und die USA. Exportiert wird hauptsächlich die Bohne, zu Halbwaren verarbeitete Produkte wie Butter, Kuchen, Liquor und Pulver sowie Schokolade werden nur zum Teil exportiert.

Rund 1,5 Mio Menschen leben von der Pflanze, die auf einem Drittel des urbaren Landes angebaut wird. Der Schwerpunkt des Anbaus liegt in der Western Region und in Ashanti. Da Kakao eine sehr krankheitsanfällige Pflanze ist, kann sie nicht gut in Plantagenwirtschaft gezogen werden, sondern wird überwie-

Billige Muskelkraft für internationale Großkonzerne macht manchen Kakao bittersüß

Die staatliche Kakaobehörde COCO-BOD steuert sowohl Produktion, Qualitätssicherung, Forschung, Schädlings- und Krankheitsbekämpfung als auch den Export. Den Ankauf der Produktion wird von einer Tochterfirma, der bereits privatisierten und an der Börse notierten PBC, vorgenommen. Wegen des instabilen Weltmarktpreises und der Produktausfälle durch typische Kakaokrankheiten werden heute eher Ertrag und Qualität verbessert, statt auf reine Quantität zu setzen. 2007 war mit 780.000 Tonnen und 1,4 Mrd US-$ Umsatz ein Rekordjahr, das wegen unbestimmter Witterungsverhältnisse und besagter Krankheiten nicht ohne weiteres wiederholt werden wird. Im Durchschnitt erreicht Kakao 35 % Marktanteil im Export.

Edelholz-Export

Kokrodua, Mahagoni, Makore, Odum, Sapele, Utile, Wawa – 23 Edelholzarten sind die Ghana heimisch. Aus Naturschutzgründen dürfen bestimmte Hölzer nicht mehr außer Landes gebracht werden. Es ist ebenfalls verboten, unverarbeitetes Rohholz zu exportieren, um die heimische Industrie zu stützen. Bestimmte Forstgebiete wurden zu Schutzgebieten erklärt (↗ Naturschutzgebiete), und die Wiederaufforstung wird vorangetrieben. Dennoch steht der wirtschaftliche Aspekt vor dem Umweltschutz. So wird vielerorts mit schnellwachsenden Nutzhölzern aufgeforstet. Problematisch bleibt auch die illegale Abholzung, die nach Schätzungen des WWF 60 % des Holzeinschlags ausmacht (↗ Natur). 2007 exportierte Ghana rund 500.000 Tonnen Holz und Holzprodukte und ver-

Fischerei

Fast alle **Küstengemeinden** leben von der Fischerei. Die 1,5 Mio Fischer landen im Jahr circa 420.000 Tonnen Fisch an. Die traditionellen Pirogen – lange, schmale Kanus, aus einem Hartholzbaumstamm geformt und mit Platz für 20 Fischer – werden längst statt mit Paddeln mit schnellen Außenbordmotoren angetrieben.

Ghana besitzt eine expandierende **Flotte** moderner Fischkutter. *Tema*, *Sekondi-Takoradi* und *Elmina* haben Fischereihäfen und bilden die Hauptstützpunkte dieser Industrie, die immer wichtiger wird. Frisch- bzw. Dosenfisch wird bereits in die Nachbarländer exportiert. Gefangen werden hauptsächlich Heringe, Makrelen, Meerbarsche, Barrakudas, Thunfische, Haie. 2004 verdiente Ghana fast 60 Mio Dollar mit dem Verkauf von rund 250.000 Tonnen Thunfischkonserven.

Die **Süßwasserfischerei** hingegen ist mit Ausnahme der Bereiche Yeji, Kpong und Ada immer noch unbedeutend.

Viehzucht

Trotz hervorragender Voraussetzungen in den großen Savannengebieten wird die **Rinder-, Schafs-** und **Ziegenzucht** nur im kleinbäuerlichen Milieu betrieben. Eine Ausnahme entwickelt sich in Greater Accra zwischen Prampram und Akosombo, wo inzwischen im großen Stil Vieh gezüchtet wird. In der Küstenebene werden zum größten Teil kleinrassige Rinder, im Norden dagegen eher *Zebu* (Buckelrind) und *Ndama* (an den riesigen Hörnern zu erkennen) gehalten. Zur Nahrungsergänzung werden große Mengen Lebendvieh aus dem Nachbarland Burkina Faso importiert.

Die **Schweinezucht** spielte traditionell immer eine untergeordnete Rolle, da die Bevölkerung keine Vorliebe für Schweinefleisch zu haben scheint bzw. den Muslimen durch ihre Religion das Essen von Schweinefleisch verboten ist. Da der Norden des Landes stark islamisch geprägt ist, konzentriert sich die heutige Schweinezucht im Süden; ihr Anteil an der Viehwirtschaft ist in den letzten Jahren gestiegen, da man festgestellt hat, daß mit Schweinefleisch leichter Geld zu verdienen ist.

Netzwerk: Das Ausbessern der Netze gehört zum Tagwerk

© Erik Hinz

diente dabei 170 Mio US-$. Mit 8 % vom gesamten Exportumsatz sind Edelhölzer damit Ghanas drittwichtigstes Handelsgut. 18 % davon wird nach Deutschland geliefert.

► Das größte Industrieprojekt, das jemals in Ghana in Angriff genommen wurde, ist der **Volta-Staudamm.** Der damalige Präsident *Kwame Nkrumah*, mußte dafür viel Kritik einstecken: zu teuer, zu groß, überflüssig, nicht finanzierbar! Das Projekt kostete tatsächlich viel Geld, umgerechnet 900 Mio Euro! Trotzdem: Die gesicherte Trinkwasserversorgung, diverse vom Staudamm profitierende Wirtschaftszweige und die Stromerzeugung rechtfertigen das gewaltige Projekt.

Das *Volta River Project* besteht aus drei Haupteilen: dem **Staudamm** nebst Kraftwerk in Akosombo, der großen **Aluminiumfabrik**, in denen Bauxit aus den Kwahu-Bergen verarbeitet wird, und dem modernen **Hochseehafen** in Tema. Bereits 1915 hatte sich der englische Geologe *A. E. Kitson* eine Stauung des Volta an der engsten Stelle vorgestellt, um Strom zu erzeugen. Der Erste Weltkrieg ließ die Idee in der Schublade verschwinden – bis Kwame Nkrumah kam: Ghana sollte unabhängig werden, und das Staudammprojekt die Grundlage für den wirtschaftlichen Aufschwung schaffen. Die Finanzierung wurde zur Hälfte durch die Weltbank, die USA sowie Großbritannien und zur anderen Hälfte von der jungen Republik Ghana gesichert.

1961 wurde mit dem Bau des 135 m hohen, 670 m langen Staudamms begonnen. Rund 100.000 Menschen aus 670 Dörfern mußten für den 8500 km² großen See umsiedeln. Vier Jahre später waren alle drei Teilprojekte abgeschlossen. Anfangs produziert Ghana so viel Strom, daß jährlich 1060 Megawatt nach Togo und Benin exportiert werden konnten.

Trotzdem durchlebt Ghana derzeit eine Energiekrise. Stromausfälle sind an der Tagesordnung. Die Industrie klagt, die Bevölkerung schimpft. Besucher sind ratlos. Was ist geschehen?

Der einst als überdimensioniert verschriene Staudamm erweist sich heute als unzureichend. Ghanas Energieverbrauch stieg seit 1962 erheblich, der Bedarf wächst um 13 % jährlich. Als der Staudamm eingeweiht wurde, zählte die Bevölkerung 6 Mio, heute sind es 22. Und alle wollen kalte Drinks, TV, Klimaanlagen, Stereomusik und vieles mehr genießen.

Und schließlich: Der weltweite **Klimawandel** bedeutet noch weniger Regen für die Länder des Sahel, wo der Volta entspringt. Eines der größten Wasserreservoires der Welt trocknet infolge dieser Entwicklung langsam aus und bietet nicht mehr genügend Wasserkraft für die Stromerzeugung. 2006/07 waren besonders kritische Jahre. Viele Industriebetriebe wie der große Aluminiumhersteller VALCO und mehrere Textilfirmen mußten wegen Strommangels die Produktion einstellen, der Bergbau war beeinträchtigt. Um mehr Unabhängigkeit zu erlangen, dürfen neuerdings private Unternehmen Kraftwerke bauen, was am *Black Volta* in Bui bereits begonnen wurde. ◄

**STROM FÜR GHANA:
DAS VOLTA-PROJEKT**

Bodenschätze

Nach der Landwirtschaft ist mit regelmäßig 30 – 40 % der Gesamteinnahmen der **Bergbau**, insbesondere die Goldproduktion, der wichtigste Sektor der ghanaischen Wirtschaft. Ghana besitzt eine Vielzahl unterschiedlicher Bodenschätze, deren Reserven bisher wenig oder noch gar nicht ausgebeutet werden. Blei, Zinn, Kupfer, Tantalit, Kolumbit, Quecksilber, Öl, Erdgas, Eisenerz, Kalksteinerz liegen noch verborgen und warten auf kostspielige Investitionen.

Gold

Nicht zufällig wurde das Land bis 1957 »Goldküste« genannt. Als 1877 der Franzose Pierre Bonnat auf seinen Reisen in der Gegend von *Tarkwa* (West-Region) Goldminen, die seit dem 15. Jahrhundert von Einheimischen betrieben wurden, entdeckte und die britischen Behörden davon hörten, ließ die industrielle Ausbeutung nicht lange auf sich warten. Bereits 1882 waren sechs Gesellschaften in dem Gebiet aktiv, 1907 wurde die erste Eisenbahnverbindung von Tarkwa nach Sekondi in Betrieb genommen. Seit 1987 in *Prestea, Dunkwa, Obuasi* und *Konongo* weitere Goldlager entdeckt wurden, erlebt Ghana einen regelrechten Goldrausch. In jüngster Zeit hat es viele ausländische Goldsüchtige – Australier, Briten, Deutsche, Kanadier und Südafrikaner – auf den Plan gerufen. Heute betreibt die *AngloGold Ashanti Inc.* die reichste Einzelgoldmine der Welt in Obuasi; von dort stammen mittlerweile 86 % der ghanaischen Gesamtausbeute.

Ende der 80er wurde auch der private Abbau durch Einzelpersonen legalisiert, die staatliche PMMC, *Precious Minerals Marketing Company*, vergibt Lizenzen und kauft die Erträge aus dem Abbau der *Small Scale Miners* und der illegalen Goldschürfer. Wirtschaftlich hat sich die Liberalisierung positiv ausgewirkt. 1990 waren es 550.000 Unzen, die einen Erlös von rund 300 Mio US$ einbrachten. 2007 produzierte Ghana 2 Mio Unzen Gold und erlöste 1,73 Mrd US$. Ghana ist damit hinter Südafrika der zweitgrößte Goldproduzent Afrikas. Gold wechselt sich bei 30 – 42 % Exportanteil mit Kakao als Hauptdevisenbringer ab.

Das Gold wird hauptsächlich in **Tagebauweise** abgebaut. Tausende von Desperados allerdings finden ihr Gold vor allem in Flüssen und aufgegebenen Minen, in denen sie auf eigene Faust weiterschürfen. Im Norden Ghanas, in der Nähe von *Bolgatanga*, und in *Noyem* (Ostghana) hat die Goldsuche gespenstische Auswüchse angenommen. Dort graben die Glücksritter, **Galamsey** genannt, mehrere Meter tiefe Löcher und Stollen in den trockenen Lehmboden, wodurch die Landschaft für immer dem schleichenden Tod durch Erosion und Unfruchtbarkeit ausgeliefert ist. Die Galamsey kommen fast ausnahmslos aus der Unterschicht Ghanas und Burkina Fasos. Sie arbeiten mit Hacke und Schaufel, aufgeschnittene Plastikkanister dienen als Eimer, auf selbstgebastelten Leitern steigen sie ab in 50 m tiefe Erdlöcher und in Stollen, deren Wände mit Ästen notdürftig abgestützt sind. Sie graben wie besessen nach dem Metall, das ihnen – wenn alles gutgeht – mehr als einen Lehrerlohn am Ende des Monats einbringt. Wenn's schlecht läuft – und das tut es nur zu oft – bringt ihr Tun Krankheit, Invalidität und frühen Tod

Abgegrast: Noch lange nicht sind die Goldvorräte erschöpft, doch mancher Landstrich ist schon heute für immer aufgegeben

durch den fahrlässigen Umgang mit Quecksilber. Auch hört man immer wieder von verschütteten. Ob diesem Wildwuchs ohne soziale oder medizinische Einrichtungen, ohne Wasser, Unrat- und Müllentsorgungssystem trotz der Gefahren für Mensch und Natur je Einhalt geboten wird, ist zweifelhaft – solange das Geld nur fließt.

✽ **Tip: *Precious Minerals Marketing Company, PMMC*,** unterhält nur in Accra ein Büro: Diamond House, Kinbu Road, ⓒ 021/664931, www.pmmcghana.com. Dort erhalten Sie Informationen zum Ankauf von Gold und Diamanten.

Andere Mineralien

Die ersten **Diamanten** wurden 1919 im Bereich des *Birim-Tals* bei Kibi in der Ost-Region gefunden. Heute besitzt Ghana noch beträchtliche Mengen an Industriediamanten, die nicht zu Schmuck verarbeitet werden. Bis jetzt wurden Diamanten in großem Stil lediglich in den Städtchen *Akwatia* und *Akim-Oda* in der Ostregion abgebaut. Auch im Bonsa-Tal im Westen gibt es größere Diamantenvorkommen, die überwiegend von Kleinkonzessionären in eigener Regie abgebaut werden. Jährlich werden circa 1 Mio Karat gefördert.

Die **Bauxitreserven** werden auf rund 600 Mio Tonnen geschätzt. Die alten Abbaugebiete dieses Hauptrohmaterials für die Aluminiumerzeugung um *Awaso* und *Yenahin* (Westghana) sind noch ergiebig. Es gibt auch beträchtliche Reserven in den Kwahu- und Akim-Mittelgebirgen, die noch nicht angetastet wurden. Fast 300.000 Tonnen Bauxiterz wurden in den 70er Jahren exportiert. Diese Zahl fiel auf 70.235 Tonnen in den frühen Achtzigern, seit 1989 werden rund 490.000 Tonnen pro Jahr produziert.

Ghana gehört zu den großen **Manganproduzent**en der Welt. Die Reserven dieses eisenähnlichen Schwermetalls sind in *Nsuta* bei Tarkwa konzentriert. Gefördert werden derzeit rund 1,6 Mio Tonnen pro Jahr.

Salz avanciert allmählich ebenfalls zu einem wichtigen Exportschlager. Seit dem Jahrtausendwechsel hat sich die Produktion für den Export von 300.000 bis rund 800.000 Tonnen pro Jahr verdoppelt, Tendenz steigend.

Seit Juni 2007 ist es amtlich. Ghana wird bald ein **Erdöl** produzierendes Land sein. Rund 50 km vor *Cape Three Points* (Westghana) lagern 2 – 3 Mrd Barrel Erdöl. Die erste Phase der kommerziellen Erdölproduktion von 120.000 Barrel pro Tag soll 2010 beginnen, wie die Betreibergesellschaft Kosmos *Energy* bekannt gab. Die Ghana *National Petroleum Cooperation* (GNPC) ist an dem Vorhaben mit 10 % beteiligt. Die Förderung soll sich innerhalb der folgenden zwei Jahre auf 250.000 Barrel pro Tag erhöhen. Ganz Ghana fiebert dem goldenen Zeitalter voller Petrodollars entgegen.

Obwohl **Erdgas** bei der Gewinnung von Erdöl eine wichtige Rolle spielt, hat Kosmos Energy noch keine Pläne, dieses Nebenprodukt kommerziell zu verwerten. Nachdem die WAGP, die *West African Gas Pipeline*, 2007 fertiggestellt wurde, beziehen Ghana, Togo und Benin seit Dezember 2008 billiges Erdgas von den Ölfeldern in Nigeria. Eine Unterseeleitung bringt das Gas zur Stromproduktion nach Takoradi.

Industrie

Die Industrialisierung begann erst nach der Unabhängigkeit 1957. Davor hatten sich die Kolonialbehörden auf die Förderung und Ausfuhr von Rohstoffen für die britische Wirtschaft beschränkt: Kakao, Tabak, Palmöl, Edelhölzer, Bauxit, Gold, Diamanten. Um diese klassische Abhängigkeit zu durchbrechen, galt es als erstes, die Rohstoffe vor ihrem Export zu verarbeiten. Auch heute ist Ghana kein Industrieland – 15 % vom Wirtschaftsvolumen sind bisher erreicht –, aber es gibt eine vergleichsweise breite industrielle Basis, die mit kräftigen Investitionen durchaus leistungsfähig und erfolgreich sein könnte. Die politischen Voraussetzungen sind gegeben, doch bürokratische und logistische Unwägbarkeiten halten ausländische Investoren ab.

Die **Leichtindustrie,** die die meisten Artikel des täglichen Bedarfs produziert, ist bereits vorhanden. Bier und andere Sorten von Alkoholika, Textilien, Zucker, Tabak, Kühlschränke, Radios usw. werden im Land produziert.

Der Großraum Accra wurde die **Schwerindustrie** angesiedelt: Öl, Zement, Kakao, Aluminium, Stahl. Hinzu kommen Automontagewerke, Farbwerke und einiges mehr. Ungefähr 70 % aller Erzeugnisse des produzierenden Gewerbes sind in Greater Accra konzentriert. 2002 wurde in *Tema* dafür ein 10 Mio US-$ teurer Containerhafen gebaut, in dem jährlich bis zu 40.000 Container umgeschlagen werden.

Import & Export

Die traditionellen Bindungen zu Großbritannien sind zwar nicht mehr so stark, aber britisches Kapital ist noch aktiv in

▶ Die diplomatischen Beziehungen zwischen den beiden Ländern sind exzellent. Deutschland ist auf verschiedenen Ebenen in Ghana engagiert. In Accra steht ein Deutsches Haus, das alle großen deutschen Entsendeorganisationen beherbergt: GTZ, KfW, CIM, DED und DAAD. Seit Jahrzehnten kooperiert die Technische Universität Dortmund mit der Kwame Nkrumah University of Science & Technology (KNUST, Kumasi) in der Ausbildung von Bauplanern. Das Bernhard-Nocht-Institut für Tropenmedizin in Hamburg forscht gemeinsam mit KNUST über Malaria im Kumasi Centre for Collaborative Research (KCCR). Politisch aktiv sind die Friedrich-Ebert-, Konrad-Adenauer- und Friedrich-Naumann-Stiftung vor Ort. In der Kulturarbeit ist das Goethe-Institut seit Jahrzehnten in Accra tätig und bietet Kurse für Deutsch und deutsche Literatur an. Die Deutsche Welle sendet TV-Programme, es gibt eine deutschsprachige Schule (KMS Swiss School) und ein deutschsprachiges Pfarramt kümmert sich um die deutschen Seelen in Accra. In Sachen Wirtschaft existiert seit 2008 ein Doppelbesteuerungsabkommen zwischen Ghana und Deutschland, und die GGEA (Ghana-German Economic Association) unterhält ein Büro zur Koordinierung von Aktivitäten ihrer Mitglieder. Sie organisiert Wirtschaftsdelegationen und Messen und knüpft geschäftliche Kontakte zwischen den beiden Ländern. Nicht zuletzt gibt es in Accra ein von Deutschland finanziertes Rückkehrbüro für jene Ghanaer, die nach einem Aufenthalt in Deutschland nach Integrationsmöglichkeiten in ihrer Heimat suchen. ◀

GHANA UND DEUTSCHLAND

Ghana, besonders im Bergbau und in der Holzverarbeitung. Mittlerweile sind fast alle anderen Industrieländer ebenfalls auf Ghanas Markt vertreten: Japan mit seinen Autos, Computern, Produkten der Unterhaltungs- und Kommunikationselektronik; Frankreich im Hotel-, Bank- und Kreditgewerbe. Deutschland natürlich sowie Nigeria, die USA und Niederlande sind nicht unerheblich am Import beteiligt.

Import und Export stehen jedoch in keinem ausgewogenen Verhältnis wie man am Beispiel Deutschland sehen kann: Deutsche Importe nach Ghana betrugen 2005 142,5 Mio €, die ghanaischen Exporte nach Deutschland schlugen jedoch mit nur 94 Mio € zu Buche. Die Deutschen verkauften Fahrzeuge, Maschinen, chemische Erzeugnisse und Fabrikanlagen. Exportiert werden Kakao, Nutz- und Schnittholz sowie Früchte.

Tourismus

Laut Angabe des Ghana *Tourist Board (GTB)* besuchten bei der letzten Erhebung 2003 genau 530.827 Menschen Ghana, 10 Jahre zuvor waren es weniger als die Hälfte. Generell, erklärt die zuständige Behörde, sind 61 % der Ankömmlinge Afrikaner aus Nigeria, Togo, Côte d'Ivoire u.a., davon 27 % Ghanaer, die dauerhaft im Ausland leben. 25 % der Gäste kommen aus Europa, 9 % aus Asien, 8 % aus den USA und 1 % aus dem Mittleren Osten. Unter den Europäern waren 35 % Briten, 19 % Deutsche, 15 % Franzosen und 10 % Niederländer. Die meisten Reisende kommen aus geschäftlichen Interessen oder zum Arbeiten nach Ghana, 36 % wollen Urlaub machen und 20 % Freunde und Verwandte besuchen.

Trotz Ghanas touristischem Potential sind die Fremdenverkehrszahlen noch immer unbedeutend. Mit relativ wenigen Maßnahmen – verlässliche Kommunikationskanäle und Stromversorgung, bessere Straßen zu den Attraktionen des Landes, dort ein gastronomisches Angebot für die Gäste und besser ausgebildetes Servicepersonal – könnte Ghana die Zahlen leicht verdoppeln. Vielleicht wird die neue Regierung in dieser Hinsicht andere Akzente setzen.

Das **Hotelgewerbe** in Ghana ist nicht auf eine bestimmte Kategorie wie Cluburlaub bzw. Abenteuerurlaub ausgerichtet, also fehlt die übliche Infrastruktur dafür. Glücklicherweise ist der einheimische Beitrag in der Hotelerie gut repräsentiert. Die Mehrheit der Hotels sind kleine Häuser in ghanaischer Hand, so daß der überwiegende Teil der Devisen im Land bleibt. Kleine und mittlere Hotelanlagen gehören oft Ghanaern und ihren vor Ort ansässigen (Ehe)Partnern: *Ankobra Beach, Kosa, Kokrobitey, Kokwaado, Nyanyano* etc. Die großen Ketten wie *Novotel, Golden Tulip* und *Accor* sind nur vereinzelt in Ghana aktiv und haben in den vergangenen Jahren keine Expansionspläne aufgelegt. Die Bettenkapazität liegt bei rund 17.400 und wächst mit mehr ghanaischer Beteiligung kontinuierlich. Der überwiegende Teil davon steht in sogenannten Budget-Hotels, während sich die 5- und 4-Sterne-Häuser noch an einer Hand abzählen lassen. Doch daran wird sich mit der Fertigstellung des *Ambassadors* in Accra schon etwas ändern.

Die **Haupttourismuszentren** sind die Region um *Accra* mit ihren zahlreichen Bademöglichkeiten, *Kumasi* mit seinem kulturellen Hinterland sowie *Cape Coast* und *Elmina* für die historischen Aspekte des Landes. Daneben entwickelt sich langsam *Ada*, 100 km östlich von Accra, zu einem interessanten Ferienzentrum.

Etwas Neues ist der so genannte **Community-based Ecotourism,** der neue Impulse bringen soll. Man läßt die Bevölkerung vor Ort ihre Sehenswürdigkeiten betreuen und die Einnahmen verwalten. So bleibt das Geld vor Ort, das Verantwortungsbewußtsein der dortigen Menschen wird gestärkt und die Notwendigkeit des Schutzes für die Umwelt anschaulich gemacht. Zur Zeit gibt es vierzehn Projekte dieser Art. Die Standorte sind: *Amedzofe, Buabeng-Fiema, Bunso, Kubeasi, Liati Wote, Paga-Nania, Sirigu, Tafi-Atome, Tanoboase, Tengzug, Wassa Domama, Xavi, Wechiau, Wildaba*.

Info: *Nature Conservation Research Centre,* www.ncrc.org.gh.

MENSCHEN & KULTUR

FUTUMFUNAFU

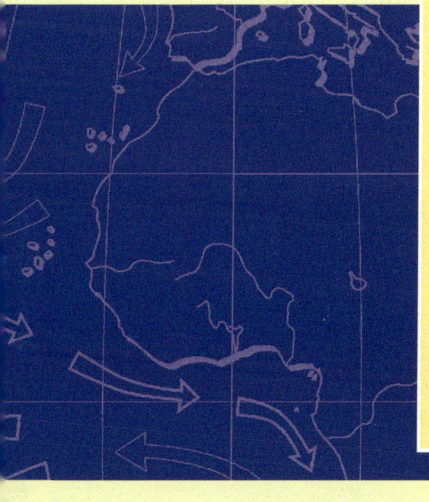

Zwei Mäuler, die denselben Bauch füttern kämpfen um den Geschmack des Essens kämpfen um die Erfahrung aus erster Hand Sie sollen!

- NATUR & NATURPARKS
- GESCHICHTE & GEGENWART
- MENSCHEN & KULTUR
- REISE-INFORMATIONEN
- ZU GAST & LANDESKÜCHE
- ACCRA & GREATER ACCRA
- DIE KÜSTE & DER WESTEN
- ASHANTI & BRONG-AHAFO
- DER NORDEN
- OST-GHANA & VOLTA-GEBIET

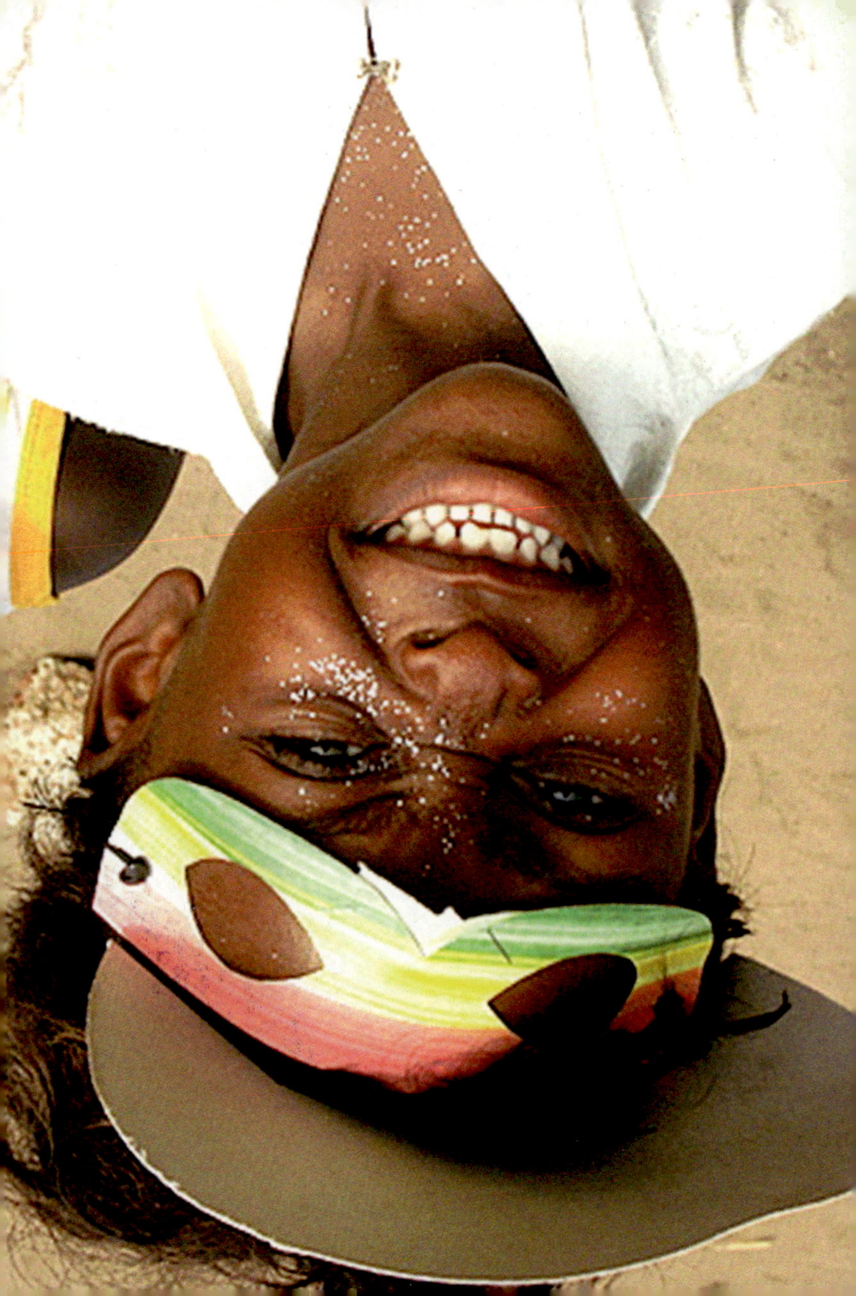

AUF DEM WEG ZU DEN MENSCHEN

In einem Land wie Ghana mit unterschiedlichen Völkern und ethnischen Gruppen ist es grundsätzlich schwer, über »die« Kultur zu sprechen. Alle Volksgruppen im Lande könnten mit Recht auf Eigenständigkeit pochen und verlangen, daß ihre jeweilige Kultur getrennt betrachtet wird. Weil aber eine ausführliche Behandlung aller Kulturströme in Ghana in einem solchen Buch nicht zweckmäßig ist, versuche ich, ein annähernd repräsentatives Bild über die Sitten und Gebräuche dieses Landes zu geben. Das mit gut 50 % Anteil an der Bevölkerung größte Volk, die Akan, steht für manches, was als ghanaisch bezeichnet werden kann. Die meisten Nicht-Akan-Völker Ghanas kommen mit dieser Hauptströmung zurecht und wären größtenteils mit der folgenden Darstellung ihrer kulturellen und künstlerischen Neigungen einverstanden.

Bevölkerung: Fakten & Daten

Bei einer genaueren Klassifizierung stellt sich heraus, daß man es in Ghana hauptsächlich mit vier Volksgruppen zu tun hat: den *Akan* (50 %), den *Mole-Dagbani* (17 %), den *Ewe* (13 %) und den *Ga-Adangbe* (8 %), jeweils circa-Angaben). Sie sind zu einem Volk zusammengewachsen. In der Waldzone in der südlichen Hälfte des Landes sowie entlang der Küste bis zur Voltamündung leben vor allem die Ewe, die Ewe bewohnen vor allem das Voltagebiet und die Ga-Adangbe die Tiefebene von Accra. In Nordghana leben verschiedene kleine Volksgruppen zusammen, die in ihrer Mehrheit zur Hauptgruppe der Mole-Dagbani gehören.

Aufgrund der angespannten politischen und wirtschaftlichen Situation im westafrikanischen Raum, hat der afrikanische Ausländeranteil an der ghanaischen Bevölkerung seit der Jahrtausendwende drastisch zugenommen. Laut Ghanaweb leben derzeit 2,3 Mio Burkinabe, 2 Mio Nigerianer sowie einige Zehntausend Flüchtlinge aus Togo und Liberia in Ghana. Und nicht zu vergessen die rund 2500 Deutschen, 800 Briten, 253 Japaner, 300 Malaysier und 200 Holländer, die in Missionen und Entwicklungsprojekten arbeiten.

☀ **Tip:** Zur Geschichte der Ethnien sowie eine Karte der Verteilung der Volks- und Sprachgruppen. ↗ Geschichte.

Bevölkerungsentwicklung

Die Bevölkerungszahl wird zur Zeit auf insgesamt rund 22 Millionen geschätzt, und ungefähr 40 % der Menschen ist jünger als 16 Jahre!

Statistisch gesehen leben 93 Einwohner auf einem km² (BRD 231 Ew/km²), doch circa 36 % leben bereits in Städten, während das Land keine Gleichverteilung der Bewohner aufweist. Die höchsten Konzentrationen sind im Gebiet Greater Accra (punktuell über 551 Personen pro km²), im Nordosten (ungefähr 400 Einwohner pro km²), rund um Kumasi, Obuasi, Cape Coast und Ahanta. Die Gebiete im südwestlichen Grenzland und im Zentrum sind relativ dünn besiedelt. Bemerkenswert ist die große Zunahme

Kesses Maskenmädchen: Selbst noch keine 5 und feiert den 50. Geburtstag Ghanas schon so stolz wie die Großen der Stadtbevölkerung, besonders in Accra, Sekondi-Takoradi, Kumasi und Tamale.

Die durchschnittliche **Lebenserwartung** liegt zur Zeit für Frauen bei 60 und für Männer bei 56 Jahren. Im Vergleich zu Deutschland mit 79 und 73 Jahren für Frauen und Männer ist diese Zahl sicherlich niedrig und deutet auf die immer noch hohe Kindersterblichkeit von 10,5 % hin, die besonders in den armen Bevölkerungsschichten hoch ist.

Das **Bevölkerungswachstum** betrug zwischen 2000 und 2005 2,1 % pro Jahr (zuvor 1,7 %). Die höchsten Bevölkerungsdichten sind in den kakaoproduzierenden Gebieten im Westen und den Ballungszentren des Südens. Gründe für die steigenden Bevölkerungszahlen sind eine bessere Ernährung und die Verbesserung der hygienischen Verhältnisse.

Aufklärung bzw. die Verbreitung von Bildungsmöglichkeiten führen dazu, daß immer weniger Kinder sterben. Die **Alphabetisierung** unter den über 15jährigen liegt bei 74,8 % (Männer 82,7 %, Frauen 67,1 %). Ghanas relativer Wohlstand lockt zudem auch Wirtschaftsflüchtlinge aus den Nachbarländern an.

Die starke **Abwanderung** vom Land in die Städte führt dazu, daß die industriellen Zentren zu schnell zu groß werden, Wohnungsnot und Arbeitslosigkeit sind die Folge. Laut Human Development Index Report 2006 leben 75 % der Ghanaer in Armut (weniger als 2 US$ pro Tag) und fast 50 % sogar in extremer Armut (weniger als 1 US$ pro Tag). Betroffen davon sind vor allem Frauen, Kleinbauern (im Norden leben 77 %, teilweise sogar 90 % der Bevölkerung in Armut) sowie Kinder und Jugendliche.

EINWOHNERZAHL NACH REGION & IHRER HAUPTSTADT

Region	Einwohner	Männer/Frauen	Hauptstadt	Einwohner
WR, Western	2.382.345	50/50 %	Sek.-Takoradi	332.155
CR, Central	1.603.264	48/52 %	Cape Coast	88.675
GA, Greater Accra	3.898.547	49/51 %	Accra	2.528.693
VR, Volta	1.768.032	48/52 %	Ho	65.760
ER, Eastern	2.282.163	49/51 %	Koforidua	91.163
ASH, Ashanti	4.222.628	49/51 %	Kumasi	1.513.264
BA, Brong-Ahafo	1.966.532	50/50 %	Sunyani	68.030
NR, Northern	1.961.262	49/51 %	Tamale	293.474
UER, Upper East	991.707	48/52 %	Bolgatanga	65.000
UWR, Upper West	623.786	49/52 %	Wa	70.682
Summe	**21.700.266**	**49/51 %**	**Summe**	**5.116.896**

Quelle: Ghana Statistical Service, Hochrechnung aufgrund der Volkszählung 2000

Fläche: 239.460 km² **Dichte:** 88 Einwohner/km²
Mittlere Lebenserwartung: 58 Jahre (Männer 56, Frauen 60 Jahre)
Säuglingssterblichkeit: 6 % **Geburten-/Sterbeziffer:** 2,7 %/1 %
Wachstum: 2,1 % jährlich **Alphabetisierungsrate:** 74,8 %

STOLZE UND FREIE MENSCHEN

Um die erste Begegnung mit Menschen in Ghana ein wenig zu entkrampften, hier einige Skizzen über die Wesensmerkmale der Ghanaer.

Was zunächst auffällt, ist der ghanaische Hang zum **Humor**. In welcher gesellschaftlichen Lage auch immer sie sich befinden, Ghanaer versuchen, ihre heitere Grundstimmung nicht zu verlieren. Es wird viel gelacht in Ghana, und die Menschen haben die Gabe, auch über sich selbst richtig lachen zu können. Hinzu kommt die Tatsache, daß Musik und Tanz in diesem Lande einfach immer dazugehören. Glückliche und unglückliche Anlässe werden zu geregelchten Tanzveranstaltungen umfunktioniert, die dazu passende Musik ist gratis.

Strahlendes Lachen: Die Ghanaer machen es einem einfach, zurückzulachen

So kommt es auch zu einer der samstäglichen Lieblingsbeschäftigungen: Das ghanaische Volk ist überwiegend abergläubisch und unterhält eine starke Bindung zu den Luten Ahnen, unabhängig davon, ob Christ, Moslem oder Heide. Samstags geht der Ghanaer auf der Suche nach Vergnügung aus, Freunde besuchen oder – wenn sonst gar nichts los ist – geht er zu einer Beerdigung. Besonders bei den Akan in Ashanti ist diese Freizeitbeschäftigung sehr weit verbreitet. Samstags gibt es Beerdigungen, und sie sind lustige Anlässe.

Ghanaer sind sehr **harmonibedürftig** und lieben es, wenn sich ihre Gäste wohlfühlen. Sie sind bereit, alles zu tun, damit dies auch eintrifft. **Gastfreundschaft** ist ein wesentlicher Bestandteil der Kultur. Dem Gast in einem ghanaischen Haus wird immer Wasser und Essen angeboten, man betrachtet eine Ablehnung oft als Affront. Ghanaer sind **stolz** auf sich, auf ihre Kultur, ihre Sprache, ihr Land und haben es gar nicht gern, wenn Ausländer diese Tatsachen nicht akzeptieren wollen. Es besteht mehr Zusammengehörigkeitsgefühl in diesem Land, als ein Außenstehender vermutet, wenn er oder sie gelesen hat, daß es über 50 ethnische Gruppen im Land gibt.

MENSCHEN & KULTUR

Rassismus & Politik

Das Phänomen, das Menschen dazu treibt, andere von Geburt her geringer zu schätzen und damit einen Abstand zwischen den Menschengruppen zu schaffen, Rassismus genannt, ist in Ghana unbekannt. Im Gegenteil: Gegen **Diskriminierung** jeglicher Art sind Ghanaer extrem allergisch und werden sehr unfreundlich, wenn sie meinen, daß so etwas in der Luft liegt. Vergessen Sie während Ihres Aufenthaltes in Ghana Ihre Herkunft. Benehmen Sie sich wie ein ganz normaler Mensch, und Sie werden genauso behandelt. Und führen Sie nicht so schnell irgendwelche Schwierigkeiten, die auftauchen mögen, auf Ihre Hautfarbe zurück. Es wird immer einen anderen Grund geben.

Demütigung in der Öffentlichkeit wird als sehr schmerzlich empfunden, und jeder Ghanaer bemüht sich, zumindest in der Öffentlichkeit, immer nur seine beste Seite zu zeigen. Was sie in Rage bringt, ist unverhohlene **Kritik** an ihrem Land, berechtigt oder nicht, nach dem Motto: »My country right or wrong«. Für sie wirkt solche Kritik wie eine persönliche Attacke. Wenn schon, dann wollen sie diese Kritik selbst anbringen. Und das tun sie auch reichlich. Was **Politik** angeht, sind Ghanaer über Weltgeschehnisse gut informiert und überdurchschnittlich stark politisiert. Jeder Tourist, der sich in Studentenkreise begibt, sollte auf anspruchsvolle und hitzige Debatten vorbereitet sein. Die kämpferische Einstellung aller Ghanaer gegen Fremdbestimmung zieht sich wie ein roter Faden durch die Geschichte und ihr Leben. Trotz einiger Widersprüche ist jeder aufgeklärte Ghanaer mit **Afrikas** Schicksal sehr verbunden. Die Einsicht, daß Afrikas Heil in seiner Einigkeit liegt, gilt als ausgemacht. Aber Afrika hin oder her, Ghanaer mögen es nicht, wenn sie mit anderen Völkern in Afrika über einen Kamm geschoren werden. Jeder Ghanaer glaubt, daß Ghana etwas Besonderes ist, und die ahnungslosen Ausländer, die solche Unterschiede nicht sehen wollen oder können, riskieren einen heftigen Liebesentzug.

Let's shake hands – und der Anfang ist gemacht

Generell gibt es in Afrika eine Vorliebe für **Begrüßungszeremonien**. Oft gibt es festgelegte Rituale, wie eine ordentliche Begrüßung auszusehen hat. Es ist nicht ungewöhnlich, daß während einer Begrüßung auch nach den Eltern, nach den Geschwistern und nach dem körperlichen Befinden gefragt wird. Afrikaner lieben das Händeschütteln. Es ist die herkömmlichste Art, »Hallo« zu sagen, und in diesem Zusammenhang sind Ghanaer keine Ausnahme. Als Gast wird man überall in Ghana das Wort Akwaaba – Willkommen – hören. Dazu wird traditionell die rechte Hand zur Begrüßung ausgestreckt, gleichgültig ob Freund, Gast, Verwandter, bekannt oder unbekannt. Man sollte tunlichst nie die linke Hand einsetzen, sie wird als unrein betrachtet. Und sollten zwanzig Leute präsent sein, sie alle werden per Handschlag begrüßt! Die Begrüßung in Ghana

> Wer sich für sehr zivilisiert hält, sagt sogar der Ziege »Guten Tag«.
>
> Ghan. Sprichwort

erfolgt immer von rechts nach links, ohne Ausnahme. Derjenige, der sich in Richtung auf jemanden zu bewegt, fängt mit dem Grüßen an. Die traditionsbewußten und auf gutes Benehmen erpichten Ghanaer dulden in der Öffentlichkeit keine Hinweise auf Alter, Gesellschaftsstand oder Geschlecht. Floskeln wie »Ladies first« oder »Alter geht vor« gibt es nicht. Grundsätzlich werden alle gleich behandelt.

Der Gast aus Europa sollte sich also daran gewöhnen, öfters die Hand zu geben oder mindestens zu grüßen, wenn er oder sie irgendwo angekommen ist. Nur so wird er die Herzen der Menschen erobern, nur so gibt man dem Begrüßten seine Wertschätzung zu erkennen. Sogar der Fußgänger mit dem unfreundlichsten Gesicht wird strahlen, wenn er gegrüßt wird.

Übrigens: Die ghanaische Variante des Händedrucks, bei dem Daumen und dritter Finger geschnipst werden, braucht etwas Übung. Er ist ein Zeichen der Freundschaft unter Männern: gleich Gesinnten, Gleichaltrigen und guten Bekannten. Das typische Schnipsen funktioniert nicht bei öligen, feuchten oder butterweichen Fingern. Vorgesetzte und Frauen sind ausgenommen. Warum? Fragen Sie in Ghana weiter.

Last but not least muß betont werden, daß ein Ghanaer einen ganz anderen **Lebensrhythmus** hat. Er läuft langsamer, nimmt sich für fast alles mehr Zeit, hat einen anderen Zeitbegriff. Wenn das Essen im Restaurant auf sich warten läßt (sehr oft) – einfach Geduld üben. Was Ihnen als sehr lang vorkommt, wird nicht unbedingt ebenso empfunden. Und dann sind da all die Probleme, die in einem armen Land bewältigt werden müssen: unzeitgemäße Kücheneinrichtungen, Stromschwankungen, Wasserknappheit, schlechte Bezahlung etc.

☀ **Tip:** Lesen Sie auch ✎ „Zu Gast in Ghana".

Esi und Kofi der Vierte

In Ghana weiß man sofort, an welchem Tag jemand geboren wurde, sobald der erste Name bekannt wird. Denn zumindest in den südlichen Regionen Ghanas gibt es im Grunde nur vierzehn **Vornamen:** sieben für Männer und sieben für Frauen. Das sind Namen, die automatisch vergeben werden, je nach dem Tag der Geburt; es sind feststehende Namen, die bestimmten Tagen zugeordnet werden. In Europa wäre es so: sonntags

Freundinnen: Aya und Esi

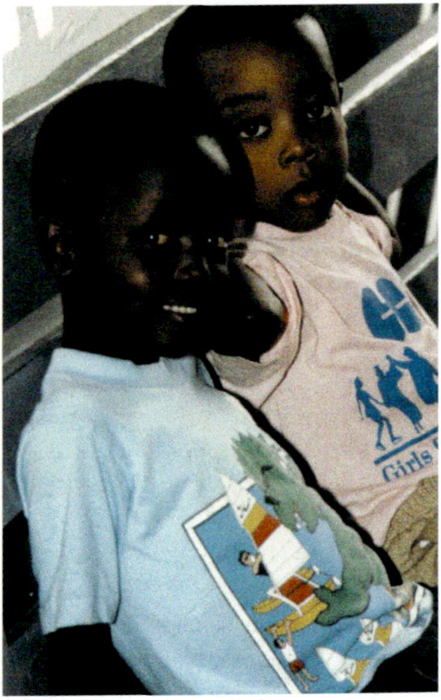

VORNAMEN ENTSPRECHEND DEN WOCHENTAGEN

Wochentag	Männliche Namen	Weibliche Namen
Montag	Kwadwo, Kojo, Jojo	Adjoa, Adzo, Ejo
Dienstag	Kwabena, Kobina, Ebo	Abenaa, Abla
Mittwoch	Kwaku, Kweku, Kuuku	Akua, Ekuwa, Aku
Donnerstag	Yaw, Ekow	Yaa, Yaaba, Aya
Freitag	Kofi, Fiifi, Yoofi	Efua, Afua, Afi
Samstag	Kwame, Kwamena, Ato	Ama, Aba, Awo, Ami
Sonntag	Kwesi, Akwasi, Siisi	Esi, Akosua, Kisi

nur gut gemeint. Man kann seinen Gastgebern richtig imponieren, sie angenehm überraschen und letztlich begeistern, indem man sich vor Ankunft in Ghana einen der obigen Namen aussucht und bei jeder passenden Gelegenheit damit angibt. Es wirkt immer.

Lebendige Monarchien

Prempeh I., Kobinah Ghartey, Kwadjo Deh, King Tackie, Otori Atta, Prince Brew – die berühmten Monarchen der Ashanti, Fanti, Ewe, Ga, Akim und Denkyira, die einst für die Unabhängigkeit des Landes gekämpft hatten, sind nicht nur nicht vergessen, sondern dienen ihren Nachfolgern auch heute noch als Vorbilder. Denn trotz parlamentarischer Demokratie besitzt das Land eine monarchische Struktur.

Diese Struktur hat nichts mit Folklore oder dergleichen zu tun. Die Koexistenz von Tradition und Moderne zieht sich wie ein roter Faden durch das ganze Leben eines Ghanaers, für den Loyalität gegenüber seinem König *und* seinem Staat selbstverständlich ist. Die Könige und Königinnen sind die Garanten der Einheit der Völker; sie verkörpern die Einheit ihrer Nationen, sie haben immer dafür ge-

Simon, montags Martin, mittwochs Michael usw. Hie und da gibt es kleine Abwandlungen in den Namen, aber es gibt nur sieben Stammnamen.

Natürlich kann es zu Verwechslungen kommen. In einer Familie können vier Kinder theoretisch den gleichen Namen haben. Faktisch kommt dies seltener vor, als man denkt, und dann ist für solche Fälle schon für eine Reihe von Abhilfen gesorgt. Angenommen, es wurden in einer Familie tatsächlich vier Jungs an einem Freitag geboren: Sie würden ungefähr so heißen: Kofi, Kofi Manu, Kofi Mensa, Kofi Anane. Das heißt, die Reihenfolge wird zum Namen gemacht. Also Kofi der Zweite, Dritte, Vierte! Einfachheitshalber wird oft der Zusatz *Manu* zum eigentlichen Namen umfunktioniert. Noch eine Variante, um Wiederholungen zu vermeiden, ist die Praxis, Kinder nach den Umständen ihrer Geburt zu nennen: *Piesie* (Stammhalter) das erste Kind, *Nyamekye* (Geschenk Gottes), wenn das Kind unerwartet kam, *Ababio* (Rückkehrer), wenn das vorherige Kind starb, *Atta* (Zwilling), *Tawia* (folgt Zwillingen) usw.

Als Zeichen ihrer Verbundenheit mit Gästen geben Ghanaer ihren Besuchern sehr gerne ghanaische Namen. Das ist

Zeremonien gehören dazu: König und Sprecher mit den Insignien der Macht

sorgt, daß Kontinuität in Kultur und Tradition herrscht.

Jeder Omanhene – **König** oder **Königin** des Staates – wird vom Adel, Adehye, samt Hofstaat und Garde, Asafo, unterstützt. Auf der unmittelbaren Ebene unter ihnen folgen die Gebietskönige, Ahenfo, auf der dritten Ebene die Ortskönige, die – wie die Bürgermeister unserer Tage – für die alltäglichen Angelegenheiten vor Ort zuständig sind. Alle arbeiten mit den gewählten Repräsentanten auf der jeweiligen Ebene zusammen. Es gibt keinen Aspekt des gesellschaftlichen Lebens, der ohne die Mitwirkung der traditionellen Herrscher denkbar wäre – beispielsweise ein Fest zu zelebrieren, ohne den König (oft salopp »Chief« genannt) oder seinen Repräsentanten zu beteiligen. Selbst Sie als Reisender werden dies öfter zu spüren bekommen.

Die Briten nutzten – wie überall in ihren Kolonien – die vorhandene Herrschaftsstruktur für ihre berühmte **Indirect Rule,** indem sie ihr die noch höhere Majestät in London überstülpten, den traditionellen Führern aber die gesetzgeberischen und administrativen Befugnisse entzogen und sie auf die koloniale Verwaltung übertrugen. Diese Politik erwies sich als sehr erfolgreich, da sich oberflächlich betrachtet nichts änderte. Nach der Unabhängigkeit wurde die Monarchie als Bestandteil von Ghanas

Multikulturen in der republikanischen **Verfassung** verankert. Auf diese Weise vermied man einen Verlust an kulturellem Selbstverständnis und Geschichte. Die traditionellen Herrscher besitzen zwar nur beratende Funktion, werden aber vor wichtigen landespolitischen Entscheidungen auf höchster Ebene konsultiert. Das offizielle Sprachrohr aller Könige Ghanas ist das *National House of Chiefs* in Accra, eine Art Parlament der Könige, das gelegentlich tagt, um sich eine Meinung über die Politik der jeweiligen Regierung zu bilden und ins Kabinett zu tragen. Auch jede Region hat ein *Regional House of Chiefs*, das Delegierte ins höhere Gremium nach Accra entsendet.

Land der starken Frauen

Bevor über Ghanas Frauen gesprochen wird, hier eine wahre Geschichte: Um die Wende des 19. zum 20. Jahrhundert hatten die britischen Kolonisatoren Probleme mit dem aufstrebenden Reich der Ashanti. Dieses stolze Volk wollte nämlich nicht von den Briten beherrscht werden und unternahm alles, um dies zu verhindern. Die in den Augen der Briten lästige Angelegenheit mußte für immer gelöst werden. Sie faßten den Entschluß, kurzerhand nach Kumasi zu marschieren und die Stadt zu erobern. Gesagt, getan. Anschließend verhafteten sie den König – *Agyeman Prempeh I.* – und verfrachteten ihn ins Exil auf die Seychellen. Als Zeichen seiner Macht über Ashanti verlangte der damalige Gouverneur *Hodgson*, auf dem *Golden Stool*, dem Thron der Ashanti, zu sitzen. Natürlich wußte er nicht, daß dieser Stuhl mehr Bedeutung hat als der *Asantehene* (Ashanti-König) selbst. Es war nicht nur eine bodenlose Frechheit vom Gouverneur, es war auch ein großer Fehler! Allein der Gedanke war so abscheulich, daß die Königin-Mutter von Ejisu, eine tapfere Frau, daraufhin den Widerstand gegen die Briten mit der Waffe in der Hand organisierte. In einer heroischen und furiosen Attacke gegen die britischen Stellungen gelang es ihr und ihren Männern, die Feinde für kurze Zeit aus Kumasi zu verjagen. Die Briten schlugen sie jedoch wieder zurück und staunten nicht schlecht, als sie entdeckten, daß der Führer dieser Rebellion »nur« eine Frau war. Die rauhen Soldaten aus Britannien hatten noch nie von der Emanzipation der Frau in diesem Teil der Welt gehört. *Yaa Asantewaa* wurde verhaftet und starb 1901 in britischer Gefangenschaft in der Burg von Kumasi.

Matriarchalische Bindungen

Die Akan-Betrachtung der Natur des Menschen ist repräsentativ und wird von den anderen Völkern Ghanas geteilt. Danach ist der Mensch eine Verschmelzung zwischen Körper und Geist. Sein physischer Körper wird vom Blut, *bogya*, seiner Mutter geformt. Diese biologische Bindung legt seine Beziehung zu den lebenden und toten Ahnen fest, sagt, welche Rechte und Pflichten er als Bürger hat, begründet die Erbschaftsfolge und regelt die Besitzverhältnisse, benennt,

> Das Huhn weiß, daß der Tag anbricht, läßt jedoch den Hahn krähen.
>
> Ghan. Sprichwort

Die Akan-Gesellschaft, repräsentativ für den größten Teil Ghanas, legt unglaublich viel Wert auf **Blutsverwandtschaft**, wobei hier mit der *bogya* tatsächlich die mütterliche Linie gemeint ist. Die Frau bildet den Kern der Familie. Jedes Kind folgt der Ahnenreihe *(abusua)* seiner Mutter. Die Frau besitzt immer das Sorgerecht für alle Kinder im Falle einer Scheidung oder dem Tod des Mannes. Nicht nur das, die Blutsverwandtschaft mütterlicherseits bestimmt auch die Erbschaft, sie ist *matrilinear*. Das heißt, beim Ableben des Vaters erben nicht seine leiblichen Kinder, sondern seine Neffen und Nichten, die nichts anderes sind als die Kinder seiner Schwester. So folgen zum Beispiel den Königen in den Akangebieten Ghanas nach ihrem Ableben nicht einfach deren Kinder – geschweige denn der erstgeborene Sohn – auf den Thron, vielmehr ist es die Aufgabe der Königinmutter, eine geeignete Person unter ihren Kindern oder Enkelkindern zu finden.

Das koloniale System wirkt fort

Ghana ist kein Paradies für Frauen. Frauen müssen »ihren Mann stehen« und in jeder Beziehung auf ihre Rechte pochen. Die berühmte Doppelbelastung ist allgegenwärtig. Kulturelle Gegebenheiten wie die Vielehe, ungleiche Ausbildungschancen und viele andere Probleme erschweren die Stellung der Frau.

Das traditionelle System der matrilinearen Erbschaft funktionierte sehr gut, bis die Europäer kamen und ihr **patriarchalisches System** einführten. Es entstand eine Situation, in der die Stellung der Frau durch die Beraubung ihrer Wirtschaftskraft ständig ausgehöhlt wur-

gegenüber wem er Verpflichtungen hat und in welcher gesellschaftlichen Sippe, *abusua,* er geborgen und geschützt wird. Nein, der Vater des Kindes ist nicht überflüssig, ohne ihn kann kein Mensch leben. Durch ihn erhält das Kind den Geist des Lebens, *ntoŋ.* Durch diesen Geist ist der Mensch mit seinem Schöpfer Gott verbunden und nach dem Tode kehrt der Geist zum Schöpfer zurück.

Immer vorne dabei: Die starken Frauen von Ghana

de. Während der Kolonialepoche wurden nur Männer zu Beamten, Dienstboten, Lehrern usw. ausgebildet und entsprechend bezahlt. Die Frauen wurden vernachlässigt, was letztlich zu Ohnmacht, Analphabetentum und Verarmung führte. Heute noch ist der Mann besser dran. Er ist besser ausgebildet, er verdient mehr und kann deswegen am schnellsten Vermögen bilden. Das Ergebnis für die ghanaische Gesellschaft ist ein heilloses Durcheinander, das oft zu Dauerstreit und Zwietracht zwischen leiblichen Kindern und Verwandtschaft führt. Wer will schon eine verarmte Mutter beerben? Welche Ehefrau ist nach dem Tode ihres Mannes bereit, sich von ihren Schwägerinnen abservieren zu lassen, wenn sie zur Vermehrung des Vermögens ihres Ehemannes beigetragen hat? Dies sind einige der Konflikte, die aufgrund der unterschiedlichen Kulturströmungen zunehmend Probleme schaffen. Die Regierungen sind seit der Unabhängigkeit bemüht, langfristige Lösungen zu finden. Neue Gesetze wurden geschaffen, die die Rolle und den wirtschaftlichen Status der Frau wieder anheben, zum Beispiel durch die Neuregelungen der Erbschaft, die der Frau – jedoch nur *einer* Ehefrau – das Recht geben, den Ehemann zu beerben, wodurch auch die Polygamie eingeschränkt wurde.

> Antilopen laufen immer zu zweit, damit sie sich gegenseitig den Dreck aus den Augen pusten können.
> Ghan. Sprichwort

Eine herausragende Stellung

Und dennoch: Die Frau in Ghana ist immer eine starke Persönlichkeit. Sie ist wahrhaftig «emanzipiert», d.h. gleichwertig. Zwar ist die Frau überall in Afrika ein wichtiger Wirtschaftsfaktor, doch hier in Ghana wird ihre Bedeutung in der gesellschaftlichen Struktur deutlich.

Die Ghanaerin spielt weiterhin eine wichtige Rolle, sie hat ihre traditionell autonome Position verteidigt und ist immer noch eine wirtschaftlich unabhängige Person. Alle Frauen in Ghana betrachten Berufstätigkeit als eine Selbstverständlichkeit. Im Alter von etwa 16 Jahren fängt jede Frau an, ihrer eigenen Erwerbstätigkeit nachzugehen. Dies erklärt, warum fast 80 % aller erwachsenen Frauen in Ghana arbeiten (in Deutschland nur rund 65 %). Nur durch die eigene Berufstätigkeit erhält eine Frau in diesem Land ihren gesellschaftlichen Status als ehrbare Person, die geachtet und geliebt wird. Eine erwachsene Frau, die nicht arbeitet, wird *obaa kwadwofo* – faule Frau – genannt und entsprechend stigmatisiert. Dabei wird die Ehe nicht als Berufung für die Frau angesehen wie in traditionell christlich oder islamisch geprägten Ländern. Es gibt andere Merkmale zur Unterstreichung der Stellung der Frau in Ghana. So tragen Frauen nie die Namen ihrer Ehemänner, führen selten gemeinsame Konten mit ihnen, können ihre Partner frei wählen, dürfen ohne Verlust ihres Ansehens Kinder ohne Ehemänner haben und können sich jederzeit scheiden lassen. Eheleute tragen auch keine Ringe. Auf der rein ghanaischen Ebene gibt es kaum eine männliche Domäne, die für Frauen tabu wäre.

In einigen Regionen Ghanas sind die **Familienbande** so eng, daß die Frau immer ein Mitglied ihrer eigenen Familie bleibt. Eine verheiratete Frau behält den Namen ihrer Sippe, und im Falle einer Scheidung kehrt sie selbstverständlich zu ihren Eltern zurück, samt Kindern. Ihre Brüder sind dann verpflichtet, für die Neffen und Nichten aufzukommen. In ländlichen Gebieten geht es manchmal so weit, daß eine Frau nicht einmal mit ihrem Ehemann zusammenlebt. Sie bleibt bei ihrer eigenen Sippe, kocht und schickt das Essen dann zum Haus des Mannes. Abends sagt sie ganz selbstbewußt »Gute Nacht« zu ihrer Mutter und geht ins Haus des Ehemannes schlafen. Deswegen ist die Idee eines Brautkaufs für die Akan-Gesellschaft unbekannt und vollkommen absurd. Es gibt selten Familien, die bereit wären, einfach ein Mitglied zu verschenken oder gar zu verkaufen. Noch wichtiger, niemand wäre dazu befugt! Dies ist das allgemeine Bild in Ghana. Allerdings hört man immer wieder von kleinen Stämmen, besonders im Norden, die Varianten des Brautkaufs praktizieren. Bei den *Frafra* im Raum Bolgatanga zum Beispiel soll es nicht selten sein, daß vier, fünf Kühe für ein heiratsfähiges Mädchen den Besitzer wechseln. Hierbei handelt es sich wohl um die berühmte Ausnahme, die die Regel bestätigt.

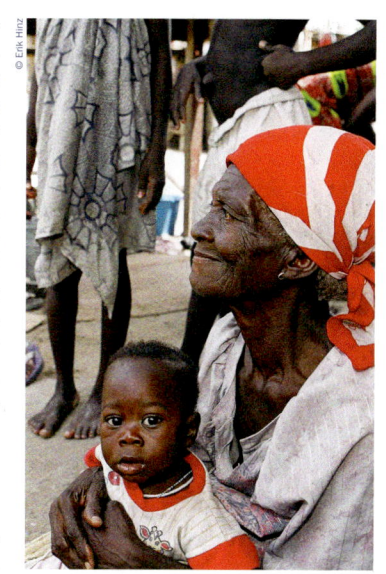

Zum Glück gibt's Oma: Mitten im Gewühl paßt sie aufs Kleinste auf

Initiationsriten

Ganz typisch für die **matriarchalische Familienstruktur** der Mehrheit aller südghanaischen Volksgruppen ist die Tatsache, daß nur Mädchen offiziell in die Gesellschaft der Erwachsenen eingeführt werden. Hier unterscheidet sich Ghana von seinen Nachbarn, die generell Initiationsriten für Jungen bevorzugen.

Für die ghanaische Frau bedeutet die Initiation ein Reifezeugnis, das mit der ersten Menstruation zusammenfällt. Die Feier findet statt, um der Gesellschaft mitzuteilen, daß das junge Mädchen nun Frau geworden ist und künftig auch als solche angesehen werden sollte. Dies markiert gleichzeitig die Aufhebung des Tabus, das Geschlechtsverkehr mit Kindern strikt untersagt. Und schließlich ist dies der Zeitpunkt, zu dem die Mädchen auf ihre zukünftigen Aufgaben als Ehefrau und Mutter vorbereitet werden.

Aufgrund der herrschenden Vorbehalte gegen solche Initiationsriten in Europa sei gleich gesagt, es handelt sich hier nicht um Beschneidungszeremonien oder ähnliche Praktiken. Die Akan kennen solche Bräuche nicht. Dies ist nur eine Zeit zum Feiern. Leider wird dieser Ritus immer weniger wichtig, besonders in den großen Städten, in denen Traditionen einfach keinen starken Halt mehr haben. Es sind die Dörfer und die ländlichen Gebiete, die solche Bräuche noch beibehalten.

Wie gesagt, fast alle Völker im Süden Ghanas haben ähnliche Initiationsriten für junge Mädchen. Vor allem bei den Ga-Adangbe (Accra und Umgebung) und Ewe-Völkern (Ho, Keta) sind sehr interessante Zeremonien anzutreffen, denn sie pflegen diese Tradition weiterhin. Die Krobo aus *Odumasi* und *Somanya* feiern jedes Jahr ein **Dipo-Fest** (Initiation), das in ganz Ghana berühmt ist. Zu Dipo-Zeiten werden alle Mädchen eines Jahrganges in die Gesellschaft eingeführt. Die blutjungen Frauen werden nach traditioneller Art geschminkt und, nur mit Perlenketten bekleidet, vorgestellt. Damit sollen alle sehen, wie schön jede Frau ist. Die knappe Bekleidung ist die ghanaische Art, mit Erotik umzugehen – bloß so weit, daß genug Raum für Phantasie übrig bleibt, ↗ Festkalender.

PHILOSOPHIE UND RELIGION

Traditionell glauben Ghanaer, daß es einen Gott gibt, der das Universum, die Welt der Toten und die Welt aller lebenden Organismen geschaffen hat. Erst schuf diese Gottheit sich selbst und nahm dann alle Merkmale an, die sie später den Menschen gab.

Eine Geschichte in der Akan-Mythologie erzählt, wie Gott *Nyame* zunächst sehr nah bei den Menschen wohnte und aktiv am Leben teilnahm. Eines Tages wurde er, während der Zubereitung des Lieblingsessens der Ghanaer, *Fufu*, durch einen Holzstampfer aus Versehen verletzt. Er rückte dann immer mehr nach oben, um derartigen Schlägen künftig auszuweichen. Schließlich entschied er sich, dort, weit oben, zu bleiben. Aber nun brauchte er Boten, um seine Kommunikation mit den Menschen auf Erden aufrechtzuerhalten. Also wurden alle Geschöpfe, die als lebendig galten und in den Himmel ragten oder den Horizont berührten, als Boten ausgesucht und mit der Aufgabe betraut, Botschaften zwischen Gott und den Menschen zu übermitteln. Bäume, Berge, der Mond, die Sonne, die Ozeane, Seen und Flüsse wurden als kleine Gottheiten angesehen und verehrt, weil sie näher zu Gott waren und mit ihm kommunizierten.

Zu dieser erlauchten Gruppe gesellen sich, falls sie ein vorbildliches Leben geführt haben, die verstorbenen Ahnen. Sie werden ebenfalls als heilig angesehen, weil ihre Seelen bei Gott wohnen. Auch diese kleinen Gottheiten sind mächtig genug, um das Leben auf Erden negativ beeinflussen zu können, falls die Menschen nicht aufrichtig leben. Also werden alle Gottheiten von Zeit zu Zeit mit Opfergaben besänftigt. Dies erklärt,

> Das Pferd mag verrückt sein, der Reiter aber noch lange nicht.
> Ghan. Sprichwort

Besitzen magische Kraft: Zumindest Touristen fühlen sich von den Kultfiguren magisch angezogen

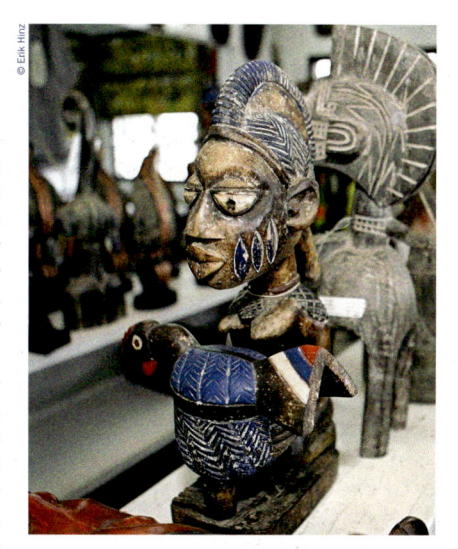

warum der Ahnenkult so weit verbreitet ist, warum Altäre, die als Opferstätten dienen, errichtet werden und warum es in Ghana so viel Ehrfurcht vor der Natur gibt. Auch heute noch bittet jeder Trommelbauer ernsthaft um Vergebung, bevor er einen Baum für eine Trommel fällt.

Die himmlische Hierarchie findet mit den kleinsten Gottheiten, *Asuman* genannt, ihre Basis. Asuman wohnen in Gegenständen und besitzen magische Kräfte. Talismane, bestimmte Perlenketten, Kopfbedeckungen, Ringe usw. haben die Kraft, böse Geister zu vertreiben und Schutzfunktionen zu übernehmen.

Religiöse Tendenzen

Der Glaube an eine höhere Macht ist in der ghanaischen Kultur und vor allem im Alltag fest verwurzelt. Die tief empfundene Religiosität drückt der Ghanaer allerdings anders aus, als der Europäer dies tut. Man braucht nur ein Auge auf die Aufschriften wie »God is great« oder »Lord be with you« und ähnliche an den vielen bunten Lkw und Autos zu werfen, um eine Idee davon zu bekommen.

Das Konzept von Gott existierte vor Ankunft der Europäer, und es ist verblüffend, daß sich manche Vorstellungen mit denen des christlichen Glaubens decken. Circa 45 % der Bevölkerung sind Anhänger der verschiedenen traditionellen Richtungen, wobei die Grenzen manchmal fließend sind, weil es eine Vielzahl von Menschen gibt, die sowohl an ihre Ahnen, als auch an den christlichen Gott glauben. Es ist nicht ungewöhnlich, daß jemand morgens in die Kirche geht und abends am Altar seiner Ahnen betet.

Religionsfreiheit & -vielfalt

In Ghana herrscht Religionsfreiheit. Jeder Mensch ist frei, an das zu glauben, was er für richtig hält. Und hiervon wird tüchtig Gebrauch gemacht! Mittlerweile kann man sagen, es gibt keine Glaubensrichtung in der Welt, die nicht in Ghana repräsentiert ist: Rastas, Buddhisten, Hindus, Moslems, Juden, Christen usw. sind alle vertreten. Vorbildlich ist dabei die Toleranz gegenüber allen Religionen, denn Religion wird als Privatsache angesehen und spielt im öffentlichen Leben keine Rolle.

Es wird kaum jemandem entgehen, daß es in Ghana von Kirchen nur so wimmelt. Überall, in jeder Stadt und jeder kleinen Gemeinde gibt es Kirchen, manchmal sogar mehrere, und zwar für alle Glaubensrichtungen. Die Vielfalt erklärt sich daraus, daß während der Kolonialzeit verschiedene Kirchen an der Missionierung der Bevölkerung beteiligt waren. So kamen mit den Portugiesen nicht nur katholische und mit den Briten nicht nur protestantische »Heilsbringer«, sondern Missionierungseifrige jeder Couleur. Entsprechend sind die Konfessionsgrenzen ziemlich eindeutig und zeigen, wo in der Vergangenheit eine Mission besonders aktiv war. Zum Beispiel haben die Methodisten und Anglikaner ihre Schwerpunkte an der Küste, wo die Briten ihre Burgen hatten. Die Baseler waren aktiv in den Akwapim- und Volta-Bergen, entsprechend stark sind sie heute dort vertreten.

Kultstätten

Ein großer Prozentsatz der Ghanaer, etwa 35 %, hat seinen afrikanischen Glauben behalten, der auf der beschriebenen Welt-Philosophie basiert. Hierbei gibt es mehrere Richtungen und Sekten: *Tigare, Kwaku Firi* und andere sind in ganz Ghana aktiv. Die von ihnen errichteten Schreine sind offene Kultstätten und können von jedem besucht werden. Prominent unter den vielen ist der ↗ **Oparebea-Schrein** in *Larteh*, der oft von Amerikanern afrikanischen Ursprungs aufgesucht wird. Anziehungspunkt ist auch ein

> Wer in die Augen eines Toten guckt, wird bestimmt einen Geist sehen.
> Ghan. Sprichwort

europäischer Fetischpriester, der sich dort niedergelassen hat.

Andere Kultschreine dieser Art findet man in *Patakoro* (nahe Obuasi), *Amkalagwa, Sawla* und in *Tongo*, alle in Nordghana. Für diese Religionen gibt es verschiedene Namen in Europa: Voodoo, Animismus, Naturreligion, Heidentum. Wie auch immer, Ghanaer sind zwar fromm, aber oft bereit, den afrikanischen und europäischen Glauben zu vermischen, ohne einen Widerspruch darin zu sehen.

* **Tip:** An der Küste sind weitere Schreine zu sehen, so z.B. die *Posuban-Schreine* von ↗ Elmina.
* **Tip:** In Ashanti haben kleine Tempelanlagen, *Abosomfie* oder *Shrine* genannt, eine große kulturelle Bedeutung, ↗ Kumasi.

Christentum und Islam

Rund 40 % der Bevölkerung bekennt sich zum **christlichen Glauben.** Davon sind circa 40 % Katholiken und 60 % Protestanten. Die ersten christlichen Bekehrungsversuche starteten die Portugiesen im 15. Jahrhundert, doch waren ihre Bemühungen anfänglich fruchtlos, weil der portugiesische Einfluß auf einige Quadratkilometer rund um die Handelsstützpunkte an der Küste beschränkt blieb. Lediglich die Afrikaner in ihren Diensten wurden getauft. Das Gleiche wurde von den anderen Handelsmächten praktiziert; doch von ein paar Ausnahmen abgesehen, gelang es ihnen nicht, nennenswert im Land zu missionieren. Obwohl das Bekehren der Heiden und die Rettung der afrikanischen Seelen vor dem Islam einer der Gründe für den Kolonialismus war und die Portugiesen sich der Unterstützung durch den Heiligen Stuhl in Rom sicher sein konn-

Gottpreisen: Methodisten-Kirche von Elmina

ten, ging es ihnen hauptsächlich darum, den Seeweg nach Indien entlang der afrikanischen Küste für sich zu gewinnen. So endete die katholische Ära vorerst mit dem Ende der portugiesischen Handelsaktivitäten an der Goldküste um 1660. Die ersten ernsthaften Christianisierungsversuche wurden von den protestantischen Kirchen gestartet, genauer von der *Baseler Mission* um 1807 herum.

Die Christen in Ghana stellen heute keine homogene Gemeinschaft dar, vielmehr gibt es eine Vielzahl von großen und kleinen Kirchen, Sekten und Gruppierungen. Unter den prominenten Religionsgemeinschaften befinden sich Presbyterianer und Evangelisch-Presbyterianer, Methodisten, AME-Zion, Heilsarmee, Zeugen Jehovas, Mennoniten, Baptisten, Lutheranische Kirchen, Wiedergeburtsgemeinden, Apostolische Gemeinden, Pfingstgemeinden usw. Nirgends ist diese Vielfalt so gut zu sehen wie in dem Kristallisationspunkt Accra. Ein Sonntagsspaziergang durch die Wohngebiete Accras zeigt eindrucksvoll wie vielfältig, wie inbrünstig das religiöse Leben gelebt wird.

Ungefähr 15 % der ghanaischen Bevölkerung ist **islamischen Glaubens.** Überwiegend in den nördlichen Regionen, die an den Sahel grenzen, ist diese Minderheit zu Hause. Hinzu kommen viele Einwanderer aus den überwiegend islamischen Nachbarländern wie Nigeria, Burkina Faso, Niger und Mali. Der Islam in Ghana ist stark von der traditionellen afrikanischen Toleranz gegenüber anderen Religionen beeinflußt und ist deswegen recht liberal und mit anderen religiösen Tendenzen vermischt. Fundamentalismus und Erscheinungen dergleichen sind unbekannt.

Es kommt vor, daß Mitglieder einer Familie Christen und Muslime sind, ohne daß deswegen Probleme entstehen. Es kommt auch vor, daß Familienmitglieder Geld für die Pilgerfahrt eines moslemischen Verwandten sammeln, und daß dieser Moslem-Cousin dann wie selbstverständlich Weihnachten mit den anderen Familienmitgliedern feiert.

✳ **Tip:** Unbedingt sehenswert ist die Moschee von ↗ Larabanga in Nord-Ghana.

SPRACHE UND BILDUNG

Die Amtssprache in Ghana ist Englisch, ein Erbe der britischen Kolonialmacht. Englisch wird in Ghana von allen Menschen mit Schulbildung gesprochen, und zwar mit einem eindeutigen ghanaischen

MENSCHEN: PHILOSOPHIE UND RELIGION

Akzent; alles in allem etwa von 60 % der Gesamtbevölkerung.

Die wichtigste Sprache in Ghana jedoch bleibt **Akan** mit seinen vielen verschiedenen Dialekten, darunter *Fanti, Twi, Akwapim, Akim* und *Brong*. Über 70 % der Bevölkerung sprechen Akan oder verstehen es zumindest. Darüber hinaus wird, wie fast überall im anglophonen Westafrika, »Pidgin-English« gesprochen – ein ungrammatisches Englisch, gespickt mit lokalen Wörtern.

Von Prinzen, Philosophen und Priestern

Unmittelbar nach Ankunft der Europäer stellten die ghanaischen Könige fest, daß sie ebenfalls eine Bildungslücke zu schließen hatten. Zu den dringlichsten Wünschen, die sie an die Europäer richteten, gehörte, daß ihre Söhne zur Ausbildung nach Europa gebracht werden sollten. Jedoch: Nur in einem einzigen Fall ist die Erfüllung des Wunsches dokumentiert: Bekannt ist das Beispiel des Ashanti-Prinzen *Akwasi Boachie*, der 1840 ein Ingenieursstudium in Freiberg (Sachsen) absolvierte.

Während der Sklavenzeit fingen einige gutmütige Sklavenhalter an, ihren Sklaven und Domestiken ein Minimum an Ausbildung zu gestatten. Es gibt rührende Geschichten über solche Sklaven von der Goldküste, die später berühmt wurden.

Hervorzuheben ist die Geschichte des Philosophen **Dr. Wilhelm Anton Amo.** Er war der erste Afrikaner, der es fertigbrachte, im Europa des 18. Jahrhunderts zu studieren, zu promovieren und zu dozieren. Geboren 1703, wurde der junge Wilhelm sehr früh als Sklave verkauft und nach Deutschland gebracht. Er hatte Glück im Unglück, denn seine Besitzer entdeckten schnell seine außergewöhnliche Intelligenz. Sie ließen ihn einschulen und förderten ihn. Ohne Probleme konnte dieser brillante Mann in Wittenberg und Halle an der Saale studieren. Er wurde der erste Dozent afrikanischer Herkunft in Deutschland und lehrte Philosophie in Halle und Jena. 1749 kehrte Dr. Amo zurück in seine Heimat, lebte in der portugiesischen Burg von Shama und starb dort 1784. Dieser illustre Sohn Ghanas liegt heute noch dort begraben; wer nach Shama geht, kann sein Grab unmittelbar vor der Burg besuchen.

Die Burgschulen

Die ersten Schulen in Ghana wurden von Missionaren gegründet, die mit den europäischen Händlern an die Goldküste kamen. Nachdem einige Einheimische getauft worden waren, meinten sie die Notwendigkeit zu sehen, solche jungen Männer zwecks weiterer Missionierungsarbeit auszubilden. Ihr Einflußbereich war zunächst auf die Burgen an der Küste, in denen sie lebten und missionierten, beschränkt. Eines ihrer ersten »Produkte« war **Philip Quarcoe** (1742 – 1816), der so außergewöhnlich begabt war, daß er von anglikanischen Missionaren nach England zur Ausbildung geschickt wurde. Er kehrte als erster anglikanischer Pfarrer der Goldküste in seine Geburtsstadt Cape Coast zurück. Philip Quarcoe übernahm die Leitung der Burgschule, erweiterte sie und gründete noch im 18. Jahrhundert neue Schulen in und nahe bei Cape Coast. Er ist ohne Zweifel der Bildungspionier der Goldkü-

Schulbankdrücken: Wenn's nur immer so lustig zuginge …

ste. Doch es war Gouverneur *Maclean*, der die größten Impulse für die Ausbildung von Afrikanern an der Goldküste gab. Er ließ die Quarcoe-Schule in der Burg von Cape Coast weiterführen und gründete mehrere Schulen in seinem Einflußbereich in der weiteren Umgebung. Das Ergebnis war, daß immer mehr bildungshungrige junge Männer eingeschult wurden und später selbst an ghanaischen Schulen unterrichteten.

Um **1900** herum hatte die Goldküste bereits eine Vielzahl von hervorragend ausgebildeten einheimischen Lehrern, die ihrerseits alles taten, um ihre Landsleute zu emanzipieren. Namen wie *Kuntu Blankson, Reverend Fynn Egyir Asaam, Dr. Kwegyir Aggrey, Prince Brew, Nanka-Bruce, Rev. Attoh-Ahuma, Casely Hayford, John Sarbah* und *James Bannerman* sind einige in der langen Liste schillernder Persönlichkeiten dieser Pionier-Generation, auf die Ghana zu Recht stolz sein kann, da es die gleichen Leute waren, die den Kampf gegen den Kolonialismus eröffneten.

Schulen für alle

Seit dem Jahr 1957 besteht allgemeine **Schulpflicht.** In jenem Jahr zählte man 456.000 Grundschulkinder, 1965 waren es bereits 1,4 Mio. 1957 gab es 37 Colleges, 1967 waren es schon 103 mit entsprechend hohen Schülerzahlen. Seit Gründung der Universitäten 1948 wurden insgesamt rund 1 Mio Studierende immatrikuliert, eine stolze Statistik für ein kleines Entwicklungsland. Dies erklärt die weitgehende Autonomie, die Ghana genießt, wenn es sich um Fachkräfte handelt, und es erklärt gleichzeitig, warum die meisten qualifizierten ausländischen Arbeiter in anderen westafrikanischen Ländern aus Ghana stammen: Ingenieure, Ärzte, Piloten, Schiffskapitäne, Lehrer und Lehrerinnen, Krankenschwestern, Maurer, Mechaniker usw.

Hochschulen

Die erste Bildungsstätte auf höherer Ebene war das *Achimota College* in Accra, gegründet 1937 für die Ausbildung von Lehrern und Studienanwärtern. 1948 wurde die **erste Universität** des Landes in *Legon* bei Accra eröffnet. Heute studieren in Legon circa 25.000 junge Menschen.

1961 wurde die Ingenieurschule von Kumasi zu einer *University of Science and Technology* aufgewertet, heute trägt sie die Vorsilbe *Kwame Nkrumah* (KNUST). Etwa 7 km östlich der Innenstadt liegt der 15 km² große weitläufige Campus. Kumasi hat ungefähr 19.000 Studierende.

1962 wurde die *University of Cape Coast* (UCC), Ghanas dritte, gegründet. Sie diente als Pädagogische Hochschule zunächst der Lehrerausbildung, ist heute aber eine ganz normale Uni mit vielen verschiedenen Fachbereichen. Die Ausbildung von Lehrern wird heute vom *University College of Education* in Winneba verantwortet.

Nach den großen Reformen von 1986 wurde das Bildungssystem 2007 erneut umgestaltet. Die entscheidendste Veränderung betrifft die Verlängerung der Schulausbildung von 9 auf 11 Jahre. Die allgemeine Schulpflicht umfaßt zunächst zwei Jahre Vorschule (*Kindergarden*) und sechs Jahre Grundschule (*Primary School*), gefolgt von drei Jahren Mittelschule (*Junior High School*). In staatlichen Einrichtungen sind Vorschule und Grundschule kostenlos. Nach weiteren vier Jahren Oberschule (*Senior High School*) darf man studieren. Das Studium dauert vier Jahre (*Bachelor Degree*), anschließen können sich zwei weitere Jahre für ein *Master Degree* und wiederum zwei Jahre mehr für eine Promotion.

Leider gibt es keine offiziellen Statistiken über die Zahl der Kinder, die tatsächlich eine Schule besuchen. Man darf aber davon ausgehen, daß rund 80 % regelmäßig zur Schule gehen. Auch in ländlichen Gebieten ist es üblich, den Kindern den Schulbesuch zu ermöglichen – kontrolliert wird es allerdings von niemandem.

Der tertiäre Bildungsbereich hat seit 1994 große Fortschritte gemacht. Aktuell hat Ghana sechs staatliche Universitäten in Accra, Cape Coast, Kumasi, Tamale, Tarkwa und Winneba. Die zehn *Polytechnics* (Fachhochschulen) in den zehn Regionalhauptstädten sind ebenfalls staatlich geführt und für die Ausbildung von Facharbeitern in technischen Berufen zuständig. Hinzu kommen drei Kunsthochschulen: das *National Film and Television Institute* (NAFTI) in Accra, das mit Hilfe der Friedrich-Ebert-Stiftung gegründet wurde, die *Ghana Academy of Arts and Science,* ebenfalls in Accra, und das *College of Art* in Kumasi. Darüber hinaus gibt es 30 private Universitäten, die meist von Kirchen finanziert werden. Insgesamt sind rund 150.000 Studenten an ghanaischen Hochschulen eingeschrieben.

VOM SCHÖNEN UND NÜTZLICHEN

Wenn man auf Kunst und Kultur zu sprechen kommt, merkt man, wie vielschichtig das kulturelle Leben in Ghana ist und inwiefern das Ausland, hauptsächlich Europa, das Leben und Wirken der Menschen beeinflußt hat. So wie ein Haus wichtige statische Elemente wie Fundament, tragende Wände und Dach besitzt, so besteht die Kultur der Ghanaer darin, afrikanische, europäische und arabische Einflüsse zu einer Einheit zu verbinden. Sowohl in Musik, Tanz, Kleidung, Architektur, Eßgewohnheiten als auch Religion sind Fremdelemente unverkennbar verankert.

Europäische und islamische Einflüsse

Aufgrund der langen Kontakte zu Europa hat jeder Ghanaer bestimmte Aspekte der **europäischen Kultur** verinnerlicht. Er gehört wahrscheinlich einer christlichen Gemeinde an, die englische Sprache ist für ihn nicht unbedingt eine Fremdsprache, er trinkt mit Sicherheit gern Bier, Gin oder Whisky und reist gern nach London. Nicht besonders verwunderlich, wenn man bedenkt, daß Weiße seit dem 15. Jahrhundert ununterbrochen an der Goldküste präsent gewesen sind. Zunächst als Händler, Goldsucher, Sklavenhalter, Kolonialisten und nun als alte Bekannte. Während dieser langen Zeit versuchte Europa alles, um aus dem vermeintlich primitiven Afrikaner einen »kultivierten« Menschen zu machen. Besonders während der Kolonialzeit bemühten sich die Europäer, eine gesellschaftliche Umwandlung vorzunehmen. Zunächst kamen die Sprache, das Brot, die Peitsche, die Bibel und die Schule, danach redete man von der Demokratie, die vor Ort dann doch nicht praktiziert wurde, und zum Schluß wurde alles verhöhnt, was afrikanisch war. Selbst wenn man heute feststellt, daß diese Politik scheiterte, ein gewisser, wenn auch dubioser Erfolg ist Europas Bestreben, aus Afrikanern Weiße zu machen, trotzdem nicht zu leugnen. Der Ghanaer änderte sich, aber nicht ganz so, wie es von ihm erwartet wurde.

Eine zweite fremde Strömung, oft übersehen, ist der **arabisch-islamische Einfluß.** Selbst wenn der Islam an der Goldküste nie stark präsent war, so macht er sich doch bemerkbar – sowohl durch den Einfluß islamischer Händler, die immer wieder mit Waren aus der Savanne aufkreuzten, als auch durch die muslimischen Gelehrten, die an den Königshöfen indirekt mitregierten. Zum Beispiel saßen im königlichen Hof von Ashanti islamische Sekretäre, die Buch über die Reichsfinanzen führten.

Mancher Brauch, der sich in Ghana etabliert hat (z.B. Beschneidung), erweist sich bei näherer Betrachtung als Überbleibsel aus jener Zeit, als die Handelsbeziehungen mit dem arabischen Norden stärker waren. Ein weiteres Beispiel: Die ghanaische Frau übernahm zwar gern das Kopftuch der Muslimin, jedoch nicht zur Verschleierung, sondern als elegantes Accessoire, zur Betonung ihrer Weiblichkeit und Schönheit! Heute geht keine Frau, die etwas auf sich hält, ohne ein buntes, gekonnt gewickeltes Tuch auf dem Kopf aus dem Haus. Besonders bei Männerbekleidung, dem *Fugu* und den ornamentalen Stickereien, hat sich der nordafrikanische Einfluß als durchschlagend erwiesen. Andere Gemeinsamkeiten wie die Vorliebe für Talismane usw. bestätigen, daß der Islam eine kulturelle Rolle gespielt hat.

Trotz alledem ist der Ghanaer in jeder Hinsicht **Afrikaner** geblieben. Er hat seinen afrikanischen Namen bewahrt, ißt afrikanisch und baut seine Häuser wie eh und je in seinem unverkennbaren Stil. Jeder Ghanaer kann problemlos mit parallel laufenden Kulturen leben, ohne seine Grundeinstellung zu verlieren. Er sitzt komfortabel mit Anzug und Krawatte fünfmal in der Woche im Büro und findet nichts dabei, wenn er samstags seinen Fugu anzieht, um seine Verwandtschaft auf dem Land zu besuchen. Die Vergangenheit ist nie eine Fessel, sondern eine Bereicherung. Abgesehen von den Kernpunkten, wie zum Beispiel den Hochzeiten, den Namensgebungszeremonien, den Initiationsriten, den Willkommenszeremonien, den Tänzen und der Kleidung, bleiben doch noch die vielen kleinen Dinge des Lebens, die nicht minder typisch afrikanisch sind: wie Kinder auf dem Rücken und mit welcher Selbstverständlichkeit Lasten auf dem Kopf getragen werden, wie anmutig selbst schwerbepackte Frauen laufen können, wie Maurer bei der Arbeit rhythmisch hämmern …

ÜBER KUNST UND KUNSTHANDWERK

Der Begriff »Kunst« hat in Afrika eine ganz andere Bedeutung. Man kann behaupten, l'art pour l'art hat es noch nie gegeben. Kunst ist nur selten abstrakt und losgelöst, Kunst hat fast immer entweder einen praktischen oder religiösen Hintergrund, oder sie verrät eine tiefere philosophische Aussage.

Der afrikanische »Künstler« oder Kunsthandwerker hat sich bisher wenig um Standortbestimmungen gekümmert, der Name seines Handwerks genügt. Der künstlerische Aspekt jeder Arbeit kommt immer nur als Zugabe oder eher zufällig hinzu. Kaum ein Gegenstand wird gekauft, um ihn irgendwo als reines Kunstwerk aufzubewahren.

Wie man solche Werke letztlich einstuft, war bis vor kurzem kein Thema für afrikanische Künstler. Die »Kunsthandwerker« gingen einfach zu Werke und schufen Sachen, mit denen sie sich identifizieren konnten. Dennoch ist die Kunstfertigkeit, das Talent und die Ästhetik, die in Masken, Schnitzereien, Textilien, Talismanen usw. offen zu Tage tritt, unbestritten. Wie der ehemalige Direktor des Kulturzentrums in Kumasi, *Prof. Dr. Kyerematen,* in seinem Buch »Panoply of Ghana« (Longmans, London 1964) richtig fragt: »Welcher Außenseiter kann schon genau sagen, was die obersten Beweggründe sind, die beim afrikanischen Künstler den Ausschlag geben?«

☀ **Tip:** ↗ Accra hat eine Kunst- und Galerieszene im westlichen Sinne, auch ↗ Teshie-Nunguas Sargtischler gehören dazu.

Die Jagd auf »echte Schnäppchen«

Alles Künstlerische hatte bis heute entweder einen praktischen oder einen religiösen Sinn. Es war also Handwerk gepaart mit Kunst. Der einheimische Markt für Kunsthandwerk, Gebrauchsgegenstände und Schmuck war in Afrika immer sehr groß und wichtig. In dieser Hinsicht hat sich nichts geändert.

Was sich geändert hat, ist die Tatsache, daß ein »künstlicher« Kunstmarkt geschaffen wurde, den es so nie gegeben hat. Die unbestrittenen handwerklichen Fähigkeiten der Afrikaner mit ihrem besonderen Verständnis für Form und Gestalt sind nicht verschwunden, sondern exklusiv geworden. Was Pablo Picasso und die Kubisten um die Jahrhundertwende so begeisterte und inspirierte, ist salonfähig und so erheblich teurer geworden, daß es nicht mehr auf dem Marktplatz anzutreffen ist.

Auch der Blickwinkel der Fremden ist anders geworden. Der wachsende Tourismus und das Interesse der Touristen hat die Käuferschicht eine andere werden lassen. Der moderne Marktplatz bevorzugt »schnelle« Kunst, wie das moderne Restaurant das schnelle Essen mag. Qualität bleibt oft auf der Strecke, für Nostalgie ist kein Platz. Der Bereich Kunsthandwerk, wie fast das ganze Leben in Afrika, muß starke Veränderungen verkraften. Der mythologisch-religiöse Symbolgehalt der geschaffenen Gegenstände tritt mehr und mehr in den Hintergrund, Gelderwerb mit all seinen Begleiterscheinungen wird wichtiger.

Der Markt für Kunsthandwerk hat sich geteilt: Auf der einen Seite gibt es die sogenannte *Airport-Art,* die nur für Souvenirjäger gemacht wird. Solange sich der Tourist nicht einbildet, er erwürbe Kunstwerke, ist alles okay. Er sucht ein Souvenir für möglichst wenig Geld, er hat es eilig, der Gegenstand darf nicht zu groß sein und soll »echt«, d.h. exotisch aussehen. Was er geboten bekommt, ist genau das, was er gesucht hat. Für etwas Besseres steht der Tourist meistens am falschen Ort, zahlt zu wenig Geld und bringt nicht die nötige Zeit mit. Denn auf der anderen Seite gibt es trotzdem auch traditionelles Kunsthandwerk in Ghana, das ein lohnendes Ziel für Interessenten sein kann, die solides, inspirierendes, unverfälschtes Handwerk von echten Künstlern suchen. Was aber natürlich nicht am Flughafen zu bekommen ist.

Handlich: Maske in Handtaschengröße

Symbole und Farben

Ein Aspekt der ghanaischen Kunst und Kultur ist die tiefe philosophische Grundhaltung der Menschen und die Symbolik, die eine Philosophie der ständigen

Kommunikation mit den unsichtbaren Aspekten des Lebens zum Ausdruck bringt. Für Ghanaer gibt es keine Lage des Daseins, die ohne Verbindung zur Erde und zum Universum steht. Diese Verbindung wird durch Symbole hergestellt. Ob es der Ausdruck einer Idee, einer Furcht, eines Gebetes oder eines Wunsches ist, alles wird erst konkret durch die Zuhilfenahme von Symbolen. Das ganze Leben ist voller Symbolik, die auch den Umgang der Menschen untereinander regelt. Ein Außenstehender könnte sagen, daß manches ritualisiert bzw. nach festgelegten Regeln gemacht wird. Dazu gehört allerdings nicht die Personifizierung von Gottheiten durch Masken. Man wird solche Kunstformen in Ghana vergeblich suchen.

Der aufmerksame Beobachter wird schnell herausfinden, daß die von Insignien und Symbolen verzierte Kunst viel über die Menschen sagt. Über ihre Position in der Gesellschaft, ihre Macht, ihr Vermögen, ihre Einstellung zum Leben, ihre Weisheit. Wenn beispielsweise ein ghanaischer König während eines *Durbars* (Festes) erscheint, folgen ihm gewöhnlich viele Menschen, die Gegenstände halten oder tragen. Jeder Gegenstand hat eine Bedeutung und sagt etwas über die Person des Königs aus, so wird etwa sein Leitspruch durch den Stab seines Sprechers repräsentiert.

Wesentliches Merkmal ghanaischer Kunstwerke sind die allgegenwärtigen geometrischen Figuren oder floralen Formen, auf die alle Künstler der Akan-Zivilisation zurückgreifen: *Adinkras*. Wie die Piktogramme unserer Gegenwart, die die sprachlose, schnelle Kommunikation in den Städten ermöglichen, besitzt jedes **Adinkra-Symbol** eine präzise Bedeutung, deren Aussage für den Künstler von zentraler Wichtigkeit war und ist:

Epa: Ketten der Liebe

Gye Nyame: Gott, der Allmächtige

Ein Kreis verrät die Präsenz und Omnipotenz Gottes, Rechtecke stehen für Männlichkeit und Heiligtum, das Dreieck steht für Weiblichkeit oder Begierde. Nach Akan-Brauch schenkt ein Bräutigam seiner Angebeteten ein Geflecht in Form eines Dreiecks als Versprechen, daß er sie immer wie seinen Augapfel hüten wird.

Sogar die **Farben** der getragenen Kleider geben Aufschluß über die Gemütslage der Person, die sie trägt: **Gelb** betont die Existenz Gottes, ewiges Leben, Wohlstand und menschliche Wärme, **Weiß** steht für Freude oder Sieg, **Grün** bedeutet Unschuld, Erneuerung oder Vitalität, **Rot** oder **Ocker-Braun** ist für traurige Anlässe wie den Tod eines Freundes, Krieg oder eine nationale Katastrophe vorbehalten. Im Zuge des europäischen Einflusses wird Schwarz mittlerweile auch zu Beerdigungen getragen. **Blau** ist traditionell die Farbe der Liebe.

Malerei

Das Übertragen von Farbe auf Papier, um ein Produkt der Phantasie zu erzeugen, hat eine noch sehr junge Geschichte in Ghana, zum Teil deshalb, weil die traditionelle Gesellschaft kein Papier kannte und Naturfarbstoffe eher für das Färben von Textilien gebrauchte. Dagegen war es lange Zeit Sitte, Behausungen und Pirogen mit farbigen Verzierungen zu verschönern. In Südghana, besonders in Ashanti, wurden die äußeren Wände von Häusern in Pastellfarben – meist ocker – gestrichen. Im Norden Ghanas ist diese Vorliebe für Hausbemalung noch weiter verbreitet. Fast alle Häuser werden mit geometrischen Fresken in gelbbraunen bis schwarzen Tönen dekoriert.

Tip: Die Dörfer zwischen den Städtchen ↗ *Bawku* und *Navrongo* bieten gute Beispiele dieser Art von »Kunst am Bau«.

Der Umgang mit Öl- und Wasserfarben und **moderner Malerei** als reine Kunstform kam mit den Europäern und erreichte seine volle Entfaltung erst nach der Unabhängigkeit 1957. Seitdem begann eine Reihe von jungen Künstlern, westliche Techniken mit afrikanischen Themen zu verbinden. Es entstanden ansehnliche Werke über das Alltagsleben und Darstellungen von kulturellen Höhepunkten wie Fest- und Tanzszenen. Mittlerweile hat sich besonders in Accra eine kleine, aber stetig wachsende Kolonie von Malern etabliert, die auch von ihrer Kunst lebt. Bekannte Künstler dieses Stils mit lebendigen Farben sind *Victor Butler* und *Ato Delaquis,* deren Werke auf internationalen Ausstellungen gezeigt werden. Mit Ausnahme von *Anku Golloh,* der eine Vorliebe für Bilder auf Batik- und Seidenstoffen hat, gibt es keine eindeutige ghanaische Malrichtung, die erwähnenswert wäre. Die verschiedenen Künstler sind Individualisten, die sich nur von ihren eigenen Neigungen leiten lassen.

Tip: In ↗ *Accra* gibt es Galerien, die zeitgenössische Kunst verkaufen.

Keramik nach alter Technik

Die Töpferkunst nimmt eine herausragende Position ein. Sie gehört zu den ältesten handwerklichen Traditionen, die je in Ghana dokumentiert wurden. Ausgrabungen in vielen Landesteilen haben Tonscherben zu Tage gefördert, die über 3000 Jahre alt sind. Seit Jahrtausenden wurden aus Ton Lampen, Vasen, Wasserbehälter, Kochtöpfe, Trinkgefäße, Eßgeschirr und vieles mehr gemacht. Die Töpferscheibe blieb unbekannt und spielt auch heute keine Rolle. Der Ton wird zu Würsten gedreht, die aufeinandergesetzt und glattgestrichen werden. Die mit interessanten Reliefs verzierten dickbauchigen Gefäße werden zunächst in der Sonne getrocknet und auf offenem Feuer gebrannt, wodurch sie wasserundurchlässig werden. Danach kommt die Polierphase: die Töpferin nimmt hartgetrocknetes Leder, wirft Sand auf den Gegenstand und reibt, bis das Ergebnis zufriedenstellend ist. Damals wie heute sind fast nur Frauen in dieser Sparte beschäftigt.

In vielen ländlichen Gebieten, aber auch in Städten finden Töpferwaren heute noch guten Absatz auf den Märkten. Sie haben meist eine einfache Form, ihre Verzierungen sind von schlichter Schönheit, verraten manchmal künstlerische Begabung. Auf den Märkten sollte man immer Ausschau nach Töpfen halten, tolle Überraschungen sind jederzeit möglich.

Kunst, die schwer wiegt: Die Ashanti-Goldgewichte

Der ghanaische Kunsthandwerker ist stets bemüht, einen Teil von sich in seiner Arbeit widerzuspiegeln. Er drückt allem, was er herstellt, seinen persönlichen Stempel auf, und läßt wissen, wie er die Welt sieht. Was für den Nichtafrikaner wie eine bloße Verzierung aussieht, ist immer eine verschlüsselte Sprache, die von den Menschen in seiner Umgebung verstanden wird.

Nirgendwo kommt diese duale Funktionalität besser zum Ausdruck als in den berühmten *Ashanti-Goldgewichten*. Von den Kunstgegenständen ghanaischer Herkunft sind sie im Ausland am besten bekannt. Lange, bevor der Europäer kam, war Goldstaub, *sika futuru,* als Edelmetall nicht nur begehrtes Handelsobjekt, sondern auch Währung in Ashanti. Diese jahrhundertealte Beziehung zu Gold hat eine ausgeprägte Gold-Kultur entstehen lassen, die als einmalig bezeichnet werden kann. Um den Wert des Goldes richtig zu schätzen und das Metall gut aufzubewahren, wurde eine Reihe von praktischen Utensilien mit künstlerischem Anspruch entwickelt. Da war zunächst die Goldwaage, *nsania,* dann kamen die Gewichte, *abramo,* in verschiedenen Größen dazu und zuletzt exquisit bearbeitete Beutel *(fotoo, sanaa),* Behälter *(forowa, kuduo)* und Schatzkästchen *(apemadaka, nkotokwaa).* Rätselhaft und zugleich faszinierend dabei sind die äußerlichen Verzierungen mit geometrischen Symbolen und Figuren, die alle eine Aussage beinhalteten, die jedoch nur Eingeweihte kannten. Abgesehen von Exemplaren im Privatbesitz einiger Akan-Königshäuser sind die meisten Exponate nicht mehr in Ghana, sondern in den großen europäischen oder amerikanischen Museen zu finden. Doch werden heute noch einige jener Utensilien, die noch im Lande sind, zu besonders feierlichen Anlässen von den Omanhenen benutzt.

Trotz des irreführenden Namens – Goldgewicht – wurden diese Stücke selten aus purem Gold gefertigt. Sie wurden überwiegend aus Messing, Bronze oder Kupfer gemacht, gelegentlich aus Holz.

Zur Herstellung wurde das *Cire-perdue-Verfahren* angewendet, die gleiche Methode wie bei den berühmten Bronzefiguren von Benin. Zunächst wurden Wachsmodelle angefertigt und mit Ton umhüllt. Anschließend wurde das Wachs geschmolzen, der verbleibende Hohlraum mit glutflüssigem Metall gefüllt und, nach dessen Erkalten, der Ton abgeschlagen. So sind zierliche Figuren entstanden – Pflanzen, Tiere, Menschen, in Grup-

Goldgewicht: Dieser Ashanti-Krieger auf dem überlangen Pferd wog für den Händler das auf, was ein anderer in Gold zu zahlen hatte

pen oder in Aktion begriffen –, deren Gewicht (maximal 500 Gramm pro Figur) zum Abwiegen von Goldstaub Verwendung fand. Das Gewichtssystem beruhte auf der Einheit *taku,* dem Samen einer Hülsenfrucht, ¹⁄₁₂ Gramm schwer.

* **Tip:** Goldgewichte gibt es kaum noch auf dem freien Markt zu kaufen. Das *National Museum* in ↗ *Accra* und das *Cultural Centre* in ↗ *Kumasi* besitzen schöne Sammlungen.

Schmuck aus Edelmetall

Schon im alten Ghana waren die Existenz und die besonderen Eigenschaften von Silber, *dwete,* Eisen, *dutu,* Messing, *yaawa,* und Bronze bekannt. Aus ihnen wurden Speere, Schwerter, Messer und landwirtschaftliche Geräte hergestellt. Aufgrund seines Könnens und seiner Kraft war der Schmied ein geheimnisvoller Mann, der scheinbar aus dem Nichts brauchbare Gegenstände zauberte.

Von den Anfängen mit der Cire-perdue-Technik für Figuren wurde das Schmieden zu einer hohen Kunstform entwickelt. Der Beruf des spezialisierten Gold- oder Silberschmiedes entstand und ist heute noch hoch angesehen. In den Akan-Gebieten gibt es sehr viele begabte Menschen, die schöne Ringe, Ohrringe, Broschen, Halsketten und Armbänder für den täglichen und für den ausgefallenen Bedarf fertigen.

* **Tip:** *Kumasi, Obuasi, Prestea* und *Tarkwa* sind Hochburgen dieses alten Handwerks.

Schnitzen für die Ahnen

Da Metall nicht immer reichlich vorhanden war, wurden die bekannten geometrischen Figuren oft auf Holzprodukte übertragen. Gerade die Holzschnitzerei

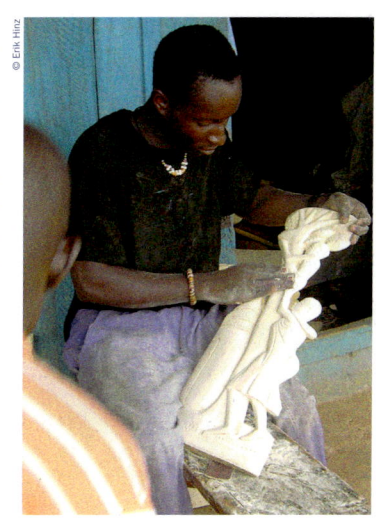

© Erik Hinz

Viele begabte Schnitzer kommen aus Ashanti

hat eine lange und fruchtbare Tradition, vor allem im Süden des Landes. Kochutensilien, Puppen für Kinder und für sakrale Zwecke, Holzkämme, Stühle, königliche Insignien, Trommeln in allen Variationen und Pirogen wurden mit viel Sorgfalt und Liebe geschnitzt und verziert. Interessanterweise wurde Holz in Ghana ursprünglich nicht zur Herstellung von Masken verwendet. Hier unterscheidet sich Ghana grundlegend von seinen Nachbarn, die eine ausgeprägte Masken-Kunst als Bestandteil ihrer religiösen Zeremonien entwickelt haben. Diese Rolle wird in Ghana von den *Holzstatuen* und den weltberühmten Fruchtbarkeitspuppen mit flachen Köpfen, den *Akuaba,* übernommen, die Gottheiten oder die Seele der Ahnen verkörpern können.

Noch wichtiger ist das Schnitzen von *Ahnenstühlen.* Der Stuhl spielt eine un-

Kente: Kostbare, handgearbeitete Tücher in leuchtenden Farben und typischen Mustern

gemein wichtige Rolle im Leben eines Ghanaers. Als Zeichen des Lebens bekommen Babys und frisch verheiratete Frauen gewöhnlich einen Stuhl geschenkt, der auch der Hort der Seele ist.

☀ **Tip:** Berühmt geworden sind auch die **Sargtischler** von Teshie, ↗ Greater Accra.

Kente & Adinkra: Die Kunst des Webens

Vielen Besuchern werden Ghanas Märkte mit den bunten Baumwollstoffen in starker Erinnerung bleiben. Solch schöne Stoffe mit zum Teil ausgefallenen Mustern sind allerdings Fabrikprodukte, die erst seit der Kolonialzeit als Importwaren nach Ghana kommen. Die Herstellung von Textilien aus Naturfasern hat eine vergleichsweise junge Geschichte.

Nach der Überlieferung wurden die ersten Kleidungsstücke im waldreichen Akanland aus Baumrinden, dem *kyenkyen*, gemacht. Lange vor Ankunft der Europäer jedoch wurde die Baumwolle aus der Savanne eingeführt. Damit wurden breite, unifarbene Stoffe gewebt, die dann als Lendenschurz getragen wurden. Die Webtechnik wurde nur von wenigen Nordghanaern beherrscht. Dies änderte sich rasch, als sich ein gewisser *Otaa Kraban* die Webkunst in Salaga (Nordghana) aneignete und die ersten Webstühle nach Ashanti brachte. So entwickelten sich die Anfänge des *Kente-Stoffes*, dessen Ruhm nun weit über die Grenzen Ghanas hinausreicht.

Kente, der Stoff, aus dem Ghanas Nationaltrachten gemacht werden, ist immer ein von Hand gewebter Stoff mit vielen Farbkombinationen und komplizierten Mustern. Aufgrund der großen Mühe, Kunstfertigkeit und des Könnens, die diese Arbeit verlangt, war der Kente früher Königen vorbehalten. Er wird heute zu fröhlichen Anlässen getragen, wobei die Muster etwas über die Gemütslage des Trägers verraten.

* **Tip:** Die besten Kente-Weber findet man in Ashanti (z.B. in *Bonwire*) und im Voltagebiet (z.B. im Grenzort *Kpetoe*). Handgewebte Baumwollstoffe bekommt man immer noch in den nördlichen Regionen Ghanas, wo relativ viele Menschen ohne festes Einkommen auf Eigenproduktion angewiesen sind.

* **Tip:** *Kente-Festival* in *Bonwire:* Jedes Jahr im August gibt es ein farbenprächtiges Fest des Stoffes, der Ghana am meisten verkörpert. Viele Besucher aus dem In- und Ausland kommen, es ist dann für zahlreiche Chiefs ein guter Anlaß, sich darzustellen.

Eine andere typisch ghanaische Textilart ist der **Adinkra-Stoff**. Während Kente zu fröhlichen Anlässen in Erscheinung tritt, wird der Adinkra, der Name bedeutet Abschied, zu traurigen Anlässen getragen. Wichtig sind die düsteren Farbtöne und die Symbole, die auf weiße Baumwolltücher gestempelt werden.

* **Tip:** Zentrum dieser Färbe- und Stempeltechnik ist *Ntonso*, etwa 22 km nordöstlich von ↗ Kumasi.

BAU- & WOHNFORMEN

Gerade im Bereich der Baukunst hat Afrika eine eigenständige Tradition vorzuweisen, eine Tradition, die stark von den herrschenden Umwelt- und Klimabedingungen geprägt ist. Hinzu kommen die soziohistorischen Einflüsse, die bestimmte Stilrichtungen hervorgerufen haben.

Zunächst entschieden Sonne, Wind, Regen und die Beschaffenheit des Bodens, wie gebaut und gewohnt wurde. Diese naturabhängigen Wohn- und Bautraditionen sind noch lebendig in Ghana. Man braucht nur eine Tour außerhalb der Städte zu machen, um bald mit der afrikanischen Realität bzw. mit der Lehmarchitektur konfrontiert zu werden. Insofern sind die Dörfer Ghanas die Wahrer jahrtausendealter Baukunst geblieben. Wer wissen möchte, ob die Lehmhütten, die er in Büchern gesehen hat, noch stehen, kann sich sehr schnell überzeugen, daß sich wenig geändert hat.

Wohnen in Südghana

Regional mag es minimale Abweichungen in Stil und Form geben, im großen und ganzen aber ähneln sich die Bautypen bei den Akan, Ga und Ewe, die Südghana bevölkern, sehr. Das Hauptmerkmal ist das *Lehmhaus*, das für eine ganze Familie oder Sippe gebaut wird. Bis vor kurzem waren Einpersonenhäuser unbekannt, da immer nur eine Gruppe von Menschen zusammen wohnte, die in einem besonderen Verhältnis zueinander standen. Die traditionelle Bauweise in Südghana beinhaltet die Verwendung von natürlichen Materialien wie Ton, Ästen, Bambus, Blättern und Lianen, um **Giebelhäuser,** geformt aus Lehmmörtel und gestärkt mit Palmfasern, zu bauen. Das Haus steht auf einem ein Meter hohen Podest aus Stein und Lehm, der mit Laterit (verwitterte rötliche Erde) verputzt wird. Für das Fundament werden luftgetrocknete Lehmziegel verwendet. Dann wird der Rohbau mit feuchtem Mörtel hochgezogen, wobei die Lehmmauer abschnittsweise

Wohnhof in Ashantibauweise mit verzierten Stützsäulen und tief herabgezogenen Palmwedel- oder Strohdächern

trocknen muß, bevor die nächste Stufe hinzukommt. Im Akanland wird immer eingeschossig gebaut. Die untere Mauer wird oft mit Lehmornamenten in Form von Tieren verziert.

Nur das *Haupthaus* hat einen Zugang zur Straße, die übrigen Häuser sind über eine Veranda lediglich zum Innenhof hin geöffnet. Das hohe, abgesetzte Giebeldach aus Stroh oder Palmblättern ist auf dieser Seite zum Hof hinausgezogen und ruht auf mehreren quadratischen Säulen, die wie die Mauern aus Lehm errichtet sind. Manchmal besteht ein Wohnhaus auch aus drei Häuserblöcken, die sich zur Straße hin öffnen. Eine Wohneinheit für eine Durchschnittsfamilie von Eltern mit sechs Kindern könnte aus 4 Schlafzimmern, der Küche und dem Badehaus bestehen, quadratisch um einen Hof angeordnet; der Hof dient als Wohnzimmer.

Architektur des Nordens

Architektonisch ist der Norden Ghanas interessanter als der Süden. Es gibt eine Vielzahl von kleinen Volksstämmen, und fast jeder hat einen eigenen Stil hervorgebracht. Die vielen Variationen im Baustil oder, besser gesagt, die »Kunst am Bau«, machen jede Reise in den Norden zu einem künstlerisch reichen Erlebnis. Es ist nicht selten, daß man im Abstand von einigen Kilometern ganz verschiedene Baustile antrifft. Die im Ausland bekannte **Rundhütte** mit kegelförmigem Strohdach kommt beispielsweise in Nordghana vor.

Im Gegensatz zu den geselligen Wohnanlagen im Süden findet man im Norden das **Einzelgehöft.** Dies ist auf die spärlichere Vegetation und die ungenügenden Weidegründe zurückzuführen. In einigen Fällen führt Wassermangel dazu, daß die Familien weit auseinander leben, um den Wasservorrat für Mensch, Tier und Pflanzen zu sichern.

Bei den *Kusase* im Nordosten besteht ein Gehöft aus einer Reihe von eng zusammenstehenden Wohnhütten, kreisförmig angeordnet und mit Mauern aus Lehm verbunden. Es schließt auch einen

Rundhütten-Stil der Dagomba

Getreidespeicher und Stallungen für Haustiere und Kleinvieh ein. Die Anordnung der einzelnen Hütten ist scheinbar vorgeschrieben, weil sich ein bestimmtes Muster erkennen läßt. Auf dem besten Platz steht immer die größere Hütte des Familienoberhauptes, um sie die Hütten seiner Frauen und Kinder. Am Tage spielt sich das Familienleben im Innenhof ab.

Die *Dagare*- und *Wala-Völker* im Nordwesten bewohnten bis vor kurzem **Lehmburgen,** deren flache Dächer sowohl zum Wohnen als auch zum Trocknen der Ernte dienten. Die eng aneinander gebauten fenster- und türlosen Einzelhäuser mit nur einem Eingang waren durch hohe Mauern verbunden und gut zu verteidigen. In der Stadt *Wa* erreichen die Lehmkastenhäuser mit den großen Innenhöfen und den typischen spitz zulaufenden Mauerverstrebungen auch zwei Stockwerke. Sie sind in mehrere Räume unterteilt und besitzen hohe Portale.

Lehm als Baumaterial hat viele Pluspunkte. Er ist billig, es gibt ihn überall reichlich und er gewährt eine hervorragende Temperaturregulierung. Lehm hält tagsüber die Hitze draußen und läßt nachts die Räume nicht so schnell kalt werden.

Architektur der Kolonialzeit

Man wird enttäuscht sein, wenn man in Ghana Ausschau nach Monumentalbauten, Schlössern oder Kirchen im europäischen, besser gesagt im kolonialen Stil hält. Die europäischen Mächte, die nach Ghana kamen – allen voran die eher zufällig gelandeten Portugiesen – hatten nicht die Absicht, sich fest anzusiedeln, da das Klima ihnen unangenehm war und das Land langfristig keinen Gewinn versprach. So ließen die Briten, Dänen, Deutschen, Franzosen, Holländer, Portugiesen und Schweden sehr wenig von ihrem europäischen Kulturverständnis zurück, schon gar nicht im Stil von Barock, Renaissance, Neugotik etc. Nur beim Bau der zahlreichen **Sklavenburgen** gab man sich viel Mühe. Diese Sklavenburgen sind leider die besten Zeugnisse von Europas architektonischem Engagement in Ghana. Aber eine Siedlungskultur um ihre Handelsniederlassungen herum, gar vergleichbar mit der in den Mutterländern, führten die Kolonialherren nicht ein.

Fast uneinnehmbar: Lehmburg-Anlage der Wala

Europas koloniales Erbe in Sachen Architektur ist sonst nur in den **Villen,** die die Briten für die hohen Beamten bauen ließen, verkörpert. Einige sind noch über das Land verstreut und in manchen Städten, in denen britische Präsenz vonnöten war, zu finden: Accra, Kumasi, Cape Coast, Sekondi.

Städtische Architektur

Wenn man unbedingt eine positive Errungenschaft der Kolonialzeit erwähnen möchte, kann man die Einführung von **Zement** als ein gutes Beispiel heranziehen. Ursprünglich war dies ein Baustoff, der in Ghana unbekannt war. Die Briten führten ihn im großen Stil ein, und er wurde von der Bevölkerung sehr gut angenommen. Zement kam und blieb, weil er den Häusern – verglichen mit dem Lehmbau, der bei heftigem Regen oder Sturm nicht so gut standhält und sehr reparaturanfällig ist – eine fast unsterbliche Qualität gibt.

Mit dem Zement kam auch das **Wellblech** aus Aluminium. Böse Zungen behaupten, die Briten führten es ein, um ihre großen Fabriken voll auszulasten, die die enorme Bauxitausbeute aus Jamaika verarbeiteten. Aus welchem Grund auch immer: Obwohl es wegen seiner schlechten Isoliereigenschaften bzw. wegen seiner guten Wärmeleitfähigkeit für Wohnzwecke überhaupt nicht geeignet ist, ist Wellblech sehr beliebt. Es hat sich als unverwüstlich erwiesen und ist somit auf lange Sicht wirtschaftlicher. Leider hat Wellblech immer noch den Ruf, modern zu sein, und verschandelt weiterhin das Bild aller Städte des Landes. Jeder Ghanaer, der nicht für einen Trottel gehalten werden will, knallt Wellblech auf sein Haus und schwitzt ganz vornehm darin sein Leben lang!

Von einer ausgeprägten einheimischen **Stadtarchitektur** kann nicht die Rede sein. Dies ist nachvollziehbar, wenn man bedenkt, daß nur Handel und Dienstleistungen eine städtische Kultur hervorbringen. Die Menschen hatten, im Gegensatz zu ihren früheren Ahnen in Alt-Gana, die richtige Städte wie *Kumbi Saleh* oder *Walata* bewohnten, keine Städte angelegt, denn sie waren vor allem Ackerbauern, Jäger und Fischer. Außerdem waren die Akan und die meisten anderen Völker Emigranten, nachdem die alten Kaiserreiche zusammengebrochen waren. Frühe »Städte« wie Salaga, Wenchi oder Kumasi waren wegen ihrer strategischen Lage entlang wichtiger Handelsrouten entstanden.

Alles in allem gibt es eine klare Einteilung im **Baustil:** In der Stadt wird »europäisch«, das heißt mit Zement und Wellblech, gebaut und auf dem Land bleibt alles beim alten, das heißt mit Lehm und Grasdach. Nur vereinzelt wurden koloniale Einflüsse in die lokale Architektur aufgenommen und zu einem eigenen Stil entwickelt, eine echte Mischung aus der Begegnung Afrika – Europa. Heute wird das bereits erwähnte quadratische *Akan-Haus* um einen Innenhof gebaut und mit einer pseudo-europäischen Fassade versehen. Manchmal haben die Vorderpartien solcher Häuser Säulen oder Kolonnaden, besonders in Kumasi ist dies zu sehen.

Accra: Moderne Wohnsilos

FESTE, MUSIK & LITERATUR

Ein wesentlicher Grund für den Charme des Landes und seiner äußerst freundlichen Menschen ist die Mischung aus modernen Einsichten und Treue zu einer zeitlosen Kultur. Über die Jahrhunderte hinweg hat sich trotz der Präsenz verschiedener Volksgruppen eine eigenständige Kultur entwickelt, die ganz eindeutig als ghanaisch bezeichnet werden kann, auf die alle Ghanaer sehr stolz sind und zu der sie ein natürliches Verhältnis haben. Es ist diese selbstverständliche Einstellung zur eigenen Kultur, die wiederum eine liberale Einstellung gegenüber anderen Kulturen möglich macht und fördert.

LAND DER 1000 FESTE

Daß Ghanaer keine Kinder von Traurigkeit sind, beweisen sie mit einer Fülle von Festen. Fast jeden Tag wird irgendwo im Land ein Fest gefeiert – Erntedankfest, Neujahrsfest, Regenfest, Tapferkeitsfest, Siegesfest usw.

Jeder Besucher in Ghana sollte unbedingt einem Fest beiwohnen, denn dort bekommen Sie Einblick in das Selbstverständnis der Menschen und in die kulturelle Vielfalt des Landes. Es ist nicht immer leicht, den genauen Termin eines Festtages im voraus in Erfahrung zu bringen, denn Feste sind keine Fixpunkte im Kalender, sondern werden jedes Jahr nach der Position des Mondes, nach Glückstagen usw. von den Hohepriestern des jeweiligen Gebietes neu berechnet und verkündet. Mein Festkalender hilft Ihnen aber bei der Planung.

Feste der Trauer, Feste der Freude

Die Feste in Ghana ähneln sich im allgemeinen sehr. Sie verweisen oft auf wichtige Daten in der Geschichte, sei es eine Hungersnot, eine Niederlage, ein Sieg oder ein Unglücksfall. Unabhängig davon, wo sie gefeiert werden, haben Feste mehr oder weniger drei Hauptkomponenten, die aber doch zu einer Einheit verschmelzen. Die ersten beiden Aspekte haben einen religiösen Charakter und bleiben dem Zuschauer oft verborgen: Es ist die Zeit, der verstorbenen Angehörigen des Stammes oder der Familie zu gedenken, es ist die Zeit, eine persönliche Standortbestimmung zu machen und die privaten Beziehungen neu zu regeln. Es ist die Zeit, sich seines Lebens zu freuen und den Göttern dankbar zu sein. Aus diesen Gründen werden Feste gewöhnlich mit einer **Trauerzeit** eingeleitet. Opfergaben werden gebracht, Gebete gesprochen. Dann kommt die **Zeit der Erneuerung,** in der Harmonie in der Gemeinschaft gesucht wird. Unstimmigkeiten in der Familie oder zwischen Freunden werden friedlich beigelegt, man befreit sich sozusagen von seinen Sünden, man setzt sich neue Ziele.

Danach kommt die **Zeit der Freude,** in der alle zusammenkommen, um ihre Dankbarkeit für alles zu zeigen. Das ist der Tag für das Publikum. Jeder versucht, das Beste von sich zu geben. Man zieht sich gut und feierlich an, das heißt in möglichst bunten, lebendigen Farben. Gutes Essen, reichlich Alkohol und viel Musik mit Tanz sind angesagt.

Adae, das größte Fest der Ashanti, ist hierfür ein gutes Beispiel. Es gibt zwei Adae-Feste. Das größere der beiden ist das Sonntagsfest, *Akwasidae* genannt, und das kleinere das Mittwochsfest, *Awukudae*. Diese Feste basieren auf dem Akan-Kalender, der aus neun Zyklen mit jeweils 40 Tagen besteht. An solchen Tagen wird an die verstorbenen Ahnen gedacht, und die Götter werden mit Opfergaben geehrt. Der König hält Audienz in prächtigen traditionellen Gewändern und nimmt die Treuebekenntnisse seiner Untertanen entgegen. Auf dem Höhepunkt des Festes wird der König auf einem Stuhl unter einem farbigen, mit Gold verzierten Baldachin sitzend, zu Trommelklängen herumgetragen. Als Gegensatz wird das **Papa-Fest** in *Kumawu* (Ashanti) zum Gedenken an den Sieg über die Feinde der Ashanti gefeiert. Es hat deswegen einen völlig anderen Charakter.

Durbar – Der Festtag

Sobald von Volksfesten gesprochen wird, muß im gleichen Atemzug von *Durbars* gesprochen werden. Die beiden gehen Hand in Hand. Alle Volksfeste in Ghana werden von Durbars begleitet. Ein Durbar ist die Zeit, in der sich die traditionellen Herrscher einer Stadt oder einer Region der Öffentlichkeit präsentieren, um die Huldigungen des Volkes entgegenzunehmen.

Ghanaische Könige nutzen solche Anlässe, um sich effektvoll in Szene zu setzen. Das Volk erneuert sein Versprechen, dem König zu dienen und schwört ewige Treue. Der König nimmt die Respektbezeugungen des Volkes an, zeigt seine Verbundenheit mit den Traditionen der Ahnen und demonstriert seine Autorität. Durbar-Tage sind fröhliche Tage mit viel Trommelmusik.

Das Fest zum Namenstag

Durch den kolonialen Einfluß der Briten wird heute zunehmend der Familienname des Vaters einfach auf die Kinder übertragen. Bei den **Akan,** die eine matriarchalische Struktur haben, ist es auch heute noch nicht selbstverständlich, daß Kinder unbedingt den Familiennamen ihrer leiblichen Eltern tragen. Es gibt keine Familiennamen in dem Sinn, sondern Namen aus der Sippe, die für ehrenhaft genug gehalten werden, daß sie weitergereicht werden. Die Übertragung solcher Namen allein ist Anlaß für ein sehr schönes Fest, das bei allen Volksgruppen in Ghana gefeiert wird.

Bei den Akan findet dieses **Fest** frühestens acht Tage nach der Geburt eines Kindes statt. Es ist eine angemessene Zeit, um sicher zu sein, daß das Kind stark genug ist, um in der Welt zu überleben. Sobald dies feststeht, muß ein Kind seinen eigentlichen (Familien-) Namen bekommen. Manchmal wird der Zeitpunkt für die Zeremonie wegen Krankheit oder Geldmangel verschoben. Die Namensgebungszeremonie ist denkbar einfach und ähnelt ein wenig der christlichen Taufe, die praktisch die Einführung in die Gemeinschaft darstellt.

Ist der vorgesehene Tag gekommen, geht der Vater des Kindes oder seine Schwester, begleitet von zwei oder drei Verwandten, zum Elternhaus der Ehefrau. Das Baby, in weiße Tücher gehüllt, wird vor die Haustür gebracht und formell den Elementen Wind, Sonne und Erde präsentiert. Wieder im Haus, bekommt das Baby ein paar Tropfen Wasser auf die Zunge geträufelt. Dann wird sein künftiger Name, beispielsweise *Gyabi,* zum erstenmal mit den Worten:

Wilde Kerle: Sie sind für Aboakyer, das große Jagdfest von Winneba, gerüstet

»Gyabi, wenn du Wasser sagst, muß es Wasser sein« ausgesprochen. Die gleichen Wörter werden wiederholt, diesmal werden ein paar Tropfen Schnaps anstatt Wasser verwendet. Es ist die Aufforderung, immer wahrhaftig zu sein.

Der vergebene Name stammt immer von einem ehrenhaften Mitglied aus der Sippe des Vaters. Danach folgt ein Gebet, der Vater heißt sein Kind auf der Erde willkommen und überhäuft es mit Geschenken. Nach Beendigung dieser Zeremonie beginnt das eigentliche Fest mit Essen, Trinken und Tanz.

Beerdigungsfeier

Bei den Akan werden Beerdigungen wie Feste gefeiert. Dabei wird zwischen dem Tag der Beerdigung des Toten und der Feier, die traditionell 40 Tage nach dem Tod stattfindet, unterschieden. Heutzutage werden die beiden kombiniert und findet meistens samstags statt. Es ist dann keine Seltenheit, viele Menschen in Trauerkleidung zu sehen. Je nach Verwandtschaftsgrad ist sie tiefrot, ockerfarbig oder schwarz. Während das Begräbnis selbst ein trauriger Anlaß ist, ist die anschließende Feier mit viel Musik, Tanz, Essen und Trinken verbunden.

Auf Beerdigungsfeiern zu erscheinen ist so etwas wie ein Volkssport in Ghana. Aufgrund der weitläufigen Verwandtschaftsverhältnisse hat jeder Erwachsene immer wieder Gelegenheit, einer Beerdigungsfeier beizuwohnen oder muß selbst eine organisieren. Im Süden Ghanas sind die Wochenenden immer mit Feierlichkeiten dieser Art gefüllt. Menschen in Trauerfarben gehören zum vertrauten Straßenbild.

Unabhängigkeitstag

Zweifellos ist der **6. März,** Ghanas Unabhängigkeitstag, der wichtigste offizielle Feiertag des Landes. Ghanaer sind sehr stolz auf ihre Unabhängigkeit und betonen dies gern am Tag der Befreiung vom kolonialen Joch. Eingeleitet wird dieser Tag von einer Ansprache des Präsidenten auf dem Unabhängigkeitsplatz in Accra. Soldaten, Schulkinder, Studenten und alle Organisationen schicken Abordnungen in die Hauptstadt, um ihre Teilnahme zu dokumentieren.

FESTKALENDER

ASH = Ashanti, BA = Brong-Ahafo, CE = Central Region, ER = Eastern Region, GR = Greater Accra, NR = Northern Region, VR = Volta, WR = Western, UER = Upper East, UWR = Upper West Region.

Januar: Afehyia Da, Neujahrstag (New Year), 1. Jan: allg. Feiertag
Edina Buronya, Elmina, CR, 1. Do
Bugum, Walewale, NR
Apafram, Akwamufie, ER, die Akwamu-Variante des Odwira-Festes
Odomi, Akpafu, VR, altes Reis-Fest
Edie, Wassa-Akropong, WR
März: Fawhodi, Unabhängigkeitstag (Independence Day), 6. März: Nationalfeiertag
Damba, Dagbon oder Walewale, NR, Fest des Propheten
Asikloe, Anfoega, VR
Volo, Akuse, GR. Exodus-Fest. Gedacht wird dem Auszug des Yilo-Volkes aus Volo (Togo), wo einst ein Tyrann und gottloser König herrschte
Dipo, Gebiet um Somanya, ER, großes Initiationsfest für junge Frauen in Manya- und Yilo-Krobo
Papa, Kumawu, ASH, 2. Woche
Ngmayem, Krobo, ER
Golob, Tongo, NR
Ngmayem, Erntedankfeste in Dodowa, GA, Krobo-Odumase und Somanya, ER
April: Amanehunu, Karfreitag und Ostermontag (Easter) sind allg. Feiertage
Tabaski, Id el-Ada, allg. Feiertag. Das Opferfest wird eigentlich 70 Tage nach Id el-Fitr, hier aber meist in der ersten Aprilwoche mit einem traditionellen Lamm- oder Schafessen begangen. Symbolisiert wird der Tag, an dem Abraham auf Geheiß Gottes ein Lamm anstatt seines Sohnes Isaak opferte
Damba, Bole, NR; das auslaufende Jahr wird gefeiert
Wodomi, Yilo-Krobo, ER
Bobum/Dipo, Krobo Odumase, ER; immer zwischen 14. und 18.4.
Mai: Adwumayefoda, Tag der Arbeit (May Day. 1. Mai, allg. Feiertag
Afrika Nkabomda, Afrika-Tag, (Union Day), 25. Mai: Nationalfeiertag
Aboakyer, das berühmte Antilopen-Fest in Winneba, WR, 1. Sa
Donkyi, Mamase, BA
Don, Bolgatanga, UER
Beng, Gonyo Kipo nahe Bole, NR. Fest zu Ehren der größten Gottheit der Gonja
Osudoku, Akuse und Asutuare, GR, Neujahrsfest des Krobo-Volkes
Juni: Asafua, Sekondi, WR. Wichtiges Reinigungsfest
Ahumkan, Kibi, ER. Das Akim-Volk erneuert seine Gefolgschaft
Gyenpren, Tafo, AS. Erntedankfest
Ahobaa, Enyan-Kakraba bei Saltpond, CR. Fest für die Ahnen
Apiba, Senya Beraku, WR
Juli: Adehyemanda, Tag der Republik (Republic Day), 1. Juli, Nationalfeiertag
Bakatue, Elmina CR, 1. Di. Sehr farbenprächtiges Fest. Sehr zu empfehlen
Bombei, Ekyem, Kofi und **Kundum,** Sekondi, WR. Gleich vier Feste hintereinander werden hier im Juli gefeiert
Yam, Enyan-Maim, CR
Damba, Bawku, UER
Kente Afahye, Bonwire, ASH, Festival zur Ehren der ghanaischen Nationaltracht
August: Homowo, GR. Fest der Ga, die in und um Accra leben. Hierbei handelt

es sich um eine symbolische Austreibung des Hungers
Akwanbo, Agona-Swedru, CR. In Ada, GR, 1. Do im Aug
Fetu, Cape Coast, CR
Eguado To und **Ahobaa Kese,** Abura, WR
Asafotu-Fiam, Ada-Foah, GR. Militärfest, das an die Siege vergangener Kriege der Ada erinnert und die Toten ehrt
Edim Kese, Sekondi WR
Apatwa, Dixcove, WR
Kundum, Shama und Busua, WR
Odwira, Mpohor/Benso WR
Agbamevoza, Agotime, VR
Fordjour, Badu und Wenchi, BA, 1. Do
Akwanbo, Agona, CR
Odambea, Saltpond, CR, letzter Sa, Emigrationsgedenktag

September: Akwanbo und **Ayerye,** Enyan-Maim, WR
Yam, Ho, VR; Dominase nahe Saltpond, CR; Aburi, ER
Akyempem, Agona, ASH
Fetu-Afahye, Cape Coast, CR, 1. Sa
Nkyifie, Prang, BA
Kundum, Prince's Town, WR
Adikanfo, Hwidiem, BA
Oguaa, Fetu, CR
Adikanfo, Hwidiem, ASH
Odwira, Aburi, Akropong, Amanokrom, ER

Oktober: Gu-kyiriwia, Id el-Fitr, Fastenbrechen, beweglicher islamischer Feiertag am Ende des Ramadan, allg. Feiertag
Kundum, Esiama und Beyin, WR, Fest der Nzima
Munufie, Nkoranza, BA
Kwafie, Dormaa-Ahenkro, BA
Moa ni Nko, Öffinso, AS
Foyawo, Atebubu, BA
Boar' Daam, Talensi-Nabdam-Distrikt, UER

November: Fao, Paga, UER, Erntedankfest
Kwafie, Berekum, Nsuatre, BA
Bohyenhuo, Essumeja, ASH
Atweaban, Ntonso, ASH
Akwantukese, New Juaben, ER
Kloyo Sikplemi, Krobo, ER
Gbidukor, Hohoe und Peki, VR
Apoo, Wenchi und Techiman, BA, 6tägiges Fest der seelischen Reinigung und Selbstbesinnung

Dezember: Akuafoda, Bauernfest (Farmer's Day), 1. Fr im Dez, allg. Feiertag
Buronya, Weihnachten (Christmas Day), 25. Dez: allg. Feiertag
Boxing Day, 26. Dez, von den Briten übernommener allg. Feiertag
Yam, Anfoega, VR
Odwira, Kibi, ER, das größte Fest der Akim
Tutu, Assin-Manso, CR, Fest zu Ehren des Gründers der Ashanti-Dynastie
Feok, Sandema, UWR, Fest des Sieges über den Sklavenhandel
Afahye, Assin-Manso, CR, zur Danksagung für ein gutes Jahr
Adae, Kumasi, ASH, Fest zum Andenken an die Ahnen

FESTIVALS

PANAFEST: Alle zwei Jahre (2011) findet in Accra und Cape Coast das große *Pan African Festival* statt, ein Solidaritätsfest aller afrikanischen Völker. Kultur steht bei dem beeindruckenden Ereignis im Mittelpunkt.

NAFAC: *National Festival of Arts and Culture:* seit 1992 alle 2 Jahre in einer der Regionalhauptstädte.

✳ **Tip:** Ausführlichere Informationen in *Festivals of Ghana,* eine Tourist-Board-Broschüre in englischer Sprache.

Weihnachten

Es gibt kaum private Familienfeste in Ghana. Ein Fest wird immer mit anderen zusammen gefeiert. Somit stellt Weihnachten eine Ausnahme dar. Die große Familie versammelt sich, es wird an die Toten gedacht, es wird gebetet und dann gefeiert. Je nach Geldbeutel gibt es kleine Geschenke, meistens Kleidungsstücke. Oft bekommen Kinder Geld von allen Familienmitgliedern geschenkt, es besteht aber kein Zwang.

Weihnachten ist für viele Ghanaer ein religiöses Fest mit Kirchgang und Messe. Christstollen und Weihnachtsbaum sind unbekannt. Stattdessen schmückt man die Türen mit Palmen- oder Bananenblättern, Symbole des Festes und des Friedens.

Fada Christmas, obwohl in den eigenen Traditionen unbekannt, fehlt auch hierzulande natürlich nicht. Er kommt in roter Kleidung, samt Mütze und weißem Bart und wirkt bei Temperaturen um 30 Grad überaus exotisch.

MUSIK GIBT DEN TAKT AN

Ein ghanaisches Sprichwort sagt, es gibt keinen Tanz ohne Musik. Ohne die beiden Elemente gibt es keinen Durbar oder Festtag – was wiederum undenkbar in Ghana wäre.

Schade, daß das westliche Verständnis für afrikanische Musik nicht sehr weit gediehen ist. Wer zum Beispiel behauptet, daß sich alles gleich anhört, zeigt sofort, wie wenig er oder sie sich mit der Musik vertraut gemacht hat.

Es gibt eigentlich zwei Hauptströmungen in der afrikanischen Musik. Die *tradi-*

Alaaf? Helau? Nein, Weihnachten! Die Maskerade gehört einfach dazu

Aus vollen Backen: Musik ist bei allen Festen dabei

tionelle, die in den Dörfern gespielt wird, und die popähnliche, *moderne Musik,* die man oft im Radio hört. Selbst wenn das Moderne immer mehr Anhänger gewinnt, kann nicht geleugnet werden, daß auch sie sich auf die traditionelle Musik stützt. Sie wird jedoch mit ganz anderen Instrumenten gespielt. Es gibt Saiten-, Blas- und Schlaginstrumente.

Im Norden Ghanas wird die Gitarre durch die *Gorje* ersetzt, ein violinartiges Zupfinstrument, das mit einem Stock gespielt wird. Dazu singen ein oder zwei Mann. Es gibt viele Hirten im Norden, und sie sind bekannt für ihre *Flötenmusik.* Das *Xylophon* oder *Balaphon* ist auch eher im Norden zu Hause. Über Kalebassen verschiedener Größen werden Holzstücke gespannt; während des Schlagens erzeugen sie unterschiedliche Töne.

Im Süden überwiegen die *Percussioninstrumente* wie Zimbeln, Holzklappern, Kastagnetten, Gongs, die mit Flöten *(durugya),* Horninstrumenten *(ntahera),* Kürbisflaschen *(adenkum)* und Trommeln ein Orchester bilden.

Dazu gibt es **Tänze** wie *Bosoe, Adowa, Agbadza* und *Taka, Kpanlogo.* Der beste Interpret dieser traditionellen Art von Musik in Ghana ist *Koo Nimo.*

Trommelkunst

Gerade die Trommelkunst ist seit Menschengedenken ein Hauptbestandteil der Kultur in Ghana. Früher geschah fast nichts, ohne daß getrommelt wurde. In Kriegszeiten marschierten Armeen zu Trommelklängen furchtlos in den Tod. Mit Trommeln wurden Raubtiergeräusche nachgeahmt, um Feinde zu erschrecken. Zu Beerdigungen, zu Hochzeiten und zur Nachrichtenübermittlung über lange Entfernungen hinweg wurden Trommeln eingesetzt. Die Vielseitigkeit der Trommel machte die Stellung des Trommlers sehr wichtig. Ohne ihn konnte nichts stattfinden, das Volk wurde durch ihn inspiriert, informiert. Es wird sogar gesagt, früher sei in Ashanti der Tromm-

Schlagkräftig: Entweder mit der flachen Hand oder mit Drumsticks wird getrommelt

eines Leoparden und wird entweder zu Kriegszeiten gespielt, oder wenn der König kommt. Der *asuboa* ahmt das Krokodil nach und der *tatwea* den Hund, er wurde zu Exekutionen geschlagen. Haben Sie jemals von *kete, petia, mpintin, apirede* usw. gehört? Das sind alles Namen von ghanaischen Trommeln.

ler enthauptet worden, wenn er zu wichtigen Anlässen Fehler beim Trommeln machte! Heute noch ist der Trommler ein respektierter, fast heiliger Mensch, der sich seiner Verbundenheit mit der Natur bewußt ist, und der nie einen Baum zum Trommelbau fällt, ohne vorher den Baum um Vergebung zu bitten.

Eng verbunden mit der Kunst des Trommelns ist die **Kunst des Trommelmachens.** Es gibt eine Vielzahl verschiedener Trommeln, die zu verschiedenen Anlässen geschlagen werden. Der *donno* zum Beispiel ist ein zylindrischer Körper mit Ziegenfell, der, unter den Arm geklemmt, auf beiden Seiten gespielt wird. Die berühmte »Sprechtrommel« für Dialoge ist der *atumpan,* der aus Elefantenhaut besteht. Er wird von Spezialisten gemacht und darf unter Strafe nicht von anderen geschnitzt werden. Der Klang der *etwiay-Trommel* ähnelt dem Geschrei

✳ **Tip:** Das ↗ *National Museum* in Accra zeigt eine eindrucksvolle Sammlung.

Highlife!

Ghana ist das Land des Highlife. Highlife bedeutet für Ghana soviel wie der Reggae für Jamaika. Zwar wird auch anderswo in Westafrika Highlife gespielt, aber Ghana ist seine Heimat, hier fing er an, von hier kamen und kommen immer noch die besten Bands und Musiker.

Interessanterweise ist Highlife ein Produkt aus der Begegnung zweier Kulturen. Das europäische Element entstand durch die Instrumente, die von der Kolonialverwaltung zur Verfügung gestellt wurden, um Musik für die gelangweilten Beamten und besonders für die während des Zweiten Weltkrieges in Ghana stationierten britischen und amerikanischen Soldaten zu spielen. Aus den Polizei- und Armee-Orchestern, deren typische Instrumente Gitarre, Schlagzeug, Stehbaß, Saxophon und Trompete waren, entstand so eine Big-Band-Struktur, der einheimische Musiker die passenden Musikversatzstücke aus afrikanischen und Jazz-Elementen entlehnten. Dieser Mix wurde mit Begeisterung gespielt – bis eine neue Musikrichtung entstanden war. Die Musik, die am Wochenende für die »High Society« gespielt wurde, nannte man *Highlife.*

Der bekannteste Highlife-Musiker ist *E.T. Mensah,* der oft auch als der Vater dieses speziellen Sounds, der nach dem Krieg hauptsächlich für ein ghanaisches, tanzfreudiges Publikum gespielt wurde, bezeichnet wird. Der »King of Highlife«, 1919 geboren, spielte Altsaxophon und Trompete und nahm in seiner »Tempo's Band« in den späten 40er und frühen 50er Jahren verstärkt Percussioninstrumente auf, die dem Highlife den afrikanischen Sound verliehen. Oft können die Ursprünge mancher Tänze und Rhythmen aus der Karibik zurück bis zur Westküste Afrikas, insbesondere nach Ghana verfolgt werden (weswegen Ghanaer ihre Musik als die Mutter aller Rhythmen in der »Neuen Welt« betrachten ...).

Noch ein paar Namen, die für Highlife-Qualität stehen

Highlife umfaßt nicht nur Musik und Tanz, sie ist eine **mode de vie,** die sich in Bewegung, Kleidung und Anschauung bemerkbar macht. Highlife wird immer wieder als altmodisch beschrieben, manchmal sogar totgesagt, aber er lebt weiter und kann noch immer sehr viele Musiker und Künstler inspirieren. Im Radio, Fernsehen, Kino oder in der Tanzhalle ist Highlifemusik allgegenwärtig, und dies wird so bleiben. Sehr viele Highlife-Bands aus Ghana sind über die Landesgrenzen hinweg sehr beliebt. Diese Popularität reicht bis nach Europa, speziell Deutschland, wo jeden Sommer Gruppen wie *Kalifi, Odehe, Adesa* und andere Tourneen durchführen und viele begeistern. Es gibt eine Menge anderer Bands, die ebenfalls guten Highlife spielen. Einige bekannte Namen in Ghana sind *Pat Thomas, Daddy Lumba, Gyedu Ambolley, Jewel Ackah, Nat Brew, George Darko, Rex Gyamfi* und *A.B. Crentsil*. Sie bürgen für Qualität und ungebremste Freude beim Tanzen.

Kwadwo Antwi, der sogenannte Highlife-Gospel singt, wurde 2004 zum besten Musiker Westafrikas bei den *Kora Awards* (Afrikas Grammy-Show) gewählt.

Tip: Das neue *Gramophone Records Museum* in Cape Coast sammelt Aufnahmen und forscht speziell zum Thema Highlife.

Musikindustrie

Die meisten Scheiben mit Highlife-Musik werden im Ausland hergestellt und sind entsprechend teuer, weshalb inzwischen schlechte Raubkopien im Handel kursieren. Aufnahmen auf Kassetten hingegen sind billig und wer Musik aus Ghana mitnehmen will, sollte Kassetten kaufen. Die Qualität vieler bespielter Kassetten ist jedoch nicht sehr gut. Besser ist es, selbst gute Kassetten mit- und zu einem »Aufnahmestudio« zu bringen, wo man die gewünschten Stücke selbst auswählt und dann aufnehmen lassen kann. »Aufnahmestudios« findet man in Accra, Kumasi und Takoradi in jedem *Music Shop* und an jeder Straßenecke. Sie bestehen meist aus einem Tisch mit zwei Plattenspielern, zwei Rekordern und hochaufgetürmten Kassetten darauf, hinter denen der »Tonmeister« mit laut abgespielter Musik auf sich aufmerksam macht.

GHANAS GROSSE ERZÄHLKUNST

Früher hatte Kwaku Ananse viele Haare auf dem Kopf. Sie waren weich, geschmeidig und schön. Selbstverständlich war Ananse sehr stolz auf seine Haare. Heutzutage hat Ananse einen Kahlkopf. Wenn ihr wissen wollt, wie es dazu kam, dann hört mir jetzt zu:

Eines Tages gab es ein großes Hochzeitsfest in Praso, einem Nachbarort von Ananses Dorf Tamso. Alle Menschen in der Gegend waren zum Fest eingeladen. Natürlich waren Ananse, Okonnoro, seine Frau, Ntakuma und Kwaku Tene, ihre beiden Söhne, auch eingeladen. Als der Hochzeitstag kam, zogen sie sich alle sehr fein an. Zur Feier des Tages kaufte sich Ananse einen sehr schönen Hut, den er auf seinen Kopf setzte. Er sah sehr würdevoll aus. Dann machten sie sich auf den Weg nach Praso ...«

So oder so ähnlich beginnt meistens ein **Märchen in Ghana.** Die Fabelfigur *Kwaku Ananse,* der Spinnenmensch, ist in fast allen Märchen Ghanas vertreten. Dieser Hans-Dampf-in-allen-Gassen, der versucht, sein Leben mit allerlei Tricks in den Griff zu bekommen und sich dabei manchmal selbst hereinlegt, kann als eine Karikatur des Ghanaers selbst angesehen werden. Wie Ananse-Geschichten enden, weiß der Erzähler oft selbst vorher nicht ...

Durch das Fehlen von Schriftverkehr hat die **mündliche Überlieferung** in Ghana tausend Jahre Zeit gehabt, die Tradition des Weitererzählens zu entwickeln und zu verfeinern. Gewiß, eine lange Zeit, in der nichts anderes passierte, als daß jeder Erwachsene sein ganzes Wissen, seine Kultur und seine Erfahrung des subjektiven Universums an seine Kinder mündlich weitergab. Hunderte von tradierten Ananse-Geschichten halfen, die Wechselfälle und Tücken des individuellen Lebens zu verarbeiten. Und noch heute ist es nichts Ungewöhnliches, wenn bei Mondlicht die Dörfler zusammenkommen, um sich Geschichten zu erzählen. Diese Tradition des Erzählens von Ananse und seinen Eskapaden lebt sogar in der Karibik fort. Besonders auf Jamaika und in Guyana, wohin Sklaventreiber große Kontingente von Ghanaern brachten, soll noch eine lebendige Erzählkunst existieren.

In den vielen Märchen und Sagen findet sich die Schönheit und Ausdruckskraft mancher afrikanischen Sprache. Doch nicht nur dort: Andere Horte mit Tradition für mündliche Überlieferung sind die vielen Königshäuser, die, wissentlich oder nicht, diese Traditionen pflegen und lebendig halten. In den Gebeten zu den Göttern, in den Ansprachen zum Volk, in den Liedern usw. hat sich ein reicher Schatz von schönen Gedichten angesammelt. Jedes Königshaus hat seine Trommler, Ahnensänger und Zeremonienmeister, die den König bei offiziellen Anlässen begleiten und dafür sorgen, daß der Rahmen dem Anlaß entsprechend stimmt. Gute Beispiele sind die eloquenten Königssprecher, *Okyeame* (sprich: otscheami) genannt, die in jedem Königshaus anzutreffen sind. Sie sind die »Lautsprecher« des

Königs. Ihre Aufgabe ist es, die Gedanken – oder vielleicht auch das Gestammel eines Königs publik zu machen und ihnen Würde zu verleihen.

Literatur und Dichtung

Daß Afrikaner nie etwas zu Papier brachten bevor die Europäer kamen, ist ein Gerücht, das Ägypten und Äthiopien widerlegen können. Eines stimmt allerdings: Das Schreiben wurde wahrhaftig nicht in Westafrika erfunden. Hier dauerte es wirklich, bis die Briten kamen und Schulen eröffneten.

So reicht die Tradition des geschriebenen Wortes nur bis in die frühere Kolonialzeit, als ghanaische Patrioten gegen die Fremdherrschaft agitierten. *Joseph Casely-Hayford* zum Beispiel schrieb »The African Heritage«, in der er die verlorene Größe und Schönheit seines afrikanischen Erbes besingt. Wohlgemerkt in englischer Sprache, die für ihn eine Fremdsprache war. Nach dem Zweiten Weltkrieg, als man nach Unabhängigkeit strebte, zogen *Kwame Nkrumah, Dr. Danquah* und *Kofi Busia* mit politischen Schriften (in Englisch) zu Felde.

In der **Belletristik** kamen gute Bücher erst nach der Unabhängigkeit Ghanas heraus. Die schreibende Zunft ist in Ghana klein geblieben, bis heute sind es nicht mehr als etwa 50 Autoren und Autorinnen, die mit mehr oder weniger Erfolg aktiv sind. Wahrscheinlich sind es so wenige, weil man in einem Land, in dem immerhin noch knapp die Hälfte der erwachsenen Bevölkerung nicht lesen und schreiben kann, kaum mit Bücherschreiben seinen Lebensunterhalt verdienen kann und es noch keine Unterstützung in Form von Preisen gibt. Die ersten Schriftsteller und Schriftstellerinnen, die über Ghanas Grenzen hinaus bekannt wurden, waren *Ama Ata Aidoo, Cameron Duodu* und *Ayikwei Armah,* die mit Romanen und Kurzgeschichten das literarische Publikum begeisterten. Später folgte *Meschack Asare* mit seinen Kindergeschichten, die auch ins Deutsche übersetzt wurden.

Ebenfalls erst nach Erlangen der Unabhängigkeit begann man, sich für die **Dichtkunst** zu erwärmen. *Kofi Awoonor, Atukwei Okine, Ellis Ben Smith, A. Kayper-Mensah* und *Kobina Eyi-Aquah* haben alle schöne Werke in englischer Sprache hervorgebracht.

Lesetips: Romane aus Ghana

Vergleichsweise sehr wenige Werke von afrikanischen Autoren, von ghanaischen ganz zu schweigen, sind ins Deutsche übersetzt worden. Seit Jahren versucht das zu ändern:

Gesellschaft zur Förderung der Literatur aus Afrika, Asien und Lateinamerika e.V., 60001 Frankfurt a. M., Postfach 100116, ✆ 069/2102-247/-250, Fax -227/277, litprom@book.fair.com.

Amma Darko: *Der verkaufte Traum, Spinnweben,* Schmetterling Verlag, Berlin 1996.
Die Gesichtslosen, Schmetterling Verlag, Berlin 2003.
Das Lächeln der Nemesis, Schmetterling Verlag, Berlin 2006.
Ama Ata Aidoo: *Die Zweitfrau,* Lamuv Verlag 1998. Diese moderne Liebesgeschichte, der 1942 in Accra geborenen Literaturdozentin wurde mit dem Commonwealth Prize for Literature in Africa ausgezeichnet.
Kofi Awoonor: *Schreckliche Heimkehr nach Ghana,* Verlag Otto Lembeck, Frankfurt.
Kojo Laing: *Die Sonnensucher,* Marino 1995; erster afrikanischer Großstadtroman über

Accra, 20 Jahre nach der Unabhängigkeit des Landes.

James Aggrey, *Der Adler, der nicht fliegen wollte,* Peter Hammer Verlag, Wuppertal 1998; Kurzgeschichte.

Anthologie: Wolfram Frommlet (Hrsg.), *Die Sonnenfrau,* Peter Hammer Verlag, Wuppertal 1994. 24 Kurzgeschichten aus Afrika, inklusive 2 aus Ghana von *Kofi Agovi: Nordwind* und *Die Absahner.*

Für Kinder: Meshack Asare, *Kwadjo und das Trommelmännchen, Tawia geht zum Meer,* ab 6 Jahre, Kreuz-Verlag.

Amu Djoleto: *Obodai und seine Freunde,* ab 10 Jahre, Gabriel-Verlag, Wien.

Film und Theater

Es gibt (noch) keine nennenswerte **Filmindustrie** in Ghana. Obwohl Ghanaer enthusiastische Kinogänger sind, kommen vielleicht 98 % aller Filme aus dem Ausland, meistens indische Schnulzen, billige Western oder gewaltverherrlichende Kung-Fu-Streifen aus Hong Kong oder Taiwan. Die Notwendigkeit, eine einheimische Filmproduktion aufzubauen, wurde längst erkannt, aber es gibt kaum Geld dafür. Dennoch findet man durchaus interessante, gut gemachte Filme von ghanaischen Produzenten und Regisseuren. Prominent ist zum Beispiel *King Ampaw,* dessen Filme ab und an in deutschen Kinos und Fernsehen gezeigt werden: »Juju« und »Kukurantumi, Road to Accra« (1983) waren zwei erfrischende Filme von ihm. Sein neuester Film »No Time to Die« (2006) wurde vom Programm Aktion, Bildung und Publizistik (ABP) des Evangelischen Entwicklungsdienstes finanziell unterstützt und feierte 2007 bei den **Hofer Filmtagen** Premiere.

Andere prominente Filmemacher sind *Ata Yarney, Joe Daniels, Kofi Yirenkyi* und *Kwaw Ansah.* Ansahs Film »Heritage Africa« gewann 1991 den ersten Preis bei den Filmfestspielen in Ouagadougou. Sein neuestes Werk, »Harvest at Seventeen«, behandelt die Problematik der Prostitution und Abtreibung in Ghana.

Neben den Aktivitäten der einheimischen Filmemacher wird Ghana zunehmend von **internationalen Regisseuren** als Drehort für Spielfilme entdeckt. In deutscher Sprache wurden bisher drei gute Filme in Ghana gedreht: »Cobra Verde« (1987) von *Werner Herzog* mit Klaus Kinski in der Hauptrolle des Sklavenhändlers und King Ampaw als sein Partner Taparica, »African Timber« (1989) von *Peter F. Bringmann* mit Heiner Lauterbach und Dietmar Schönherr und »Ashanti« (1979) von dem Schweizer *Richard Fleischer* mit Starbesetzung.

Die **Theaterszene** wird von *Saka Acquaye* (»Lost Fishermen«) vom *Ghana Drama Studio* beherrscht. Das Studio hat viele Inszenierungen auf die Bühne gebracht, die verfilmt, aber nie über die Landesgrenzen hinaus bekannt wurden.

Das *Institute of African Studies* an der Universität von Accra, Legon organisiert regelmäßige Symposien, Podiumsdiskussionen und Workshops zu afrikanischen Themen, die sich mit Kultur, Literatur und Geschichte auseinandersetzen. Angeschlossen an das Institut sind das *National Theatre* und das *Drama Studio,* Einrichtungen, die geschaffen wurden, um kulturelle Entwicklungen aufzugreifen, widerzuspiegeln und neue Impulse im kulturellen Leben der Ghanaer zu geben. Sie bieten regelmäßig Veranstaltungen an.

REISE-INFORMATIONEN

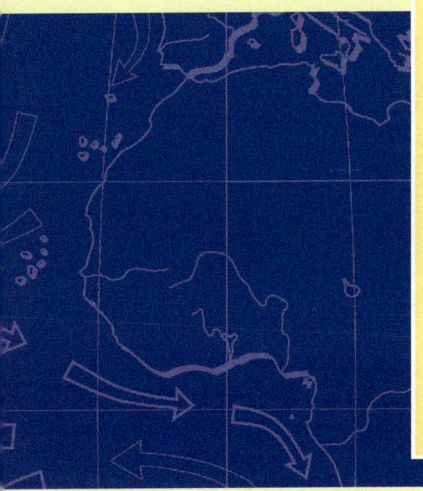

AKOKO NAN

Wer kennt die Mutterhenne
Die auf ihre Küken tritt und sie tötet?
Sie mag, in Zeiten der Gefahr
Auf die streunenden Küken treten,
Aber nur um sie zu schützen.

NATUR & NATURPARKS

GESCHICHTE & GEGENWART

MENSCHEN & KULTUR

REISE-INFORMATIONEN

ZU GAST & LANDESKÜCHE

ACCRA & GREATER ACCRA

DIE KÜSTE & DER WESTEN

ASHANTI & BRONG-AHAFO

DER NORDEN

OST-GHANA & VOLTA-GEBIET

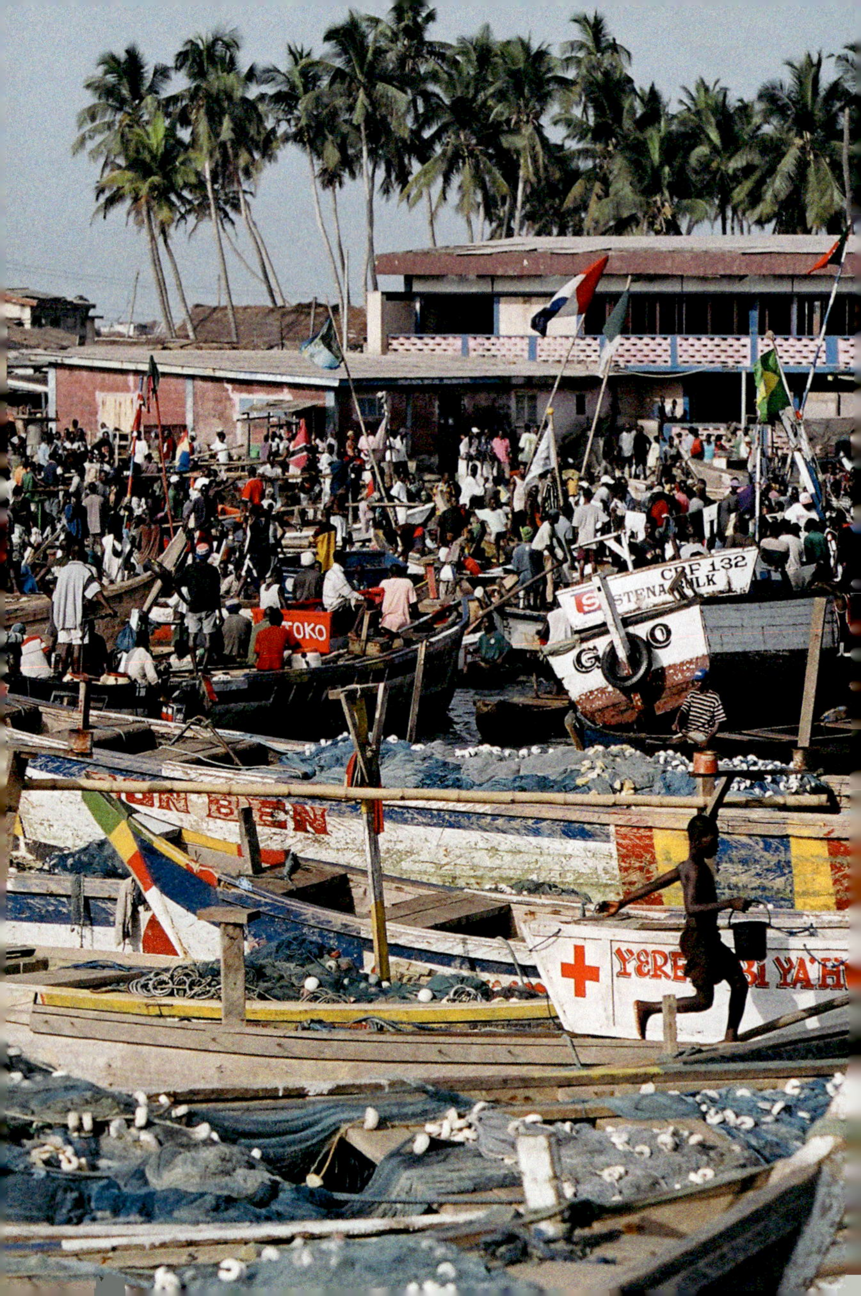
CRF 132
TOKO

RICHTIG VORBEREITET ...

... ist halb gewonnen. Urlaubsreisen in alle Winkel dieser Erde sind heute zu einer Selbstverständlichkeit geworden. Viele Reisen werden leider nicht gut vorbereitet, was dazu führt, daß eine immer größer werdende Zahl von Urlaubern am Zielort ihr blaues Wunder erlebt. Nicht deshalb, weil es ihnen dort so schlecht geht, sondern weil sie sich keine Mühe gemacht haben, sich vorher über ihr Reiseziel zu informieren. Es stimmt wirklich: Richtig vorbereitet, ist halb gewonnen.

Reisedauer und -routen

Trotz einer relativ kurzen Nonstopflugzeit von wenig mehr als 6 Stunden ab Frankfurt am Main oder Düsseldorf sind Urlaubsreisen nach Ghana noch nicht alltäglich. Weil es kaum Pauschalangebote über Charter gibt, sind Linienflüge vergleichsweise teuer. Aufgrund der hohen IATA-Flugpreise sind kurze Aufenthalte bis zu *einer Woche* nicht lohnend. Dann reicht die Zeit für nicht mehr als nur flüchtige Bekanntschaften und eine oberflächliche Betrachtung des Landes. Das wäre schade, weil Ghana doch so viel zu bieten hat. Je länger man bleibt, desto besser wird das Verständnis für Land, Leute und Kultur.

Zwei Wochen sind ebenfalls knapp, reichen aber doch für einen Badeurlaub, wenn man hauptsächlich am Strand von Accra faulenzen möchte. Es bliebe dann auch noch Zeit für Besichtigungen, zum Beispiel von Cape Coast und Elmina. Das sind zwei Küstenstädte, die Wissenswertes über den Sklavenhandel bieten; die berühmten Burgen dort geben reichlich Aufschluß über die Vergangenheit. Oder man könnte für drei oder vier Tage nach Kumasi fahren, Ghanas kulturelle Hauptstadt.

Hier gibt es immer etwas zu gucken:
Im Hafen von Elmina

Drei oder vier Wochen Aufenthalt sind schon besser. Dann hat man genug Zeit, das Erlebte vor Ort zu verarbeiten, ohne das Genießen zu vergessen.

Reiserouten

Man braucht dann zum Beispiel nur dem *Aufbau dieses Buches zu folgen* und die schönsten Strecken mit Überlandbussen zu befahren. Nicht fehlen dürfen eine Schiffsreise auf dem Voltasee (von Akosombo zur Dodi-Insel), eine Flußfahrt in einer Piroge (von Shama bis Beposo), ein Erntedankfest in Elmina oder ein Antilopenfest in Winneba. Das Ganze kann man mit ein paar Tagen Baden und Schlemmen in Accra krönen.

Man könnte die drei bzw. vier Wochen auch anders aufbauen. Etwa so: zunächst eine Woche Rundreise durch das *moderne Ghana*. Das ist hauptsächlich eine Dreieckstour mit den Hauptzielen Accra und Tema, Kumasi, Cape Coast und Sekondi-Takoradi. Anschließend eine Rundreise durch das *alte Ghana* mit Ziel Tamale und den Nordprovinzen: Flug nach Tamale und weiter nach Bolga, Navrongo, Bawku, Yendi, um die authentische afrikanische Kultur richtig kennenzulernen. Abschließend ließe sich ein Badeaufenthalt bei Accra mit Souvenirkauf, Entspannung und Freizeit anhängen.

Beste Reisezeit

Es gibt keine Hoch- und Nebensaison und keine einheimische Ferienzeit mit überfüllten Hotels und Stränden – die Preise für Unterkunft und Verpflegung bleiben immer gleich. Erschwerend für die Ermittlung der besten Reisezeit ist die Tatsache, daß es fast unmöglich ist, genau vorauszusagen, wann die **Regen- oder Trockenzeiten** anfangen und wann sie enden. Und dann kommt es darauf an, was man im Lande zu tun gedenkt. Für Safaris in den Nationalparks sind die *Trockenmonate von November bis März* ideal. Für Fotografen aber nicht, weil dann die Luft staubbeladen und trüb ist. Es ist ein Lotteriespiel, ein wenig Glück ist immer willkommen. Mal kommt der Regen früher als erwartet, mal kommt er viel später, mal kommt er überhaupt nicht, und mal fällt der Niederschlag für ein ganzes Jahr in wenigen Wochen.

Die besten Reisemonate für **Südghana** sind *August, September, Oktober*, die zwischen den ausgesprochenen Regenperioden liegen. Es ist Erntezeit, das Wetter ist temperiert, es ist die Zeit der Feste. Nicht nur das, die Wasserfälle und die vielen Flüsse führen Wasser – eine ideale Zeit für Bootsfahrten.

Für **Blumenliebhaber und Naturfreunde** ist der *Mai* ideal. Da wuchert und blüht es überall im Lande. Die Vegetation zu dieser Zeit ist nach der langen Trockenzeit wieder grün. Im Mai ist es allerdings recht schwül und oft regnerisch.

Aufgrund der fast ganzjährigen Trockenheit sind **Reisen im Norden** *immer möglich.* Mit Temperaturen um 30 Grad sollte gerechnet werden. In den Harmattan-Monaten (November – Februar) sind heiße Tage (bis 32 Grad) und kühle Nächte (18 Grad) normal. Während der kurzen Regenzeit von Juni – September regnet es ziemlich heftig, oft von Stürmen begleitet, aber selten lang. Das Gesicht der Landschaft verändert sich nach der Regenzeit gewaltig. Das trostlose, verdorrte Land wandelt sich dann in eine grüne, liebliche Parklandschaft.

Aber es gibt natürlich auch Besucher, die einen richtigen tropischen Regensturm nicht missen möchten. Die **Regenzeit in Südghana** *von Ende März bis Juni* bringt neues Leben in das durstige, trockene Land. Die Luftfeuchtigkeit ist jetzt höher, und entsprechend hoch sind die Temperaturen. Wer jetzt eine große Tour plant, sollte mit starker körperlicher Belastung rechnen. Ein Hauptnachteil der Regenzeit ist, daß Land- und Nebenstraßen aufgrund der Erosion und gelegentlichen Überschwemmungen schwer passierbar sind. Aber die Vorstellung, daß es in der Regenzeit ununterbrochen regnet, ist nicht korrekt.

Und noch ein paar Tips: Der *März* ist der heißeste Monat (30 Grad), der *Juni* landesweit der wasserreichste, der *Januar* der trockenste und – für manche überraschend – der *August* der kühlste Monat (26 Grad) in Ghana; ↗ Klima.

Reisekosten

Ob Ihr Besuch in Ghana kostspielig oder preiswert sein wird, hängt von Ihrem Portemonnaie und Lebensstil ab. Da das Leben in Ghana in Parallelbahnen verläuft, kann man sich aussuchen, ob man europäisch-luxuriös und teuer oder afrikanisch-einfach und preiswert leben möchte. **Hotels** sind nicht unbedingt billig, jedenfalls nicht so billig, wie man es sich vielleicht vorgestellt hatte. 55 – 120 € für eine Übernachtung in einem guten Zwei-Bettzimmer im klimatisierten Hotel sind keine Seltenheit. Für Mittelklasse-Hotels sind 35 – 55 € zu erwarten. Natürlich sind einfachere Hotels, besonders außerhalb Accras, wesentlich billiger. Hotels in der unteren Kategorie kosten im Schnitt 5 – 20 €. Wenn nicht ausdrücklich gesagt sind Hotelpreise immer ohne Frühstück. Alleinreisende werden es schwer haben, preiswerte Unter-

GHANA IM INTERNET

www.ghanaWeb.com: Bietet die ausführlichsten Web-Seiten über Ghana, mit Infos zu allen Bereichen des öffentlichen Lebens. Es lohnt sich immer, dort zuerst zu gucken. In Deutschland: www.ghanareise.de.

www.ghanaclassifieds.com: Gemeinschaftsseite vieler Firmen und Organisationen; bietet hervorragende Einsichten in die Geschäftswelt Ghanas. Sehr gut für Investoren und Geschäftsreisende. Über Gesellschaftsthemen wie Bildung, Kunst, Religion kommen Touristen auch auf ihren Kosten.

www.ghanareview.com: Hier sind alle Nachrichten über Ghana zusammengefaßt, sowohl alle Bereiche der Innen- als auch der Außenpolitik. Gute Übersicht der Ereignisse. Unter der Rubrik *Inter bank exchange rates* finden Sie den aktuellen Wechselkurs.

www.ghana.com: Ebenfalls eine Gemeinschaftsseite diverser Firmen, Organisationen und Regierungsstellen Ghanas mit z.T. fundierten Informationen. Sie enthält auch eine Website des Ghana Tourist Board mit brauchbaren Infos über Hotels in allen Regionen.

www.auswaertigesamt.de: Gibt wichtige Infos über fast alle Länder der Welt. Hier werden u.a. die offiziellen, momentanen Einschätzungen der deutschen Regierung zu Reiserisiken präsentiert. Unbedingt einsehen.

www.africaonline.com: Verbund mehrerer afrikanischer Nachrichtenagenturen mit allerlei Infos über Geschehnisse in Afrika sowie Nachrichten mit touristischem Wert.

www.ghana.gov.gh, www.ghanatourism.gov.gh: Offizielle Infoseiten: Politik, Statistiken, Tourismus.

www.yellowpages.gh: Eine gute Auskunftsquelle. Alle registrierten Firmen in Ghana sind hier online mit Adresse und Telefonnummer erfaßt.

www.ghana-pedia.com: Viele wertvolle Informationen zu den Regionen Ghanas, zu Geschichte, Kultur, Unterhaltung, Flughäfen und Unterkünften.

www.ghanalodging.com: Homepage von MBA, besitzt ein zentralisiertes Buchungssystem, das alle Hotels in Ghana umfaßt. Sehr gut für Leute, die gern im voraus buchen möchten.

www.afrika-service-agentur.com: Flugtickets, Bücher, Souvenirs und allgemeine Infos über Ghana.

Tip: Unter einigen der genannten Adressen sind Hotellisten (jeweils unter *Travel*) aufgeführt, die bei der Suche nach einer Bleibe hilfreich sind. Oft kann man per eMail eine Hotelreservierung vornehmen. Viele Hotels bieten einen Flughafenabholdienst an.

künfte in den gehobenen Kategorien zu finden, weil fast immer nur Doppelzimmer (DZ) angeboten werden. Natürlich sind Hotelmanager bereit, Konzessionen an Alleinreisende zu machen; fragen Sie beharrlich, aber freundlich.

Für **Essen und Trinken** in der gehobenen Kategorie mit internationaler Küche sind 10 – 20 € täglich einzuplanen. Für 5 – 10 € bekommt man in vielen Hotels etwas Ordentliches. Einheimische Kost bekommt man für weniger Geld: Mit umgerechnet 5 € täglich für afrikanisches Essen kommt man gut aus. In **Restaurants** wird ein 10-%iger Bedienungszuschlag erhoben, plus 10 % Vergnügungssteuer!

Transportkosten für öffentliche Verkehrsmittel innerhalb der Stadtgebiete sind sehr niedrig. Im Schnitt reicht 1 € für eine Stunde Fahrt im Tro-Tro. Taxis kosten umgerechnet 5 € in der Stunde.

Fazit: Ein Monat in Ghana dürfte ohne Flug aber mit Essen, Unterkunft der Mittelklasse, Transport und Souvenirs durchschnittlich um die 650 € kosten.

Tip: Studenten und Schüler sollten unbedingt ihren **Internationalen Studentenausweis** (12 €) mitnehmen, sie können damit oft 50 % des Eintrittspreises sparen. Da kommt einiges zusammen.

Reiseversicherungen

Es gibt *Reiserücktrittsversicherungen, Unfall- und Haftpflichtversicherungen, Reisegepäckversicherungen* und *Reisekrankenversicherungen*. Die meisten Reisenden kombinieren diese individuell oder kaufen ein »Sorglos-Paket« mit allem Drum und Dran. Etliche Reiseversicherungen sind aber überflüssig, weil die Risiken schon durch vorhandene Verträge gedeckt sind. Wer z.B. bereits Unfall- bzw. Berufsunfähigkeitspolicen oder eine Haftpflichtversicherung abgeschlossen hat, genießt weltweiten Schutz und braucht keine zusätzliche Unfall- oder Haftpflichtversicherung für die Reise. Besonders eine Reisekrankenversicherung mit Rücktransport halte ich jedoch für ratsam; ↗ Gesundheitsvorsorge.

Währung & Zahlungsmittel

Nachdem die ghanaische Währung *Cedi* im Zuge starker Inflation in den vergangenen Jahren immer mehr an Wert verloren hatte, waren sehr viele Geldscheine nötig gewesen, um simple Einkäufe oder Transaktionen zu tätigen. Zum Schluß mußten Koffer voller Geldscheine herangeschleppt werden, wenn z.B. ein Fernseher gekauft wurde.

Seit Juli 2007 hat Ghana nun eine neue Währung – die **Ghana Cedi** – mit dem Kürzel **GHC.** Münzen gibt es zu 1, 2, 5, 10, 20 und 50 Pesawa sowie 1 GHC, Scheine zu 1, 5, 10, 20 und 50 GHC. Für die Bevölkerung ist die neue Währung eine enorme Erleichterung und sorgt endlich wieder für schlanke Geldbeutel.

Übrigens: Niemand weiß so genau, was mit der ursprünglich für 2009 geplanten westafrikanischen Einheitswährung *Eco* geschieht. Sie soll wohl einge-

---

Wechselkurse vor Ort

(Stand: Januar 2009):
1 € = 1,64 GHC
1 US$ = 1,16 GHC
1 Pfund = 1,85 GHC
1 SFr = 1,08 GHC

Sie nimmt sicher kein »Plastikgeld« an: Marktfrau auf einem der vielen Märkte Ghanas

führt werden, bislang konnten aber nicht alle Mitgliedsländer die Kriterien für eine gemeinsame Währung erfüllen.

* **Hinweis:** Wegen der hohen Wechselkursänderungen gegenüber den Währungen der Industrienationen, habe ich alle Preise in Euro angegeben. Sie entsprechen eher der Realität in Ghana.
* **Tip:** Euro kann zwar als Zahlungsmittel für die erste Fahrt vom Flughafen eingesetzt werden. Dazu müßte man allerdings einige kleine Scheine haben, sonst zahlt man sich dumm und dämlich. Besser ist es, 50 € in der Ankunftshalle des Flughafens zu tauschen, ↗ Ankunft am Flughafen.

Bargeld

Man kann zwar erst in Ghana in Cedis tauschen, doch Euro werden problemlos in allen Wechselstuben akzeptiert. Schweizer Franken sind ebenfalls in den *Forex Bureaux* (Wechselstuben) gern gesehen.

E-zwitch Smartcard

Seit Juli 2008 gibt es in Ghana die **E-zwitch Smartcard,** eine kostenlose Karte für den bargeldlosen Zahlungsverkehr. Die Karte, die für alle Bankautomaten im Land kompatibel ist, wird mit den biometrischen Merkmalen des Inhabers versehen und ist somit fälschungssicher. Auch Touristen können sie in jeder Bank beziehen. Im Falle von Diebstahl oder Verlust genügt ein Anruf bei der ausstellenden Bank, um die Karte zu blockieren. Sollten Sie viel Geld mit sich führen, ist eine E-zwitch Card unerläßlich. Neben dem bargeldlosen Zahlungsverkehr können Sie zudem Kontobewegungen in Ghana durchführen. Jede Bank kann Ihnen diesbezüglich Auskunft erteilen, mehr Infos auch unter www.e-zwitch.com.

Reiseschecks

Traveller Checks sind sicher und werden von allen Banken und einigen Forex Bureaux in den größeren Städten akzeptiert. Theoretisch. Praktisch ist es nur in Accra, Kumasi und Takoradi unproblematisch. Viele Reisende haben die Erfahrung gemacht, daß es bei *Barclays* am schnellsten und einfachsten geht.

Reiseschecks werden in Ghana zu geringfügig niedrigeren Kursen (circa 5 %) umgetauscht als Banknoten. Auch sind Reiseschecks in Ghanas ländlichen Gebieten ungebräuchlich, also höchstens ein Drittel des Reisebudgets in Schecks mitnehmen und als eiserne Reserve aufbewahren. Wegen des größeren Bekanntheitsgrades sollten lieber *American Express Reiseschecks* in englischen Pfund oder US-Dollar gekauft werden. Mit anderen Scheckarten haben Sie wenig bis keine Chance vor Ort!

Kreditkarten

Die Visa-Card hat sich mittlerweile in Ghana durchgesetzt. Alle großen Banken, Hotels, Fluggesellschaften und Kaufhäuser akzeptieren sie. In den größeren Städten haben auch viele Banken Geldautomaten installiert, die die Visa-Card annehmen. Master-Card-Inhaber haben hingegen lediglich bei der *Ghana Commercial Bank* Glück.

Rücktausch von Cedis

Vor Ort können Sie alle übriggebliebenen Cedis wieder in Fremdwährungen problemlos zurücktauschen. Cedis mit nach Hause zu nehmen, bringt nur Enttäuschungen. Keine Bank in Europa nimmt diese Währung an, da der Cedi nicht zu den harten Währungen dieser Welt zählt – noch nicht … ↗ Zollbestimmungen. Erst am Flughafen zurücktauschen zu wollen, ist nicht ratsam, das Forex Bureau könnte zur Abflugzeit geschlossen sein.

Einreisebestimmungen

Reisende nach Ghana brauchen einen gültigen Reisepaß, ein Visum und einen Internationalen Impfausweis mit dem Eintrag einer Gelbfieberimpfung. Ein internationaler Führerschein, Zusatzversicherungspapiere (Gepäck, Krankheit, Unfall, usw.) und zusätzliche Paßfotos für alle Fälle sind von Vorteil.

Visum

Belgier, Deutsche, Holländer, Österreicher und Schweizer benötigen ein kostenpflichtiges Visum für Ghana. Auf keinen Fall ohne Visum nach Ghana fliegen, denn es werden an den Landesgrenzen keine Visa ausgestellt! Sie erhalten Ihr Visum normalerweise innerhalb von drei Tagen durch die diplomatische Vertretung Ghanas *in Ihrem Heimatland*. Wenn es schneller gehen soll, ist eine persönliche Vorstellung empfehlenswert.

* **Wichtig:** Erforderlich sind 4 Paßbilder, eine Gebühr (zur Zeit 50 € in Berlin), 4 Antragsformulare und 1 frankierter (min. 3,85 €), selbstadressierter Rückumschlag.
* **Tip:** Auf dem Visumsantrag werden 2 Adressen in Ghana verlangt. Sollten Sie niemanden kennen, geben Sie ruhig Hoteladressen an. Schauen Sie in diesen Reiseführer oder ins Internet (z.B. www.ghanaweb.com). Fragen Sie ebenfalls Ghanaer in Ihrem Bekanntenkreis nach Anschriften.

✱ **Wichtig:** Vor der Abreise sollten Sie sich mit einer ghanaischen Vertretung in Verbindung setzen. Aus politischen oder gesundheitlichen Gründen könnten die Einreisebestimmungen kurzfristig geändert worden sein.

Visumsfreiheit für Bürger aus: Kenia, Nigeria, Benin, Mauretanien, Niger, Gambia, Senegal, Guinea, Sierra Leone, Guinea Bissau, Togo, Cote d'Ivoire, Burkina Faso, Liberia, Kap Verden, Mali, Malaysia und Singapur.

DIPLOMATISCHE VERTRETUNGEN

Reisende nach Ghana sollten die notwendigen Formalitäten in Ghanas Botschaften, *Ghana Embassy*, erledigen. Touristen aus Deutschland erhalten ihr Visum nur in Berlin, Geschäftsleute auch in den *Konsulaten* (HoKo).

Ghana-Vertretungen in Europa

Deutschland: *Botschaft,* 10439 Berlin, Stavanger Straße 17 – 19; ✆ 030/5471490, Fax 44674063. www.ghanaemberlin.de, konsular@ghanaemberlin.de. Mo, Di, Fr 10 – 13 Uhr. Zuständig für Berlin, Brandenburg, Mecklenburg-Vorpommern.

HoKo, 20459 Hamburg, Deichstraße 48 – 50, ✆ 040/372266, Fax 7136586, Mo 14 –18, Di – Fr 10 – 12 Uhr. Zuständig für Hamburg, Schleswig-Holstein.

HoKo , 30449 Hannover, Schwarzer Bär 2, ✆ 0511/445053, Fax 441732; Mo – Fr 9 – 13 Uhr. Zuständig für Niedersachsen, Bremen, Sachsen-Anhalt.

HoKo, 44141 Dortmund, Ziethenstr. 15, ✆ 0231/436078, Fax 437541. Zuständig für Nordrhein-Westfalen.

HoKo, 60313 Frankfurt a.M., Große Eschenheimer Straße 43, ✆ 069/2840-18, -19, Fax 284033. Di – Do 9.30 – 12.30 Uhr. Zuständig für Hessen, Thüringen, RLP, Saarland.

HoKo, 82166 München, Waldstraße 7, ✆ 089/8587300, Fax 8587137. Zuständig für Bayern, Baden-Württemberg, Sachsen. Mo – Do 9 – 12 Uhr.

In der Schweiz: *Ghana Embassy,* 3001 Bern, Belpstr. 11, Postfach, ✆ 031/38178-52, -54, Fax 3814941. Auch zuständig für Österreich.

Belgien & Luxemburg: *Ghana Embassy,* 1050 Brüssel, 7 Boulevard Général Wahis, ✆ 27058220. Visa Di, Do, Fr 10 – 13 Uhr.

Großbritannien: *Ghana High Commission* (Visa), London N6 5HE, 104 Highgate Hill, ✆ 8342/7500, Fax 8342/8570, www.ghana-com.co.uk,

Dänemark: *Ghana Embassy,* 2900 Hellerup, Egebjerg Allé 13, ✆ 3962/8222, Fax 1652, www.ghanaembassy.dk. Mo – Fr 9 – 13 Uhr. Auch zuständig für Island, Norwegen, Finnland, Schweden.

Frankreich: *Ghana Embassy,* 75116 Paris, 8 Villa Said, ✆ 01711402, www.ambafrance-gh.org.

Italien: *Ghana Embassy,* 00199 Rom, Via Ostriana 4, ✆ 8391200.

Niederlande: *Ghana Embassy,* 2585 Den Haag, Laan Copes van Cattenburch 70, ✆ 703384383, Visa Di, Do, Fr 10 – 13 Uhr. www.ghanaembassy.nl.

GHANA-VERTRETUNGEN IN WESTAFRIKA

Wer sich bereits in Westafrika befindet und ein Visum für die Weiterreise nach Ghana braucht, findet in den folgenden Ländern eine ghanaische Vertretung; ansonsten bei der Britischen Botschaft fragen.

Algerien: *Ghana Embassy,* 62, Rue Parmantier, Hydra, Algiers, ℡ 606444 oder 606476.

Ägypten: *Ghana Embassy,* 24 Ahmed Abdel Aziz Street, Dokki, Kairo, ℡ 704273.

Benin: *Ambassade du Ghana,* P.O. Box 488, Cotonou, ℡ 300746.

Burkina Faso: *Ambassade du Ghana,* Route de Po, P.O. Box 212, Ouagadougou, ℡ 307635. Pro Antrag 4 Paßbilder.

Côte d'Ivoire: *Ambassade du Ghana,* Abidjan 01, Deux Plateaux, ℡ 331124, B.P. 1871, ℡ 410288.

Guinea: *Ambassade du Ghana,* Building ex-Urbaine, P.O. Box 734, Conakry, ℡ 441510.

Nigeria: *Ghana High Commission,* 21323 King George V. Road, Onikan, P.O. Box 889, Lagos, ℡ 630015 oder 630934.

Sierra Leone: *Ghana High Commission,* 16 Percival Street, Freetown, ℡ 23461.

Togo: *Ambassade du Ghana,* 8 Rue Paulin-Eklou, Lomé-Tokoin (nahe Uniklinik), ℡ 213194. Visum innerhalb von 3 Tagen.

Zimbabwe: *Ghana High Commission,* 11 Downie Avenue, Belgravia, P.O. Box 4445, Harare, ℡ 738652.

Visumsformulare der ghanaischen Botschaft in Berlin können unter www.visa-express.de oder www.ghanaembassy.org herunter geladen werden. **Gebühren:** einmaliger Aufenthalt 50 €, mehrfaches Einreisen 100 €, Jahresvisum 200 €.

Die Praxis variiert von Botschaft zu Botschaft, gewöhnlich aber werden **Touristenvisa für 30 Tage** gewährt. Es kommt vor, daß ein Touristenvisum auch für einen Aufenthalt von drei Monaten ausgestellt wird. Manchmal wird dies wiederum am Flughafen auf 30 Tage eingeschränkt. Mittlerweile hält die Botschaft in Berlin sogar eine Broschüre mit Hotellisten und Preisen für Reisende parat. Die Liste leidet etwas an Aktualität, aber zusammen mit den Angaben in diesem Buch könnte sie von Nutzen sein.

Für eine **Verlängerung** benötigen Sie 2 Paßfotos und circa 5 €. In Accra müssen Sie einen Antrag mit Begründung (»Urlaub«) und den Paßfotos beim *Department of Immigration* einreichen. Das Visum kann angeblich auch in den regionalen Hauptstädten verlängert werden *(Regional Coordinating Council),* aber gehen Sie auf Nummer Sicher und klären diesen Punkt beim Department of Immigration, bevor Sie Accra verlassen.

✸ Tip: Verlängerungsanträge in Ghana sollten min. 3 Wochen vor Ablauf gestellt werden. Die Bearbeitung dauert etwas, Sie könnten sonst ohne Visum im Lande sein.

✸ Tip: Presseleuten und Filmteams, die journalistisch in Ghana tätig sein wollen, wird empfohlen, min. 5 Wochen vor Abreise die Presse-Akkreditierung bei der ghanaischen Botschaft in Berlin zu beantragen.

Visa für mehrere Länder

Sollten Sie in Westafrika mehrere Länder besuchen wollen, beantragen Sie ein *Multientry Visa*. Sie kosten etwas mehr (zur Zeit 100 €), sparen aber viel Zeit, Geld und Mühe, wenn man beabsichtigt, mehrmals nach Ghana einzureisen.

Falls keine Botschaft oder kein Konsulat Ghanas in Ihrem Ausreiseland existiert, müssen Sie erst einen Brief für einen Visumsantrag direkt nach Ghana schicken:

The Director, Ghana Immigration Service, Private Mail Bag, Ministries Post Office, Accra. Alles andere folgt dann.

INFOSTELLEN

Ghana hat bisher keine offiziellen Fremdenverkehrsämter in Europa oder Übersee. **Kulturelle Organisationen** bieten bei speziellem Interesse Informationen:

Ghana Cultural Centre e.V., Jenfelder Straße 258, 22045 Hamburg, ✆ 040/6893054.

Afrika-Projekt e.V., Jugendorganisation, die auch Schüleraustausch probiert, Frankfurt a.M., ✆ 069/464011.

Afro-Europäisches Kulturzentrum, Hollandstr. 63, 48161 Münster, ✆ 0251/86021, Fax 793002.

Kultureller Kontakt mit Afrika e.V., Taunusstraße 63, 65183 Wiesbaden, ✆ 0611/522802, Fax 719482.

Intermedia, PF 203238, 20222 Hamburg, ✆ 040/438085, Fax 435009.

✱ **Tip:** Ein Blick ins örtliches Telefonbuch unter »Afrika« nennt Ihnen Organisationen, Missionsgruppen, Lebensmittelläden und Reisebüros.

✱ **Tip:** Besucher, die mehrere frankophone Länder in Westafrika besuchen wollen, sollten bei der Reiseplanung hartnäckig nach dem Visa *Conseil de l'Entente* fragen. Es kostet rund 45 € und läßt einen bequem Benin, Burkina Faso, Côte d'Ivoire, Niger und Togo bereisen. Seine Existenz wird oft geleugnet, es gibt es aber doch. Die besten Chancen haben Sie bei der Botschaft von Togo in Berlin.

Führerschein

Wenn Sie beabsichtigen, ein Auto zu mieten, sollten Sie sowohl Ihren nationalen als auch einen Internationalen Führerschein mitnehmen. In Deutschland sind die Ordnungsämter in den Kreisverwaltungen (Zulassungsstelle) dafür zuständig. In Österreich stellen ihn die Verkehrsämter bzw. Bezirkshauptmannschaften aus. Der Internationale Führerschein ist meist ein Jahr gültig.

Devisen- & Zollbestimmungen

Persönliche Gegenstände wie Kamera, MP3-Player, Handy etc., können frei ein- und ausgeführt werden. Da Videogeräte begehrt sind und viele Leute diese in Ghana verhökern, wird bei der Einreise eine Kaution verlangt. Bei der Ausreise wird sie zurückgegeben. Grundsätzlich muß man alles verzollen, was für kommerzielle Zwecke ein- oder ausgeführt wird. Klären Sie diese Frage bei den *Customs and Excise*-Leuten am Flughafen einige Zeit vor Ihrer Abreise. Wer mehr als das Übliche für den Privatbedarf einführt, muß mit langwierigen Formalitäten rechnen.

Nach den internationalen Regeln darf jeder über 16 Jahre **zollfrei importieren:** 400 Stück Zigaretten oder 100 Zigarren oder 1 Pfund Tabak, 1 Flasche Wein, 1 Flasche Spirituosen, 250 ml Parfum, 6 m Textilstoff. Wer Kulturgüter (Puppen, Holzarbeiten, Korbwaren usw.) in größeren Mengen exportieren möchte, sollte diese vor der Ausreise beim *Arts Centre* registrieren lassen.

Offiziell darf die Landeswährung nur in begrenztem Umfang ausgeführt werden. In der Regel wird bei der Ausreise jedoch nicht kontrolliert. Was kann man schon mit Cedis im Ausland anfangen?

✹ **Auto-Import:** Seit 2002 gilt kein Einfuhrverbot mehr für Autos über 10 Jahre. Jetzt gelten gestaffelte Zölle: 10 – 12 Jahre 5 %; 12 – 15 Jahre 10 %.

GESUNDHEITSVORSORGE

Dieses Thema beschäftigt die meisten Reisenden. Aber unerklärlicherweise scheint die Angst, krank zu werden, bei vielen Reisenden aus Europa überproportional groß, wenn es um Afrika geht. Zu unrecht, wie ich meine. Es hat keinen Sinn, die Register aller möglichen Krankheiten zu ziehen und sich davor zu fürchten, weil irgend eine davon in Frage kommen könnte.

Grundsätzlich gilt: Krankheiten sind immer und überall möglich. Ghana stellt somit auch keine Ausnahmesituation dar. Hepatitis B (Gelbsucht), Tetanus (Wundstarrkrampf), Polio, Typhus, Cholera etc. können theoretisch dort auftreten, sind aber nicht an der Tagesordnung. Man sollte in Ghana die allgemeinen **Hygienemaßnahmen** beherzigen, sich vor zu starker »Besonnung« und Überhitzung schützen, da dies die Abwehrkräfte schwächt, und zunächst Zurückhaltung – auch in Bezug auf das ungewohnte Essen – an den Tag legen. Wie man heute weiß, kann zu starke Sonnenbestrahlung das Hautkrebsrisiko erhöhen. Ebenfalls sollte man auf sauberes Wasser achten, besonders auf dem Land. In den Städten ist das *Ice water*, das in dünnen Folien verkauft wird, meistens rein, leider aber nicht immer.

Ob man tatsächlich krank wird oder nicht, hängt oft vom Eigenverhalten ab. Es gibt keinen Grund, jede nur erdenkliche Impfung anzustreben. Ein vorsorglicher Besuch beim Zahnarzt kann jedoch nicht schaden; chronisch Kranke sollten sich vorher ärztlich beraten lassen. Schwangeren ist wegen der notwendigen Malaria-Prophylaxe von der Reise abzuraten.

Starke **Raucher** sollten in Ghana mit erheblichen Einschränkungen rechnen. Obwohl Zigaretten relativ billig sind, ist das Land ein schwieriges Terrain für Raucher. Es wird sehr wenig geraucht. Raucher sind im ganzen Land nicht besonders beliebt. Mit Ausnahme von Bars und einigen Restaurants gibt es wenige Plätze, wo Rauchen ausdrücklich gestattet ist.

Achtung: Alle Flüge nach Ghana sind Nichtraucherflüge; der gesamte Flughafenbereich von Accra ist rauchfrei. Ebenso alle Marktplätze (wegen der Feuergefahr).

Pflicht-Impfung

Ghana verlangt die Vorlage eines Impfpasses; vorgeschrieben ist wegen des vorhandenen Infektionsrisikos die **Gelbfieber-Impfung.** Sie ist unproblematisch, hat selten Nebenwirkungen und muß nur alle zehn Jahre wiederholt werden. Sie kostet etwa 40 € und muß in einem ge-

Hat alles fest im Griff: Fliegender Händler mit Plastikeimern und Matten

wissen zeitlichen Abstand von anderen Impfungen von dafür authorisierten Stellen verabreicht werden. Reisende sollten sich daher mindestens sechs Wochen vor Abreise bei einem tropenmedizinischen Institut oder dem Gesundheitsamt über die aktuell und individuell notwendigen Impfungen informieren und einen Impfplan aufstellen lassen.

Malaria-Prophylaxe

Malaria ist fast überall in den Tropen und Subtropen ein großes Problem, da bisher kein ausreichender Schutz entwickelt werden konnte. Es gibt verschiedene Medikamente, die prophylaktisch eingenommen werden sollten. Für Kinder, Frauen mit Kinderwunsch und Schwangere gelten besondere Vorsichtsmaßnahmen. **Die Beratung durch einen Tropenmediziner ist dringend zu empfehlen!** Machen Sie ihn oder sie darauf aufmerksam, daß die WHO Ghana in die *Resistenzzone C* einstuft, das bedeutet, es gibt multiple Resistenzen gegenüber den Wirkstoffen Chloroquin und Resochin. Dies ist vor allem beim *Plasmodium falciparum*, dem Erreger der *Malaria tropica*, der gefährlichsten Form, fatal. Zur Prophylaxe sollte der Wirkstoff **Mefloquin** (z.B. *Lariam*) eingesetzt werden. Es wird 7 Tage vor Eintritt und 4 Wochen nach Verlassen des Malariagebietes eingenommen, darf aber nicht länger als 3 Monate eingenommen werden. Die Nebenwirkungen im psycho-vegetativen Bereich sind bei Last-Minute-Reisenden häufiger beobachtet worden als bei Regelprophylaxe. Kurzzeitig kann die Feinmotorik beeinträchtigt sein, langfristig können Schäden an inneren Organen auftreten. Übrigens ist Lariam in Ghana

Tropeninstitute

Nehmen Sie Ihren Impfausweis mit zu den Beratungen und Impfungen! Eine Beratung kostet um die 20 €, die Impfungen je nach Art. Die Hygiene-Institute der Universitätskliniken geben ebenfalls Auskunft.

Im Internet: Sehr informativ sind die Seiten www.dtg.mwn.de, www.fit-for-travel.de (u.a. von der Uni München) und www.who.int.

www.crm.de, Centrum für Reisemedizin, versendet gegen Gebühr einen individuellen Reisegesundheitsbrief.

www.rki.de, Robert-Koch-Institut, Empfehlungen der ständigen Impfkommission.

www.auswaertigesamt.de, aktuelle Reisewarnungen.

In Deutschland: Institut für Tropen- und Reisemedizin, Klinikum, 01067 Dresden-Friedrichstadt, Friedrichstraße 39, ✆ 0351/480-3805. Mo, Do 11 – 19, Di, Mi, Fr 10 – 11.30 Uhr.

Tropeninstitut, 04107 Leipzig, Härtelstraße 16 – 18, ✆ 0341/9724970, www.sanktgeorg.de.

Abteilung Tropenmedizin der Universität Rostock, 18057 Rostock, Ernst-Heydemann-Str. 6, ✆ 0381/4947583.

Institut für Tropenmedizin, 14050 Berlin, Spandauer Damm 130, Haus 10, ✆ 030/30116-6, www.charite.de/tropenmedizin.

Landesinstitut für Tropenmedizin, 10179 Berlin, Engeldamm 62, ✆ 030/27467-01, Fax 2746736, www.bbges.de.

Tropeninstitut Hamburg, Bernhard-Nocht-Straße 74, 20359 Hamburg, Zentrale ✆ 040/42818-0, täglich 24 h, www.bni.uni-hamburg.de, www.bnibni-hamburg.de.

Hygiene-Institut, 37075 Göttingen, Kreuzbergring 57, ✆ 0551/395857.

Institut für med. Mikrobiologie, Immunologie und Parasitologie, Universitätsklinikum, 53105 Bonn, Sigmund-Freud-Straße 25, ✆ 0228/287-1-5673, www.meb.uni-bonn.de/parasitologie/.

Impfzentrum der Universität Mainz, 55131 Mainz, Hochhaus am Augustusplatz, 4. Stock, Eingang gegenüber Uniklinik, ✆ 06131/3933155, keine Anmeldung nötig, Mo, Mi 15 – 17.30 Uhr, Di, Do 10 – 12 Uhr, www.reiseimpfung.medizin.uni-mainz.de.

Institut für Tropenhygiene, 69120 Heidelberg, Im Neuenheimer Feld 324, ✆ 06221/562905, 562999. Beratung und Impfungen ohne Voranmeldung Mo, Di, Do, Fr 8 – 9, Mi 16 – 18 Uhr, www.hyg.uni-heidelberg.de.

Institut für Tropenmedizin, Uniklinikum, Keplerstraße 15, 72074 Tübingen, ✆ 07071/29-82365, reisemedizin@med.uni-tuebingen.de. Impfsprechstunde ohne Anmeldung Mo – Fr 13 – 14, Mi 17 – 18 Uhr. Eine telefonische Beratung, ✆ 07071/29-80221, kostet 20 €, die Unterlagen schickt man Ihnen nach Hause.

Abteilung für Infektions- und Tropenmedizin, Leopoldstraße 5, 80802 München, Infoband Afrika ✆ 089/218013-500. Sprechstunde ohne Anmeldung Mo – Fr 11 – 12, Mi, Do 16.30 – 18 Uhr. Tiermedizinische Beratung ✆ 340-20966, Mo – Fr 14 – 19 Uhr. www.tropinst.med.uni-muenchen.de.

Missionsärztliche Klinik, 97067 Würzburg, Salvatorstraße 7, ✆ 0931/791-0 (Pforte), www.missioklinik.de.

bis zu 60 % billiger (rund 25 € für 8 Stück). Ähnliche Präparate wie *Daraprim* kosten ein Bruchteil und sollen genauso effektiv sein.

Alternativ wird die Prophylaxe mit **Atovaquon plus Proguanil** (z.B. *Malarone)* empfohlen. Es wird 2 Tage vor Eintritt und 7 Tage nach Verlassen des Malariagebietes eingenommen. Die Anwendung ist auf 28 Tage begrenzt.

Von der WHO zur Malariaprophylaxe inzwischen ebenfalls anerkannt ist der auf pflanzlicher Basis beruhende Wirkstoff **Artemisinin,** den chinesische Forscher aus dem Einjährigen Beifuß extrahieren konnten. Zusammen mit Mefloquin oder Lumefarin sind Präparate wie *Arthemeter* und *Artesumate* eine gute Alternative.

* **Tip:** Eine Malaria-Prophylaxe ist in jedem Fall ratsam!

Die **Erreger der Malaria** werden durch Stiche der *Anophelesmücke* übertragen, die besonders in den Feuchtgebieten in Südghana und am Voltasee lebt. Übliche Symptome sind Fieber, Schweißausbrüche, Schüttelfrost und Gliederschmerzen. Meistens treten diese Symptome in regelmäßigen Schüben auf. Malaria erweist sich dann als sehr gefährlich, wenn unerfahrene Ärzte in Europa sie mit einer Grippe verwechseln und dadurch kostbare Zeit verlieren. Sagen Sie Ihrem Arzt deswegen auch noch Monate nach Ihrer Reise, daß Sie in den Tropen waren.

* **Tip:** Der beste Tip lautet: **Meiden Sie jeden Mückenstich!** Moskitos kommen vor allem bei Anbruch der Dämmerung. Es empfiehlt sich, langärmlige, weite und helle Kleidung bzw. Hosen zu tragen, selbst wenn der laue ghanaische Abend das Gegenteil nahelegt. Wenn kurze Hosen unvermeidlich sind, vorher reichlich mit Dschungelöl einreiben (im Ausrüstungshandel erhältlich, empfehlenswert auch Autan activ). Noch wichtiger ist es, Aufenthalts- bzw. Schlafräume durch engmaschige Moskitonetze oder Räucherspiralen (*Mosquito-coils*) mückenfrei zu halten.

* **Tip:** Mücken fliegen nicht vom Warmen ins Kalte. Räume mit Klimaanlage sind daher fast sicher mückenfrei.

In Österreich: Institut für Sonnen- und Tropenmedizin, 1080 Wien, Lenaugasse 19, ✆ 4026861-0, Fax 402-6861-30, Mo – Fr 8.30 – 20 Uhr durchgehend, Sa 9 – 17 Uhr.

Impfambulanz des Hygiene-Instituts, Universitätsplatz 4, 8010 Graz, ✆ 0316/380-7696.

Gesundheitsamt Salzburg, Anton-Neumayr-Platz 3, 5024 Salzburg, ✆ 0662/8072-4814.

In der Schweiz: Schweizerisches Tropeninstitut, Socinstrasse 57, 4002 Basel, ✆ 061/2848111, Fax 2718-654, telefonische Beratung 0900/575131, Mo – Fr 8.30 – 11.30 und 14 – 17 Uhr.

Zentrum für Reisemedizin, Universität Zürich, Hirschengraben 84, 8001 Zürich, ✆ 044/6344636, Mo, Do 16.30 – 19, Mi 11.30 – 15, Fr 9 – 11, www.ispmz.ch.

In Holland: Academisch Medisch Centrum, Tropenafdeling, Meilbergdreef 9, Amsterdam Zuid-Oost, ✆ 020/5663900.

Impfempfehlungen

Was man über die **Gelbfieber-Pflichtimpfung** und die **Malaria-Prophylaxe** hinaus macht, liegt im persönlichen Ermessen. Bei diesem Thema gibt es weit auseinanderliegende Meinungen.

Die früher populäre Gammaglobulin-Impfung ist heute nicht mehr üblich. Aufgrund der steigenden Zahl von Neuerkrankungen ist nun die **Hepatitis-A-Impfung,** eventuell in Kombination mit der aktiven Impfung gegen **Hepatitis B** zu empfehlen; aktuelle Präparate sind *Havrix, Twinrix* und *Vaqta*.

Cholera: Der Impfschutz ist nun auch als Schluckimpfung erhältlich. Diese heißt *Orochol* und kann bequem in der Apotheke bestellt werden. Auch für **Typhus** gibt es eine Schluckimpfung; fragen Sie danach.

Eine **Tetanusimpfung** gegen *Wundstarrkrampf* sollte grundsätzlich jeder haben, auch ohne Reiseabsicht. Sie ist im Falle einer Verletzung im Urlaub besonders gut, da man manchmal von sofortiger ärztlicher Hilfe weit entfernt ist. Darüber hinaus sollten nicht nur Kinder eine **Polioschutzimpfung** gegen sog. *Kinderlähmung* haben, auch sie braucht nur alle 10 Jahre aufgefrischt zu werden.

Meningitis *(Hirnhautentzündung):* Ein Infektionsrisiko besteht während der Trockenzeit; eine Impfung bietet keinen vollständigen Schutz und ist nur Langzeitreisenden zu empfehlen.

Impfung für Tiere

Für nach Ghana mitgebrachte Tiere, wie Hunde, Katzen oder Hasen, wird ein Tollwutimpfnachweis und ein Gesundheitspaß verlangt.

Krankenversicherung

Ihr Krankenschein wird Ihnen in Ghana nichts nutzen, da keine Sozialversicherungsabkommen zwischen Ghana und Deutschland, Österreich, den Niederlanden oder der Schweiz bestehen. Lassen Sie sich für Ihren Aufenthalt in Ghana bereits in der Heimat zusätzlich versichern, und zwar durch eine Versicherung mit »Vollschutztarif«, die dann im Leistungsfall sofort und unabhängig von Ihrer Krankenkasse zahlt. Für die Dauer der Reise kann man die Beiträge für die gesetzliche oder private Regelversicherung ruhen lassen. Folgende Versicherungsgesellschaften bieten solche Vollschutztarife an: *Hallesche Nationale, Universa, Union* (alle bis 8 Wochen) und *Süddeutsche Versicherung* (bis 6 Wochen). Mitglieder von *ADAC, DTC* und *ACE,* die in Besitz eines Schutzbriefes sind, können sich ebenfalls so versichern.

Privatversicherte sind bei einer Reisedauer von bis zu einem Monat sowieso versichert, sollten sich aber vor einer längeren Reise mit ihrer Krankenkasse in Verbindung setzen.

> *Tip:* Vergessen Sie nicht, alle Arztbesuche bzw. Medikamentenkäufe in Ghana zu belegen. Nur so können Sie später mit der vollen Rückerstattung aller Ausgaben rechnen.

Reiseapotheke

Wer ständig ein bestimmtes Arzneimittel braucht, sollte dieses unbedingt, ansonsten aber nicht zu viele Medikamente mitnehmen. Die Apotheken in Accra und Kumasi sind gut sortiert und führen die üblichen Pharmaprodukte für die alltäglichen Wehwehchen wie Kopfschmerzen,

Übelkeit, Kreislaufschwäche etc. Noch dazu sind sie wesentlich billiger als in Europa. Der einzige Haken ist, daß nicht unbedingt deutsche Marken dabei und die Beipackzettel in Englisch abgefaßt sind. Dies kann bei der Identifizierung von Medikamenten zu Problemen führen. Konsultieren Sie immer einen Arzt, wenn die Krankheitssymptome unklar sind.

Tip: Medikamente kühl lagern, Puder ist in der Hitze haltbarer als Salbe.

Kinder sind überall schnell zur Stelle

AIDS

Die Gefahr, in Ghana AIDS zu bekommen, ist nicht größer und nicht kleiner als in Deutschland. AIDS sollte man allerdings immer und überall ernst nehmen und sich stets gegenwärtig sein, daß AIDS immer dann übertragen werden kann, wenn Körperflüssigkeiten mit dem Virus in Kontakt kommen (z.B. auch bei Bluttransfusionen). Unter ghanaischen Prostituierten ist AIDS stark verbreitet. Moskitostiche stellen diesbezüglich keine Gefahr dar. In Ghana wird das Problem sehr ernstgenommen, es gibt überall auf großen Schildern Warnungen vor der Seuche, in puncto Aufklärung herrscht hier keine Scheu oder Zurückhaltung.

Beherzigen Sie die allgemeinen Ratschläge: Kondome in allen Qualitätsstufen sind in *Drug Stores* und *Pharmacies* erhältlich.

Tip: In Europa weitgehend unbekannt, gibt es in ghanaischen Apotheken auch Kondome für Frauen. Dies könnte eine Lösung für manch heiklen Moment liefern. www.femalehealth.com.

Nachuntersuchung

Auch wenn keine Symptome einer Erkrankung zu erkennen sind, ist 6 Wochen nach der Reise eine Untersuchung (einschließlich parasitologischer Stuhluntersuchung) unerläßlich und vermindert das Risiko einer eingeschleppten Krankheit. Auch noch zwei Jahre nach der Reise sollten Sie bei einer Krankheit erwähnen, daß Sie in den Tropen waren, besonders bei Fieber, Gewichtsverlust, Bauchkrämpfen und andauernden Durchfällen, Husten, blutigem oder ständig dunklem Urin, Blut im Stuhl, Hautjucken oder Hautveränderungen.

Reisen mit Kindern

Dies ist völlig unproblematisch in Ghana, wo Kinder grundsätzlich abgöttisch geliebt werden. Es bestehen auch keinerlei Gefahren, wenn die Impfempfehlungen beherzigt werden. Kinder stellen sich noch schneller um und werden mit Sicherheit die ersten sein, die die Freiheit in den Tropen zu schätzen wissen. So wenig Kleidung wie möglich, tolle Strände, geduldige Kellner, Sonnenschein, freundliche Leute ... was bleibt noch zu wünschen übrig?

Abwägen sollten Sie jedoch (gemeinsam mit dem Kinderarzt), ob oder ab welchem Alter Sie Ihrem Kind Malaria-Prophylaxe und die Gelbfieberimpfung zumuten wollen, und ob dies für einen kurzen Aufenthalt zu rechtfertigen ist.

Infos für Behinderte

Die ghanaische Gesellschaft kennt gegenüber Menschen mit körperlichen Behinderungen keinerlei Diskriminierung. Zwar ist das Land nicht auf diese Art Tourismus spezialisiert, kann aber mit Liebenswürdigkeit, Verständnis und einem großen Maß an Hilfsbereitschaft alles andere wettmachen.

Mobility International Schweiz (MIS), Froburgstr. 4, CH-4600 Olten, © 0041/(0)62/20688-35, www.mis-infothek.ch, Reisefachhilfe für Menschen mit Behinderungen.

Clubs Behinderter und ihrer Freunde e.V., Elbinger Straße 2, 60487 Frankfurt a.M., © 069/970522-0, www.cebeef.com. Ansprechpartner für Begleitpersonen, praktische Hilfsmittel, Finanzierungshilfen etc.

Bundesverband Selbsthilfe Körperbehinderter e.V., www.reisen-ohne-barrieren.eu, Reisedienst, Altkrautheimer Str. 20, 74238 Krautheim, © 06294/428150. Gemeinsame Urlaube für Behinderte und Nichtbehinderte.

WAS MITNEHMEN?

Die Frage, was man denn in Rucksack oder Koffer einpacken soll, ist bei tropischen Temperaturen, die selten unter 22 Grad sinken, sehr schnell beantwortet: Da rund ums Jahr Sommer herrscht, sollte man möglichst wenig und nur leichte Kleidung mitnehmen.

Es kommt natürlich darauf an, was man in Ghana überhaupt machen will. Wenn Sie nicht Mitglied einer Delegation und nicht geschäftlich unterwegs sind, dann werden Sie bestimmt auch keine Anzüge, Sakkos, Abendkleider usw. brauchen. Das beschwert nur Ihr Gepäck.

Ghanaer sind sehr unkonventionell und bevorzugen in ihrer Freizeit lässige Kleidung. Aber man sollte dies nicht übertreiben. Niemand wird es komisch finden, wenn Sie mit Badelatschen und dreckigen oder kurzen Hosen in der Bank erscheinen. Jemand mit ungepflegter Erscheinung wird im Hotelrestaurant nicht gut bedient. Ungepflegte Kleidung wird als Mißbrauch der Gastfreundschaft betrachtet.

Einfacher noch wäre es, nur die nötigsten Sachen einzupacken und die Kleidung vor Ort zu kaufen. Es gibt so viele schöne Hemden und Röcke, die man sofort und für wenig Geld auf den Märkten erstehen kann. Man hat die Qual der Wahl zwischen *Joromi, Boubou, Fugu, Pata-pata* und *Batakari* ... Fragen Sie ruhig mal die lustigen Marktfrauen. Sie werden Sie auf jeden Fall gut beraten.

Netzspannung = 220 Volt. Da sowohl Flachsteckdosen als auch dreipolige Varianten in Gebrauch sind, muß ein Adapter mitgebracht werden.

✳ **Tip für Frauen:** Außerhalb Accras und Kumasis sind Tampons rar. Besonders auf dem flachen Land sind Binden üblich. Gehen Sie auf Nummer Sicher und bunkern Sie davon in Accra reichlich vor dem Aufenthalt in der Provinz.

- **Tip:** Erfrischungstücher haben sich als sehr hilfreich im feucht-heißen Klima Ghanas erwiesen.
- **Tip:** Machen Sie von allen Dokumenten, also Paß mit Visum, Flugtickets und Kaufbescheinigungen der Reiseschecks eine Kopie. Bewahren Sie die Kopie getrennt vom Original auf oder tauschen Sie sie mit dem Reisepartner aus. Bei Verlust erleichtert dies die Wiederbeschaffung sehr.

Tip für Fotofreunde
In Ghanas Großstädten gibt es zwar Geschäfte, die Fotozubehör anbieten. Allerdings ist das Angebot auf wenige Artikel beschränkt und die Preise, besonders für Diafilme (oft nur 100 ASA), sind gepfeffert. Nehmen Sie Ihren Filmvorrat in Bleitüten geschützt mit. Schützen Sie Ihre Kamera vor Sand und Feuchtigkeit; Plastiktüten hin und wieder lüften, um das Kondenswasser zu trocknen.

Sport- & Camping-Ausrüstung
Wer in Ghana surfen, wellenreiten – was man beides an der wind- und wellenumtosten Atlantikküste sehr gut machen kann – oder wandern und radwandern will, sollte sich seine Ausrüstung mitbringen. Wenn Sie **wandern** wollen, brauchen Sie robuste, wasserabweisende Wanderschuhe, leichtes Regenzeug und einen Hut für die Savannengebiete.

Fahrrad-Reisen
Radfahren ist kein Breitensport in Ghana. Das Fahrrad ist lediglich ein Trans-

Am Dorfbrunnen: In Pomwu in Ostghana

portmittel, um von A nach B zu gelangen. Auch für den Normaltouristen dürfte die Idee, Ghana per Fahrrad zu bereisen, etwas ausgefallen und nicht zu empfehlen sein. Es gibt keine speziellen Fahrradwege und darüber hinaus nehmen ghanaische Autofahrer kaum Rücksicht auf Radfahrer, weshalb das Radeln ein wenig gefährlich ist.

Im Norden sind Fahrräder wiederum sehr sinnvoll, da hier gut ausgebaute Straßen fehlen und die überwiegend flache Savannenlandschaft das Radfahren unter der glühenden Sonne weniger anstrengend macht. Städte wie *Tamale, Bolgatanga, Wa, Navrongo, Bawku* sind gut mit dem Fahrrad zu erkunden. Dort sind auf den Marktplätzen Verleihstände zu finden, die chinesische Fahrräder mit europäischen Normen für Schrauben, Gewinden und Kugellagern zu günstigen Preisen einen Tag lang vermieten; dort wird auch repariert. Diese Räder sind zwar robust, aber nicht im besten Zustand. Spezialkarten für Radler gibt es nicht; Touren müssen selbst organisiert werden.

Für **große Radtouren** empfiehlt es sich, das eigene Fahrrad nebst Ersatzteilen, Ersatzschläuchen, -reifen und eine wohlsortierte Reparaturkiste mitzubringen; die Fluggesellschaften transportieren Räder kostengünstig als Reisegepäck. Zu empfehlen ist ein Mountainbike oder ein stabiles Trekkingrad mit breiter Bereifung.

Golf

Generell zahlen Nichtmitglieder rund 10 € für eine Woche Spielzeit auf einem 18-Loch-Gelände. Caddies erhalten pro Tag circa 1 € plus Trinkgeld. 9-Loch-Plätze kosten rund 3 € die Woche. Tagesmiete für Schläger beträgt 60 €.

Accra: *Achimota Golf Club,* 18-Loch mit Rasengrün.
Elmina: *Coconut Grove Hotel,* 9-Loch.
Kumasi: *Golf Club,* 18-Loch, ✆ 051/23930.
Mim: 9-Loch.
Nsuta: *AMC Golf Club,* 9-Loch.
Obuasi: *Anglo-Gold Ashanti Golf Club,* 18-Loch.
New Tafo: *GCRI Golf Club,* 9-Loch, auf dem Gelände des Forschungsinstituts.
Takoradi: *Sports Club,* ✆ 031/22229, 9-Loch, mit Asche auf dem Grün.
Tarkwa: *GAG Gold Flub,* 9-Loch.
Tema: *Celebrity Golf Club,* 18-Loch.
Twifo Damang: 9-Loch, gehört der Minengesellschaft.

Camping

Regelrechte Campingplätze gibt es in Ghana kaum. Erstens sind Hotels für Touristen erschwinglich, zweitens ist es nicht Landessitte, im Freien zu übernachten. Außer am Strand oder auf Trekking-Touren würde ich auch kein Camping auf eigene Faust empfehlen, und wenn, dann nur in Gruppen.

In einigen **Naturparks,** wie zum Beispiel im *Kakum-* oder im *Bia-Nationalpark,* gibt allerdings keine Übernachtungsalternative zum Campieren, wenn man eine (geführte) Nachtwanderung machen oder einen Morgentrip unternehmen will.

Und schließlich bieten aufgrund der steigenden Nachfrage einige **Strand- und Hotelanlagen** mittlerweile Campingmöglichkeiten an. Zum Beispiel: Bei Accra beim *New Coco Beach Resort* sowie am *La Beach* östlich der City, *Milly's Backyard,* Kokrobitey, *Aylos Bay,* Akosombo, *Till's No. 1,* Gomoah Fetteh, *Anomabo*

CHECKLISTE FÜRS KOFFERPACKEN

WICHTIG
- ❑ leichte Baumwollhemden und Blusen (auch langärmelig)
- ❑ T-Shirts, ein Pulli (besonders, wenn Sie im Juli/August reisen)
- ❑ kurze und lange Hosen bzw. weite Röcke (kein Muß)
- ❑ Tuch/Hut gegen Sonne und Staub
- ❑ Toilettenartikel: außer dem persönlichen Bedarf auch Rasierzeug, Zahnpflegemittel, Handtücher, Tampons und Kondome
- ❑ Badesachen
- ❑ feste Schuhe, Sandalen, Baumwollsocken

PAPIERE & SONSTIGES
- ❑ Reiseschecks, Kreditkarte(n), Bargeld
- ❑ Flugtickets
- ❑ Reisepaß, zusätzliche Paßfotos
- ❑ Internationaler Impfausweis mit Gelbfieberimpfung
- ❑ Internationaler Führerschein
- ❑ ein wasserdichtes Etui für alle Papiere bzw. innenliegender Geldgurt oder Geldgürtel, zusätzlich großes Portemonnaie
- ❑ Fernglas zum Tierebeobachten
- ❑ Fotoausrüstung mit Batterien/Akku und Filmen
- ❑ Reiselektüre, engl. Wörterbuch
- ❑ Schreibzeug, Adreßbuch
- ❑ Taschenlampe, Taschenmesser, Wasserflasche
- ❑ mindestens zwei Handtücher, viele Hotels der unteren Kategorie bieten keine oder nur dreckige. Nützlich sind Handtücher auch als Kopfbedeckung gegen Zugluft in Autos, zum Schweißabwischen unterwegs
- ❑ Bettlaken zum Wechseln oder Zudecken in einfachen Hotels
- ❑ Erfrischungs- oder Feuchttücher
- ❑ Nähzeug, Sicherheitsnadeln
- ❑ Ersatzbrille, Sonnenbrille
- ❑ Sonnencreme mit Schutzfaktor 20
- ❑ nützlich ist ein Moskitonetz (sowie Klebeband zum Flicken desselben)
- ❑ Dschungelöl gegen Moskitos
- ❑ wasserfeste Armbanduhr oder ein Wecker, evtl. Weltempfänger
- ❑ kleine nützliche Dinge als Gastgeschenke (↗ »Zu Gast in Ghana«)

REISEAPOTHEKE
- ❑ Durchfall *(Immodium)*, Verstopfung
- ❑ Kopfschmerzen und Fieber
- ❑ bakterielle Infektionen
- ❑ Kreislaufschwäche
- ❑ Sonnenbrand, Insektenstiche und Juckreiz
- ❑ Oropax für ruhige Nächte
- ❑ Ohrenschmerzen
- ❑ Prellungen und Zerrungen
- ❑ evtl. Breitband-Antibiotikum
- ❑ alle Medikamente, die regelmäßig eingenommen werden müssen (Malaria-Prophylaxe, Pille etc.)
- ❑ Fieberthermometer, Pinzette, Schere
- ❑ Injektionsset mit Einwegspritzen (in der versiegelten Originalpackung)
- ❑ Wasserdesinfektion: *Romin,* schnellwirkend und flüssig
- ❑ Verbandsmaterial: Pflaster in verschiedenen Größen, Mullbinde
- ❑ Desinfektionsmittel für Wunden

Beach Resort, Anomabo, und Alaska Beach Hotel, Busua.

Ausrüstung: Für das Leben im Freien ist ein Moskitonetz unerlässlich. Sonst geht es um die üblichen Sachen wie leichten Schlafsack, Isoliermatte, Taschenlampe, Regenschutz usw. Benzinkocher und Geschirr sind unter Umständen nützlich, Lebensmittel kauft man aber vor Ort.

Bücher zum Einstimmen oder Mitnehmen

Brauchbare Literatur über Ghana in deutscher Sprache gibt es praktisch nicht. Das wenige, was vorhanden ist, kann man gleich vergessen; es ist zu alt, zu oberflächlich oder schlicht unzutreffend. Wer des Englischen mächtig ist, kommt am besten mit einigen Publikationen des *Ghana Tourist Board* in Accra zurecht oder mit solchen, die bestimmte Aspekte der ghanaischen Kultur behandeln.

Reise: *Handbuch für Weltentdecker* (Nachfolger des Selbstreisehandbuchs): Zur Reisevorbereitung mit wichtigen Tipps für unterwegs. Listet wichtige Anschriften und gibt Hinweise rund ums Reisen. Von erfahrenen Globetrottern getestet und aufgeschrieben, hilft in allen Reisesituationen; ↗ www.PeterMeyerVerlag.de.

Durch Afrika: Sahara, Schwarz- und Südafrika, Streckenbeschreibungen, Afrika-Führer Bd. 2, Därr, München.

Sprachführer: *Abraxas, Englisch für die Reise*. Der Sprachführer mit über 5000 Stichworten hilft schnell und sicher über Sprachbarrieren hinweg. *Hemdtaschenformat*, 8,95 €. www.PeterMeyerVerlag.de.

Geschichte: *Kulturgeschichte Afrikas*, Leo Frobenius, Edition Trickster bei Peter Hammer, 1998. Reprint seiner ethnologischen Studie, anläßlich des 125. Geburtstages von Frobenius neu aufgelegt.

Kleine Geschichte Afrikas, Winfried Speitkamp, Reclam 2007.

Schwarze Teufel, edle Mohren, Peter Martin, Hamburger Edition, Hamburg 2001.

A History of West Africa, 1000 – 1800, Basil Davidson, Longman, 1997, englisch.

Fauna & Flora: *Pflanzen der Tropen*, Jens G. Rohwer, BLV 2000.

Vögel in Afrika, Rainer C. Ertel, Fauna Verlag 2009.

Kultur: *Afrikanische Reklamekunst*, Peter Hammer Verlag, Wuppertal 2002.

Wissenschaft: *Afrika-Lexikon, Ein Kontinent in tausend Stichwörtern*, Peter Hammer Verlag, Wuppertal 2004.

Belletristik aus Ghana über Ghana in deutscher Übersetzung ↗ »Die große Erzählkunst«, Literatur.

The Black Man's Burden, Basil Davidson, 1992, Englisch.

Karten: *Michelin 953*, Nordwest-Afrika, 1:4 Mio, allgemeine Westafrika-Karte.

☀ **Tip:** *Ghana-Reisekarte,* 1:750.000, Übersichtskarte 1:10 Mio, gefalzt 25 x 12 cm. Höhenschichten und -linien in m, Landschaften, Naturschutzgebiete, Verkehrsnetz, Tankstellen, Sehenswürdigkeiten, Verwaltungsgrenzen, vor Ort abgeglichene Straßenzustände und Ortsnamen. Vom Autor und Verlag dieses Buches auf die Reisepraxis abgestimmt. Auch als ungefalztes Plakat im Format 70 x 100 cm erhältlich. 19,95 €, www.PeterMeyerVerlag.de.

ANREISE & WEITERREISE IN AFRIKA

Die meisten Besucher fliegen, einige fahren wochenlang durch die Sahara bis zum Atlantik, andere wenige gelangen mit dem Schiff dorthin. Fliegen ist der billigste und schnellste Weg, das Autofahren ist zeitraubend, anstrengend und abenteuerlich, Schiffsreisen nach Westafrika sind kaum planbar, nicht immer billig und dauern in der Regel lang, weil die Abfahrtszeiten ungenau sind. Die Grenzformalitäten gelten auf jeden Fall, egal auf welchem Weg man gekommen ist.

Organisierte Reisen
Reiseveranstalter und -büros

Mittlerweile gibt es einige Reisebüros, die sich auf Gruppen- oder Individualreisen nach Ghana spezialisiert haben und oft interessante Angebote haben:

- *Afrika Service Agentur,* Am Grün, 30537 Marburg, ✆ 06421/308777, berät und organisiert Individual- oder Gruppenreisen nach Ghana. Die Agentur vermittelt auch konkurrenzfähige Flugtickets für alle Länder Afrikas.
- *Blue Planet Tours,* organisiert 1x im Jahr eine Ghana-Tour, ab 2000 €. www.blue-planet-erlebnisreisen.de.
- *Cobra Verde Afrikareisen,* Im Wrockmoor 25, 27726 Worpswede, ✆ 04792/952124, www.cobra-verde.de.
- *Hoffmann Reisen,* Agnesstraße 3, 80801 München, ✆ 089/2716211, bietet Ghana-Reisen speziell für Frauen an. Schwerpunkt der rund 1700 € teuren Reisen sind Begegnungen mit Einheimischen, mit denen gemeinsam gekocht, gegessen, diskutiert und gefeiert wird.
- *Ikarus Tours,* Postfach 1220, 61452 Königstein, 06174/29020, Fax 22952; bietet im Jahr 4 x Ghana in Verbindung mit einer Rundreise durch Togo, Bonin und Côte d'Ivoire an.
- *Jugend- und Ausbildungshilfe Eine Welt e.V.,* Gartenweg 6, 57629 Wied, ✆ 02662/9449178, bietet eine interessante »Meet the People«-Reise nach Ghana. Aus den Erträgen werden Kindergarten- und Schulprojekte in Ghana unterstützt.
- *Kasapa Centre,* www.kasapa.eu. Trommelkurse, Rundreisen. Konny Langner, ✆ 0351/2662522, klangner@schulz-aktiv-reisen.de.
- *My African World* bietet 2 x im Jahr Gruppenreisen nach Ghana an. Infos unter www.my-africanworld.com.
- *Zion Travels,* Lindenstr. 13, 20099 Hamburg, ✆ 040/29822766, verkauft Tickets und bietet Tourvorschläge an.

Tip: *MBA Central Hotel Reservation System,* ↗ Accra, www.mba.com, ist eine gute Adresse für die Reiseplanung. Die Firma hat ein zentralisiertes Buchungssystem, das alle Hotels in Ghana umfaßt.

Musik- & Trommelreisen

Immer mehr Europäer reisen speziell nach Ghana, um dort Kurse über afrikanische Musik und Trommelkunst zu absolvieren. Solche Kurse, geführt von Musikern aus ganz Westafrika, werden in Accra angeboten. Die bekannteste Einrichtung dieser Art ist:

Academy of African Arts and Music (AAMA), in Kokrobitey, einem ruhigen Fischerdorf 32 km westlich von Accra (↗ Greater Accra). Hier werden 5 x im Jahr Einführungs- und Fortgeschrittenenkurse als dreiwöchige Seminare abgehalten. Das

Musikdorf hat Zimmer für 60 Personen, ein Restaurant und einen Konferenzsaal für rund 200 Teilnehmer. Kontaktadresse: *AAMA Ltd*, P.O. Box 2923, Accra.

🎵 **Odehe Centre** in *Teshie* bei Accra. Nach Aussagen von ehemaligen Teilnehmern bietet das Zentrum sehr gute Trommelworkshops und verfügt über prima Unterkunfts- und Verpflegungsmöglichkeiten. *Odehe Centre*, c/o E. Gomado, P.O. Box 408, Teshie/Accra, in Europa: *John Tetteh*, ✆ 05507/2691, Dorfstraße 5, 37136 Ebergötzen, *Vera Zimmermann*, ✆ 04408/1780 und *Mildrid Vogt*, ✆ 02302/32156.

🎵 ➔ **Kasapa Ferien und Workshops**, geführt von einem deutsch-ghanaischen Ehepaar, bieten Ferien und Trommelkurse zu vernünftigen Preisen. Das Paar besitzt ein Zentrum in *Nyanyano* etwa 40 km westlich von Accra. Kontakt: *Horst und Michael Hölscher*, Hirschberger Str. 30, D-53119 Bonn, ✆ 0228/661239, Fax 661181. Kasapa bietet nicht nur Trommelworkshops an, sondern führt Rundreisen durch Ghana durch. 2001 gewann »Kasapa Ferien und Workshops« für sein nachhaltiges Tourismus-Projekt den To-do!-Preis vom *Studienkreis für Tourismus & Entwicklung e.V.*

🎵 **Nokoko Ye**, im Örtchen *Damfa*, 30 km nördlich von Accra am Fuße der Akwapim-Berge. Kontakt in Europa: *Eva Vehmann*, Obere Mühlstraße 42a, 69242 Mühlhausen, ✆ 06222/64544.

🎵 ⬆ ✖ **KO-SA Cultural Centre**, P.O. Box 812, Cape Coast, ✆ 0244/375432, ko-saguesthouse@gmx.net, www.ko-sa.com. Im Fischerörtchen *Ampenyi*, etwa 25 km westlich von Cape Coast. Ferienzentrum eines deutsch-ghanaischen Paars, mit Badestrand, stilvollen Gästehäusern im afrikanischen Stil, Trommelzentrum. Das Unterrichtshaus, wo auch die Dörfler Tanzen, Trommeln und Singen üben, sowie mehrere Gästehäuser aus Lehm und mit Grasdach bilden ein Dorf im Dorf. Trommel- und Tanzkurse 290 – 330 €, Aktivurlaub mit Reiten, Bootstour oder Kochkurs 250 – 300 €, Strand- oder Wellnessurlaub 190 – 420 € pro Woche.

🎵 ➔ 🎵 ☺ **Seidu Issifu**, Lampadu Street 31, Accra-North, ✆ 021/229520, Fax 226575. Neben seiner Trommelschule vermittelt Issifu Mietautos und verkauft traditionelle Kleidung, Instrumente und Schmuck.

⬆ ✖ **Ankobra Beach**, im Westen Ghanas, P.O. Box 79, Axim, ✆ 024/4935543, www.ankrobra.de, ankobra_beach@hotmail.com. Die deutsch-ghanaische Feriensiedlung bietet Regenwaldseminare, Kanu-Ausflüge auf dem Ankobra sowie Trommel- und Tanzkurse, ✈ Axim. Kontakt in D: *Florian Wolfart*, ✆ 089/355564. Ein schöner Ort zum Entspannen.

🎵 **Josi Strasser**, Bayerhammerstr. 12c, A-5020 Salzburg, organisiert 2 x jährlich Workshopgruppen zum Tanzen, Trommeln und Töpfern in Tamale; Stichwort ist »Fasuya«. Andere Interessenten können sich auch direkt an den Veranstalter wenden. Anschrift: **Fasuya School of African Music and Performing Arts**, P.O. Box 508, Tamale, ✆ 071/24, fasuyagh@yahoo.com.

🎵 **Kusum Gboo Dance Ensemble**, Kanda-Accra, P.O. Box KD 59, ✆ 242694, 0244/217501, professionelle Gruppe mit viel Auslandserfahrung, die gute Kurse für Anfänger und Fortgeschrittene organisiert.

🎵 ⬆ **Kokwaado Cottage**, P.O.Box KU 123, Winneba, ✆ 0244/773908 oder 229563, info@ghanaurlaub.de. Im Angebot hier sind Tagestouren, Tanz- und Trommelkurse. Besucher, die 14 Tage im Cottage bleiben, werden ohne Aufpreis vom Flughafen in Accra abgeholt. Vorhanden sind 6 möblierte DZ mit Moskitonetzen und Strom von einer Solaranlage. DZ 20 €, EZ 24 €. In Deutschland auch unter ℂ 07571/52026 (Gerlinde Gulde) zu erreichen.

- *Keke's Place*, Neubaugasse 12 – 14, A-1070 Wien, ℂ 0523/4691, www.serious-fun.at. Die neueste Ferienanlage am wunderschönen Strand von Mankoadze ist seit Dezember 2005 in Betrieb und unter ghanaisch-österreichischem Management. Trommel- und Tanzkurse, aber auch Kreativ- und Entspannungskurse. Die 11 DZ mit geräumigem Bad/WC haben regulierbare Ventilatoren, die für angenehme Raumtemperatur sorgen. Vermietet wird nur Pauschal an Gruppen.

Trommeln zu Hause: In den deutschen Großstädten findet man über Aushänge in den Unis oder Anzeigen in Stadtmagazinen sicher einen Kontakt. In Frankfurt a.M. bietet beispielsweise *Eric Adjeiteh Adjei*, Tänzer und Musiker, in Musikworkshops Kostproben ghanaischer Kultur. Einmal im Jahr verlegt er seinen Standort, reist mit seinen Schülern und Schülerinnen nach Ghana und organisiert dort, teilweise zusammen mit der Kalifi-Gruppe, Tanz- und Trommelkurse. Kontakt: Fliederweg 17, D-60433 Frankfurt a.M., ℂ 069/541994.

Abele ke Nkatie, Anne-Frank-Str. 27, 60433 Frankfurt, ℂ 069/5969426, www.abele-ke-nkatie.com. Wer das in Ghana Gelernte fortführen möchte, kann diese Nummer anrufen.

> Was schnell kommt, verschwindet auch schnell.
> Ghan. Sprichwort

INDIVIDUELLE ANREISE
Mit dem Flugzeug

Accra hat sich zu einem Luftverkehrsknotenpunkt in Westafrika entwickelt. Auch die Deutschland – Ghana-Strecke wird sehr stark beflogen. Zu Ferienzeiten (Ostern, Sommer, Weihnachten) sollten Sie daher am besten rund 6 Monate im voraus buchen. In der Hochsaison zahlen Kurzentschlossene deftige Preise und bekommen ihre gewünschten Flüge oft nicht. Wie immer lohnt es sich, die Tarife zu vergleichen. Je nach Fluggesellschaft und Saison zahlt man zwischen 660 und 1150 € nach Accra und zurück. Wer Zeit hat, kann mit Flügen über andere Hauptstädte viel Geld sparen.

Achtung: Flüge ab Accra sind tendenziell teurer als ab Europa.

Tip: Bei der Suche nach günstigen Flugangeboten ist auch das Internet hilfreich: www.jet-travel.de, www.afrika-service-agentur.com, info@afrika-service-agentur.com.

Linienflüge

Afriqiyah Airlines, www.afriqiyah.aero/infk-main.asp, 5 x die Woche ab Zürich, Paris, London und Brüssel via Tripolis nach Accra. Die Gesellschaft aus Libyen hat die günstigsten Preise: 400 – 700 €.

Alitalia, www.alitalia.com, 2 x die Woche von Deutschland über Mailand und Lagos nach Accra. 780 – 900 €.

Antrak Air, Flughafenstr. 120, Raum 2718, Düsseldorf, ℂ 0211/42168290, 52878-59, www.antrakair.de. Die ghanaische Gesellschaft bietet in Zusammenarbeit mit der deutschen LTU, die Fluggerät und Personal stellt, Linienflüge ab Düsseldorf 1 x wöchentlich. Der Preis beinhaltet Verbindungsflüge nach Kumasi, Takoradi und Tamale, die von Antrak Air im Binnendienst angeflogen werden. Bald sollen Transfers nach Freetown, Monrovia und Bamako ab Deutschland buchbar sein.

British Airways, www.britishairways.com, täglich nach Accra über London. BA-Tickets werden meist über eigene Agenturen oder übers Internet verkauft und kosten meist über 1000 €. Jahrestickets circa 915 €.

Egypt Air, www.egyptair.com.eg, fliegt Mi und Sa von Frankfurt nach Accra via Kairo. Manchmal ist eine Übernachtung im Preis inbegriffen. NS ab 740 €, HS ab 850 €.

Emirates Airlines, www.emirates.com, 3 x die Woche ab Deutschland über Dubai und Lagos nach Accra. Für alle, die lange Flugzeiten nicht scheuen und etwas Shopping unterwegs machen möchten, ist der Preis attraktiv: ab 640 € inkl. 43 kg Gepäck in der NS, ab 870 € in der HS.

Ethiopian Airlines, www.flyethiopian.com, 3 x die Woche von Frankfurt direkt nach Addis Abeba und weiter nach Accra. Gilt als Geheimtip, wenn sonst nichts mehr frei ist. Der Flug dauert 16 Std. 780 – 990 €. Man darf sogar einen Kurzaufenthalt in Addis kombinieren, kostet dann etwas mehr.

KLM, www.klm.com, täglich ab Deutschland nach Accra via Amsterdam; seit April 2006 mit größeren Maschinen und 46 kg pro Person. NS zwischen 670 und 850 €; HS zwischen 930 und 1100 €.

Lufthansa, www.lufthansa.com, täglich ab deutschem Flughafen über Frankfurt nonstop nach Lagos und Accra. NS 800 €, HS 1200 €.

Royal Air Maroc, www.royalairmaroc.com, 3 x die Woche ab Frankfurt bzw. Düsseldorf über Casablanca nach Accra zu recht günstigen Preisen: 640 – 780 €.

Kenya Airlines, www.kenyaair.com, 5 x die Woche über Nairobi nach Accra. 780 – 1100 €.

✺ **Tip:** Bei den meisten Fluggesellschaften erhalten **Studenten und Jugendliche** bis zu 25 % günstigere Tarife.

✺ **Tip:** Wer noch mehr **Gepäck per Luftfracht** erwartet (*unaccompanied baggage*), sollte gleich in der Ankunftshalle Formulare für die entsprechenden Gepäckstücke ausfüllen. Ohne diese wird eventuelles Reklamieren später zum Spießrutenlauf.

Kotoka – Das Nadelöhr

Wer am *Kotoka International Airport, KIA,* Accras Flughafen, ankommt und abfliegt, muß Geduld mitbringen. Das Computerzeitalter hat zwar auch dort Einzug gehalten, aber noch wird vieles umständlich gehandhabt. Aber wir wollen fair sein: Erhebliche Verbesserungen wurden am Kotoka durchgeführt. Vorbei das Chaos bei der Gepäckausgabe, vorbei das Geschiebe und Gedränge vor der Ankunftshalle, vorbei das Überrumpeln eifriger Jungs, die Koffer gegen Trinkgeld tragen wollten. Es geht viel ziviler zu, die Träger sind jetzt uniformiert und ganz diszipliniert. Zur Zeit sollte niemand mehr als 1 € für die kleine Hilfe zwischen Flughafengebäude und Parkplatz berappen.

Noch im Bau ist die sogenannte *Airport City* südlich des Flughafens, die den ganzen Flughafen-Komplex aufwerten soll. Die Airport City wird Casinos, Krankenhaus, Transithotels, Shoppingmall und einige Restaurants vereinen.

Nach der letzten **Zoll-Kontrollkabine** und bevor man zur **Gepäckausgabe** schreitet, ist auf der linken Seite eine **Wechselstube** der *Bank of Ghana*. Dort sollten für die ersten Taxifahrten und Trägerdienste ungefähr 50 € umgetauscht werden. Größere Summen erst nach einer Ruhepause und nach Vergleich der Kurse wechseln.

In der Ankunftshalle ist eine kleine **Informationsstelle,** die einige Tips über die Fahrt in die Innenstadt geben kann. Eine andere Stelle informiert über Hotels und hilft, Reservierungen vorzunehmen.

GRENZFORMALITÄTEN

Grundsätzlich sollten alle Reisenden nach Ghana mit zum Teil langwierigen Grenzformalitäten rechnen, dies gilt besonders für Autofahrer.

An jedem Grenzübergang ist die Prozedur gleich. Zunächst ist eine **Einreisekarte** auszufüllen. Der Gesundheitspaß wird nicht mehr verlangt, auch wird keine Devisenkontrolle mehr vorgenommen. Aber der Paß wird kontrolliert und das Einreisedatum eingestempelt. Zum Schluß findet eine **Zollkontrolle** statt. Dies alles wird von freundlichen, lächelnden Beamten peinlich genau und gewissenhaft durchgeführt. Das obligatorische *Welcome to Ghana* ist allerdings wortwörtlich zu nehmen.

* **Tip:** Im Flughafen gibt es das zur Zeit einzige Fundbüro Ghanas. In Englisch heißt das **Lost & Found.** Es ist allerdings nur für Fundsachen auf dem Kotoka-Gelände zuständig!
* **Tip:** In der Ankunftshalle gibt es ein Büro des *MBA*, das über ein zentrales Buchungssystem Hotelzimmer in ganz Ghana vermittelt.

Vom Flughafen nach Accra

Der beste und schnellste Weg vom Flughafen in die Stadt ist mit dem **Taxi** (15 Min). Ghanaische Taxifahrer versuchen, dem ahnungslosen *Obroni* Geld aus der Tasche zu ziehen. Niemals den erstgenannten Preis annehmen, sondern hartnäckig handeln, bis ein angemessener Preis erreicht ist. Der liegt bei umgerechnet 4 – 8 € bis in die Innenstadt, es darf ein bißchen mehr sein, wenn der Zielort weiter entfernt ist.

Wenn Sie in Accra erwartet werden, gehen Sie auf Nummer sicher und lassen Sie sich vom Flughafen abholen. Viele Hotels bieten einen **Abholdienst** an. Buchen Sie sonst vor Ihrer Ankunft ein Hotelzimmer für die erste Nacht und lassen Sie den Taxifahrer direkt hinfahren. Für alle Alleinreisenden empfiehlt es sich, bereits im Flugzeug ein Hotel aus der langen Liste im Reiseführer auszusuchen und zielstrebig anzusteuern.

Falls Sie nicht unbedingt minutenlang mit Taxifahrern über Preise streiten möchten, können Sie ein **Let-Drive Taxi** ordern. Diese unmarkierten Taxis parken gegenüber dem überdachten Vorplatz vor der Ankunftshalle (immer überfüllt), der als Meeting Point fungiert. Die Fahrer in weißen Hemden sprechen Reisende direkt an. Die herkömmlichen Taxis parken auf der anderen Seite der viel befahrenen Straße vor dem Flughafengebäude. Lange suchen muß man sie nicht, die Fahrer machen sich sehr bemerkbar.

Let-Drive Taxis haben Festpreise und sollten von Gästen aus Europa in Anspruch genommen werden. Sie sind ein Drittel teurer als die anderen, bieten aber Sicherheit, Zuverlässigkeit und Komfort. Die Fahrer sprechen gut Englisch und kennen sich aus, was für Fahrer herkömmlicher Taxis nicht unbedingt gilt.

Let-Drive Taxis: ✆ 021/251078-9.

Ausreise per Flugzeug

Den Rückflug sollte man 72 Stunden vorher bestätigen lassen. Geht auch telefonisch, falls man nicht in Accra ist. Für die Bewältigung der Abreisebürokratie muß man normalerweise drei Stunden veranschlagen. Theoretisch sind *Devisenkontrollen* möglich, werden aber nur bei Verdacht auf Manipulation durchgeführt. Das *Einchecken* dauert alles in allem schon länger als man gewöhnt ist, aber die üblichen zwei Stunden für internationale Flüge reichen inzwischen auch hier für das Wiegen der Koffer, das Stempeln der Pässe, das Ausfüllen des Ausreiseformulars und die Gesichtskontrolle (seit 11.9., oh ja).

Artenschutz beachten

Auf Schildkrötensuppe und Pasteten aus Vögeln kann jeder leicht verzichten, doch auch beim Souvenirkauf sollte man die Augen aufmachen: Seltene Pflanzen (lebend oder tot), exotische Tierfelle, Elefanten- und Krokodilleder, Schildkrötenpanzer und Elfenbein sowie Produkte aus diesen Materialien unter keinen Umständen kaufen! Diese Waren unterliegen nach dem *Washingtoner Artenschutzabkommen* in allen europäischen Ländern einem Einfuhrverbot, was bei Nichtachtung schwer geahndet wird.

☀ **Tip:** Informationen zu Zollbestimmungen finden Sie unter www.connexions.de.

Duty-free-Shop & Verpflegung

Der Duty-free-Shop in Accra ist besser geworden. Für alle, die sonst wenig Zeit im Lande haben, lohnt es sich, einige Minuten dort zu verweilen. Für die allerletzten Einkäufe gibt es, außer dem üblichen Angebot an Parfum, Tabakwaren, Süßigkeiten und exotischen Alkoholika, schöne *made in Ghana*-Produkte zu kaufen (in Devisen): Ghana-Videos, Souvenirs, Getränke, Schmuck und Kleidungsstücke. Ein heißer Favorit ist hier der *Alomo Bitters,* der augenzwinkernd als natürliches Viagra verhökert wird. Der Shop befindet sich in der großen Wartehalle, unmittelbar nach Erledigung der Ausreiseformalitäten. Es werden nur harte Währungen akzeptiert: Euro, US-$, Pfund.

Im Flughafengebäude gibt es momentan keine Restaurants. Doch draußen bieten zwei **Restaurants** den Reisenden noch einmal ghanaisches Flair und Essen an, ↗ Accra.

Flüge innerhalb Westafrikas

Von Ghana aus ist es nicht sehr schwierig, in andere Länder Westafrikas zu reisen. Visa für die jeweiligen Länder können in den meisten Fällen in deren Botschaften in ↗ Accra beantragt werden. Im Accra-Kapitel finden Sie außerdem die Adressen aller relevanten Fluggesellschaften vor Ort.

Andere Reisewege

Im Zuge der wirtschaftlichen Zusammenarbeit mit anderen westafrikanischen Ländern sind die Landesgrenzen Ghanas durchlässiger geworden. Reisende, die den Landweg bevorzugen, sollten so reisen, daß sie immer vor Einbruch der Dunkelheit den angestrebten Grenzposten passieren. Oft wird er bereits um 18 Uhr geschlossen.

Über Land

Es gibt drei theoretische Routen, über Land nach Ghana zu fahren: die **Westroute** durch Marokko und West-Sahara nach Mauretanien (wöchentlicher, begleiteter Konvoi durch vermintes Gebiet) und Senegal, von dort durch die krisengeschüttelten Küstenländer; die mittlere **Tanezrouft-Piste** von Algier aus; die **Hoggar-Route** über Ouargla, In Salah und Tamanrasset (bis da Teerstraße) nach Agades in Niger und von Niamey weiter über Ouagadougou (Burkina Faso) zur Ghana-Grenze in Paga. Da alle drei Routen mal durch politisch unruhige (Bürgerkriegs-)Länder, mal durch vermintes oder wegen häufiger Überfälle und Entführungen gefährliche Gebiete führen, *sind sie nicht zu empfehlen!*

Sollten Sie dennoch mit einem Auto nach Ghana fahren wollen, informieren Sie die ghanaische Botschaft zwei Wochen vor Reiseantritt. Teilen Sie Einzelheiten über das Auto, den beabsichtigten Grenzübergang und Tag der Ankunft mit. Ein internationaler Führerschein, Fotokopien der Autopapiere, 5 Paßfotos und eine Liste der Autohändler Ihrer Marke unterwegs (falls vorhanden) sollten nicht vergessen werden. So ist man für ein paar Eventualitäten vorbereitet.

Willkommen im Club: Der Citroën-Meister hat sein Ohr am Puls der Zeit

Tip: In Ghana werden meist japanische Autos gefahren. Hierfür sind Ersatzteile am ehesten zu bekommen. Ortsansässige Automechaniker kennen sich mit solchen Autos besser aus.

Die Grenze mit Burkina Faso

Zwischen *Ouagadougou* (Burkina Faso) und *Bolgatanga* (Ghana) fahren Sammeltaxis. Meistens muß man an der Grenze umsteigen. Oft ist in Pô/Burkina oder in Paga/Ghana eine Übernachtung nötig, da die Grenze nur tagsüber offen ist. Nördlich von Pô schneidet die Straße den *Parc National de Pô*, bekannt für seine Elefanten und Antilopen. Ein kleiner Grenzverkehr findet auch an der Nordwestgrenze in Hamale statt.

Die Grenze mit Togo

Die am häufigsten benutzte Grenzstation ist die zwischen *Aflao* und *Lomé* (Togo) im Osten. Die Togo-Hauptstadt bildet mit der ghanaischen Grenzstadt Aflao eine Einheit, die nur durch einen Grenzzaun geteilt wird. Aufgrund der regen Kontakte zu Togo, Benin und Nigeria stellt die Lomé-Grenze einen wichtigen Übergang dar. Accra ist nur 2 Stunden von dort entfernt, eine gut ausgebaute Straße verbindet die beiden Hauptstädte. Gerade diese Grenze ist sehr anfällig. Sobald sich die Beziehungen verschlechtern, wird sie geschlossen. Und trotz Ankündigung eines 24-Stunden-Dienstes wird die Grenze nachts ab 20 Uhr geschlossen.

Achtung: Theoretisch können Reisende aus Zentraltogo (Kpalimé) auch über den Grenzübergang in Wli-Afegame nach Ghana gelangen. Vor einiger Zeit ist jedoch die Verbindungsbrücke auf der togolesischen Seite zusammengebrochen. Wann sie repariert wird, ist ungewiß, deshalb sollte die Stelle lieber umfahren werden.

Die Grenze mit Côte d'Ivoire

Eine Schnellstraße verbindet Accra über *Takoradi* und *Axim* mit Abidjan, der Hauptstadt von Côte d'Ivoire. Von dem Grenzort *Elubo* geht's über Aboisso nach Abidjan. Der Grenzübertritt ist aufgrund des schwelenden Bürgerkriegs problematisch. Es gibt zwar keine Streitigkeiten unter den beiden Ländern, aber hier sind zwischen all dem Güterverkehr viele Flüchtlinge unterwegs, was zu chaotischen Umständen führt. Besonders auf der ivorischen Seite sollten Reisende mit zahlreichen Kontrollposten und rüden Soldaten rechnen. Die nördlichen Grenzübergänge sind alle unsicher.

Mit dem Schiff

Es gibt Frachtlinien, die regelmäßig von Casablanca nach Luanda fahren. So bietet *Grimaldi Lines* Schiffspassagen nach Westafrika an.

Ab Deutschland: Buchbar in Reisebüros mit Con/Ro-Schiffen (Container und Auto). Billigste Passage Hamburg – Tema derzeit 900 €. Dauer: 15 Tage. Neue Schiffe, gutes Essen, freundliche Besatzung, tolle Kabine. Route: Tema, Lomé, Cotonou, Lagos, Douala, San Pedro, Abidjan, Amsterdam, Hamburg.

Ab Ghana: Alle 7 Tage ab Tema. *Oceanic House,* Torman Road/Fishing Harbour Rd. PMB Comm. 1 Post Office, ✆ 022/214091-4.

Abgesehen von den vielen anderen Frachtschiffen, meistens aus Le Havre oder Dieppe in Frankreich, gibt es den Passagierdampfer *Marssalia,* der zwischen Marseille und Abidjan verkehrt.

DEN REISEALLTAG MEISTERN

Nach dem Motto »Wissen ist Macht« enthält dieses Kapitel ein Bündel von wichtigen, praktischen Informationen über Ghana, die Ihnen helfen sollen, Ihren Aufenthalt – vielleicht der erste in Afrika überhaupt – zu einem sinnvollen, interessanten Erlebnis werden zu lassen.

Zeitdifferenz

Ghana hat *Greenwich Mean Time* (GMT), was bedeutet, daß Accra zeitgleich mit London ist. Das heißt wiederum, daß Ghana 1 Stunde hinter der Mitteleuropäischen Zeit (MEZ) liegt. Im Sommer müssen die Uhren um 2 Stunden zurückgedreht werden, weil Ghana keine Sommerzeit hat.

Öffnungszeiten

Es gibt kein Ladenschlußgesetz. Die Bürozeiten der Behörden werden als Richtlinie im privaten Handel angesehen. Das **Wochenende** besteht aus Samstag und Sonntag und ist arbeitsfrei. Ebenfalls arbeitsfrei sind die **gesetzlichen Feiertage.** Dann sind Schulen, Geschäfte, Behörden, kurz das ganze »offizielle« Leben, geschlossen. Generell ausgenommen sind Stadien, Bars, Discos, Tanzhäuser, Kinos und die ewig temperamentvollen Märkte in den größeren Städten. Fällt ein Feiertag auf ein Wochenende, wird montags »nachgefeiert«.

Alle **regionalen Festtage** stellen keine Feiertage im eigentlichen Sinne dar. Selbst wenn sie landesweit bekannt sind und örtlich oft intensiv gefeiert werden, findet dies nur in privatem Rahmen statt; *Festkalender* ↗ »Land der tausend Feste«.

Gesetzliche Feiertage: *1. Jan:* Neujahrstag. *6. März:* Unabhängigkeitstag. *März/April:* Ostern. *April:* Id el Ada. *1. Mai:* Tag der Arbeit. *25. Mai:* Union Day. *1. Juli:* Tag der Republik. *Herbst:* Id el Fitr. *1. Fr im Dez:* Farmer's Day. *25. Dez:* Weihnachten. *26. Dez:* Boxing Day.

Staatliche Stellen: Mo – Fr 8 – 12.30 Uhr sowie 13.30 – 17 Uhr.

Geschäfte: Kaufhäuser schließen gegen 18 Uhr, kleine Lebensmittelläden und z.B. der Kaneshie-Markt in Accra bleiben meist bis 20 Uhr geöffnet.

Märkte: Ab 6 oder 8 – 18 Uhr.

Wechselstuben: Mo – Fr 8 – 17, Sa bis 13 Uhr, So geschlossen. Die großen Hotels verfügen oft über Wechselstuben, die auch sonntags arbeiten.

Banken: Mo – Do 8.30 – 14, Fr bis 15 Uhr.

Postämter: Mo – Fr 8 – 17 Uhr.

Museen und Sehenswürdigkeiten: ↗ jeweils Ortsbeschreibungen.

Geldwechseln

Cedi, die ghanaische Währung, kann man nur innerhalb Ghanas kaufen. Damit ist die Frage überflüssig, ob man besser in der Heimat tauschen sollte oder nicht; ↗ Reisevorbereitung, Zahlungsmittel.

Wechselstuben

In allen regionalen Hauptstädten gibt es Wechselstuben, *Forex Bureaux* genannt, die Devisen umtauschen: Euro, Dollar, Schweizer Franken, Pound Sterling und Yen. Die Geldwechsler nehmen meist nur große Scheine an.

> **WECHSELKURSE VOR ORT**
>
> Der Cedi-Kurs schwankt im Verhältnis zu anderen Währungen beträchtlich. Die Preise in diesem Buch sind daher in Euro angegeben. Stand Jan 2009:
> 1 € = 1,64 GHC
> 1 US$ = 1,16 GHC
> 1 Pfund = 1,85 GHC
> 1 SFr = 1,08 GHC

Die Umtauschmenge ist unbegrenzt. Es ist zwar nicht ausdrücklich verboten, Cedis außer Landes zu bringen, man bekommt nur nichts dafür im Ausland. Also nur nach Bedarf umtauschen. Was übrigbleibt, kann wieder in Devisen getauscht oder zum Schluß am Flughafen in Bier umgesetzt werden.

* **Tip:** Wegen der Masse von Geldscheinen, die man beim Wechseln erhält, empfiehlt es sich, immer nur kleine Beträge umzutauschen. Vor einer Tour in ländliche Gebiete sollte man jedoch größere Mengen wechseln, da Banken nicht überall vorhanden sind. Lassen Sie sich in diesem Fall große Scheine geben, die kann man besser am Körper verstauen.
* **Tip:** Die Erfahrung zeigt, daß es ratsam ist, vor dem Wochenende Geld zu tauschen. Samstags sind die Koffer der meisten Forex-Büros leer und Barmittel dann knapp.

Banken

Es gibt zahlreiche nationale und internationale Geschäftsbanken in Ghana, einige Geschäftsstellen sind im Accra-Kapitel aufgeführt. Alle Banken haben auch ein *Forex Bureau,* das Fremdwährungen wechselt. Vergleichen Sie möglichst den Kurs, bei den Banken (und den Hotels) liegt er oft etwas höher als bei den Wechselstuben, und bei größeren Summen kann es schon einen beträchtlichen Unterschied ausmachen.

Preisentwicklung

Die Inflation und ihre resultierende Geldentwertung sind ein steter Dorn im Fleisch der ghanaischen Wirtschaft. Stabile Preise zu garantieren, ist nahezu unmöglich, weil ständig nach oben korrigiert werden muß. Um im Buch annähernd korrekte Preise anzugeben, habe ich sie in Euro angegeben, damit der Realwert zum Vorschein kommt. Dies bedeutet aber nicht, daß auch in der Fremdwährung bezahlt werden kann. Man zahlt immer den aktuellen, umgerechneten Wert in Cedis.

Post & Telefon

Briefe und Postkarten nach Europa kosten weniger als 0,50 € Porto – also fast nix. Postlaufzeiten nach Europa betragen etwa sechs Tage, Eilpost braucht 3 – 4 Tage. Telegramme erreichen ihren Bestimmungsort innerhalb 24 Stunden. Außer den Postämtern, *Post Office,* verkaufen die großen Hotels Briefmarken und stellen gegen Gebühr Telefonverbindungen zu allen Ländern her.

Post empfangen: Postlagernde Sendungen werden in Accra, Kumasi, Takoradi und anderen Regional-Hauptstädten angenommen. Am einfachsten und schnellsten ist es natürlich beim *General Post Office* (GPO) im Commercial District von Accra. Der Schalter dafür heißt *Poste Restante* und genau das muß auf dem Brief in der Anschrift stehen. Briefe mit solchem Vermerk werden bei Vorlage des Reisepasses ausgehändigt. Theoretisch werden Briefe einen Monat lang aufbewahrt, es wird aber oft kritisiert, daß die Post in vielen Fällen bereits nach zwei Wochen zurück zum Absender geschickt wird.

Übrigens: In Ghana werden Briefe nicht direkt nach Hause zugestellt. In einem Land mit nur wenigen Straßennamen und klar numerierten Häusern fehlt einfach die hierfür notwendige Infrastruktur. Dies erklärt, warum alle Anschriften ein Postfach besitzen.

Paketsendungen von Ghana nach Europa mit Souvenirs, die nicht in den Koffer passen, sind unproblematisch, via Luftpost allerdings teuer. Der billigere Seeweg braucht dafür bis zu 10 Wochen. Solche Pakete sollten gut verpackt werden. In Europa angekommen, werden sie oft einer gründlichen zollamtlichen Kontrolle unterzogen.

Die ghanaische Post ist besser als ihr Ruf. Die meisten Pakete kommen spät, aber heil an. Es passiert zwar mal, daß etwas abhanden kommt, aber dies ist eher die Ausnahme.

Kurier und Fax

Eilbriefe oder Sendungen innerhalb Ghanas oder auch im internationalen Verkehr kann man per *EMS-* (in allen großen Postämtern), mit *UPS* oder *DHL-Kurier* (Accra) schicken. Für zuverlässige Telefon-, Telex- und Faxverbindungen sowie für Büroarbeiten geht man am besten in ein *Communication Centre;* zwei gute Shops dieser Art gibt's in Accra, siehe dort.

DHL Zentrale in Accra: ✆ 229722, 241501.
Kumasi: ✆ 23013; hinter dem Kriegsmuseum, gegenüber Kumasi Club.
Takoradi: ✆ 21073.

VORWAHLEN

Von Europa nach Ghana: 00233.
Für die jeweilige Stadt in Ghana die erste Null der Städte-Vorwahl weglassen.

Von Ghana nach Europa:
Deutschland: 0049
Schweiz: 041
Österreich: 0043
Holland: 0031, Belgien: 0032
R-Gespräche ins Ausland: 0191

Ortsvorwahlen in Ghana:

Aburi: 0876	Keta: 0966
Accra: 021	Kete-Krachi: 0953
Ada: 0968	
Aflao/Denu: 0962	Koforidua: 081
Akatsi: 0902	Konongo: 0531
Akim-Oda: 0882	Kpandu: 0962
Akosombo: 0251	Kumasi: 051
Amendzofe: 0931	Mampong/Ash: 0561
Anum: 0872	
Asankrangwa: 0392	Mampong/Akwapim: 0872
Awaso: 0303	Mpraeso: 0846
Axim: 0342	Nsawam: 0832
Bawku: 0743	Nvrongo: 0742
Bechem: 0632	Nkawkaw: 0842
Berekum: 0642	Obuasi: 05820
Bole: 0746	Walewale: 0715
Bolgatanga: 072	Salaga: 0752
Buipe: 0716	Saltpond: 0432
Cape Coast: 042	Samreboi: 0394
Damango: 0717	Sekondi-Takoradi: 031
Denu: 0962	
Donkorkrom: 0848	Sogakofe: 0968
Dormaa Ahenkro: 0648	Suhum: 0832
	Sunyani: 061
Dunkwa: 0372	Swedru: 041
Ejura: 0565	Tamale: 071
Elmina: 042	Tarkwa: 0362
Elubo: 0345	Techiman: 0653
Enchi: 0395	Tema: 022
Gambaga: 0762	Wa: 0756
Ho: 091	Wenchi: 0652
Hohoe: 0935	Winneba: 0432
Juapong: 0251	Yeji: 0568

✳ **Tip:** Wer dringend Nachricht oder Geld aus Europa benötigt, kann sich im **Notfall** mit seiner diplomatischen Vertretung in Verbindung setzen, oder sich an ein großes Hotel oder *Communication Centre* wenden. Sie alle haben exzellente Kommunikationsmöglichkeiten und Bankverbindungen, auf die man vertrauen kann. Auf Geldtransfer spezialisiert ist **Western Union**, erreichbar bei allen Postämtern, ✆ 0180/5225822, www.reisebank.de.

Telefonieren

Die Zahl der Telefonapparate im Land hat sich in den letzten Jahren fast verzehnfacht und der Bedarf ist ungebrochen. Mittlerweile können Privatkunden von allen Klein- und Großstädten aus direkt ins Ausland telefonieren. Alle öffentlichen Apparate sind für das In- und Ausland geeignet.

In den großen Städten kann man aus **öffentlichen Telefonkabinen** Gespräche ins Ausland im Selbstwahlverfahren führen. Telefonkarten dafür gibt es zu 25, 50, 100 und 150 Einheiten. Außer bei Postämtern gibt es sie auch in Tankstellen und kleinen Läden, immer auf Hinweise im Schaufenster achten. Telefongespräche aus öffentlichen Kabinen nach Mitteleuropa kosten tagsüber circa 1,50 € die Minute. Als Minimum werden 3 Minuten berechnet.

Man hält nicht nur Ausschau nach öffentlichen Telefonkabinen, sondern auch nach Menschen hinter **kleinen Tischen** und mit Telefonapparaten vor sich. Oft haben sie Sonnenschirme über sich aufgespannt. Bei ihnen kann man überallhin telefonieren. Auf den Hauptstraßen aller Städte geht man selten länger als 150 Meter, ohne sie anzutreffen. Sie heißen oft in Großbuchstaben: *Space to Space, Areeba, Tigo* oder *OneTouch*.

Mobil telefonieren: Jeder dritte Ghanaer hat mittlerweile ein Mobiltelefon. Mehrere Mobiltelefongesellschaften kämpfen um die Gunst der Kunden. Ende 2008 erst übernahm Vodafone 70 % von Ghana Telecoms Mobiltochter OneTouch.

Mit *Areeba* und *OneTouch* haben D1, D2 und E-Plus ein *Roaming*-Abkommen geschlossen. Jetzt können Kunden in Deutschland ihre Handys mitnehmen und sich sofort in die ghanaische Mobiltelefondienste einschalten.

✳ **Tip:** Kaufen Sie in Ghana eine zeitlimitierte SIM-Karte von z.B. *Areeba*. Damit telefonieren Sie zu ghanaischen Tarifen. Eine SIM-Karte für 3 Monate kostet zur Zeit 7 €.

✳ **Tip:** Da es immer mehr Mobiltelefonkunden gibt, sollten Sie sich daran gewöhnen, immer die **Vorwahlen** von Telefonnummern mit anzugeben

High Street Accra: Mobile Telefonzelle für Mobile Calls

oder aufzunehmen. So wissen Sie auf Anhieb, ob es sich um eine Mobil- oder Festnetznummer handelt.

Vorwahlen von Mobilanbietern:
020 = *OneTouch*
024, 0244 = *MTN*
0243 = *Areeba*
026 = *Zain*
027 = *Tigo*
028 = *Kasapa*

Gesundheitstips

Die vorbeugenden Impfungen sind kein Garantieschein gegen Krankheit. Sie helfen dem Körper in erster Linie, genügend Abwehrkräfte zu entwickeln. Am problematischsten ist immer das **Trinkwasser.** In den Städten ist das Leitungswasser trinkbar, selbst wenn alle medizinischen Ratgeber davor warnen. Auf dem Land allerdings sollte man Wasser unbekannter Herkunft am besten gar nicht trinken. Die Empfehlung, Wasser vor dem Trinken mindestens 15 Minuten lang abzukochen, ist gut, aber unpraktisch. Besser sind Desinfektionstabletten wie *Micropur* oder *Romin,* die jedes Wasser innerhalb einer Stunde keimfrei machen. Micropur ist geschmacksneutral und gilt als unschädlich. In Accra werden Filter namens *Filltrix* vertrieben, www.tropicare.com.

Die Umstellung auf **ungewohnte Kost** führt leicht zu Unpäßlichkeiten. Verzichten Sie zunächst auf scharfe Gerichte und unbekanntes Essen, bis der Körper und die Seele sich den neuen Gegebenheiten angepaßt haben. Überhaupt sollte man keine rohen Muscheln oder Fleischspezialitäten essen, weil damit die Erkrankungsgefahr (Cholera, Hepatitis, Typhus) größer wird. Ebenfalls problematisch können Milchprodukte werden. Zu schnell getrunkene eiskalte Getränke können ebenso wie ungewohnte Obstsäuren den Magen kräftig durcheinander bringen. »Montezumas Rache« erreicht Sie sonst trotz der großen Entfernung zu Mexiko … Leichte Durchfallprobleme liegen im Bereich des Normalen.

☀ **Tip:** Um Krankheiten vorzubeugen, beherzigen Sie zwei **Tropenregeln:**
- Kein Alkohol vor Sonnenuntergang.
- Peel it, cook it or forget it!

Was tun bei …?

Durchfall: Die Keime der *Reisediarrhoe* wie auch anderer Darmerkrankungen werden über die Nahrung (Muscheln, Austern, Salat, ungeschältes Obst) und über Flüssigkeiten (Milchgetränke, Eiswürfel, Speiseeis) aufgenommen. Wen es erwischt hat, der sollte viel trinken, jedoch keine Zitrussäfte. Um den hohen Flüssigkeits- und Mineralstoffverlust zu ersetzen, haben sich Coca-Cola oder Mineralwasser mit je einem Eßlöffel Zukker und Salz angereichert oder gesüßter schwarzer Tee und Salzgebäck bewährt. Mindestens drei Liter pro Tag trinken. Dauert der Durchfall länger als eine Woche und geht mit Fieber einher, sofort zum Arzt!

Erkältungen – in einem warmen Land ohne große Temperaturschwankungen eigentlich kein Problem – kommen durch starke Zugluft in fahrenden Autos und Zügen sowie vor allem durch zu kalt eingestellte Klimaanlagen in Restaurants, Luxuszimmern oder Schalterhallen vor. Mit einer leichten Jacke ist man gegen den Heiß-Kalt-Wechsel gut gerüstet.

Verletzungen, auch wenn sie nur klein sind, sollten sofort mit Antiseptikum behandelt werden, bevor sie zu eitrigen Entzündungen führen. In den Tropen passiert das sehr schnell.

Cholera: Einem Infektionsrisiko – über das entgegen WHO-Meldungen in Ghana selbst nichts bekannt ist – kann durch besondere Vorsicht und Hygiene beim Essen und Trinken begegnet werden. Die Impfung wird wegen ihres begrenzten Schutzes und unangenehmer Nebenwirkungen nicht mehr empfohlen und verlangt. Nach einer Infektion (erste Anzeichen sind Brechdurchfall und hohes Fieber) ist eine sofortige ärztliche Behandlung nötig.

Schlafkrankheit *(Trypanosomiasis):* von der Tsetse-Fliege übertragene Parasitenerkrankung, verläuft unbehandelt tödlich. Für Menschen besteht in Ghana jedoch kein großes Risiko.

Flußblindheit *(Onchozerkose)* und **Bilharziose** werden durch Larven verursacht, die sich in stehendem oder langsam fließendem Süßwasser tummeln, besonders solchen, die durch Exkremente veunreinigt sind. Beim Baden oder Waschen im verunreinigten Wasser bohren sich die Larven unter die Haut, dringen bis zu den inneren Organen vor und lassen sich von dort nur sehr schwer wieder vertreiben. Also lieber auf ein Bad verzichten und sich im übrigen an den Einheimischen orientieren. Da sehr schwer zu sagen ist, wo die Gefahr der Bilharziose lauert und es keine amtlichen Hinweise gibt, sollte man stets Vorsicht walten lassen.

Ganz zum Schluß sei gesagt, daß die **Kraft der Sonne** niemals unterschätzt werden darf. Lange körperbedeckende Kleidung schützt nicht nur vor ihr, sondern auch vor Stechmücken aller Art.

Medizinische Hilfe in Ghana

In den Groß- und Kleinstädten ist die medizinische Versorgung ausreichend. Relativ gut ausgestattete Krankenhäuser mit qualifizierten Ärzten, die sich hervorragend mit tropischen Krankheiten auskennen, sind in allen Städten mit mehr als sechstausend Einwohnern vorhanden. Auf dem Land ist dies natürlich anders. Da sind die Entfernungen zwischen den Krankenhäusern groß. Im Falle des Falles immer einen Arzt aufsuchen. Manche ghanaische Ärzte haben in Deutschland oder in der Schweiz studiert und sprechen Deutsch, besonders in Accra, Takoradi und Kumasi.

Health Post: In Ortschaften mit 1000 – 2500 Einwohnern, meist auf dem Stand einer Erste-Hilfe-Station. Keine Ärzte.

Health Centre: Im ländlichen Raum in Orten mit bis zu 20.000 Einwohnern. Häufig die erste Station für ambulante Hilfe, sie bietet die medizinische Grundversorgung hinsichtlich Geburten, Hygiene, Ernährung und Labordiensten. Auch kleinere Operationen können hier durchgeführt werden, allerdings sind keine Ärzte, sondern lediglich *Medical Assistants* (medizinische Fachkräfte) vor Ort. Schwierigere Fälle werden ans nächste District Hospital überwiesen.

Government Hospital: In Kleinstädten bis 100.000 Ew. Von Ärzten geführt.

District Hospital: Ist in den Distrikthauptstädten für die medizinische Versorgung der 100.000 – 200.000 Menschen der Region verantwortlich. Die Hospitals haben rund 60 Betten und werden von Ärzten geführt.

Polyclinic: In Großstädten das Pendant zum Health Centre. Allerdings sind sie größer und werden von Ärzten geführt. Polyclinics gibt es in Accra, Kumasi, Tema und Sekondi-Takoradi.

Regional Hospital: Moderne Häuser, die in den 10 Regionalhauptstädten kompetente medizinische Versorgung gewährleisten sollen.

Teaching Hospital: Große Klinik, in der medizinisches Fachpersonal und Ärzte ausgebildet werden.

Private: Hinzu kommen viele *Missionseinrichtungen* und *Privatkliniken*, besonders in den Großstädten. Viele dieser Einrichtungen sind jedoch schlecht ausgerüstet, oft ist Personalmangel ein Problem.

In den größeren Ortschaften gibt es **Apotheken,** *Drugstores,* die Medikamente frei verkaufen. Deutsche Marken werden vielleicht nicht vorhanden sein, aber eine gute Beschreibung (bzw. der Beipackzettel) des Gesuchten hilft immer weiter.

✳ **Notfall-Tip:** Die *West African Rescue Association (WARA)* bietet ihren Mitgliedern medizinische Beratung und Betreuung 24 Stunden täglich. WARA betreibt Boden- und Luftrettung innerhalb des Landes auf deutschem Standard und ist durch eigenes medizinisches Personal der Ansprechpartner für Informationen zu Fachärzten, Apotheken oder Malariabehandlung. Näheres unter www.westafrican-rescue.com.

Presse & Medien

Die Presse in Ghana ist ausschließlich englischsprachig. Die Zeitungslandschaft ist sehr bunt, mittlerweile gibt es sieben Tageszeitungen. Die wichtigsten Tageszeitungen bleiben weiterhin die *People's Daily Graphic* (circa 150.000) und die *Ghanaian Times* (100.000). Neben diesen beiden gibt es Publikationen, die von den politischen Parteien herausgegeben werden. Hinzu kommen fünf Wochenzeitungen; die auflagenstärksten, landesweit erhältlichen sind *Mirror* und *Chronicle*. Die anderen Wochenzeitungen sind meist nur in und um Accra erhältlich. *Uhuru,* eine Kulturzeitschrift, erscheint einmal im Monat.

Internationale Zeitungen und Zeitschriften wie *Herald Tribune, Financial Times, Times, Newsweek, West Africa* oder *Africa Magazine* kann man problemlos in allen großen Hotels in Accra und bei einigen guten Kiosken kaufen. Einige Magazine wie *Jeune Afrique* sind auch immer dabei. Im übrigen Land muß man sich

GESUCHT UND NICHT GEFUNDEN

Die ghanaische Gesellschaft kennt kein Fundbüro. Alles was man findet, wird als ein Geschenk Gottes betrachtet und gehört folglich dem Finder. Demjenigen, der etwas verliert, sei es durch Nachlässigkeit oder Unaufmerksamkeit, wird kein Mitleid geschenkt, er muß jeden Verlust als einen Schicksalsschlag akzeptieren. Vielleicht kommt es vor, daß gefundene Sachen doch zur Polizei gebracht werden. Gehen Sie also schnurstracks dorthin, wenn Sie etwas verlieren sollten. Es bestehen nur geringe Chancen, daß das Verlorene wieder auftaucht, aber auch in Ghana sind Wunder möglich.

KONSULARISCHE HILFE

Wer gar nicht mehr weiter weiß, kann sich an das Konsulat seines Heimatlandes wenden. Alle akkreditierten Botschaften haben ihren Sitz in ↗ Accra.

DEN REISEALLTAG MEISTERN 161

grundsätzlich mit nationalen Publikationen zufriedengeben.

Deutschsprachige Zeitungen und Zeitschriften wird man auf der Straße vergeblich suchen, allerdings kann man in einigen Hotels und Supermärkten in Accra den *Spiegel* und manchmal die *Frankfurter Allgemeine* kaufen.

Im *Goethe-Institut* in ↗ Accra können Sie deutschsprachige Printmedien einsehen.

*Tip: Die meisten Zeitungen und Zeitschriften wird man in Accra in den Supermärkten *Max Mart* (Liberation Road), *Koala* (Osu) oder *A&C* (Madina) finden, wo manchmal auch Publikationen auf Französisch erhältlich sind.

Rundfunk und Fernsehen

Die *Ghana Broadcasting Corporation* (GBC) übt die **Rundfunkhoheit** in Ghana aus. **GBC-Radio 1** sendet über 15 Stunden täglich Programme in 5 ghanaischen Hauptsprachen.

GBC-Radio 2 ist der englischsprachige Sender, der auch Werbung ausstrahlt. Ein Auslandssender der GBC erreicht Hörer im westafrikanischen Gebiet mit englisch- und französischsprachigen Programmen.

UKW-Sender sind überall vertreten. Accra hat circa 15 Stationen, Kumasi 12 und jede Stadt, die etwas auf sich hält (und das sind alle) hat mindestens eine Station, wenn nicht mehrere.

Wer einen Weltempfänger dabei hat, kann abends die **Deutsche Welle** auf Kurzwelle empfangen: 15410, 17765, 17800, 17860, 21465 kHz.

Ghana hat eine staatlich geführte **Fernsehanstalt** – **GBC Television**. TV-Programme in Farbe sind eine Selbstverständlichkeit (PAL-System). Circa 70 % der Sendungen und Serien sind in Englisch, der Rest wird in ghanaischen Sprachen ausgestrahlt. Deutsche Welle-TV (DW-TV) wird in den Morgenstunden zugeschaltet.

GBC-TV hat die höchsten Einschaltquoten. Die Programmgestaltung ist eindeutig ghanaisch, das heißt, afrikanische Themen haben Vorrang. Fast jeden Abend gibt es die populären Shows und Gesellschaftsspiele über lebensnahe Themen wie Korruption, Ehebruch, Undankbarkeit usw. Immer dann, wenn sich Menschentrauben vor einem Fernsehgerät versammeln, läuft mit Sicherheit irgendeine ghanaische Variante einer zu Herzen gehenden *Soap Opera*.

Seit neustem steht das staatliche Fernsehen in Konkurrenz zu Privatsendern. **TV3** und **MetroTV** senden bereits im Großraum Accra. Desweiteren gibt es Pay-TV, das **M-Net**, für diejenigen, die eine Satelliten-Schüssel besitzen und die teuren Abo-Gebühren bezahlen wollen. Kanäle sind TV Agoro, V-Net TV, Cable Gold TV, Multichoice TV, TV Africa und Fantazia TV.

Unterkunft

Ein Wort zum Luxus: Oft sind die Hotel- und Restaurantpreise mit denen in Europa vergleichbar, manchmal liegen sie sogar ein wenig darüber. In Relation zu den Lebenshaltungskosten sind sie durchweg teuer. In Afrika kostet es einfach mehr, Annehmlichkeiten auf europäischem Niveau anzubieten. Was zum europäischen Komfort gehört, sind zum größten Teil Sachen, die für teure Devisen importiert werden müssen: Klimageräte, Weine, Spirituosen, Lebensmittel,

Fahrstühle, moderne Kücheneinrichtungen usw. Nicht nur das, es kostet ebenfalls viel Geld, diesen Standard zu halten, weil Instandsetzungen oft von teuren Spezialisten geleistet werden müssen. Nur ein verschwindend kleiner Teil der einheimischen Bevölkerung kann sich solchen Luxus leisten, er ist praktisch ausländischen Urlaubern und Geschäftsleuten vorbehalten.

Über das Wie & Was: In allen größeren Orten Ghanas sind annehmbare Hotels bzw. Gasthäuser zu finden. Vorherige Buchungen sind nicht nötig, da Tourismus noch immer keine große Rolle spielt.

Wer in ländlichen Gebieten unterwegs ist, sollte immer erst die regionalen Hauptstädte ansteuern. Dort ist es einfacher, eine Unterkunft zu finden, und man kann von dort aus leicht Ausflüge in die nähere Umgebung machen. Im allgemeinen sollte man die Kleinstdörfer meiden, da dort – außer vielleicht mit Privatunterkünften – nicht mit Hotels gerechnet werden kann.

Hotel-Kategorien

Preislich gesehen sind ghanaische Hotels, besonders in den gehobenen Kategorien, nicht viel billiger als in Europa. Die oberste Kategorie mit 5 Sternen wird man außerhalb Accras vergeblich suchen. Sehr oft werden nur Doppelzimmer (DZ) angeboten. Wenn Einzelzimmer (EZ) vorhanden sind, sind sie nicht nennenswert billiger. Alleinreisende Frauen haben in ghanaischen Hotels nichts zu befürchten, sie werden korrekt behandelt.

Das **Preis-Leistung-Verhältnis** klafft sehr oft weit auseinander. Man zahlt in der Regel viel mehr, als man bekommt.

Mitten im Hafengewühl: Das Bridge House in Elmina ist heute eine schmucke Unterkunft

Deswegen nicht nur auf die Preise schauen, sondern sich konkret von der Leistung überzeugen.

- 5★-und 4★-Hotel: Luxusherberge von internationalem Standard, mit allen Schikanen ausgestattet. Sie haben klimatisierte Zimmer mit Bad/WC, TV, Video, Internet, Telefon und besitzen Swimmingpool, Konferenzräume, Boutiquen usw. DZ ab 90 €.
- 3★-Hotel: Großer Komfort, klimatisierte Zimmer, WC/Bad, Telefon, oft in zentraler Lage und mit Swimmingpool. Ein DZ 65 – 95 €.
- 2★-Hotel: Einfacher Komfort, in der Regel sind die oft klimatisierten Zimmer mit WC/Dusche ausgestattet. DZ 35 – 60 €.
- 1★-Hotel: Einfachste Ausstattung, teilweise Gemeinschaftsduschen und -WC und zumeist ohne Restaurant, Klimaanlage und Parkplätze. Mit 10 – 20 € gelegentlich etwas übertäuert.
- ♠ Hotels ohne weitere Kennzeichnung und ohne jeglichen Komfort, in denen der Gast nur mit einem einigermaßen sauberen Bett rechnen kann, kosten meist unter 10 €.

PIKTOGRAMME & ABKÜRZUNGEN

- ♠ ⊠ = Hotel mit Restaurant
- ♠ ⊔ = Hotel mit Café/Bar
- ♠ ♪ = Hotel mit Disco/Live-Musik
- ♠ ≈ = Hotel mit Swimmingpool
- ♠ ☉ = Hotel mit Souvenirshop
- ♠ ⊖ = Hotel mit Wechselstube
- ♠ @ = Hotel mit Internetcafé
- ♠ ⊝ = Hotel mit Autoverleih
- ♠ ⋏ = Hotel mit Camping
- ♠ ⊠ = Hotel mit Fitnesstudio
- ♠ ⊁ = Hotel mit Reitmöglichkeit
- EZ/DZ = Einzel-/Doppelzimmer
- AC = Air Condition, Klimaanlage

Guesthouses & Motels

Fast alle großen oder wichtigen Betriebe und Institutionen in Ghana verfügen über **Guesthouses,** die nur ganz privat genutzt werden können. Es handelt sich oft um schöne, gutgepflegte Häuser im Kolonialstil. Wer Kontakte zu Firmen in Ghana hat, sollte immer fragen, ob sie über solche Beherbergungsmöglichkeiten auf dem Lande verfügen.

Andernorts für motorisierte Reisende gedacht, sind die wenigen **Motels,** die es in Ghana gibt, nicht für Touristen geeignet. Wenn sich ein Motel im Stadtzentrum befindet, ist es mit fast hundertprozentiger Sicherheit ein Stundenhotel, dies gilt ganz besonders, wenn keine Parkplätze ausgewiesen sind.

VERKEHRSMITTEL & -WEGE

Ghana besitzt ein relativ gut ausgebautes, dichtes Straßennetz. Es gibt ungefähr 35.000 Straßenkilometer, von denen rund 10.000 km asphaltiert sind. Praktisch alle Landesteile sind mit dem Auto bzw. Bus erreichbar, wenngleich lediglich die Hauptzentren im Süden über gute Verbindungsstraßen verfügen. Weitere 6500 km sind planiert und gelten als Allwetterstraßen. Diese sind während der Regenzeit nur mit viel Mühe passierbar.

Straßennetz und -verhältnisse

In den dichtbesiedelten südlichen Regionen konzentriert sich das Straßennetz auf die drei großen Städte Accra, Takoradi, Kumasi. An der 649 km langen asphaltierten Strecke Accra – Tamale liegen fast alle übrigen wichtigen Städte: Nsawam, Nkawkaw, Konongo, Techiman,

Kintampo. Ebenso kann man von Aflao an der Togo-Grenze bis Elubo an der ivorischen Grenze auf einer gut ausgebauten Straße fahren. Diese Strecke führt über Ada, Tema nach Accra und weiter entlang der Küste nach Winneba, Saltpond, Cape Coast, Elmina, Sekondi-Takoradi und Axim bis zur Grenze.

Auf dem Land und im Norden, wo Entwicklung und Bevölkerungsdichte gleichermaßen gering sind, bestehen die wenigen, zumeist ungeteerten Straßen aus der typischen, rötlich schimmernden Lateriterde. Normalerweise sind solche Straßen auch gut befahrbar, wenn man von dem ärgerlichen Staub absieht und davon, daß sie sich in der Regenzeit in teilweise unpassierbare Schlammpisten verwandeln. Wer abseits der Hauptstraßen reisen will, sollte sich auf jeden Fall entsprechend kleiden, das heißt keine helle Kleidung anziehen. Auf den Kopf gehört ein Hut, eine Mütze oder ein Tuch, wenn der aufgewirbelte Staub nicht in den Haaren landen soll.

☀ **Tip:** Generell sollte man bedenken, daß Reisen auf eigene Faust mit dem Tro-Tro, Minibus oder Sammeltaxi sehr zeitaufwendig, wenig komfortabel und daher nur Reisenden mit viel Zeit zu empfehlen sind.

Mit dem Bus fahren
Überlandbusse: Intercity-STC & Alternativen

Inzwischen wurde die staatlich geführte *State Transport Company* nach einer Privatisierung in **Intercity-STC** umgetauft. Das Anhängsel STC wird nur noch wegen des guten Namens geführt. Das Verkehrsnetz ist mehr oder weniger das gleiche geblieben. Besucher in Ghana ohne eigene Transportmittel sollten im-

> **TELEFONNR. ALLER STC-BÜROS**
> Accra: ✆ 021/221-932
> Aflao: ✆ 0962/30247
> Bolgatanga: ✆ 072/22408
> Cape Coast: ✆ 042/32110
> Ho: ✆ 091/26728
> Kumasi: ✆ 051/24285
> Sunyani: ✆ 061/23603
> Takoradi: ✆ 031/233-51, -52
> Tamale: ✆ 072/22444
> Tema: ✆ 022/204793
> Wa: ✆ 0756/22026

mer versuchen, mit diesem Unternehmen zu reisen. Intercity-STC hat seine Hauptstützpunkte in Accra, Kumasi, Takoradi, Tamale, aber sein Verkehrsnetz umspannt fast ganz Ghana. Die Busse fahren zu festen Zeiten, sind zuverlässig und fahren zu akzeptablen Preisen.

Die Tickets der Intercity-STC sind begehrt, was auf einigen Strecken zu Gedränge an den Bahnhöfen führt. Da Tickets einen Tag vorher gekauft werden können, sollte man dies möglichst tun. In solchen Fällen braucht man sich nicht in die normale Schlange einzureihen, sondern kann direkt dem In-Advance-Schalter zusteuern. An der Intercity-STC-Buszentrale sind Tickets zwischen 7 und 17 Uhr erhältlich. Die Busfahrpläne wechseln oft, es hat daher keinen Sinn, hier Routen zu nennen. Man sollte sich immer bei der Verwaltung erkundigen. Die Intercity-STC-Verwaltung, bei der man auch Auskünfte bekommt, liegt in Accra im Stadtteil Kaneshie, Ring Road West.

Weil Intercity-STC sein Verkehrsnetz kontinuierlich ausdünnt, werden viele

Ziele, besonders im Norden Ghanas, nicht mehr angesteuert. Zum Beispiel werden Bolga oder Bawku nur von Accra und Kumasi aus mit STC erreicht.

Als gute Alternative haben sich die Busse von **Kingdom Transport, KTC,** und **NEOPLAN** erwiesen, die fast überallhin fahren, zum Teil neuere Busse einsetzen und etwas niedrigere Preise haben. Besonders ab Kumasi zu Zielen im Norden (außer Tamale) sind die Neoplan-Busse die bessere Wahl. Die Station in Kumasi ist neben dem Asafo Market, in Accra kennt jeder Taxifahrer die Neoplan-Station am Kwame Nkrumah Circle.

KTC fährt nicht überall hin, ist aber von Accra oder Kumasi aus ebenfalls viel im ganzen Land unterwegs. In Accra halten diese Busse (blau-gelb) im Stadtteil Kaneshie, etwas westlich des STC-Bahnhofs.

✳ **Faustregel für ein Höchstmaß an Reisesicherheit in Ghana:** In den Großstädten erst nach Intercity-STC-Bussen fragen. Wenn nicht vorhanden oder voll, nach der nächsten Neoplan- oder KTC-Station fragen.

Preisbeispiele MMT-Bus:
Accra – Swedru: 1 €
Accra – Winneba: 0,60 €
Bolga – Kumasi: 6 €
Bolga – Tamale: 2 €
Swedru – Kumasi: 3 €
Takoradi – Tarkwa: 0,60 €
Takoradi – Half Assini: 17 €

ECOWAS-Städte
Der *Trans Ecowas Express* der Firma *STIF,* ✆ 021/233369, unterhält exzellente Busverbindungen mit den Städten der benachbarten Länder. Die Zentralhaltestelle liegt in Accra-Kaneshie, in der Nähe Intercity-STC-Station. In der Zentrale sind ein Tag vor der Abreise Fahrkarten erhältlich.

Metro Mass Transit (MMT)
Nach der Privatisierung des Langstreckenverkehrs 1998 übernahm 2003 wieder der Staat das Unternehmen. Seitdem existieren die *Kufuor-Busse*. Mit der Gründung der MMT als Ersatzorganisation für OSA verbesserte sich das städtische Verkehrswesen erheblich. MMT verdreifachte die Anzahl der Busse, die innerstädtisch als Stadtbusse und überregional als Überlandbusse verkehren. Sie sind eine gute Alternative zur privatwirtschaftlich organisierten Konkurrenz. MMT-Busse sind so billig und beliebt, daß die Privatkonkurrenz sie oft als eine unfaire Bedrohung ihrer Existenz verdammen. Mittlerweile sind MMT-Busse überall in Ghana unterwegs und können wärmstens empfohlen werden. Fahrpläne gibt es nicht, man stellt sich einfach an eine Station und wartet, bis ein Bus kommt. Ihr einziger Nachteil: Sie sind fürchterlich langsam, weil sie überall halten; ↗ www.metromass.com.

Die Flitzer der GPRTU
Soll es schnell gehen, empfiehlt sich eine Fahrt mit den Minibussen der GPRTU, *Ghana Private Road Transport Union*. Die GPRTU ist eine Gewerkschaft, die sich in den vergangenen Jahren professionalisiert hat und für ihre Mitglieder inzwischen erfolgreich bei Banken für die Finanzierung von neuen Minibussen bürgt. Die Qualität des öffentlichen Fuhrparks

Ob's hilft? Segenssprüche und Gottesbekenntnisse schmücken Busse und Tro-Tros

hat sich dadurch sehr verbessert. Überall in den Car Stations fallen die neuen silbernen Minibusse für 12 – 15 Passagiere auf, die zum Teil in eigenen Expreß-Abteilungen eingesetzt werden. Sie verkehren direkt zwischen den Städten, sind schnell und fahren zu kontrollierten Preisen, d.h., daß die GPRTU die Preise nach Absprache mit der Regierung festlegt und sich dabei nach Entfernung und aktuellen Benzinpreisen richtet. Eilige fragen einfach nach dem »Expreß-Bus«, der allerdings ein wenig mehr kostet als die normalen Busse.

Tro-tro

Das legendäre **Tro-tro** existiert zwar noch, wurde aber so modernisiert, daß es nicht mehr wiederzuerkennen ist. Ursprünglich war es ein Holzauto, das für wenig Geld Leute von einem Punkt zum nächsten transportierte. Heute ist das Tro-tro ein Kleinbus, der nur innerstädtisch verkehrt, oft schlecht gewartet, fürchterlich unbequem, schnell und billig ist. Es wird fast immer im Linienverkehr eingesetzt.

Der Name Tro-tro geht auf die frühere Bezeichnung für Threepence in der Twi-Sprache zurück: *Tro.* Übersetzt heißt das: Autos, die ein paar Cent kosten.

Achtung: Außer bei Taxis wird bei allen anderen Transportmitteln eine Gebühr für Gepäckstücke verlangt. Bei der STC werden diese sogar ordentlich gewogen.

Die Car Stations

Alle Städte in Ghana haben eine *Car Station* (Kfz-Station). Sie sind sehr interessante Orte, vor allem in den Städten. Die Atmosphäre dort ähnelt oft der der Märkte, neben denen sie meist liegen.

Die vielen Menschen, der Lärm, die Farben und die Vitalität der Marktschreier, die Fahrgäste anlocken, haben es immer in sich und zeigen ein Stück aus dem alltäglichen Leben. Hier sitzen Passagiere, die geduldig auf den Beginn ihrer Reise warten, dort sind Essensverkäufer, die durch die Menge lavieren, um ihre Ware an den Kunden zu bringen, weiter vorne ein Lottoexperte, der in lauten Tönen versucht, die richtigen Lottonummern zu verkaufen.

Tip: In großen Städten gibt es mehrere Car Stations, von wo aus verschiedene Routen bedient werden. Da die Stations weit auseinander liegen, nehmen Sie besser ein Taxi, bevor Stress entsteht. In Kumasi sagen Sie z.B. bloß »Cape Coast-« oder »Accra-Station«, und Sie werden korrekt abgesetzt.

Taxifahren in Ghana

Taxis kommen in zwei Varianten vor: **Sammeltaxis** fahren eine bestimmte Route und weichen nicht davon ab. Unterwegs steigen Leute ein und aus, dafür zahlt man weniger als in einem individuellen Taxi; zwischen ein paar Cents und 0,70 € für eine Fahrt bis 5 km.

Wenn man an einem ganz bestimmten Ort abgesetzt werden will, nennt man das **Dropping.** Das bedeutet, man fährt allein und zahlt mehr; durchschnittlich zwischen 3 – 5 €. Taxis können per Handzeichen angehalten werden; in den großen Städten haben außerdem die Car Stations in ihrer Nähe Taxistände. Preise sollten immer vorher ausgehandelt werden, denn ghanaische Taxis mit Taxametern kann man an den Fingern abzählen. Innerhalb von etwa 5 km sollte der Fahrpreis umgerechnet 5 € nicht überstei-

Drecknäpfchen: Zwischen Accras Gehwegen und Straßen liegen offene Abwasserkanäle

gen; vom bzw. zum Flughafen ↗ Anreise, Kotoka.

Natürlich können alle Ortschaften in Ghana mit Tro-Tros, Klein- oder Überlandbussen zu äußerst günstigen Preisen erreicht werden. In diesem Buch sind dennoch oft Taxifahrten erwähnt, weil diese erschwinglich sind, man sich dabei Autos in gutem technischen Zustand aussuchen kann und zudem wertvolle Zeit spart. Besonders für zwei oder mehr Personen sind Taxis sinnvoll. Wer nur auf den Preis schaut, sollte allerdings zur Car Station gehen.

☀ **Tip:** Bei **Besichtigungstouren** per Taxi oder Mietwagen mit Chauffeur sollte man sich nicht unbedingt auf die Ortskenntnisse der Fahrer verlassen. Viele Ghanaer kennen ihre Städte bzw. ihr eigenes Land nicht sehr gut und wissen oft nicht, wo die Sehenswürdigkeiten zu finden sind. Es ist deswegen ratsam, sich vor Aufbruch immer die Richtung und den Weg auf der Karte einzuprägen und eventuell sogar Lotse zu spielen. Es spart kostspielige Irrungen und Wirrungen.

Per Mietwagen unterwegs

Ghana im Mietauto zu erkunden, wäre eine recht teure Angelegenheit, und ist nur Geschäftsleuten mit wenig Zeit zu empfehlen. Ohne Zweifel ist eine Tour im Mietwagen die bequemste und schnellste Art zu reisen, selbst wenn dabei sehr viel von der Vitalität des afrikanischen Alltags an einem vorbeigeht. Wer in Afrika nicht mit dem öffentlichen Transportsystem reist, versäumt wahrhaftig interessante Begegnungen und bleibt allein oder bloß unter sich.

Es gibt zwei Arten von Mietwagenanbietern. Jedes **Taxi** läßt sich im Handumdrehen in ein Mietauto verwandeln, wenn der Preis stimmt und der Fahrer willig ist. Innerstädtisch kostet eine Stunde Fahrt circa 6 €.

Mietwagenfirmen haben ihre Büros oft in den guten Hotels. Neben einheimischen Firmen sind auch *Hertz* und *Avis* vor Ort aktiv, Adressen ↗ »Accra« und »Kumasi«. Bis vor kurzem wurden alle Mietautos grundsätzlich mit Chauffeur vermietet. Mittlerweile kann man im gemieteten Auto selbst fahren, aber der Grundpreis ändert sich dadurch kaum. Generell muß man für einen Wagen tief in die Tasche greifen: Mindestpreise beginnen je nach Ausführung bei 50 – 100 € (mit Chauffeur) pro Tag.

In Ghana gibt es wenig Abschleppdienste oder Pannenhilfen. Wenn Sie unterwegs **Probleme mit dem Wagen** bekommen sollten, müssen Sie diese auf eigene Faust zu lösen wissen. Jeder Autofahrer, der vorbeifährt, wird halten und Hilfe anbieten so gut er kann. Andernfalls fährt man zur nächsten Ortschaft und organisiert Hilfe.

☀ **Tip:** Es ist möglich, einen Landrover mit Fahrer zu mieten, was für eine kleine Reisegruppe interessant sein könnte. Der Spaß kostet rund 80 € am Tag, zzgl. Sprit und Versicherung. Informationen unter 027/ 1619292, www.landroverghana.com, info@landroverghana.com.

Verhalten im Straßenverkehr

Die Straßenverkehrsordnung ist mit der deutschen fast identisch. Es besteht Rechtsverkehr und man braucht keine besonderen Sprachkenntnisse, um Verkehrsschilder (wenn vorhanden) verstehen zu können. Allerdings fährt man in Ghana ein wenig »freier«.

> **MIETWAGEN MIT CHAUFFEUR**
>
> Für Städtetouren sind die Preise nach Stunden gestaffelt, für Fahrten außerhalb der Städte werden mit oder ohne Fahrer **Kilometerpauschalen** angeboten. Zum Beispiel:
>
> Accra – Aburi: 15 €
> Accra – Akosombo: 45 €
> Accra – Koforidua: 30 €
> Accra – Tema: 10 €
> Accra – Winneba: 15 €
> Accra – Cape Coast: 60 €
> Accra – Takoradi: 80 €
> Accra – Kumasi: 90 €
>
> **PREISBEISPIELE FÜR EIN MIETTAXI:**
>
> Flughafen – Legon: 10 €
> Flughafen – Stadtmitte: 15 €
> Flughafen – Kwame Nkrumah Circle: 18 €
> Flughafen – Madina: 15 €
> Flughafen – Tema: 22 €
> Flughafen – Nungua: 19 €
> Flughafen – Macarthy Hill: 30 €
> Flughafen – Kokrobitey: 45 €

Bevor sich ein Tourist am Steuer auf eine Reise durch Ghanas begibt, sollte er ganz genau prüfen, ob der Wagen in gutem Zustand ist, wissen, wo er hinfahren möchte und welches die günstigsten Verbindungen sind. Interessante Punkte sollten ebenfalls schon vorher geortet werden, da es selten Hinweisschilder auf Sehenswürdigkeiten gibt. Zur Orientierung gibt es eine **Straßenkarte,** die von *Ghana Survey* und dem *Ghana Tourist Board* herausgegeben wird. *KLM* und *Shell* vertreiben vergleichbare Karten; sie sind manchmal in Hotels, Reisebüros, Buchhandlungen und Kaufhäusern erhältlich. Grundsätzlich immer nachfragen, ob die auf der Karte angezeigten Straßen auch tatsächlich in Ordnung sind, weil es passiert, daß nach der Regenzeit einige gute Straßen ihr Gütesiegel verlieren. Nur so sind Überraschungen und unnötiger Zeitverlust zu vermeiden. Die Karten in diesem Buch und die pmv MAP »Ghana« (↗ Seite 150) sind von mir alle auf den aktuellen Stand meiner Rechercherreisen gebracht.

Am Steuer sollte der Tourist seinen **Fahrstil** dem der Ortsansässigen anpassen. Alles in allem fährt man in Ghana nicht aggressiv, selbst wenn Accras Taxifahrer recht quirlig fahren, und selbst wenn man im ersten Moment das Gefühl hat, es würde ohne Verkehrsregeln gefahren. Grundsätzlich nimmt man sich mehr Zeit im Stadtverkehr, Entscheidungen werden entsprechend der jeweiligen Situation getroffen. Dies den anderen mitzuteilen, verlangt den energischen Einsatz der Hupe, die nicht fehlen und nicht kaputt sein darf. Ein Wink mit der Hand, ein Kopfzeichen oder Augenkontakt kann eine Richtungsänderung ankündigen und die Blinkerbetätigung überflüssig machen. Es kann ja sein, daß der Wagen keinen Blinker besitzt. Herumbrüllen oder Schimpfen wird als unmännlich angesehen und dies erklärt, warum Ghanaer immer kühl bleiben, selbst mitten im größten Verkehrschaos.

Auf dem Lande laufen oder liegen oft Tiere auf der Straße, die sich kaum vertreiben lassen wollen. Hohe Geschwindigkeit ist auf den holprigen Straßen ohnehin selten möglich und sollte vermieden werden, weil die Unfallgefahr dann größer ist. Die meisten Unfälle in Ghana ereignen sich allerdings aufgrund technischer Mängel wie abgenutzte Reifen, versagende Bremsen usw.

Noch was: Es herrscht **Gurtpflicht** in Ghana. Trotzdem sieht man selten angeschnallte Autofahrer, weil kaum jemand an ihre lebensrettende Funktion glaubt. Besonders in Taxis sollte man die Qualität der Gurte prüfen; sie sind oft verdreckt, weil kaum genutzt.

Das **Rauchen** in Autos ist in Ghana nicht gestattet!

Tanken

In den Städten sind Tankstellen und Benzin in ausreichender Zahl bzw. Menge vorhanden. Man kann an einigen Tankstellen bis 22 Uhr tanken. Wer durch wenig besiedelte Gebiete fährt, sollte allerdings öfters auf die Tankanzeige gucken und immer volltanken, wenn sich eine Gelegenheit bietet. Nach 18 Uhr kann dort nicht mehr mit geöffneten Tankstellen gerechnet werden. Besonders in Nordghana sollten Sie mindestens einen vollen Reservekanister dabei haben. Dort kann es passieren, daß selbst der Tankstellenpächter seit Tagen dringend auf Benzin wartet.

Spritpreise (Dezember 2008): 1 Gallone bleifreies (unleaded) Superbenzin 3,70 GHC, 1 Gallone Shell-Power 3,90 GHC, 1 Gallone Diesel 4 GHC.

Per Flugzeug, Eisenbahn & Schiff durchs Land
Inlandflüge

Der Flughafen von Accra ist der einzige im Land für internationale Flüge. Der Flughafen in *Kumasi* wurde im Rahmen des *Africa Cup of Nations* renoviert und etwas aufgewertet. Zudem soll er bald für internationale Flüge ausgebaut werden. Darüber herrscht momentan eine heftige Kontroverse, ob nicht doch ein neuer Flughafen außerhalb der Stadt besser wäre. Der Flugplatz in *Sunyani* wird gelegentlich kommerziell genutzt. *Takoradi* und *Tamale* werden hauptsächlich als Militärbasis genutzt, aber auch von Inlandsfluggesellschaften angeflogen. Andere Flugplätze sind in *Bolgatanga, Ho, Mole, Obuasi, Samereboi, Tarkwa, Wa*. Diese werden meist von Minengesellschaften bzw. großen Firmen unterhalten und angeflogen.

Zwei Gesellschaften buhlen um die Gunst der Kundschaft:

Antrak Air verbindet Accra mit Kumasi täglich und Tamale Mo – Fr. Man fährt zum Flughafen in der jeweiligen Stadt und bucht dort oder telefonisch, ↗ dort.

CityLink fliegt zwischen Accra und Kumasi täglich außer Sa und unterhält Büros in beiden Städten, ↗ dort.

Mit der Eisenbahn durchs Land?

Nach dem Tod von Ghana Railways sind Bahnreisen im Land vollkommen zum Erliegen gekommen. Die letzte funktionierende Strecke zwischen Kumasi und Takoradi wird lediglich von Güterzügen für den Frachttransport benutzt. Ein ghanaisch-saudiarabisches Konsortium soll die bestehenden 750 km Gleise sanieren und bis 2012 rund 550 km zusätzliches Schienennetz bis Burkina Faso bauen. Bisher sieht man jedoch nirgends Anzeichen, die darauf hindeuten.

Per Schiff über den Voltasee

Mit der Fertigstellung des *Akosombo-Staudammes* 1965 wurde in Ghana einer der größten Stauseen der Welt geschaffen, 8500 km² groß. Von **Akosombo** im Süden reicht der 400 km lange See bis **Buipe** und **Yapei** im Norden. Eine Reise mit dem Schiff könnte ein Höhepunkt auf Ihrer Reise sein.

Die beliebte *Yapei Queen* nach Yeji verkehrt 1 x Woche. Wer in den Mole-Park via Yeji fährt, muß erst über den Strom nach *Makango* und von dort weiter nach *Tamale* und *Damongo*. Es gibt keine direkte Verbindung zwischen Yeji und Damongo. Schiffsreisende brauchen eine Isoliermatte für die zwei Übernachtungen bis zur Endstation Yeji. Buipe, der wirklich letzte Hafen, ist nur für Fracht zuständig. In den Monaten Juli, August und September unbedingt warme Decken oder dicke Pullis mitnehmen.

Die Fährschiffe können insgesamt 5 – 10 Pkw, Kleinbusse und Lkw mitnehmen. Die Autopreise sind nach Gewicht gestaffelt.

Für den Transport auf dieser Wasserstraße ist die *Volta Lake Transport Authority* (VLTC), P.O. Box 75, Akosombo, zuständig. Sie unterhält die Häfen und stellt die Schiffe zur Verfügung und besitzt eine Werft für Reparaturarbeiten. 2002 wurde ein Krankenschiff in Dienst gestellt.

Daneben wird vor Ort an Wochenenden und Feiertagen eine **Ausflugsfahrt** mit einem Passagierschiff angeboten. Mit kleinem Pool, Liveband und Barbecue tuckert man in 2 Stunden von Akosombo zur *Dodi Island* und nach 1 Stunde wieder zurück.

✷ **Tip:** Weitere Infos sowie Tips zu den Ausflugsfahrten ↗ Ost-Ghana, Akosombo.

FÄHREN AUF DEM VOLTASEE

Von den folgenden Orten aus besteht die Möglichkeit, von einem Ufer zum anderen überzusetzen. Erkundigen Sie sich vorher genau nach den Abfahrtszeiten!

Akosombo – Yeji
nordwärts: Mo gegen 16.30 Uhr
südwärts: ab Yeji am Mi

Yeji – Makango
nordwärts: 2 x täglich (vor-/nachmittags)
südwärts: 2 x täglich (vor-/nachmittags)

Adawso – Ekyiamenfurom
nordwärts: 3 x täglich (morgens, mittags, nachmittags)
zurück: 3 x täglich (morgens, mittags, nachmittags)

Kete Krachi – Kwadwokrum
nordwärts: 1 x vormittags
westwärts: 1 x nachmittags

Kete Krachi – Dambai: Die große *Volta Queen* ist mittlerweile eine altersschwache Fähre, die lediglich Passagiere zwischen den Ufern des River Oti in Oti-Damanko hin und her befördert, Di und Do, 3 € pro Person und Fahrt.

Preisbeispiele ab Akosombo pro Person: Kpandu 2,50 €, Kete Krachi 5 €, Hausa Kope 6 €, Yeji 8 €.

Kontakt:
Volta Lake Transport Co. (Fähren):
℡ 0251/20084
Volta River Authority ℡ 664941

ZU GAST & LANDESKÜCHE

PEMPAMSIE

Unsere Stärke ist es,
wenn wir vereint sind:
Ein Besen, gebunden mit
Banden des Blutes,
der Treue und der Sorge
des einen für den andern;
ein Kleid aus vielen Farben,
genäht als ein Zeichen, als Stärke.

NATUR & NATURPARKS

GESCHICHTE & GEGENWART

MENSCHEN & KULTUR

REISE-INFORMATIONEN

ZU GAST & LANDESKÜCHE

ACCRA & GREATER ACCRA

DIE KÜSTE & DER WESTEN

ASHANTI & BRONG-AHAFO

DER NORDEN

OST-GHANA & VOLTA-GEBIET

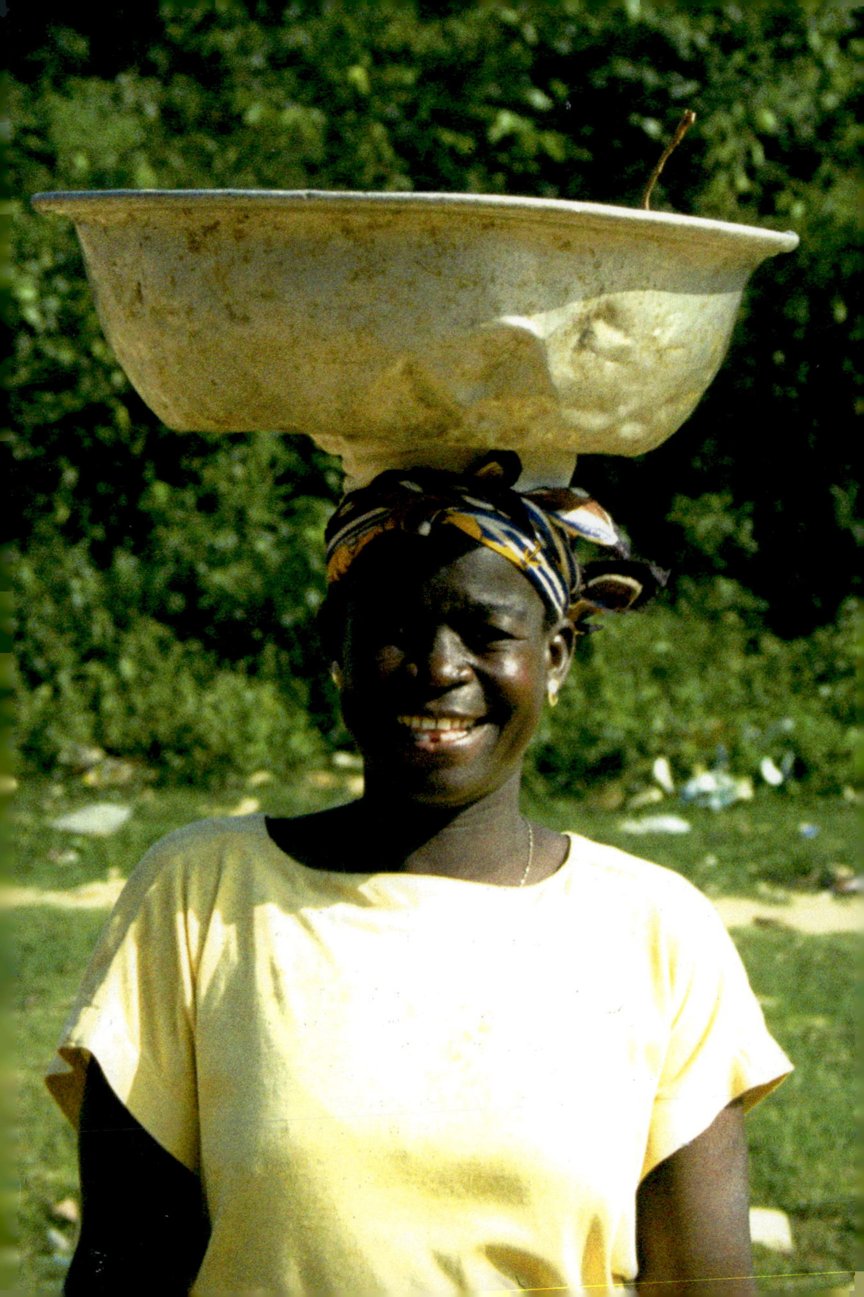

ZU GAST IN GHANA
ALLES EASY ODER KULTURSCHOCK?

Bisher haben sich in Ghana noch keine der typischen Auswüchse der Tourismus-Industrie mit Touristen-Ghettos neben Slums, hohen Preisen, Nepp, verstärkter Prostitution und Kleinkriminalität manifestiert. Diese Tatsache macht Ghana zu einem angenehmen Reiseland. Doch bei aller Begeisterung und Neugier auf Afrika sollten Sie stets daran denken, daß Ghana trotz natürlichen Reichtums, trotz erheblicher Anstrengung und trotz der bereits gemachten Fortschritte ein typisches Entwicklungsland ist – mit großen Defiziten in vielen Lebensbereichen. Hier einige nackte Tatsachen, um die Erwartungshaltung von Touristen auf ein normales Maß (herab)zuschrauben, sonst ist ein heftiger Kulturschock vorgezeichnet.

Mit anderen Augen sehen lernen

Der Gast aus Europa muß sich ganz auf Afrika einstellen, er muß seine Phantasie anstrengen und eine andere Bewußtseinsebene öffnen, wenn der Aufenthalt dort Spaß bringen soll. Nur wenigen Ausländern gelingt es, die Verhältnisse in einem Entwicklungsland richtig einzuschätzen. Es ist nicht nur ein wenig ärmer, etwas heißer und ein bißchen anders. Nein, alles in Afrika ist anders, ganz anders. Bereits im Flugzeug läßt die erste Begegnung mit der afrikanischen Luft erahnen: Es ist viel heißer als vermutet, die Luft ist staubig, es riecht anders! In Afrika sehen die Bäume anders aus, aber auch die Frauen und die Männer, die Katzen und die Hunde, das Essen. Die Städte sind laut, voll und schmutzig, Musik plärrt aus allen Richtungen, der Verkehr ist chaotisch und all die dunklen Menschen in bunten Kleidern sprechen ein Wirrwarr von Sprachen, die der Reisende nicht versteht. Sehr schnell ist der wohlwollende Tourist desillusioniert. Sehr schnell verschwinden etwaige Vorstellungen vom »armen, aber netten und glücklichen« Schwarzen.

Deswegen sollte man sich vor dem Abflug klar machen, daß eine Reise nach Ghana auch eine fühlbare Konfrontation mit der **Unterentwicklung** ist: unzureichende Gesundheitsvorsorge, niedrige Lebenserwartung, Korruption, Analphabetentum, Aberglaube, Wohnungsnot, krasse soziale Gegensätze, Arbeitslosigkeit, schlecht funktionierende Verwaltungen und vieles mehr. Wie könnte es anders sein auf einem Kontinent, dem jahrhundertelang Europa das Tempo der Entwicklung diktierte und nur das zuließ, was der systematischen Ausbeutung diente? Geldmangel bestimmt das Leben. Der Kampf ums Überleben erfordert so viel Zeit und Energie, daß wenig Kraft für schöpferische Bemühungen bleibt. Selbst auf dem Land, wo der Druck geringer ist, ist der Geldmangel mit seinen Auswirkungen überall präsent.

Hinzu kommen **Wertesysteme** und Auffassungen, die den Einstellungen eines Nichtafrikaners genau entgegengesetzt sind. Zum Beispiel ist es vollkommen normal in Ghana, stundenlang auf

Über Dreck und Ungemach kann man nur hinwegsehen, lachen ist immer ansteckend

Alltagsgewusel: Elminas Hauptstraße ist zugleich Marktplatz und Treffpunkt der Jugend

einen Bus zu warten, mit den Fingern zu essen, Babies auf dem Rücken zu tragen, Lasten auf dem Kopf zu befördern, Wasser aus Plastikbeuteln zu trinken oder aus Autofenstern einzukaufen.

Und wahr ist auch, daß die Menschen aus den Industrieländern beispielsweise notorisch **ungeduldig** sind. In einem Land wie Ghana, wo einer der Lieblingssprüche *There's no hurry in life* lautet und Zeit eine andere Bedeutung hat, müssen Sie Ihren Drang zur Eile oft bremsen, Sie werden sonst auf totales Unverständnis stoßen. Alles was man in einem Entwicklungsland macht, dauert einfach länger, vieles klappt nicht wie am Schnürchen. Straßen sind oft in schlechtem Zustand, im Restaurant kommt das Essen nicht schnell auf den Tisch, Strom, sauberes Wasser und Müllentsorgung sind häufig nicht vorhanden. Mit Ausnahme von Agrarprodukten wird vieles, was man im Alltag braucht, importiert und kostet daher verhältnismäßig viel. Verderben Sie sich nicht ständig die Laune mit Kleinigkeiten!
✳ ↗ Menschen & Kultur.

Vom Geben und Nehmen

Ja, es ist wahr, daß der weiße Mann (und seine Frau) in den Großstädten zu oft als wandelnde Bankdepots angesehen werden. Aber Ghana besteht nicht nur aus Städten. Dort, wo die Menschen unverdorben geblieben sind, kann man die wahre ghanaische Gastfreundschaft erleben. Ich habe schon Deutsche getroffen, die mit soviel Freundlichkeit wenig anfangen konnten. Entweder fanden sie es übertrieben und aufdringlich oder sie hatten gleich den Verdacht, dahinter könnte ein Trick stecken. Weit gefehlt! In Ghana ist es normal, Gäste bei der Hand zu nehmen und ihnen so weit wie möglich zu helfen.

Gastfreundschaft & -geschenke

Die Gastfreundschaft der Ghanaer ist sprichwörtlich. Im Haus eines Ghanaers ist der Gast wirklich König. Er braucht gar nichts zu verlangen, er bekommt alles, was seinem Komfort dient, kompromißlos angeboten. Bei Leuten mit bescheidenen Mitteln wird das Vorhandene einfach mit dem Gast geteilt. Da Ghanaer die Symbolik lieben, erwarten sie von ihren Gästen, daß sie beim Abschied ein kleines Geschenk hinterlassen. Nichts Großes, doch nützlich sollte es schon sein. Beliebte Mitbringsel aus der Heimat der Besucher sind kleine technische Geräte, z.B.: CDs, Musikkassetten, Feuerzeuge, kleine Radios bzw. MP3-Player, Radiowecker, Armband- oder Wanduhren oder kleine Flakons mit Parfum.

Oder man hinterläßt etwas Geld für die Kinder des Hauses. Aber nicht vergessen, in einem ghanaischen Haushalt gibt es meistens mehr als vier Kinder!

Arm und reich

Grundsätzlich halten Afrikaner alle Menschen weißer Hautfarbe für reich. Obwohl viele Reisende aus Europa dies mit Nachdruck oder gar Empörung verneinen werden, wage ich zu behaupten, daß dies zutreffend ist. Verglichen mit dem, was ein Durchschnittsafrikaner verdient, ist die Kaufkraft des Europäers einfach enorm, egal, ob Studentin, Bauer, Arbeiter oder Unternehmerin. Selbst ein arbeitsloser Europäer hat im Schnitt mehr in der Tasche, wenn er sich in Afrika aufhält als ein Einheimischer.

Daß alle Europäer für reich gehalten werden, hat seine Wurzeln nicht zuletzt in der Kolonialzeit, als sich die wenigen Europäer als Herrenmenschen aufspielten und stets die Sahne für sich abschöpften. Daß sie die dicksten Gehälter einstrichen und daher – zum Beispiel – die schönsten Autos fuhren, ist auch in diesem Jahrhundert noch weit verbreitet. An dem natürlich falschen Bild von »den reichen Europäern« per definitionem wird auch heute noch sehr emsig gestrickt: durch Selbstdarstellung der Staaten (wie etwa durch DW-TV, Goethe-Institut) und durch weltweit bekannte Filme wie *Derrick*, *Der Alte* usw.

Die diffusen Vorstellungen von Europa führen zu jenen ebenso falschen Verhaltensweisen, die Afrikaner anlegen, wenn Europäer aufkreuzen: Preise werden erhöht, Geschenke erbettelt, für jede Handreichung Geld verlangt. Eine unglückliche Situation, die eigentlich jedoch nichts mit der Hautfarbe zu tun hat. Es ist vielmehr eine Frage von Haben oder Nicht-Haben. Der Geruch nach Geld beflügelt die Phantasie der zumeist armen Leute, sie versuchen, ein wenig davon abzubekommen.

Auch wenn Sie sich selbst für nicht wohlhabend halten, nützt es nichts, den Armen zu spielen. Das wird nie glaubwürdig sein und daher nicht ernstgenommen werden. Schon gar nicht, wenn Sie ohne mit der Wimper zu zucken, teuer Essen gehen und »unerschwingliche« Souvenirs kaufen!

Alles ist relativ!

Vor allem bei den Begriffen sollte der Gast aus Europa vorsichtig sein. Zum Beispiel ist Stadt nicht gleich Stadt. Ghanaische Städte, selbst die großen, entsprechen kaum europäischen Vorstellungen, hierzu gehört selbst Accra. Der Gast aus Europa wird die Fußgängerzonen, Einkaufsmeilen, das »Städtische« oft suchen und nicht finden. Er wird sich oft fragen, ob er sich bereits in der Stadt befindet oder noch am Stadtrand, ob das, was er sieht, nun ein Teil des Slums ist oder nicht. Ghanas Städte sind nun mal, mit wenigen Ausnahmen, große Ansammlungen von Häusern entlang von staubigen Straßen voller Fußgänger, Autos, Schafe, Hühner usw. Sehenswürdigkeiten sind Mangelware, die Städte sind oft keine Ziele von Bedeutsamkeit, vielmehr Sprungbretter zu anderen, interessanteren Orten.

Auch der Begriff Königspalast führt in die Irre, da hier nichts Anlaß gibt, von Buckingham Palace oder ähnlichem zu träumen. Der Palast ist lediglich der Wohnort eines traditionellen Machthabers, egal wie arm oder reich.

Die Bezeichnung Restaurant sollte nichts von Feinkost suggerieren, es ist nur ein Ort, an dem man etwas zu sich nimmt, was aber manchmal dann schon recht ansehnlich ist und sich durchaus mit dem europäischen Begriff messen kann. Hier braucht man die Flexibilität, ohne die das Leben in den Tropen sowieso unmöglich wäre.

Taxis sind keine Luxuskarossen einer funktionstüchtigen Edelmarke. Taxis hier können alles sein: von recht passablen Autos bis zu Schrottbeulen. Die Fahrer sind auch keine geprüften Profis mit Landkarten etc. So kann es passieren, daß ein Fahrer keine Ahnung des gesuchten Zielortes hat oder kaum Englisch spricht.

Wo im Buch Zeiten angegeben sind, dienen sie lediglich zur Orientierung. Pünktlichkeit ist hier ein relativer Begriff, der nichts mit deutscher Pünktlichkeit zu tun hat. Allerdings sollte man sich schon an vorgegebenen Zeiten halten, es gibt immer wieder Überraschungen. Alles ist wirklich relativ in einem Entwicklungsland wie Ghana.

VERTRAUEN IST GUT ...

▶ An den Ausfallstraßen jeder großen Stadt stehen zwischen 18 und 6 Uhr **Kontrollposten**. Nur keine Aufregung, die meisten Ordnungshüter sind sehr zugänglich und, im Normalfall, unbewaffnet. Sie sind da, um sicherzustellen, daß sich nur Befugte am Straßenverkehr beteiligen und nur zulässige Güter transportiert werden. Also werden hier Dinge wie Frachtdokumente, Führerschein, Steuerbescheinigungen usw. kontrolliert. Manchmal gehen übereifrige Polizisten dazu über, Personenkontrollen durchzuführen. Dies ist etwas Seltenes in Ghana, da Personalausweise unbekannt sind. Es kann aber sein, daß ein Polizist unbedingt seine Autorität zeigen möchte. Dann verlangt er ganz steif Ihren Reisepaß. In solchen Fällen schön brav den Paß herausholen und keine Diskussionen anfangen! Es wird zu nichts führen. Also immer den Paß dabeihaben. ◀

Über die Korruption

Korruption ist ein altes und keineswegs vereinzelt auftretendes Phänomen in Afrika. Aufgrund der schlechten Bezahlung der Staatsdiener ist die Mehrheit der ghanaischen Beamten – vor allem Polizisten, Zoll- und Grenzbeamte – sehr anfällig für Zuwendungen jeder Art. Es wird selten unverblümt verlangt, aber sobald ein simpler behördlicher Akt in ein zähes Ringen ausartet, steckt oft der Wunsch nach *Backschisch* dahinter. Traditionell werden kleine Geschenke für geleistete Dienste verteilt, Afrikaner haben diese Schenkerei auf eine andere Ebene verlagert und verlangen Geschenke für jede Gefälligkeit, selbst ihre Arbeit. Was man in solchen Fällen tut, ist eine heikle Angelegenheit, da es kein Patentrezept gibt und nicht alle Beamten bestechlich sind. Sicher ist, daß in solchen Situationen keine Prinzipienreiterei hilft. Nur vorsichtig sollte man sein und von Fall zu Fall das Für und Wider abwägen. Meistens handelt es sich um relativ kleine Beträge, die als Aufmerksamkeit verbucht werden und viele Türen öffnen. Manchmal lohnt es sich, einfach stur zu bleiben und den Ahnungslosen zu mimen, aber manchmal geht dies auch auf die eigenen Kosten.

Einen Ausweg habe ich doch. Da Ghanaer geborene Bürokraten sind, hat es sich erwiesen, daß alles, was offiziell erscheint, von Backschisch ablenkt. Irgendein halbwegs amtliches Schreiben wird, unabhängig vom Verfasser, mit Respekt angenommen. Geben Sie also allem einen amtlichen Anstrich und Sie haben oft Erfolg.

Neugierig, manchmal auch frech – Kinder eben

Bettelnde Kinder

Betteln ist in der Akan-Kultur eigentlich verpönt, aber mit zunehmender Arbeitslosigkeit und Geldknappheit nimmt auch die Bettelei zwangsläufig zu. Besonders Europäer werden mit Vorliebe belästigt, weil man ja vermutet, daß sie steinreich sind. Auch Kinder strecken gern die Hand aus, um etwas Geld, einen Kugelschreiber oder Bonbons zu erbitten. Sie wissen, daß einige Touristen solche Sachen extra einpacken, um sie zu verschenken. Für manche Kinder ist das Betteln eine Art Mutprobe. Sie testen, wie weit sie gehen können. Mein Rat ist, sie einfach ignorieren. Bei großer gegenseitiger Sympathie ist es natürlich etwas ganz anderes.

Freiwillige Führer

Mit wachsendem Tourismus ist ein neuer Berufszweig für viele arbeitslose Jugendliche entstanden. Sie bieten sich als »Guide« an und hoffen dadurch, sich ein Zubrot zu verdienen. Besonders am Flughafen, am Labadi Beach und vor einigen Hotels lauern sie Touristen auf. Sie sind unqualifiziert, untrainiert, sehr lästig und nicht registriert. Außer vielleicht Mitleid für ihre mißliche Lage, sollten Sie diesen Burschen keine Beachtung schenken. Lassen Sie sich, wenn Sie doch einmal einen solchen Dienst in Anspruch nehmen, nur auf einen Guide ein, wenn Sie ein gutes Gefühl dabei haben. Bleiben Sie ansonsten beim Reiseführer!

Kontaktadressen als Schlüssel zum Glück

Oft wird gar nicht um Bonbons oder Geld, sondern um Kontaktadressen in Europa gebettelt. Das Ziel fast aller Ghanaer ist, irgendwann einmal in Europa zu landen. Sei es aus Neugier oder im Glauben, daß sich dadurch das Leben automatisch verbessern wird. Ghanaer reisen gern, sind blauäugig was das Leben in Europa angeht, und ohne Furcht vor der Fremde. Viele sind bereit, nach Europa zu fliegen, nur mit einer Adresse in der Tasche. Seien Sie deswegen vorsichtig mit Adressentausch bei flüchtigen Bekanntschaften.

Sicherheit und Kriminalität

Ghana läßt sich sehr gut bereisen. Es gibt keine Separatistenbewegungen, keine Guerilleros und keinen Krieg. Überall wird man freundlich aufgenommen, vorausgesetzt man ist selbst freundlich. Es ist unmöglich, eine Garantie abzugeben, aber es passiert selten etwas in Ghana. Touristen können allein oder in Gruppen durch das Land reisen. Insgesamt gesehen ist die Kriminalitätsrate nicht alarmierend hoch. Auf dem Land ist fast keine Kriminalität zu erwarten, in den Städten kommt sie hingegen schon vor.

Selbstverständlich soll man immer gut auf Wertsachen aufpassen. Auf den Märkten und an Bahnhöfen, eben überall dort, wo großes Gedränge herrscht, sollte man grundsätzlich verstärkt auf Gepäck und Geldbeutel aufpassen. Große Geldbeträge, Papiere und Tickets sollten gegen Quittung im Hotelsafe aufbewahrt werden. Es ist ratsam, kleinere Beträge im Brustbeutel oder am Körper verteilt zu tragen. Wenn Sie bestohlen werden, lassen Sie den Verlust polizeilich protokollieren, damit Sie spätere Ansprüche bei einer Reisegepäckversicherung in der Heimat geltend machen können.

Frauen unterwegs in Ghana

Ghana gehört zu den Ländern, in denen sich Frauen frei bewegen können. Ohne wenn und aber, ob allein oder in Gruppen. Wer nach Ghana kommt, merkt sehr schnell, daß die Frauen im Lande sehr selbstbewußt sind und daß sie sich nicht bevormunden lassen. Zudem genießen Frauen im allgemeinen Respekt und müssen sich nicht vor Belästigungen fürchten. Es ist keine Seltenheit, ghanaische Frauen allein unterwegs anzutreffen. Weibliche Besucher können es ihnen nachmachen. Allerdings ist es nicht ausgeschlossen, daß eine alleinreisende Frau einen oder auch mehrere Heiratsanträge während ihres Aufenthaltes gemacht bekommt. Dies sollte dann von der spaßhaften Seite genommen und nicht als böse Anmache verstanden werden.

Eine Leserin schrieb, daß sie auf einer Strecke von 2 km zu Fuß durch Takoradi insgesamt 24 Heiratsanträge bekam! Ganz schön sportlich, die Jungs von Takoradi.

Umweltschutz auf Reisen

Kräht kein Hahn nach: Müll, Unrat, Kot überall sind alltäglich

Wenn Sie in Ghana zu der Feststellung kommen sollten, daß dort lieblos mit der Umwelt umgegangen wird, bitte nicht gleich in die Luft gehen. Aufklärung tut not. Ghanaer haben noch nicht dieses Empfinden entwickelt, und selbst wenn, fehlt oft das Geld, mit dem die Mängel behoben werden könnten. Ja, Ghanas Städte haben ein Müllentsorgungsproblem. Ja, Mülltrennung ist immer noch ein Fremdwort. Ja, Abfall wird oft in die Landschaft gekippt, das Abfackeln von Feldern als Rodungstechnik ist weitverbreitet, vieles wird ungeklärt ins Meer verklappt und und und …

Was Sie als aufgeklärter, umweltbewußter, naturschutzsensibler, mülltrennungsgeübter Mensch tun können, ist, mit Ihren positiven Gewohnheiten im Urlaub nicht aufzuhören. Überlegen Sie sich, ob jede Autofahrt notwendig ist, und ob nicht ein Fußmarsch ins Hotel in Frage kommt. Sonst sind Tro-Tros und Busse immer noch schonender als Mietautos mit nur ein paar Leuten drin. Das gleiche gilt beim Einkaufen, wo einheimischen Produkten möglichst der Vorzug vor Importwaren gegeben werden sollte. Das stärkt die einheimische Wirtschaft und hilft, die Verpackungswut zu bremsen. Beim Picknick im Freien sorgen Sie bitte dafür, daß kein offenes Feuer gemacht und die Landschaft nicht verdreckt zurückgelassen wird. Und wenn Sie über den Edelholzabschlag nur den Kopf schütteln können, dann denken Sie beim nächsten Kauf von Papiertaschentüchern mal wieder an Ghanas Regenwald …

Plastik erobert das Land

Das ganze Land ist mittlerweile mit Plastik zugepflastert. Der Plastikabfall hat so überhandgenommen, weil einige höhere Beamte im Gesundheitsministerium den Teufel mit dem Beelzebub austrieben. Bis vor einiger Zeit gab es in Ghana nämlich noch kein abgefülltes Mineralwasser. Trinkwasser wurde tassenweise auf Ghanas Straßen billig verkauft, damit Passanten ihren Durst stillen konnten. Ohne Zweifel war diese Praxis, aus einer Gemeinschafts-Tasse

Wasser anzubieten, extrem gesundheitsgefährdend. Also wurde verordnet, Wasser künftig nur noch abgepackt in Plastikfolien zu verkaufen. Daraufhin wurden Tonnen von Plastikfolien importiert, das Wassergeschäft wurde salonfähig, weil »sauberer«. Leider dachte niemand daran, auf den Straßen Abfallkörbe aufzustellen. Seit einigen Jahren trinkt nun die Bevölkerung – vor unsauberen Tassen geschützt – eisgekühltes Wasser aus Beuteln und wirft die Einwegfolie anschließend ungeniert auf die Straße.

Trotz viel hingeworfenen, zumeist organischen Mülls werden Sie kaum leere Flaschen, Dosen und Gläser rumliegen sehen. Solche Gegenstände sind begehrt und werden immer für andere Zwecke neu eingesetzt. Dies erklärt, warum im ganzen Land in keinem Laden Bier zu bekommen ist, wenn eine Ersatzflasche fehlt. Sie können die Probe machen: Ohne zurückgebrachte Pfandflasche wird es Ihnen nicht gelingen, Bier zu bekommen.

Kleider machen Leute

Obwohl Ghanaer selbst Kleider bevorzugen, die bis zum Boden reichen, gibt es keine Kleiderordnung in Ghana. Das heiße, tropische Klima macht alles lockerer. Frauen müssen nicht in langen Röcken erscheinen, Männer können durchaus kurze Hosen tragen. Allerdings sollte man nicht übertreiben. Bitte nicht mit Bikini oder ohne Hemd im Hotelrestaurant erscheinen oder gar zu Ministerien, Banken oder in Discos gehen. Spätestens dort wird man sein blaues Wunder erleben.

Im allgemeinen sollte man Wert darauf legen, sich ordentlich zu kleiden, auch wenn es heiß ist. Die Leute nehmen es einem übel, wenn man für ihre Begriffe salopp oder ungepflegt daherkommt. Dies wird als Provokation empfunden und prompt auf irgendeine Art und Weise bestraft. Wenn der Antrag auf Visumsverlängerung länger als normal auf sich warten läßt, erst einmal die eigene Kleidung prüfen. Sie könnte der Grund dafür sein.

Adam und Eva am Strand

Die ghanaische Gesellschaft ist recht liberal, was Nacktheit angeht. Fkk ist weder ausdrücklich verboten noch erlaubt. Was sicher ist: Sie werden keinen Ghanaer nackt am Strand antreffen. Sie werden mit Sicherheit auch keine Schwierigkeiten bekommen, nur weil Sie unbedingt hüllenlos durch die Gegend tigern wollen. Nur eine Tatsache darf dabei nicht außer acht gelassen werden: Es ist verpönt, sich demonstrativ vor Unbekannten auszuziehen. Das heißt, an bevölkerten Stränden wird Fkk nicht geduldet. Ghanaer finden das provokativ, weil es nach Exhibitionismus riecht. Wer nackt baden möchte, zieht sich immer diskret an einen einsamen Strand zurück und badet dort nach Herzenslust, ohne jemanden zu ärgern. Jeder der später kommt, muß diesen Wunsch akzeptieren oder weiterziehen. Nudisten werden also mit Sicherheit auf ihre Kosten kommen; es gibt ja bekanntlich genug leere, traumhafte Strände und Buchten in Ghana. Man sollte sich allerdings nicht wundern, wenn viele Zuschauer auftauchen und sich eine Gaudi daraus machen, nackte Europäer zu beobachten. Es ist selten genug.

Fotografieren

Eine extra Genehmigung ist nicht notwendig, es sei denn, man hat einen kommerziellen Auftrag. Für Pressefotos oder Dokumentarserien sollte man sich beim *Ministry of Information* melden.

Fotografieren ist nicht immer einfach in Ghana. Ghanaer sind entweder freundlich und lassen sich gern ablichten oder wollen vom Fotografiertwerden überhaupt nichts wissen; in einigen, von Touristen stark frequentierten Orten verlangen andere fürs Fotografiertwerden sogar Geld. Viel Feingefühl ist deswegen vonnöten, besonders im Norden des Landes, da Moslems generell etwas gegen Abbildungen des Menschen haben.

Generell heißt es, Europäer machen Fotos, damit sie sich daheim über die allgegenwärtige Armut in Afrika lustig machen können. Ghanaer sind durch die »exotischen« Bilder, die um die Welt gehen, sensibilisiert und lassen sich nicht gern ohne Weiteres als »Opfer« ablichten. Marktleute und Fischer mögen Kameras nicht besonders, verständlich wenn man bedenkt, daß die Menschen für das »pittoreske« Bild hart arbeiten müssen. Immer vorher fragen oder wenigstens ein Teleobjektiv einsetzen.

Andererseits kann man aber auch wunderbar fotografieren. Motive sind überall zu finden und nicht selten posieren Leute freiwillig, sobald eine Kamera auftaucht. Versprechen Sie nur, Abzüge von den Fotos zu schicken, wenn Sie das auch wirklich vorhaben.

Beauty Salon: Friseurstand auf dem Markt

Auf dem Markt

Ich empfehle Ihnen, auf Märkte zu gehen, denn dort spielt sich das wahre ghanaische Leben ab. Es wird nicht nur Handel getrieben, der Marktplatz ist auch eine Kontaktbörse, wo die neusten Gerüchte, Nachrichten und Botschaften ausgetauscht werden. Besonders interessant sind die Markttage in den ländlichen Gebieten. In den Regionalkapiteln werde ich einige der wichtigen Marktorte bzw. Markttage nennen.

Souvenirs kaufen

Ghana ist nicht gerade ein Einkaufsparadies für Schnäppchenjäger auf der Suche nach der superbilligen Rolex. Wer westliche Luxusartikel sucht, für den ist

Afrika überhaupt kein billiges Pflaster. Alles muß für teure Devisen importiert werden und Luxusartikel sind sowieso teuer, überall in der Welt. Dagegen gibt es jede Menge **im Land hergestellte Dinge** von Interesse, die man billig erwerben kann. Zum Beispiel Naturcreme aus Kakao- und Sheabutter für die Haut, einheimischen Honig und verschiedenartige Getränke: Branntwein aus Cashew, Aperitifs aus Kakao und Kaffee, (*Takai, Afrikoko*). Beide haben eine hohe Qualität und schmecken hervorragend. Auch Palmwein gibt es in Flaschen.

> ☀ **Tip:** Auch sehr beliebt sind die angeblichen Potenzmittel auf Kräuterbasis. Jeder kennt sie, man sollte sie probieren. Wenn es nicht wirkt, ist man doch wirklich zu schwach!

Außerhalb der ganz **großen Märkte** von Accra und Kumasi wird man vergeblich kunsthandwerkliche Gegenstände auf Ghanas Märkten suchen. Selbst dort ist es nicht immer leicht, die notwendige Kraft und Geduld aufzubringen, um das heißersehnte Objekt zu entdecken. Solche Produkte werden normalerweise auf extra eingerichteten Souvenirmärkten verkauft. Heutzutage, da Ghanaer langsam entdecken, daß mit Tourismus Geld zu verdienen ist, werden kleine Souvenirläden in den großen Hotels oder in ihrer Nähe eröffnet.

Angeboten werden überwiegend **Holzschnitzereien** in Form von Masken, Puppen, Statuen, Tierabbildungen usw. **Gold- und Silberschmuck** wird sehr gut verarbeitet und ist preislich durchaus annehmbar. Bei Gold sollte man sich jedoch vor Betrügern in acht nehmen. Bekanntlich ist nicht alles Gold, was glänzt.

Musikinstrumente wie Trommeln in allen möglichen Größen, Flöten, glasierte und unglasierte **Töpferwaren,** bemalte **Kalebassen, Baumwollstoffe** usw. sind reichlich im Angebot und schöne Erinnerungen, ↗ »Kunsthandwerk«.

Überhaupt sind Textilien als Souvenir wärmstens zu empfehlen. Die Stoffe *made in Ghana* sind schön, zum Teil qualitativ hochwertig und auf jeden Fall tolle Erinnerungsstücke, sei es in Form von Kleidungsstücken oder als Dekomaterial daheim. Nur beim Kauf sollten Sie aufpassen, da viele der Textilien auch aus Holland oder China stammen.

Zur Erleichterung genervter Reisender wurde die Exportlizenz für Holzschnitzereien, Puppen und andere Schnitzwerke abgeschafft. Wer solche Artikel kauft, kann sie ohne weiteres exportieren. Natürlich sollten diejenigen, die Waren in großen Mengen zum Weiterverkauf erwerben, auch weiterhin die Exportlizenz besorgen. Sie kostet nicht viel und schützt vor langen Diskussionen am Flughafen. Lizenzen sind im Nationalmuseum, im Arts Centre und am Flughafen erhältlich.

> **Achtung:** Das Ein- und Ausfuhrverbot gegen Elfenbein und Krokodilleder wird sehr ernst genommen. Produkte aus Leder, Elfenbein, Schildpatt etc. können z.B. sein: Haarkämme, Schmuck, Gürtel, Taschen und Schuhe. Vermeiden Sie solche verbotenen Souvenirs!

> ☀ **Tip:** Berücksichtigen Sie die Höchstgewichte der jeweiligen Fluggesellschaft, jedes extra Kilo wird mit rund 30 € taxiert.

Feilschen oder handeln?

Nur bei Behörden, in westlich orientierten Supermärkten und Kaufhäusern sind

Schöne oder auch nützliche Souvenirs: Ledersandalen, Masken, Holzfiguren, Körbe …

die Preise festgelegt. Überall sonst sind feste Preise unüblich, sie liegen vielmehr im Ermessen des Käufers. Besonders auf Märkten oder im Taxi sollte man Preise immer herunterhandeln. Afrikaner handeln gerne und erwarten, daß andere dies genauso gerne tun. Es gehört zum Leben, daß man sich wacker schlägt.

Gewiß, für Nichtgeübte ist es ziemlich ungewöhnlich, wenn man zum Handeln aufgefordert wird. Meistens fehlt die Geduld und die Bereitschaft, sich auf langwierige Diskussionen einzulassen. Und das ist gerade der Punkt. Wer überhastet nachgibt, zahlt oft teuer. Grundsätzlich gilt, daß, wer beim Kauf oder Verkauf nicht aufpaßt, den Kürzeren zieht. Das hat mit Rasse oder Nationalität nichts zu tun. Allerdings haben Fremde und Ortsunkundige bei diesem Spiel meistens das Nachsehen, weil sie nicht richtig durchschauen, ob sie nun ausgenommen werden oder nicht. Andererseits sollte man auch nicht dauernd um den kleinsten Cedi feilschen.

Es hat keinen Sinn, hier eine Abhandlung über die Technik des Handelns anzufangen. Es ist zweifelhaft, ob sich ein unbedarfter Tourist so schnell in die afrikanische Gemütslage versetzen kann, um kräftig mitmischen zu können. Am besten, man drückt den Preis so weit wie möglich herunter, kauft und fragt nicht mehr, wo der eigentliche Preis angesiedelt sein mag. Wenn man das Gefühl hat, für das Gekaufte angemessen bezahlt zu haben, ist alles in Ordnung. Das bißchen Geld, was darüber liegen mag, kann man leicht verschmerzen. Nur Gott weiß, daß das Geld bei den Armen sowieso besser aufgehoben ist.

TYPISCH ESSEN & TRINKEN

»Was ißt man so in Afrika?« Darauf gibt es eigentlich gar keine Antwort, denn es gibt keine einheitliche afrikanische Küche. Zwar kann ich sagen, in Ghana ißt man dies oder jenes, aber schon taucht die Schwierigkeit auf, Geschmacksrichtungen beschreiben zu müssen, die ein Durchschnittseuropäer noch nie gekostet hat. Aber jetzt ist die Küche dran. Na denn:

Nirgendwo in Westafrika gibt es eine einheimische Küche, die ausgefallener wäre als die ghanaische. Sowohl im Geschmack als auch in der Vielfalt hat Ghana auf dem kulinarischen Sektor einiges zu bieten. Vielleicht ist dies auf Ghanas zentrale Lage in Westafrika zurückzuführen. Man bekommt in Ghana alles, was in anderen westafrikanischen Ländern auch üblicherweise vorhanden ist, und zusätzlich die typisch ghanaischen Spezialitäten.

Eß- und Trinkgewohnheiten

Spätestens an dieser Stelle kann man von einem eigenständigen *Ghanaian Way of Life* sprechen. Ghanaer lieben deftige Speisen mit viel Suppe oder Soße. Fleisch, besonders Wild, das man als Spezialität schätzt, ißt man gern, dabei wird Fleisch von ausgewachsenen Tieren bevorzugt. Ganz zartes Fleisch von Jungtieren gilt als »Babyfleisch« und wird selten angerührt. Gleichermaßen wird gern Fisch gegessen, besonders in den Küstengebieten. Was Ghanaer ungern essen, sind Salate in jedweder Form. Nur zu besonderen Anlässen werden Salate als Beilage, so wie man sie in Europa kennt, zur Feier des Tages gegessen. Desweiteren ist Feinkost, und alles was damit zu tun hat wie Sahne, cremige Sachen, Kuchen ucw., einfach ein Greuel für jeden echten Ghanaer. Es geht soweit, daß kaum süße Speisen oder Süßigkeiten auf der Speisekarte zu finden sind. Da sind sie konsequent.

Wie überall in Afrika wird in Ghana mit den Fingern gegessen. Das hat nichts damit zu tun, daß die Menschen arm sind und sich kein Besteck leisten könnten. Es ist vielmehr eine Frage der Tradition und wird heute sogar eher gepflegt. In Restaurants, die ghanaische Spezialitäten anbieten, ist es normal, daß diese Möglichkeit eingeräumt wird. Die Schüssel mit Wasser, Seife und sauberer Serviette ist die höfliche Aufforderung, sich auf das Essen vorzubereiten. Nicht selten sieht man offensichtlich gesittete Leute mit großer Selbstverständlichkeit mit den Fingern essen – natürlich nur mit der rechten Hand! Die Linke vergißt man am besten ganz dabei. Gäste bekommen selbstverständlich Besteck, wenn sie es wünschen, aber die Garküchen, Chop Bars und viele Freiluft-Restaurants servieren immer Speisen nach ghanaischer Art, das heißt mit Wasser und Tuch für die Hände. Wer diesen Anblick nicht ertragen kann, sollte gar nicht erst die anderen beobachten, sondern selbst die Finger zur Hilfe nehmen. Wie heißt der Spruch? *If you can't beat them, join them!*

Übrigens: In Restaurants sind die Angaben zu den Preisen oft eine Quelle für Ärger. Während kleine Restaurants, Bars und Hotels generell die **VAT von 15 %** bereits einkalkuliert haben, weisen Hotels und Restaurants der gehobenen Klasse zunächst ihre Preise ohne VAT aus. Erst bei der Rechnung wird dies sichtbar. Denken Sie bitte daran, bevor Sie gleich protestieren.

Teures Frühstück

Ghanaer frühstücken ungern. Wenn, dann bevorzugen sie eher einen Brunch am späten Vormittag, also eine richtige, warme Mahlzeit mit allem drum und dran: Reis mit Gemüse, Gari mit Suppe usw. Das klassisch englische Frühstück mit Eiern und Speck ist immer noch fremdartig und wird den europäischen Hotelgästen überlassen. Da Europäer aber nicht so zahlreich sind und der Hotelier dennoch auf seine Kosten kommen muß, nimmt er halt mehr Geld für seinen europäischen Frühstücks-Service!

Bevor Europäer nach Ghana kamen, war das Frühstücken etwas Unbekanntes. Der Bauer stand früh auf und machte sich schnell auf den Weg zur Arbeit. Meistens nahm er den Rest des Essens vom Vortag mit und machte dann gegen 10 Uhr eine kurze Pause. Dieser Brauch ist auf dem Land immer noch aktuell.

Very british: Weißbrot über Weißbrot

Margarine auf Pappbrot

Deutsche sind sehr stolz auf ihr Brot und ihre Wurst. Ghanaer nicht. Die beiden Produkte waren auch bis ins 20. Jahrhundert nahezu unbekannt, bis die Briten sie einführten. Nun kann man sich vorstellen, was für Brot und was für Wurst die armen Ghanaer kennenlernten – pappiges, mehliges Weißbrot! Dazu ißt ein echter Ghanaer am liebsten salzige Margarine. Für uns eine Wonne, für jeden Deutschen ein Alptraum!

Die Pfeffergrenze

Für Ghanaer ist ein Essen ohne Pfeffer kein gutes Essen. Ein solches wird gewöhnlich beiseite geschoben, nur geeignet für Kranke oder Geister … Spätestens hier können Ghanaer selbstbewußt sagen, »wir kommen von dort, wo der Pfeffer wächst« oder »wir sind Pfefferfresser«. Zehn Pfeffersorten in allen

Farbvariationen und Größen und mit unterschiedlichen Geschmäckern sind auf den Märkten zu finden. Sie alle werden zu leckeren Suppen und Soßen verarbeitet oder teilweise gar roh gegessen! Die Vorliebe für Pfeffer hat dazu geführt, daß die ghanaische Küche international unbekannt geblieben ist. Wer hinter die Geheimnisse dieser vorzüglichen Küche steigen möchte, muß unweigerlich die Pfeffergrenze überschreiten.

Scharfes Essen wird nur privat zubereitet. Niemand wird gezwungen, höllisch scharfes Essen zu konsumieren. Alle Hotels und Restaurants richten sich nach dem europäischen Geschmack und kochen entsprechend – nach Meinung aller ghanaischen Gourmets – fade. Wer es schärfer bevorzugt, wird gern mit Pfeffer bedient. Auf dem Land, wo auf Fremde keine Rücksicht genommen wird, muß man allerdings immer mit scharfem Essen rechnen. Es empfiehlt sich, hier probierfreudig zu sein, weil man sich sonst mit Früchten zufrieden geben muß. Das ist aber auch nicht der Sinn der Sache, oder?

> **Tip:** Wem ghanaische Kost zu viel wird, kann zumindest in Accra auf die Tankstellen-Shops ausweichen. Dort gibt es oft zu entsprechenden Preisen europäische Tiefkühlkost, Pumpernickel, Wurst, eine Gebäcktheke und vieles, was an daheim erinnert.

Wohin zum Essen?

Es gibt zwar keine Nahrungsmittelengpässe in Ghana, wie die brodelnden Märkte zeigen, auch mangelt es nicht an abwechslungsreicher Kost. Dennoch werden Touristen kaum die ganze Palette von ghanaischen Spezialitäten zu kosten bekommen. **Chop Bars** und einfache Lokale bieten stets nur eine beschränkte Auswahl; Fast food, Pizza oder europäisches Essen haben sie nicht im Angebot. Man muß daher auf seiner Reise oft mehrmals hintereinander dasselbe essen. Um so genußvoller ist dann die nächste richtige Mahlzeit in einem besseren **Restaurant,** die vor allem in den größeren Städten zu finden sind. Sie bieten nicht nur genügend, sondern oft auch internationale Auswahl. In der Provinz kann das Essengehen jedoch tatsächlich zum Problem werden. In Ghanas Kleinstädten und Dörfern, in denen sich der Tourismus gerade erst bemerkbar macht, sind Restaurants wegen mangelnder Nachfrage rar; für die Einheimischen ist Essengehen ein teures Vergnügen. Wenn überhaupt, dann ißt ein Ghanaer in einer der billigen Chop Bars, die es überall gibt, Fufu, Banku oder Ken-

---

TRINKGELD

Zwar trägt die Rechnung in manchen Restaurants eine 10prozentige »Service Tax«, zuzüglich einer weiteren 10prozentigen Vergnügungssteuer, dennoch sind Trinkgelder überall eine sehr willkommene Gehaltsaufbesserung für die unterbezahlten Beschäftigten der Gastronomie. Auf Märkten und bei kurzen Taxifahrten sind Trinkgelder unüblich. Aber es gibt keine festen Regeln; wenn man das Gefühl hat, man sollte etwas hinterlassen, ist dies in Ordnung. Immer das Wechselgeld sorgfältig nachzählen. Manchmal gibt es weiße Schafe unter den vielen schwarzen.

Alltagsmusik: Das rhythmische Stampfen der Mörser begleitet Sie auf Ihrer Reise

key – was nicht jedermanns Sache ist. Touristen haben **vier Möglichkeiten, mit diesem Problem umzugehen:**

✳ **Erstens:** Wer Leute kennt, sollte sich bekochen lassen, nur so lernt man die Sonnenseiten der Landesküche wirklich kennen.

✳ **Zweitens:** Sich vergewissern, ob da, wo man zu übernachten gedenkt, Essen angeboten wird. Wenn ja, vorher anrufen, die Dauer des Aufenthaltes angeben und entsprechend Essen bestellen.

✳ **Drittens:** Selbst bei Vorbestellung sollten Sie auf Nummer sicher gehen und sich vor Ihrem Ausflug aufs Land mit Konserven und Mineralwasser eindecken. Getränke lassen sich fast in jedem Kaff auftreiben. Bei Anbruch der Dunkelheit sind Ortschaften ausgestorben und die afrikanische Nacht ist finster! Reisen Sie so, daß Sie immer bei Tageslicht ankommen. Glück haben diejenigen, die nicht nur die Pfeffergrenze bereits überschritten haben, sondern in einer Chop Bar problemlos mit den Einheimischen bei Kenkey oder Sonstigem mithalten können.

✳ **Viertens:** Halten Sie auf der Suche nach Eßlokalen nicht nur nach Restaurants Ausschau. Auch Hotels und Gästehäuser bieten für Nicht-Hotelgäste Mahlzeiten an. Wenn es sich nicht gerade um ein Luxushotel handelt, wird es nicht die Welt kosten.

Mahl-Zeiten

In der Regel gibt es überall durchgehend »warme Küche«. Am Wochenende Tisch reservieren:

Frühstück: 7 bis 10 Uhr
Mittagessen: 12 bis 15 Uhr
Abendessen: 19 bis 22 Uhr

LANDESKÜCHE: TYPISCH ESSEN & TRINKEN

Ein Grillrost genügt: Kochbananen-Stand

Garküchen & Chop Bars

Ghanas Antwort auf Hamburger-Restaurants ist die Garküche, *Chop Bar* genannt, oft von großen, kräftigen Frauen an einer Straßenecke betrieben. Solche Küchen gibt es überall im Lande, verkauft werden vorwiegend Berge von dampfendem Reis mit duftenden Fleisch- oder Fischsoßen, die in der Regel scharf gewürzt sind. Oft werden Erdnüsse und Maiskolben, gegrillt oder gekocht, angeboten. *Kelawele,* gebratene oder auf Holzkohlen gegrillte Yam-, Maniok- oder Taroknollen sind populäre Snacks. Der feurige *Khebab* fehlt beim Bier nie, er ist der ghanaische Inbegriff von Entspannung überhaupt.

Viele Reisejournalisten warnen vor Straßenkost in Afrika, weil sie angeblich zu Krankheiten führt. Dies ist etwas übertrieben! In vielen Fällen wird das Essen vor Ort gekocht, gegart, gebraten oder gegrillt, auf offenem Feuer oder in heißem Öl. Krankheitsherde sind vielmehr schlechtes Wasser, ungespülte oder schlecht gespülte Gläser, unsaubere Teller, Eiswürfel etc.

Vegetarisches

Vegetarier werden ihre Schwierigkeiten in Ghana haben. Das Phänomen des Nicht-Fleischessens, aus welchem Grund auch immer, ist einfach unbekannt. Deswegen gibt es nirgends in Ghana spezielle vegetarische Restaurants. Aber Ghanaer sind tolerant und respektieren solche Vorlieben mit Selbstverständlichkeit. In Restaurants sollten Vegetarier deswegen ruhig sagen, was sie nicht haben wollen.

Desweiteren empfiehlt es sich für Naturkostler, daß sie sich selbst versorgen. Die Müslipackungen sollten im Reisegepäck nicht fehlen. Das Angebot an Käse ist dürftig. Dafür gibt es die tollsten Nüsse und Früchte in Hülle und Fülle.

GERICHTE UND IHRE KLEINEN GEHEIMNISSE

Aufgrund der Vegetation gibt es in Ghana ein Nord-Süd-Gefälle der Eßgewohnheiten. Während Südghanaer mehr Knollenfrüchte wie Maniok, Taro, Yams, Süßkartoffeln bevorzugen, essen Nordghanaer außer Yams (die im Norden besonders viel angebaut werden) mehr Getreide, vorwiegend Mais, Hirse, Reis. Zu diesen Grundnahrungsmitteln werden leckere, natürlich sehr scharfe Soßen serviert.

Der **Fisch** kommt frisch, reichlich und gut auf den Tisch. Fischliebhaber werden es sehr einfach in Ghana haben, sie werden ihren Aufenthalt im positiven Sinne nicht so schnell vergessen! Der Atlantik bietet allerlei, vom Hering bis zu ungewöhnlichen Brassen. Wer Schalen- und Krustentiere liebt, wird aus den verschiedensten Muscheln, Krabben, armdicken Langusten und Hummern sein Menü komponieren können. Südghanaer bereiten Fisch besonders lecker zu, folglich überwiegen hier die Fischspezialitäten.

Nordghanaer, zum Teil islamisch geprägt, ziehen **Rind-, Hammel-** oder **Geflügelgerichte** vor. Die Menschen im Norden lieben das Fleischgrillen auf offenem Feuer. Von dort stammen die einmaligen, äußerst scharfen, aber schmackhaften Fleischspieße, *Suya* oder *Khebab* genannt, die mittlerweile über Ghanas Grenzen hinaus bekannt sind. Der Schweinefleischkonsum ist relativ gering, besonders im Norden; erst in den letzten Jahren wurde die Schweinezucht forciert, so daß immer mehr Schweinefleisch auf den Markt kommt.

Bevorzugte **Gemüsesorten** sind Zwiebeln, Tomaten, Auberginen, Eierfrüchte, Chilischoten, Paprika, Avocados, Bohnen, Kohl, Karotten, Okra *(Ladyfingers,* ähneln eckigen Schnippelbohnen) und Spinatblätter, die selten als Beilage serviert, sondern zu Soßen verarbeitet werden.

Alle **Südfruchtarten** sind in Ghana heimisch. Es ist einfach herrlich, die Früchte in ihren knalligen Farben zu sehen, zu kaufen und zu essen. Auf den Märkten im südlichen Landesteil gibt es die bekannten Sorten in reichlichen Mengen zu kaufen: Kochbananen, Ananas, saftige Apfelsinen, Mandarinen, Grapefruit, Zitronen, Mangos, Papayas, Brotfrüchte, Melonen, Guajavas (auch Guaven). Hinzu kommen viele andere in Deutschland unbekannte Sorten wie Zimtäpfel (Chirimoya), Limonellen und ähnliches sowie Nüsse, Mandeln, Tiger- und Erdnüsse, Cashew- und Kokosnüsse etc., die man vor Ort entdecken und probieren kann.

Bevor Sie sich den Kopf darüber zerbrechen, wie Sie eine Ananas oder Kokosnuß auf dem Markt verzehren sollen, bitten Sie ohne Hemmungen um Hilfe, denn dort wird Obst nach Wunsch geschält, in mundgerechte Stücke geschnitten und in Plastikbeutel verpackt.

Kommt bei Kindern immer gut an: Hühnchen

Fufu: Pampe oder Kloß?

Die Welt verdankt Ghana die Existenz des Wortes *Fufu,* das oft auch *Foutou, Foufou* oder *Foofoo* geschrieben wird. Darunter versteht man normalerweise eine klebrige Masse auf Maniokbasis.

Das erste, was ein Ghanaer mit all den schönen Sachen macht, die oben genannt sind: er kocht Fufu dazu! Fufu, kann man unumwunden sagen, ist das Nationalgericht Ghanas. Nicht, daß alle Ghanaer Fufuesser wären. Aber die überwiegende Mehrheit schwört auf Fufu, basta!

Was das ist? Für das klassische Fufu werden gekochte *Maniokwurzeln* und *Kochbananen* in breiten Mörsern zu einer tatsächlich gummiartigen Paste zusammengestampft; es gibt andere Varianten mit *Yams* oder *Taro* (Kolokasie). Die Geschicklichkeit dabei ist allein schon faszinierend. Die Kommentare von manchen europäischen Freunden über das Ergebnis hören sich dann so an: gummiartig, Pampe, kloßähnlich, kleistermäßig und ähnlich Appetitliches. Fufu wird für Fremde wahrscheinlich immer rätselhaft bleiben. Auf jeden Fall erregt es die Gemüter aller, die es zum erstenmal sehen. Entweder es wird sofort abgelehnt oder es wird heiß geliebt. Fufu muß mit einer der variationsreichen Suppen gekostet werden, dann kommt die Erleuchtung. Wem sie nicht beim ersten Mal kommt, sollte nicht gleich aufgeben, sie kommt bestimmt.

Suppen und Soßen

Wegen Fufu ist die Zubereitung von schmackhaften Suppen ein typisches Merkmal der ghanaischen Küche. Ghanaer sind Suppenesser *par excellence.* Wenn man ein wenig Übertreibung zuläßt, kann ruhig behauptet werden, es gibt kein Volk auf Erden, das bessere Suppen machen kann. Nicht die üblichen Suppen, die man vor dem Essen schlürft. Die Rede ist von herzhaften Suppen, die einen wichtigen Bestandteil der Mahlzeit darstellen. Eine Suppe ist in Ghana eine recht liberale Sache, nur der eigene Geschmack und der Geldbeutel entscheiden, ob Fisch, Fleisch, Gemüse oder ein wenig von allem reinkommt. Je mehr Geld man hat,

Sie sind fester Bestandteil der ghanaischen Küche: Yams

desto nuancenreicher wird die Suppe. Aber das gilt ja grundsätzlich.

Fangen wir mit der **klaren Suppe** an, *Nkrakra* oder *Nkakra* genannt, jene einfache Suppe, die täglich in allen Haushalten Ghanas gekocht wird, weil sie sich sehr leicht und schnell zubereiten läßt. Die besten dieser Art sind die mit frischem Wild – Antilope oder Perlhuhn – zubereiteten Suppen, die vorzüglich zu Fufu passen.

Danach kommt die **Palmkernsuppe,** *abekwan* oder *abenkwan* genannt. Wie der Name sagt, wird die Hauptkomponente aus der *Palmfrucht* gewonnen. Die Frucht wird gekocht, gestampft und wieder gekocht. Der entstandene Sud wird als Grundlage für die Suppe benutzt. Die Zubereitung ist langwierig, was erklärt, warum diese Suppe vorzugsweise sonntags gegessen wird. Dann nimmt sich die Hausfrau viel Zeit, um etwas Ausgefallenes zu machen. Mit geräuchertem Fisch oder Fleisch, garniert mit Auberginen, läßt Abekwan die Zunge schnalzen. Wie so eine Suppe schmeckt, kann man nicht beschreiben, man muß es einfach probieren, am besten bei Freunden.

Jeder Ghanaer wird sofort zustimmen, daß die **Erdnußsuppe,** *nkatekwan* genannt, die allerhöchste Stufe in Sachen Suppe darstellt. Von einer wahren Meisterin oder auch Meister (warum nicht?) zubereitet, ist die Erdnußsuppe ein echter Genuß. Erdnüsse werden gestampft und anschließend zu einer butterähnlichen Paste gemahlen. Dieser wird kochendes Wasser zugefügt, um das Basismaterial zu bekommen. Dann kommt bevorzugt Geflügel oder Lamm hinein, manchmal auch eine Kombination aus Fisch und Fleisch. Das Ganze wird ungefähr eine halbe Stunde lang gekocht und gut mit Pfeffer gewürzt, der auch in allen anderen Suppenarten nicht fehlen darf.

NKATEKWAN ERDNUSSSUPPE

Einen Kochtopf mit ausreichend Wasser für 6 Personen zum Kochen bringen. Topf so wählen, daß das Wasser nur die Hälfte des Volumens füllt (Erdnußbutter schäumt stark beim Kochen).

- 2 **Gemüsezwiebeln** hacken
- 3 Zehen **Knoblauch** zerdrücken
- 4 **Okraschoten**
- 4 **kleine Tomaten**, vierteln
- 120 g **Tomatenmark**
- 2 **Lorbeerblätter**
- 1/2 TL **Malaguetta**, eine Pfeffersorte, kann durch anderen scharfen Pfeffer ersetzt werden
- 3 **Aromapfefferschoten**, verschiedene Sorten
- 125 g **Kasseler in Stücken**

alles ins kochende Wasser geben.

200 g **Erdnußbutter**

zunächst mit heißem Wasser in einer kleinen Schüssel verrühren, bis es einen dicken Brei gibt. Diesen ins kochende Wasser geben und gut unterrühren. Nach 20 Minuten

500 g **geräucherte Makrele**

hinzufügen und weitere 10 Min köcheln lassen, bis sich der Schaum in Öl verwandelt – Zeichen, daß die Suppe fertig ist. Dazu reichen Sie Weißbrot und Bier.

Andere Spezialitäten

Selbst dort, wo Fufu nicht die Nr. 1 ist, gibt es einen Fufu-Ersatz, der sich nur in Konsistenz oder Inhalt unterscheidet, aber doch fast das gleiche Ergebnis bringt. Überall im Lande sind Maniok- oder Maisklöße sehr beliebt. Je nach Region heißt diese Beilage **Banku, Obenku** (Accra und Küste) oder **Akple** (Volta). Banku wird mit Vorliebe zu gegrilltem, gekochtem, gebratenem oder gedünstetem *Tilapia* (Katzenfisch, ein Süßwasserfisch) gegessen. Im Norden Ghanas sind **Kokonte** oder **Tuwe Zafi,** kurz »TZ« genannt, beliebt. Auch diese Kloßvarianten werden in Suppen oder mit Soße gegessen. Wie sie schmecken? Ich hoffe darauf, daß Sie selbst probieren werden.

Reis-Spezialitäten

Omo Tuwe ist eine Reis-Spezialität aus dem Norden Ghanas, die landesweit sehr beliebt ist. Sie besteht aus Reisbällchen und einer Gemüsesuppe, oft garniert mit Eiern. Was so simpel klingt, ist in der Tat eine raffinierte Suppe mit Kräutern und Zutaten, die von Haus zu Haus verschieden sind, die aber den Ausschlag geben, ob es »klasse« schmeckt oder nicht. Während Omo Tuwe im Norden traditionell abends gegessen wird, bevorzugt ihn der Südghanaer zum Frühstück, meistens sonntags. Einige Hotels (z.B. das »Western Homes Hotel« in Takoradi) bieten ihn sonntagmorgens an.

Joloff, ein landesweit in einfachen Restaurants oft anzutreffendes Reisgericht, schmeckt immer gut. Zunächst wird eine Soße bestehend aus in Öl gebratenen Zwiebeln und Tomaten gemacht, gewürzt mit Muskatnuß, Pfeffer und Salz. Dann kommt Rind-, Hammel- oder Hühnerfleisch dazu, garniert mit Karotten, Erbsen oder Bohnen, und kurz zu einer dicken Soße gekocht. Diese wird danach mit viel Wasser gelöscht. In diesen Sud wird Reis gegeben und gargekocht.

Exotische Fleischküche

All die oben genannten Suppen, Soßen und Gerichte werden überwiegend mit Huhn, Truthahn, Hammel- oder Zie-

Topfgucker: Chop Bars haben den Vorteil, daß man sieht, was so lecker riecht

Nicht exotischer als französische Weinbergschnecken, aber größer: Waldschnecken

genfleisch zubereitet, selten mit Schweinefleisch. Aber wenn ich bisher nur Sachen erwähnt habe, die ziemlich »ungefährlich« sind, heißt es noch lange nicht, daß Ghanaer keine für Europäer exotischen Spezialitäten hätten. Da wir überwiegend ein Waldvolk sind, gehört Wildfleisch ebenso selbstverständlich auf den ghanaischen Speiseplan wie das Amen in die Kirche. Alles, was da kreucht und fleucht, kommt in Frage, je nach Region kleine und große Antilopen, Buschböcke, diverse Affenarten, Grascutters, Waldratten, Pythons, Waldschnecken, Schildkröten ... Dabei wird sehr genau differenziert zwischen den Gattungen, die als eßbar angesehen werden, und denen, die unangetastet bleiben. Während Ausländer salopp behaupten, in Ghana würden beispielsweise »Ratten« gegessen, unterscheiden Ghanaer feiner zwischen Pangolins, Stachelschweinen, Grascutters, Waldratten und eben normalen Ratten. Daß wir Affen essen, würde ebenfalls jeder Ghanaer abstreiten. Man ißt *Efuor, Kwakuo, Awehoma, Esua, Boapea* – aber davon verstehen Ausländer eben nichts.

Was Vögel angeht, werden fast alle Arten außer Papageie, Geier, Raben und Uhus zu würzigen Soßen verarbeitet. Tauben, Perl- und Rebhühner, Falken, Fasane, Tokos sind die üblichen Fleischlieferanten. Und es nutzt nichts, darauf hinzuweisen, daß es sich hier um schöne bunte Vögel handelt.

Das potente Dessert

»Nachtisch« im eigentlichen Sinne des Wortes ist in einem echten ghanaischen Haushalt unbekannt. Die wunderschönen, bunten tropischen Früchte, die man überall sieht, werden selten zum Dessert verspeist. Stattdessen wird Obst oft als Zwischenmahlzeit oder statt der eigentlichen Mahlzeiten gegessen. Allerdings immer nur getrennt, nie als Obstsalat. Oft bekommt man überhaupt nur eine Sorte Obst angeboten.

LAMMFLEISCH MIT OKRA UND KLÖSSEN
FÜR 4 PERSONEN

750 g	**Lammfleisch**, mager, in 3 – 5 cm große Würfel schneiden
4	**Zwiebeln** grob würfeln
60 g	**Gewürzpaprika**
2 EL	**weißes Mehl**
1/3 Tasse	**Erdnußöl**, in einem schweren Topf heiß werden lassen. Alles zusammen mit dem Fleisch anbräunen.
90 g	**Tomatenmark**, in etwas Wasser glattrühren
1	**Pfefferschote**, gehackt,

zum Fleisch hinzufügen und alles 30 Min. köcheln lassen. Danach

250 g	**Okra** in Scheiben schneiden, hinzu geben und so lange köcheln lassen, bis das Fleisch gar und die Soße sämig ist. Inzwischen
2 Tassen	**grobes Weizenmehl** mit
1/2 Tasse	**Wasser** verrühren und im

Wasserbad 30 Min kochen. Dann

2	**Eier** dazugeben und kräftig vermengen. Aus dem entstandenen festen Teig mit einem Eßlöffel Klößchen abstechen, in kochendes Salzwasser geben und 10 Minuten gar kochen. Herausholen und abtropfen lassen. Zu der heißen Soße servieren.

Die einzige bekannte Ausnahme bildet die **Tigernuß**, die in Südghana in Form von **Pudding** nach dem Essen gereicht wird. Das ist eine recht hintergründige Speise, die nicht selten mit einem Augenzwinkern serviert wird. Denn hinter einem Tigernußpudding kann eine clevere Köchin eine Liebeserklärung verstecken, die ungefähr so lautet: »Sehen wir uns heute abend?« Also aufgepaßt: sobald Tigernußpudding auftaucht, *cherchez la femme*.

✺ **Literaturtip:** Alle Gerichte hier zu beschreiben, würde schlicht zu einem dicken Kochbuch führen – was ich übrigens zusammen mit meinem Freund Holger Ehling getan habe. Es heißt »Westafrikanisch kochen« und ist entweder bei mir, info@afrika-service-agentur.com, oder beim Verlag Die Werkstatt, Göttingen, erhältlich.

Was trinkt man dazu?

Ganz normales **Wasser,** das man einfach aus der Leitung zapft oder aus Brunnen und Flüssen holt. In den Städten, wie bereits gesagt, kann man ohne Bedenken Wasser aus der Leitung trinken: Ob es einem schmeckt, ist eine andere Frage. Auf dem Lande sollte man gegenüber Wasser viel Skepsis aufbringen. Trinken Sie einfach Tee, Bier, Fanta, Coke, Ananassaft oder Kokosnußmilch direkt aus der Nuß, und Sie haben keine Probleme. Inzwischen findet man in Geschäften und Supermärkten stilles Mineralwasser made in Ghana.

Unterwegs im Land bieten allerorts fliegende Händler gekühltes »Eiiisswasser« in hygienisch verschlossenen Beuteln an. Ein Alkoholverbot aus ethischen oder religiösen Gründen gibt es nicht.

SPEISELEXIKON

Abekwan: Palmkernsuppe.
Akple: Maisbrei.
Akyeke: gedünstetes Maismehl, sieht aus und schmeckt wie Couscous, wird aber mit gebratenem Fisch gegessen.
Aprapransa: Maiskloß in Palmkernsuppe gekocht und mit Krabben garniert.
Douala fish: auf Holzkohlen gegrillte Schnapper mit einer scharf gewürzten Soße.
Epitsi: reife Kochbananen, gestampft und mit Ingwer, Pfeffer und anderen scharfen Sachen gewürzt; wird in Blätter gefüllt und gegrillt.
Fufu, Foutou, Foufou oder Foofoo: Maniokbrei (-pampe oder -kloß).
Garifoto: Gari (Maniokmehl) mit kaltem Wasser angefeuchtet und garniert mit Bohnen, Fisch und schwarzer Pfeffersoße.
Jambalaya: Fischsoße mit Zwiebeln und Tomaten.
Joloff: Reis mit Gemüse und Fleisch.
Kelawele: Kochbananenchips in Palmöl gebacken.
Kenkey: gesäuerte Maisbällchen in Bananenblättern.
Khebab: Fleischspieß aus Ziegen-, Lamm- oder Rindfleisch.
Kokonte: Maniok- oder Yamsbrei.
Ladyfingers: Okraschoten, grünes Gemüse.
Nkatekwan: Erdnußsuppe.
Nkrakra: Klare Suppe mit Fleisch.
Omo Tuwe: Reisbällchen in Gemüsesuppe, oft garniert mit Eiern.
Palaver Sauce: Spinat oder Blättersoße mit geräuchertem Fisch.
Red-red: Reife Plantains (Kochbananen) in Palmöl gebraten und mit einer Bohnensoße serviert.
Suya: Fleischspieß, meist aus Hammel- und/oder Rindfleisch.
Tuwe Zafi, kurz »TZ: Maniok- oder Yamsbrei.
Watschie: Zwiebelreis mit schwarzen Bohnen.

Echte **Kaffeetrinker** werden in Ghana ihre größte Enttäuschung erleben. Bohnenkaffee zu trinken, ist nicht üblich und selbst in den teuren Hotels gibt es bloß Nescafé in Tüten und Dosen. Die radikalsten unter den Kaffeetrinkern sollten auf Kaffee und die dazugehörige Maschine im Gepäck nicht verzichten.

Fruchtsäfte

Für ein Land in den Tropen ist es wirklich sehr enttäuschend, das Ghana so wenige der herrlichen Früchte zu leckeren Säften verarbeitet. Beliebt sind vielmehr Coca Cola, Pepsi, Fanta, Sprite und andere süße Importgetränke. Nur langsam beginnen einheimische Firmen, Säfte zu produzieren. Ananas-, Mango- und Bananensäfte sind zwar erhältlich, jedoch nicht überall.

Applaus für Bier

Es ärgert Ghanaer maßlos, wenn sie im Ausland gefragt werden, ob sie Bier kennen oder gar, ob es überhaupt Bier in ihrem Land gäbe. Was manchen überraschen wird, Ghanaer halten ihr Bier für das beste in der ganzen weiten Welt und betrachten sich als *die* Biertrinker schlechthin.

Der mobile Kiosk: Bei ihr können Sie Getränke kaufen

Spaß beiseite: Biertrinker sind Ghanaer allemal. Sechs einheimische Biersorten werden gebraut: *Club, Star, ABC, Gulder, Stone, Gold Arrow* und das dunkle *Castle Milk*. *Guinness* wird unter Lizenz in Kumasi gebraut. Ghanaisches Bier genügt jedem Anspruch und ist unter der tropischen Sonne besonders bekömmlich.

* **Tip:** Wenn sich Ghanaer etwas gönnen, essen sie Fleischspieße, die in keinem guten Lokal und in keiner Bar fehlen. Die leckeren Spießchen sind sehr scharf mit Pfeffer gewürzt und kurbeln den Bierkonsum an. Meistens bestehen sie aus Ziegen- oder Hammelfleisch; Schweinefleisch ist nicht so beliebt und wird seltener angeboten.

Wein und Schnaps

Traubenwein ist traditionell unbekannt. Die in Restaurants und Kaufhäusern angebotenen Weine sind oft Billigimporte. Von den Veränderungen in Südafrika hat auch Ghana enorm profitiert. Seitdem die guten Tropfen vom Kap auch in Accra erhältlich sind, haben Quantität und Qualität des Weinsortiments erheblich zugenommen.

Im Süden Ghanas wird in den Dörfern **Palmwein** getrunken; er schmeckt ungefähr wie *Federweißer*. Im Norden Ghanas wird **Pito** – *Hirsebier* – getrunken. Probieren geht auch hier über studieren.

An Hochprozentigem ist in Ghana **Akpeteshie** besonders beliebt – *Zuckerrohrschnaps*. Er wird überall, legal oder illegal, gebrannt. Er ist schon sehr stark und schmeckt nicht schlecht. Darüber hinaus gibt es Firmen, die einheimischen Gin, Cognac, Aperitifs usw. brennen.

Kolanüsse

Die kastanienartige Nuß wächst auf Bäumen in den Savannengebieten Westafrikas und wird überall als anregendes Genußmittel geschätzt. Wegen ihrer alkaloiden Wirkstoffe, die Hunger, Durst und Müdigkeit vertreiben können, wird sie oft als leicht stimulierende Droge von Moslems bevorzugt; Alkohol ist für sie nämlich verboten. Das zunächst sehr bitter schmeckende Fruchtfleisch wird gekaut, und die Flüssigkeit geschluckt. Der Ballast wird nach einer gewissen Zeit ausgespuckt. Die Kolanuß wird in Amerika und Europa zur Herstellung von Getränken und Arzneimitteln verwendet.

ACCRA & GREATER ACCRA

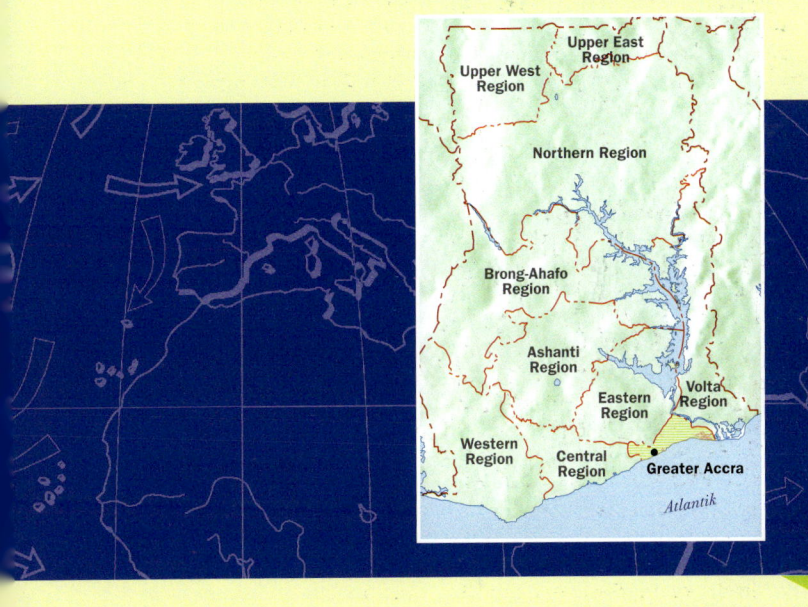

Atlantik

NATUR & NATURPARKS

GESCHICHTE & GEGENWART

MENSCHEN & KULTUR

REISE-INFORMATIONEN

ZU GAST & LANDESKÜCHE

ACCRA & GREATER ACCRA

DIE KÜSTE & DER WESTEN

ASHANTI & BRONG-AHAFO

DER NORDEN

OST-GHANA & VOLTA-GEBIET

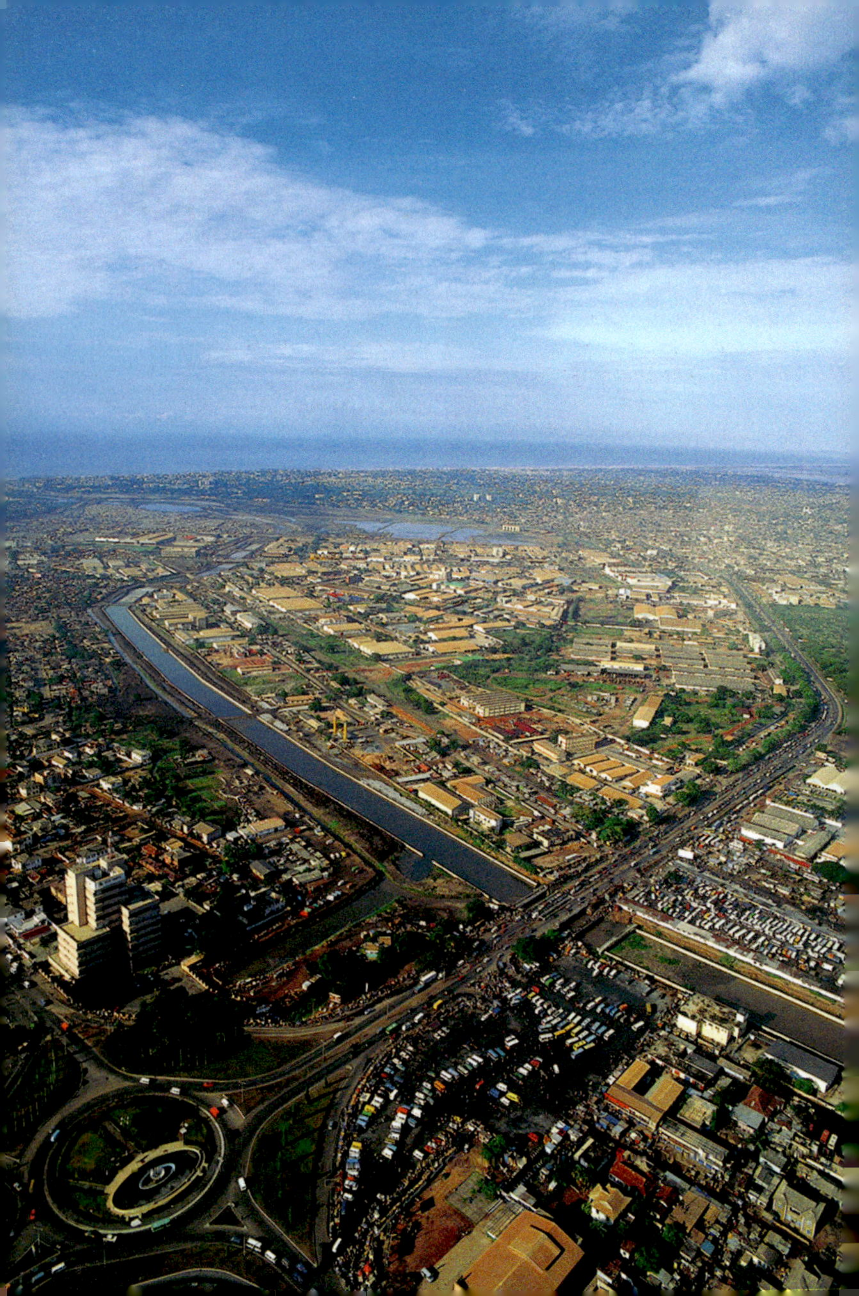

IN ACCRA SCHLÄGT DER PULS

Accra ist in jeder Hinsicht die Haupt-Stadt Ghanas und obendrein eine der wichtigsten Metropolen Westafrikas. Hier fühlt man Ghanas Puls am besten, hier schlägt das Herz des Landes am schnellsten, hier leben die meisten Ghanaer pro Quadratkilometer, hier ist der Hauptteil des Geschäftslebens konzentriert, hier ist Wachstum sichtbar.

Die Hauptstadt: Ein Garten Eden?

Accra vermittelt zunächst nicht den Eindruck einer Metropole mit über 2,5 Mio Einwohnern. Die Stadt besitzt einfach zu wenig von den Merkmalen, die andere Hauptstädte auszeichnen. Es gibt und gab nie das Bestreben, aus dieser Stadt etwas anderes zu machen, als sie immer war – Heimat für ihre Bewohner. Kein Londoner oder Pariser Chic wird auf Biegen und Brechen nachgeahmt, keine Wolkenkratzer aus Zement und Glas wurden hochgezogen, nur weil es einen »guten« Eindruck macht und es gibt kein herausgeputztes Stadtzentrum mit angeberischen Einkaufspassagen. Accras eigenwillige Bewohner lieben und pflegen ihren eigenen Stil.

Mit anderen Worten, man kann Accra in vielerlei Hinsicht und im positiven Sinne als eine »**echt afrikanische**« **Stadt** bezeichnen. Eine Stadt, die durchaus mit beiden Beinen in der Moderne steht, aber ein ungebrochenes Verhältnis zu ihrer Vergangenheit bewahrt hat. Gerade weil die üblichen Schaukasten-Attribute fehlen, wird man Accra nicht auf Anhieb als schön empfinden. Dennoch sind ihre Bewohner sehr stolz auf Accra: Sie ist *ihre* Stadt geblieben, sie ist aufreibend, unverwechselbar und liebenswert.

Eine Stadt breitet sich aus:
Blick von oben auf Accra

Accra **verändert sich** rasend schnell. Vor ein paar Jahren noch eine Stadt mit gelassener Atmosphäre, ist Accra inzwischen immer hektischer, lauter, dreckiger und voller geworden. Seit Mitte der 1980er Jahre herrscht rege **Bautätigkeit**, Geschäftshäuser und mittelständische Wohngebiete an der Peripherie wachsen. Die atemberaubende Expansion hat Accra sein tropisches Flair gekostet, ein Großteil der einst zahlreichen Bäume und Grünflächen fiel bereits dem Straßenbau zum Opfer. Selbst wenn Gartenlokale, Freiluftbars und Discos zahlreich sind, das entspannte Lebensgefühl, das Accra früher auszeichnete, ist wahrscheinlich für immer dahin. Gewiß wurden dadurch auch die chronischen Verkehrsstaus ein wenig gemildert. Aber insgesamt gesehen ist Accra auf dem besten Wege, sich zu einem Moloch zu entwickeln, mit noch mehr Autos, die noch mehr Abgase ungefiltert in die Luft blasen. Die steigende Landflucht trägt zur Verschlechterung der Lebensqualität bei: schlechtere Luft, mehr Dreck auf den Straßen, unkontrolliertes Wachstum der Randgebiete, Wohnungsnot und Arbeitslosigkeit sind die Folgen.

Die **Kriminalität** wächst ebenfalls. Etwas, was in dieser Metropole bis vor wenigen Jahren noch unbekannt war, ist Realität geworden. Mit dem ungebremsten Zuzug vieler Menschen aus ganz Westafrika und der sehr hohen Arbeitslosigkeit sind die Sitten rauher geworden. Die Zahl der Raubüberfälle und Morde hat zugenommen. Besonders abends ist Vorsicht geboten. Deswegen: Keine unverschlossenen Autos, keine einsamen Spaziergänge, keine Wertsachen mit sich führen, keine Arglosigkeit gegenüber wildfremden Leuten! Das Ganze ist noch nicht so schlimm wie in manch anderer Weltstadt, da die Bewohner Accras aber an die geringe Kriminalität gewöhnt waren, sind sie jetzt sehr besorgt.

Lage Accras

It seldom rains in Accra ... Die Stadt liegt in der Mitte einer sehr trockenen Küstenebene, die sich vom Cape Three Points fast das ganze Küstengebiet entlang zieht, nur knapp 20 km von Accra entfernt im Nordwesten von den Ausläufern der Akwapim-Togo-Gebirgskette begrenzt wird und im Osten über das Volta-Delta hinaus bis zur Togo-Grenze reicht. Diese Ebene, und aufgrund der Windverhältnisse besonders das Gebiet um Accra und Tema, hat die niedrigsten Niederschlagswerte im ganzen Land. Warum dieses Gebiet dennoch keinen vertrockneten Eindruck macht, liegt daran, daß hier viel Grundwasser vorhanden ist und es relativ viel Wasser in der unmittelbaren Umgebung der Stadt gibt: Im Süden öffnet sich der **Atlantik,** im äußersten Westen, nahe dem Fischerdorf *Bortianor,* befinden sich die **Sakumo-** und die **Chemu-Lagune,** mitten in der Stadt breitet sich die **Korle-Lagune** aus, im östlichen Stadtteil *Osu* liegt die **Klottey-Lagune** und kurz vor *Teshie* die **Kpeshie-Lagune.** Nur 12 km westlich der Hauptstadt liegt der große, bei Anglern beliebte **Weija-See,** der Accras Wasserversorgung sichert.

An drei Seiten von bis zu 350 m hohen Hügelketten umgeben, liegt Accra nur 25 m oberhalb des Meeresspiegels, was erklärt, warum das Stadtgebiet so anfällig für **Überschwemmungen** ist. Während der kurzen, aber durch heftige Regenfälle gekennzeichneten Regenzeit, kann es passieren, daß große Teile der Stadt in kürzester Zeit unter Wasser stehen. Infrastrukturelle Maßnahmen wurden schon unternommen, doch der große Wurf zur endgültigen Lösung steht noch aus.

Vom Dorf zur Großstadt

Zu den ersten, die das Gebiet besiedelten, zählen die aus Osten eingewanderten *Ga.* Als Ackerbauern betreiben sie in der Küstenebene Landwirtschaft, das Fischen war nur Nebenerwerb für sie. Daher zogen sie es vor, in den höhergelegenen Gebieten zu wohnen, zumal die Ga damals viele Feinde hatten und die umliegenden Berge ihnen ausreichend Schutz boten.

In der Zwischenzeit waren die *Portugiesen* an der Küste gelandet (1471). Zu-

TEMPERATUREN IN ACCRA

	Jan	Feb	Mär	Apr	Mai	Jun	Jul	Aug	Sep	Okt	Nov	Dez
Luft	27,4	27,6	27,6	27,6	27,0	25,4	24,3	24,2	25,2	26,0	27,0	27,2
Meer	25	25	26	27	27	27	26	25	25	25	25	24

Der Stich von 1605 zeigt europäische Händler, die dem Ga-König Waren anbieten

nächst auf der Suche nach Gold, Elfenbein und Pfeffer, später nach Sklaven. Aufgrund seiner strategisch günstigen Lage für den Warenaustausch war das Gebiet um Accra prädestiniert, eine große Rolle in der Zukunft des Landes zu spielen. So entstand Accra als ein Handelsort, an dem Afrikaner und Europäer zusammentrafen, um Waren auszutauschen.

Die Burgenstädte

Gleich drei andere europäische Staaten hatten ebenfalls die Vorzüge Accras als Handelsort entdeckt und machten den portugiesischen Handelsgesellschaften das Leben so schwer, daß diese die Lust verloren, hier weiter aktiv Handel zu treiben. Sie gaben auf und zogen weiter südlich nach Angola, immer noch auf der Suche nach dem ganz großen Coup – die Passage um die (unbekannte) Südspitze Afrikas herum nach Indien.

Nach dem Abzug der Portugiesen verschärfte sich die Konkurrenzlage zwischen den übrigen Europäern – hauptsächlich Dänen, Holländer und Briten – um die Handelsvorteile in diesem reichen Gebiet so sehr, daß kriegerische Auseinandersetzungen unvermeidlich waren. Jedes Land versuchte, indem es Tatsachen schuf, »seine« Gebietsansprüche mit Nachdruck zu verteidigen. Die Holländer waren die aktivsten: zwei Kilometer von der Korle-Lagune entfernt bauten sie 1650 eine Burg, die sie seltsamerweise *Crèvecœur* (franz. Herzenskummer) nannten. 1657 zogen die Schweden mit dem Bau einer großen Burg nach; angeblich gab es an diesem Ort bereits einen kleinen portugiesischen Handelsposten, der von den Schweden überrannt wurde. 1659 machten die Dänen den Schweden den Garaus, bauten die angefangene Burg weiter und tauften sie nun nach ihrem König Christian um; der Name *Christiansborg* blieb bis heute erhalten. Die Briten antworteten 1663 mit dem Bau von *James Fort*. Eine Pattsituation entstand. Von ihren Burgen aus, die alle an der Küste in unmittelbarer Nähe zueinander lagen, beobachteten sie nun argwöhnisch und eifersüchtig die Aktivitäten der Konkurrenten, während jede Handelsmacht versuchte, so viel Profit und Einfluß wie nur möglich in diesem Küstenabschnitt zu gewinnen.

Vom Ackerbauern zum Menschenhändler

Verwunderlich ist zunächst, daß die Ga den Europäern die strategischen Gebiete an der Küste kampflos überließen. Die Gründe dafür waren eigennütziger Natur. Für die Ga stellte sich sehr schnell heraus, daß der Handel mit den Europäern, deren innereuropäische Konflikte sie nicht interessierte, einen viel größeren Ertrag einbrachte als der Ackerbau. Obwohl sie keine schlagkräftigen Armeen besaßen, waren sie die Herren der Küste. Die cleveren Ga entdeckten sehr schnell die Vorteile des Zwischengeschäfts, und ohne die Bewohner des Binnenlandes an dem lukrativen Handel direkt teilhaben zu lassen, wurden sie Mittelsmänner zwischen den Sklavenjägern aus dem Norden Ghanas und den Europäern, die eben Sklaven kaufen wollten.

Ein weiterer Grund waren die *Akwamu*, alte Feinde der Ga, die hinter den Bergen wohnten und die Küstensiedlungen oft attackierten, um den Handel zu stören. Die Europäer wiederum wollten in Ruhe mit den Ga handeln, also fungierten sie als deren Beschützer und hielten in Zeiten der Not die Feinde der Ga mit ihren großen Kanonen fern. Allmählich wurden die Burgen für die Ga zu sicheren Häfen, in die es immer mehr Menschen zog. Die erste große Siedlung der Ga an der Küste entstand an der Korle-Lagune westlich der holländischen Enklave. Als die Briten 1868 die holländische Crèvecœur-Burg aufkauften und in *Ussher Fort* umtauften, wurde aus der Siedlung zu ihren Füßen das heutige *Ussher Town*. Ähnlich entstand die Siedlung *Viktoriaborg* unterhalb der schwedischen Burg Christiansborg, andere zogen zum britischen James Fort und gründeten *James Town*. Nicht nur in den Bergdörfern, auch in der Ebene setzte sich diese Wanderbewegung in Gang. Die Bauern, die für die Versorgung der Siedlungen unentbehrlich wurden, zogen nun ebenfalls näher zu den Burgen und gründeten *La* (auch Labadi), drei Kilometer östlich von Christiansborg.

Während die Burgen ständig umkämpft waren und ihre Besitzer wechselten, bildete sich bei den Ga eine neue Klasse von Händlern, die außerhalb der traditionellen Gesetze nur das Geschäftemachen im Kopf hatte – wie ihre europäischen Genossen. Das »emsige« Volk der Ga wurde geschäftstüchtig und kapitalkräftig, ihre Siedlungen immer größer der Grundstein Accras war gelegt.

Ein Beben und seine Folgen

1862 ereignete sich ein großes Erdbeben in Accra, bei dem alle drei Burgen in Mitleidenschaft gezogen sowie viele Häuser zerstört wurden. Den Wiederaufbau nahm Großbritannien zum Anlaß, seine neugewonnene Macht als faktischer Kolonialherr über die Goldküste (ab 1844) zu demonstrieren und parallel zu den städteplanerischen Arbeiten etliche administrative Maßnahmen durchzuführen: ein Stadtrat wurde eingesetzt, höhere Steuern erhoben, neue Gesetze erlassen. Die reichen Geschäftsleute von Accra, auf ihre Unabhängigkeit pochend, lehnten die neuen Regeln ab. Ihrer Meinung nach war Accra *ihre* Stadt, folglich wollten sie keine Steuern an Ausländer zahlen! Streiks wurden organisiert, das gute Verhältnis zwischen den Briten und den Einheimischen drohte zu zerbrechen. Nachdem sich die übrigen Länder nach dem Verbot des Sklavenhandels aus dem Geschäft bereits zurückgezogen hatten und zuletzt die Holländer 1868 ihr Fort an die Briten abtraten, hatten die Briten nun freie Hand, ihre kolonialen Interessen auch gegenüber den rebellierenden Ga und Ashanti durchzusetzen. 1874 proklamierte der britische Premierminister die Goldküste formell zur Kronkolonie, Accra wurde Sitz des Gouverneurs und drei Jahre später zur Kolonialhauptstadt erklärt.

Accra zwischen Erdbeben und Wachstum

Die Hauptstadt-Entscheidung brachte natürlich die erwarteten Impulse für die schnell wachsende Stadt. Zwischen 1885 und 1900 wurden neue Verwaltungsgebäude gebaut, große von Gärten umgebene Wohnhäuser (eigentümlicherweise auf Stelzen), wurden für die Beamten konstruiert. 1903 wurde Christiansborg renoviert und zur offiziellen Residenz des Gouverneurs erklärt.

Kündet von Ghanas Unabhängigkeit: Der »Black Star«, Symbol für »Freedom and Justice«

Zur Zeit des Gouverneurs *Gordon Guggisberg* zwischen 1919 und 1927 erfuhr Accra die größten Entwicklungssprünge. Guggisberg ließ eine Brücke über die Korle-Lagune bauen und verband dadurch die alte Ga-Siedlung mit den übrigen »Burgstädten«. Auch das große Krankenhaus von Korle-Bu, die Achimota-Hochschule sowie unter anderen die Stadtteile *Tudu, Kaneshie, Abossey-Okai* wurden auf sein Geheiß hin errichtet. 1955 entstanden weitere Stadtteile wie *Kokomlemle, New Town, Nima* und *Kanda*. Der Bau des Flughafens im Norden der Stadt und die Verbindungsstraße nach Aburi führten zur Entstehung der *Independence Avenue* sowie der Villenvororte in ihrer Nähe wie *East-* und *Westridge, Ringway Estates, Cantonments*. Eine voll ausgewachsene Stadt entstand, deren Einwohnerzahl sich innerhalb dreier Jahrzehnte bis 1930 auf 60.000 fast verdreifachte.

Doch die Bewohner hatten immer wieder unter heftigen Erdstößen zu leiden. Ausgerechnet in den Jahren der Expansion, 1906, 1930, 1933 und 1939, wurden zum Teil verheerende Erdbeben registriert. Das Beben von 1939 war mit 16 Toten, Hunderten von Verletzten und erheblichen Sachschäden das schlimmste, auch die gerade neu errichteten Verwaltungsgebäude und Wohnhäuser wurden zerstört. Beim Wiederaufbau entstanden neue Stadtteile, die zwischen den verschiedenen »Dörfern« plaziert wurden. Dadurch wurden praktisch alle Stadtteile integriert.

Accra war Ende der 40er Jahre eine Großstadt mit einer Ausdehnung von etwa 225 km^2 geworden. Hatte die Stadt 1960 noch 338.000 Einwohner, waren es 20 Jahre später bereits 965.000. Heute bildet sie mit der Hafenstadt Tema zusammen eine Metropole mit fast 3 Mio Einwohnern.

TIPS ZUR ORIENTIERUNG

▶ Zwar ist es wahr, daß alle Straßen in Accra Namen tragen. Solche Namen sind sogar auf Stadtkarten eingetragen. Doch das bedeutet noch lange nicht, daß man alle Straßennamen in Accra auf Schildern wiederfindet! Die Mehrheit der Accraner orientiert sich an Gebäudenamen (»Pegasus House«, »Mobil House« usw.) und kennt die Namen der Straßen auch nicht. Zwar hat sich in letzter Zeit die Schildersituation zugunsten der Touristen verbessert. Für Besucher ist die Orientierung dennoch nicht einfach; das gilt übrigens für viele Städte in Ghana. Es bleibt einem nichts anderes übrig, als ständig zu fragen.

Aus Erfahrung kann man sagen, daß zwei Tage reichen, um sich ein gutes Bild zu verschaffen. Ein Grund dafür ist, daß die verschiedenen Segmente der Stadt durch **große Ausfallstraßen** von mehreren Kilometern Länge verbunden sind, die stets an einem Kreisel enden. In Accra werden solche Drehkreuze **Circles** genannt. Und es gibt viele markante Circles in Accra: *Obetsebi Lamptey Circle, Kwame Nkrumah Circle, Danquah Circle, Akuafo Circle, Tetteh Quarshie Circle/Interchange* usw. Es genügt zu wissen, welche Straßen zu den Circles führen und wo sich die Circles genau befinden. Ein Beispiel: die *Liberation Road*, die am Flughafen im Norden anfängt, führt direkt zum **Ako-Adjei Interchange** (früher *Sankara Circle* bzw. *Ako-Adjei Intersection*). Dort schließt die *Independence Avenue* an, die ins Stadtzentrum führt.

Der gleiche Ako-Adjei Interchange hat auch eine Ost-West Tangente – **Ring Road** – die Accra praktisch in zwei Hälften teilt. **Ring Road East** kommt von der *La Road* an der Küste, überquert westwärts gerichtet den *Danquah Circle* und endet am Ako-Adjei Interchange. Weiter geradeaus führt die **Ring Road Central** zum *Kwame Nkrumah Circle.* Hier wird die Ring Road in Nord-Süd Richtung durch die *Kwame Nkrumah Avenue* bzw. *Nsawam Road* unterbrochen. Der westliche Teil der Ringstraße, **Ring Road West,** führt zum *Obetsebi Lamptey Circle* und über die *Winneba Road* aus der Stadt heraus. Ganz einfach! ◀

Infostellen: *Regional Tourist Office,* Tudu, Off Barnes Road; ✆ 231817. Die Leute dort sind sehr freundlich, aber total hilflos, da sie selten wichtige Informationen oder gar Gedrucktes über Accra und die Umgebung parat halten.

Accra Visitor's Centre, Ring Road Central, neben Bus Stop Restaurant, ist ein privates Büro, das bessere Arbeit als das Regionalbüro leistet. Die Leute dort sprechen Fremdsprachen und haben einige Ghana-Broschüren zu vergeben.

Accra im Internet: www.strictlyaccra.com.

Literatur: Langzeitbesucher Accras sollten das Buch *No More Worries* kaufen. Es wurde von ausländischen Frauen geschrieben und enthält brauchbare Tipps für das tägliche Überleben in einer fremden Stadt. Das gibt es in allen großen Kaufhäusern.

Im Januar 1997 gab es nach langer Zeit wieder ein leichtes Erdbeben in Accra. Niemand kam zu Schaden, aber das Beben wurde mit immerhin 4,3 auf der Richterskala registriert. Zwei Monate später – ausgerechnet am 6. März, dem Tag der Unabhängigkeit – gab es nochmals ein Beben, dessen heftigen Stöße bei vielen Gebäuden Risse verursachten. Westlich der Stadt, im stark erdbebengefährdeten Gebiet um Weija, wird sogar Vulkanaktivität vermutet, da dort heiße Dämpfe aus dem Boden aufsteigen. Hoffentlich kommt es zu keiner Katastrophe.

SEHENSWÜRDIGKEITEN ACCRAS
- Christiansborg Castle
- James Fort mit Leuchtturm
- Ussher Fort mit Museum
- Kwame Nkrumah Mausoleum
- Ghana National Museum & Theatre
- Independence Square
- Arts Centre & Souvenirmarkt
- Makola Market

Wichtige Festtage:
Nationalfeiertage: Afrika Nkabomba, 25. Mai, und *Adehyemanda*, 1. Juli
Homowo, Erntedankfest, Aug in La
PANAFEST: Afrika-Festival, 2009, 2011

STADTRUNDGANG

Accra gehört zu den Städten, die dem Besucher ihr wahres Gesicht nicht auf Anhieb zeigen. Da sie aus einer Vielzahl von Handelsposten zusammengewachsen ist und wegen der vielen Erdbeben während der Aufbaujahre, hat die Stadt nie ein Zentrum im eigentlichen Sinne des Wortes gehabt.

So ist Accra eine für Fremde schwer zu erschließende Stadt, die sich nicht während einer Sightseeing-Bustour entdecken läßt. Als klassische **Stadtmitte** dient lediglich das kleine Areal zwischen *Makola Market* und *Old Parliament House,* darüber hinaus zählt alles südlich der *Ring Road* zum Innenstadtbereich.

Accras viele Gesichter erfüllen für verschiedene Menschen ganz verschiedene Bedürfnisse: Heimat, Arbeitsplatz, Hoffnungsträgerin und Zufluchtsort ... Um es richtig kennenzulernen, muß man die Schichten wie bei einer Zwiebel nacheinander abstreifen. Accra – wie eine keusche, aber kesse Dame – trägt einen Schleier und verlangt von ihren Besuchern mehr als einen flüchtigen Blick. Einmal entdeckt, kommt das wahre, schöne Gesicht zutage.

Achtung: Accra hat viele offene, zum Teil stinkende Abwasserkanäle in allen erdenklichen Breiten. Bei Spaziergängen und besonders in der Nacht aufpassen – die Kanäle können zu tückischen »Fettnäpfchen« werden.

Von Christiansborg nach James Town

Trotz ihrer Größe kann man die Stadt am besten zu Fuß erkunden; ein guter Tag dafür ist der Samstag oder der Sonntag, denn an den arbeitsfreien Tagen ist die Stadt ruhiger, gelassener. Als Ausgangspunkt für einen Rundgang könnte die auf ghanaisch *Osu* genannte **Altstadt von Christiansborg** dienen, die einst als schwedisch-dänisch-afrikanische Siedlung am Fuße der großen Burg entstand. Beginnen Sie an der Kreuzung La/Salem Road und gehen Sie stadteinwärts in südwestlicher Richtung. Hier kann man die tausend Mosaiksteine, die diese Stadt bilden, entdecken, hier sind die starken Gegensätze besonders auffallend: Vorne die große Politik, dahinter die Fischer, die immer noch in ihren Pirogen ins Meer stechen, als ob sich seit den Anfängen der Besiedlung nichts geändert hätte. Accra hat sein Gesicht vom Meer abgewendet und dadurch seine Geschichte bewahrt.

Obwohl am Meer gelegen, ist die Stadt also landeinwärts ausgerichtet, und mit ein wenig Aufmerksamkeit wird man an vielen Bauten der »Gründerzeit« den kolonialen Einschlag sehen. Bis jetzt wurden keine Anstrengungen unternommen, den besonderen Stil dieser Epoche hervorzuheben.

Die Christiansborg

Um einen guten Blick auf die große Christiansborg, oft *Osu Castle* oder einfach **The Castle** genannt, zu bekommen, läuft man am besten von der Salem Road durch die Tummai Street bis zum *Marine Circle*. In der Mitte der Kreuzung steht das *Denkmal* für drei ehemalige Soldaten des Zweiten Weltkrieges, die – welche Ironie – von den Briten erschossen wurden, als sie nach dem Krieg friedlich gegen die koloniale Herrschaft protestierten. Das war am 28. Februar 1948. Das Ereignis wirkte als Fanal. Denn als bei den anschließenden Unruhen die Kolonialverwaltung »hart durchgriff« und weitere 29 Menschen erschossen und 237 verletzt wurden, stärkten diese harten Maßnahmen nur den Wunsch der Menschen, endlich frei zu sein. Die Entwicklung führte neun Jahre später zu Ghanas Unabhängigkeit.

Richtung Meer ist die Burg nicht weit. Sie sieht heute natürlich anders aus, als die schwedischen Erbauer sie hinterließen. Vier Jahre nach ihrer Errichtung 1651 nahmen die Dänen sie ein. Die wurden 1679 von den Portugiesen geschaßt, 1682 kamen die Dänen zurück. 1693 waren es die Akwamu, geführt von ihrem *General Asamany*, die Christiansborg eroberten. Die Dänen gewannen die Burg zurück und verkauften sie 1850 an die Briten. Nach einigen Umbauten zog dort der britische Gouverneur ein. Später diente sie der ghanaischen Regierung fast 50 Jahre lang als Amtssitz. Auch ein Gefängnis befand sich in dem alten Gemäuer. Da Präsident und Straftäter jüngst ausquartiert wurden, soll The Castle eventuell zum Museum umgebaut werden, ↗ *Golden Jubilee House*.

Auf dem Marine Drive weiter westwärts gehend, erreichen Sie bald den Unabhängigkeitsplatz.

Unabhängigkeitsplatz

Das große Areal des *Independence Square*, auch **Black Star Square** genannt, markiert mit dem Nationaldenkmal das Zentrum des offiziellen Accra. Der Platz wurde anläßlich Ghanas Unabhängigkeitsfeier errichtet und besteht aus zwei Teilen: Auf dem vorderen Teil des großen Platzes steht eine fünf Meter hohe *Säule*, die das Grab des unbekannten Soldaten symbolisiert. Sie erinnert an die vielen jungen Ghanaer, die im Zweiten Weltkrieg an der Seite der Briten gegen Japan in Burma und gegen Italien in Abessinien (Äthiopien) kämpften und dabei ums Leben kamen. Einige Meter weiter steht der monumentale **Independence Arch,** Accras »Triumphbogen«.

Hier können Sie lange stöbern: Das Angebot auf dem Markt beim Accra Arts Centre ist bunt

Oberhalb des Tors prangen vier klotzige schwarze Sterne in alle vier Himmelsrichtungen. Sie symbolisieren das Bestreben des Landes, Afrikas Stern scheinen zu lassen. Darunter steht in großen Buchstaben die Staatsdevise *Freedom and Justice.* Auf der anderen Seite der Straße befindet sich ein offener Platz mit stadionähnlichen Sitzplätzen und einer Ehrenloge: Circa 30.000 Menschen passen in diese Freiluft-Arena. Hier finden Militärmärsche und große Versammlungen zu offiziellen Anlässen statt.

Arts Centre und Souvenirmarkt

Nördlich des Unabhängigkeitsplatzes befindet sich das große *Sport Stadium.* Am Black Star beginnt die *28th February Road,* die direkt ins Zentrum von Accra führt. Es ist eine breite, vielbefahrene Allee mit einem Fußgängerweg, ein beliebter Streifen für Menschen, die vor der Mittagssonne Schutz im Schatten suchen. Immer liegen Leute unter den Bäumen, manche schlafen. Man fragt sich stets, ob sie obdachlos sind oder bloß die kühle Meeresbrise genießen.

Kurz vor der Kreuzung zur Barnes Road befindet sich auf der linken Seite das **Accra Arts Centre.** So unscheinbar wie es heute ist, war hier früher in den 60ern und 70ern der Treffpunkt der Stadtjugend. Hier fanden die tollsten Konzerte statt, z.B. das berühmte Soul-to-Soul-Konzert von Roberta Flack, Wilson Pickett, Tina Turner und den East Harlem Singers. Von jenen Zeiten ist nur der Name geblieben.

Bei Touristen heute populärer ist der angrenzende **Souvenirmarkt,** der damals nicht bewohnt war. Hunderte von Händlern verkaufen hier Kunsthandwerk und fast alles, was Touristen interessieren könnte. Für etliche Touristen ist es ein stressiges Pflaster, weil der Wettbewerb unter den vielen Händlern groß ist. Hier wird hart gefeilscht! Die Preise sind etwas höher angesiedelt als sonstwo im Lande, da den Markt hauptsächlich Ausländer aufsuchen. Trotz seiner Bekanntheit ist das Gelände ein einfacher Bolzplatz mit roter Erde geblieben. Seit Jahren redet man von neuen Restaurants und Cafés, wann sie wirklich gebaut werden, steht in den Sternen.

* **Tip:** Der **Souvenir Market** ist der beste Ort in Accra für Last-minute-Einkäufe! Täglich 9 – 17, Sa 10 – 15 Uhr.

In die Altstadt von James Town

Wer ein Stadtzentrum sucht, muß sich mit dem Bereich der **High Street** zufriedengeben. Sie beginnt genau dort, wo der Verkehrspolizist (manchmal auch eine -polizistin) seine Arme schwingt, und führt an der Geschäftsmeile vorbei in die Altstadt von James Town. Diese Straße und ihre unmittelbare Umgebung ist tagsüber sehr belebt, die Zentralen fast aller großen Banken befinden sich hier, Geschäfte, Kaufhäuser, Universitätsfakultäten und eine Vielzahl staatlicher Einrichtungen. Hier befindet sich auch das **Old Parliament House,** Ghanas »Bundestag«, das fast zwanzig Jahre leerstand, bis die neue Zivilregierung im Januar 1993 einzog. Inzwischen zu klein geworden, ist nur noch die Verwaltung hier angesiedelt. Die Volksvertretung tagt im renovierten *State House,* das mit dem gegenüberliegenden **Kongreßzentrum** eine optische Einheit bildet.

Vis-à-vis vom alten Parlament befindet sich der **Kwame Nkrumah Memorial Park and Mausoleum.** Dahinter ist ein kleines Museum mit Bildern und Büchern von Kwame Nkrumah, die vielleicht helfen, seine Person ein wenig auszuleuchten. Dieser sehr schöne Park mit dem Grabmal des ersten Präsidenten wurde erst am 1.7.92 eingeweiht. Nkrumahs Statue steht genau dort, wo er 1957 die Unabhängigkeit proklamierte, ↗ Geschichte, Kwame Nkrumah.

- **Kwame Nkrumah Memorial Park and Mausoleum:** 10 – 17 Uhr. Ausländer 4 €, Grup-

ACCRA, DIE KONGRESS-STADT

▶ Die zunehmende Bedeutung Ghanas als Wirtschaftszentrum in (West-)Afrika und dem damit verbundenen politischen Gewicht hat Accra zu einer immer wichtigeren Stadt aufsteigen lassen. Jedes Jahr finden hier etliche Kongresse statt. Zudem ist Accra Sitz verschiedener Organisationen wie dem westafrikanischen Prüfungsausschuß des IWF und verschiedener UN-Regionalvertretungen wie dem UN-Kinderfonds, UN-Informationszentrum, WHO, UNDP, FAO, SECAM, Afrikanische Gewerkschaften.

Das große **Kongreßzentrum** hat Einrichtungen zum Simultandolmetschen, ein Pressezentrum mit aller nötigen Technik, einen Konferenzsaal für 1600 Teilnehmer sowie 5 weitere für 40 – 200 Personen, Besprechungsräume, Einkaufszentrum und Cafeterien sowie Säle für Kino, Theater, Shows. ◀

- **Kwame Nkrumah Conference Centre,** ✆ 6687-17, -18.

penmitglieder, Entwicklungshelfer, Studenten 3 €, Kinder 1,50 €; Ghanaer 1,80 €, Studenten 1 €, Kinder 0,50 €.

Einige Meter weiter auf der High Street taucht ein monumentales, neo-klassizistisches Gebäude auf, das einzige Gebäude in Accra, das dieses Etikett verdient. Es ist der **Supreme Court** (Oberster Gerichtshof). In der Nähe befinden sich andere Gerichtsgebäude, die Juristische Fakultät der *University of Ghana* und auch die *Zentralbibliothek* der Stadt.

Vom Arts Centre zum Nationalmuseum

Vom Arts Centre aus kann man über die *Barnes Road* mitten durch das quirlige, neuere Zentrum Accras einen langen Spaziergang bis zum Nationalmuseum machen.

Zunächst geht es von der High Street landeinwärts, am Old Parliament House vorbei, geradeaus in die belebte Umgebung des **Makola-Marktes,** wo sich Menschentrauben und Autos gegenseitig Weg und Platz streitig machen, ↗ »Märkte«. Das Gewühl setzt sich bis zum Dreieck des 🏛 **Kinbu Gardens** fort, wo es in einem Garten Erfrischungsgetränke gibt.

Zum Gottesdienst in der Kathedrale zum Hl. Geist

Weiter auf der Barnes Road kommen Sie am *Novotel* vorbei und erreichen schließlich den **Stadtteil Adabraka.** Linker Hand, in einer Seitenstraße etwas zurückversetzt, befindet sich der Sitz des *Informationsministeriums* und der ghanaischen Sektion der *African Union*.

Auf Ihrem Weg kann Ihnen die **Holy Spirit Cathedral,** die katholische Kathedrale und Sitz des Bischofs, als Wegweiser dienen, denn sie steht am Ende der Barnes Road, dem Museum fast gegenüber.

Auch für Nicht-Gläubige ist es sicher sehr interessant, einmal an einem ghanaischen Gottesdienst mit viel Musik und Gesang teilzunehmen. Obwohl die Gottesdienste von Konfession zu Konfession unterschiedlich sind, haben sie alle etwas gemein: Lebendigkeit, inbrünstige Predigten und aufgetakelte Kirchenbesucher …

Holy Spirit Cathedral: Adabraka, Samora Machel Road, ✆ 227071; täglich 7, 9, 18.30 Uhr katholische Messe.

Christ The King Parish: Cantonments, Switchback Road, ✆ 775645; täglich 6.30 Uhr; So 6.30, 8, 10.30 und 18 Uhr katholische Messe.

Holy Trinity Cathedral, High Street, ✆ 662-292; täglich 7 Uhr, So 8, 10 Uhr anglikanischer Gottesdienst.

Zentralmoschee: im Stadtteil Abossey Okai, nahe dem Obetsebi Lamptey Circle. Der Imam residiert aber nicht in der Moschee. Beim Besuch die Schuhe ausziehen, Freitag ist Gebetstag.

Das Nationalmuseum

Das Hauptaugenmerk des Museums ist auf die ghanaische Kultur seit ihrem Ursprung bis heute gerichtet. Ausgestellt sind beispielsweise altsteinzeitliche Werkzeuge, die im Gebiet des heutigen Ghana gefunden wurden und zum Teil 10.000 Jahre alt sind. Besonders interessant sind die kostbaren Exemplare der berühmten *Goldgewichte* mit ihren kunstvollen Verzierungen aus Ashanti. Ebenfalls ausgestellt sind Holzskulpturen und andere Schnitzereien, ghanaische Webkunst der *Kente-* und *Adinkra-Art* sowie moderne Malerei (↗ Menschen & Kultur). Das Museum lohnt einen Besuch.

Auf dem Museumsgelände befindet sich auch ein *Museums Art Craft Shop* mit wunderschönen Aquarellen. Dort kann man Künstlern bei der Arbeit zugucken.

Im gleichen Gebäudekomplex ist das **Nationalarchiv** untergebracht. Der Komplex ist in folgende Abteilungen unterteilt: Katalograum, Bibliothek, Instandsetzungen, Fotolabor, Archivmaterial und Verwaltung. Im Nationalarchiv können alle, die sich für die Kolonialgeschichte Ghanas interessieren, nützliche Recherchen machen. Es beherbergt beispielsweise interessantes Mikrofilmmaterial über die Korrespondenz zwischen der Kolonialverwaltung und dem Handelsausschuß im 18. und 19. Jahrhundert.

- **National Museum:** Mo – Fr 8 – 18; Sa und So 9.30 – 17.30 Uhr, Eintritt 4,50 €, inklusive Fotos. Fotografieren und Filmen innerhalb des Museums ist nur nach vorheriger Anmeldung am Empfang möglich. Dann darf sogar geblitzt werden.
- **Tip:** *Auntie Grace Chop Bar* direkt am Museum kommt für alle müden Füße genau zur rechten Zeit. Für eine kühle Erfrischung oder ein preiswertes, gutes Essen können Sie sich jetzt Zeit nehmen. ↗ Essen & Ausgehen.
- **Tip:** Wer noch Kraft in den Beinen hat, kann die nächstbeschriebene Tour zur Ako-Adjei Interchange in umgekehrter Richtung dranhängen: Über die *Castle Road* zum *African Liberation Square*, von dort geht es über *Independence Avenue* links zur Ako-Adjei Interchange oder rechts zurück zum Makola Market.

Auf der Independence Avenue

Auch die gut 3,5 km lange *Independence Avenue,* die beim **Makola Market** ansetzt, vermittelt mit ihren verschiedenen Stationen einen guten Eindruck von der Stadt. Sie führt zur *Ako-Adjei Interchange* und über diesen hinaus zum *Golden Jubilee House (GJH)* oder (ein Taxi ist dann nötig) zum *DuBois-House.* Der Spaziergang über die Independance Avenue geht durch vornehme Wohngebiete und zeigt einen Querschnitt kolonial-britischer Architektur.

An der ersten Kreuzung (Independence Avenue/Liberia Road) tritt zunächst das imposante **National Theatre** mit seiner eigenwilligen Architektur ins Blickfeld. Das Gebäude sieht so aus, weil es im Rahmen der technischen Zusammenarbeit von chinesischen Architekten konzipiert und von Ghanaern gebaut wurde. Das Ende 1992 eröffnete Haus hat dem kulturellen Leben in Accra seither viele Impulse gegeben. Seine modernen Bühnen ermöglichen aufwendigere Kulturveranstaltungen und musikalische Darbietungen, unter anderem gibt es eine Aula für rund 1500 und eine Freiluftbühne für 300 Zuschauer. Einige der wichtigsten kulturschaffenden Einrichtungen Ghanas haben im Nationaltheater ihr Domizil: das *National Symphony Orchestra,* das *Ghana Dance Ensemble* und die *Ebibigrama Group* für Theater. Eine ständige, kostenlose Ausstellung zeigt traditionelle Musikinstrumente und Holzplastiken.

- **Tip:** *Theatre Gardens Restaurant* serviert gutes ghanaisches Essen, ↗ Essen & Ausgehen.

Hinter der Kreuzung am Nationaltheater liegt der **Children's Park,** ein schattiger

Topmodern: Der eindrucksvolle Bau des Nationaltheaters

Park mit Spielmöglichkeiten für Kinder, der bis zum *African Liberation Square* reicht. Eigenartigerweise ist der Park wochentags oft geschlossen. An Wochenenden und Feiertagen finden dort Spiele statt. Aber dann wird Eintritt verlangt.

George Padmore Memorial Library on African Affairs

Interessenten der afrikanischen Geschichte und Kultur haben in Accra noch eine gute Gelegenheit, ihr Wissen in der *George Padmore Memorial Library on African Affairs* zu vertiefen. Es handelt sich hier um eine *Research-Library*, in der wichtige Nachschlagewerke über afrikanische Angelegenheiten eingesehen werden können. Diese kleine, aber feine Bibliothek wurde nach einem anderen prominenten Rückkehrer aus den USA, **George Padmore,** benannt. Ursprünglich ein Studentenführer und radikaler Kommunist, wurde er später ein glühender Verfechter der afrikanischen Einheit. Wie DuBois verbrachte Padmore seinen Lebensabend in Ghana als ghanaischer Staatsbürger. Geboren 1902 in Trinidad, emigrierte Padmore als Student nach England, wo er Seite an Seite mit Kwame Nkrumah in vorderster Front gegen Kolonialismus in den frühen zwanziger und dreißiger Jahren kämpfte. Nach Ghanas Unabhängigkeit wählte er Accra als permanenten Wohnsitz und wurde Staatsminister für afrikanische Angelegenheiten in Nkrumahs Regierung. In dieser Position arbeitete er bis zu seinem Tode im Jahr 1959.

> **George Padmore Memorial Library on African Affairs,** Independence Avenue, ✆ 223-526. Täglich 10 – 17 Uhr.

Außerhalb der Ring Road
Achimota Forest Reserve

Vermutlich wird hier ein neuer **Zoo** entstehen, nachdem die alten Gehege dem Bau des neuen Regierungspräsidiums weichen mußten. Das Areal ist bereits ein Zentrum der *West Africa Primates Conservation Action* (WAPCA). Hier im sogenannten *Endangered Primate Centre* werden zwei der am meisten bedrohten Affenarten – die *Roloway-Meerkatze* und die *Weißscheitelmangabe* – gepflegt, denn es leben überhaupt nur noch rund 500 Schimpansen in Ghanas Wäldern.

Neues Regierungszentrum

Am 10. November 2008 bekam Ghana ein neues Wahrzeichen – das **Golden Jubilee House (GJH)**, die neue Regierungszentrale des Landes. Das riesige Gebäude auf der Liberation Road ist an jener Stelle erbaut, an der Ghanas erster Präsident seinen offiziellen Wohnsitz hatte. Das GJH wird fortan das ↗ *Christiansborg Castle* als offiziellen Amtssitz ghanaischer Regierungen ersetzen. Der neue Komplex umfaßt Büros und Wohnhäuser des Präsidenten und Vize-Präsidenten. Er wurde mit einem Kredit aus Indien errichtet und soll rund 50 Mio US$ gekostet haben. Der tatsächliche Betrag ist jedoch noch Staatsgeheimnis.

> ☀ **Tip:** ⊠ *Afrikiko*, zwischen der Ako-Adjei Interchange und dem Golden Jubilee House befindet sich das Open-air-Restaurant, ein lohnendes Ziel nach dem langen Spaziergang. ↗ Essen & Ausgehen.

Haus und Mausoleum des Panafrikanisten DuBois

Das kleine DuBois-Museum liegt im **Stadtteil Cantonments** an der Second Circular Road. Es ist besonders für Politologen und Historiker von Bedeutung und dient vielen schwarzen Amerikanern als Pilgerstätte.

William Edward Burghardt DuBois, 1868 als Amerikaner afrikanischen Ursprungs *(African American)* in Massachusetts geboren, studierte u.a. in Berlin und Havard Wirtschaftswissenschaften. Während seiner Dozentenzeit in Atlanta schloß er sich der Bürgerrechtsbewegung der amerikanischen Schwarzen an. Deren Vorgehensweise war ihm zu behutsam, so wurde er 1908 Mitbegründer der *National Association for*

Gedenk- und Arbeitsstätte: DuBois-Haus

the Advancement of Colored People (NAACP) in den USA, deren Zeitschrift er bis 1923 leitete. Er wurde zur zentralen Figur der Panafrikanischen Bewegung und leitete vier ihrer Kongresse (1919 u.a. im Zusammenhang mit den Friedenskonferenzen in Paris), bevor er diese bedeutende Stellung an Kwame Nkrumah übergab. DuBois siedelte nach Ghana über und arbeitete zusammen mit Nkrumah bis zu seinem Tod 1963 an der Encyclopaedia Africana. Aus Geldmangel wurden die Forschungsarbeiten für die Encyclopaedia Africana bald nach DuBois Tod eingestellt. Um so größer war die Freude im Jahr 2000, als endlich der Traum von Kwame Nkrumah und DuBois wahr wurde. Die Encarta Africana, von Microsoft in Zusammenarbeit mit zwei Harvard-Wissenschaftlern entwickelt, ist die Fortsetzung der ursprünglichen Arbeit in Accra in den sechziger Jahren. Der Co-Autor der Encarta, Dr. Kwame Appiah, stammt aus Ghana.

Zunächst wurde dieser große Streiter für Afrika an der Burg in Osu begraben, 1972 fand er seine letzte Ruhe in diesem Haus, in dem er gelebt hatte und gestorben war. Die Asche seiner Frau Shirley wurde ebenfalls hier beigesetzt.

Das Haus wurde zu einem **Museum** umfunktioniert und dokumentiert Arbeit und Leben DuBois. Es ist auch Begegnungsstätte für Symposien, Workshops usw., die sich mit Themen der afrikanischen Emanzipation beschäftigen.

DuBois Museum, 22 First Circular Road, ✆ 773127, täglich 10 – 17 Uhr. Eintritt: Ausländer 4 €, Gruppenmitglieder, Entwicklungshelfer und Studenten 3 €, Kinder 1,50 €; Ghanaer 1,80 €, Studenten 1 €, Kinder 0,50 €.

Die Legon-Universität

Ghanas älteste Universität liegt etwa 12 km nördlich des Zentrums. Normalerweise sind Unis nicht unbedingt besichtigenswert, aber Legon ist eine Ausnahme und überrascht durch seine Ausstrahlung. Wer Zeit hat, sollte einen Ausflug hierher machen. Die schöne Hügellage, die baumbestandenen Alleen, die bunten Gärten, der großzügig angelegte Campus und die exotisch-japanische Architektur laden zum Bummel ein. Wer gern palavert, sollte sich ein paar streitbare Studenten für eine heiße Diskussion suchen. Die **Mensa** steht auch Nicht-Studenten offen, die **Balme Library** vor Ort ist mit über 240.000 Büchern und 5000 Periodika die wahrscheinlich beste Bibliothek im ganzen Land und der hiesige **Bookshop** bietet vor allem an der afrikanischen Geschichte Interessierten gute Lesestoff.

Das **Archäologische Museum,** ebenfalls an der Universität, ist eine klei-

Sieht einladend aus: Die Uni-Bibliothek

ne Einrichtung zu Studienzwecken und beinhaltet lediglich Exponate, die während Ausgrabungen von Studenten gefunden wurden (10 – 17 Uhr geöffnet).

Accras Kunstszene

Accra besitzt eine lebendige Kunstszene, die dem Kunstinteressenten einiges zu bieten hat. Viele der Künstler, die allein arbeiten, stellen in keiner Galerie aus, sondern verkaufen ihre Arbeiten am *Labadi Beach*. Einige wenige haben eigene kleine Galerien eröffnet oder sich in Kooperativen zusammengefunden. Zu den wichtigsten Künstlern aus Ghana, die einen gewissen Bekanntheitsgrad erreicht haben und international ausstellen, gehören:

Dr. Ablade Glover, vielleicht der bekannteste Künstler Ghanas im Ausland, stellt seine Werke hauptsächlich in der *Artists Alliance Gallery* aus.

Ato Delaquis, ebenfalls ein bekannter Mann, ist lange im Geschäft und stellt hauptsächlich im Ausland aus. In Ghana verkaufen die großen Galerien einige seiner exquisiten Arbeiten, z.B. *Artists Alliance, The Loom*.

Francis Kwartei Nee-Owoo, ✆ 501-144, ein Künstler mit internationaler Erfahrung, wohnt und agiert in Accra. Er arbeitet ausschließlich als Bildhauer und Metallgießer (Bronze, Messing, Kupfer und Aluminium) mit einem hohen Qualitätsanspruch. Seine Arbeiten sind in der Touch of Bronze Gallery zu bewundern. www.sculpturesafrica.com.

Kofi Nduro Donkor, P.O. Box 185, Accra-Darkuman, ✆ 024/4386723, gehört dem genannten Künstler und hat Malerei und Fotoarbeiten anzubieten. Studio-Besuch nach Vereinbarung.

War schon auf der Art Cologne zu sehen: »Ama« von Kofi Setordji

Kofi Setordji, Maler und Bildhauer, mit Werken im Ghana National Museum sowie in der Galerie von Artists Alliance in Teshie-Nungua, deren Mitglied er ist. Kontakte über *Artists Alliance*.

- **African Market Gallery,** Osu, Abebresem Street. Außer Kunsthandwerk gibt es hier auch eine Kunstgalerie, die Werke von ghanaischen Künstlern ausstellt und verkauft.
- **Artists Alliance,** das neue Zentrum ist im Omanye House untergebracht, direkt am Meer auf der Labadi Beach Road. Die dreistöckige Kunstgalerie ist mit Kunstwerken zum Anschauen und Kaufen vollgestopft, unter anderem von Künstlern wie *Ablade Glover* und *Ato Delaquis*. Eine sehr gute Adresse für Kunstinteressierte. ✆ 712350, Mo – Sa 9 – 20 Uhr geöffnet.
- **The Loom,** Kwame Nkrumah Avenue, ✆ 224746, seit eh und je eine der feinen

Adressen für Kunsthandwerk ohne Nepp und Gedränge. Hier sind die Preise fest, hier werden Sie bestens beraten. Entsprechend sind die Preise etwas höher als auf den anderen Kunstmärkten.

- ⏱ **Step-In Gallery,** Adabraka, Farrar Avenue, nahe Hotel President, ✆ 220129, klein, aber gut sortiert.
- 🅼 **Adinkra Art Gallery,** Kanda Estates, P.O. Box AN10146, Accra, ✆ 027/7595995, www.adinkragalleries.com.
- 🅼 **Touch of Bronze Gallery Ltd.,** East Legon, 3 Lagos Avenue, ✆ 501144, Privatgalerie ausschließlich mit Werken von *Francis Kwartei Nee-Owoo:* Metallarbeiten und Plastiken. Besuch nach Vereinbarung.
- 🅼 **Aramaart Gallery – Kofi Nduro Studio,** Cantonments Crescent, ✆ 024/4386723, www.aramart.com. Stellt hauptsächlich die Malereien und Fotos von *Kofi Nduro Donkor* aus. Besuch nach Vereinbarung.

SPIEGEL DES LEBENS: ACCRAS MÄRKTE

Sie sollten auf jeden Fall mindestens einmal während Ihres Aufenthaltes in Ghana auf den Markt gehen. Ein Besuch hilft, das Leben in Afrika realistischer einzuschätzen und die Stimmung im Lande besser zu verstehen. Aber eins vorneweg: Der Marktplatz ist keineswegs ein Platz für Folklore, sondern ein nüchterner Ort, an dem ohne jegliche Romantik ernsthafte Geschäfte getätigt werden. Trotzdem ist er zugleich ein Ort der Begegnung, ein sozialer Treffpunkt zur Unterhaltung, zum Flirten und natürlich zum Handeln.

Accra besitzt in den verschiedenen Stadtteilen mehrere Märkte, auf denen aber auch Haushaltsgegenstände und andere Dinge des täglichen Bedarfs verkauft werden. Wer den Markt richtig erle-

Wer behält den Überblick? Straßenmarkt in Downtown

Bunte Hochstapelei: Krusch, Krims und Kram in rauhen Mengen laden zum Stöbern ein

ben möchte, sollte lieber vormittags hingehen. Da ist das Angebot frisch, die Händler gutgelaunt und die eigenen Kräfte noch unverbraucht.

Makola Market

Eingeklemmt zwischen vier großen Straßen – u.a. der schon bekannten Kinbu und der Barnes Road – mitten im Zentrum der alten Siedlungskerne, befindet sich der Makola-Markt, der größte und wichtigste in Accra. Hier, auf einem mehrere Hektar großen Areal, ist eine Art »Turm von Babel« entstanden, in dem fast alle Sprachen zu hören und ein Völkergemisch aus ganz Westafrika anzutreffen ist. Es wuselt, ruft und schwirrt umher, vereint in dem Bestreben, etwas zu erwerben, seien es Güter oder Geld.

Einst war der Markt noch größer und bestand aus einem Verbund von drei unterschiedlichen Märkten. Der südliche Teil, der frühere *Selwyn Market,* war hauptsächlich für Textilien und Bekleidung zuständig, existiert aber seit den Tagen der Revolution nicht mehr; an seiner Stelle steht heute ein Parkhaus. Als Ersatz wurde der verbleibende alte Teil partiell modernisiert und den Stoffhändlerinnen übergeben. Er ist der heute sogenannte *31st December Market.*

Da es auf dem Markt mit Sicherheit vieles gibt, was ein Afrika-Neuling interessant, eigenartig, komisch, unbekannt finden wird, sollte man sich Zeit nehmen und sich über den Markt treiben lassen. Trotz der Menschenmengen ist es möglich, lässig von Stand zu Stand zu gehen, das reichliche Angebot an tropischen Frucht- und Gemüsesorten zu bewundern, kluge Fragen zu stellen, unbekannte Kostbarkeiten zu probieren, mit den lustigen und freundlichen Marktfrauen zu lachen, mit anmutigen Menschen zu flirten und eventuell etwas Niedliches als Andenken zu kaufen. Es gibt keinen Kaufzwang, aber wohlgemerkt: Es gibt fast nichts, was man auf dem Makola-Markt nicht kaufen könnte.

🕐 **Makola Market:** 6 – 18 Uhr geöffnet. Zu erreichen am besten mit dem Taxi, obwohl Taxifahrer ungern dorthin fahren, weil sie im dichten Verkehr oft steckenbleiben. Man muß aber auch nicht bis zum Markt direkt fahren. Vom Novotel oder Tourist-Büro aus kann man den Rest des Weges in circa 15 Min. zu Fuß hinter sich bringen.

Kaneshie Market

Accras zweiter, auch für Touristen interessanter Markt liegt im Westen der Stadt. Als relativ neuer Markt hat der

---

ESSENGEHEN AUF DEM NIGHT MARKET VON OSU

▶ Traditionell sind die Märkte von Sonnenaufgang bis Sonnenuntergang geöffnet. Mit dem Einzug moderner Zeiten samt geregelter Arbeitszeit, Schichtdienst und dem Wachsen der Großstadt haben sich die Bedürfnisse von Abertausend Menschen verändert. So entstanden die **Nachtmärkte.** Sie füllen sich mit Leben, sobald die Tagesmärkte schließen. Überwiegend werden auf den Nachtmärkten Fertiggerichte an spät heimkehrende Arbeiter verkauft. Mit der Zeit entwickelten sich die Nachtmärkte zu festen Einrichtungen, teilweise mit ordentlichen Läden, die nicht nur Eßbares anzubieten haben. Es wird so lange verkauft, bis die Inhaber müde sind. Es gibt sogar Händler, die ihre Verkaufsstände erst im Morgengrauen schließen.

Der Bereich des *Makola-Marktes* ist abends ziemlich verlassen, weil nur wenige Leute dort wohnen. Anders beim **Osu-Markt,** der im Einzugsgebiet einiger Wohnviertel liegt, deren Bewohner abends in Scharen zum Markt streben. Der Nachtmarkt von Osu ist vielleicht Accras bester. Mit Einbruch der Dunkelheit stellen die Händler ihre Waren in der Markthalle rundum auf, im Nu sind viele Konsumenten zur Stelle. Typisch sind die kleinen Öllampen neben den Waren, die hundertfach flackernd eine romantische Atmosphäre schaffen.

Die gesamte **Circle** genannte Gegend brodelt jede Nacht. Für warme Küche sind die nördlichsten Blocks der Kwame Nkrumah Avenue und die südlichsten der Nsawam Road kaum zu schlagen. Die Renner unter den Schnellgerichten sind *Kenkey* oder *Komi* mit Fisch in allen Variationen, gekochte Eier, Getränke, Früchte, Erdnüsse usw. Hier kann man sich satt essen, Leute treffen oder kennenlernen, sehr laute Musik hören oder einfach sich die Nacht um die Ohren schlagen.

Andere **Stadtteile** wie *La, New Town, Bukom* oder *James Town* haben auch ihre Nachtmärkte, die alle für Abwechslung vom Hotel-TV-Programm und für Belebung sorgen können. ◀

Kaneshie Market nicht ganz so viel Flair wie Makola, liegt aber günstig auf der großen Ausfallstraße nach Takoradi im gleichnamigen Stadtviertel.

Kaneshie Market ist überdacht und erstreckt sich nicht so großzügig über ein weites Areal, sondern ist in einem praktischen Zweckbau ohne Schnörkel über drei Stockwerke verteilt. Obwohl eigentlich großzügig angelegt, ist er seit seiner Eröffnung hoffnungslos überfüllt. Tagsüber quillt das ganze Gelände vor lauter Menschen schier über.

Dennoch ist der Kaneshie-Markt für Leute, die Ordnung und Übersichtlichkeit brauchen, den anderen Märkten vorzuziehen. Hier gibt es ebenfalls alles zu kaufen, und man ist ungestört von Sonne und Regen, die nicht immer Freude bringen. Im Erdgeschoß findet man nur *Lebensmittelhändler.* Außer Gemüse und Früchten sind viele unbekannte Fischsorten und -spezialitäten wie Krabben, Krebse, Schnecken in allen Farben und Variationen zu bewundern. Im ersten Stock werden *Haushaltswaren,* Konserven, Zucker usw. feilgeboten, im zweiten Stock kann man *Decken* und *Stoffe* kaufen und eventuell gleich nähen lassen. Nachts belebt sich das Areal um die Markthalle wieder, dann erwacht der *Night Market.*

🕐 **Kaneshie Market:** 6 – 20 Uhr geöffnet. Zu Fuß ist der Markt nicht weit vom Obetsebi Lamptey Circle entfernt, mit dem Taxi oder Tro-Tro relativ einfach zu erreichen.

VERBINDUNGEN

Grundlegende Informationen zu Fernverbindungen und zur Fortbewegung in Ghana finden Sie unter der Griffmarke ↗ »Reise-Informationen«.

Fernverbindungen

Fast verborgen am unteren Ende der Kwame Nkrumah Avenue liegt Accras betagter **Hauptbahnhof.** Er ist zur Zeit außer Betrieb und zu einem Marktplatz verkommen, ↗ Reise-Informationen.

☮ Flug international

Alle Informationen zum **Kotoka International Airport (KIA)** finden Sie unter ↗ Reise-Informationen, Anreise.

Internationaler Flughafen: ✆ 777671
Flugsicherung: ✆ 776171

Kofferfanz: Alles was der Mensch mit zuvielen Souvenirs so braucht wird auf dem Markt stapelweise angeboten

Nachfolgend fast alle **Fluggesellschaften,** die ab Accra fliegen:

Aero Contractors, LaBone, 49 LaBone Crescent, Off Ring Road East, ✆ 775498, 772734, nigerianische Linie, 6 x die Woche Lagos und nigerianisches Inland.

Air Ivoire, Cocoa House, Kwame Nkrumah Av., ✆ 21674456, 5 x/Woche nach Abidjan.

Afriqiyah Airlines, West Ridge, Education Close, P.O. Box CT 2752, ✆ 2524-65, -66, alamisagsa@yahoo.com, libysche Gesellschaft, 5 x/Woche via Tripolis nach Zürich, Paris, London, Brüssel und Düsseldorf.

Alitalia, Ring Road Central, Pyramid House, ✆ 220759, 2 x die Woche über Lagos und Mailand nach Deutschland.

Bellview Airlines, Trinity House, Ring Road East, ✆ 778918 und 786825, www.bellview.com, nigerianische Fluggesellschaft, 10 x die Woche Lagos–Accra–Lagos, darüber hinaus Linienverbindungen mit allen großen Städten in der westafrikanischen Region, inklusive Douala (Kamerun) und Libreville (Gabun), außerdem nach Bombay (Indien) und Guangchou (China).

British Airways, 60 Liberation Rd., Horizon Plaza, (Woolworth's Building, Tetteh Quarshie), P.O. Box 2087, ✆ 240386, täglich über London-Heathrow nach Deutschland.

Egypt Air, Ring Road East, nahe Danquah Circle, ✆ 773537, -38, Fax 777826, fliegt Mi – Sa via Kairo nach Frankfurt.

Emirates Airlines, Ring Rd. Central, Meridian House, ✆ 238921, Fax 235827, 5 x/Woche über Lagos/Dubai nach Deutschland.

Ethiopian Airlines, Cocoa House, Kwame Nkrumah Avenue, ✆ 664856-8, fliegt 3 x die Woche von Accra direkt nach Addis Abeba, von dort geht es dann nach Frankfurt.

Air Burkina, Osu-RE, ✆ 768892, www.airburkina.com, 2 x wöchentlich nach Wagadugu. Büros am Flughafen in Accra.

Arik Air, www.arikair.com, nigerianische Gesellschaft, fliegt 2 x täglich nach Lagos. Büros am Flughafen.

Middle East Airlines, Kojo Thompson Road, ✆ 228437, www.mea.com, 1 x wöchentlich nach Beirut.

Royal Air Maroc, Silver Star Tower, Airport City; ✆ 0244/2687669, www.royalairmaroc.com, 3 x/Woche über Casablanca (mit Übernachtung) nach Frankfurt a.M.

Delta Airlines, Silver Star Tower, Airport City, ✆ 213111, www.delta.com. 4 x die Woche nach New York. HS 1450 €, NS 750 €.

Ghana International Airlines (GIA), Silver Star Towers, Airport City, ✆ 213555, www.flyghana.com, die neue Fluggesellschaft Ghanas fliegt täglich nach London-Gatwick und zurück. Zur Zeit die preiswerteste Alternative ab Accra nach London.

KLM, ✆ 241560, 86 North Ridge, Ring Road Central, fliegt täglich ab Accra über Amsterdam nach Deutschland.

Kenya Airways, Büro wie KLM, ✆ 2415-70, -60, www.kenya-airways.com, fliegt 5 x die Woche nonstop nach Nairobi, fungiert (zusammen mit *Ethiopian*) als Ost-West-Brücke nach Ostafrika und darüber hinaus.

Lufthansa, Ring Road Central, Meridian House, ✆ 24389-3, -5, täglich über Lagos nach Frankfurt a.M.

Slok Air, Kotoka International Airport, KIA Airline House, ✆ 765498, in Gambia beheimatet, verbindet 3 x pro Woche Accra via Monrovia und Freetown mit Banjul.

South African Airways, Pyramid House, Ring Road Central, ✆ 230722 oder 773153, www.southafrican.com; Mo, Mi, Fr nonstop nach Johannesburg.

Virgin Nigeria Airways, 60 Liberation Rd., 1st Floor, Horizon Plaza (Woolworth's Building), ✆ 9117-21, -22, www.virginnigeria.com, hat neue Maschinen von der Muttergesellschaft bekommen und lehrt die Konkurrenz das Fürchten auf der Lagos–London-Strecke. Täglich nach Dakar, Douala, Dubai und Johannesburg über Lagos.

✈ Inlandflüge

Antrak Air, Cargo D'Or, KIA, ✆ 769458, -9, www.antrakair.com. Zentrale: North Airport Res. Area, 50 Senchi Street, ✆ 7828-14, -17, Stadtbüro: Antrak House, Danquah Circle, ✆ 777134, 765377, -8, Fax 7724-87. Inlandflüge können auch über Antrak Air Düsseldorf gebucht werden.

Accra – Kumasi: täglich 8 und 16.39 Uhr. Hin 80, zurück 150 €, Kinder 60 bzw. 110 €.

Accra – Tamale: Mo, Mi, Fr, So 10.40 Uhr, Flugzeit 60 Min. Preis einfach 140 €, zurück 260 €, Kinder 100 bzw. 180 €.

City Link, www.citylink.com.gh, ✆ Accra: 785725; Kumasi: 051/39267; Tamale: 071/23041.

Accra – Kumasi: täglich, 70 hin, 145 € zurück; Kinder bis 11 Jahre 50 bzw. 100 €.

Accra – Tamale: Di, Do, Sa 10 Uhr, Ankunft Tamale 11.15 Uhr. Abflug Tamale 11.30 Uhr, Ankunft Accra 13.15 Uhr. 146 hin, 290 € hin und zurück.

☀ **Tip:** Alle Flüge können bei der Gesellschaft (auch telefonisch), im Reisebüro oder am jeweiligen Flughafen gebucht werden.

🚌 Intercity-STC-Überlandbusse

Die Intercity-STC (↗ Reise-Informationen) hat zwei Busbahnhöfe in Accra: Für die Strecken in **Richtung Norden und Westen** (Kumasi, Tamale, Cape Coast, Takoradi) fahren die Busse von der *Car Station im Stadtteil Kaneshie,* Ring Road West, ab. Hier ist auch die Verwaltung untergebracht, an die man sich für Auskünfte über Abfahrtszeiten, Preise usw. wenden kann.

Am Busbahnhof: Die Verwirrung ist komplett, wenn zwischen den Bussen Händler wuseln

Da die Abfahrtszeiten öfter geändert werden, sollte die genaue Zeit am Busbahnhof erfragt werden: *Abidjan, Aflao, Bawku, Bolgatanga, Cape Coast, Dormaa-Ahenkro* (Passagiere nach Sunyani und Berekum nehmen ebenfalls diesen Bus), *Ho, Hohoe, Kumasi, Paga, Takoradi, Tamale, Wa, Ouagadougou.*

Für alle **Strecken östlich von Accra** (Akosombo, Koforidua, Nkawkaw, Aflao, Ho) ist die *Tudu Station* am Makola Market zuständig.

🚌 Kleinbusse

Accra hat mehrere Car Stations, doch sie liegen alle zentral in der Innenstadt. Für Fahrten in **westliche Richtung** (Winneba bis Elubo) befindet sich die Station unweit des *Kaneshie-Marktes*. Busse nach Kumasi und darüber hinaus **nach Norden** halten an der *Neoplan Station* nahe dem Kwame Nkrumah Circle. **Richtung Osten** geht's ab der *Tudu Station* an der Nordwestecke des Makola-Marktes.

Preis: ↗ Reise-Informationen.

🚗 Autovermietung

In allen großen Hotels von Accra sind Autoverleihfirmen vertreten. Oft werden die Wagen nur mit Chauffeur vermietet, was von Vorteil ist, weil die einheimischen Fahrer mit den Straßenverhältnissen sehr gut vertraut sind (Preisniveau ↗ Reise-Informationen). Einige der bekannteren Namen sind:

Alamo, Granada Hotel, Liberation Road, ✆ 775343, www.alamo-accra.com, eine gute Firma mit sehr guten Autos in allen Kategorien für Fahrten durch Ghana.

Avis wird von *Speedway Rentals* vertreten, Farrar Ave., Trust Towers, ✆ 227744.

Black Beauty Tours, Liberation Road, im Golden Tulip Hotel, ✆ 776542 und 776896. Auch Reiseagentur.

Broadleigh Car Rentals, P.O.Box, Cantonments, Accra, ✆ 247554, sales@samfield.zzn.com. Spezialisiert auf Minibusse und Busse.

Budget Rent-A-Car, Republic House, Kwame Nkrumah Avenue, ✆ & Fax 226816, Filiale im Labadi Beach Hotel. Es lohnt sich hier zu fragen, weil oft preiswerter.

Conca Car Hiring, Büro im Shangri-La Hotel nördlich vom Flughafen, ✆ 772178.

Europcar InterRent, Farrar Av., Trust Towers, ✆ 226365, Fax 668265, gegenüber Hotel President, Dependance im Novotel, Zweigstelle in Kumasi.

Hertz Car Rentals, P.O. Box 1555, Nima-Maamobi Highway, ✆ 223389, Fax 775009, hat einen Ableger im Novotel.

⊘ Reiseagenturen

Eine Reiseagentur plant Touren, besorgt Tickets und bringt ihre Kunden zum Flughafen. Aus den vielen Möglichkeiten habe ich einige zuverlässige Adressen für Sie herausgesucht. Es lohnt sich, die Preise zu vergleichen:

8 Day Tours, Osu/Nyaniba Estates, Dadebu Road, ✆ 774148, Fax 775961.

Afrocentric Ventures, Hotel Westgate Complex, 80 Vertical Centre, Community 6, Tema, ✆ 206011. Vermieten ausschließlich Allradfahrzeuge in allen Kategorien.

Akuaba Tourist & Travel Agency, Republic House, K. Nkrumah Ave., P.O. Box 2059.

Always Travel Agency, Swanzy Arcades, Kwame Nkrumah Avenue, ✆ 76542.

Apstar Tours, Ring Road Central, Private Mailbag 175, Accra-North, apstar@gh.com, ✆ 221779. Wird von zwei tüchtigen Damen geführt, die sich im Land sehr gut

Helfen kompetent weiter: Die Damen von Apstar Tours

auskennen. Spezialisten für Events, Stadtfeste und Festivals in ganz Ghana.

DeVries Travel and Tours, DutcHotel, Teshie-Nungua, ✆ 71111-1, -8, bietet ein- bzw. zweitägige Touren durch Accra und Ghana an. Sie haben sehr bequeme, moderne Kleinbusse für die Reisen, deutschsprachige Reiseleitung auf Anfrage.

Expertravel and Tours, Osu, Ring Road East, P.O. Box 0823, ✆ 775498, nahe der US-Botschaft, www.expertravel.com.gh.

Fredina Tours, Trinity House, Ring Road East, P.O. Box 16525, KIA-Accra, ✆ 254729, gegenüber der Feuerwehr-Zentrale. Eine Firma mit langjähriger Erfahrung in der Betreuung von ausländischen Gästen.

Land Tours Ghana Limited, Soula Loop, LaBone, P.O. Box 6094 Accra, ✆ 761752, landtour@africaonline.com.gh.

Liberty Travel & Tours, Liberty House, Kwame Nkrumah Ave.

MBA Central Hotel Reservation System, Naktan House, Ring Road East, gegenüber der US-Botschaft, ✆ 765661, www.mba.com. Hier kann man jedes Hotel im Land buchen. MBA hat auch Büros am Flughafen und auf dem Messegelände. Außerdem Abholservice ab Flughafen, Autovermietung, Rundreisenvermittlung und Last-minute-Visabesorgung am Kotoka-Flughafen.

Sagrenti Tours Ltd, North Liberia Link, P.O. Box GP2988, ✆ 225065, sagrenti@yahoo.com. Spezialisiert auf Vermittlung von Touren durch Ghana.

Sunseekers Tours, Adabakra, Filiale im Novotel, P.O. Box AN 6909, ✆ 225393, sunseekers@ghana.com. Gehört zu den größten im Ghana-Tourismusgeschäft.

Stadtverkehr

Accra hat weder ein Untergrund- noch ein Straßenbahnsystem. Der innerstädtische Personenverkehr wird mit Bussen, Tro-Tros und Taxis erledigt.

🚌 Mit dem Bus

Accra hatte noch nie ein gut funktionierendes, überschaubares städtisches Bussystem. Und auch die privaten Gesellschaften machen das Chaos nicht übersichtlicher. Die Busse sind oft hoffnungslos überfüllt, sie sind unpünktlich und nicht zahlreich genug, um einen zuverlässigen Liniendienst zu gewährleisten. Fahrpläne oder Tariflisten sind Fehlanzeige. Deshalb wartet man in Accra nie auf einen Bus, sondern steigt ein, wenn zufällig einer vorbeikommt. Ansonsten ist man mit dem Taxi oder Tro-Tro viel schneller unterwegs. Ghanaische Busse haben Schaffner an Bord, die Tickets verkaufen.

☀ **Tip:** Bushaltestellen sind rot markiert.

🚌 Tro-Tro

Der Großteil der Accraner ist auf das Tro-Tro angewiesen, wie die kleinen und mittelgroßen Busse in Anlehnung an die legendären Holzautos genannt werden. Ihre Fahrtrouten verlangen eine genaue Kenntnis der Stadt und sind daher für Ortsunkundige schwierig bis fast unmöglich zu durchschauen. Weder die Strekken noch die Fahrzeuge sind nach Nummern gekennzeichnet, oft muß man bis zum Zielort zwei- bis dreimal umsteigen. Tro-Tros kosten je nach Entfernung zwischen 0,10 und 1 €.

Der wichtigste Hinweis für den Tro-Tro-Dschungel ist, daß jeder **Stadtteil** seine eigene Tro-Tro-Station besitzt, von der aus die Autos in verschiedene Richtungen fahren:

1: Circle-Station, *Kwame Nkrumah Circle*: Dort gibt es 3 Abfahrtsplätze für verschiedene Richtungen:

Richtung Nordwesten & Nordosten: Die Tro-Tro-Station nahe der *Ring Road Overhead* (nordöstlich des Circle) bedient die Stadtteile Aburi, Airport, Alajo, Achimota, Dome-St. John's, Kokomlemle, Kotobaabi, Legon, Maamobi, New Town, Nima, Nsawam, Ofankor, Pig Farm, Pokuase, Ring Road Central, Sankara, »37«, Tesano, Taifa.

Richtung Westen: Die zweite Station liegt neben der *Neoplan-Station* an der Nordwest-Seite des Circle, bedient die Stadtteile Akweteman, Dansoman, Fadama, Laterbirkorshie, Korle-Gonno, Kaneshie, Kwashieman, Macarthy Hill, Mallam, Mamprobi, Mataheko, Odorkor, Ring Rd. West, Weija.

City & Osten: Der dritte Halteplatz liegt auf der *Südseite des Circle*, bedient Adabraka, Barnes Road (Novotel), Accra-Central, Bukom, Makola, Stadium, La, LaBone, Teshie, Nungua (Coco Beach), Tema, Osu.

Achtung: Alle, die nach James Town oder zur Kwame Nkrumah Avenue wollen, gehen nicht zur Südstation, sondern warten einfach am Straßenrand unmittelbar vor dem hohen BAT-Gebäude.

2: »37«-Station: Am *Akuafo Intersection* (Militärkrankenhaus) ist die wichtigste Station im Norden. Von dort fahren Linientaxis und Tro-Tros nach Achimota, Adenta, Agbogba, Ashaley-Botwe, Ashaiman, Ashongman, Kwabenya, Legon, East-Legon, Madina, Ministries (Arts Centre), Okponglo, La, Teshie-Nungua (über Burma Camp und La-Beach), Osu (über Cantonments und Danquah Circle).

3: Tema Station (hinter National Lotteries), wichtigste Verteilerpunkt für die Küstenbereiche La, Osu, Teshie-Nungua, Sakumono, Tema, sowie »37«, Airport, Independence Ave., Sankara, Liberation Ave.

4: Kaneshie Car Station ganz im Westen (etwas versteckt gegenüber dem Kaneshie-Markt) fährt sämtliche Stadtteile im Westen und Stadtzentrum an: Abeka-Lapaz, Apam, Bortianor, Dansoman, Fadama, Korle Gonno, Graphic Road, Kantamanto, Kokrobitey, Kwashieman, MaCarthy Hill, Mallam, Mataheko, Mamprobi, Odorkor, Santa Maria, Sowutuom, Weija, Winneba.

🚕 Taxi

Accras Taxifahrer sind wahrscheinlich die emsigsten Arbeiter überhaupt. Zu jeder Zeit und zu jeder Stunde sind sie überall zu finden. Gut so, weil Taxis generell über keinen Funk verfügen und nicht angerufen werden können. **Sammeltaxis** fahren wie Busse eine bestimmte Linie. Um ein **Dropping-Taxi** für individuelle Fahrten zu bekommen, braucht man sich nur an den Straßenrand zu stellen, unweigerlich hupt ein leeres Taxi, um seine Bereitschaft zu signalisieren. Außerdem haben alle Car Stations in ihrer Nähe Taxistände. Preise sollten immer vorher ausgehandelt werden, denn ghanaische Taxis haben selten Taxameter. Innerhalb von etwa 3 km sollte eine Fahrt umgerechnet 3 € nicht übersteigen. Wenn Sie ein Taxi samt Fahrer für eine ausgedehnte Sightseeing-Tour mieten wollen, müssen Sie mit 6 € pro Stunde rechnen.

* **Tip:** Accras Taxifahrer kennen oft die Straßennamen bzw. Sehenswürdigkeiten der Stadt nicht. In diesen Fällen immer die Karte im Buch aufschlagen und Regie führen.

HEILIGS BLECHLE!

▶ Die Verkehrsdichte in Accra nimmt immer mehr zu. In den letzten Jahren wurden so viele Autos importiert – und jeder, der kann, fährt eins –, daß heute ernsthaft für die Zukunft geplant werden muß, wenn Accra nicht bald einen Verkehrsinfarkt erleiden soll. Wer im innerstädtischen Bereich zu tun hat und von außerhalb kommt, sollte früh aufbrechen, die Fahrt in die City dauert immer länger. Manchmal ist es so schlimm, daß Taxifahrer sich weigern, ins Zentrum zu fahren, oder sie verlangen erheblich mehr Geld dafür.

Süd-Ghanaer lieben Autos über alles. Dies erklärt, warum es hier so wenige Zweiräder gibt. Diese gelten als Symbol der Erfolglosigkeit und Armut. Entweder man läuft oder man besitzt ein Auto, dazwischen gibt es nichts. Im Norden des Landes überwiegen dagegen noch Fahr- und Motorräder. ◀

UNTERKUNFT

Viele Touristen, die nach Ghana kommen, sind Globetrotter. Für solche Low-Budget-Touristen ist Accra sehr angenehm, da es eine große Anzahl preisgünstiger Hotels und Restaurants gibt.

Doch wurde in den letzten Jahren im Hotelgewerbe groß investiert. Nun sind in Accra Hotels aller Kategorien zu finden – von der untersten Klasse bis zur eleganten, vollklimatisierten Luxusherberge. Die Zimmer sind selten ausgebucht, Reservierungen aus dem Ausland wirken jedoch beruhigend auf die Nerven. Um Ostern herum und zwischen Juli und September sind günstige Zimmer begehrter als sonst.

Ganz billige Unterkünfte sind nicht nur billig im Preis, sondern bieten auch fast nichts außer einem Bett, Gemeinschaftsduschen und -WCs. Man sollte bei aller Bescheidenheit erst die Zimmer und Toiletten inspizieren, bevor man eine Entscheidung trifft. Außerdem sollte man sich vergewissern, ob man nicht etwa doch in einer Absteige gelandet ist.

Preisniveau: Klimatisierte DZ in Mittelklasse-Hotels kosten bis 75 €, in großzügiger ausgestatteten bis 95 €. Für 6 – 12 € kann man in vielen Hotels auch recht gut essen. Bei den billigen Unterkünften sollte ein DZ, wenn es einigermaßen okay sein soll, nicht weniger als 3 €, maximal 6 € kosten.

* **Tip:** Alle Zimmerpreise inklusive *Frühstück*.

Vorwahl: Accra ⓒ 021. Legende der Piktogramme ↗ Reise-Informationen.

Hotels
... in Downtown

Innerhalb der Ring Road die Stadtteile Ussher Town, Asylum Down, Adabraka, Ridge sowie Kokomlemle an der Ring Road Central.

Preisgünstig (unter 25 €)

🔺❌🏠 *Akuma Cultural Village,* Ussher Town, Off High Street, ✆ 660573, Geheimtip für Rucksackreisende. Die großartige Lage auf einer Klippe unweit des Geschäftsviertels machte es unschlagbar, es ist aber mittlerweile heruntergekommen. Doch noch immer werden Zimmer für circa 5 € angeboten, das Restaurant mit den frisch gepreßten Säften ist auch geblieben. Es führen keine Schilder hin, man läuft grob zur Holy Trinity Cathedral und sucht oder fragt nach einer ungeteerten Nebenstraße, die zum Meer führt.

🔺❌🏠 *Avenida,* Adabraka, Kojo Thompson Road, P.O. Box 756, ✆ 221321. 30 Zimmer mit Bad/WC, Ventilator; Cocktailbar, Parkplätze. Wurde gut geplant, ist aber durch schlechte Führung etwas heruntergekommen. EZ und DZ 7 – 18 €.

🔺 *Calvary Methodist Centre,* Barnes Rd., nahe der Kathedrale, ✆ 679319, bei Globetrottern beliebt; wurde lange Zeit renoviert und ist noch nicht eröffnet. Wenn in Betrieb, herrscht hier Geschlechtertrennung.

🔺❌ *Crown Prince,* Adabraka, Castle Rd./Kojo Thompson Rd., ✆ 225381, sehr beliebt bei Rucksacktouristen, ein Budgethotel im klassischen Sinne; die Zimmer mit Ventilator sind relativ klein, aber sauber, 8 – 20 €. Gutes, preiswertes Restaurant.

🔺🏠 *Kokomlemle Guesthouse,* Kokomlemle, Oroko Street, ✆ 228017, hat sich jüngst etwas feiner gemacht und kommt mit 7 – 8 € für EZ/DZ mit Ventilator sehr gut an.

🔺❌🏠 *President,* Adabraka, Farrar Avenue, P.O. Box 7842, ✆ 223343; altbekanntes, frisch renoviertes Hotel mit freundlichem Empfang in guter Lage, allerdings auf einer belebten Straße. 15 passabel eingerichtete EZ und DZ, 15 – 25 € werden hauptsächlich von Langzeitgästen bewohnt.

🔺 *Voluntary Workcamp Association,* Ussher Town, High Street, nahe der anglikanischen Kirche, Box 1540, ✆ 663486, Fax 665960, voluntaryworkcamp@yahoo.com. »Volu« hat einige Gemeinschaftsunterkünfte für Gäste und deren Freunde, aber hier sollte man das Wort Komfort vergessen.

🔺❌ *YMCA,* Castle Road, östlich des Museum Circle, ✆ 679319, nur für Männer, ein guter Ort um junge Rucksackreisende zu treffen, da es auch im Ausland bekannt ist. Die Zimmer sind karg, aber sauber und mit 4 – 9 € preiswert. Es gibt auch muffige Schlafhallen für weniger als 1,40 €. Mit preiswertem Restaurant. Aufgrund der niedrigen Preise sind freie Zimmer sehr schwer zu bekommen.

🔺 *YWCA,* Castle Road, westlich vom Museum Circle, nur einige Meter vom YMCA entfernt. Die Zimmer für Frauen sollen ähnlich sein wie für die Männer, allerdings in schlechterem Zustand und werden daher selten in Anspruch genommen, heißt es.

Mittelklasse (25 – 75 €)

🔺❌🏠 *Niagara,* Adabraka, Kojo Thompson Road, ✆ 230118, niagara@ighmail.com. Gehört zu den günstig gelegenen und gut geführten Häusern in dieser Kategorie und wird gern als Basis von Neuankömmlingen benutzt. Komfortabel eingerichtete EZ/DZ 45 – 80 €. Günstiger Autoverleih.

🔺❌ *Adehye (Adeshie),* 1✱, Ring Road Central, ✆ 221307. Wurde nach gründlicher Renovierung aufgewertet. Das Restaurant ist sehr gut und die luftige Bar auf der Dachterrasse ein Pluspunkt für heiße Nachmittage. Dennoch für die gebotene Qualität mit rund 45 € etwas teuer. Seine Innenstadtlage macht es konkurrenzfähig.

🔺❌ *Gye Nyame,* 2✱, Adabraka-Asylum Down, Off Ring Road/Fifth Crescent,

ACCRA & GREATER ACCRA

⌀ 223321, gyenyamehotel@hotmail.com. 10 saubere Zimmer mit TV, Minibar, ruhige Umgebung. EZ ab 45 €, DZ 50 €.
- ▲ ✕ ⌂ **King David,** 2✱, Kokomlemle, 15 Duade Street, ⌀ 225280. 15 Zimmer mit AC, TV, 24-h-Service 20 – 45 €. Die Umgebung ist wenig elegant. Oft Wasserprobleme.
- ▲ ✕ ⌂ **Korkdam,** 2✱, Asylum Down, Second Crescent, P.O. Box 4605, ⌀ 223221, 21 teils klimatisierte Zimmer, Restaurant mit sehr guten Khebabs. EZ/DZ 35 – 60 €.
- ▲ ✕ ⌂ **@ Paloma,** 2✱, Ring Road Central, ⌀ 228700, www.paloma-gh.com, dieses Hotel in einer belebten Einkaufspassage wurde erheblich ausgebaut und besitzt jetzt rund 54 gut eingerichtete Zimmer mit AC, 50 – 75 €. Seine Innenstadtlage, die Restaurants in der Passage und sein Abholservice machen das Hotel attraktiv für ein junges Publikum.
- ▲ ✕ ⌂ **Sunrise,** 2✱, North Ridge, St. Francis Road, Box 2287, ⌀ 222201. 19 EZ/DZ mit AC 50 – 80 €. Souvenirladen, Tennisplatz, gutes Restaurant.
- ▲ ✕ ⌂ **@ Coconut Regency,** 3✱, Mozambique Link, Off Independence Avenue, ⌀ 226-310, www.coconutgrovehotels.com.gh, ein sehr günstig gelegenes Haus im Stadtzentrum, ideal für Geschäftsleute. Die 34 DZ und 8 Suiten sowie der Konferenzsaal sind modern ausgestattet und lassen keine Wünsche offen. EZ/DZ 80 €.
- ▲ ✕ ⌂ **Afia African Village,** 2 Liberia Road Extension, ⌀ 681465, www.afiavillage.com. Anlage mit 27 Zimmern in Chalets und Bungalows, direkt am Meer, unmittelbare Nähe zum Black Star Square. Lage, Bar und ein gutes Restaurant machen einen entspannten Aufenthalt lohnend. Angeschlossen ist eine Kunstgalerie. Der Strand ist nicht sauber und zum Schwimmen nicht zu empfehlen. EZ/DZ 55 €,

Suite 100 €, inkl. Frühstück. KK: Visa, MasterCard. Flughafenabholservice 8 €.

Hotels in Osu, LaBone & La

Osu und Ringway Estate (Osu-RE) sowie nördlich der Ringroad East. Im Osten außerhalb unserer Karten in La und am Messegelände (Trade Fair).

Preisgünstig (unter 25 €)

- ▲ *Christiansborg,* Osu-Nyaneba Estates, Dadebu Road, P.O. Box 2498, ⌀ & Fax 776-074. 10 einfache Zimmer mit Gemeinschaftsduschen und -WCs für 9 €. Die Zimmer mit TV, Ventilator und eigener Dusche kosten 12 €.
- ▲ *Salvation Army,* Osu, Embassy Road, ⌀ 77-6971, gehört zu den billigsten, aber akzeptablen Schlafgelegenheiten in Accra. Eine Nacht im 4-Bett-Zimmer ca. 3 €.

Mittelklasse (25 – 75 €)

- ▲ ✕ ⌂ *Blue Royal,* 2✱, Osu, 18th Lane, ⌀ 783075, Fax 783076, blueroyalghana@yahoo.com, eines der jüngeren Häuser im Viertel. EZ/DZ mit AC 55 – 70 €.
- ▲ ✕ ⌂ *Byblos,* 2✱, Osu, Embassy Lane, ⌀ 782250; bybloshotels@hotmail.com, große Zimmer mit allem Komfort, die angeschlossene Bar bietet eine gute Lage für Straßenbeobachtung. 55 – 70 €.
- ▲ ✕ ⌂ *Chez Lien,* 2✱, Osu, F333/4 Dadebu Road, P.O. Box KIA 16003, ⌀ & Fax 775-356, geführt von einer Vietnamesin. Im Restaurant werden französische Gerichte mit vietnamesischen Spezialitäten kombiniert. 8 DZ für 50 € pro Nacht.
- ▲ ✕ ⌂ *Courtyard SJ Annexe,* 2✱, LaBone, 5 Klotey Close, ⌀ 229000 oder 027/541434, nahe der südafrikanischen Botschaft, nur 3 DZ in einer ruhigen Wohngegend. Essen auf Anfrage, 22 – 45 €.

🔺 ❌ 🛏 *El Elyon*, 2✳, Osu-RE, 18th Lane, Nr. F691/2B, gegenüber der Botschaft von Côte d'Ivoire, ✆ & Fax 774421. Kleines Hotel mit 16 praktisch eingerichteten Zimmern, zentral gelegen. Hier stimmt das Preis-Leistungs-Verhältnis voll und ganz. EZ 45 €, DZ 65 €, Suite 100 €. Der leitende Manager spricht deutsch.

🔺 ❌ 🛏 *Grisfarm Hotel*, Osu, 1st Street Ext., ✆ 774602. Kleines Haus nahe Taj-Restaurant, 11 EZ/DZ, 30 – 50 € je nach Ausstattung, beliebt bei Individualreisenden.

🔺 ❌ 🛏 🅿 *Mariset Plaza*, 3✳, South Osu, Off La Road, P.O. Box 0608, ✆ 774434, 775922, hat 19 Zimmer für Geschäftsleute, ruhige Lage. EZ 70 €, DZ 138 €.

🔺 ❌ 🛏 *Mayfair International*, 2✳, La, Giffard Road, ✆ 221321, gegenüber dem Messegelände, nicht weit vom Strand, Parkplätze. Funktional eingerichtete Zimmer mit TV, Telefon, EZ und DZ 45 – 80 €.

🔺 ❌ *Niagara Plus*, Osu, 14th Avenue, ✆ 772402, Fax 230119, niagrara@ighmail.com, mit 45 – 60 € in diesem Stadtteil preiswert.

🔺 ❌ 🛏 *Frankie's Rooms Ltd.*, 2✳, Osu, Cantonments Rd., ✆ 773567, www.frankies-ghana.com. Wer belebte Straßen im Zentrum nicht scheut, sollte hier anfragen. In den oberen Etagen eines Fast-food-Lokals an Accras quirligster Straße. 20 Relativ kleine DZ 45 – 80 €, einwandfrei eingerichtet mit AC, TV, Telefon, Bad/WC.

🔺 ❌ 🛏 🍽 🅿 *Penta*, 2✳, Osu, Cantonments Rd., P.O. Box AN7354, ✆ 774529, 10 moderne EZ und DZ 60 – 90 €. China-Restaurant *Blue Ribbon*, Reisebüro, Wechselstube, Konferenzsaal. Liegt zentral auf der belebten Amüsiermeile mit viel Verkehr.

🔺 ❌ 🛏 *Sherwood Park*, 2✳, LaBone, LaBone Crescent, P.O. Box 1111 A-North, ✆ 773-88-0, -2, Fax 776181; relativ neues Hotel in ruhiger Lage. 20 behagliche DZ zum Einheitspreis von 70 €.

Gut und teuer (75 – 95 €)

🔺 ❌ 🛏 🅿 🚗 @ *Wangara*, 3✳, LaBone Crescent, P.O. Box AN 6565, ✆ 772-723, -585, Fax -438, gehört zu den guten Adressen. 50 Zimmer mit allem Komfort, EZ 110 €, DZ 120 €, 2 Restaurants, Zimmerservice, Flughafen-Abholservice.

Hotels in Cantonments, Airport Area & im Nordosten

Noch im Kartenschnitt erfaßt ist die südliche Flughafengegend mit Cantonments und der West Airport Residential Area. Nordwestlich bzw. östlich davon liegen Agbogba, North und East Airport sowie Legon, ↗ Kartenatlas.

Preisgünstig (unter 25 €)

🔺 🛏 *Frank Davis*, Cantonments, Post Office Road, ✆ 300406, unweit des Cantonments Post Office, vermietet 60 ruhige, einfache und saubere Zimmer, 6 – 12 €.

🔺 🛏 *New Nkwadum*, Cantonments, Switchback Road, P.O. Box 5313, ✆ 227937. 9 Zimmer mit Ventilator; Essen auf Bestellung, Parkplätze. EZ 9 €, DZ bis 12 €.

Mittelklasse (25 – 75 €)

🔺 ❌ 🛏 🍽 *Ange Hill*, 2✳, Shiashi, East Legon, Off Lagos Avenue, nahe Tetteh-Quarshie Interchange, ✆ 517515, www.angehill-hotel.com, neues Hotel in Flughafennähe. Die 28 Zimmer sind modern, aber mit Baumarkteleganz eingerichtet; EZ/DZ mit allem Komfort 55 – 100 €, etwas teuer, da kein Pool vorhanden.

🔺 ❌ 🛏 🅿 *Anglika Hotel*, 2✳, East Legon, Legon Road, gegenüber Gulf House, ✆ 5078-87, Fax 507890; gutes, kleines Hotel mit überdachter Snackbar. Zimmer mit Warmwasser, AC, EZ 62 €, DZ 85 €, De-luxe 100 €, Minisuite 110 €.

🔺🗙🛏🚗 *Granada*, 2✶, Liberation Road, P.O. Box 7125, ✆ 775343. 35 EZ/DZ mit AC 60 €, Suite 100 € mit WC/Bad; China-Restaurant, Souvenirladen. Nur 3 Min vom Flughafen und damit sehr gut für die Nächte der An- und Abreise geeignet.

🔺🗙🛏🚗 *Mahogany Lodge*, 2✶, East Cantonments, 9 Kakramadu Link, nahe Goethe-Institut, ✆ 761162, www.mahoganylodge.com, neues 14-Zimmer-Hotel mit angrenzenden Apartments für Langzeitgäste, südafrikanische Leitung. Alle Zimmer klimatisiert, gutes Restaurant, 65 –120 €.

🔺🗙🛏🚗 *Panorama*, Airport North Residential Area, Senchi Street, ✆ 775356, 15 EZ/DZ mit AC 45 – 65 €. Tennisplatz.

🔺🗙🛏🚗 *Sunspot*, Airport Residential Area, 7 Templensi Lane, P.O. Box 01615, 14 Zimmer mit AC 55 – 85 €.

🔺🗙🛏 *Trevi*, 1✶, East Legon, Lagos Avenue, ✆ 501965; kleines, ruhiges Haus mit sauberen Zimmern, gutes italienischen Restaurant. Mit 45 – 55 € etwas teuer.

🔺 *Earlbeam Hotel*, 2✶, Dzorwulu, 60 Forex Av., ✆ 784131, www.earlbeamhotel.com, info@earlbeamhotel.com. Das 7stöckige Haus liegt auffällig auf der Motorway Extension, 15 Min vom Flughafen entfernt. EZ/DZ 45 – 75 €. KK: Visa, MasterCard. Kostenloser Flughafenabholservice.

🔺🗙 *Relax Court Hotel*, 2✶, Dzorwulu, Motorway Extension, P.O. Box CT 1569, ✆ 778901 bzw. 024/3444870, relaxcourt@4u.com.gh. Gutes Hotel mit sehr gutem Restaurant, unweit des Flughafens. EZ/DZ 62 – 68 €, Suite 75 – 95 €.

Gut und teuer (75 – 95 €)

🔺🗙🛏🚗🅿 *Alisa*, 3✶, East Cantonments, 5th Circular Road Close, P.O. Box 1111, alisa@africaonline.com.gh, ✆ 768-291, Fax 768300, 7 Min vom Flughafen, 10 Min vom Stadtzentrum und zum La Beach. Trotz nur 14 DZ besitzt das Hotel alles, was ein gutes Haus braucht, inkl. Konferenzsaal und Kommunikationsmittel. Alle Zimmer 85 – 95 € pro Nacht. Dependance mit dem gleichen Komfort und Preisniveau in North Ridge: ✆ 768294.

🔺🗙🛏 *Airside*, 3✶, Airport Residential Area, 44 Lumumba Road, P.O. Box CT 1570, ✆ 760480 bzw. 0244/323226; 22 große DZ plus 2 Luxussuiten, anspruchsvoll eingerichtet. Die strategische Lage fast gegenüber dem Flughafen ist ein Pluspunkt für Eilige. 65 – 120 €.

🔺🗙🛏🚗 *Erata*, 3✶, East Legon, Okponglo Road, ✆ 506343, www.eratahotel.com, nur 10 Min. vom Flughafen; 33 Zimmer mit allem Komfort 70 – 120 € (Suite). Restaurant auch mit ghanaischen Gerichten, Konferenzhalle. Neben dem Hotel ist ein kleiner, netter Souvenirladen mit Ghana-Mode.

🔺🗙🛏🚗 *George Court Hotel*, 3✶, East Legon, P.O. Box 11935, ✆ 503034. Gehört zu Accras neuesten Hotels. Modern eingerichtete Zimmer, die verkehrsgünstige Lage in Autobahn- und Flughafennähe macht es sehr attraktiv für Reisende mit wenig Zeit. Die Preise liegen je nach Belegung und Größe zwischen günstigen 65 € und 90 €.

🔺🗙🛏🚗 @ *Mensvic Palace*, 3✶, Adamafio Street, P.O. Box CT 5086, ✆ 507406, Fax 507619, im vornehmen, ruhigen East Legon, flughafennah (10 Min). Dieses relativ kleine Hotel ist im japanischen Stil gehalten und bietet 30 komfortable Zimmer mit AC, EZ 65 €, DZ 85 €. Mit Souvenirshop.

🔺🗙🛏🚗 *Georgia*, 3✶, Airport Residential Area, Lumumba Road, ✆ 765484, Fax

765488, 15 erstklassige Zimmer mit allem Drum und Dran im. Eine genaue Kopie des Stammhauses in Kumasi. Man kocht Ghanaisch. EZ 80 €, DZ 110 €.

- *Shangri-La*, 3✶, Airport Residential Area, Tema Motorway, Box 9201, ✆ 762590, 761112, www.shangri-la.gh.com. Ein relativ kleines Hotel mit 44 DZ, aber eines der modernsten in Accra, Zentralklimatisierung, luxuriösen Zimmern, 24-h-Roomservice. 110 – 120 €, 5 Min zum Flughafen.

Hotels im Westen & Norden

Im Westen: Dansoman, Korle-Bu, Korle-Gonno, Kaneshie, Laterbiokorshie, Macarthy Hill, Mallam, Mamprobi, Odorkor, Weija.

Im Nordwesten: Abeka, Abelemkpe, Achimota, La-Paz, Kwashieman, St. John's, Dome, Ofankor, Tesano sowie Dzorwulu.

Preisgünstig (bis 25 €)

- *Amamomo Beach Garden Hotel* (auch als *Sharon and Chaplin's Place* bekannt), Korle Gonno, ✆ 0244/648703. Ein bei Rucksacktouristen beliebtes Hotel am Meer; einfache Zimmer in großem Hof. Mit Restaurant für Vegetarier, im Angebot sind Trommel- und Tanzkurse. An Wochenenden werden heiße Reggae-Abende veranstaltet. EZ/DZ 5 – 9 €. Besucher mit Trotro peilen White House Junction an und fragen weiter. In der Nähe liegt *Papillion*, eine Bar mit Live-Musik an Wochenenden, die eine gute Alternative ist, falls man keinen Reggae mag.
- *Hansonic Hotel*, Odorkor, ✆ 300849, hcottage@yahoo.com, ein Ableger des Hans Cottage Botel in Cape Coast, dient Besuchern in den Westen als Übergangsstation. Hat saubere, bescheidene Zimmer unter 10 €, Flughafenabholservice.
- *Maxwell*, Dzorwulu, P.O. Box 71, ✆ 229-782, 9 EZ und DZ mit Ventilator, Essen auf Bestellung. 7 – 10 €.
- *Paramount*, St. John's, Nsawam Road, gegenüber St. John's Grammar School, P.O. Box M451, ✆ 400-177, Fax -140, altes Haus mit großer Freiluftbar, 22 einfache DZ, 12 – 35 €.
- *Susubiribi*, Abelemkpe, North Tenbibian Road, P.O. Box 5336. 12 Zimmer mit Ventilator, Bar, in ruhiger Lage, Essen auf Bestellung, Parkplätze vorhanden.

Mittelklasse (25 – 75 €)

- *Capital Court,* 2✶, Tesano, ✆ 2308-45, Fax 230835, hinter dem Polizeirevier, ist mit 10 Zimmern klein genug, um eine familiäre Atmosphäre schaffen zu können. Nicht weit davon ist der ↗ *Tesano Sports Club*. EZ 50 €, DZ 75 €, Suite 85 €.
- *Darold,* 2✶, New Achimota, P.O. Box 11806, ✆ 400644, Fax 400119, unweit der ABC-Junction. 18 Zimmern, EZ 55 €, DZ 80 €, Suite 95 €.
- *Hillview,* Macarthy Hill, Box 12541 Accra-North, ✆ 76408-3, -4, hillviewhotel@yahoo.com, schön gelegenes kleines Hotel mit Bergblick, Konferenzsaal, 11 EZ/DZ 45 – 70 €.
- *@ Kumbaya,* 2✶, P.O. Box 557, Achimota, ✆ 406674, Fax 406778, versteckt abseits der Hauptstraße nach Kumasi, ruhig gelegen, sehr empfehlenswert. 17 EZ/DZ 60 – 85 €, Suite 100 €.
- *Ultimate,* P.O. Box 7889, Weija, ✆ 8533-0712, Fax -10, info@ultimatehotelghana.com, empfiehlt sich Gästen, die aus dem Westen anreisen. Sie können sich so den Stau ins Zentrum sparen. 18 DZ mit AC. Shuttle zum Flughafen.
- *Sam's Cottage,* 3✶, North Dzorwulu, Off Tetteh-Quarshie-Achimota Motorway Ex-

tension, P.O. Box LE446, ℃ 503604, Fax 503605. Kleines, nettes Haus mit schönen, großen Zimmern für 50 € (plus Frühstück) und Flughafenabholservice.

- ▲ ⊠ ⌂ *Sunlodge*, 2✶, Tesano, P.O. Box 6909, ℃ 229758. 12 Zimmer mit AC 60 – 80 €, Tennis, Cocktailbar, Parkplätze.
- ▲ ⊠ ♫ ⊠ ⊇ *Yegoala*, 3✶, Dansoman, P.O. Box AN 17038, ℃ 323843, www.yegoalahotel.com. Im Südwesten Accras, gehört dem Ex-Fußballer *Anthony Yeboah*. 24 gut eingerichtete DZ für 55 €; auch populärer Nachtclub. »Tony« ist oft präsent und freut sich auf Besucher aus Deutschland.

Gut und teuer (75 – 95 €)

- ▲ ⊠ ⌂ ⊇ ⌘ *Maple Leaf*, 2✶, New Achimota, Off Neoplan, P.O. Box 3787, ℃ 400185, mapleaf@africaonline.com.gh, im ruhigen Wohnviertel, mittlerweile das beste Haus im Nordwesten Accras. Gut eingerichtete Zimmer, Abholservice. Gut geeignet für Gruppen. EZ/DZ/Suite 80 – 95 €.
- ▲ ⊠ ⌂ ⊇ *Hotel de Joko*, 2✶, New Achimota, P.O. Box 101134, ℃ 40041-3, -4. Ein 43-Zimmer-Haus auf großem Grundstück mit Chalets, Konferenzhalle, gutem Restaurant. EZ 80 €, DZ 100 €, Suite 115 €.
- ▲ ⊠ ⌂ ⊇ *Kingsby*, 2✶, New Achimota, P.O. Box 5496, ℃ 400742, Fax 401694; 20 EZ/DZ mit AC 80 €, Suite 90 €.
- ▲ ⊠ ⌂ ⊇ ⌘ *Sanaa*, 2✶, Tesano, South Loop, P.O. Box 6461, ℃ 220443. 30 komfortable EZ/DZ für Geschäftsleute, mit AC, 2 Restaurants, Grillhaus, Cocktailbar. 62 – 92 € für DZ, Suiten bis 100 €.

Apartments & Lodges

In allen Stadtteilen, immer vorausbuchen.

- ▲ ⊠ ⌘ *T.N. Executive Lodges*, 3✶, West Legon, Westlands Boulevard, ℃ 020/8137493 oder 024/3664412, info@tnhomelodges.com, spezialisiert auf Gäste, die Wert auf Luxus legen. 13 exquisit eingerichtete Zimmer für 55 – 110 €. Dependancen in Achimota und East Airport.
- ▲ ⊠ ⌂ *Blue Angels Guesthouse*, 2✶, im feinen, ruhigen Dzorwulu, P.O. Box 0427 Osu, ℃ & Fax 772352. 10 optimal eingerichtete DZ für Ruhesuchende; 40 – 50 €. Gourmet-Restaurant vorhanden.
- ▲ ⊠ *Feladei*, 2✶, P.O. Box A46, ℃ 505113, Fax 511770, Feladei@msh.com. Gutes Hotel im nordöstlichen, wenig bekannten Stadtteil Adenta; von der City bis zur Ritz Junction fahren und rechts einbiegen. Empfohlen für Reisende, die in Richtung Osten fahren und die Hektik der Innenstadt unbedingt meiden wollen. 8 gut eingerichtete Zimmer 25 – 65 €, Flughafenabholdienst, Kochgelegenheit. Gäste preisen die Freundlichkeit und das gute Essen.
- ▲ ⌂ *Wonoo Guesthouse*, 1✶, Adabraka, Jones Nelson Rd., P.O. Box 7894, ℃ 722-9968; 4 DZ, Ventilator, Parkplätze.
- ▲ ⊠ ⌂ *Lemon Lodge*, Asylum Down, 2nd Mango Tree Avenue, ℃ 227857, gutes Haus mit nur 7 Zimmern (früh buchen). Steht auf der Beliebtheitsskala der Budget-Touristen ganz oben. Saubere Zimmer mit Ventilator und gutem Frühstück. 18 €.
- ▲ ⊠ ⌂ *Oasis Lodge*, Airport Residential Area, 47 North Airport Street, ℃ 770027, www.oasislodge.com, B&B mit 8 Luxuszimmern im vornehmen Wohnviertel.
- ▲ ⊠ *Wintata Lodge*, Adenta (Richtung Aburi). Dodowa Rd., ℃ 502580, ruhige Lodge zwischen Palmen und tropischen Blumen, mit sauberen DZ für 9 – 15 €, gutem Essen und familiärer Atmosphäre. Geeignet für Reisende nach Aburi und in den Osten.
- ☀ **Tip:** Das ↗ *Goethe-Institut* hat ein Apartment auf dem Institutsgelände für Gäste, 40 C pro Nacht.

Apartments:

🔺📧 *Pekan Apart-Hotel*, 2✶, East Legon, Nii Torgbor Avenue, P.O. Box AN7703, ✆ & Fax 511496, unweit des Flughafens. Voll eingerichtete moderne Apartments für Langzeit-Besucher. Preise hängen von der Aufenthaltsdauer ab, vorher nachfragen.

Für Luxusverwöhnte: La Palm Royal Beach Hotel

🔺✖📧 *Triple Crown Guesthouse*, 3✶, Dzorwulu, Village Inn Rd., P.O. Box KA 16098; ✆ 76300-0, -3, www.hotels.com.gh/triplecrown/index.html; triplecrown@its.com.gh. 5 Luxuswohnungen in Flughafennähe für Geschäftsleute und Langzeitgäste für 50 – 100 €, je nach Ausstattung. Bar, Freiluftrestaurant vorhanden, Flughafenabholservice.

Luxus-Hotels (ab 95 €)

Nachfolgend alle Hotels der gehobenen Kategorie, unabhängig vom Standort in Accra. Sie alle akzeptieren Kreditkarten.

🔺✖📧📧 *The Congress Hotel*, 3✶, Airport Residential, Patrice Lumumba Road, P.O. Box CT 6143, ✆ 021/740750, www.thecongress-hotel.com. Nagelneues Hotel in Flughafennähe. Die 25 Zimmer sind großzügig und modern eingerichtet. Tiere nicht erlaubt. Vorzügliches Restaurant. Alle Zimmer klimatisiert, mit Telefon, TV und Minibar ausgestattet. EZ/DZ, Suiten 200 – 400 €.

🔺✖📧📧 *Holiday Inn Airport*, 4✶, Airport City, P.O. Box CT 6143, ✆ 785324, www.holidayinn.com. Dieses neue Hotel in Flughafennähe zählt bereits zu den prominenten Häusern der Stadt. 168 Zimmer, Tiere nicht erlaubt; klimatisierte Zimmer mit Telefon, TV, Minibar. EZ/DZ, Suiten 200 – 400 €.

🔺✖📧📧 *African Regent Hotel*, 3✶, Airport Residential, Liberation Road, P.O. Box CT 6143, ✆ 765180, www.african-regent-hotel.com, info@african-regent-hotel.com. In Flughafennähe, gehört unter Geschäftsleuten zu den beliebten Häusern der Stadt. Es besticht durch afrikanisches Dekor und elegante Holzvertäfelung. Keine Tiere; Reinigungsservice, 110 Nichtraucher-Zimmer mit Klimaanlage, Telefon, TV, Minibar. EZ/DZ, Suiten 170 – 400 €.

🔺✖📧📧 *Protea Hotel*, 3✶, East Legon, 84/86 First Boundary Road, P.O. Box CT 5069, ✆ 021/517452, www.proteahotels.com, uwelcome@proteahotels.com. Ableger der größten südafrikanischen Hotelkette. Der Konferenzspezialist ist ausgezeichnet ausgestattet für große Tagungen. Hinzu kommen 2 Bars, ein gutes Restaurant, 180 moderne Zimmer mit Minibar, TV etc. EZ/DZ, Suiten 144 – 300 €.

♠ ✉ 🛏 🏊 *Nogahill*, 3★, North Dzorwulu, Off Tetteh-Quarshie-Achimota Motorway Extension, P.O. Box CT2322, ℄ 500121, Fax 501002, kleines, aber feines Hotel mit 24 schönen und ruhigen Zimmern und ausgezeichnetem Service, 105 – 135 €. Gute Verbindung auf der Schnellstraße zum Flughafen. Der große Swimmingpool zieht an Wochenenden viele Gäste an.

♠ ✉ 🛏 🏊 🚗 @ *M-Plaza*, 5★, Accra-North, Roman Ridge, Borstal Road, P.O. Box OS0608, ℄ 63418, www.mplaza-hotel.com. Hotel der Superlative, zur Zeit eines der feinsten und besten in Ghana. Standort diverser Konferenzen und gelegentlich Wohnort von besuchenden Präsidenten. 3 Restaurants, 3 Bars usw. EZ 120 €, DZ 140 – 160 €, Suite 180 – 250 €.

♠ ✉ 🛏 🏊 🏖 @ *La Beach*, 5★, La, Teshie-Nungua Expressway, P.O. Box TF1, ℄ 772-501, www.labadibeach.com. 104 EZ/DZ, Telefon, TV, Minibar, 24-h-Zimmerservice. Mit seinem ruhigen Ambiente wirkt es seriös und ist eine gute Alternative zum schrilleren Nachbarn *La Palm Royal*. Zwei Restaurants, 2 Bars, Konferenzhalle für 200 Personen, Tennis, Volleyball, Sauna und eigener Strand runden das Angebot ab. Stil zwischen afrikanisch und englischem Landhaus, die Zimmer hell und modern. 15 Min vom Flughafen. Empfiehlt sich für Geschäftsleute. EZ 170 €, DZ 180 €, Luxus-Suite 420 €.

♠ ✉ 🛏 🏊 🚗 @ *La Palm Royal Beach*, 4★, Teshie-Nungua Expressway; P.O. Box OS3000, ℄ 7717-00, www.gbhghana.com. Direkt am Meer mit eigenem Strand befindet sich Ghanas vornehmstes Hotel. Alles hier ist gehoben, einschließlich der Restaurants mit ghanaischen, internationalen und fernöstlichen Spezialitäten (Teppanyaki, Sushi), Shop, Kasino, Golf-Arrangements; meistens von Staatsgästen, Delegationen oder Geschäftsleuten genutzt. Langzeitgäste und Gruppen erhalten Rabatt. 144 Zimmer im Chaletstil um den Pool gruppiert, EZ 200 €, DZ 220 € Präsidentensuite 350 €, Royal Suite 500 €. Ein großes Kongreßzentrum mit allen modernen Hilfsmitteln rundet das Angebot ab. Flughafenabholdienst im Preis inbegriffen.

♠ ✉ 🛏 🏊 🚗 @ *Fiesta Royale*, 4★, North Dzorwulu, ℄ 517411, cresta@ghana.com. Relativ neues Hotel, modern eingerichtete Zimmer 110 – 140 €, Suite 165 €, Chalets 1350 €/Woche. 2 Restaurants, Tennis, Flughafenabholservice. Verkehrsgünstige Lage in Autobahn- und Flughafennähe. Als Teil einer südafrikanischen Hotelkette bietet das Fiesta Professionalität und internationale Erfahrung.

♠ ✉ 🛏 🏊 🎵 🚗 @ *Golden Tulip*, 4★, Airport Residential Area, Liberation Road, P.O. Box 16033, ℄ 775360, www.goldentulipaccra.com. 10 Min vom Flughafen, 224 Zimmer mit Telefon, 24-h-Zimmerservice, diverse Gastronomie, Kasino, kindgerechter Swimmingpool, Tennisplätze, Boutique, Parkplätze. Optimal ausgestattet für Konferenzen bis zu 400 Personen. EZ/DZ 200 – 240 €, die Suiten kosten 300 – 400 €. Auch vorhanden sind 16 Chalets für 520 € pro Monat. Gehört zu den bestgeführten und deswegen beliebtesten Hotels der Stadt.

♠ ✉ 🛏 🏊 🎵 🚗 @ *Novotel*, 4★, Tudu, Barnes Road, Box 12720, ℄ 667546, www.novotel.com. Accras bisher größtes Hotel mit internationalem Standard im Zentrum, 190 vollklimatisierte Zimmer, EZ 110 €, DZ 130 €. Grillroom, Cocktailbar, Tennis, 24-h-Zimmerservice. Von Geschäftsleuten bevorzugt. Hier wird auch Französisch gesprochen.

ESSEN & AUSGEHEN

Ghanaer gehen relativ früh ins Bett. Wer auswärts essen möchte, sollte nicht zu spät gehen. In der Woche haben die meisten Restaurants 19 – 23 Uhr geöffnet, Fr, Sa wird überwiegend gegen 24 Uhr Schluß gemacht.

Ghanaisch-afrikanische Küche

Wenn Sie schon in Ghana sind, sollten Sie (nach einer kleinen Eingewöhnungszeit) mindestens einmal ein ghanaisches Restaurant besuchen. Sie werden angenehm überrascht sein!

- *Aerostar*, Flughafen, ✆ 772664, täglich 10 – 2 Uhr. Beim Parkplatz liegt dieses vor allem bei Travellern sehr beliebte Open-air-Lokal, das Fr, Sa sogar Livemusik bietet. Hier kann man prima sein letztes ghanaisches Bier genießen. Das Essen läßt oft auf sich warten, die Bedienung ist recht unprofessionell. Dafür herrscht heitere Gartenatmosphäre.
- *Afrikiko*, Liberation Road, nicht weit vom Ako-Adjei Interchange, ✆ 229997, 8 – 23 Uhr. Biergarten mit Restaurantbetrieb, Musik und lockerer Atmosphäre. Inzwischen dominieren Fast-food auf Chickenbasis und Reisgerichte.
- *Back Pass*, hinter General Post Office, ✆ 65201, 8.30 – 24 Uhr, liegt genau gegenüber vom *Wato Club* und füllt deren Hühnchen-Lücke. Im Angebot sind leckere, preiswerte ghanaische Gerichte zum Mittag, solange der Vorrat reicht.
- *Blue Gate*, Osu, Anumansa Street, ✆ 765775, täglich 11 – 22 Uhr, lange im Geschäft und immer noch sehr gut, brilliert mit seinen Banku- und Fischgerichten.
- *Buka Fine African Restaurant*, Osu, gegenüber der US-Botschaft (Visa Section), ✆ 782953, täglich 11 – 22 Uhr, ein feiner Ort, um die einheimische Küche kennenzulernen. Hat auch andere westafrikanische Gerichte im Angebot
- *Connet Restaurant*, Ring Road Central, ✆ 782953, täglich 10 – 22 Uhr, bietet das Beste aus der ghanaischen Küche. Es wird eine große Palette von Gerichten zu normalen Preisen angeboten. Mittags oft voll, was längere Wartezeiten bedeutet.
- *Country Kitchen*, Ringway Crescent, ✆ 229187, täglich 10 – 21 Uhr. Nett geführtes Lokal mit ausgezeichneter, preiswerter ghanaischer Küche und aufmerksamer Bedienung. Sehr gut für Mittagsgerichte.
- *Home Touch*, Giffard Rd. (vorbei am El-Wak-Stadion), ✆ 777662, 8 – 18 Uhr. Snack & Bar, Open-air-Lokal mit ghanaischen Spezialitäten, berühmt für seine leckeren Omotuwe-Varianten sonntags.
- *Lalibela Ethiopian Restaurant*, nahe Hotel Christiansborg, ✆ 776343, Di – So 11 – 22 Uhr, mit gemütlichem Open-air-Bereich, in ruhiger Lage, sauber, freundlich.
- *Maquis Tante Marie*, North LaBone, 5th Norla Link, nahe Metro TV, ✆ 778914, täglich 11 – 23 Uhr, serviert mitunter die besten afrikanischen Gerichte der Stadt. Hier überwiegen die Spezialitäten mit frankophilem, sahelischem Touch. Auf jeden Fall gute Küche, nicht unbedingt billige, aber doch annehmbare Preise.
- *Next Door*, Teshie-Nungua, ✆ 7139-61, täglich 10 – 0 Uhr, an Fr, Sa länger. Nicht nur ein guter Ort zum Tanzen, sondern auch zum vorzüglich ghanaisch Essen. Die Fisch- und Hummergerichte mit Banku, Reis oder Jollof seien hier wärmstens empfohlen.
- *Osekan Bar*, Ussher Town, High Street, P.O. Box 20439, ✆ 021/688800. Gilt als

Platz zum Entspannen: Osekan Bar

einer der besten Plätze in Accra für einen Drink und Essen. Direkt am Meer, eingebettet in eine Felslandschaft, kaum sichtbar von außen, herrliche Lage.

- *Theatre Gardens Restaurant,* Independence Avenue, im National Theater, ✆ 663718, preiswerte Getränke sowie ghanaische Gerichte. Mo – Sa 9 – 18 Uhr.
- *Wato Club,* hinter dem General Post Office, ✆ 616667, täglich 9 – 23 Uhr, ein altes Haus im Kolonialstil, mittags beliebter Treffpunkt der Werktätigen zum preiswerten Bier und Klönen auf der angenehmen Dachterrasse. Khebabs und Snacks.

Chop Bars

Die zahlreichen Chop Bars, die man in der ganzen Stadt findet, bieten gute ghanaische Gerichte an, falls die eher unkonventionelle Art der meisten Lokale nicht stört. Überwiegend werden Futu, Reis, Red-Red, Suppen und Gemüseteller serviert. Hier wird meist scharf gekocht, also aufgepaßt. Chop Bars sind die billigsten Eßlokale und werden gern von Arbeitern und weniger Begüterten besucht.

- *Asanka Locals,* Osu, 14th Lane, neben Dragon House, ✆ 786328, täglich 9 – 24 Uhr, ist wahrscheinlich die beste Chop Bar in Accra. Die große, luftige Halle mit über 100 Plätzen bietet alles, was Ghanaer mögen, plus die Möglichkeit, mit den Händen zu essen. Alle Gerichte 2 – 4 €.
- *Asanka Locals,* Ring Road Central, nur 10 m neben Western Union, täglich 10 – 22 Uhr, kleiner Ableger des Obigen, bietet hervorragende Tatale, Joloff, Banku, Fufu und andere einheimische Leckereien zu günstigen Preisen an.
- *Asanka Locals,* Madina, hinter IPS-Legon, ✆ 7010420, täglich 10 – 22 Uhr, die drit-

te im Bunde (Accra-Nord), hat das gleiche Angebot wie oben.

- ❌ **Auntie Grace Chop Bar,** ✆ 229348, täglich 9 – 18 Uhr, unmittelbar neben dem Ghana National Museum. In einer großen Halle gibt es leckere ghanaische Gerichte zu zivilen Preisen. Mittags sehr voll.
- ✳ **Tip:** ❌ 🎵 *Rawlings Park,* Derby Avenue. Sollten Sie sich in der Innenstadt befinden, finden Sie entlang dem großen Parkplatz rund 10 Restaurants mit reichhaltigem Angebot. Alle Eßlokale hier bieten leckere Gerichte zu akzeptablen Preisen an, plus sehr laute Musik aus allen Rohren. Erhältlich sind Reisgerichte, Grillspezialitäten und eiskalte Getränke aller Art.
- ❌ **Red Lobster Restaurant,** Madina, P.O. Box 634 Legon-Accra, ✆ 511230, Dauerbrenner in der Stadt. Der Spezialist für Fisch und andere Meeresprodukte bietet leckere ghanaische Gerichte an.
- ✳ **Tip:** Außerdem empfehlenswert: ein Besuch auf dem *Osu* bzw. **Kaneshie Night Market,** ↗ Märkte.

Internationale Küche

Generell liegt man richtig, wenn man abends zum Essen nach Osu fährt. Ab Danquah Circle auf der Cantonments Road mangelt es nicht an guten Restaurants aller Kategorien, die oft passable Weine (meist aus Südafrika) im Angebot haben.

Europäisch

- ❌ **Bella Napoli,** Airport Residential, 1 Akosombo Road, ✆ 778077, täglich 12 – 15 und 19 – 23 Uhr. Italienische Gerichte, gute Rotweine.
- ❌ **Chez André,** 11th Lane, Osu, Cantonments Road, ✆ 773168, Di – So 11 – 23 Uhr, brilliert mit französischen Spezialitäten.
- ❌ *Il Corsario,* Tesano im Norden, Nsawam Road, ✆ 224088, täglich 12 – 15, 18.30 – 23 Uhr. Italienische Spezialitäten.
- ❌ **Indigo,** gegenüber der US-Botschaft, ✆ 024/4365177, ein gutes Dachrestaurant mit kontinental-europäischen Gerichten zu gehobenen Preisen bis 11 €.
- ❌ *L'Arco Italiano,* Osu, 6th Lane, ✆ 778949, täglich 11 – 22.30 Uhr, bietet die typischen Pastagerichte an, mittags zu recht annehmbaren Preisen.
- ❌ *La Chaumière,* Airport Residential, Liberation Road, ✆ 772408, gepflegtes, teures Restaurant mit französischen Spezialitäten in sehr angenehmem Ambiente.
- ❌ *La Pergola,* Akuafo Circle, Liberation Rd., ✆ 778664. Französische und ghanaische Küche. Täglich 9 – 23 Uhr.
- ❌ *Le Bouquet,* ✆ 778314, nahe der libanesischen Botschaft, Ringway Estates, französische Spezialitäten, gutes Essen zu gehobenen Preisen.
- ❌ **Lords Restaurant,** ✆ 780774, Ring Road East, gegenüber UNDP, sehr gut für Meeresfrüchte, Froschschenkel, plus die üblichen europäischen Gerichte.
- ❌ **Mama Mia,** Osu, Sixth Lane, ✆ 024/534-581, gute Pizzen, relativ hohe Preise.
- ❌ 🛏 🎵 **Paloma Arcades,** Ring Road Central, ✆ 223245, täglich 11 – 24 Uhr, an Fr, Sa, So länger. Eine Passage mit verschiedenen Restaurants, Freiluft oder klimatisiert. Bietet besonders Fr, Sa gutes Preis-Leistungs-Verhältnis und nettes Ambiente. Sie backen angeblich die besten Pizzen der Stadt. Sehr beliebt.
- ❌ **Sole Mio,** Osu, Embassy Rd., ✆ 779579, täglich 12 – 15, 19 – 23 Uhr, italienische Spezialitäten zu annehmbaren Preisen.
- ❌ **Ritz,** Abossey Okai, Graphic/Ring Road West, ✆ 220917, täglich 11 – 0 Uhr. Vollklimatisiertes Restaurant mit gutem Es-

sen, ein wenig teuer, aber professionelle Bedienung; Geschäftsleuten empfohlen.

- *The Landing,* 5 Gehminuten hinter der Tankstelle rechts vom Flughafen, ℅ 7737-47, täglich 9 – 24 Uhr. Die Snacks und Getränke im Open-air-Bereich sind noch preiswert. Im Restaurant allerdings werden für internationale Speisen Flughafenpreise verlangt. Angenehmes Interieur und aufmerksamer Service sind gewiß. Da es etwas exklusiver ist, wird es von Geschäftsleuten aus Accra gern angesteuert.
- *The Orangery,* Adabraka, Kojo Thompson Road, ℅ 232988, täglich 9 – 24 Uhr, unmittelbar vor Einmündung in die Farrar Avenue, hat eine große Speisekarte mit ghanaischen und internationalen Gerichten zu etwas gehobenen Preisen. Empfohlen sind die Fisch- und Hummerplatten. Schnelle und effiziente Bedienung.
- *Vienna City Entertainment Complex,* Kwame Nkrumah Avenue, ℅ 258551. Vergnügungszentrum im Herzen der Stadt nicht nur für Nachtschwärmer. Garten-Restaurant, Kasino, Pool-Billiard-Halle, Nachtklub, 4 Bars. Täglich 11 – 5 Uhr.

Südamerikanisch/Spanisch

- *Champs,* Paloma Arcades, Ring Road Central, ℅ 228700, täglich 11 – 24 Uhr, Fr, Sa und So länger. Accras einzige Restaurant mit mexikanischen Spezialitäten. Eintritt 4,50 €, gegen Getränke.
- *El Gaucho,* Osu, Abebresem Street, ℅ 555-717, Mo – Sa 11 – 15, 18 – 23, So 17 – 23 Uhr, Weinbar. Nennt sich argentinisch, aber die Steaks kommen aus Südafrika. Macht ja nichts. Hat auch Lamm, Strauß und Känguruh sowie nahöstliche Vorspeisen. Mit Preisen ab 10 € sehr teuer.
- *Monsoon,* Osu, Cantonments Road, ℅ 782307, täglich 16 – 24 Uhr, soll einem Neuseeländer gehören; ein Favorit für die Reichen in Accra, meistens die ausländischen Geschäftsleute, die sich dort zum Small-talk und zu Geschäften treffen. Wunderbare Sushies und Barbecues.

Chinesisch & Koreanisch

Nach Meinung mancher Touristen hat Accra die besten China-Restaurants in ganz Westafrika. Warum, weiß keiner, aber dies wird von allen erfahrenen Reisenden bestätigt. Allein auf der Cantonments Street in Osu sind mindestens 10 China-Restaurants angesiedelt.

- *China House,* Osu, direkt am Danquah Circle, ℅ 57251. Nur Mittagsgerichte und Take-aways, aber zu vernünftigen Preisen.
- *Dragon House,* Osu, nahe Asanka Lokals, ℅ 762988, Schnellgerichte.
- *Dynasty,* Osu-RE, ℅ 775496. Täglich 11 – 23.30 Uhr. Gehört zu den besten der Stadt, feines Ambiente, gehobene Preise.
- *Golden Lily,* La-Messegelände, ℅ 775311 Ext. 603.
- *Hinlone,* North LaBone, neben der 7th Day Adventist Church, ℅ 24848, 12 – 15, 18 – 24 Uhr.
- *New Century China Restaurant,* Osu, 11th Lane/Cantonments Road, ℅ 775891, täglich 11 – 23.30 Uhr, hat die üblichen Reis- und Hühnchengerichte.
- *Noble House,* Osu, Cantonments Road, ℅ 785151, eine neue, gute Ergänzung zu den zahlreichen China-Lokalen in Accra.
- *Princess Garden Restaurant,* 3rd Lane, Cantonments/Osu Road, gegenüber dem Fast-food-Lokal Steers, ℅ 774991, täglich 11 – 23.30 Uhr.
- *Regal,* Osu-RE, ℅ 773386, täglich 11 – 23.30 Uhr. Sehr gut und für die Qualität nicht teuer. Reservierung empfohlen, weil sehr beliebt.

- **Seoul Grill,** Mission Street, Osu, ✆ 761-208, täglich 12 – 23 Uhr, Sushie, Sashimi am Tisch sowie viele andere koreanische Spezialitäten.
- **Shilla Korean,** Osu-RE, Danquah Circle, ✆ 777968, 12 – 15, 19 – 22 Uhr. Koreanische Küche.
- **Tiptop Chinese Fast Food,** Osu Star World Casino, ✆ 777780, täglich 9 – 24 Uhr, spezialisiert auf Gerichte auf der heißen Platte; nicht billig, aber doch annehmbar im Vergleich zu vielen anderen hier. Bedienung ist freundlich, aber Fr, Sa etwas chaotisch, da es in der Regel proppenvoll ist.
- **Wok Inn,** Adabraka, Kwame Nkrumah Avenue, ✆ 237209, täglich 11 – 2 Uhr, tagsüber frische chinesische Schnellgerichte zum Mitnehmen, abends schummriges Ambiente. Ihre Spring rolls sind beliebt.

Indisch & Anderes

- **Ali Baba,** Osu, hinter Trinity House, ✆ 772906, nahöstliche Spezialitäten, Do – So 18 – 23 Uhr.
- **Cedars Restaurant,** Osu, Mission Street, ✆ 782236, täglich 11 – 23 Uhr, gute libanesische Küche, bei den hiesigen Libanesen sehr beliebt. Etwas gehobene Preise.
- **Haveli Indian,** Osu, ✆ 772307, täglich 12 – 23.30, gehobene Preise, guter Service.
- **Southern Fried Chicken** (Grace House), Ring R East/Danquah Circle, ✆ 774185, täglich 8.30 – 24 Uhr, libanesisch-indisches Schnell-Restaurant mit Chicken-Spezialitäten, große, schattige Terrasse.
- **Taj Restaurant,** Osu, 11th Lane/Cantonments Rd., ✆ 776720, täglich 10.30 – 23.30. Vornehmlich nordindische Küche in schöner Atmosphäre, gehobene Preise.
- **Thai Royal Orchid,** Osu-RE, ✆ 662993, 666936, täglich 12 – 23.30 Uhr. Das erste Thai-Restaurant Accras.
- **Tandoor Indian Restaurant,** Osu-RE, P.O. Box 3452, ✆ 778760, täglich 12 – 15, 18.30 – 23 Uhr. Authentisches indisches Dekor, teure, aber gute Gerichte.

Vegetarisch

- **Asaase Pa,** Ring Road Central, gleich neben Bus Stop, ✆ 671939, täglich 9 – 22 Uhr, ist das einzige Restaurant für Veganer in Ghana, wenn man vom notleidenden Ableger in Cape Coast absieht. Hier bekommt man ghanaische und internationale Gerichte auf Soja-Basis. Eine willkommene Ergänzung für Touristen, Rastafari und Israelis.
- **Dolly's Fast Food,** Kaneshie, ✆ 764022. Serviert auch vegetarisches Essen.
- **Little India,** Osu, nahe US-Botschaft (Visa Section), ✆ 780699, 0244/4383064, Mo – Sa, 9 – 17 Uhr. Freiluftrestaurant mit bis zu 25 verschiedenen Salaten, Sandwiches und indischen Gerichten. Alles frisch und köstlich.
- **Vegetarian Health Food Restaurant,** ✆ 761-936, nahe Aviation Social Centre und Ghana Lands Commission im Norden, Mo – Fr 11 – 16 Uhr. Große Portionen zu vernünftigen Preisen.
- **Westward of Eden,** Ring Road Central, Paloma Arcades, ✆ 223245, nettes Restaurant, Gerichte 3 – 9 €.

Fast-Food & Snacks

- **Brunchie,** Osu, Cantonments Road, ✆ 231793, gegenüber Barclays Bank und nur 200 m vom Danquah Circle; mit britischem Besitzer, angenehm klimatisiert und mit gutem Service. Breite Fast-food-Palette: Chicken, Sandwich, Pizza und Spaghetti sowie Eis und coole Drinks.
- **♫ @ Bus Stop,** Ring Road Central, ✆ 220930, täglich 8.30 – 1 Uhr, bietet

Ganz lecker, bloß wie man rüber kommen soll, ist unklar: Schnellrestaurant Papaye

Meatpies, Pizzen, Chips, Reis, Eis und Gebäck an. Angeschlossen sind ein Fotoladen, Internet-Café, ein richtiges Restaurant und eine Disco im 1. Stock.

- ✘ ✉ @ *Busy Internet*, Ring Road Central, ✆ 258800, wenn nachts alle Stricke reißen, bleibt dieses Haus offen. Man bekommt garantiert Essen.
- ✘ *Chips & Chops*, Ridge, nahe YMCA, ✆ 220-992, 10 – 17 Uhr.
- ✘ ✉ ⬆ *Frankie's Foods*, Osu, Cantonments Road, ✆ 773567, täglich 9 – 23 Uhr, auf vier Etagen verteilt, gehört zu den bekannten und guten Häusern für Schnellgerichte und andere Speisen. Im Erdgeschoß werden u.a. Pizzen, libanesische Chawarma-Brote, leckerer Kuchen und Eis angeboten. Im 1. Stock befindet sich ein herkömmliches Restaurant mit internationaler Küche, im 2. und 3. Stock sind 20 Gästezimmer (↗ Unterkunft) untergebracht.
- ✘ *Honest Chef*, Adabraka, Kwame Nkrumah Avenue, schräg gegenüber der Esso-Tankstelle, ✆ 226345, hat Pommes, Sandwiches, Chicken- und Beefgerichte zu günstigen Preisen.
- ✘ ✉ *Ivy's*, Ring Road Central, ✆ 228449, ist klein, aber fein; kombiniert Coffeeshop, Bistro und Andenkenladen in klimatisierten Räumen. Hat entsprechende Preise.
- ✘ ♪ *Lizzie's Enterprise*, Osu-RE, ✆ 663980, hat die billigsten Getränke auf dieser Meile mit vielen Angeboten. Man sitzt draußen unter Bäumen, die Musik ist gut und oft gibt's Shows mit Magiern, Akrobaten und Radkünstlern.
- ✘ ✉ @ *Mays Fast-Food*, gegenüber der La-Polyklinik auf der Labadi-Teshie Schnellstraße, ✆ 7012399, täglich 9 – 24 Uhr. Große Open-air-Bar mit Internet-Café.
- ✘ *Next Stop*, Ring Road Central, ✆ 220930, gleich neben Bus Stop und ebenfalls ein beliebtes Schnellrestaurant.
- ✘ ✉ *Osu Food Court*, Osu, Cantonments Rd., ✆ 239713, täglich 9 – 24 Uhr, Gebäudekomplex mit verschiedenen Restaurants:

Nando's Fast Food, Chicken Inn, Pizza Inn, Creamy Inn und Vasili's Bakery. Hier trifft sich Accras Jeunesse dorée.

- *Palace Fast Food and Bar,* Osu, Cantonments R, ✆ 587406, im gleichen Gebäude befindet sich das Star World Casino.
- *Papaye,* Osu-RE, ✆ 773754, täglich 9 – 24 Uhr, sehr beliebter Schnellimbiss, vor allem das auf Holzkohle gegrillte Hähnchen ist berühmt. Außerdem Fish & Chips, Hamburger, Reisgerichte.
- *Ramec Snacks,* auf der belebten Osu-Cantoments Road, ✆ 773696, täglich 9 – 21 Uhr; Dependance auf der Ring Road Central, schräg gegenüber von Bus Stop.
- *Steers,* Osu, Cantonments Road, ✆ 768-392, 9 – 24 Uhr, gegenüber Ghana Groceries. Modernes Glashaus mit Accras erstem Drive-Thru-Restaurant für Burger und Fast-Food. Gehört zu einer südafrikanischen Kette. Sehr populär. Die saftigen Rib-Racks vom Grill sind superb, die Preise im gewohnten Rahmen.
- *White Bell,* Adabraka, Farrar Avenue/Kojo Thompson Road, ✆ 227066.

Nightlife

Die meisten Häuser haben besondere Tage, an denen getanzt wird, man sollte daher wissen, wann und wo was los ist. Viele Häuser öffnen nur Do – So.

Highlife live

- *Next Door,* Teshie-Nungua, ✆ 713961, 19 – 24, Fr, Sa länger. Gehört zu den In-Spots in Accra. Hier kann man auch hervorragend essen. Musik gibt es immer; in der Woche aus der Konserve, Fr, Sa live. Wegen der Meeresbrise ist das Open-air Jam sehr angenehm.
- *Paloma Arcades,* Ring Road Central, ✆ 223245, täglich 10 – 1 Uhr, Gastronomie-Meile, bietet ein nettes Ambiente, besonders am Fr, Sa, wenn eine Highlife-Band live spielt. Eintritt frei.
- *ByWel,* Osu, gegenüber dem Sotrec Supermarket, ✆ 773434, Do – So 19 – 3 Uhr, gehört zu den besten der Stadt für gute Musik. Do gibt's live Highlife-Musik; gegen Mitternacht kocht es richtig. Eintritt 5 €.
- *Blue Gate,* Osu, Nyaniba Estates, ✆ 0244/533806, Fr, Sa 9 – 24 Uhr, coole Drinks und die berühmtesten Tilapia-Gerichte der Stadt. Sehr beliebt. Eintritt frei.
- *Shell Highlife,* Liberation Road, etwas versteckt hinter einer Shell-Tankstelle lebt dieses Lokal am Fr, Sa zur Highlife-Hochburg auf. Eine sehr gute Band spielt dort, man kann und darf tanzen. Eintritt frei.

Jazz

- *Mapees Jazz Club,* Osu, 15th Lane, Live-Musik am Fr – So. Eintritt frei.
- *The Jazz Optimist,* Off Ring Road, ✆ 234-629, bietet guten Jazz in modernisiertem Ambiente. Getränke sind relativ teuer, dafür ist aber die Musik umsonst. Fr – So finden Veranstaltungen statt. Man sollte etwas früher hingehen, es gibt nur begrenzt Plätze. Dreimal pro Woche 19 – 1 Uhr Live-Musik von begabten Musikern. Eintritt um die 6 €.
- *Kotton Klub,* 15th Lane, vor Mapees, Mi und So Live-Musik, sonst bieten Dart und Poolbillard Amusement. Eintritt 3 €.
- *Village Inn Jazz Club,* Abelemkpe, ✆ 300918, bei Einheimischen sehr beliebt. An Fr, Sa herrscht hier Hochbetrieb, manchmal spielt eine Live-Band. Mit Open-air-Bar und Restaurant mit ghanaischen und internationalen Gerichten. Eintritt frei.

Tip: Live-Jazz gibt es ebenfalls Fr und Sa im *Golden Tulip Hotel.*

Discotheken & Nachtclubs

- ♫ **Boomerang**, Kpehe, Nsawam Road, auch als Caprice bekannt. Moderne, große Disco, die Do- umd Fr-Nacht zum Leben erwacht. Ihre R n'B- und Highlife-Musik wird von Accras reicher Jugend sehr geschätzt. Eintritt 5 €.
- ♫ **Celebration**, Pyramid House, Ring Road, gut für After-Work-Parties.
- ♫ **Coliseum Nite Club,** Tetteh Quarshie Interchange, ✆ 773206. Großer Nachtklub und beliebter Treffpunkt für Studenten und junges Publikum.
- ♫ **Connections Night Club,** Osu 15th Lane, gleich neben Pearl of the East Restaurant, beliebter Ausländertreff. Eintritt 5 €.
- ♫ **Indigo Club,** Danquah Circle, gegenüber der US-Botschaft, ✆ 024/4365177, teures Pflaster für die ältere Generation. Fr, Sa Oldies und Highlife. Eintritt 8 €.
- ♫ **Fox Trap,** Adabraka, Farrar Avenue; Treff für die reifere Generation. Fr guter R n'B und Highlife im Angebot. Eintritt 5 €.
- ♫ **Glenn's,** Adabraka, Farrar Avenue, ✆ 2371-48, wird Mi, So lebendig, ein guter Mix aus R n'B, Hip-Hop und Hip-Life. Do von Accras Francophonen favorisiert. Eintritt 3 €.
- ♫ **His Majesty's,** Labadi, Giffard Rd., gegenüber Trade Fair, ✆ 773623, Fr Hip-Hop und R n'B, Sa Dancehall-Musik. Eintritt 3 €.
- ♫ **Kilimanjaro Disco,** Kwame Nkrumah Circle, links neben PTC-Building, ✆ 226866, Schuppen mit Nachtclubatmosphäre, bleibt Fr, Sa bis morgens offen, oft viele leichte Mädchen. Eintritt 3 €.
- ♫ ✖ **Lippo Lips,** Kaneshie, ✆ 664565, modern, laut, aber okay. Eintritt 3 €.
- ♫ **Macumba,** Danquah Circle, ✆ 732531, Mi – Sa; immer gut gegen Mitternacht, Do Ladies Night. Gehört zu den meistbesuchten Schuppen Accras; ist aber auch als Kontaktbörse für schnelle Liebe bekannt.
- ♫ **Miracle Mirage Nite Club,** Adabraka, Farrar Avenue. Moderne Musik und junges Publikum. Eintritt Fr, Sa 5 €.
- ♫ **Oops,** North Kaneshie, ✆ 247460, Mi steigt die African Night mit heißem Highlife, Fr und Sa sind gute Tanzabende für das nicht so junge Volk. Eintritt 3 €.
- ♫ **Phoenician & Pulse Nite Club,** Danquah Circle, ✆ 772417, wird Fr und Sa Nacht aktiv, Eintritt 3 €.
- ♫ ♘ **Savanna Nite Club,** Nyaniba Estates, nahe der LaBone Junction, ✆ 762771, sonst eine normale Bar mit Musik, wandelt sich jeden Mi ab 21 Uhr in eine Disco mit Live-Band. Eintritt dann 5 €.
- ♫ ♘ **The Warehouse,** Adabraka, ✆ 225599; 3 Bars im ehemaligen Lagerhaus; beliebt bei der Hip-Hop-Generation. Am besten Fr, Sa Eintritt 3 €.

Bars & more

- ✖ ♘ **Aquarius,** Osu Crescent, südöstlich vom Danquah Circle, ✆ & Fax 775253, täglich 17 – 1 Uhr, Fr, Sa länger. Der einzige deutsche Pub in Accra, freundliche Bedienung, internationales Publikum. Eintritt frei.
- ✖ ♫ ◪ **Champs Sports Bar,** Paloma Arcades, Ring Road, ✆ 228937 oder 024/ 438-6765, sonst ein etwas teures Restaurant. Fr Karaoke, So Kino, bei wichtigen Sportereignissen Live-Übertragung auf großer Leinwand. Eintritt frei.
- ♘ ♫ ◪ **Fusion,** Osu, Embassy Road, unweit des Byblos Hotels, ✆ 775442, bei Ausländern beliebt. Mi Karaoke, Fr und Sa Musik bis in die Puppen, So ab 21 Uhr Kino.
- ♘ **Hemingway's Bar,** Osu, Cantonments Road, gleich neben dem Penta Hotel, ✆ 774529, täglich ab 20 Uhr, bleibt lange offen, bietet Clubatmosphäre mit Roulette; etwas teurere Getränke, Whiskey natürlich, aber kein Eintritt.

Jokers, Labadi Road, gegenüber der Polyklinik, ✆ 024/4370752; tagsüber Fast-food-Lokal mit Pool und Billiard. Fr & Sa lebendig mit Popmusik zum Tanzen. Eintritt frei.

Ryan's Irish Pub, Osu, ✆ 762334, bietet eine sehr gute Gelegenheit, Accras ansässige Ausländer (auch Deutsche) zu treffen. Bietet Essen, Bier und Musik von der Insel. Etwas teuer, aber irisches Ambiente in Accra muß einfach was kosten.

The Office, Ring Road Central, gegenüber Bus Stop, guter Treffpunkt für Ausländer nach der Arbeit. Richtig lebendig Do und Fr, wenn es voll wird.

Vibe, Trust Towers, Farrar Avenue, ✆ 225719, täglich 9 – 22 Uhr, gehört einem Radiosender. Beliebter Treffpunkt für die Reichen und Schönen der Stadt. Das angeschlossene Café/Restaurant hat eine extensive Karte mit internationalen Gerichten, von der Lage oberhalb der Dächer hat man eine tolle Sicht auf Accra.

Tip: Am *Strand von Labadi* sind zahlreiche Restaurants entstanden, die auch außerhalb der Badezeiten Essen anbieten. Wer die schöne tropische Meeresbrise schätzt, geht dort abends essen. Das Rauschen des Meeres gibt es umsonst. Donnerstag abends ist Party-time am Strand.

Theater & Kino

Theater: *National Theatre,* Independence Avenue, Ecke Liberia Road, ↗ Stadtrundgang. Die Kasse des Hauses befindet sich am Haupteingang auf der Liberia Road. Bitten Sie das Tourist-Büro bzw. die Theater-Infostelle um Auskunft, ✆ 663449.

Kino: Im Zeitalter des Fernsehens und billiger Videoproduktionen (aus Nigeria), gehen immer weniger Leute ins Kino. Neben den wenigen verbliebenen kommerziellen Kinos werden mittlerweile die meisten Filme von den ↗ Kulturinstituten gezeigt.

Rex, Barnes Road, ✆ 662409, Old Parliament House, Open-air-Kino (schlecht in der Regenzeit), das oft ein gutes Programm hat. Vorführungen beginnen ab 20 Uhr.

Roxy, Liberation Road, ✆ 228466, etwas vornehmer, geöffnet nur Fr, Sa und So, Filmvorführungen ab 19 Uhr.

NAFTI (National Film & Television Institute), Cantonments, Kakramadu Road, unmittelbar neben Goethe-Institut, ✆ 763462, besitzt ein modernes Filmtheater mit regelmäßigen Filmvorführungen.

EINKAUFEN & FREIZEIT

Es ist höchst unwahrscheinlich, daß Touristen ausgerechnet zum Einkaufsbummel nach Accra kommen, es gibt elegantere Shopping-Zentren auf der Welt. Doch Accras Händler sind emsig und nicht zuletzt auf den ↗ Märkten macht es Spaß, mit ihnen zu handeln.

Kaufhäuser

In den Kaufhäusern europäischer Prägung gibt es alles zu kaufen, was man braucht:

Accra Mall, Tetteh Quarshie Interchange, PMB 111 Airport, ✆ 823040, www.accramall. com. Nördlich des Flughafens. Seit Juli 2007 hat Accra ein großes, modernes Einkaufszentrum von 20.000 m². Hier kauft Ghanas Mittelschicht. Die Mall beherbergt Shoprite und Game, zwei große südafrikanische Einkaufsketten, sowie etwa 60 weitere Einzelgeschäfte: Modeboutiquen, Kino, Restaurants und Bars. Mo – Sa 10 – 19, So, Fei 12 – 18 Uhr.

A&C Mall, East Legon, Jungle Road, ✆ 515-055, www.aandcmall.com. Die kleinere, ältere Schwester der Accra Mall ist gut sor-

Ein kesses Beton-Türmchen markiert die Makola Shopping Mall

Motto *Passion for Fashion* sagt alles.
Woodin, High Street, ℡ 763283. Die Filiale ist etwas kleiner, liegt günstig in der Innenstadt und verkauft nicht nur afrikanische Stoffe, sondern auch prêt à porter für Kinder und Jugendliche.

tiert, ruhigeres Ambiente. Mo – Sa 9 – 21, So 12 – 18 Uhr.
Swanzy Shopping Arcade, Accra Central, Kwame Nkrumah Avenue, ℡ 664402. Komplex von mehreren, kleinen Geschäften auf zwei Etagen: Klamotten, Parfum, technische Geräte und allerlei Schnickschnack kann man hier erstehen. Im Erdgeschoß ist ein Café.
Glamour Stores, Thorpe Road, ℡ 664368, hat ein gutes Sortiment an Klamotten, Stoffen und heimischen Textilien. Eine Filiale mit ähnlichem Angebot befindet sich auf der Kojo Thompson Road.
Woolworth's, Liberation Road, Horizon House, nahe Flughafen und unweit des Granada Hotel, ℡ 764974. Ein teurer Laden mit feinen Textilien.
Woolworth's, Off High Street, im Erdgeschoß des City Parkhouse, ℡ 679890. Die Filiale im Zentrum hat Ähnliches im Angebot.
Woodin, Osu, Cantonments Road/16th Lane, ℡ 764371, afrikanisches Modehaus par excellence, verkauft in exklusivem Ambiente eine große Auswahl an afrikanischen Stoffen und eleganten Modesachen. Sein

Supermärkte

Alle Stadtteile haben zudem kleine Supermärkte, und außer diesen gibt es sehr viele Spezialgeschäfte für Hemden, Küchenutensilien, Kosmetika, Alkoholika usw.
Cape Trading Company, North Labone, Dade Street 54, ℡ 776705; gute Weine und Fruchtsäfte, 8 – 17 Uhr.
Max Mart, oft *Maxi Mart* genannt, ℡ 224326, ist zur Zeit das größte Einkaufsgeschäft der Stadt. Es steht auf der rechten Seite der Liberation Road (Richtung Flughafen), 1 km ab Akuafo Circle. Ein von Libanesen geführter Supermarkt mit angeschlossenem Restaurant, Imbißbude und Spielhalle. Hier bekommt man wirklich alles. Von Lebensmitteln, Zeitungen und Zeitschriften bis Elektrowaren; auch frische Wurstwaren, Fleisch und Baguettes. Europäische Preise.
Koala Shopping Centre, Osu, Danquah Circle, ℡ 773455, gehört zu den bestsortierten Supermärkten der Stadt. Hier kaufen meistens Ausländer ein. Die Preise für Importartikel sind gesalzen, aber guter Geschmack ist bekanntlich teuer.

Makola Shopping Mall, am Südrand des berühmten Marktes, gehört zu den guten Zielen für ungezwungenes Einkaufen, sofern man keine Kopie amerikanischer Malls erwartet. Hier besteht die Mall aus einer Ansammlung von vielen kleinen, spezialisierten Geschäften, die teilweise sogar Fixpreise haben. Hier lohnt es sich, nach ghanaischen Schnäppchen zu stöbern.

Multistores, High Street, ein großer Lebensmittelladen mit Produkten aus aller Welt.

Sotrec, Osu, Abebresem Street, ✆ 300802, sehr bekannt für seine Frischprodukte, inklusive gute Fleisch- und Fischabteilungen.

Grapevine Wineshop, Osu, 14th Lane, ✆ 779-602, unweit des Koala Shopping Centre. Vom erlesenen Wein über Champagner bis zu den üblichen Accessoires wie Kerzen, Duftölen usw.

Souvenirs & Mode

Souvenirs: kauft man am besten im *Arts Centre*, ↗ Stadtrundgang.

African Market, Osu, Abebresem Street, ✆ 774656. Für diejenigen, die den Trubel des Arts Centre nicht mögen, oder das Handeln nicht lieben, eine sehr gute Alternative. Hier sind die Preise fest, man kann in aller Ruhe aus dem Riesenangebot auswählen. Das 4-stöckige Haus besitzt sogar ein kleines Restaurant ganz oben, das tolle Fruchtsäfte, Snacks und Handfestes bietet. Es ist nicht leicht, die Straße im Gewirr Osus zu finden, doch Taxifahrer kennen den Markt und bringen Sie hin.

Wild Gecko Handicrafts, ✆ & Fax 508500. Gut verarbeitete Souvenirs. Etwas versteckt in North Dzorwulu gelegen, aber mit einem Taxi leicht zu finden. Von Legon kommend, ab Ghana Standards Board rechts einbiegen und rund 1 km fahren. Ein Schild sagt schon wo. Ein Anruf vorher hilft auch.

Kleidung: *Modeshops* gibt es etliche in allen Stadtteilen. Vor allem in der *Zongo Lane*, Ussher Town, kann man sehr gut Kleidung kaufen. Die Straße befindet sich im Zentrumsbereich von Accra, ist aber für Touristen schwer zu finden. Am einfachsten ist es, ein Taxi zu nehmen. Auf der Zongo Lane reiht sich Geschäft an Geschäft mit Kleidungsstücken made in Ghana.

Ashia Fabrics im nördlichen Bereich der Kwame Nkrumah Avenue ist etwas teuer, hat aber auch Mode und Kunsthandwerk zu verkaufen. Es lohnt sich immer, einen Blick hineinzuwerfen.

Schmuck

Dutchess Jewellery, Kojo Thompson Rd., Ecke Farrar Avenue im Stadtteil Adabraka, ✆ 220621 oder 0244/232989, verkauft guten Schmuck und gibt auf Verlangen Echtheits-Zertifikate. Mo – Sa 9 – 19 Uhr.

Precious Minerals Company, Diamond House, Kinbu Rd., P.O. Box M.108, ✆ 66493-1, -4, sehr guter Ort, um Schmuck, Edel- und Halbedelsteine zu kaufen. Hier besteht die Gewähr, dass Sie echte Produkte mit den richtigen Karatangaben erhalten, was in Ghana oft nicht der Fall ist. Mo – Fr 8 – 17 Uhr, Sa 9 – 13.30 Uhr.

Friseursalons

Alle guten Hotels haben ausgezeichnete Friseursalons für afrikanische sowie europäische Frisuren. Billiger wird es in den Salons, die hauptsächlich von Einheimischen besucht werden. Man findet sie in allen Stadtteilen. Sie leisten gute Arbeit, besonders für *weaveons, dreadlocks, braids* usw. Auf den großen Märkten (Makola, Kaneshie) gibt es ebenfalls zahlreiche Friseure, die im Freien prächtige Haartrachten fabrizieren.

Bücher & Karten

Ghana Survey Department, Giffard Road, nahe dem El-Wak-Stadion, ↗ Übersichtskarte. Hier werden Stadtpläne und Straßenkarten hergestellt und verkauft.

EP Bookshop, Zentrale am Makola Market, schräg gegenüber der Makola Shopping Mall auf der Electricity Road, gut sortiert. Zweigstelle gegenüber dem Messegelände in La; breites Sortiment auf drei Etagen, teilweise auch in fremdländischen Sprachen.

Omari Bookshop, Ring Road East, Stadtteil North LaBone, gehört zu den etablierten Buchhandlungen. Manchmal gibt es auch deutschsprachige Literatur; diesen Peter Meyer Reiseführer zumindest gibt es.

Books for Less, Osu, ✆ 221387, hat ein großes Sortiment von allerlei Büchern zu wirklich niedrigen Preisen.

Legon Bookshop, an der Universität, gute Adresse, wenn man in der Nähe wohnt. Das Sortiment ist für eine Buchhandlung in dieser Lage allerdings eher mager.

Bibliotheken: *USIS,* Independence Avenue.

The Balme Library, Legon, ✆ 775309.

The DuBois Memorial Centre for Pan African Culture, 2nd Street, Cantonments, ✆ 776-502, im ↗ DuBois-Haus.

The George Padmore Research Library on African Affairs, ✆ 220402, Independence Ave.

The National Commission for Culture, ✆ 662-581.

Kulturinstitute

Goethe-Institut, Kakramadu Rd., PMB 52, Cantonments-Accra, ✆ 776764, www.goethe.de, info@accra.goethe.org. Hat eine gute Bibliothek mit deutschsprachiger Literatur und Zeitungen und bietet ein umfangreiches Kulturprogramm, inklusive Sprachunterricht, Filmvorführungen, Kunstausstellungen und Künstlertreffs.

British Council, Independence Av./Liberia Road, P.O. Box 771, ✆ 663414.

Alliance Française, Airport Residential Area, hinter Opaebea House, ✆ 760278, leistet wertvolle Kulturarbeit und bietet ein umfangreiches Programm: täglich kostenloses Internetsurfing, Di Film, Mi populäre (Highlife) Konzerte und Events mit Musikern. Unbedingt mal reinschauen.

Sport

Für Langzeitbesucher besonders interessant sind die Clubs, die gute Einrichtungen besitzen. Einige sind:

Accra Polo Club, Liberation Road, hinter Granada Hotel, ✆ 772775. Tennis, Squash und vor allem Polo für gute Reiter. Mi und Sa sind Spieltage.

Accra-Tema Yacht Club, ✆ 228219, hat ein Büro neben dem Paradise Hotel in Ada-Foah, wo Unterricht und Regatten organisiert werden. Mitgliedertreffen finden hauptsächlich in Accra statt.

Achimota Golf Club, Achimota, Off Legon Road, ✆ 400220, 18-Loch-Golf auf sanftem Gelände für Mitglieder und Gäste.

Aviation Social Centre, Airport Bypass, ✆ 7011280, Sport- und Fitness-Zentrum mit vielen Freizeiteinrichtungen unter einem Dach: Tennis, Volley- und Basketball, Kinderspielplatz, Bar/Restaurant. Nichtmitglieder 3 € Eintritt, Do Happy Hour für das allgemeine Publikum.

Azumah Nelson Sports Complex, Kaneshie, ✆ 221322, gehört der Stadt und ist bekannt für Boxsport, Tennis, Schwimmen und Fußball. Hier sind die Einrichtungen momentan nicht in gutem Zustand.

Celebrity Sports Club, Sakumono, Accra-Tema Beach Rd., ✆ 022/4742, unterhält einen Golf Club sowie eine Strandferieneinrichtung mit Schwimmbad.

- *Pippa's Health Centre*, Ringway Estates, Fifth Ringway Link, ℗ 224488, dieser exklusive Club hat laut eigener Werbung die modernsten Einrichtungen für Aerobic, Fitness, Sauna, Massage, Maniküre und Schwimmen. Nur für Mitglieder.
- *Tesano Sports Club,* Tesano, Off Nsawam Rd., ℗ 222124, gehört zu den besten All-round-Sportstätten von Accra. Freibad, 2 Tennisplätze mit Flutlicht, Squash, Badminton, klimatisierter Snookersaal. Gäste sind gegen 3 € Eintritt willkommen.
- *Unilever Sports Club,* Ridge, 7th Avenue (Off Castle Road), ℗ 228310, gehört einer Weltfirma, bietet Clubmitgliedern und Gästen gute Plätze für Tennis und Squash.
- *Ghana Scuba Club,* ℗ 776246, Mitglieder treffen sich im Shangri-La Hotel, wo Ausflüge, Tauchgänge und Veranstaltungen geplant werden.

WEITERE PRAKTISCHE INFORMATIONEN
Post & Telefon

Hauptpost, *General Post Office* (GPO), 8 – 17 Uhr, Sa bis 14 Uhr. Liegt im geschäftigsten Teil von Accra, dem *Commercial District,* nahe der High Street.

Vorwahl: 021, mit Mobiltelefonen immer mitwählen!

Telefonkabinen gibt es bei *External P&T*, High Street (8 – 18 Uhr), P&T in Kaneshie unweit des Kwame Nkrumah Circle auf Nsawam Rd., in den Stadtteilpostämtern von *Cantonments* und *Kaneshie* (hinterm

---

TOURIST-INFORMATION

Das **Ghana Tourist Board** steckt zwar noch in den Kinderschuhen, hilft aber gern mit Auskünften zu Festtagen und ähnlichem. Es gibt noch keine regelmäßig erscheinenden Publikationen mit Veranstaltungstips. Basisinformationen zu Ghana liefert allenfalls eine jedes Jahr erscheinende, englischsprachige Broschüre, es gibt sie kostenlos vor Ort oder in den Ghana-Botschaften in Übersee. Das Ghana Tourist Board unterhält drei Büros in Accra:

Ankunftshalle Flughafen: dort ist ein kleines Büro für erste Kontakte eingerichtet, ℗ 776171.

Greater Accra Regional Coordinationg Council, nahe Mobitel, für fundierte Touristeninfos zuständig, ℗ 231817.

Ghana Tourist Development Company, Stadtteil Tesano, Senchi Road, Airport Residential. ℗ 222153, Fax 231779, P.O. Box 3106. Für Investoren und Geschäftsleute.

GTB in den Regionen:

Ashanti: ℗ 151/26243, P.O. Box 3065, Kumasi.

Brong-Ahafo: ℗ 061/7108, P.O. Box 802, Sunyani.

Central: ℗ 042/23062, P.O. Box 847, Cape Coast.

Eastern: ℗ 081/23209, P.O. Box 771, Koforidua.

Northern: ℗ 071/22212, P.O. Box 1053, Tamale.

Upper East: ℗ 072/3416, P.O. Box 395 Bolgatanga.

Upper West: ℗ 0756/22431, P.O. Box 289, Wa.

Volta: ℗ 091/560, P.O. Box 568, Ho.

Western: ℗ 031/22357, P.O. Box 781, Takoradi.

Markt) sowie am Flughafen und in allen großen Hotels.

Kurier: *DHL Ghana Ltd.,* North Ridge Crescent C913/3, P.O. Box 207, North Ridge, ✆ 230880, Fax 225237.

UPS, United Parcel Service, Danquah Circle-Osu, P.O. Box C693, Cantonments, ✆ 762510, Fax 772487.

✱ **Tip für Sammler:** An die Hauptpost grenzt die *Philatelia,* in der wunderschöne *Sonderbriefmarken* in Serien verkauft werden.

Internet-Cafés

... gibt es inzwischen wie Sand am Meer. Die meisten befinden sich auf der Cantonments Road in Osu. Die Preise liegen zwischen 0,60 und 1,50 € pro Stunde.

Busy Internet, Ring Road Central, unweit des Kwame Nkrumah Circle. Der beste Ort in der ganzen Stadt für Internetdienste. Hier stehen mehr als 50 moderne Geräte zur Verfügung. Zu den weiteren Dienstleistungen gehören Telefonieren, Fotokopieren, Binden und Geldwechsel. Bar vorhanden.

Cyberia, 11th Lane Osu, unweit von Frankie's Fast-Food, ✆ 771267, täglich 9 – 24 Uhr; 20 Computer, Snacks und Getränke.

Diamond Internet Service, Ring Road Central, neben Next Stop Fast Food, ✆ 227262. Minimum 1,50 €/Std.

Pentium Cyber Café, Colorama House, Cantonments Road/17th Lane, nicht so modern ausgestattet, aber günstige Preise.

Auwa Centre, Osu, Cantonments Rd., schräg gegenüber *Steers.* Täglich 9 – 20 Uhr.

Skybizz 2000, Osu, ✆ 782034, etwas versteckt in einer Abbiegung auf der 6th Lane, ist mit modernstem Equipment im Kampf um Kunden gut gewappnet.

Paloma Shopping Arcades, Ring Road Central. Ab 10 Uhr geht es los, bis 22 Uhr kann man Mails heimschicken.

BusinessGhana Internet Café, Pagan Rd., im 3. Stock des Unity House, gegenüber Melcom und Glamour Stores, ✆ 027/549-244; 1,50 € alle 10 Min.; Mo – Fr 8 – 19.30 Uhr, Sa 8 – 18 Uhr. 15 Computer.

Geldwechsel & Banken

Geldwechseln kann man bei allen *Forex Bureaux,* ↗ Reise-Informationen, sowie bei allen Banken, die sich auf der High Street (Ussher Town) konzentrieren.

Zentralbank Ghanas: *Bank of Ghana,* ✆ 664-841, Zentrale auf Accras High Street.

Größte Bank mit den meisten Geschäftsstellen in ganz Ghana ist die **Ghana Commercial Bank** (GCB). Ihre Hauptstelle ist auf der High Street, P.O. Box 134, ✆ 664-4914. Mit Zweigstellen in den folgenden Stadtteilen: Burma Camp, Legon, Republic House, Ministries, Kaneshie, Ring Road Industrial, New Town, Makola. Es gibt auch Niederlassungen in London, 69 Cheapside, und in Lomé, 14 rue du Commerce.

ADB, Agricultural Development Bank, Ring Road Central, P.O. Box 2971, ✆ 228453. Heimische Dependance der *Western Union* für weltweiten Geldtransfer. Gelder werden (allerdings in ghanaischer Währung) in den vielen Filialen landesweit ausgezahlt.

Amalgamated Bank Ltd., Adabraka, Farrar Avenue, P.O. Box CT 1541, Accra. ✆ 249690, www.amalbank.com.gh.

ARB Apex Bank, Cedi House, Central Accra, P.O Box 20321, Accra, ✆ 6883351, www.arbapexbank.com.

Barclays Bank, Hauptstelle auf der High Street, P.O. Box 2949, ✆ 664901.

CAL Bank Ltd., Central Accra, 23 Independence Avenue, P.O. Box 14596, ✆ 6800-81, www.calbank.net.

CAL Merchant Bank, Thorpe Rd., P.O. Box 401, Accra, ✆ 666382, Fax 665095.

Ecobank Ghana Ltd., Central Accra, 19 Seventh Avenue, PMB GPO, ✆ 681166, www.ecobank.com.

Fidelity Bank, Ridge Tower, Ridge, PMB 43, ✆ 214490, www.fidelitybank.com.

First Atlantic Merchant Bank Ltd., Central Accra, P.O. Box CT 16290, ✆ 679248, www.firstatlanticbank.com.gh.

HFC Bank Ltd., Central Accra, Independence Avenue, P.O. Box CT 4693, ✆ 242090, www.hfcbank-gh.co.

International Commercial Bank Ltd. (ICB), Central Accra, Ring Road Central, PMB 16, Meridian House, ✆ 236133, www.icbank-gh.com.

Merchant Bank Ghana Ltd., Adabraka, K. Nkrumah Av., P.O. Box 401, Merban House, ✆ 666331, www.merchantbank.com.gh.

Metropolitan Allied Bank, East Ridge, Valco Trust House, P.O. Box C1778, ✆ 232770, Fax 232728, Filiale in Tema.

National Investment Bank Ltd. (NIB), Adabraka, Kwame Nkrumah Avenue, P.O. Box GP 3726, ✆ 661701.

Prudential Bank, Swanzy Arcades, P.O. Box, Kwame Nkrumah Avenue, ✆ 226322, Fax 226803.

SSB-SG Bank, P.O. Box K4444, Accra New Town, ✆ 221212, die Hauptstelle liegt im Stadtteil Kokomlemle, im »Silver Cup«, in einer Seitenstraße der Ring Road Central.

Stanbic Bank Ghana Ltd., Central Accra, Castle Road, P.O. Box CT 2344, Valco Trust House, ✆ 687671, www.stanbic.com.gh.

Standard Chartered Bank, Hauptstelle High Street, P.O. Box 768, ✆ 666681.

Trust Bank, 68 Kwame Nkrumah Avenue, P.O. Box 1862, ✆ 222407, Fax 240056. Filialen in Tema und Kumasi.

Unibank Ghana Ltd., ATTC-Kokomlemle, P.O. Box AN 15361, ✆ 253695, www.unibank.com.

Alltagsbild: Irgendwo in Accras Straßen

United Bank for Ghana Ltd., Ridge, PMB 29 Ministries, www.ubagroup.com, ✆ 6835-26.

Zenith Bank Ghana Ltd., Central Accra, Premier Towers, Liberia Road, ✆ 660075, www.zenithbank.com.

Telefonnummern Geld & Handel:

Association of Ghana Industries, ✆ 775311
Capital Investment Board, ✆ 665009
Customs, Excise & Preventive Service, (CEPS) ✆ 666845
Finanzamt, ✆ 666841
Ghana Export Promotion Council, ✆ 228813
Ghana Handelskammer, ✆ 662427
Ghana Investments Promotion Centre, GIPC, P.O. Box M193, ✆ 665125, info@gipc.org.gh.
Internet: Linksammlung unter www.uneca.org/estnet/African_community/ghan.htm.
Ghana German Economic Association (GGEA), Asylum Down, Eseefo Street, P.O. Box

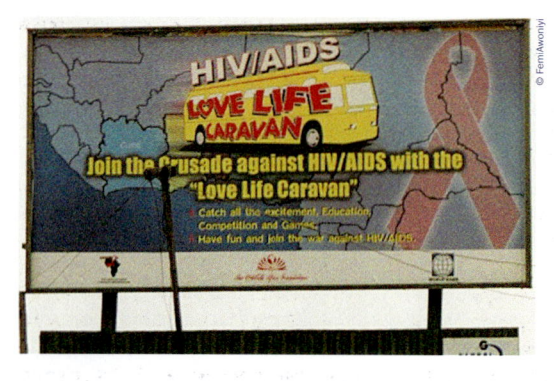

Plakativ: Kampagne gegen Aids

9227, ℂ 257837, www.ggea.net. Interessengemeinschaft ghanaischer und deutscher Firmen, die Handel zwischen den beiden Ländern betreiben. Eine gute Kontaktadresse für Geschäftsleute in Accra.

Medizinische Hilfe

Wenn es ein *deutschsprachiger Arzt* sein muß, kennt die deutsche Botschaft einige, die konsultiert werden können. Es gibt auch einen Botschaftsarzt, der eine kleine Privatklinik in der Nähe der Botschaft mitbetreut.

Zahnarzt: *Asylum Down Dental Clinic,* ℂ 224334.
North LaBone Dental Clinic, ℂ 775471.
Not & Hilfe: *Polizei Hauptquartier* ℂ 228112
Apotheken, *Drug store* oder *Pharmacy*: In allen Stadtteilen gibt es gut sortierte. Die wichtigsten Apotheken sind in der Tageszeitung *People's Daily Graphic* aufgelistet.
Ghana Drug House, Asafoatse Nettey Road, Ussher Town. Eine der besten.
Krankenhäuser:
Adabraka Polyclinic, Castle Road, ℂ 222490.
Holy Trinity Medical Centre, Swanlake, ℂ 233506.
Korle Bu Teaching Hospital, ℂ 668033, 665401, täglich 7 – 16 Uhr, Uniklinik.

La Polyclinic, Labadi-Ring Road Junction, ℂ 777644.
Legon University Hospital, ℂ 500-052, -399.
Police Hospital, Cantonments Road, nahe Danquah Circle, ℂ 776141. Sprechzeit täglich 8 – 16 Uhr. 24-h-Dienst.
Military Hospital, genannt »37«, Independence Avenue/Akuafo Intersection, ℂ 77611-1, -2, -3, -4. 8 – 16 Uhr.
Psychiatry Hospital, Castle/Barnes Road, ℂ 228688.
Ridge Regional Hospital, East Ridge, Castle Road, ℂ 227328, 228382. 8 – 14 Uhr.
SSNIT Hosp., Cantonments Road, ℂ 7619747.
Nyaho Clinic, Aviation Road, Airport Residential, ℂ 775341, 775291.
Privatkliniken: Die Behandlung dort ist zügiger, oft gründlicher, aber teurer als in staatlichen Kliniken:
Trust Hospital, Cantonments Road, Osu, ℂ 776787, 7777137.
Humana Clinic, ℂ 772853; Airport Resident.
Ambulanz: *Krankenwagen* ℂ 999
West African Rescue Association (WARA), ℂ 781258, Privatambulanz, ✈ Reise-Informationen, www.westafrican-rescue.com.

Diplomatische Vertretungen

Die Botschaften (**B**) und Konsulate (**K**) haben in der Regel täglich 8 – 13.30 Uhr, vereinzelt bis 15 Uhr geöffnet.
Belgien: *K,* das Konsulat liegt in der niederländischen Botschaft, consubel@africaonline.com.gh.

Deutschland: *B*, Valdemosa Lodge, North Ridge, 7th Avenue Extension, P.O. Box 1757, ✆ 221311. www.auswaertiges-amt.de; geremb@its.com.gh.

Frankreich: *B*, 12th Road, Off Liberation Ave. P.O. Box 187, ✆ 228571. www.ambarance-gh.org; ambaccra@africaonline.com.gh.

Großbritannien: *B*, High Commission, Nasser rsp. Osu Link, P.O. Box 296, ✆ 7010650. www.britishhighcommission.gov.uk; High.Commission.acc@ofco.gov.uk.

Litauen: *K*, Steelworks Road, Tema, ✆ 3041-13, Fax 304029, famcp@ghana.com.

Niederlande: *B*, 89 Liberation Avenue, P.O. Box 3248, ✆ 785497. www.ambaccra.nl; acc-ca@minbuza.nl.

Polen: *K*, East Legon, 37 Shiashie Road, P.O. Box CT 231, ✆ 502829, masare@ghana.com.

Schweiz: *B*, 9 Water Road, North Ridge, P.O. Box 359, ✆ 228125.

Tschechien: *B*, Kanda Highway, 2 C2660/5., P.O. Box 5226 AN, ✆ 223540, Fax 225337, accraczemb@igmail.com.

Ungarn: *K*, C97/2 Ayikuma Avenue, P.O. Box 11738, Accra-North, ✆ 223313.

Vereinigte Staaten: *B*, Visa-Abteilung: Ring Road East, P.O. Box 194, ✆ 775346. www.usembassy.state.gov/accra; consulateaccra@state.gov.

Visa zur Weiterreise in Westafrika:

Benin: 19, Volta Street, Airport Residential, Box 7871, ✆ 774860.

Burkina Faso: 772/3, 2nd Crescent, Asylum Down, westlich von Mango Tree Avenue, P.O. Box 651, ✆ 221988, ambafaso@ghana.com. 6000 CFA (in Devisen, keine Cedis).

Côte d'Ivoire: 9, 18th Lane, südlich des Danquah Circle, Box 3445, ✆ 774611. 2 Paßbilder. Zur Zeit verwaist.

Ghana: *Immigration Service*, Independence Avenue, nahe Ako-Adjei Interchange, ✆ 258250, 762616,-8, 665421, Fax 258249.

Mali: 1st Bungalow, Liberia Road, ✆ 666942, P.O. Box 1121, ambamali@ighmail.com.

Nigeria: *High Commission*, Tito Avenue, P.O. Box 1548, ✆ 776158, nighicom@africa-online.com.gh.

Südafrika: *High Commiesion of South Africa*, 10 Clottey Crescent, North LaBone, P.O. Box TF298, ✆ 7011580, Fax 764484, sahcgh@africaonline.com.gh.

Togo: Cantonments Rd., ✆ 777950, togoamba@ighmail.com. 3 Tage Bearbeitungszeit.

Telefonnummern Medien & Kultur:

Akademie der Wissenschaften, ✆ 777651
Arts Council, ✆ 664099
Ghana Film Society, ✆ 228681
National Archiv, ✆ 221234
Museums- und Denkmalschutz, ✆ 221633
Ghana News Agency, ✆ 665135

Internationale Organisationen:

European Union Representative, 81 Cantonments Road, Round House, ✆ 774202, www.delgha.ec.europa.eu.
FAO, ✆ 666851
UNICEF, ✆ 772524
UNDP, ✆ 221416
Weltbank, ✆ 229681
WHO, ✆ 225276

Ausländer & Information:

Immigration Office, ✆ 665421
Auswärtiges Amt, ✆ 665421
Informationsministerium, ✆ 665421
Innenministerium, ✆ 665421 Ext. 379
Justizministerium, ✆ 665421
Tourismusministerium, ✆ 665421

AUSFLÜGE IN GREATER ACCRA

Von Accra aus können mehrere schöne Ausflüge unternommen werden. Wer nach so viel Stadt etwas Grün sucht, dem empfehle ich einen Ausflug in die nahen Berge. Ansonsten bietet sich natürlich ein Tag am Strand an. Richtung Tema und weiter bis nach Ada im Osten lernt man Ghanas zwei Gesichter kennen, denn entlang dem Küstenstreifen wechseln sich Industrieanlagen und pure Wildnis ab.

Dodowa & Shai Hills Resource Reserve

Die Hauptstadt des Shai-Distrikts liegt 18 km nordöstlich von Accra am Fuß der *Akwapim-Berge,* auf der gut ausgebauten Straße nach Somanya. Dodowa profitiert zunehmend von der Nähe zum Großraum Accra und wächst schnell. Hierher flüchten viele Städter auf der Suche nach Ruhe. Wegen der verkehrsgünstigen Lage werden hier in den zwei schönen Hotels viele Konferenzen abgehalten.

Für einen Ausflug bieten sich mehrere beliebte nahe Ziele an: Auf der Hauptstraße Richtung Norden nach *Somanya, Kpong* und weiter zum **Akosombo-Staudamm,** wo es schöne Einkehrmöglichkeiten gibt. Zurück können Sie hinter Somanya rechts Richtung Westen nach *Akropong* abbiegen und über den Rücken der **Akwapim-Berge** zum anmutigen **Botanischen Garten von ↗ Aburi** fahren. Nach Accra haben Sie zwei Möglichkeiten: Über *Mamfe* und Dodowa oder durch Aburi-Stadt hindurch und auf der Schnellstraße.

Ein zweiter Ausflug führt über die Akwapim Hills hinweg nach Westen in die **Mampongtin-Berge** bei ↗ *Koforidua*.

Und drittens schließlich locken die *Shai Hills:* Östlich von Dodowa, 50 km von Accra entfernt, erstreckt sich an den Ausläufern der Shai-Berge das 40 km² kleine **Shai Hills Resource Reserve.** In der welligen Hügellandschaft mit Savannencharakter leben große Kolonien von Pavianen und Fledermäusen, kleine

Markante Silhouette: Shai Hills

Gruppen von Kobantilopen, Buschbökken und eine große Anzahl bunter Vögel.

Wer nicht vorhat, den ganzen Tag im Reservat zu verbringen, sollte ein Auto für diese Tour mieten, da die Entfernungen zwischen den verschiedenen Camps recht weit sind. Um die Anfahrt von Accra kommend zu verkürzen, verläßt man die Hauptstadt über die Autobahn Richtung Tema und biegt an deren Ende Richtung Inland nach Kpong ab. Auf halber Strecke geht's in *Doryumu* rechts zum Shai-Park ab. Der Eingang liegt neben einer Tankstelle, dort wo die Straße nach Doryumu abzweigt. Von Dodowa fährt man über Larteh und dann Richtung Osten nach Doryumu.

Eintritt: Ausländer 4 €, Gruppenmitglieder, Entwicklungshelfer und Studenten 3 €, Kinder 2 €; jede geführte Stunde 1,50 €. Ghanaer 1,80 €, Studenten 1 €, Kinder 0,50 €. ↗ Natur & Naturparks, ● **1**.

Camper können vor dem Parkeingang für 1,50 € pro Kopf campieren.

Unterkunft

Forest, 3✱, PMB Dodowa, ✆ 020/2016111, www.forest-hotelgh.com, info@forest-hotelgh.com. Knapp vor den Toren der Stadt liegt dieses große, nagelneue Hotel, das nicht ganz in die Umgebung zu passen scheint. Ein durchaus luxuriöses Haus mit 55 Zimmern und Suiten sowie modernen Konferenzräumen. EZ/DZ, Suiten 62 – 250 €.

Marina, 2✱, Accra-North, Accra – Dodowa-Road, P.O. Box 15119, ✆ 021/767-462, 020/8130467, marinahotel@yahoo.com. Dieses bei Konferenzteilnehmern beliebte Hotel auf weitläufigem Gelände voller Blumen hat 30 klimatisierte Zimmer mit Minibar. EZ/DZ 25 – 45 €.

SEHENSWÜRDIGKEITEN GREATER ACCRA AUF EINEN BLICK

Ada-Foah: Voltamündung mit Inseln; Legebänke von Meeresschildkröten
Doryumu: Shai Hills Resource Park
Interessante Märkte:
Ada-Foah: Mi | **Amasaman:** Mi | **Dawa:** Fr | **Dodowa:** Mo, Do | **Ningo:** Mi, Sa | **Prampram:** Fr | **Sege:** Di
Wichtige Festtage:
Teshi, Nungua: *Homowo*, Aug
Tema: *Kpledzoo*, Fruchtbarkeitsfest, April; *Homowo*, Sep
Dodowa: *Ngmayem*, Erntedank, März
Ada: *Asafotufiami*, 1. Do im Aug
Prampram: *Lalue Kpledo*, Fruchtbarkeitsfest, Feb

Shai Hills Resort, ✆ 024/836883; günstig gelegenes Haus für Parkbesucher, die länger bleiben wollen. Liegt direkt an der Hauptstraße, circa 600 m nördlich des Hauptparkeingangs. Hier kosten die geräumigen Zimmer, teils klimatisiert, bis 20 €. Gutes Restaurant mit Bar vorhanden.

Stone Lodge, Kitoma Stock Farm, Asutuare Road, ✆ 020/8292311, www.stonelodge.biz, info@stonelodge.biz. Auf der Straße nach **Asutuare** (zweigt ab von der Straße nach Kpong), bietet so etwas wie Ferien auf dem Bauernhof resp. Farm. Die 3 Chalets mit großen, sauberen Zimmern, Küche und Veranda kosten 50 €, DZ 25 €. Der Empfang ist sehr freundlich, das Restaurant hat gutes Essen nach rechtzeitiger Bestellung. Besucher können Radfahren, Golf bzw. Volleyball spielen und frühmorgendlich Vögel beobachten.

STRÄNDE BEI ACCRA

Accra liegt bekanntlich am Meer und besitzt schöne, palmengesäumte Sandstrände, an denen sich Urlauber bestens erholen und das feine Wetter genießen können.

Es gibt in Accra keine öffentlichen Schwimmbäder, die vielen Privatpools kann man nur mit den nötigen Kontakten benutzen. Außer Privatpersonen besitzen fast alle guten Hotels, Banken, einige Botschaften und Firmen Swimmingpools. Fragen kostet nichts. Für 3 – 5 € erlauben viele der guten Hotels auch hotelfremden Gästen ein Bad im hauseigenen Pool.

Westlich von Accra: Baden & trommeln

AAMA oder auch *Kokrobitey Beach* befindet sich beim Dorf **Kokrobitey,** an der westlichen Stadtgrenze Accras. Die Straße dorthin zweigt von der Hauptstraße Richtung Winneba genau am Ende des Weija-Sees nach links ab. Kokrobitey ist am Wochenende ein beliebter Ausflugsort der Accraner. Diese rustikale Enklave mit einem schönen, romantischen Strand ist eine wahre Oase. Wem das Strandleben zu einseitig ist, der kann hier an Trommel- und Tanzkursen teilnehmen. Denn AAMA bedeutet *Academy of African Arts and Music* und wird von bekannten Trommlern geleitet, die hier auch Kurse geben (frühzeitig anmelden, ↗ Organisiert reisen). An die Musikakademie angeschlossen ist ein *Hotel* mit Bungalows, Konferenzraum, Restaurant, einer Bar und Open-air-Tanzfläche.

- **Academy of African Arts and Music,** *Kokrobitey, AAMA Ltd*, P.O. Box 2923, Accra. Zimmer werden vor allem im Pauschalarrangement vergeben. Wer mit Glück eins erwischt, zahlt um die 10 € pro Nacht.

Unterkunft & anderes

- *Bojo Beach Resort,* Bortianor, ✆ 021/912946 und 024/2325169, akweab@yahoo.com; im Westen Accras, liegt neben der Mündung des Densu River und begeistert Besucher durch feinsandigen Strand und romantische Lage. Bojo Beach ist ruhiger als die Stadtstrände, hat aber ebenfalls einige Restaurants und Bars.
- *Luho Cresta Atlantic Resort,* 3✶, Aplaku Hill, P.O. Box 18835, ✆ 021/ 853990, www.aatravel.co.za. Die moderne Anlage auf einem Hügel hat 120 Luxuszimmer sowie Chalets mit Küchen. Sie eignet sich für Konferenzen, Geschäftstreffen und ruhige Ferien. 10 Minuten zum Meer. 2 Tennisplätze vorhanden. EZ/DZ voll ausgestattet für 90 – 150 €.
- *Milly's Backyard,* Kokrobitey, bigmilly-2000@hotmail.com. Ein ganz gemütliches Plätzchen am Meer, geführt von der Engländerin Wendy Lubin. Früher von Rucksacktouristen stark besucht, wandelt sich die kleine Anlage allmählich zu einem beliebten Touristenhort mit den üblichen Allüren: Strom, Wochenend-Tanzabende, Bootsfahrten. Dennoch ist Big Milly Favorit der Backpacker geblieben. Die Übernachtung in einem der insgesamt 15 Zimmer, 2 Apartments oder in der Schlafhalle für circa 60 Personen kosten 5 – 10 €, auf dem Campingplatz 2 – 3 €. Gäste schwärmen vom vorzüglichen Restaurant, das auch Vegetarisches bietet. Von hier aus sind Bootstrips zum nahen Affenrefugium oder den Ramsar-Gebieten (3 €) möglich.
- *Royal Dede Caesar Hotel,* 2✶, New Weija Barrier, P.O. Box KN 2171, ✆ 021/912296, www.royaldedecaesarhotel.com.

Ein nagelneues Hotel auf dem Cape Coast-Highway (Stadtgrenze), mit Panoramablick auf den Weija-See. Konferenzräume vorhanden, EZ/DZ 45 – 60 €.

♠ ⊠ ⌂ *Sandpiper Beach Resort,* 3✹, zwischen Langma und Nyanyano, P.O. Box CT 4985 Cantonments, ✆ 0244/4360061. Diese weitläufige Ferienanlage am Meer rund 35 km westlich von Accra ist ideal für Leute, die kurzweilig alles hinter sich lassen wollen. DZ 50 € zzgl. MwSt (VAT).

Achtung: In *Bortianor* oder *Kokrobitey* keine Wertsachen mit zum Strand nehmen. Es gibt Gangs, die sich auf die mitgebrachten bzw. am Strand zurückgelassenen Sachen spezialisiert haben.

Anfahrt: Von Accra nach Kokrobitey kommt man entweder mit dem Taxi für 4 – 6 € oder per Tro-Tro ab Kaneshie Station für unter 0,50 €; Fahrtdauer Tro-Tro 45 Min.

© Erik Hinz

Hübsch, aber wenig zweckmäßig: Sarg eines Fischers, geschreinert von Teshie-Nunguas berühmten Sargtischlern

Östlich von Accra: La Pleasure & Coco Beach

Die meisten Menschen in Accra besuchen den **La Pleasure Beach** auf der Küstenstraße nach Tema, mit Taxis und Tro-Tros schnell zu erreichen. Der Parkplatz ist bewacht und nur hier muß man eine Gebühr (zur Zeit 1,50 – 3 €) bezahlen. La (oft auch *Labadi* genannt) ist am Wochenende meistens hoffnungslos überfüllt, bietet dafür aber ein ausgesprochen buntes, interessantes Bild. Langsam etablieren sich Restaurants und Bars am Strand, so daß man inzwischen dort gut essen und trinken kann.

Unterkunft & Essen

♠ ⊠ ⛱ ☉ ⌂ *African Royal Beach Hotel,* 3✹, Nshonaa, Nungua ✆ 711111-8, www.africanroyalbeachhotel.com, info@africanroyalbeachhotel.com. Ein holländisch geführtes, etwas klotzig geratenes Hotel mit 67 Standardzimmern und Luxus-Suiten mit allem Komfort. DZ 65 €, Suite 85 €.

♠ ⊠ *Akwaaba Guesthouse,* Teshie-Nungua Estates, Beach Road 28, P.O. Box 1387, ✆ 717742, mobil 0244/280028, www.akwaaba-beach.de. Nur 5 Minuten westlich vom Ramada Resort und eine schöne Alternative zu diesem. Das von einer Schweizerin geführte Haus im lauschigen Grün hat 12 geschmackvoll eingerichtete Zimmer. Standard-DZ mit Ventilator, Dusche/WC, Kühlschrank, Kochplatte für 42 €, große Zimmer 62 €, Luxus 66 €, Apartment 84 €.

♠ ⊠ *Alton Hotel,* 3✹, Teshie-Nungua, ✆ 76666-7, -8, mobil 024/321591, Fax 222183. EZ für 30 €, DZ für 45 €, große DZ 60 €.

DER SARGMACHER VON TESHIE-NUNGUA

▶ *Jojo, in welchem Sarg möchtest du gern begraben werden?*, fragte mich neulich ein guter Bekannter. Ich wunderte mich, wie er auf so eine Frage kommt, und fragte meinerseits nach Erklärung zurück.

Jochen, mein deutscher Freund, antwortete, er habe im Fernsehen gesehen, daß es in Ghana Sitte sei, in einem berufsorientierten Sarg beerdigt zu werden.

Tatsächlich lassen sich einige Exzentriker aus Accra oder Umgebung vorzugsweise in phantasievollen Kisten zur letzten Ruhe betten. Doch wahr ist, daß 99,99 % aller Ghanaer in ganz normalen Särgen beerdigt werden.

Das Ganze begann, als *Kwei Nortey*, genannt *Kane*, aus Teshie bei Accra, für seinen Vater einen lustigen Sarg in Form eines Fisches anfertigte, weil der Vater ein Fischer war. Seine Freunde und Verwandten fanden die Idee nicht schlecht und wollten ähnliche Spielereien haben, welche er dann auch für sie herstellte. Vorbeifahrende Touristen, die die ausgestellten Särge sahen, machten schöne Bilder, die sie zu Hause herumzeigten. Immer mehr Besucher kamen, und schließlich wurde Kweis Werkstatt eine wahre Attraktion. Journalisten reisten an, interviewten den vom Sargtischler zum Künstler avancierten Mann und publizierten ihre Stories in europäischen Zeitungen. Filmemacher kamen und drehten Dokumentationen! Händler aus Europa und Amerika folgten und zahlten astronomische Preise für die Phantasie-Särge, die sie in ihren Heimatländern für noch mehr Geld weiterverhökerten.

Vor ein paar Jahren starb »Kane« als hochangesehener Mann. Er wurde standesgemäß in einem Mercedes-Sarg bestattet. *Kwei Nortey Junior*, sein geschäftstüchtiger Sohn und Nachfolger, ist mittlerweile zu einem reichen Mann geworden. Seinen Beruf als Tischler hat er an den Nagel gehängt: Er ist jetzt Betriebsmanager mit vielen Angestellten, die für ihn Särge tischlern. Diese Kunstsärge werden kaum mehr für Beerdigungen eingesetzt, sondern vielmehr für ausländische Museen produziert und zu Sonderausstellungen rund um den Globus transportiert. Der Rest verschwindet in Privatkammern reicher Sammler mit Hang zum »Gruftie«-Dasein. Daß die Sargwerkstatt dem Publikum nicht mehr frei zugänglich ist, versteht sich von selbst. Besucher müssen einen Termin machen, es gibt auch Gebühren für das Fotografieren der Werke.

Ghana hat durch die vielen Reportagen im Ausland nicht unbedingt an Touristen gewonnen, aber es hat eine Legende mehr. Nun zurück zu Jochens Frage: Klar, ich werde mir bestimmt solch einen Sarg anfertigen lassen. Für was ich mich letztlich entscheide, ist noch offen, da ich mehrere Berufe habe. Als Lehrer wäre ein Buch nicht schlecht, da ich aber leidenschaftlich gern schreibe, wird es höchst wahrscheinlich ein Kugelschreiber sein. ◀

Hobeln für die Kunst: Die Sargmacher von Teshie-Nungua

- **Backstage Guesthouse,** Teshie-Nungua Estates, Century Road, ✆ 712635; holländisch-ghanaisch geführtes Haus, bietet viel Zimmer fürs Geld: 15 – 30 € mit AC; Essen auf Anfrage.
- **Beachcomber Chalets,** ✆ 712986, melvrnasenso41@hotmail.com, direkt an der Küste. 7 Rundhütten für 20 – 25 €, Ghanaer zahlen 10 € ohne Frühstück. Dahinter befinden sich 4 geräumige, volleingerichtete 2-Zimmer-Apartments für Dauergäste zu 400 € im Monat.
- **Bora Bora,** ✆ 716423, inzwischen fertig gestellt, hat 15 DZ alle mit AC, eigenem Bad oder Dusche und WC. Mit Restaurant und Open-air-Bar. DZ 35 – 40 €. Flughafen-Shuttleservice vorhanden.
- **Next Door Guesthouse,** Teshie-Nungua, ✆ 713901, Strandresort. Wer nicht weit von Meer, Terrassen-Restaurant und guter Musik sein möchte, bezieht gleich hier Quartier. Rund 10 saubere DZ stehen zur Verfügung, 35 – 55 €.
- **Ramada Resort Accra,** 3✶, ✆ 717235, www.ramadaresortaccra.com, info@ramadaresortaccra.com. Nach Umbauarbeiten erstrahlt die Anlage in neuem Glanz. Im Grunde handelt es sich hier um einen Neubau mit modernen Zimmern und verbessertem Service. Open-air-Restaurant, Squash Court, Souvenirshop und Campingplatz. 89 Zimmer in Strandnähe, EZ/DZ/Suite 90 – 145 €. Besonders lebendig an Wochenenden, wenn eine Live-Band spielt und Grill-Spezialitäten angeboten werden. Airport-Shuttle für Gäste.
- **Royal Ravico Hotel,** 3✶, Teshie-Nungua, ✆ 712774, 712797, Fax 7128-04 50 DZ/Penthouse/Suites, Cocktailbar, 2 Restaurants und Konferenzsaal. Günstig gelegen für alle, die in Accra oder Tema zu tun haben. EZ 85 €, DZ 100 €.

- *Billy Jean Restaurant,* PMB Teshie-Nungua, ✆ 021/7123345. Neu renoviert, bietet Essen und Getränke in schönem Ambiente. Gute Pizzen und Fischgerichte zu annehmbaren Preisen, selbst wenn die freundliche Bedienung etwas schläfrig ist.
- **Tip:** *My Garden Restaurant* in Kokrobitey hat leckere Gerichte für wenig Geld. Besonders zu empfehlen sind die leckeren Pizzen.

Ausgehen & Sport

- *Billy Jean Cocktail Bar and Restaurant,* ✆ 0244/268139, ein nettes Lokal mit preiswerten Snacks und ghanaischem Essen. Täglich 9 – 24 Uhr geöffnet.
- Der angrenzende flache Strand wird von der Stadtjugend unterhalten. Für ihre Mühe verlangt sie knapp 1 € Eintritt. Dafür wird richtiger Service geboten: Strandmatten, Sonnenhütten, Getränkeversorgung.
- *Harbin Game House,* Teshie-Nungua, ✆ 713885, hinter Next Door und Kofi Annan Peace Centre, modernes Bowling Centre mit Bar, gutem chinesischen Restaurant und Spielkasino.
- *Next Door,* an der Hauptstraße Richtung Teshie, gegenüber Ghana Military Academy, P.O. Box 1514, Teshie-Nungua Estates, ✆ 713961. Restaurant, Live-Musik, Chalets (40 – 50 € pro Tag).
- *Night Party* jeden Do am La Beach. Zwischen 21 und 1 Uhr geht's hier rund, Eintritt 3 €.
- *Unique Catering Services,* 3rd Junction (Nungua Brigade) auf dem Highway nach Accra. Hier werden sowohl hervorragende ghanaische als auch europäische Gerichte zu annehmbaren Preisen angeboten. Sehr freundliche Bedienung.

KAIPTC

▶ Die Buchstaben stehen für **Kofi Annan International Peacekeeping Training Centre.** Der Name – zu Ehren des letzten UNO-Generalsekretärs aus Ghana – verrät schon, worum es geht: Hier werden Militär- und Polizeioffiziere, Justizbeamte und bestimmte Zivilisten zum Einsatz in der westafrikanischen Region zur Krisenprävention ausgebildet. Bereits 1998 entwickelte die ghanaische Regierung entsprechende Pläne, Deutschland unterstützte bald die gute Idee: Ab 2002 baute die Bundeswehr das Zentrum neben der Hochschule für Offiziere der ghanaischen Streitkräfte in **Teshie-Nungua.** Das starke deutsche Engagement zog weitere Geber an, zur Zeit sind zwölf Staaten, darunter Kanada, USA, Großbritannien, Indien sowie die EU, an der Finanzierung des KAIPTC beteiligt. Bis 2008 will Deutschland weitere 3 Mio Euro zur Verfügung zu stellen. Während die Kursteilnehmer überwiegend aus Westafrika kommen, stammen die Ausbilder aus verschiedenen Ländern. Sie bringen Erfahrungen aus mehreren, unterschiedlichen Friedensmissionen mit. Seit 2003 hat sich das KAIPTC zu einer angesehenen Institution in Afrika entwickelt. ◀

🛈 **Kofi Annan International Peacekeeping Training Centre,** PMBCT, 210 Cantonments, Accra, ✆ 021/718200, www.kaiptc.org.

TEMA, ACCRAS GESCHÄFTIGE SCHWESTER

Tema ist Accras Zwilling. Obwohl die Stadt nur 31 km östlich von Accra gelegen ist, verirren sich nur selten Touristen hierher. Kein Wunder, hier sind auch nur Fabrikschlote, Kräne und Überleitungsmasten zu bewundern. Offiziell wohnen rund 500.000 Menschen hier, doch keiner kann dies genau sagen.

Der Grund für Temas mangelnde Bekanntheit könnte sein, daß sie sich so gänzlich von Accra unterscheidet. Wie in allen Zwillingsstädten gibt es eine ungeschriebene Rollenverteilung. Während Accra repräsentiert, kümmert sich Tema, die Industriestadt, um Kommerz und Handel. Kein Wunder, daß fast nur Geschäftsleute hier anzutreffen sind.

Um zu verstehen, welche Sprünge diese Stadt innerhalb der letzten vierzig Jahren gemacht hat, genügt es zu wissen, daß Tema bis 1960 ein winziges, verträumtes Fischerdorf war, mit weniger als 400 Einwohnern. Temas Geschichte ist eng mit dem Bau des **Staudamms in Akosombo** verbunden, weil der »Aufbau Tema« ohne das gesamte Staudammprojekt wenig Sinn gehabt hätte. Der elektrische Strom von Akosombo sollte als solide Grundlage für Industrieansiedlungen im Osten Ghanas genutzt werden. Takoradi, Ghanas einziger Hafen, lag zu weit im Westen, Accra, der Handelsplatz des Landes, brauchte dringend ein direktes Tor zur Welt. Sobald das Staudammprojekt beschlossen war, mußte »**Tema**« ebenfalls Wirklichkeit werden. Auf dem Reißbrett der Planer entstand eine reine Industriestadt mit drei mehr oder weniger getrennten Hauptkomponenten: Hafen, Industriegebiet und Wohnsiedlungen.

Auf der flachen Ebene wurden zunächst zehn kleine, dezentralisierte Wohnsiedlungen gebaut. Jede Siedlung, *Community* genannt, wurde mit eigenen Schulen, Märkten, Kaufhäusern, Postämtern usw. ausgestattet und ist somit unabhängig. Zwischen den Communities wurden großzügig Grünzonen mit Parks und offenen Feldern angelegt. Mittlerweile sind die Communities größer geworden, mehr Menschen sind nach Tema gezogen. Der neue **Hafenkomplex** mit angrenzender Werft und getrenntem Fischereihafen ist nun einer der größten Allzweckhäfen in ganz Westafrika geworden. Millionen und Abermillionen Tonnen von Importgütern werden hier Jahr für Jahr umgeschlagen, Tausende von Tonnen Fisch angelandet.

Die meisten verarbeitenden **Industrien** haben ihre Zentralen in Tema etabliert. Der billige Strom zog vor allem die Schwer- und Leichtindustrie an. Die wichtigste Gründung in diesem Bereich war die der hochmodernen *Volta Aluminium Company* (VALCO), die lange zum Teil *Kaiser Aluminium,* USA, gehörte. Sie ist der Hauptabnehmer des Akosombo-Stroms. Außerdem sind in Tema lebensmittelverarbeitende Industrien (Mehl, Kakao, Fisch), Zementwerke, Ölraffinerien, Chemie-, Düngemittel- und Textilfabriken angesiedelt, unter denen sich bekannte Multis wie *Nestlé, Unilever, Air Liquide* befinden.

Sehenswertes

Vom Standpunkt des reinen Tourismus gesehen, hat Tema wenig zu bieten. Was bleibt, ist der flache, saubere **Sand-**

strand mit der in diesem Küstenabschnitt fast obligatorischen Lagune. Wirklich interessant und sehenswert ist in Tema der **Fischereihafen**. Hier laufen sowohl kleine Pirogen als auch moderne Schiffe mit Fisch beladen ein. Der frühmorgendliche Anblick von buntgekleideten, energischen Frauen und gutgebauten Fischern mit nacktem Oberkörper und schier explodierenden Muskeln ist allemal imponierend. Und die verschiedenen, meist unbekannten Fischsorten faszinieren jeden Besucher. Wenn Sie können, sollten Sie hier unbedingt Fisch kaufen. Besser und billiger gibt es ihn nirgendwo sonst. Die beste Zeit für einen interessanten Besuch am Fischereihafen ist frühmorgens zwischen 7 und 11 Uhr – nichts für Schlafmützen. Der gesamte Hafen wird oft als Sicherheitsbereich betrachtet, es gibt Personenkontrollen für Besucher. Wenn es geht, nicht den Eindruck erwecken, als ob man Ghanas Sicherheit gefährden wolle. Kameras sollte man ganz unauffällig mit sich führen.

*️ **Tip:** Verbinden Sie Ihren Besuch des Akosombo-Staudamms mit einem morgendlichen Abstecher zum Fischereihafen.

Verbindungen

Die schnellste Verbindung ist über die **Autobahn**, die einst als Anfang eines umfassenden Straßensystems geplant war. Zur *Motorway* fährt man am Flughafen vorbei in Richtung Aburi. Unmittelbar nach dem Shangri-La-Hotel kommt der große *Tetteh Quarshie Circle,* von wo die Autobahn rechts nach Tema abzweigt. Eine geringe Mautgebühr wird fällig. Tema ist in 15 Min. erreicht.

Die zweite Autoverbindung verläuft parallel zur Küste, zunächst durch Accras Stadtteil *La* mit seinem populären Strand und dann immer geradeaus auf einer breiten **Schnellstraße** in Richtung Teshie und Nungua. Ab Nungua sind es noch circa 20 Min.

Tro-Tro: Am billigsten kommt man nach Teshie, Nungua, Lashibi, Tema mit dem Tro-Tro. Je nach Standort startet man entweder vom »Circle«, Tema-Station oder »37«.

🚗 *Tours Rentals*, Community 3, ✆ 226439.

🚗 *Sputnik Travel & Car Hire*, Airport West, P.O. Box BT 777, Community 2, Tema. ✆ 507673, 027/571043, 020/8142388. Selbstfahren ist möglich, jedoch nur mit einer Kaution von US-$2000.

Mit gekonnter Hand: Fischzerlegen auf dem Markt für den Fotografen – da kann sie nur herzlich lachen!

Unterkunft & Restaurants

Preiswert (unter 20 €):
- **Hotel Lucia**, © 306134, Community 8, EZ/DZ 10 – 15 €.
- **Lipan Hotel**, Community 5, © & Fax 6014.
- **Satellite Hotel**, Community 9, © 302402.

Mittelklasse (25 – 75 €):
- **Celebrity Club**, 2*, Sakumono, © 4742 oder 4312, am Meer gelegen, hat 14 Zimmer. Angeschlossen ist eine 18-Loch-Golfanlage. EZ/DZ 45 – 70 €.
- **Courtesy International Hotel**, 2*, Community 10, © 7012392, Fax 302552, 31 modern eingerichtete Zimmer, 35 – 65 €. Sowohl internationale Küche als auch China-Restaurant.
- **Crimson Hotel**, 2*, Community 5, © 205547, kleines Hotel mit guteingerichteten Zimmern mit Heißwasser, AC und TV, EZ/DZ 30 – 55 €.
- **Gussy's Hotel**, 2*, nahe dem Städtchen *Michel Camp* Richtung Akosombo, Community 22, © 024/3439261 oder 910168. Die 11 sauberen, voll eingerichteten EZ und DZ kosten je nach Größe und Ausstattung 25 – 60 € zzgl. MwSt. Gut für Reisende gen Osten.
- **Koreana**, 2*, © 3033-59, -60, koreana@ghana.com, 12 DZ 55 – 65 €.
- **Marjorie Y**, 2*, P.O. Box 13476, Community 6, © 212560. Mit 36 luxuriösen EZ und DZ zu 55 – 75 €. Beliebt bei Geschäftsleuten.
- **Kaysens Executive Lodge**, 2*, SOS Road, Community 10, © 4362 oder 302715, Fax 20462. Mit 17 luxuriösen DZ zu 55 – 75 €. Mit China-Restaurant.
- **Macbaron Hotel**, 2*, Community 11, Aflao Road, © 304471. In der Nähe des Golfplatzes und gegenüber Steel Works, 12 DZ im Chaletstil für 55 – 75 €.
- **Nick Hotel**, 2*, Community 6, © & Fax 204594. Neues Hotel mit 10 nett eingerichteten Zimmern mit TV, Telefon, AC und 24-h-Zimmerservice. Gute Lage, nur 10 Min vom Zentrum und 30 Min vom Flughafen. 35 – 50 €.
- **Oak Royal Hotel**, 2*, Hospital Road, Community 6, © 304210, Fax 206516. 10 Komfortzimmer mit Bad, TV und Telefon für 35 – 55 €. Mit Garten und gutem Service.
- **Page Hotel**, 2*, Community 8, P.O. Box 1182, © 6098. 35 – 60 € mit AC.
- **Torica Home Lodge**, 2*, Sakumono, Aviation Road, © 813128 oder 0244/255441, toricalodge@hotmail.com. Das kleine Hotel vor den Toren Temas hat gute Zimmer für Geschäftsleute. Flughafenshuttle im Preis inbegriffen: 35 – 55 €.

Restaurants
- **Agba Mami Chop Bar**, Community 2, Lumumba Road, stark besuchtes Lokal mit ghanaischen Spezialitäten, günstige Preise, So – Do 8 – 17, Fr – Sa 10 – 21 Uhr.
- **Atlantic**, Community 5, © 6021. Chin. Küche, breite Palette an Gerichten, nicht teuer. Täglich 12 – 15 und 18 – 22.30 Uhr.
- **Chakula Restaurant & Bar**, P.O. Box OS 3032, Accra, © 022/302762; in der Tema Central Mall, gehört zu den besten Restaurants der Stadt. Vorzügliche ghanaische und chinesische Gerichte.
- **Chopsticks**, Community 1, © 6424. China-Food, täglich 12 – 15 und 18 – 22 Uhr.
- **Furama**, Community 1, © 2221. Täglich 12 – 15 und 18 – 22 Uhr.
- **L'Anchor**, Community 8, kontinentaleuropäische Gerichte.
- **Manna Korea**, Community 12, © 6644, koreanische, chinesische und japanische Spezialitäten. Täglich 18.30 – 23.30 Uhr.

- ❌ **May Flower,** Community 11, ℂ 6615. Ebenfalls chinesisch.
- ❌ **South Pacific,** Community 1, ℂ 4512. Kleines, einfaches Lokal mit chinesischem Essen.
- ❌ **Traffix,** Community 1, P.O. Box 85112, ghanaische und europäische Gerichte, täglich 8 – 16 Uhr.
- ❌ **Tsing Tao Restaurant,** Community 6, nahe Westgate Hotel, hat eine große Karte mit China-Spezialitäten.

Nightlife

Um den Ruf als Hafenstadt gerecht zu werden, hat sich Tema ein Nachtleben zugelegt.

- 🎵 **Bacardi Nite Club,** Community 4; einer der beliebtesten Nachtklubs der Jugend von Tema. Modernes Ambiente und gute Musik, spielt mit Vorliebe Pop und Dance Hall.
- 🛏️🎵 **Club Feliesa,** hinter der Shell-Tankstelle, Community 7, gehört zu den populärsten Nachtclubs der Stadt. Hier regieren Pop und Reggae. Mi – So von 21 Uhr bis der Letzte geht.
- 🛏️🎵 **Orlando's Café,** Community 6, viel Highlife und Jazz am Wochenende, sonst ein Café zum Sportgucken. Das Restaurant bietet britische Spezialitäten an.
- 🎵 **She Nite Club,** Community 2, P.O. Box 6259, Tema; bekanntes Nachtlokal, das für heiße Rhythmen immer gut ist.
- 🎵 **Subin Valley,** Community 7, Shopping Centre, ℂ 022/302468; gehört zu den großen Nachtklubs und wird am Wochenende richtig lebendig.
- 🎵🛏️ **Talk of the Town,** Community 2, ℂ 204-709; war früher lebendiger, ist aber immer noch gut für Drinks und nette Unterhaltung.
- 🔺❌🛏️ **Vienna City & Ocean Bar,** Community 8, ℂ 304084; 2 Restaurants, Poolbar, Kasino. Gute EZ/DZ für 22 – 38 €.

Weitere Informationen

Telefonvorwahl: 022

Spedition & Fracht: *Delmas Agencies,* 3 Fishing Harbour Road, P.O. Box B57, Tema, ℂ 2332, und *Maersk Ltd.,* innerhalb des Hafens, nahe Umarco. Transporte.

Roro Services Ltd., P.O. Box 148, Tema, ℂ 6586; Laden und Löschen von Waren im Hafen.

Scanship, P.O. Box 587, Tema, ℂ 2651; Speditionen, internationale Verzollung etc.

Umarco Ghana Ltd., P.O. Box 215, Tema, ℂ 4031.

Krankenhaus: *General Hospital,* ℂ 302694. *Polyclinic,* ℂ 302775.

Women's Hospital, Vertical Centre, ℂ 304332.

Internet: *Click Cyber Café,* Tiwaa House, Community 6, gegenüber First Baptist Church, ℂ 210737; Mo – So 8 – 22 Uhr. 20 Computer stehen zur Verfügung.

- ⚠️ *Yachthafen* für Wassersportler und Bootsliebhaber, direkt am großen Hafenbecken.
- 🎾🏊 Viele Firmen unterhalten Freizeiteinrichtungen für ihre Angestellten wie Tennisplätze und Swimmingpools.
- ⛳ *12-Loch-Golfplatz* an der Hauptstraße nach Lomé.
- 🕐 *Tema Central Mall,* Nestle Road, PMB CT 185, ℂ 302783; in der Nähe der Ölraffinerie, moderne Einkaufsmöglichkeit.

ADA UND DIE VOLTAMÜNDUNG

Vor allem das Städtchen Ada an der Mündung des Volta, Ghanas längstem Fluß, ist ein lohnendes Ziel für einen Tagesausflug. Von Accra aus sind die 70 km bis Ada mit dem Pkw keine große Entfernung auf der gut ausgebauten Straße.

Ada ist malerisch gelegen, weshalb es vielen Bewohnern Accras als Ausflugs-

Gleich neben der Industriestadt Tema beginnt das traditionelle Ghana: Prampram

ziel dient. Unterwegs gibt es einige Fischerorte und Strände zu entdecken, so z.B. **Prampram** und **Ningo.** Ohne eigenes Fahrzeug erreicht man diese Orte von Accra aus nur über *Ashaiman* oder *Tema*. Je nach Budget empfiehlt sich eine Taxifahrt, besonders dann, wenn mehrere Personen unterwegs sind. Spart viel Zeit und Mühe.

Ashaiman, eine wild wuchernde, unschöne Kleineleute-Stadt mit etwa 100.000 Einwohnern, just vor Tema postiert, hat sich zu einem Umsteigeort für Fahrten zu Zielen in Greater Accra, Eastern- und der Volta-Region entwickelt.

Prampram, ein Fischerort

Um Ada und alle andere Orte an der östlichen Küstenebene zu erreichen, fahren Sie zunächst auf der Autobahn Richtung Tema. Nehmen Sie dann die Küstenstraße Richtung Lomé, bis Sie ungefähr 10 km hinter Tema bei *Dawhenya* die Abfahrt nach Prampram erreichen. Biegen Sie hier ab und fahren Sie weitere 7 km Richtung Küste. Die früher holprige Piste ist längst Geschichte.

Prampram ist ein ruhiger Fischerort, Hauptstadt des *Dangbe-Bezirks.* Fahren Sie direkt zum Meer, wo sich das eigentliche Leben abspielt. Hier hatten einst die Dänen eine Burg, aber von **Fort Vernon** ist heute außer einigen Mauerresten nicht mehr viel zu sehen. Auch ohne Burg ist Prampram interessant. Hier gibt es die riesigen Kanus mit den bunten Schriften und Schnitzereien. Nehmen Sie sich ein wenig Zeit und schauen Sie den friedfertigen Fischern zu, wie sie ihre Netze reparieren, wie sie die großen Wellen in den zierlich wirkenden Kanus meistern, wie sie schwere Boote an

Land schleppen, wie die energischen Frauen Handel treiben und wie die Kinder in dem bunten Wirrwarr zurechtkommen. Nicht gleich mit der Kamera herumfuchteln, sondern erst versuchen, mit den Menschen ins Gespräch zu kommen! So kann man ganz interessante Einsichten in das Leben der Fischer gewinnen und anschließend vielleicht noch tolle Bilder fürs Album bekommen.

Strände, Burgen & 2 x Ningo

Prampram und die Dörfer **New Ningo** und **Old Ningo** besitzen wirklich romantische, mit Kokospalmen gesäumte **Buchten,** die zu ausgedehnten Spaziergängen und erfrischenden Bädern im Meer einladen. Viele Bewohner von Accra fahren regelmäßig hierher, um sich vom Großstadt-Streß zu befreien. Einige haben schon Wochenendhütten entlang der Küste aufgestellt. Wenn Sie Prampram als Tagesziel anpeilen sollten, brauchen Sie keine Verpflegung mitzunehmen.

Wer sich für **Burgruinen** interessiert, findet in New und Old Ningo die Überreste der dänischen *Augustaburg* bzw. *Fredensborg*. Viel ist von beiden nicht geblieben, aber die romantische Lage der Lagune in Old Ningo hat Charme. Die neue Brücke über die Lagune von Old Ningo oder eine Fähre bringt Autos und Passagiere rüber zum anderen Ufer.

Unterkunft & Restaurants

- ♠ ✖ ♉ ♒ *Sealane Resort,* Prampram Beach, ✆ 022/208829, www.sealanehotel.com. Die einst gute Ferienanlage ist mittlerweile ziemlich heruntergekommen. Vieles funktioniert nicht; 16 Zimmer 15 – 30 €.
- ✖ *Evergreen,* dieses saubere Restaurant mit ghanaischen Gerichten zu niedrigen Preisen befindet sich in der Stadtmitte und ist auf Tilapia plus Banku spezialisiert.
- ✖ ♉ *Sheriff,* neues Lokal mit klimatisierten Räumen in Strandnähe, wurde von Lesern empfohlen. Sie loben das Essen, die Drinks und die sehr freundliche Bedienung. Es ausfindig zu machen, könnte eine angenehme Überraschung bringen.

Am Fuße des Volta: Ada

Von Prampram aus gibt es je nach Laune zwei Möglichkeiten, um nach Ada zu gelangen: Entweder Sie fahren zurück nach *Dawhwenya* und weiter auf der Schnellstraße Richtung Osten, oder Sie bleiben bis *Akplabanya* an der Küste und fahren erst von dort auf die Schnellstraße.

Abstecher zur Vogel-Lagune

Kurz hinter Sege, wieder auf der rechten Straßenseite, folgt eine beschilderte Abzweigung nach *Koluedor* und *Sogo,* die ebenfalls zur 3 km entfernten **Songaw Lagoon** führt. Hier sollten Sie abbiegen. Die recht große Lagune ist überraschend nah an der Hauptstraße gelegen, obwohl sie von der Straße aus nicht gleich zu sehen ist. Die schlammigen, fischreichen Ufer der Songaw-Lagune sind ein wahres Paradies für Vögel aller Art, inklusive solcher aus Europa, die hier jedes Jahr überwintern. Vogelkundler, Angler und alle, die sich dafür interessieren, sollten den kurzen Abstecher zur ansonsten menschenleeren Lagune machen, sie werden es mögen. Picknick und Fernglas mitnehmen!

Das 115 km^2 umfassende Areal, von der großen Lagune bis zur Volta-Mündung, ist ein *Ramsar-Schutzgebiet,* das vom *Coastal Wetlands Development Project* (CWDP) als Ökoprojekt initiiert wur-

de. Das Areal ist sehr wichtig für **Wasservögel**, Meeresschildkröten und alle Lebewesen, die die Feuchtgebiete als Brutstätte für ihren Nachwuchs gebrauchen. In den europäischen Wintermonaten tummeln sich hier Tausende von Zugvögeln aller Art. Von September – März kann man zwei Arten von **Meeresschildkröten** bei der Eierablage beobachten – aber bitte nur in Begleitung von ausgebildeten Führern der Naturschutzbehörde!
↗ Voltagebiet, Meeresschildkröten.

Und noch eine Attraktion gibt es hier: In diesem Küstenbereich lebt der seltene **See-Elefant**. Der *Manatee* ist ein riesiges, friedliches Tier, das sich vegetarisch ernährt und von den Einheimischen als heilig angesehen wird.

Die großen Ziele hinter dem CWD-Projekt waren dreierlei: Schutz der Umwelt für Tier und Mensch, kontrollierte Fischerei und sanfter Tourismus. Die Schutzmaßnahmen haben bereits zu einer wirtschaftlichen Entwicklung des Gebiets auf ökologischer Basis geführt. Die Salzgewinnung hat rund 10.000 Arbeitsplätze geschaffen. Das dritte Ziel, einen sanften Tourismus mit zahlreichen Vogelkundlern und naturverbundenen Urlaubern zu etablieren, ist mangels Investitionen noch nicht gelungen. Zwar wurden in *Pute* und *Lolonya* **Vogelbeobachtungsposten** aufgestellt, aber die beiden Orte verbindet keine Straße miteinander. Das Hinkommen ist problematisch. Zudem werden die Strandbereiche oft mit Müll und Unrat zugeschüttet, was für die Vogelwelt und die Schildkröten eine enorme Gefährdung darstellt.

🛈 *Coastal Wetlands Development Project,* Dangme East District Assembly, P.O. Box 20, Ada-Foah/GR, ✆ 0968/22212.

Die Prominenz von Big Ada

Ada liegt nicht an der Hauptstraße, im Städtchen *Kaseh Junction* führt eine Abzweigung nach Ada, das nach 18 km endlich erreicht ist. Das Städtchen besteht aus zwei Hälften: Erst kommt *Big Ada,* die etwas verträumte größere der beiden Ortschaften, *Ada-Foah* dagegen mausert sich zum Strandparadies.

Big Ada war einst ein prosperierendes Handelszentrum, das von seiner günstigen Position am Fluß profitierte. Von hier aus wurden früher per Kanu Güter in das Hinterland jenseits der Shai- und Akwamu-Berge gebracht. Adas Stern ging unter, als der erste Hochseehafen in Takoradi fertiggestellt wurde.

Wenn man heute durch die Straßen von Big Ada schlendert, vermutet man kaum, daß sich hier einst einige prominente Personen aufgehalten haben könnten. So war Ada im 19. Jahrhundert die Heimat von **Geraldo da Lima**. Dieser

---

BADEN ODER NICHT BADEN?

▶ Da Lagunengewässer stets die Gefahr bergen, von bestimmten, **Bilharziose** verursachenden Larven verseucht zu sein, hat man sich in Ada diesem Problem zugewandt und es angeblich gelöst. Die Flußmündung wurde vom Sand freigebaggert, so daß das Wasser schneller ins Meer strömt. So sagen es die Hoteliers. Diese Aussage muß allerdings mit Vorsicht genossen werden, da die Sache mit dem schnell oder langsam fließenden Wasser nicht so einfach zu definieren ist. Das Risiko bleibt beim Gast. ◀

gerissene Bursche war Sklave eines brasilianischen Händlers, der sich in Ada niedergelassen hatte. Nach dem Tode seines Herrn übernahm Geraldo gleich dessen Namen samt Ehefrau sowie dessen Vermögen und fing an, ein bürgerliches Leben zu führen. Doch Geraldo war für so ein Leben nicht geschaffen. Bald versammelte er eine Räuberbande um sich und begann, die Umgebung um Ada zu terrorisieren. Erst erklärte er dem örtlichen König den Krieg. Danach griff er die Nachbarstadt Kpong an, und ließ Reisende den Norden Zoll bezahlen. Dann fing er an, die Bauern auf der Ebene von Accra ebenfalls zu drangsalieren. Kurze Zeit später war er so frech geworden, daß er die Briten in Accra selbst angriff! Mit seinen vergleichsweise kümmerlichen Mitteln konnte er den starken Briten mit ihren riesigen Kanonen jedoch nichts anhaben. Aber allein der Versuch genügte, Geraldo zum Helden und Gegenstand vieler Legenden zu machen. Ada war stolz auf ihn.

Big Ada war auch die Heimat von **Alexandre Dumas,** einem Enkelsohn des gleichnamigen Autors des »Grafen von Monte Christo«. Dieser Dumas war ein emsiger Geschäftsmann, der mit Textilien handelte. Er fand Ada so günstig gelegen für seine Geschäfte, daß er sich hier niederließ und eine einheimische Frau heiratete. Er importierte Textilien aus Frankreich und verkaufte sie an die Bevölkerung flußaufwärts. Das Tuchgeschäft war so erfolgreich und er wurde dabei so berühmt, daß der Name Dumas in Ghana zu einem Synonym für gute Textilien wurde. Sein Wohnhaus existiert noch und einige seiner Urenkel und Verwandten leben heute noch in Ada.

Dann gibt es noch die Geschichte von zwei anderen berühmten Männern, die ebenfalls in Ada aufkreuzten. Niemand Geringeres als **H.M. Stanley** (1841 – 1904), der 1871 Livingstone aufspürte und dadurch berühmt wurde, suchte 1873 in Ada das Abenteuer. Diesmal begleitete der Journalist den britischen Seemann und Verwalter in Lagos, **Captain Glover,** bei dessen Versuch, die Volta-Mündung mit einer großen Piroge (Ruderboot) zu überqueren. Es glückte; Glover wurde der erste und bisher einzige Mensch, der dieses gefährliche Unternehmen meisterte.

Ferien in Ada-Foah

Die kleinere der beiden Städtchen, 2 km flußabwärts, liegt fast im Mündungsgebiet des Volta. Ada-Foah ist gerade dabei, ein touristisches Zentrum Ghanas zu werden. Dies ist auf die schöne Lage zurückzuführen: unmittelbar bevor der langsam gewordene Volta ins Meer fließt, bildet er kurz nach Ada-Foah ein ausgedehntes Delta voller Inseln und Sandbänke, die von Tausenden von Vögeln aus Europa und Südafrika zum Überwintern und Nisten genutzt werden.

Hierher kommen vor allem Wassersportler zum Schwimmen, Segeln, Angeln und Bootfahren. Wochenendhäuser an den Ufern des Volta gehören seit langem zum Ortsbild, und es werden immer mehr. Unsportliche können bis zur eigentlichen Mündung in **Azizanya** vordringen, zu Fuß oder in einem Kleinboot. Der Weg täuscht ein wenig. Zu Fuß muß man rund 90 Minuten hin und ebenso lange zurück einrechnen. Die romantische Bootsfahrt zur Mündung für rund 50 € die Stunde ist für hiesige Verhältnisse

Robinson Feeling: Hauptsache man liegt außerhalb der Fallweite der Kokosnüsse …

recht teuer (die Ölpreise!), aber sehr schön. Läßt sich in Gruppen besser machen. Der Strandspaziergang ist nicht immer toll, da die Dörfler den Strand als Bedürfnisanstalt benutzen.

Neugierige können mit Pirogen oder der Fähre auf die andere Voltaseite nach **Anyanui** übersetzen, um eine Fahrt durch die schilfbedeckten, vogelbewohnten Inseln des Delta zu machen.

Ökotourismus-Projekt

Die *Ghana Wildlife Division* bietet in Zusammenarbeit mit dem *Coastal Wetlands Development Project* in diesem Distrikt Nachtwanderungen (23 – 2 Uhr) zu zwei Stellen in Ada-Foah oder Kpongunor, an denen Meeresschildkröten ihre Eier ablegen, an. Ein ähnliches Programm für See-Elefanten (Manatees) ist geplant. Fragen Sie danach.

❶ Büro in Ada-Kasseh, P.O. Box 73, ✆ 0244/843464 oder 0243/376619. Die Ausflüge kosten 3,50 € pro Person.

Verbindungen & Infos

Taxi: Von Accra aus können vier Leute ein Taxi für die Hin- und Rückfahrt plus ungefähr 6 Stunden Aufenthalt in Ada für 50 € mieten. Empfehlenswert.

Bus: Viele private *Kleinbusse* fahren täglich direkt von Accra nach Ada, ab der Car Station am Makola Market. Alle *STC-Busse* nach Aflao halten auf Wunsch auch in Kaseh Junction (allerdings muß der volle Preis bis Aflao gezahlt werden). Pendeltaxis setzen die Reise von dort nach Ada fort.

Fähre: Täglich Fähre zwischen Ada und Akuse. Auskunft beim örtlichen Tourist Centre.

Einreise aus Togo: Mit eigenem Pkw entweder auf der Hauptstraße nach Accra bis Kaseh Junction bleiben und dort nach Ada-Foah einbiegen, oder über Denu und Keta bis Dabala fahren und über Sogakope bzw. Kaseh Junction nach Ada weiter. Die direkte Küstenverbindung bis Ada ist spätestens in Azizanya zu Ende, da es hier keine Brücke über den Volta gibt.

Informationen: *Tourist Centre,* © 0968/211 oder 212, gibt Auskunft zu Kanuausflügen, Angelpartien, Trommelkursen, Bootsmieten und vielem mehr. Täglich 8 – 18 Uhr.

Unterkunft & Restaurants

in Ada-Foah:

- *Cocoloko Beach Camp Resort,* P.O. Box 63, © 0244/885795, 096/822356, cocoloko-info@yahoo.co.uk; eine am Traumstrand liegende Anlage für entspannte Ferien. 10 € pro Übernachtung in etwas muffigen Chalets. Essen auf Anfrage. Trommel- und Tanzkurse im Angebot.

- *Dreamland Beach Resort,* P.O. Box 130, © 0244/766271, 645172, www.dreamlandghana.com, beate@dreamlandghana.com; wunderschön gelegene, deutsch-ghanaische Anlage am Meer. Die freundlichen Betreiber verwöhnen ihre Gäste mit vorzüglich zubereiteten Gerichten. Möglich sind Bootstouren zur Voltamündung, zur Schnapsbrennerei und anderen Ausflugszielen. Die Hütten und Chalets sind preiswert: EZ/DZ für 10 – 14 €, 3-Bett-Zimmer 18 €, Vier-Bett-Zimmer 25 €, Zelt 2,50 € pro Kopf.

- *Manet Paradise Beach Club,* © 023/3968277. Die Anlage paßt eigentlich nicht so gut in die herrliche Landschaft direkt am Ufer des Volta, aber spätestens hier werden sich (Pauschal-)Urlauber wohlfühlen. Vorhanden ist fast alles, was das Touristenherz begehrt: Bootsverleih, Wasserski, Segeln, Hochsee- und Flußangeln, außerdem Tennisanlagen, klimatisierte Zimmer und obendrein europäisches Essen im gemütlichen Restaurant. 60 – 85 €.

- *Maranatha Beach Camp,* P.O. Box AF 120, © 024/3528248, win.fred@yahoo.com; unmittelbar vor der Mündung des Voltas ins Meer. Hier ist viel los, da oft Trommelkurse bzw. Proben stattfinden. Die 26 einfachen Hütten sind sauber, der Fisch ist fangfrisch und köstlich. Preis pro Hütte 5 – 7 €.

- *New Estuary Beach Club,* © 024/3528-248; malerisch zwischen Fluß und Meer. Die Übernachtung in einfachen Hütten ohne jeglichen Komfort wird durch die sagenhafte Lage wettgemacht. Weit vom Schuß, Gäste sollten sich mit Proviant gut eindecken, damit sie bei Unzulänglichkeiten gut versorgt sind. Hinfahrt per Boottaxi, 2,50 €, ansonsten ist ein Fußmarsch von 40 Min erforderlich. EZ/ DZ für nur 6 €.

- *Tscharley Korpey Hotel,* © 096/82206, tsarley_korpey@pransky.com. Direkt am Voltaufer, eigentlich ein Mietshaus für Besserverdiener. Vollausgestattete, große EZ/DZ zu 80 €, Suiten für 140 €, man darf einiges erwarten. Tagesbesucher können für 4 € den Pool genießen.

Kaseh Junction:

- *Garden's Club Hotel,* 30 saubere Zimmer, Konferenzsaal. Diese recht große, ruhige Anlage unter Bäumen überrascht ein wenig, da man so etwas in Kaseh gar nicht erwartet. DZ 10 – 12 €. Und: *Garden Club Annex,* hinter der Post. Die Zimmer im ersten Haus kosten 6 €, aber mit Konkurrenz im Nacken wurden neue Häuser hinzugefügt, die akzeptabel sind: 2 DZ mit AC, Kühlschrank, WC/ Bad 15 € und 2 DZ mit WC/Dusche zu 12 €. Besucher loben das Essen hier.

Sogakope: *Volta Region*.

DIE KÜSTE & DER WESTEN

Upper East Region
Upper West Region
Northern Region
Brong-Ahafo Region
Volta Region
Ashanti Region
Eastern Region
Volta Region
Western Region
Central Region
Greater Accra
Cape Coast
Sekondi-Takoradi
Atlantik

NATUR & NATURPARKS

GESCHICHTE & GEGENWART

MENSCHEN & KULTUR

REISE-INFORMATIONEN

ZU GAST & LANDESKÜCHE

ACCRA & GREATER ACCRA

DIE KÜSTE & DER WESTEN

ASHANTI & BRONG-AHAFO

DER NORDEN

OST-GHANA & VOLTA-GEBIET

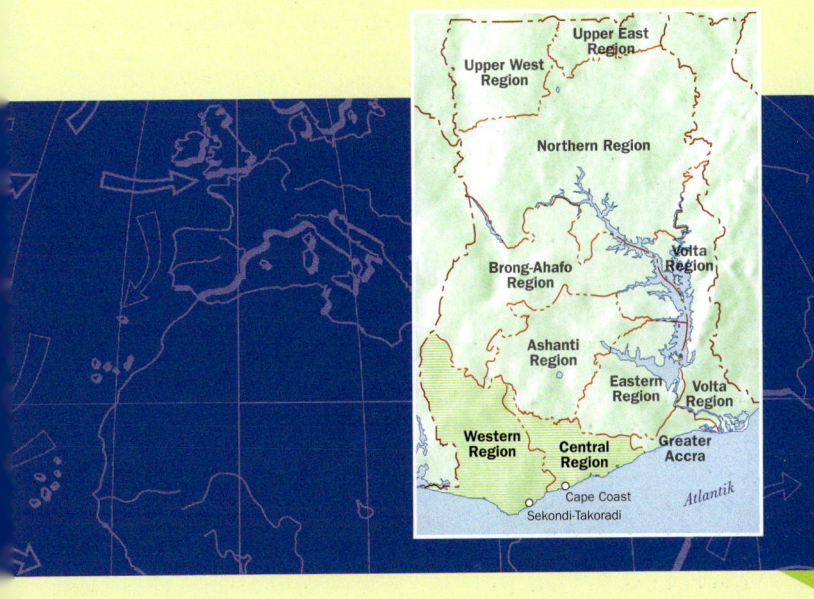

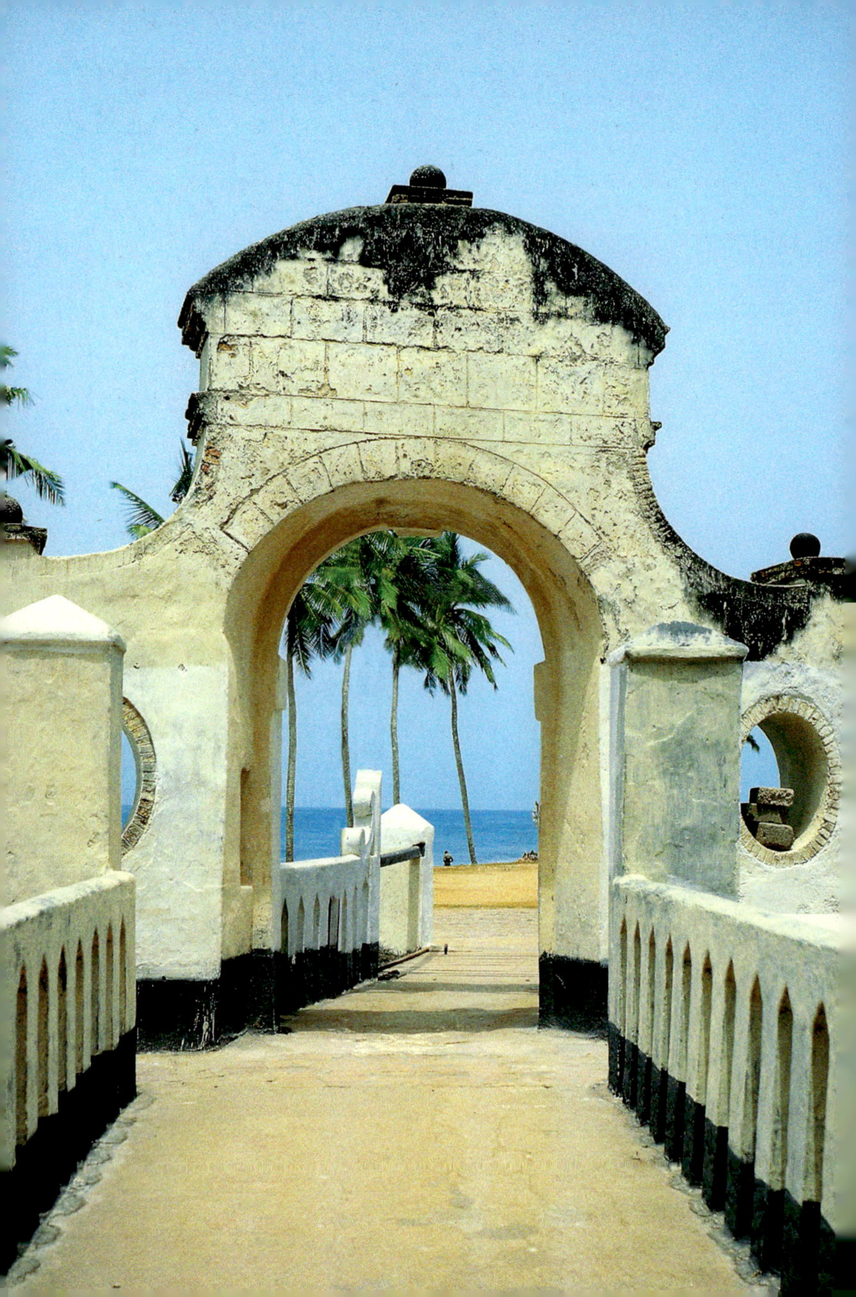

Zwar ist die ganze Küste Ghanas von der Kolonialgeschichte stark geprägt, doch gerade in Zentral- und Westghana blättert sich die weltbewegende Vergangenheit vor den Augen des Reisenden auf. Denn hier in der Central Region zwischen Greater Accra und Elmina sowie im äußersten Westen zwischen Shama und der Grenze zu Côte d'Ivoire stößt man auf eine interessante Mischung aus Gegenwart und Vergangenheit.

dien zu finden. Dies hatte in erster Linie wirtschaftliche Gründe, denn man wollte den Arabern des Mittelmeeres das Handelsmonopol mit Indien entreißen. Zum anderen galt es, neue Märkte für den Im- und Export von Gewürzen und anderen edlen Waren zu erschließen und nicht zuletzt ging es auch darum, im Kampf gegen die »ungläubigen« Araber weitere Verbündete zu finden. Nach und nach hatten sich die tapferen Seeleute immer

DIE GESCHICHTE DER KÜSTE – GESCHICHTE, DIE DIE WELT VERÄNDERTE

▶ Die Zentralregion ist wie ein offenes Buch, in dem die Begegnung mit Europa anschaulich und kommentarlos dokumentiert ist. Es gibt fast keinen Ort an diesem Küstenstrich, der von den Europäern unberührt blieb. Von hier aus wurden die ersten Menschen aus Ghana nach Amerika verschifft, hier nahm die Christianisierung der Bevölkerung ihren Anfang, hier begann die Kolonisation der damaligen Goldküste. Und hier entstanden auch die ersten Schulen, in denen – paradoxerweise? – die ersten Rufe nach Freiheit und Unabhängigkeit laut wurden.

WIE ALLES BEGANN

Heinrich der Seefahrer (1394 – 1460), Prinz von Portugal, der selbst nie zur See fuhr, hatte seinen Mannen den Auftrag gegeben, die Seeroute nach In-

weiter getraut, bis 1444 die gesamte nordafrikanische Küste umschifft und ein erster Handelsstützpunkt auf Gorée im heutigen Senegal errichtet war. Abenteuergeist und Gier trieben die Portugiesen ins Ungewisse voran, an der Küste der »brüllenden Löwen« – Sierra Leone – vorbei, bis das aus Gerüchten bekannte »Land des Goldes« erreicht war.

Die ersten portugiesischen Seeleute, geführt von *Diogo Cao,* gingen 1471 irgendwo beim heutigen Elmina an Land. Man kann sich vorstellen, wie den armen Bewohnern von *Edina* zumute war, als diese rohen, nach einer so langen Fahrt wild aussehenden Männer an Land stürmten. Keiner hatte jemals zuvor solche Bleichgesichter gesehen! Aber nach der Überlieferung verlief die erste Begegnung friedlich.

Die Portugiesen merkten schnell, daß in diesem Gebiet das begehrte Edel-

Tor ohne Wiederkehr: Für Millionen Menschen bedeutete es den Tod

metall in Hülle und Fülle vorhanden war. Sie tauften das Land zwischen den beiden Flüssen *Ankobra* und *Kakum* **Mina de Ouro** – Goldmine, woraus der Begriff »**Goldküste**« entstand.
Nach einigen Wochen des Austauschs – afrikanisches Gold gegen Branntwein und Perlenketten aus Portugal – kehrten die Seeleute euphorisch gestimmt nach Hause zurück. In Portugal verbreiteten sich phantasievolle Berichte von den immensen Reichtümern von *Oberguinea,* wie das gesamte Küstengebiet am Golf von Guinea genannt wurde, und bald entstand ein reger Tauschhandel. Andere europäische Handelsobjekte waren Waffen, Munition und Textilien. Die Menge dessen, was Portugal an Gold und Elfenbein bekam, übertraf die Erwartungen der Portugiesen bei weitem, sie tauften das Dorf Edina in *La Mina* (die Mine) um. Die portugiesische Landung bei Elmina zog das Entstehen von zahlreichen **Burgen** und **Handelsstützpunkten** an der ghanaischen Küste nach sich.

Sklaven waren das »Gold der Küste«

DIE SKLAVENBURGEN: MARKTPLATZ FÜR WAREN UND MENSCHEN

Sklavenburgen gibt es an vielen Orten in der Welt, aber nirgends ist die Konzentration so dicht wie in Ghana. Kaum ein Ort wurde ausgelassen. Diese Burgen sind ein charakteristisches Merkmal der ghanaischen Küste geworden. An ihrer rund 500 km langen Linie findet man die deutlichste Demonstration der großen Bedeutung der früheren Goldküste für Europa. Vier der Burganlagen, *Castles* genannt, sind von der UNESCO zu »schutzwürdigen Denkmälern der Welt« erklärt worden: *São Jorge* und *São Jago da Mina (Conraadsburg)* in Elmina, *Cape Coast Castle* in der gleichnamigen Stadt sowie *Groß-Friedrichsburg* in Prince's Town.
Der Hauptgrund für die Errichtung der Burgen war das Bestreben der Europäer, ihre Interessensphäre quasi körperlich zu zementieren, sie einzugrenzen und vor lästigen Konkurrenten aus Europa zu schützen. Bestimmte Gebiete wurden zu Enklaven von Dänemark, Holland oder Großbritannien erklärt, und dort konzentrierte sich der Handel mit Sklaven, Gold, Elfenbein, Pfeffer usw. des jeweiligen Landes.

Die Burgen waren Marktplätze, Gefängnisse und Lagerstätten, in denen Güter aufbewahrt, ge- und verkauft wurden. Dienten die ersten Burgen zunächst noch nur dem Warenverkehr, wurden die nach 1630 entstandenen Burgen primär für den Handel mit Menschen errichtet. Fast alle Länder in

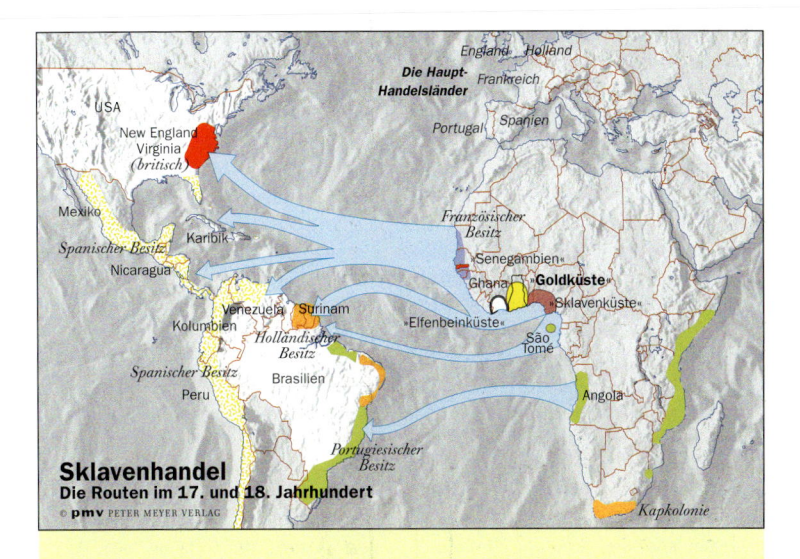

Sklavenhandel
Die Routen im 17. und 18. Jahrhundert
© pmv PETER MEYER VERLAG

Europa waren am Sklavenhandel aktiv beteiligt: Großbritannien, Belgien, Dänemark, Preußen (Brandenburg), Holland, Frankreich, Italien (Genua), Portugal, Schweden, Spanien sowie die Südstaaten Nordamerikas.

Von den rund 50 Burgen ist etwa ein Drittel noch sehr gut erhalten. Da sie für die Händler sehr wichtig waren, wechselten die Burgen oft den Besitzer, manchmal mehrmals innerhalb kurzer Zeit. Einige sind durch die vielen Kriege völlig zerstört worden, andere wurden sehr früh aufgegeben oder für andere Zwecke umfunktioniert. *Christiansborg, James Fort, Ussher Fort* in Accra sind für Besucher nicht zugänglich, *Fort William* in Anomabo ist ein Gefängnis und darf noch nicht einmal fotografiert werden.

DER SKLAVENHANDEL

Schätzungsweise 60 Millionen Afrikaner wurden an dieser Küste zwischen dem 15. und 19. Jahrhundert Opfer des Menschenhandels. Ebenso wie Elfenbein, Gummi und Gold tauschte man sie gegen Eisen, Branntwein und billigen Glasschmuck, später auch gegen Gewehre ein.

Zunächst hatte ihre Gier nach Gold die Europäer, die ihre Staatskassen durch Kriege weitgehend ruiniert hatten, zu den gefährlichen Schiffsreisen getrieben. Der Name des Gebietes, wo sie in Westafrika zuerst fündig geworden waren, und der bis zur Unabhängigkeit des Landes 1957 bestehen bleiben sollte, spricht für sich: die »Goldküste«. Ebenso sprechend sind die damaligen Namen ihrer Nachbargebiete: Pfefferküste, Elfenbein- und Sklavenküste.

Anfangs wurden Afrikaner als Kuriositäten, besonders als Beweisstücke dafür, daß man in Afrika gewesen war, mit nach Hause genommen. In Portugal und Spanien, wie später auch in Frankreich und England gehörte es bald zum guten Ton, in seiner Equipage, seinem Salon oder seinen Stallungen eine »exotische Figur« zu haben. Diese noch relativ humane Behandlung der verschleppten Gefangenen änderte sich schlagartig nach der **Entdeckung Amerikas** (1492). Dort eröffneten sich den Händlern aus Westeuropa neue Perspektiven: Zukkerrohr, Baumwolle, Tabak wurden zu Exportschlagern der »Neuen Welt«. Die wenigen Ureinwohner des amerikanischen Kontinents, die die Eroberung ihres Landes überlebt hatten, eigneten sich schlecht für die harte Arbeit in den Plantagen und Bergwerksgruben der fremden Siedler oder wurden von den eingeschleppten Krankheiten der Europäer dahingerafft. Mit dem Bedarf an Arbeitskräften stieg die Sterblichkeit unter den Einheimischen. So begann man ab etwa 1517, die Indios durch die robusteren und an die Arbeit in Landwirtschaft und Minen gewöhnten Afrikaner zu ersetzen. Der Handel mit dem Menschen als Ware nahm seinen Anfang. Rasch merkte man, daß mit dem lebenden »Ebenholz«, wie die Sklaven euphemistisch genannt wurden, mehr Geld zu erwirtschaften war, als mit Gold, Elfenbein oder Gewürzen.

Von einer sich schnell bildenden »Mafia« europäischer und afrikanischer Gauner wurden die wehrlosen Opfer aus zum Teil weit entlegenen Gebieten in Scharen in die *Faktoreien* (Sklavenburgen) der Küstenorte getrieben, wo sie von Schiffen mit zynischen Namen wie »Gerechtigkeit«, »Eintracht«, »Jesus« usw. aufgenommen wurden. Meist machte man die Gefangenen nach sorgfältiger Inspektion und Auslese einfach betrunken und legte sie dann zum Abtransport in Fesseln. Spezielle Einrichtungen an Bord garantierten, daß die menschliche Fracht mit möglichst geringem Platzverlust untergebracht werden konnte. Da das Verbot des Sklavenhandels in Europa und Amerika nicht zur gleichen Zeit ausgesprochen

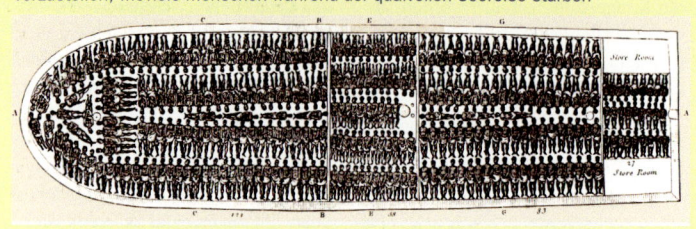

Lagerplan eines Sklavenschiffs: Es braucht nicht viel Phantasie, um sich vorzustellen, wieviele Menschen während der qualvollen Seereise starben

wurde, zog sich der Handel, dessen rüde Methoden sich selbst Nachfrage schuf, über das Jahr 1807 (Abolition-Act of Slavery, England) bis in die Mitte des 19. Jahrhunderts. So kam es, daß heute viele Menschen afrikanischen Ursprungs in den folgenden Ländern bzw. Inseln leben: auf Aruba, Bonaire und Curaçao, auf Grenada, Jamaika, Haiti, Puerto Rico, Trinidad, Kuba und in der Dominikanische Republik, in Belize, Nicaragua, Panama, Venezuela, Kolumbien, Ecuador, Peru, Surinam, Guyana, Brasilien und in den USA. Sie alle sind ferne Verwandte der ghanaischen Völker und sollten Ghana als ihre Urheimat betrachten.

Es hat gewiß sehr lange gedauert, doch langsam wird das Bewußtsein immer stärker, daß der Austausch zwischen Menschen afrikanischen Ursprungs dieseits und jenseits des Atlantiks verstärkt werden muß. Die Zahl der Afro-Amerikaner, die Reisen ins Mutterland machen, steigt von Jahr zu Jahr. Vor allem Ghana ist dabei, ein Zentrum der Pilger zu ihren Ursprungsgebieten und den Sklavenburgen zu werden, während in Harlem Afrika heute schon eine wichtige Rolle im kulturellen Leben spielt.

ZAHLEN UND IHRE AUSWIRKUNGEN

Vorsichtig geschätzt dürften etwa zwölf Millionen Menschen ihren Bestimmungsort in Übersee erreicht haben. Aber ohne Übertreibung darf man für jeden einzelnen von ihnen fünf weitere rechnen, die entweder schon vor dem Abtransport getötet wurden oder unterwegs durch die grausame Behandlung starben. Sind diese Zahlen allein schon unglaublich, fällt auch die qualitative Einbuße, die Afrika hinnehmen mußte, schwer ins Gewicht.

IN EVERLASTING MEMORY

OF THE ANGUISH OF OUR ANCESTORS.

MAY THOSE WHO DIED REST IN PEACE.

MAY THOSE WHO RETURN FIND THEIR ROOTS.

MAY HUMANITY NEVER AGAIN PERPETRATE

SUCH INJUSTICE AGAINST HUMANITY

WE, THE LIVING, VOW TO UPHOLD THIS.

Inschrift gegen das Vergessen

Strenge Auslese sorgte dafür, daß gerade die Tauglichsten genommen wurden. Dörfer reduzierten sich auf alte und schwache Personen, Familien wurden auseinandergerissen, die Ernährer verschleppt. Viele Menschen flohen vor den Händlern. Schließlich korrumpierte das Geschäft selbst die herrschenden Schichten der afrikanischen Gesellschaft. Die Arbeitskraft der Afrikaner wurde so zum Motor der frühkapitalistischen Wirtschaft jenseits des Atlantiks. Afrika dagegen, die Heimat der Sklaven, war für Jahrhunderte ausgeblutet und erledigt. ◂

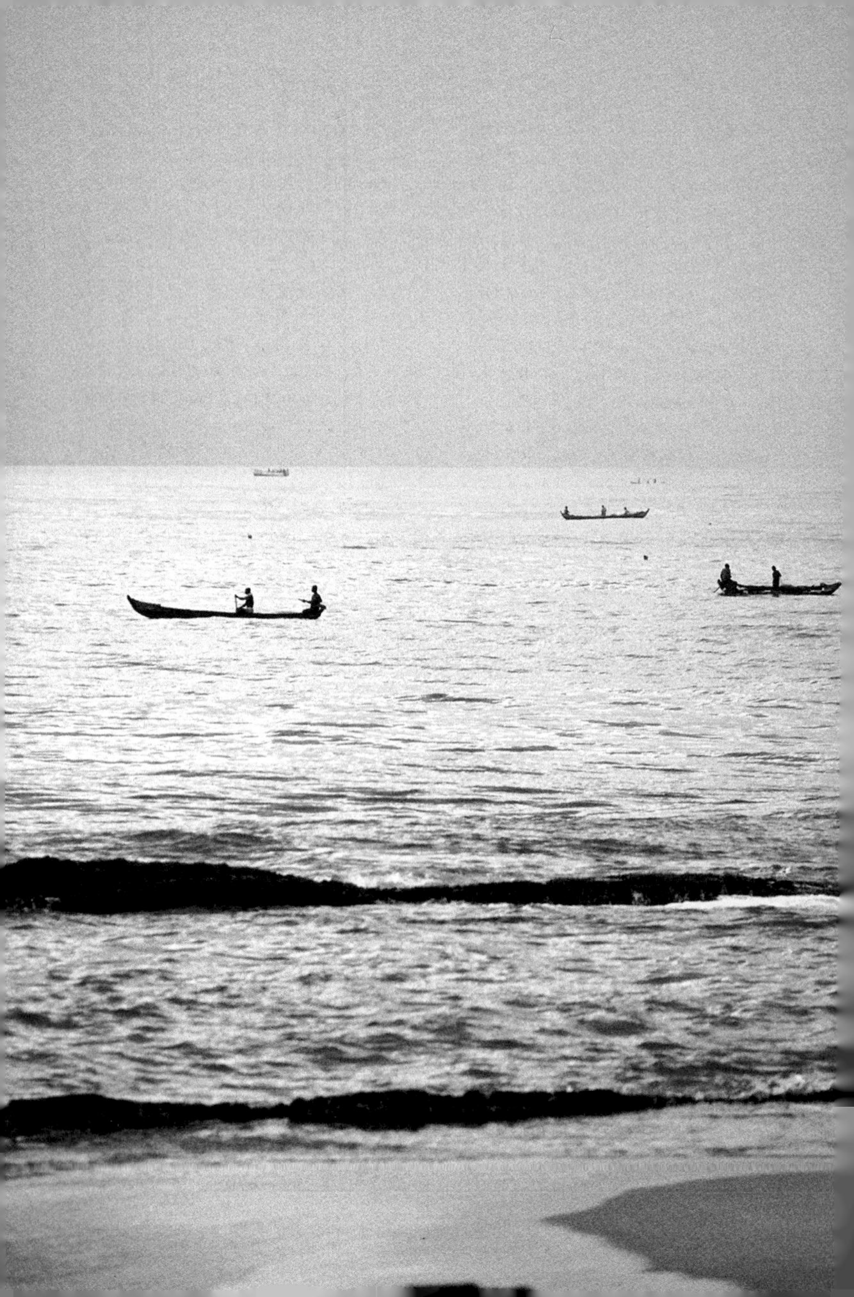

DIE KÜSTE ZWISCHEN ACCRA UND CAPE COAST

Die meisten Ghana-Besucher beginnen ihre Rundreise mit einer Tour durch die Central Region und fahren die Küste Richtung Westen entlang. Winneba, Mankesim, Saltpond, Abandze, Anomabo, Biriwa, Cape Coast und Elmina sind geschichtsträchtige Orte, an denen unzählige Siege gefeiert und Niederlagen erlitten wurden. Während man in den zuerst genannten kleineren Orten vor allem zum Baden Gelegenheit findet, gehören Cape Coast und Elmina für historisch Interessierte zu den Höhepunkten Ghanas.

Das Spinatpflückerland

Mit ihren knapp 10.000 km² gehört die Zentralregion zu den kleineren, allerdings auch zu den sehr dicht besiedelten **Verwaltungsgebieten** der Republik. Die flache Küstenebene ist von moderaten **Niederschlagswerten** gekennzeichnet, während die nördlichen Gebiete um Twifo Praso, Foso und Dunkwa im Regenwaldgürtel liegen und mehr Regen abbekommen. Die Zentralregion besitzt keine nennenswerten **Bodenschätze.** Lediglich im äußersten Nordwesten sind große Bauxit-Lager vorhanden. Das *Offin-Becken* um Dunkwa beherbergt einiges an Gold, das aus dem Fluß gewaschen wird. Ansonsten ist das wirtschaftliche Leben durch eine gemischte, ausgewogene **Landwirtschaft** geprägt. Im Gegensatz zu anderen Regionen Ghanas gibt es hier keine Monokulturen. Große Gemüse- und Zitrusfruchtplantagen wurden in und um *Asuansi*, *Asebu* und *Abakrampa* angelegt, die Gegend um *Assin Foso* ist größtenteils mit Palmenhainen bewachsen, Ananas-Farmen und Kakaogärten gibt es bei *Jukwa*, in *Winneba* und *Pomadze* lebt man von der Hühnerzucht.

Die Küstenstädte werden von **Fanti** bewohnt, einem Zweig der großen Akanfamilie, der die gleiche Sprache spricht wie die Ashanti, wenn auch mit einem eindeutigen Küstendialekt, *Fanti* genannt. Den Erzählungen nach wurden die Menschen hier »die Spinatpflücker« getauft, weil sie so gern Spinat essen; auf Akan heißt Spinat *Fan* oder *Efane*.

Posuban-Schreine

Ein typisches Merkmal des Fantilandes sind die Posuban-Schreine. Das sind kleine tempelartige Anlagen der alten militärischen Organisationen, den *Asafo*-Schutztruppen. Hier werden Gebete gesprochen und Opfergaben gebracht. Die in den Ortschaften errichteten Häuser wurden zum Andenken an die Götter gebaut und erzählen von den Siegen oder Niederlagen der jeweiligen Kampfgruppe. Von Interesse sind die Verzierungen mit Emblemen im traditionellen Stil. Es gibt ungefähr 100 solcher Schreine im Fantiland, und es ranken sich bemerkenswerte Geschichten um sie. Prominente Orte mit Posuban-Schreinen, an denen Touristen freundlich begrüßt werden, sind *Anomabo, Apam, Elmina, Mankesim* und *Gomoa-Otsew*. Weil an solchen Orten Tradition mit Ritual einhergeht, sollten Besucher die obligatorische Flasche Schnaps nicht vergessen, fürs Fotografieren, eine Führung mit dem Priester und während einer religiösen Zeremonie, wird ein zusätzlicher Betrag fällig. Es gibt keine festen Preise, man erfragt am besten alles, bevor es losgeht. Sollten die Beträge astronomisch klingen, ist ein wenig Handeln erlaubt.

Was Namen verraten

Hier in der Zentralregion hat das Zusammentreffen zweier völlig fremder Kulturen – der afrikanischen und der europäischen – eine »afrikanische Synthese« hervorgebracht, die in der Architektur, Lebensart und im Charakter der Menschen dieses Landstriches heute noch zu bemerken ist.

So haben aufgrund der starken europäischen Präsenz fast alle **Küstenstädte** Doppelnamen. Heute werden offiziell die englischen Bezeichnungen be-

WICHTIGE & SEHENSWERTE SKLAVENBURGEN

Ort	Name	Baujahr	Erbauer
Beyin	Fort Appolonia	1750	britisch
Axim	* Fort São Antonio	1515	portugiesisch
Prince's Town	Groß Friedrichsburg	1683	deutsch
Dixcove	* Fort Metal Cross	1692	britisch
Butre	Fort Battensteyn	1640	holländisch
Sekondi	* Fort Orange	1640	holländisch
	Fort Sekondi	1645	britisch
Shama	* Fort São Sebastiao	1560	portugiesisch
Komenda	British Fort	1663	britisch
	Fort Vredensburg	1663	holländisch
Elmina	* São Jorge da Mina	1482	portugiesisch
	São Jago da Mina	1483	portugiesisch
Cape Coast	* Cape Coast Castle	1630	britisch
	Fort Victoria	unklar	britisch
	Fort Williams	unklar	britisch
Moree	Fort Nassau	1612	holländisch
Anomabo	* Fort William	1630	britisch
Abandze	* Fort Amsterdam	1631	britisch
Apam	Fort Leydsaamsheid	1697	holländisch
Senya Beraku	* Fort Goude Hoop	1667	holländisch
Accra	Christiansborg (Osu Castle)	1651/59	dänisch
	* Crèvecœur (Ussher Fort)	1650	holländisch
	* James Fort	1663	britisch
Teshie	Augustaborg	1787	dänisch
Old Ningo	Fort Fredensborg	1734	dänisch
Ada	Konigstein	1784	dänisch
Keta	Fort Prinsendsten	1784	dänisch

* = sehenswert, ↗ Karte Seite 62/63

nutzt, aber oft werden die lokalen Akan-Namen gebraucht. Einige davon sind:

Accra: **Nkran**	Cape Coast: **Oguaa**
Dixcove: **Mfuma**	Elmina: **Edina**
Prince's Town: **Prisi**	Saltpond: **Akyemfo**
Winneba: **Simpa**	Shama: **Essema**
Half-Assini: **Ewiebo**	

Die vielen Europäer, die über die Jahrhunderte hier tätig waren, haben auch »menschliche« Spuren hinterlassen. Es ist keine Seltenheit, Ghanaer von der Küste zu treffen, die englische, portugiesische, holländische, dänische, deutsche oder französische **Nachnamen** tragen. Solche Namen wie *Lemaire, da Costa, Hayford, Simpson, Hansen, Quist, Vanderpuije, Vroom* oder *Wartenberg* sind hier ganz normal.

Reisen in der Zentralregion

Mit der vorhandenen Wirtschaftsstruktur, seiner für den Tourismus idealen Lage am Meer mit wunderschönen Stränden und seinen abwechslungsreichen Ausflugs- und Besichtigungsmöglichkeiten wäre diese Region für den Fremdenverkehr besonders geeignet, wenn nur in diesem Sektor die nötigen Investitionen getätigt würden. Schon jetzt fahren 80 % aller Ghana-Reisenden in die Städte dieser Region, und die absolute Zahl ließe sich durchaus erhöhen. Manche Bürgermeister haben die Lücke erkannt, besonders jene, die auf keine kommunalen Einnahmen zurückgreifen können. So versuchen beispielsweise die lokalen Politiker von **Cape Coast** und dessen Umland, Kapital aus den vorhandenen Sehenswürdigkeiten zu schlagen, Cape Coast entwickelt sich langsam gar zu einer Touristen-Hochburg. Es wurde eine örtliche »Entwicklungsgesellschaft zur Förderung des Tourismus« gegründet, und fieberhaft wird an der Verbesserung des touristischen Angebots gearbeitet. Vielleicht ist dies der Beginn einer Entwicklung, die das Wirtschaftsleben in der Region ein wenig ankurbelt. Mit Augenmaß könnte dies gelingen.

Cape Coast ist allein wegen seines eindrucksvollen **Museums zur Sklavengeschichte** einen Besuch wert. Darüber hinaus sollten Sie einige der **Burgen** besichtigen, vielleicht während einer Strandwanderung entlang der historischen Küste. Zur Entspannung und Erbauung können Sie mit den **Fischern** von *Abandze* oder *Moree* in ihren offenen Kanus fischen gehen, am Strand von *Winneba* die riesigen Schleppnetze mit an Land ziehen helfen, Fotos über Fotos machen und schließlich auf der Suche

---

SEHENSWÜRDIGKEITEN DER CENTRAL REGION AUF EINEN BLICK

Abandze: Fort Amsterdam
Abrafo: Kakum-Nationalpark mit *Canopy Walkway*, Baumwipfelweg
Anomabo: Posuban-Schreine, Fort William
Assin: Atandaso Resource Reserve
Senya Beraku: Fort Goude Hoop
Cape Coast: Cape Coast Castle & Museum
Elmina: São Jorge da Mina, Posuban-Schreine, holländischer Friedhof
Mankesim: Posuban-Schreine

Interessante Märkte:
Ajumako: Mo | **Apam:** Mo | **Assin Foso:** Di, Fr | **Bawjiase:** Di, Fr | **Essiam:** Do | **Kasoa:** Di, Fr | **Mankesim:** Mi | **Agona Swedru:** Mo, Do

Feste im Fanti-Land

Die Volksfeste der Zentralregion gehören zu den bestorganisiertesten und farbenprächtigsten in Ghana. Wer hier Urlaub macht, sollte auf jeden Fall versuchen, ein Fest mitzuerleben. Es wird für Sie ein Höhepunkt werden!

Edina Buronya
Elmina, 1. Do im neuen Jahr: Dieses Fest findet nur in Elmina statt und bedeutet »Elminas Weihnachten«. Wenn man so will, ist dies ein *Neujahrsfest*. Es ist die lokale Version eines portugiesischen Festes, das ebenfalls im Januar zelebriert wurde.

Aboakyer, das Jagdfest
Winneba District, 1. Sa im Mai: Ein sehr populäres Fest für die *Efutu*. *Aboakyer* (Aboatschirr gesprochen) bedeutet übersetzt »Wildjagdfest«. Auftakt ist ein Jagdwettbewerb zwischen zwei traditionsreichen Kriegergruppen, bei dem die notwendigen Eigenschaften Mut, Vitalität und Ausdauer gemessen werden. Im nahegelegenen Wildreservat muß eine Antilope mit den bloßen Händen gefangen werden. Der Gewinner darf sich als Sieger für das Jahr betrachten. Die Antilope wird als Opfergabe der mächtigen Gottheit *Penkye Otu* präsentiert.

Bakatue, das Fischerfest
Elmina, 1. Di im Juli: Übersetzt heißt es »Eröffnung der Lagune«, und tatsächlich symbolisiert das traditionsreiche Fest den Saisonbeginn für die Fischerei, die die Haupterwerbsquelle der Menschen hier ist. Die Höhepunkte sind das Zusammenkommen aller Honoratioren der Gegend (*Durbar*), eine farbenfrohe Kanuregatta auf dem Benya und Umzüge. Zu diesem Anlaß wird in einer Zeremonie das erste Netz der Fischereisaison geworfen. Der erste Fang wird den Göttern dargebracht.

Odambea: Auswandererfest
Saltpond, letzter Sa im Aug: Die *Nkusukum* feiern die Auswanderung ihrer Akan-Vorfahren von Techiman bis zur Küste. Odambea bedeutet soviel wie »starke Bindung« und soll seit der Emigration alle Menschen bestärken, ihre emotionalen Bindungen weiterleben zu lassen. Anläßlich des Festes wird als Straßentheater das frühere Leben vor der schweren Emigration nachgeahmt.

Fetu Afahye
Cape Coast, 1. Sa im Sep: Die *Fetu* rund um Cape Coast begehen ihren Festtag mit Umzügen der sieben Asafo-Gruppen. Ihre Aufmachung zeigt, welche europäischen Einflüsse im Spiel waren. Wie der Name sagt, ist Afahye (afasche gesprochen) auch ein »Fest der neuen Kleider«, und diese Vorgabe versuchen alle zu unterstreichen. Als Dank wird zum Schluß eine Kuh für die angeblich 77 Götter von Fetu geschlachtet.

Weitere wichtige Festtage
Agona Swedru: *Akwanbo,* Fest der Erneuerung, 1. Do im Aug
Ajumako, Apam, Mankesim: *Akwanbo,* Aug
Anomabo: *Bontungu,* Dankfest, Sep
Awutu: *Awubia,* Fest des Wiedersehens, 1. Sa im Sep
Sekondi: *Asafua,* im Juni; *Edim Kese,* Aug

nach Waldelefanten den **Dschungel** im *Kakum-Nationalpark* durchstreifen.

Die Küstenbewohner sind sehr offene, freundliche Menschen, die seit langem gewohnt sind, mit Europäern umzugehen. Das heißt zum Beispiel, daß man hier ungehindert fotografieren kann, ohne daß sich die Leute aufregen. Woanders in Ghana ist dies nicht immer so selbstverständlich.

ORTE & STRÄNDE
Gomoa Fetteh

Nur 30 km hinter Accra auf der Winneba-Strecke liegt die kleine Kommune Gomoa Fetteh mit einem wunderschönen Strand und ruhigen Gewässern. Der Strand liegt verborgen an einer romantischen Küste. Ab der Abzweigung in *Awutu* nach links sind es immer noch 15 km bis zum Meer.

Verbindungen

Von Accra fährt man am besten bis *Akoti* (sprich Akuthie) *Junction;* ab Awutu zahlt man mehr. Hinweisschilder an der Hauptstraße leiten zu den beiden Hotels.

Nach Senya Beraku: Neben dem Polizeirevier liegt die neue Tro-Tro-Station Fettehs, von wo Busse ins Nachbardorf abfahren. Auch verkehren Droping-Taxis; bis 3 €. Ansonsten haben Sie die Alternative die 5 km am Strand entlang zu Fuß zu gehen.

Unterkunft & Essen

▲ ⊠ ⌂ ▲ ⚑ *Till's No. 1,* ✆ 021/304890, 027/550480, 020/8165-799 oder -800. 1995 von einem Deutschen eröffnet und inzwischen sogar schon erweitert, steigert Tills Hotel Gomoa Fettehs Attraktivität ungemein. 12 landestypisch eingerichtete Zimmer mit Dusche, WC, TV und AC. Verleih von Surfboards. Auch Campingmöglichkeiten. An Wochenenden oft ausgebucht. EZ 50 €, DZ 60 – 65 €, inklusive Frühstück und Steuer. Reisende mit pmv-Reiseführer erhalten 10 % Nachlaß. Der Strand mit Kokospalmen ist einfach superb, im hoteleigenen Restaurant ißt man sehr gut.

▲ ⊠ ⌂ ▲ *White Sands Beach Club,* P.O. Box C575, Accra-Cantonments, ✆ 021/774-226, 027/550707, Fax -064, whsands@ighmail.com. Mit dieser schönen Anlage ist Gomoa-Fetteh zu einem populären Badezentrum geworden. Die Anlage im mexikanischen Stil, an einer Flußmündung mit Zugang zum Meer gelegen, ist ein Paradies für Wassersportler. Vor Ort sind 3 Gourmet-Restaurants mit Fisch- und Tropenspezialitäten sowie 2 Bars. Die 7 großen DZ 75 – 90 € sind an Wochenenden oft ausgebucht, Reservierung wärmstens empfohlen. Während der 2006-Recherche wurde die Anlage gerade erweitert.

✳ **Tip:** Kenner behaupten, der Küstenbereich zwischen Fetteh und Senya Beraku biete die besten Surfspots in Ghana.

✳ **Tip:** Die Feste werden von in- und ausländischen Gästen sehr stark besucht. Zu solchen Zeiten sind Betten knapp. Die Touristenbüros in Accra und Cape Coast sind bei der Reservierung behilflich.

Senya Beraku

1704 bauten die Holländer in diesem Fischerdorf rund 40 km westlich von Accra das kleine **Fort Goude Hoop** (*Good Hope*), weil sie sich ein einträgliches Geschäft mit Gold erhofften. Kurz danach erwies sich der Sklavenhandel als ergiebiger, und die Burg wurde erweitert. Von der recht sehenswerten Burg hat man

Badetag: Am Strand von Senya Beraku tummeln sich auch die Einheimischen

eine gute Sicht über den Ort und das Meer.

Obwohl sich hier nichts Spektakuläres ereignet, ist Senya Beraku ein schöner Ort, um – exotische Säfte schlürfend und sich mit der sehr freundlichen Bevölkerung unterhaltend – ein paar ruhige Tage zu verbringen. Untypisch für Ghana ist hier die zerklüftete Küste voller Klippen, die man mit Hilfe der örtlichen Fischer entdecken kann.

Verbindungen & Unterkunft

Von Accra fahren Minibusse oder Tro-Tros ab der Kaneshie Car Station (gegenüber dem großen Markt) direkt nach Senya Beraku; 0,80 €. Oder wie nach Gomoa Fetteh.

🔺 Die örtliche *Sklavenburg* wurde zu einem gemütlichen Hotel mit freundlichem Personal ausgebaut. Es gibt saubere Zimmer, gutes Essen und einen phantastischen Blick aufs Meer. Die recht einfachen Zimmer kosten 3 €, die »Luxus-Suite« 10 €. Wer zu Mittag oder Abend essen möchte, sollte vorher Bescheid sagen. Fried Rice mit Huhn oder Fisch rund 1,50 €.

✱ **Tip:** Angrenzend gibt es auch einen kleinen Laden, in dem Bier und Erfrischungsgetränke angeboten werden.

Baden in Winneba

60 km hinter Accra erreicht man auf der gut ausgebauten Hauptstraße Richtung Cape Coast Winneba (ungefähr 45.000 Einwohner). In der kolonialen Ära wuchs Winneba als Hafenstadt heran, bis 1920 der Hafen von Takoradi gebaut wurde. Der Ort selbst liegt 3 km von der Hauptstraße entfernt am Meer. Die Nähe zu Accra wirkt sich vorteilhaft aus, weil man bequem von der Hauptstadt aus einen schönen Tagesausflug nach Winneba

machen kann. Manche bleiben sogar ein paar Tage, um sich hier richtig zu erholen.

Der Ort hat einen romantischen **Strand** und eignet sich gut für einen Badeurlaub. Daß hier oft ein Wind weht (und es im Jan und Feb kühl werden kann) deuten die Namen der Lodges an. Außer dem Strand, der einzigen Sporthochschule Ghanas und einer Universität besitzt Winneba einen quirligen **Fischerhafen** und bietet – wen wundert's – exzellente Fischspezialitäten. *Aboakyer,* das große **Volksfest** im Mai, ist über Ghanas Grenzen hinaus bekannt und bietet Gelegenheit noch mehr ghanaische Spezialitäten kennenzulernen – nicht nur in kulinarischer Hinsicht.

Zwischen Winneba und Apam liegen Brutstätten der riesigen **Meeresschildkröten,** die an diesem Küstenabschnitt unsinnigerweise oft gejagt werden, um nicht zuletzt auch den Gästen als Delikatesse vorgesetzt zu werden. Von Bedrohung und derlei Luxusansprüchen haben die einfachen, ehrlichen Fischer von Apam noch nie etwas gehört. ↗ Voltagebiet, Essay Meeresschildkröten.

Tip: In letzter Zeit, da vermehrt Touristen im Ort aufkreuzen, mutieren manche der einheimischen Kinder am Strand von Winneba zu Bettlern. Sie sollten dem keinen Vorschub leisten.

Praktische Informationen

Verbindungen: An der *Car Station* im Zentrum warten Kleinbusse nach Accra (45 Min.), Cape Coast (1 Std.), Swedru (25 Min.) usw.

Krankenhaus: *Government Hosp.,* ✆ 22103.

Vorwahl Winneba: 0432.

Unterkunft & Essen

Außerhalb Winnebas:

- ♠ 🛏 *Yes Motel,* ✆ 22616, an der Winneba Junction 6 km vor dem Ort nahe dem Accra – Cape Coast-Highway. 16 nüchterne Zimmer, je nach Ausstattung 4 – 10 €.

- ♠ 🍽 🛏 *Windy Lodge,* 1✶, kein Telefon. Die Lodge nördlich des Ortes mitten in der Wildnis ist ohne Auto schlecht zu erreichen. Nur eine beschilderte Piste führt zu ihr. Abgesehen davon ist die Lodge allerdings ein wahres Refugium. Die Zimmer kosten alle 25 € pro Nacht.

- ♠ 🍽 🛏 *Windy Bay,* 1✶, ✆ 20415, P.O. Box 434, Winneba. Am Nordstrand des Ortes, ausgeschildert, ist näher an der Hauptstraße und viel größer als Windy Lodge, mit Konferenzsaal, 20 – 45 €.

- ☀ **Tip:** Auf der Abzweigung stadteinwärts liegt *Ekems Ceramic Showroom,* wo Keramik-Produkte, Schüsseln, Vasen, Aschenbecher, Wandkacheln usw. hergestellt und verkauft werden.

In Winneba:

- ♠ *Sir Charles Holiday Resort,* P.O. Box 107, ✆ 22189. War einmal eine beliebte Ferienanlage, ist mit dem Tod des Besitzers aber ziemlich heruntergekommen und wird nun von Verwandten weiter geführt. Eine Übernachtung empfiehlt sich hier nur als letzte Möglichkeit. 2 – 6 €.

- ♠ 🍽 🛏 *Lagoon Lodge,* 1✶, Südcampus, P.O. Box 149, Winneba, ✆ 22435, 020/816203-1, -4, www.lagoon-lodge-winneba.com. Südlich der Uni gelegen und von einem engagierten Hotelier mit Auslandserfahrung geführt. Angenehmes, offenes Haus mit familiärer Atmosphäre. Die 20 luftigen EZ/DZ sind alle mit WC, Bad und Ventilator ausgestattet und kosten 11 – 22 €. Bar und gutes Restaurant im Hof; zum Strand höchstens 10 Gehminuten.

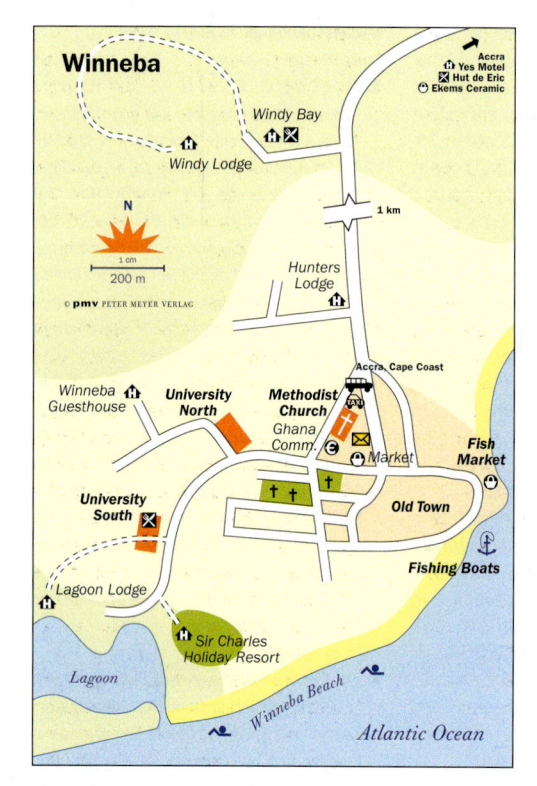

Winneba

(map showing Winneba with labels: Windy Bay, Yes Motel, Hut de Eric, Ekems Ceramic, Accra, Windy Lodge, Hunters Lodge, 1 km, Accra, Cape Coast, Winneba Guesthouse, University North, Methodist Church, Ghana Comm., Market, Fish Market, University South, Old Town, Fishing Boats, Lagoon Lodge, Sir Charles Holiday Resort, Lagoon, Winneba Beach, Atlantic Ocean)

Wer in Winneba nicht unbedingt Fufu an der Straßenecke essen mag, kann zur kleinen *Universitätsmensa* gehen, wo es Essen auf Bestellung gibt.

Hut de Eric, unmittelbar am Kreisverkehr in Winneba-Junction. Das gutbesuchte Restaurant bietet günstige Schnellgerichte und ghanaische Mahlzeiten mit freundlichem Service an. Besonders die Bar mit kaltem Star-Bier zwingt zur Pause.

Mankoadze

Ungefähr 5 km hinter Winneba-Junction zweigt eine schmale Straße linker Hand nach Mankoadze ab (55 km von Accra). Etwas über 4 km später befindet man sich im friedlichen Fischerdorf mit traumhaftem Strand. Wer es ganz ruhig und beschaulich liebt, ist hier richtig, um ein paar besinnliche Tage zu verbringen. Vor Ort sind zwei Ferieneinrichtungen:

Hier lohnt eine Voranmeldung, da beliebt und oft ausgebucht.

- *Hunters Lodge*, © 020/8131494, Fax 021/229665, P.O. Box KU262, Winneba, am Stadtrand an der Hauptstraße zur Innenstadt, relativ neu. Alle 8 DZ mit AC, TV, Warmwasser, EZ/DZ 15 – 22 €, Executive Rooms zu 36 €. Tennisanlage.
- *Winneba Guesthouse* (auch als *Army Resthouse* bekannt) nahe der Universität, © 22208. Große, saubere Zimmer mit schöner Aussicht aufs Meer, für EZ/DZ mit Ventilator 5 – 7 €.
- *Kokwaado Cottage Cultural Centre*, P.O.Box KU 123, Winneba, © 0244/773908028, 44773908, info@ghana-urlaub.de, im afrikanischen Stil, wird von einem deutsch-ghanaischen Ehepaar geführt. Besucher, die 14 Tage im Cottage bleiben, werden vom Flughafen in Accra abgeholt. Vorhanden sind 12 möblierte Zimmer mit WC/Dusche, Ventilator, Moskitonetz und Strom von einer Solaranlage VP im DZ 27 €, VP im EZ 30 €. Hier sind

Tanzkurse, Tagestouren, Trommelkurse buchbar, Fahrräder.

♠ 🎵 *Keke's Beach Lodge,* © 00233/24487-3389, www.kekesplace.com. Die Anlage für Erholungs- und Tanzenthusiasten wird nur pauschal an Gruppen ab 10 Personen vermietet. Garantiert sind schöne Ausblicke zum Meer sowie in das Hügelland.

Agona-Swedru

Ab Winneba Junction fährt man 20 km in nördliche Richtung bis **Agona-Swedru,** einer blühenden Bezirkshauptstadt mit rund 20.000 Einwohnern, die hauptsächlich vom Handel leben. Wegen der talentierten Handwerker in der Umgebung ist der Markt in Swedru interessant. Hier könnten Sie gute, nicht alltägliche Souvenirs aus Holz finden. In Ghana ist Swedru ebenfalls wegen seiner guten Blechbläser-Kapelle bekannt, die sich landesweit großer Beliebtheit erfreut.

Praktische Informationen

♠ 🍴 *Greenland Hotel,* 3★, © 041/20062-5, Fax 20061. P.O. Box 189, Agona-Swedru, info@greenlandhotel.com.gh. Ein super Hotel, das man kaum 22 km landeinwärts von Winneba vermuten würde. Von Tennis bis Gourmet-Restaurant ist alles vorhanden. B&B 70 – 145 €, HP 85 – 145 €, VP 95 – 150 €.

♠ 🍴 *Ntiamoah Hotel,* 2★, 041/273, P.O. Box 287, Agona-Swedru. Nur ein paar Schritte von Greenland entfernt auf derselben Straße hat dieses Hotel 28 Zimmer, die meisten mit TV, Telefon, Minibar; 18 – 30 €. Darüber hinaus Restaurant, Tennis, Swimmingpool, großer Biergarten.

Vorwahl Agona-Swedru: © 041.
Krankenhaus: *Government Hosp.,* © 20314.
Agonaman Clinic, Commercial Street, © 261.

Apam

Dieses ruhige Fischerstädtchen westlich von Winneba mit rund 10.000 Einwohnern hat touristisch eigentlich nicht viel zu bieten und erscheint deswegen auch selten auf der Liste der bevorzugten Reiseziele. Doch Apam hat Geschichte. Die Gebäude verraten eine gewisse Erhabenheit, die von der Vergangenheit zu sprechen scheint.

Bereits 1697 bauten die Holländer hier, eher halbherzig, eine Burg, die keine große Freude aufkommen ließ, weil wenig Profit daraus zu schlagen war. Sie nannten sie sinnigerweise **Fort Leydsaamsheid** (Geduld oder Leidwesen). Die Ruine auf der höchsten Erhebung in der Umgebung ist praktisch das Spektakulärste, was Apam zu bieten hat. Die Vergangenheit ruht und Apam ist heute ein verträumtes Städtchen, dessen Bevölkerung hauptsächlich von der Fischerei lebt. Ein College und ein gut geführtes Krankenhaus gibt es hier.

Im Gegensatz zu Apams größerer Schwester Winneba sind die Menschen hier viel freundlicher. Die Strände sind genauso schön, wenn nicht sogar besser. Individualisten, die ein Stück Beschaulichkeit erleben möchten, können ein paar schöne Tage in den bescheidenen Räumen der Burg verbringen, wo es allerdings keine Verpflegung gibt. Der örtliche Markt und einige Straßenläden bieten aber genug zum Essen an. Noch besser, wenn man Leute kennenlernt und gemeinsam mit ihnen kocht. Fisch satt gibt es am kleinen Hafen.

Verbindung & Unterkunft

Ab Accra, Kaneshie Car Station, mit einem direkten Minibus für weniger als 0,80 €. Es dau-

ert knapp 1 Std. für die rund 70 km. Alternativ kann man auch an der Abzweigung in Ankamu aussteigen und ein Sammeltaxi für die restlichen 9 km zum Meer nehmen.
Nach Winneba gibt es trotz der Nähe keine Verbindung. Aufpassen, das Ortsschild von Apam ist recht unscheinbar.

🔺 *In der Burg:* Die Nacht kostet mit 3 € fast nichts, es gibt keinen Strom und kein Essen, zudem ist Eimerduschen angesagt.

Mankesim & Saltpond

44 km vor Cape Coast liegt Mankesim (7000 Einwohner), die Wiege der Fanti-Nation und deswegen für die Fanti eine historisch wichtige Stadt. Nach einer Periode der Wanderungen siedelten die sieben großen Gruppen der heimatsuchenden Fanti in Mankesim; auch heute führen die Menschen hier alle ihre Wurzeln auf jene Zeit zurück. Von Mankesim aus verteilten sich die verschiedenen Sippen und Gruppen in die anderen Küstengebiete. Interessierte können sich für etwa 1 € von einem amtlichen Erzähler die Geschichte der Stadt, die Bedeutung der Schreine und Statuen in der Stadt erklären lassen.

Die strategische Position auf dem Schnittpunkt der Handelswege zwischen der Küste und dem Landesinneren hat Mankesim zur Stadt des Handels mit dem größten Markt werden lassen. **Markttage** sind Dienstag und Mittwoch, wenn Lebensmittel, Textilien und Handwerksgegenstände von der ganzen Um-

---

ASAFO – EIN BUND FÜRS LEBEN

▶ Bei den Asafos handelt es sich um Heimatverteidigungsvereine, deren selbstgestellte Aufgabe es früher war, die örtliche Bevölkerung zu schützen sowie in Kriegszeiten die Armee zu unterstützen. Innerhalb der Gruppen streng hierarchisch ausgerichtet, sorgte ihre dezentrale Organisationsform dafür, daß auf Bedrohungen rasch reagiert werden konnte. Überall in den Akan-Gebieten Ghanas existieren die Asafo-Verbände noch, besonders aktiv sind sie in den Küstengebieten des Fantilandes.

Doch die Rolle der Asafo-Verbände hat sich im Laufe der Zeit verändert, ihre Dienste sind längst von Polizei und Armee übernommen. Heute wirken sie eher als kulturelle und soziale Institution. Für Jugendliche aus gutem Hause gilt es als eine Auszeichnung, in einen Asafo-Verein – manchmal gibt es vor Ort sogar konkurrierende Gruppen – aufgenommen zu werden. Auch üben sie eine gewisse religiöse Funktion aus, die sich durch die markanten Posuban-Schreine ausdrückt. Da sie enge Beziehungen zu den traditionellen Machthabern pflegen und ihr Wort Gewicht hat, bestimmen sie nicht selten die Kommunalpolitik mit.

In Erscheinung treten sie vor allem bei Beerdigungen oder Festen, die oft von ihren martialischen Auftritten in bunten Kostümen eingeleitet werden. Mit besonderen Tänzen, die Mut und Stärke suggerieren sollen, und Trommelmusik machen sie viel Eindruck. ◀

gebung dorthin gebracht und verkauft werden.

Mit Ausnahme des weitbekannten **Posuban-Schreins** hat die Stadt allerdings nichts mehr zu bieten, außer lärmendem Markt, Bretterbuden und sattes Leben entlang der Straße nach Cape Coast.

Von Mankesim kommend, ungefähr 9 km westlich, liegt **Saltpond**. Dies ist ein ruhiges Städtchen mit kolonialem Flair und schönem Strand, das sich für Kurzbesuche gut eignet. Weil der Ort etwa 1 km von der Hauptstraße entfernt liegt, wird er oft übersehen. Man versäumt nicht viel, aber Saltpond ist ein gutes Beispiel einer typischen Stadt in Südghana, in der sich das wirkliche Leben gut beobachten lässt. Taxis und Tro-Tros pendeln zwischen Mankesim und Cape Coast direkt nach Saltpond.

Unterkunft & Essen

Mankesim:

♠ ✕ ✉ ⚓ ✕ *Manna Heights,* Kilometer One auf der Straße nach Cape Coast, P.O. Box 200 Mankesim, ✆ & Fax 042/33856 oder 020/8110400, mannaheights@choiceradio.com. Gehört zu den angenehmsten Hotels weit und breit. Wunderbar auf einer Anhöhe in ruhiger Lage plaziert, lassen sich hier auch gut Konferenzen gestalten. Die Zimmerpreise liegen zwischen 40 €, 50 € (Chalets) und 135 € (4-Bett-Suite), Gruppenpreise möglich. Tennisanlage.

♠ *Naatoa Guesthouse,* ✆ 042/33835; ein kleines Gasthaus im Zentrum der Stadt, mit EZ und DZ 6 – 10 €.

♠ *Royal Palace Hotel.* 10 Zimmer, einfach, aber sauber, DZ 5 €.

Saltpond:

♠ *Nkubem Hotel,* ✆ 042/201, P.O. Box 286, an der Einfallstraße gelegen. Familiengeführtes Haus mit 21 einfachen Zimmern, freundliche Bedienung. EZ 6 €, DZ 10 €. Getränke, aber kein Essen. Dies ist im benachbarten Anomabo zu bekommen.

Krankenhaus: *District Hospital,* ✆ 042/33850.

Kormantse & Abandze

19 km vor Cape Coast aus Richtung Accra liegt diese Zwillingsgemeinde, die früher für die Engländer und Holländer ein wichtiger Handelsort war. Schon von der Hauptstraße aus sieht man hoch auf dem Berg das holländische **Fort Amsterdam** (gebaut 1631). Es ist weitgehend zerstört, aber die Grundmauern stehen noch, und es gibt Pläne, die Gesamtanlage zu rekonstruieren. Allein der von der Burg aus weit reichende Blick über den Ozean lohnt einen Abstecher.

Der weltberühmte nordamerikanische Jazzmusiker **Louis Armstrong** (1900 – 1971) soll seine Ahnen bis zu diesem Ort zurückverfolgt haben. Er war 1956 hier zu Besuch, jammte mit *E.T. Mensah* zusammen auf der Trompete.

♠ ✕ ✉ ⚑ *Abandze Beach Resort,* 1✴, P.O. Box 291, Saltpond, ✆ 0244/576439, www.abandzebeach.com, info@abandzebeach.com. Ferienanlage unter britischer Leitung, an einer romantischen Bucht unterhalb der Burg. Die im afrikanischen Stil errichteten 7 Chalets unweit der Hauptstraße nach Cape Coast sind gut eingerichtet. Mit großem Restaurant und luftiger Bar. EZ/DZ mit Klimaanlage oder Ventilator und TV für 18 – 35 €.

Anomabo & Fort William

Von Saltpond sind es nur 8 km bis **Anomabo**, einem unscheinbaren Ort mit großer Vergangenheit. Hier steht eine gut erhaltene Burg der Briten, **Fort William,** gebaut 1751, die eine wichtige Rolle während der Epoche des Sklavenhandels spielte. Aus vielen Berichten ist bekannt, daß hier oft vier oder fünf Schiffe gleichzeitig vor Anker lagen, um Menschenfracht aufzunehmen. Viele der Sklaven von Anomabo wurden auf die Jungferninseln geschickt.

> Obwohl schon lange kritisiert, war Fort William tatsächlich bis 2006 ein Gefängnis und wartet heute auf Besucher, die die Verließe besichtigen wollen. Da die Sklavenburg nie umgebaut wurde, sondern in ihrer ursprünglichen Form als Gefängnis genutzt wurde, sieht man die alten Sklaveneinrichtungen fast im Original. Gute Führung.

Gegenüber der Anlage steht eine alte **Burgruine,** die ebenfalls von den Engländern erbaut wurde, aber nicht zu Fort William gehört. Wie es heißt, sollen die verlassenen Gebäude zu einer Fachhochschule umgestaltet werden.

Was man in Anomabo ablichten kann, sind die vielen **Posuban-Schreine** im Ort. Sie gehören den verschiedenen Asafo-Gruppen und geben Hinweise über Geschehnisse aus der Vergangenheit.

- *Marisabel Hotel,* früher Adaano Hotel, Cape Coast Highway, ⓒ 042/33734 bzw. 0244/383343, P.O. Box 44, Anomabo; mit 23 passablen, einfachen Zimmern direkt an der Hauptstraße nach Cape Coast.
- *Ebenezer Rest Stop & Guesthouse,* Cape Coast Highway, ⓒ 042/33673, P.O. Box 57, Anomabo, ist nicht mehr Intercity STC-Haltestelle, bietet aber immer noch Essen, Getränke und ordentliche, zum Teil klimatisierte EZ/DZ für 7 – 10 €.
- *Anomabo Beach Resort,* ⓒ 042/330-01, P.O. Box 52, Anomabo, anomabo@hotmail.com. Am Meer, versteckt zwischen Kokospalmen; tolle Strandanlage mit Restaurant und kleinen, gemütlichen Hütten im afrikanischen Stil. Je nach Personenzahl stehen zur Verfügung: 2er Hütte mit Gemeinschaftsklo und -Bad 20 – 25 €, Familienhütte 70 €, Zimmer mit AC 70 – 115 €; Zeltmiete 10 – 15 €, Camping 3 € pro Kopf plus Frühstück.
- *Weda Lodge,* ⓒ 020/8140435, P.O. Box 43, Anomabo. Bemerkenswert ist die Lage des Hauses, das hoch oben auf einem steilen Hügel mit einer atemberaubend schönen Aussicht auf die Umgebung thront. Seit 2003 ist dieses Haus, ursprünglich ein Wochenenddomizil eines reichen Industriellen, zu einem schönen Gästehaus umfunktioniert, mit 5 geräumigen Suiten für den ruheliebenden Gast. Je nach Ausstattung 35 – 60 €.

Biriwa, Ort deutscher Sehnsüchte

Biriwa liegt nur 5 km weiter westlich von Anomabo. Es ist ein typisches Fischerdorf, das eine besondere Anziehungskraft auf Deutsche zu haben scheint. Eine Berufsschule für Handwerker wurde von Deutschen gespendet. Die Ortschaft selbst bietet Touristen wenig, aber die steinige, schöne Küste westlich des Dorfes bietet Gelegenheit für ausgedehnte Spaziergänge, die von der nachfolgenden, deutschgeführten Hotelanlage aus gestartet werden können.

- *Biriwa Beach Hotel,* P.O. Box 479, Cape Coast, 042/33333, www.africannaturetours.com. Unmittelbar vor dem Ortsschild von Biriwa führt eine Seitenstraße zu dem Hotel, das auf einer Anhöhe mit schönem Blick auf den Atlantik liegt. Es ist ein »Geheimtip« für alle, die nach langer

Abstinenz endlich wieder Wiener Schnitzel genießen möchten – aus den Händen einer echten deutschen Frau. Auch gut sind die Fischspezialitäten. EZ/DZ 30 – 50 €.

🔺 ✉ 🛏 ➡ *Moree Beach Resort,* 1✱, ✆ 027/2149, 0244/315210, 020/8112156, www.majovu.com, mail@majovu.com. Relativ neue Anlage in Moree, etwa 10 km nordöstlich von Cape Coast. Die 10 Zimmer an dem schönen Strandabschnitt werden von einem netten Paar mit viel Auslandserfahrung geführt. Gutes Restaurant. Reiseplanung und geführte Touren möglich. EZ/DZ 25 – 38 €.

DAS GESCHICHTS-TRÄCHTIGE CAPE COAST

Rund 100.000 Menschen leben in und um Cape Coast. Zwar war Cape Coast bis 1876 die Hauptstadt der Kolonie Goldküste und ist heute das Verwaltungszentrum der Zentralregion, dennoch hat Cape Coast keinerlei Großstadt-Attitüden und sieht auch nicht wie eine Großstadt aus. Allerdings: Von Kumasi abgesehen, ist Cape Coast die geschichtsträchtigste Stadt des Landes.

Stadtgeschichte

Cape Coast existierte schon vor Ankunft der Europäer als ein kleines Fischerdorf, *Oguaa* genannt. Ein Dorf wie viele andere an der Küste ohne besondere Merkmale – außer einer markanten, exponierten Lage. Und es war genau diese Lage, die das Dorf Oguaa für die Europäer so interessant machte, so daß sich fast alle, die an Oguaa vorbeikamen, hier niederlassen wollten.

Die rastlosen Portugiesen, auf der Suche nach einem günstigen Landungs-

Berühmte Burg: Im Cape Coast Castle befindet sich das Museum zur Sklavengeschichte

platz, gaben dem langgestreckten Kap den Namen *Cabo Corso*. Die weitere Geschichte ist schnell erzählt: Es folgte eine hitzige Jagd unter den Europäern um die Vormachtstellung, bei der die Briten zum Schluß die Sieger blieben. Um 1700 war Cape Coast bereits Zentrum der britischen Aktivitäten an der Goldküste. Alle Verantwortlichen der britischen Handelskompanien an der Goldküste ließen sich in dem großen Fort von Cape Coast nieder. Als das Gebiet 1844 formell zur britischen Kolonie erklärt wurde, wurde die Festung der Sitz des Gouverneurs; Cape Coast war somit die koloniale Hauptstadt geworden. Auch heute noch wird das Bild der Stadt von dem großen *Cape Coast Castle* sowie zwei kleineren Burgen, die Cape Coast Castle flankieren, geprägt.

Das Städtchen wuchs rasch heran, Wohnhäuser, Straßen und die ersten Schulen des Landes wurden gebaut. Wer in der Kolonie etwas werden wollte, mußte in die Lehranstalten von Cape Coast, in der eine Bildungselite heranwuchs und sich eine gewisse Art des britischen Stils etablierte. Büroarbeit wurde zum höchsten Ziel der beruflichen Laufbahn, die fähigsten, aber auch die ärgsten Bürokraten Ghanas stammten und stammen von hier.

1877 wurde die Hauptstadtfrage neu gestellt und Accra mit seinen reichen Kaufleuten machte das Rennen. Cape Coast hat seine traditionelle Rolle als Bildungszentrum behalten und behauptet bis heute seinen unbestrittenen Vorsprung. Es ist außerdem Sitz des katholischen Erzbischofs von Ghana und einer Priesterhochschule für den geistlichen Nachwuchs. Cape Coast ist eine Verwaltungsstadt geblieben, mit vielen Lehrern, Studenten und Schülern, aber sehr wenig Industrie.

Cape Coast Castle

Das erste Ziel jeder Besichtigungstour ist die am Meer gelegene mächtige Burg der Briten, die einst zu den größten Sklavenumschlagplätzen der Welt gehörte. Sie taucht so unerwartet auf, daß es schon überrascht, mitten in der Stadt solch ein imposantes Gebäude anzutreffen. Nach einigem Hin und Her zwischen den europäischen Mächten überrannten um 1630 die Briten die Burg und tauften Cabo Corso in *Cape Coast* um. Sie ließen sie sich fortan nicht mehr aus der Hand nehmen, und bauten diesen strategischen Stützpunkt aus. Für etwa 200 Jahre war die Burg zweifellos der wichtigste Stützpunkt der Briten in diesem Teil der Welt, von dem aus sie ihre Aktivitäten in ganz Westafrika koordinierten.

Leider bekommt man keinen vollständigen Eindruck von dem ursprünglichen Aussehen der Burg. Da die Briten nach dem Umzug in die neue Hauptstadt Accra und nach 1957 alles Mobiliar nach und nach weggebracht hatten, steht die Festung heute leer da. Doch seitdem die UNESCO die Burganlage auf die Weltkulturerbe-Liste gesetzt hat, gibt es Pläne, die Originaleinrichtung zu rekonstruieren, um einen besseren Eindruck vom Leben zu jener unrühmlichen Zeit vermitteln zu können.

Das Historische Museum für westafrikanische Geschichte

Nach Abschluß der Renovierungsarbeiten hat Cape Coast jetzt wahrscheinlich das beste Museum der Welt zur **Ge-**

Die Kanonen sind aufs Meer gerichtet: Aus der Zeit, als Konkurrenten noch Feinde und nicht Mitbewerber hießen

schichte der Sklaverei. Noch bevor der Rundgang startet, gibt es zur Einstimmung einen anschaulichen **Videofilm** über die kulturelle Selbstbestimmung der Ghanaer. Geschildert wird, mit welcher Entschlossenheit sich die Ghanaer bemühen, die Traditionen ihrer Ahnen bis in die heutige Zeit aufrechtzuerhalten. In dem Film gelingt es, die kulturellen Verbindungen zwischen Afrikanern und Menschen afrikanischen Ursprungs in Amerika herzustellen. Dies ist wahrscheinlich die wichtigste Botschaft, die das Land an die große afrikanische Diaspora zu richten hat.

Danach beginnt der **Rundgang durch das Museum.** Zwar ist das Material im Museum so gut präsentiert, daß man auch ohne Führung den Rundgang machen kann. Doch ist es empfehlenswert, an einer der in regelmäßigen Abständen beginnenden Führungen teilzunehmen.

Ausführlich wird zunächst das Leben in diesem Teil der Welt vor der europäischen Invasion beleuchtet. Dann wird der Sklavenhandel sehr detailliert und einfühlsam dargestellt. Ausgestellt sind unter anderem Waffen der Sklavenjäger, Ketten und Halsringe zur »Zähmung« und Werkzeuge zur Brandmarkung der Sklaven. Der Leidensweg der Menschen wird bis ins heutige Amerika verfolgt, um den Kreis mit den dortigen Bestrebungen zur Gleichheit aller Rassen zu schließen.

Zum Abschluß gibt es eine sehr nette Ausstellung über die Kultur der Central Region, deren Hauptstadt Cape Coast ist.

Führung durch die Burg

Der eigentliche Rundgang ist eine sehr beklemmende Sache, wenn man sich vorstellt, was hier Menschen angetan wurde. Manchmal wurden bis zu 2000 Gefangene in vier relativ kleine Räume von etwa 100 m² gepfercht, ohne Licht und ohne Kleidung. In diesen unterirdischen Kerkern mußten die Gefangenen bis zu drei Monate vegetieren, bis die Schiffe kamen und sie verladen wurden. Zuvor wurden sie gebrandmarkt – mit glühenden Eisen gekennzeichnet – und aneinander gekettet. Unglaublich, daß unter solchen Bedingungen überhaupt Menschen überlebten.

Zu besichtigen sind außer den finsteren Kerkern die Wohnquartiere der Gouverneure, die Mannschaftsquartiere, der Sklavenmarkt *(Palaver Hall)*, die Todeszelle für Piraten, die Gräber des Gouverneurs *George Maclean* und seiner Frau *Leticia Landon* sowie das Grab *Kaku Akkaas,* eines Nzima-Königs, der vehement gegen die britische Landnahme kämpfte und dafür eingebuchtet wurde. Nicht zu übersehen sind die Kanonen und Kugeln zur Verteidigung der Burg.

> ◫ **Eintritt:** 6,50 €, Studenten die Hälfte. Fotoerlaubnis 1 € (Blitzlicht nötig). Im Preis inbegriffen sind die Video-Show, das Historische Museum sowie eine 30minütige Führung (englisch) durch die Burg.
> **Öffnungszeiten:** Täglich 9 – 16 Uhr.

Weitere Sehenswürdigkeiten

Es gibt noch zwei kleinere britische Burgen in Cape Coast: **Fort Victoria** im Westen und **Fort Williams** mit einem runden Grundriß. Sie wurden zur selben Zeit zur Verteidigung der Stadt strategisch günstig auf Hügeln gebaut und hatten für den Handel keine Bedeutung. Sie können ebenfalls besucht werden. Von oben hat man eine überragende Sicht über die Stadt, die zerklüftete Küste und weit hinaus übers Meer.

Außer den Burgen bietet die **City** nicht viel touristisch Interessantes. Eine Fahrt oder besser ein Spaziergang über die Hauptstraße genügen, um auf den ersten Blick zu sehen, daß es sich hier um eine sehr alte Stadt handelt, deren Seele viel erlebt hat, die sich aber äußerlich nicht viel anmerken läßt. Cape Coast hat sich seit seinen alten Hauptstadttagen nicht besonders verändert, nach dem Verlust seines Einflusses blieb seine Entwicklung einfach stehen. Das Moderne und das Alte stehen Seite an Seite: hier eine Bank, dort eine Fischerhütte.

Einerseits eine gebildete Bevölkerung, andererseits die typischen Fischer, die mitten in der Stadt ihre Netze reparieren und mit Kanus in See stechen.

Mit Blick auf den Fremdenverkehr und um die schöne Lage am Meer, ergänzt durch eine Lagune, zu nutzen, hat man seit kurzem Anstrengungen unternommen, die etwas heruntergekommene Stadt herauszuputzen. Sie wächst langsam und es gibt Pläne, den alten Kern mit einigen historischen Holzhäusern zu sanieren. Wahrscheinlich kommt alles ein wenig zu spät.

Schulen über Schulen

Cape Coast ist trotz seines vergilbten Flairs in einem bestimmten Sinne jung geblieben. Tausende junge Leute von überall im Lande besuchen hier die guten Internatsschulen oder studieren an einem der mindestens acht angesehenen Colleges. Denn seit jeher ist Cape Coast die Bildungshochburg Ghanas. Die ersten Schulen entstanden in den Burgen der Europäer, die anfangs einer kleinen Zahl von Einheimischen das Lesen und Schreiben beibrachten, damit diese als Dolmetscher und Mittler zwischen den Kulturen dienen konnten. Bald stellte sich auch die Notwendigkeit heraus, Afrikaner als Laienprediger und Pastoren ausbilden zu müssen, denn das schnelle Ableben der weißen Missionare an der malariaverseuchten Küste war dem Christianisierungsbestreben hinderlich. Dies führte zur Gründung mehrerer kirchlicher Schulen, vor allem seit der formellen Kolonisierung der Goldküste ab 1844. In der damaligen Hauptstadt Cape Coast zentrierten sich von nun an die Bildungseinrichtungen.

Köpfchen: Was man auf dem Kopf hat ...

Die Universität »CCU«

Sie liegt auf einem sanften Hügel am Stadtrand. Sie kann über die Ausfallstraße nach Elmina erreicht werden oder, aus Accra kommend, direkt auf der Hauptstraße Richtung Takoradi. Autofahrer können sie gar nicht verpassen.

Die Universität wurde 1960 als pädagogische Hochschule für die Ausbildung von Lehrkäften gegründet und sollte die Grundlage für die ambitionierten Bildungspläne der damaligen Regierung sein. Die vielen Schulen, die in jener Zeit entstanden, brauchten dringend einheimische Lehrer. Die Weitsichtigkeit dieser Entscheidung kann man heute noch unterstreichen. Ghana hat mittlerweile kein Lehrerproblem mehr, sondern eher einen Überschuß an qualifizierten Lehrern, die zunehmend auch in den Nachbarländern eingesetzt werden.

So gründeten die britischen Methodisten hier um 1870 das *Mfantsipim College* für Jungen und die *Wesley Girls High School* für Mädchen. Die Katholiken folgten mit dem *St. Augustine's College,* einem Jungen-Gymnasium, bald gefolgt von zwei Lehranstalten für Mädchen, *Holy Child College* und *OLA Training College.* Die Anglikaner konterten mit dem *St. Nicholas College* (heute *Adisadel*) für Jungen, und schließlich investierte in den fünfziger Jahren des vorigen Jahrhunderts auch eine Pfingstgemeinde aus Amerika in eine Schule, dem *Aggrey Memorial College.* Der Staat selbst konnte nicht tatenlos zusehen und gründete das *Ghana National College,* die erste nicht-kirchliche Schule der Kolonie.

Gegenüber dem Haupteingang der Universität ist das kleine **Highlife-Musik-Museum,** das 2008 vom *Museums and Monuments Board of Ghana* in Zusammenarbeit mit *Alliance Francaise* eingerichtet wurde, eine angenehme Überraschung für alle Musikfans. Die kanadische Organisation *Daniel Langlois Foundation for Art* hatte schon 2003 dem ghanaischen Musiker *Kwame Sarpong* finanziell geholfen, einen Teil seiner riesigen Sammlung von rund 18.000 Highlife-Musiktiteln zu digitalisieren. Heute kann man die alten Schellack- und Vinylplatten anhören, einige reichen bis 1927 zurück.

Gramophone Records Museum and Research Centre, Cape Coast – Elmina-Highway, P.O. Box UC, CNC Building, ✆ 024/6784517. Ausländer 4,50 €, Ghanaer 3 €, Kinder frei. Mo – Sa 10 – 15 Uhr.

Verbindungen

Nach Cape Coast zu gelangen, ist von Accra (144 km), Takoradi (knapp 90 km) und Kumasi (221 km) kein Problem. Die Straßen sind gut, es fahren mehrmals täglich Kleinbusse und Busse in diese Richtung, von Accra besteht eine Direktverbindung mit STC-Bussen.

Minibus: nach Accra ab *Accra-Station*, Stadtteil Tantri, alle 20 Min., 2 Std. Fahrtzeit.

Intercity-STC-Station: am Cape Coast Bypass, praktisch an der Ausfahrt zum Highway nach Takoradi. Nach Kumasi geht's 2 x ab *Kotokuraba Market*. Die Autos für Sekondi – Takoradi (1 Std. Fahrt) halten an der *Stadthalle*, kurz vor der Lagune.

Unterkunft

In und um die Stadt sind ausreichend Gästebetten vorhanden, überwiegend von der Art »passabel« bis »na ja«. Die wenigen Zimmer, die gut sind, kosten gleich ein Mehrfaches.

Preiswert

- *Blue Yellow Guesthouse & Restaurant,* Eguase, im Osten der Stadt, P.O. Box 207, ✆ 024/570242, Fax 35792, blueyellow@gmx.net. Deutsch-ghanaisches, relativ neues Haus mit 8 bescheidenen DZ für 5 – 10 €, Restaurant für fast 50 Leute vorhanden. Freundlicher Empfang und sehr ruhig. Abholservice vom Flughafen. Guter Ort für Individualisten, da Rundreisen und Exkursionen hier erhältlich sind.
- *Marnico Guesthouse,* Akotokyir, auf der Jukwa Road nördlich aus der Stadt heraus, ✆ 33210, Fax 33211, P.O. Box 1138. Hat 10 einfache und teils klimatisierte Zimmer für Individualreisende, 7 – 12 €. Entspannte, familiäre Atmosphäre.

Im Bereich Übersichtskarte:

- *Dan's Paradise,* Ayikoo-Ayikoo, ✆ 2942, P.O. Box 989. 17 ganz gute Zimmer etwas am Stadtrand gelegen, Restaurant mit guter chinesischer Küche, klimatisierte Räume, Sa Disco. EZ/DZ 9 – 22 €.
- *Excelsior Guesthouse,* im ruhigen Stadtteil Pedu, P.O. Box 377, ✆ 33246, eine Villa mit 5 großen Zimmern; sehr geeignet für Individualreisende mit schmalem Budget. EZ 3 €, DZ 5 €.
- *Mudek Hotel,* 1✱, Pedu, P.O. Box A9, ✆ 33310. Ein recht einfaches Hotel mit ca. 30 dunklen Zimmern und überfordertem Personal; DZ 5 – 8 €; liegt aber günstig für Kakum-Besucher.
- *Sarah Lotte Guesthouse,* 183 Ola-Estates, ✆ 32871, P.O. Box 727; am Stadtrand unweit der Universität gelegen, nur durch die Hauptstraße vom Palmenstrand getrennt. Dies ist eine echte Traveller-Alternative zu den teuren Häusern. Für 12 € stehen 6 saubere, gut eingerichtete Zimmer in familiärer Atmosphäre zur Verfügung.
- *VEC Guesthouse,* Siwdo, P.O. Box 77, ✆ 33310, Fax 33311, 150 m vom Stadion. An der Ausfallstraße nach Pedu gelegen, sind die vorderen Zimmer etwas laut. Besser sind die hinteren und die im dritten Stock. Passable klimatisierte Zimmer mit TV, Kühlschrank, Telefon zu 10 € ohne Frühstück. Im Restaurant gibt es ghanaische Gerichte für durchschnittlich 3 €.

Im Bereich Citykarte:

- *Amkred Hotel,* Bakaano, P.O. Box 124, ✆ 32868, etwas versteckt, gleich hinter Sammo, ist viel netter und bietet mehr Komfort zu einem etwas höheren, aber durchaus akzeptablen Preis: nur DZ zu 7 € klimatisiert oder 9 € mit Ventilator. Zur Zeit noch ohne Restaurant, Erweiterungsarbeiten sind aber im Gange.
- *Hazel's Guesthouse,* ✆ 33044, im Stadtteil Tantri. Freundlicher Empfang, saubere, bescheidene Zimmer für 6 – 9 €. Der

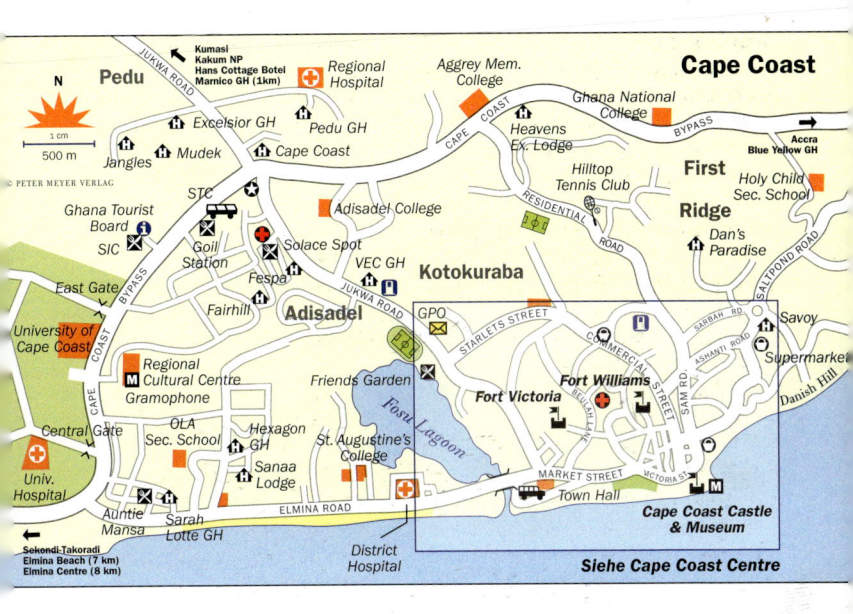

Hit hier ist die offene Dachterrasse mit einer Panorama-Aussicht über die Stadt.

🛏🍴🏠 *Sammo Guesthouse*, ✆ 33242, P.O. Box 1312, zentral nahe der Town Hall gelegen. EZ und DZ mit Ventilator 4 – 7 €, beliebt bei Rucksackreisenden aus aller Welt. Luftige Bar auf der Dachterrasse mit Meerblick; Frühstück gibt es für unter 1 €. Die Leute am Empfang runzeln die Stirn, wenn 2 Männer ein Zimmer beziehen. Oft müssen sie einen Aufschlag bezahlen. Ich rate, entweder das Hotel zu wechseln oder den Aufpreis glatt zu verweigern. Es gibt kein Gesetz dieser Art in Ghana.

Mittlere Kategorie

Im Bereich Übersichtskarte:

🛏🏠 *Jangels Hotel*, 1✱, Stadtteil Pedu, ✆ 36-089, P.O. Box K41. 14 Zimmer, je nach Ausstattung und Personenzahl 10 – 20 €.

🛏🏠 *Hexagon Guesthouse*, 1✱, North-Ola, ✆ & Fax 33711, P.O. Box 416, Cape Coast, 5 Chalets, teils klimatisiert, 30 – 60 €.

🛏🍴🏠 *Savoy Hotel*, 1✱, Ashanti Road, ✆ 2805, östlich des Stadtzentrums; die 20 recht passablen Zimmer haben schon bessere Tage gesehen, bieten aber immer noch ein gutes Preis-Leistungs-Verhältnis, Zimmer mit AC 9 – 25 €.

🛏🏊♫ *Pedu Guesthouse*, 1✱, Pedu, P.O. Box 419, ✆ 33430, nahe Regional Hospital. 7-Zimmer-Gasthaus mit Swimmingpool. Klimatisierte Räume, 20 – 40 €. Gelegentlich Live-Bands an Wochenenden.

🛏🍴🏠 *Hacienda Hotel*, 1✱, Pedu, ✆ 024/4377815, sehr günstig am Takoradi Highway gelegen, gehört zu den neuen Häusern von Cape Coast, gut eingerichtete Zimmer, Klima, TV und Telefon. EZ/DZ 35 – 65 €.

♠ ⊠ 🛏 *Prospect Lodge,* 1✶, Prospect Hill, P.O. Box AD 1181, ✆ 042/31506, www.prospectlodge.com. Neues Hotel in schöner Lage oberhalb des Stadtzentrums, gut eingerichtete, klimatisierte Zimmer mit TV. EZ/DZ 12 – 28 €.

Gute Hotels
Im Bereich Übersichtskarte:
♠ 🛏 *Heaven's Executive Lodge,* 2✶, P.O. Box CC 1398, ✆ 34999, direkt an der Hauptstraße nach Kumasi, aber ruhig gelegen. Schönes Haus mit 10 Zimmern, alle ausgestattet mit TV, AC, Telefon, Minibar, EZ 45 €, DZ 55 €. Essen auf Anfrage.

♠ ⊠ ➔ *Sanaa Lodge,* 2✶, 28/29 Ola East Extension, P.O. Box 504, ✆ 32391, Fax 32898, lodgenaa@hotmail.com. 29 große Zimmer für 55 – 70 €. Das alteingesessene Haus hat professionelles Personal mit viel Erfahrung. TV, Minibar, Telefon. Ruhige Lage, nicht weit von der Universität.

♠ ⊠ *Fairhill Guesthouse,* 2✶, Ola, P.O. Box 1039, ✆ 33322, Fax 33323, etwas isoliert, aber dafür sehr ruhig. Der Weg von der Hauptstraße zum Hotel zieht sich ganz schön, mit Gepäck kommt nur ein Taxi in Frage. Das Haus besitzt 2 Dependancen im Großraum Cape Coast, es lohnt sich, in Zeiten der Not danach zu fragen. EZ/DZ 15 – 25 €, mit Frühstück ca. 30 €.

♠ ⊠ 🛏 ♪ *Cape Coast Hotel,* 2✶, ✆ 32919, Fax 33547, P.O. Box 157, gut erreichbar vor der Cape-Coast-Stadteinfahrt bzw. dem Takoradi Highway gelegen. 23 großzügig geschnittene Zimmer, 25 – 30 € ohne Frühstück. Die Preise können in der NS heruntergehandelt werden. Großes Restaurant und Bar vorhanden. An Wochenenden Disco, Fr Ladies Night.

♠ ⊠ *Fespa Hotel,* 1✶, Jukwa Road, ✆ 3588-6, apsef2002@yahoo.com; neueres Haus mit gutem Preis-Leistungs-Verhältnis: DZ mit Ventilator und Gemeinschafts-WC kostet 10 €, die klimatisierten Zimmer sind mit allem Komfort für 18 – 25 € zu haben.

☀ **Tip:** ♠ ⊠ 🛏 ➔ ⚡ *Hans Cottage Botel,* Kakum Road, ✆ 33621 oder 0244/322522, www.hanscottage.com. Nur 10 km von Cape Coast entfernt auf dem Weg zum Kakum-Nationalpark liegt dieses idyllische Naturrefugium mit Hotel. Hier toben Affen und Tausende Webervögel um einen See mit vielen Krokodilen. Luxuszimmer für 25 – 45 €. Studenten mit Nachweis zahlen 6 € für ein EZ und dürfen für 1,50 € campen. Mr. Kwesi Hanson spricht deutsch und freut sich auf deutschsprachige Gäste. Anfahrt mit dem Taxi von Cape Coast sollte 6 € nicht übersteigen. Wenn genügend Gäste da sind, wird rund um die Uhr ein Büffet serviert.

Im Bereich Citykarte:
♠ ⊠ 🛏 *C-Lotte Hotel,* 2✶, P.O. Box 920, ✆ 36393. Die jüngste Zugabe in der Stadt, nicht sehr weit vom Sammo Hotel. Das neue Haus bietet auf drei Etagen gut eingerichtete EZ/DZ für 35 – 50 €.

♠ ⊠ *Mighty Victory,* E 30 A/3 Aboom Close Road, ✆ 30142 oder 30135, P.O. Box AD 1193, GH72@aol.com, hinter der Jubilee School, einer der Renner unter den Low-Budget-Hotels, sehr gutes Preis-Leistungs-Verhältnis, schöne Lage. Saubere EZ/DZ 12 – 16 € je nach Ausstattung. Die scharfe Fischsuppe wird immer wieder gelobt!

Essen & Trinken
Gute Restaurants gibt es in den meisten Hotels. Andere Möglichkeiten sind:

⊠ 🛏 *Aloumie City Garden Bar & Restaurant,* Aboom Road, bietet Garten mit Freiluftbar und ghanaisches Essen zu niedrigen Preisen. Richtig lebendig am Wochenende.

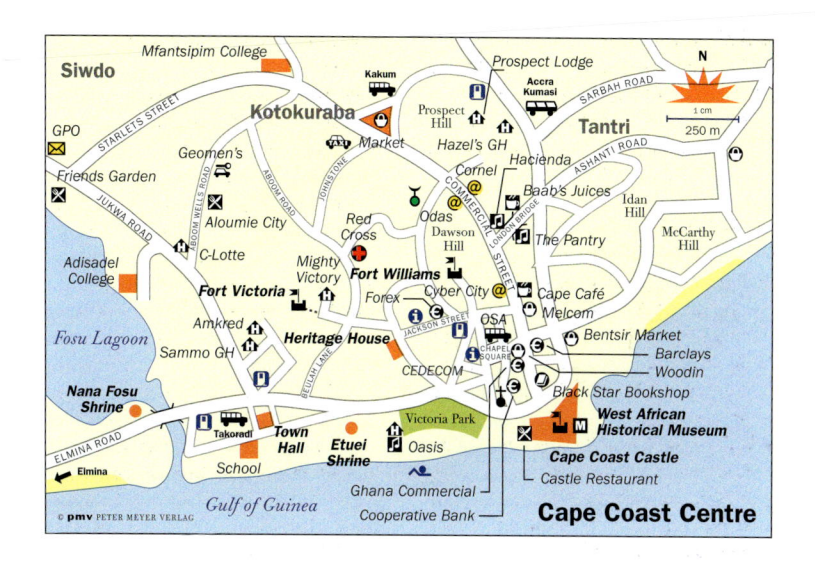

- **Baabs Juices** (ehemalig *Coconut Delight*) nahe London Bridge ist eine wunderbare Bar für Säfte, vegetarische Snacks und gelegentlich auch Soya-Khebabs und Tofu.
- **Cape Café**, auch als *Women's Centre* bekannt, auf der linken Seite von Melcom-Kaufhaus an der Ampel von Commercial Street; das gute Essen zu sehr fairen Preisen ist geblieben, selbst wenn die große Halle keine Gemütlichkeit aufkommen läßt und die Bedienung ziemlich schleppend ist. Man kann nicht alles haben!
- *Friends Garden,* P.O. Box 1388, © 042/32956; an der Lagune, beim Stadion, bietet gute, preiswerte ghanaische Kost.
- **Goil Station Restaurant**, © 042/33531; am belebten Cape Coast Bypass, wo die STC-Busse Halt machen. Fast-Food, Knabberzeug und Fleischspieße für Reisende von morgens bis tief in die Nacht.
- **Oasis Beach Resort & Beer Garden**, Victoria Park, © 35958, am Meer gelegenes Restaurant mit großem Biergarten. Gute ghanaische und internationale Gerichte, allerdings ziemlich langsame Bedienung. Gemütliche, saubere Rundhütten mit funktionierenden Duschen im afrikanischen Stil, 9 – 18 €; der Manager ist Deutsch-Türke und freut sich auf deutsche Gäste.
- **SIC Restaurant**, Pedu, Cape Coast Bypass, im gleichnamigen Gebäude, hat Essen für die Angestellten, bedient aber auch das Publikum. Einfache Reis- und Fischgerichte zu niedrigen Preisen.
- **Solace Spot**, ein beliebtes Restaurant mit großer Freiluftbar zu Füßen von Adisadel College, hat eine große Auswahl an überwiegend guten ghanaischen Gerichten zu normalen Preisen sowie Fast-Food. Ein guter Ort, um Ghanaer zu treffen.
- **The Pantry**, an der sogenannten London Bridge gelegen, ist ein einfaches Lokal, das tagsüber Essen anbietet und sich nachts zu einer lauten Kneipe verwandelt.

Tip: ✖ 🍴 *Castle Restaurant,* P.O. Box 1287, ✆ 042/36123; rechts neben dem Burgeingang, direkt am Meer, gehört zu den besten Restaurants in Cape Coast. Die Karte bietet eine große Auswahl an ghanaischen und internationalen Gerichten in rustikaler Atmosphäre. Die Fisch- und Meeresspezialitäten sind zu empfehlen.

Nightlife:

✖ 🍴 🎵 *Hacienda Plaza,* P.O. Box A43, ✆ 020/8523351, mitten in der Stadt ist der zurzeit populärste Spot. Tagsüber ein unscheinbares Trinklokal, verwandelt es sich abends zu einem quirligen, vielbesuchten Bierlokal. Wer Highlife-Musik kennenlernen möchte, kann dies hier tun, wenn einen die etwas hohe Lautstärke nicht stört; täglich bis 1 Uhr.

Weitere Informationen

Tourist-Information: *Ghana Tourist Board,* im ersten Stock des SIC-Gebäudes auf dem Cape Coast Bypass untergebracht, P.O. Box 847, ✆ 32062, informiert über Festtage, Hotels usw.

Heritage House, King Street, ✆ 36125, regionales Infobüro, verteilt einige Broschüren über Sehenswürdigkeiten in der Gegend.

CEDECOM, Dept. of Game & Wildlife, P.O. Box 2288, Cape Coast. Informationen zu den Naturparks auf englisch. ✆ 32348.

Vorwahl Cape Coast: 042.

Post: Die neue und moderne Post liegt auf der Jukwa Road, Adisadel Village, von der Innenstadt leicht per Taxi zu erreichen.

Geldwechsel: *Cape Forex Bureau,* Jackson Street, ist wahrscheinlich der beste Ort zum Geldwechseln in Cape Coast. Die Kurse sind etwas besser als bei den Banken.

Barclays Bank, Commercial/Aggrey Street; der einzige Geldautomat in der Innenstadt.

Ghana Commercial Bank, Chapel Square, wechselt auch Geld, ist aber ineffizient, wenn es sich um Reiseschecks bzw. Kreditkarten handelt.

Ghana Cooperative Bank, ebenfalls auf dem Chapel Hill, ist genauso überfordert, wenn es um Fremdgeld geht.

Krankenhaus: *Regional Hospital,* Pedu, gut eingerichtet, Ärzte für alle Spezialgebiete. ✆ 34010.

District Hospital, auf der Westseite der Fosu-Lagune in Stadtnähe; behandelt vor allem kleinere Sachen.

University Hospital, auf dem Unigelände, ist in erster Linie für die Studenten da, kümmert sich aber um jeden, der kommt.

Internet: *Ocean View Internet Café,* einige Schritte vom Cape Café, hat eine sehr freundliche Atmosphäre und es gibt eisgekühlte Getränke zu kaufen. Filiale in den OLA-Estates für die Gäste, die im Bereich der Universität unterkommen.

Cyber City, Commercial/Jackson Road; hier gibt es rund 30 Geräte.

Heritage House, links vom Chapel Square, Internetcafé im ersten Stock über der Tourist-Information.

Cornell und *Odas Internet Café,* Commercial Street.

Autoverleih: *Geoman's Car Rental,* Aboom Wells Road, ✆ 31187, geomans117@hotmail.com, wahrscheinlich der beste Autoverleiher der Stadt. Die Autos sind in guter Verfassung, Fahrer George ist pünktlich und zuverlässig. Allerdings sollte man bei der Preisverhandlung sicherstellen, daß die Route feststeht und der Preis alles beinhaltet (z.B. Essen und Getränke für den Fahrer).

Sport: Auf dem Unigelände gibt es die meisten Sporteinrichtungen für Fußball, Tennis, Volley-, Basket- und Handball.

Baden: Mit Ausnahme des Bereiches um das *Oasis Resort,* ist das Baden in Cape Coast nicht zu empfehlen. Die Strände sind verschmutzt oder in der Hand der zahlreichen Fischer. Hotels mit Swimmingpool gibt es im benachbarten Elmina; wenn es Meer sein soll, dann nach *Biriwa, Anomabo, Brenu* oder *Ampenyi* fahren.

Einkaufen

Die Haupteinkaufsstraße ist die *Victoria Street,* wo es kleine Läden für den täglichen Bedarf gibt.

Markt: Cape Coast hat zwei an der Hauptstraße: der größere ist der *Kotokuraba-Markt* im oberen Stadtteil, *Bentsir,* der zweite, ist nur 5 Min. von der Burg entfernt.

Kaufhaus: *Melcom,* im Stadtzentrum, 1. Ampel auf Commercial Street, größtes Kaufhaus der Stadt mit westlichem Angebot.

Bücher: *Black Star Bookshop,* Commercial Street, ✆ 0244/928737 oder 0244/928737, in Burgnähe, klein aber fein, hat sich zu einem gutsortierten, freundlichen Laden entwickelt. Man kann Schreibwaren sowie neue oder gebrauchte deutsch-, englisch- und französischsprachige Bücher erwerben. Das meiste ist Belletristik, aber auch diesen pmv-Reiseführer bekommen Sie dort. Buchhändler David stammt aus Prince's Town und spricht sogar einige Brocken deutsch.

Souvenirs: Im Westflügel der Burg, rechter Hand nach dem Eingang, gibt es zahlreiche Souvenirgeschäfte mit großem Angebot an Masken, Schnitzereien, Lederwaren usw. Die Preise sind etwas gehoben, aber es lohnt sich, zu gucken, da zum Teil recht gute Sachen dabei sind.

Woodin, Commercial Street: Sehr schöne, bunte afrikanische Baumwollstoffe, zum größten Teil made in Ghana.

Ausflug in den Regenwald: Kakum-Nationalpark

Im Landesinneren, nur 33 km vor den Toren von Cape Coast auf der Straße nach Twifo Praso liegt dieses schöne Naturschutzgebiet mit interessanter Flora und Fauna, das sich über 350 km^2 Regenwaldgebiet erstreckt. Der Park befindet sich circa 2 km außerhalb des Ortes **Abrafo,** ein großes Schild kündigt schon die Empfangsgebäude samt Parkplatz, Ausstellungsraum, Andenkenladen und Restaurant an.

Vieles in diesem sehr empfindlichen **Ökosystem** ist vom Aussterben bedroht und wird mit äußerster Vorsicht gehegt und gepflegt. Es gibt täglich kleine, spezialisierte **Führungen** durch die Natur. Im Mittelpunkt stehen dabei die seltenen Pflanzen und deren Nutzung für medizinische Zwecke.

Große Touren ins Innere des Parks sind ebenfalls möglich. Hierfür sollte man sich einige Tage vorher anmelden. Von Interesse sind die seltenen Tiere des Regenwaldes, die man nirgendwo sonst sieht: Waldelefanten, Waldbüffel, Bongos, Riesenwildschweine usw. Solche Touren verlangen robuste Schuhe, lange Hosen und langärmelige Hemden. Die Erwartung, die genannten Tiere tatsächlich zu sichten, sollten klein gehalten werden. Erstens können in einem (obendrein begrenzten) Regenwald-Territorium immer nur wenige Tiere einer Art überleben, zweitens sieht man im Wald wirklich nicht sehr weit. Um die Beobachtungs-Chancen zu verbessern, wurde der **Canopy Walkway** eingerichtet, ein in Baumkronenhöhe an Seilen aufgehängter Pfad. Eine Wanderung zwischen den Riesenbäumen in luftiger Höhe ver-

Luftikus: Die Hängebrücken sind vollkommen sicher, mulmig kann's einem aber dort oben doch werden

sive und wärmstens empfohlen ist die Besichtigung der gutgemachten permanenten **Ausstellung über den Tropenwald.** Viele Besucher rasen hier oft ungeduldig durch und verpassen eine gute Gelegenheit, Wissenswertes zu erfahren.

Praktische Informationen

Anfahrt: Besucher ohne eigenen Wagen können in Cape Coast für einige Stunden ein Taxi mieten, etwa 5 €/Std. Ansonsten sind die unregelmäßig fahrenden Kleinbusse ab der Cape Coast Car Station angesagt. Aus dem Süden kommend, liegt der Nationalpark an der Hauptstraße. Anderthalb Kilometer hinter Abrafo rechts abbiegen und etwa 150 m bergauf fahren.

mittelt ein vollkommen neues, höchst interessantes und lehrreiches Naturgefühl.

Die Eintrittsgebühr ist relativ hoch und manche Besucher beklagen sich über Geldmacherei usw. Man sollte allerdings bedenken, daß die Pflege des gesamten Areals sehr personalintensiv ist. Ich rate jedem, diesen Ausflug in den Tropenwald zu machen und dadurch einen Beitrag zu dessen Erhalt zu leisten. Im Preis inklu-

Führungen: täglich 8 – 16 Uhr möglich, an Wochenenden und Feiertagen herrscht Hochbetrieb, besonders auf dem Canopy Walkway. Aus Sicherheitsgründen darf der schwebende Weg immer nur einzeln betreten werden. Interessenten sollten früh aufbrechen. Vorherige Anmeldungen sind nicht notwendig.

Extratour: Empfehlenswert ist auch eine Campingtour mit nächtlichem Aufenthalt im Wald. Kosten: mit Führer 3,50 €, wobei 2 Personen je die Hälfte zahlen. Vorher anmelden, Sie benötigen eine Campingausrüstung. Fragen Sie im Park danach.

Ausrüstung: Lange Hosen und Socken anziehen, sonst beißt die Schwarze Fliege, deren Bisse zu eitrigen Wunden führen.

Verpflegung: Restaurant mit Bar, ein Geschenkladen und eine Dauerausstellung mit sehr interessanten Auskünften über Umwelt und Natur sind vorhanden.

Eintritt: Waldspaziergang auf einem Naturpfad 4 €, Canopy Walkway 10 € pro Person. Ghanaer zahlen 1,80 €, Kinder und Studenten mit Ausweis die Hälfte.

Auskunft: ✆ 042/33278 (Tagesbesucher) und ✆ 042/30265 (für Nachtausflüge). ↗ Natur & Naturparks, ■ 2 & ● 3

✳ Tip: Unterkunft in Abrafo

♠ ✖ ♨ Wer vorhat, mehrere Tage im Park oder in der Umgebung zu bleiben, sollte im kleinen *Tourist Resthouse* in Abrafo Quartier beziehen. Es ist mit rund 7 € für ghanaische Verhältnisse und für das Gebotene nicht ganz billig, man erspart sich dadurch aber die Transportprobleme und kann sich mit dem Dorfleben befassen. Essen und viel Bier sind dort vorhanden.

Weitere Besichtigungen
Assin Manso Sklavenfluss

Auf der Hauptstraße nach Kumasi, auf halber Strecke zwischen *Abora Dunkwa* und *Assin Foso,* liegt eine Stunde Fahrt von Cape Coast **Assin Manso,** ein unscheinbares Dorf mit trauriger Geschichte. Hier fließt der *Nnonkor Nsuo,* der Sklavenfluss, der früher die letzte Station für Sklavenkarawanen war. An diesem Fluß mußten alle Sklaven baden und sich von den langen Märschen aus dem Norden erholen. Anschließend wurden sie verkauft und in die großen Kerker von Cape Coast und Elmina eingesperrt. Im Uferbereich des Flusses wurden viele der Menschen, die es nicht mehr schafften, begraben. Seit 1990, dem Beginn der PANAFEST (↗ Festkalender), wird dieser Ort in die Feierlichkeiten einbezogen und von vielen Amerikanern afrikanischer Herkunft als Pilgerstätte angesehen. Im Juli 1998 wurden die sterblichen Überreste eines Amerikaners und einer Jamaikanerin hier begraben. In Zukunft soll der Friedhof für weitere Begräbnisse dieser Art erweitert werden. Ein Besucherzentrum wurde bereits eröffnet, es gibt Pläne, die touristische Infrastruktur zu verbessern, damit die vielen Gäste besser betreut werden können.

Eine Nacht im Kakum-Nationalpark mit Bambusorchester

Eine sehr gute Gelegenheit, die ghanaische Kultur zu erleben, bekommt man bei einem Besuch des Dorfes **Mesomagor,** das östlich am Rande des Parks liegt. Hier gibt es das berühmte *Kukyekukyeku (kutsche-kutsche-ku) Bamboo Orchestra,* das fantastische Musik mit Bambusröhren macht. Die Dorfleute haben sich organisiert und bieten verschiedene Programme an: Übernachtung im Baumhaus, Geschichtsabend, Kochkurse und Farmbesuche.

Kontakt: Mesomagor, ✆ 024/3475623, 027/4595035, www.mesomagor.org, bismarkamoah@hotmail.com.

Preise: Musik- & Tanzveranstaltung 1 – 5 Pers 48 €, 6 – 10 Pers 65 €, mehr als 15 Pers

1,50 € pro Pers. Übernachtung im Baumhaus 8 €, im Gästehaus 6 €.

Anreise: Zunächst Nyankumasi-Ahenkro anpeilen. Di und Fr von dort recht einfach, weil Markttag mit regem Verkehr herrscht. Ansonsten nehmen Sie ein Taxi nach Mesomagor. Das örtliche GPRTU-Büro in Nyankumasi-Ahenkro erteilt gern Auskunft.

Straußenfarm in Efutu-Mfuom

15 km südlich von Kakum bietet sich im Dorf **Efutu-Mfuom** eine Straußenfarm zur Besichtigung an. Aus Abrafo kommend, nehmen Sie im Dorf Efutu die einzige Abzweigung nach rechts (ausgeschildert). Über eine staubige, holprige Piste erreichen Sie 7 km später die Farm in **Mfuom.** Auf ihr leben rund 12 Exemplare der großen, scheuen Vögel, die man sonst aus den kargen Gebieten im nördlichen bzw. südlichen Afrika kennt und hier als Fleischlieferanten gezüchtet werden. Eine arabische Legende erzählt, warum die Vögel nicht fliegen können: Einst wollten sie hoch hinauf zur Sonne fliegen. In ihrem Hochmut haben sie sich aber nur die Flügel verbrannt und müssen seither zu Fuß gehen.

Der Eintritt von rund 6 € ist nicht billig, aber er lohnt, da auf dem weitläufigen Areal auch eine Gänsefamilie und ein Affengehege zu bewundern sind. Ein Führer erklärt Ihnen die Lebensgewohnheiten der Strauße. Der etwa 40-minütige Rundgang auf dem Gelände mit dichtem, schattenspendendem Bambusgewächs selbst ist wirklich wohltuend.

Domama Rock Shrine

Kakum-Besucher, vorausgesetzt sie starten früh am Tag, sind mit einem Auto unterwegs und haben sich mit Wasser und Proviant eingedeckt, können eine weitere, allerdings anstrengende Wanderung in reiner Natur anschließen. Der Ausflug sollte besser in den trockenen Monaten unternommen werden. Das Ziel ist der **Rock Shrine** von **Wassa Domama** westlich von Kakum am Pra. Vom Besucherzentrum in Wassa Domama geht es zunächst in einem 8 km langen Fußmarsch mit Ranger durch Kakaoplantagen und dichten Dschungel. Wer auf diesen Fußmarsch verzichten möchte, sollte im Besucherzentrum geduldig auf motorisierte Besucher warten (die Ranger danken dafür). Am Ende erreichen Sie eine große, offene Naturkathedrale aus hartem Stein, die an die Kultstätten von Stonehenge (England) oder Carnac (Frankreich) erinnern. Zwei etwa 30 m hoch aufragende Felsblöcke sind mit einem imposanten Steinblock überdacht. Der dadurch geschaffene Innenraum bietet Platz und Schatten für rund fünfzig Menschen. Wie zu erwarten, ist dieses Naturwunder von »Gotteshand« erschaffen worden und somit eine heilige Kultstätte für die Bewohner der umliegenden Gemeinden. Sie nennen sie *Bosom Kese* – die große Gottheit.

Nach Bewunderung der »Steinkathedrale« kann der Ausflug um eine **Bootsfahrt** auf dem breiten *River Pra* ausgedehnt werden. Hierzu ist ein weiterer Fußmarsch von rund 3 km bis zum Fluss fällig.

Anfahrt: Von Cape Coast führt die Straße nach Twifo-Praso zunächst am Kakum-Nationalpark vorbei. Im Dorf Ankaako zweigt links eine 34 km lange Piste nach Domama ab. Sie ist sehr schlecht und in der Regenzeit nur mit Allradautos und Geschick befahrbar.

Bus: Wer Zeit, aber kein Auto hat, sollte besser zwei Tage einkalkulieren und mit einem Bus der *Metro Mass Transport* oder Tro-Tro von Cape Coast nach Wassa-Domama fahren. Die Busfahrt dauert circa 2 Std. und kostet 0,50 €, Tro-Tro 0,80 €.

Unterkunft: Das *Besucherzentrum* in Wassa-Domama hat ein Gästehaus, wo die Nacht 4 € kostet, Essen für 2 € gibt es nur auf Bestellung, vor Ort vorbestellen!

Preise: Die Tour zum Rock Shrine plus Kanufahrt und Wanderung dauert 5,5 Std. und kostet 7 €, nur Kanufahrt auf dem Pra 3 Std., 3,50 €; nur Rock-Shrine-Tour 3 €.

Kontakt: Es gibt keine telefonische Verbindung nach Wassa-Domama. Auskünfte erteilen das *Tourist Board* in Cape Coast, die Parkverwaltung in Kakum oder die *Friends of the Earth* in Takoradi, ✆ 031/21050.

ELMINA UND SEINE BURGEN

Von Cape Coast sind es auf dem Accra – Takoradi-Highway nur 13 km entlang einem schönen Küstenabschnitt nach Elmina. Die Stadt selbst liegt knapp 2 km südlich der Hauptstraße. Rund 25.000 Menschen leben in diesem mittlerweile quirligen Städtchen, die älteste Siedlung Ghanas überhaupt.

Elmina ist geschichtlich als der erste von Europäern besetzte Ort in Ghana interessant. 1471 begann der Gold- und Elfenbeinhandel zwischen den Einheimischen und den Portugiesen, die dieses augenscheinlich so reiche Land für sich sichern wollten und es zu ihrem Einflußbereich erklärten. 1481 kam, geführt von *Diego de Azambuja,* eine große Expedition von zehn Schiffen nach *Edina.* Die Schiffe waren voller Baumaterial für einen großen Stützpunkt, den sie an der Mündung des *Benya-Flusses* errichteten. Nach einem Jahr Bauzeit war die Festung zur Verteidigung der portugiesischen Interessen fertig; sie nannten sie *São Jorge da Mina.* 600 Männer, darunter

Elminas Burg bietet den Überblick, den man im Hafengewirr vermisst

CENTRAL REGION: ELMINA

100 Maurer und 100 Zimmerleute aus Portugal, waren daran beteiligt – unterstützt durch die Fronarbeit von Hunderten von Einheimischen. Eine zweite Festung, *São Jago da Mina,* folgte, um den Handel militärisch abzusichern.

1637 eroberte Holland den Stützpunkt, und für die nächsten 274 Jahre war Elmina der Hafen für den Gold- und Sklavenhandel, den die Holländer mit den Ashanti trieben.

Ahnenhaus: Imposanter Posuban-Schrein in Elmina

São Jorge und São Jago da Mina stehen unter dem Schutz des UNESCO-Weltkulturerbes und sind heute wahre Pilgerstätten mit vielen Besuchern täglich.

Sehenswertes

Die Stadt liegt sehr malerisch in der *Edina-Bucht,* die von der steinigen Küste ab *Oyster Bay* bis zur großen Burg, circa 4 km entfernt, einen weiten Bogen beschreibt. Die meisten Übernachtungsgäste nehmen die Lage als Einladung zum Spaziergang am Meer an. Allerdings sollte man dabei etwas Vorsicht walten lassen, denn die Bewohner – obwohl verboten – benutzen den Strand gelegentlich als Open-air-Toilette.

Eine Fahrt zur Burg vermittelt den Eindruck, Elmina würde lediglich aus einer Straße bestehen. Weit gefehlt. Die Stadt ist viel größer, als man auf den ersten Blick vermutet. Erst von oben, von São Jago da Mina bzw. *Conraadsburg* aus, hat man einen besseren Überblick. Genau wie bei Cape Coast hat man es hier mit einer alten Stadt zu tun, die ihre Blütezeit hinter sich hat. Auch hier haben die Stadtväter erst jetzt die Segnungen des Tourismus entdeckt und versuchen, mehr aus den an und für sich günstigen Bedingungen zu machen.

Läuft man von den Burgen in Richtung Stadt und bleibt circa 300 m auf der Hauptstraße, kommt man unweigerlich zu der **katholischen Kirche,** die Ende des 15. Jahrhunderts von den Portugiesen gebaut wurde.

Im Stadtzentrum liegt der im 18. Jahrhundert angelegte **holländische Friedhof.** In der Mitte steht ein Mausoleum, das für die Särge der Gouverneure und anderer wichtiger Personen, die ihr Leben in der damals für sie unwirtlichen Umgebung verloren, reserviert war. Was erstaunt, ist das junge Alter der meisten Europäer, die in der Hoffnung, reich zu werden, an die Goldküste gekommen waren.

Elmina ist ein Fischerort geblieben und besitzt einen kleinen, aber geschäftigen **Fischereihafen** im Benya-Fluß, direkt vor der Mündung ins Meer. Dort ist immer viel los, Boote kommen und gehen, Fisch wird ausgeladen, versteigert und weiterverkauft. Von der Burg aus kann man das bunte Treiben am Hafen sehr gut beobachten und aus der Distanz schöne Bilder machen.

São Jorge da Mina (Elmina Castle)

Die Burg, die erste (1482) und wichtigste portugiesische Konstruktion außerhalb Portugals in den Tropen, ist neben Christiansborg und Cape Coast Castle das dritte Residenzschloß in Ghana.

In São Jorge da Mina residierten zunächst die portugiesischen Gouverneure. Abgesehen vom Handel, war die Burg für sie eine wichtige Proviant-Station für alle Entdeckungsreisen. *Bartholomeus Diaz,* der 1487 das Kap der Guten Hoffnung umsegelte, soll hier übernachtet haben, ebenso *Christoph Columbus* auf seiner zweiten Reise nach Amerika. Nach der Eroberung durch die Holländer 1637 wurde die Anlage auf ihre jetzigen Ausmaße erweitert. Was man heute sieht, ist also die holländische Variante. Zuletzt residierte der holländische Gouverneur in diesem Schloß.

Die **Führung durch die Burg** gibt Aufschluß darüber, wie die gekauften Menschen behandelt wurden. Zu sehen sind die Sklavenkerker – für Männer und Frauen getrennt –, der Platz, auf dem die Menschen verkauft wurden, die Todeszellen sowie die Gemächer der Gouverneure, die Kirche und die Verteidigungsanlagen. In der ehemaligen Auktionshalle der Burg zeigt ein kleines **Museum** Gegenstände aus jener Epoche.

Elmina und seine Burg waren übrigens 1987 die Kulisse für Werner Herzogs Film »Cobra Verde« mit Klaus Kinski in der Hauptrolle.

> Mo – So 8 – 12, 14 – 16 Uhr. Eintritt 4 €, Kamera 1, Videogerät 2 €. Führung (engl.) 45 Min. Wer sich nur umschauen möchte, kann dies bis 18 Uhr ohne Begleitung tun.

Filmreife Kulisse: Elmina Castle

São Jago da Mina (Conraadsburg)

Diese Burg steht auf einem Hügel genau gegenüber der größeren São-Jorge-Festung. Obwohl mit einem portugiesischen Namen versehen, wurde diese Burg von den Holländern gebaut und ursprünglich *Conraadsburg* genannt. Allerdings, da auf dem São-Jago-Hügel stehend, der früher als portugiesischer Verteidigungsposten diente, blieb der Burg diese Bezeichnung haften. São Jago hatte eine rein militärische Bedeutung und wurde nie zur Beherbergung von Sklaven benutzt. Mit São Jago im Rücken gelang es den Holländern 274 Jahre lang, Elmina als Stützpunkt zu halten. Für die Briten räumten sie nach dem Verbot des Sklavenhandels die Burg Anfang des 19. Jahrhunderts freiwillig.

Von São Jorge aus ist die Festung zu Fuß in 10 Minuten erreicht. Von dort oben hat man eine schöne Aussicht über Elmina.

Java Museum

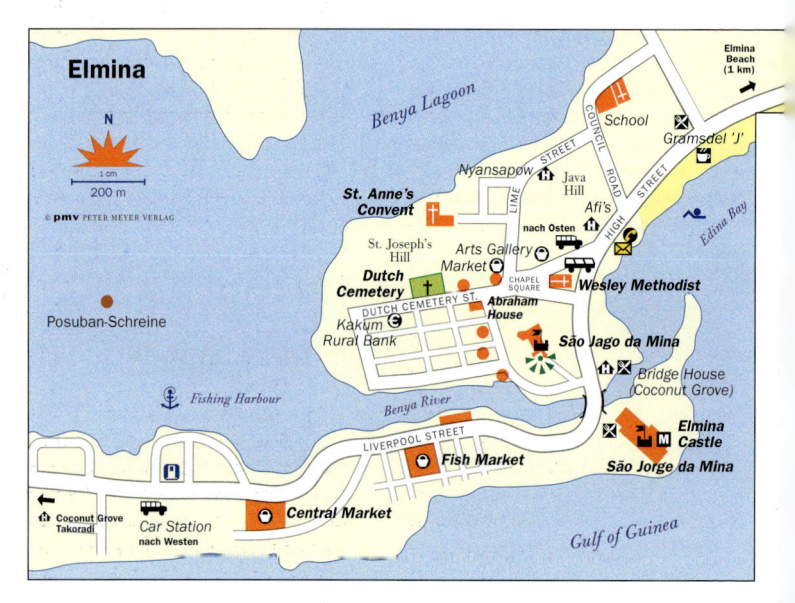

Wenn man nicht in die Stadt abbiegt, sondern auf der Hauptstraße nach Takoradi bleibt, kommt man zum kleinen *Java Museum* rechter Hand, circa 300 m nach der zweiten Abfahrt nach Elmina. Ein Schild weist darauf hin. Im Museum erfährt man etwas über die Geschichte der Ashanti-Söldner, die von den Holländern für Java rekrutiert wurden. Dort kämpften sie für die Holländer gegen die einheimischen Freiheitskämpfer, die nicht kolonialisiert werden wollten. Die später so genannten *Balanda Hitam* (Schwarze Holländer), insgesamt etwa 3080 Mann, wurden 1832 – 1837 bzw. 1855 – 1872 in mehreren Wellen in Ashanti und Elmina als Handwerker angeworben und nach Java geschickt. Nach den Kriegen kehrten nur rund 50 der Söldner in ihre Heimat zurück. Viele andere blieben auf Java und gründeten dort Familien mit einheimischen Frauen. Kurz vor der Unabhängigkeit von Indonesien (1949) wählte die Mehrheit der Nachkommen der Balanda Hitam das Exilleben in Holland, aus Angst vor Repressalien. Erst ein holländischer Ururenkel eines Söldners aus jener Zeit, *Thomas van Uelzen*, hatte die Idee, dieses Museum zum Andenken an seine Urahnen zu gründen und zu finanzieren.

Die kleine Ausstellung zeigt Fotos, Uniformen und Gegenstände aus der Zeit in Indonesien sowie Bilder von Generationen von Balanda Hitam in Holland. Eine Dauerausstellung beleuchtet das Schicksal der afro-indonesischen Familie van Uelzen, deren Geschichte vom 18. Jahrhundert bis heute erzählt wird.

Mo – Fr 10 – 16 Uhr, Sa und So 12 – 16 Uhr. Eintritt mit Führung und Fotoerlaubnis 2 €, Ghanaer und Studenten 1 €.

Praktische Informationen

Elmina ist von Accra aus (153 km) über die Hauptstraße Richtung Takoradi zu erreichen. Man fährt am besten nach Cape Coast und legt die restlichen 13 km mit dem Taxi (etwa 3 € für eine Solofahrt) oder Kleinbus (unter 0,50 €) zurück. Von Takoradi sind es 81 km.

Telefonvorwahl: 042
Busstation: auf der Hauptstraße, nahe der katholischen Kirche.
Sammeltaxis zur naheliegenden Universität kosten wenige Cedis.
Achtung: Elmina ist ein reiner Fischerort. Hier fehlen Wechselstuben und alle anderen Einrichtungen wie Internet-Café, gute Bars usw. Für solche Zwecke muß man zurück nach Cape Coast fahren.

Unterkunft & Restaurants

Es ist nicht schwer, in dieser Gegend eine Bleibe zu finden. Im Gegenteil: Elmina rüstet sich für die stetig steigende Gästezahl.

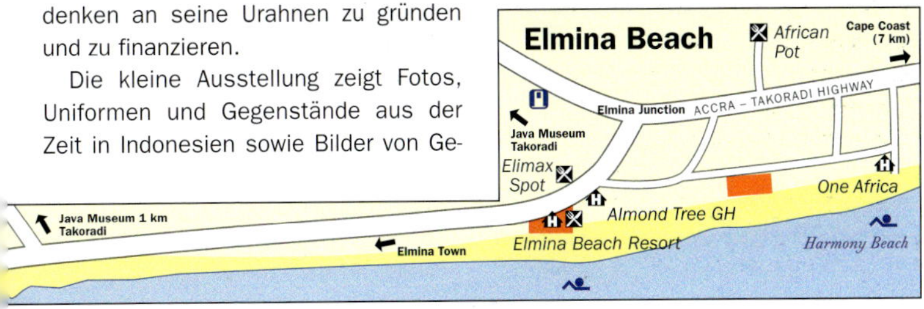

Coconut Grove Beach Resort, 3★, ✆ 33637, www.coconutgrovehotels.com.gh. Feine, romantische Anlage in einem Kokoshain am Meer westlich von Elmina gelegen. Beliebter Ort für Konferenzen und Seminare, vorherige Reservierung ratsam. Ab 85 €, Alleinreisende zahlen 75 €. Auch vorhanden sind Familienzimmer zu 150 € und Suiten zu 165 €.

Coconut Grove Bridge House, 1★, ✆ 34557 oder -33637, zentrale Lage unmittelbar an der Benya-Brücke, bietet B&B für alle, die preiswert, aber nicht billig wohnen möchten. Gleiche Leitung wie Coconut Grove, Gäste können die Einrichtungen dort kostenlos nutzen. Coconut Grove

Tintenfischputzen im Hafen

Bridge House hat die Preise kräftig erhöht: EZ 38, DZ 52 €. Der Manager gewährt Rabatt, wenn man insistiert. Die Zimmer im 2. Stock bieten schöne Aussicht auf die Burg, auf die vorbeifahrenden Pirogen und den Fischmarkt. Lärmempfindliche sollten Oropax mitnehmen. Gerichte im Restaurant etwas über 4 €.

Nyansapow Hotel, Lime Street, einfache, saubere Zimmer ohne jeglichen Komfort. DZ nur 4 – 6 €, Essen nach Vereinbarung. Falls Sie schweres Gepäck haben, nehmen Sie ein Taxi, der Weg zieht sich.

Afi's Guesthouse, 3 Min. von *Gramsdel J. Spot* Richtung Stadt auf der rechten Seite, ist nicht beschildert, kennt aber jeder. Es hat die billigsten, einfachsten Zimmer (ohne Ventilator) im Ort für unter 3,50 €.

Sao Jorge da Mina: Das kleine, gute Restaurant in der Burg serviert Essen bis 21 Uhr. Wem es nichts ausmacht, in einer ehemaligen Sklavenburg zu speisen, kann hier draußen sitzen und ordentliche Portionen genießen; 3 – 6 €. Im Angebot sind leckere Suppen und fangfrische Fische.

Gramsdel J Spot, auf der rechten Seite stadteinwärts, unmittelbar vor der Ein- bzw. Ausfahrt, bietet preiswertes Essen und Getränke. Der Ableger am Meer wurde inzwischen abgerissen.

Elmina Beach:

Elmina Beach Resort, 4*, Cape Coast Bypass, 33105, Fax 34359, P.O. Box EL 100, ohne Zweifel die erste Adresse in Elmina. Das Hotel bietet nicht nur einen tollen Strand in herrlicher Lage, sondern besitzt zwei Swimmingpools, diverse Sporteinrichtungen, Gourmet-Restaurant, Cocktail-Bars und luxuriöse Zimmer. EZ/DZ 50 – 95 €, Suite 150 – 180 € je nach Saison und Ausstattung.

Hilands Court Hotel, 1*, Ankaful Road, P.O. Box EL 130, 9222388, hiramlanderson@yahoo.co.uk. Von sehr freundlichen Ghanaern geführtes Haus mit 9 Zimmern und 3 Chalets, 4 weitere Chalets sowie Gemeinschaftsunterkünfte für Rucksackreisende sind in Bau. Angenehmes Ambiente für Besucher, die Ruhe suchen. Klimatisierte EZ/DZ für 5 – 9 €.

One Africa Guest Chalets, P.O. Box 1251, , Fax 33710, direkt am Meer an der Hauptstraße zwischen Cape Coast und Elmina. Geführt von Afro Amerikanern der Rasta-Glaubensrichtung strahlt dieser Ort

Ruhe und Geborgenheit aus. Die 6 im nordghanaischen Stil gebauten Hütten haben alles, was man braucht, und kosten 24 € pro Nacht für 1 – 2 Personen. Im Restaurant wird Wert auf vegetarische und gesunde Küche gelegt, ebenfalls ist Soul-Food im Angebot. Hier werden Rückkehr-Zeremonien für Menschen afrikanischer Herkunft organisiert.

African Pot, Elmina Beach, rechter Hand an der ersten Einfahrt nach Elmina (von Cape Coast kommend). Ein hervorragendes Restaurant mit ganz leckeren ghanaischen Gerichten und ein guter Ort zum Rasten. Die Bedienung ist sehr freundlich und die Preise sind vernünftig.

Romantischer Strandurlaub

Dieser wenig bekannte Küstenabschnitt mit feinsandigen Stränden liegt wenige Kilometer westlich von Elmina. Die ersten beiden schönen Strände erreichen Sie über das Dorf **Ayensudo**, das an der Hauptstraße nach Sekondi-Takoradi liegt.

Im Dorf kündigt ein Schild **Brenu-Akyinim** an. Dort links abbiegen und 5 km bis zur Küste fahren. Brenu-Akyinim besitzt einen 3 km langen Strand unter Kokospalmen und eine ruhige, kleine Lagune, die gern von Vögeln aus Europa zum Überwintern genutzt wird; Ferngläser nicht vergessen.

Am westlichen Ortsausgang von Ayensudo zweigt ein anderes Sträßlein nach **Ampenyi** ab, ein Dorf mit circa 800 Menschen, das nach 5 km erreicht ist. Im Grunde kann man über diese Straße auch *Brenu Beach* zu Fuß erreichen, da nur die Lagune die beiden Ortschaften trennt. Zweifellos wird dieser Küstenabschnitt bald das Badezentrum von Cape Coast bzw. Elmina werden. Die Anzeichen sind jetzt schon deutlich zu sehen, gibt es doch hier bereits mehrere Ferienanlagen.

Unterkunft & Essen

Almond Tree Guesthouse, Cape Coast Bypass, ✆ 0244/281098, www.almond3.com; neue, familiengeführte Unterkunft am Westende von Elmina. EZ/DZ mit AC oder Ventilator, TV und Terrasse für 35 – 55 €, das Restaurant hat vegetarische sowie ghanaisch-jamaikanische Spezialitäten; Trommel- und Tanzkurse im Angebot.

Elimax Spot, Elmina Junction, schräg gegenüber vom Almond Tree Guesthouse, ist noch wenig bekannt, bietet aber gutes Essen für 2,50 – 6 € und freundlichen Service. Auch vegetarische Gerichte.

Ayensudo:

Esteem Kofi and Adwoa Guesthouse, Takoradi Highway, ✆ 042/30508, ajoachilds@yahoo.com. Ein freundliches Haus mit sauberen Zimmern für 6 – 12 €. Für Leute, die schnell weiter wollen, ist die Lage an der Hauptstraße vielleicht ein Argument. Sonst sind die Strandalternativen in Brenu und Ampenyi einfach besser.

Brenu-Akyinim:

Anfahrt: Taxi von Cape Coast oder Elmina nach Brenu kostet zwischen 2 und 3 €, mit dem Minibus unter 0,50 €, Tro-Tros noch weniger. Von *Ayensudo* nach Brenu kostet es im Sammeltaxi 0,10 €.

Brenu Beach Guesthouse, ✆ 042/33907, P.O. Box 1002, Cape Coast. Zur Verfügung stehen 6 DZ für 5, 7 und 10 €. Das kleine, aber feine Restaurant serviert überwiegend Fischspezialitäten zwischen 5 und 10 €. Die riesigen Hummergerichte kosten 8 – 12 € je nach Gewicht.

- Wegen der Stranddduschen und Schließfächer verlangt man einen Eintritt von 1 € (Kinder die Hälfte) für den Strandbesuch. Gäste sind zwischen 7 und 17 Uhr willkommen, an Wochenenden bis 19 Uhr.
- Von Brenu kann man in östlicher Richtung laufen und die Coconut Grove nach 1 Stunde erreichen; bis Elmina Castle sollte man 2 Stunden einrechnen.

Ampenyi:

- *Samaland Beach Resort & Hotel*, ✆ 020/811660-0, -2, nanabarima@hotmail.com; die Anlage wurde mit viel Elan gestartet, ist aber im Sand steckengeblieben. Noch mit halber Kraft betrieben, rund 10 Häuser für 5 – 10 €; Bar am Strand.
- *KO-SA-Ferienzentrum*, (↗ Reisevorbereitung), ✆ 0244/375432 (mobil), www.ko-sa.com. Im Dorf rechts 500 m dem Schild folgen, in einer schönen Bucht. Die Anlage bietet Aktivurlaub plus Entspannung: Bootsfahrten, Trommeln, Kochkurse, Baden und Wellness. Das Restaurant (auch vegetarische Kost) läßt kaum Wünsche offen. 8 – 40 € für die Übernachtung in einer einfachen Hütte, im Gästehaus oder im Familienbungalow im afrikanischen Stil. Alles sehr stilvoll in die Natur integriert, mit Solarstrom betrieben. Der saubere Strand ist gut für Kinder geeignet. Die Anlage wird seit 2006 von einer freundlichen niederländischen Familie geführt. Der frische Wind und die Renovierungen machen sich bemerkbar und haben zu einer Belebung der Gästezahlen geführt.
- *Alberta's Palace Beach Resort*, P.O. Box UCC 110, Cape Coast, ✆ 042/32143 bzw. 387937, www.albertaspalace.com. Das Freiluft-Restaurant hat gutes Essen, die Bar alles was man braucht, den Strand gibt es gratis dazu. An einigen Sa, So und Fei spielt eine Live-Band. 16 DZ in 4 großen Chalets, mit WC/Dusche, Telefon, TV komfortabel eingerichtet; 30 €.

Der Strand von Komenda

Wer es eher alternativ liebt, braucht nur etwas weiter zu fahren (oder laufen), um an feinsandige, schöne Strände zu kommen. Spätestens in den Nachbarorten **British Komenda** und **Dutch Komenda** wird man fündig. Daß es zwei Komendas gibt, zeigt, wie weit die Rivalitäten zwischen den Konkurrenten gingen. Jeder Handbreit Einflußbereich wurde genutzt, um Handelsvorteile zu ergattern.

Wenn Sie nach *Dutch Komenda* wollen, muß zur Klarstellung gesagt werden, daß dieser Ort im Volksmund *Kankan* heißt. Die Straße dorthin ist allerdings denkbar schlecht.

Wenn Sie mit Tro-Tro reisen und zum Fahrer nur Komenda sagen, bringt er Sie nach *British Komenda*, Standort einer ehemaligen Sklavenburg der Briten (eine Halbruine). Die Straße dorthin ist geteert und besser zu fahren. Von dort nach Kankan (hier eine holländische Burgruine) ist es nur ein Katzensprung zu Fuß am Meer entlang. Die beiden Orte teilen sich somit den gleichen Strand.

Es gibt keine Hotels oder Restaurants in Komenda; Zelten ist möglich, aber man sollte alles Nötige vorher einpacken.

Anfahrt: Im Privatauto von Elmina aus auf der Straße nach Takoradi bleiben und bis *Kissi Junction* fahren. Dort auf die Nebenstraße nach Komenda, 8 km.

Metro-Busse zwischen Cape Coast und Takoradi halten in Kissi, wo Kleinbusse die kurze Strecke übernehmen.

Geldwechsel: Ein Forex Bureau ist in der *Akakyiman Rural Bank* eingerichtet.

DURCH DEN WESTEN DES LANDES

Die Western Region (2 Mio Einwohner) unterscheidet sich nicht wesentlich von dem, was man schon von der Zentralregion kennt. Allerdings gibt es hier ein bißchen mehr von allem: mehr Land (knapp 24.000 km² groß), mehr Wald, mehr Regen, mehr Küste, mehr Industrie. Die Grenzen der Region sind klar zu definieren, denn zu allen Seiten bilden Flüsse die natürliche Abgrenzung: im Osten und im Norden ist es der Pra mit seinem Nebenfluß Offin, im Westen bildet der Tano zugleich die Staatsgrenze zu Côte d'Ivoire. Zahlreiche andere Flüsse durchkreuzen das Gebiet und machen es zu einem fruchtbaren Land mit artenreichen Urwäldern.

Der westliche Teil der Region um Esiama hat die höchsten Niederschlagswerte im ganzen Land, was zur Entstehung eines dichten Regenwaldes beigetragen hat. Es ist dann auch nicht verwunderlich, daß hier gleich mehrere, große **Nationalparks** mit seltener Flora und Fauna existieren: *Bia NP, Ankasa-Nini-Suhyien NP, Krokosua Resource & Biosphere Reserve* und *Cape Three Points Forest Reserve*. Mit Ausnahme von Ankasa-Nini-Suhyien NP haben die Parks keinerlei Infrastruktur. Wegen ihrer Vielfalt eignen sie sich aber hervorragend für Foto-Safaris. Wer diese Parks besuchen will, sollte eine eiserne Gesundheit haben, Campingausrüstung mitbringen und bereit sein, endlose Fußmärsche auf sich zu nehmen (↗ auch »Natur«).

Die 150 km lange **Küste,** unterbrochen von Lagunen, Flußmündungen, einsamen Buchten und einigen Klippen, ist hingegen ideal für einen Strandurlaub, besonders für Individualisten, die alles in unverfälschter Version lieben: leere, grandiose Strände, bis auf wenige Ausnahmen heute noch weitgehend unbekannt.

Auch das westliche Küstenland war seit dem 15. Jahrhundert für die europäischen Händler von Interesse, und als der Handel mit Sklaven begann, wurden die Menschen hier genauso verschachert wie im Gebiet um Cape Coast. Entsprechend gibt es auch an diesem Küstenabschnitt viele Sklavenburgen, die von skrupellosen Handelskompanien errichtet wurden.

Wirtschaft

Aufgrund seiner geographischen Beschaffenheit ist Westghana potentiell die reichste Region. Hier gibt es die meisten Bodenschätze. Mit ihren Ressourcen an *Gold* (bei Tarkwa), *Diamanten* (in Bonsaso), *Bauxit* (Yenahin), *Mangan* (Nsuta), *Eisenerz* (Opon Mansi), *Kalkstein* (Nauli), *Öl* und *Gas* (Assini) ist sie landesweit unübertroffen. Die vorhandenen Industrien, gekoppelt mit der sehr leistungsfähigen Landwirtschaft, verschaffen dem Westen Ghanas die Basis, eine solide industrielle Entwicklung zu starten.

Reisen in Westghana

Da von Takoradi aus die Verkehrsverbindungen am besten sind und dort die meisten Unterkunftsmöglichkeiten bestehen, sollte jeder Ausflug in andere Teile der Region dort seinen Anfang nehmen. Von Takoradi aus kann man sowohl die schönen Strände wie auch die sehenswerten **Sklavenburgen** besuchen, die von den Handelskompanien einst errichtet wurden: *Fort São Sebastiao* in Shama, *Fort Orange* in Sekondi, *Fort Battensteyn* in Butre, *Fort Metal Cross* in Dixcove, *Fort Groß-Friedrichsburg* in Prince's Town, *Fort Santo Antonio* in Axim, und *Fort Appolonia* in Beyin.

Wer nicht unbedingt immer nur am **Strand** bleiben, **Burgen** oder **Regenwald** besichtigen will, kann einmal etwas ganz anderes unternehmen: Nur einige Kilometer außerhalb Takoradis, an der Hauptstraße nach Tarkwa, können Sie eine große **Ölpalm-Plantage** besichtigen. Die Zentrale der Farm liegt in dem kleinen Ort *Ayim*. Dort bekommt man einen Führer für eine Tour.

Etwa 20 km weiter Richtung Tarkwa kann man die extensiven **Kautschuk-Plantagen** besichtigen. Die Farmen liefern circa 60 % des Landesbedarfs an Kautschuk.

Auf dem Takoradi-Elubo Highway befinden sich **Kokosfarmen,** eine wichtige Einkommensquelle der Menschen dieser Gegend. *Kopra,* die getrocknete Frucht, wird zu Öl verarbeitet. Verheerend und unübersehbar sind die Auswirkungen einer Pflanzenkrankheit, die den Kokos-Plantagen in den vergangenen Jahren erheblichen Schaden zufügte. Dennoch sind Besichtigungen interessant.

SEHENSWÜRDIGKEITEN DER WESTERN REGION AUF EINEN BLICK

Aiyinase: Ankasa-Nini-Suhien-Nationalpark
Beyin: Stelzendorf Nzulezo
Cape Three Points: Green Turtles
Kunkumso: Bia-Nationalpark
Pirogenfahrten: auf dem Pra, zu den Inseln Krobo, Obosomase, Atwebase
Tarkwa: Bergarbeiterstadt
Wassa Domama: Rock Shrine

Interessante Märkte:
Aiyinase: Di, Fr | **Tikobo No. 1:** Do | **Bogoso:** Do | **Dixcove:** Mi | **Wassa Akropong:** Do | **Agona Ahanta:** Mi, Sa | **Beposo:** Di, Fr

Weitere wichtige Festtage:
Beposo: *Nkrono,* Reinigungsfest, Sep
Dixcove: *Apatwa,* Aug; *Kundum,* Sep
Elmina: *Bakatue,* Juli; *Edina Buronya,* Jan
Esiama: *Kundum,* Aug
Mpohor: *Odwira,* Aug
Shama: *Nkrono,* Sep
Sefwi Bekwai: *Yam-Festival,* Jan
Wassa Akropong: *Edie,* Jan

KUNDUM

Küste, Aug – Sep: Das wichtigste Fest, das überall an der Küste gefeiert wird, ist das Kundum-Fest. Es ist hauptsächlich ein *Erntedankfest,* dient aber auch der Erneuerung der Bande zwischen den Lebenden und den Toten. Trommelmusik, energischer Tanz und phantasievolle Kostümierung sind seine wesentlichen Merkmale. Ab August bis September bewegt sich Kundum von *Shama* in Richtung Westen, jede Woche an einen anderen Ort. Da jeder Ort mit eigenem Stil feiert, ist Kundum immer wieder aufregend, obschon das Fest im wesentlichen das gleiche bleibt

SHAMA AN DER PRA-MÜNDUNG

20 km östlich vor Takoradi liegt direkt hinter der Provinzgrenze zur Western Region Shama, ein historisches Städtchen mit circa 8000 Einwohnern.

Sehr früh waren die Portugiesen hier präsent und bauten 1560 *Fort São Sebastiao,* das sie nie richtig nutzten. 1640 wurde die fast verlassene Burg von den Holländern eingenommen. Die neuen Herren stützten das sinkende Gemäuer mit zusätzlichen Treppen ab und gaben der Burg so ihre einmalige Form.

Auch Shamas Lage an der **Mündung des Pra** macht die Stadt für Besucher interessant. Die große Bucht wurde in einen **Fischereihafen** umgewandelt, wo Hunderte von Kanus vor Anker liegen. Zwischen Juli und September ist der Hafen meist voller Menschen, die die reichlichen Fischladungen aufkaufen. Rochen, Hammerhaie und riesige Thunfische sind keine Seltenheit. Allein das Beobachten des Geschehens ist das Geschubse in der Menschenmenge wert.

Dr. Amo und die Freiheit

In Fort São Sebastiao verbrachte **Dr. William Amo** (1703 – 1784), ein Jurist und Philosoph der Aufklärungszeit mit ghanaischen Wurzeln, seinen Lebensabend. Zuvor hatte er rund 45 Jahre seines langen Lebens in Deutschland verbracht. Als Ghanaer bei Axim geboren, wurde er mit vier Jahren von der holländischen Westindischen Kompanie als Sklave nach Deutschland gebracht und dem Herzog von Braunschweig-Wolfenbüttel geschenkt. Schnell erkannte man seine hohe Intelligenz, er durfte zur Schule gehen und sogar studieren. In Halle fing er das Studium von Jura und Philosophie an, setzte es in Wittenberg mit Medizin fort und promovierte dort 1735. Danach lehrte er Philosophie und Recht an den Universitäten von Halle und Jena. Als glühender Anhänger der Ideen von *Johann Georg Leibnitz* (1646 – 1716) und *Christian Wolff* (1679 – 1754) wurde Amo einer der prominentesten Verfechter der Freiheit und Demokratie seiner Zeit in Preußen.

Urzustand: Auf dem breiten Pra wirkt jedes Boot wie ein Nachen

Nach etlichen Schikanen im privaten Leben und rassistischen Attacken von so genannten Evolutionswissenschaftlern kehrte Amo völlig frustriert und isoliert 1749 in seine Heimat zurück. Er lebte fortan als Einsiedler und Wahrsager in Shama, in einem Land, das er weder kannte noch gut verstand.

Sein Grabmal weist 1784 als Todesjahr aus, aber der eigentliche Zeitpunkt seines Todes ist unbekannt. Zunächst auf dem Friedhof von Shama beerdigt, wurde das Grab von William Amo nach einer Überschwemmung zu Füßen des Haupttores der Burg São Sebastiao verlegt. Ab und zu legen noch Verehrer Blumen darauf.

Kanufahrt auf dem Pra

Wer genügend Zeit mitbringt, kann von Shama aus zu einer wunderbaren Kanufahrt auf dem Pra starten. Die circa 12 km werden von kräftigen Burschen gepaddelt. Der ganze Spaß dauert drei Stunden, die durch Zwischenstops in den anliegenden Dörfern verlängert werden können. Rund 35 € kostet der Ausflug, der am besten unter Freunden gemacht werden sollte. Unbedingt etwas zu knabbern und zu trinken mitnehmen, auch die Kopfbedeckung nicht vergessen, da die Sonne meistens unbarmherzig auf den Pra knallt.

* **Tip:** Der Pra ist sehr breit, nehmen Sie ein Fernglas mit, um das Ufer zu beobachten!

Praktische Informationen

Es kommen relativ wenige Touristen nach Shama, jeder Besucher wird von den zahlreichen Kindern am Vorplatz der Burg angebettelt. Es fällt schwer zu glauben, daß jemand hier bleiben möchte, falls doch, gibt es im Ort eine vertretbare Übernachtungsmöglichkeit.

Anfahrt: Alle Minibusse auf dem Cape Coast-Takoradi-Highway fahren an Shama vorbei. Passagiere steigen in Shama-Junction aus und fahren von dort mit Linientaxis 4 km ins Städtchen.

* *Applause*, © 23941, ein großes Haus am Ortseingang mit großen Zimmern, Dachrestaurant. Einfach eingerichtete Zimmer mit Ventilator, Dusche und Balkon mit schöner Aussicht auf die Stadt, 50 – 60 €.

* *Abuesi Beach Resort*, 2*, © 031/91708, 0244/359100, www.abuesibeachresort.com. Traumhafte Lage am Meer, mit vorgelagerter Insel, 14 km nordöstlich von Takoradi. Vor dem Städtchen Inchaban Richtung Takoradi zweigt die Straße linker Hand ab. Besucher erwartet ein toller, von Kokospalmen gesäumter Sandstrand. 4 Villen (8 große Zimmer) mit Klimaanlage, Minibar und TV. EZ/DZ 30 bzw. 38 €. Tennis, Squash, Bootsverleih.

SEKONDI-TAKORADI

Die Regionalhauptstadt Sekondi-Takoradi ist, wie der Name bereits verrät, eine Zwillingsstadt. Sie besitzt einen 1920 angelegten Hafen von großer Wichtigkeit für Ghanas Außenhandel. Sekondi-Takoradi ist mit heute ungefähr 330.000 Einwohnern viertgrößte Stadt des Landes. Doch mit ihren weltoffenen Menschen strahlt sie eine angenehme, entspannte Atmosphäre aus.

Die beiden Schwestern scheinen sich prächtig zu ergänzen. Sekondi, die ältere der beiden Städte, begnügt sich mit Repräsentationsaufgaben und fungiert als kultureller Mittelpunkt und Sitz der regionalen Verwaltung. Takoradi dagegen ist die Boomtown und ein wichtiger Handels- und Industriestandort im Westen Ghanas.

Sekondi: Bummel durch die Geschichte

Sekondi besitzt einen Fischereihafen und eine kleine Werft für Bau und Reparatur von Fischkuttern und Booten. Daneben befindet sich Ghanas kleine Marinebasis, bestehend aus einigen Minensuchbooten und anderen kleinen Schiffen.

Die ersten Europäer hier waren die Holländer, die 1640 gleich eine Burg, *Fort Orange* hoch oben auf einem Felsen, bauten. Die Briten bauten fünf Jahre später ein paar Kilometer weiter *Fort Sekondi*, von dem nur noch Ruinen übrig sind. 1872 übernahmen sie auch die holländische Burg und machten Sekondi zu ihrem wichtigsten Stützpunkt im Westen Ghanas. 1927 wohnten hier bereits 10.000 Menschen. Die Stadt wuchs weiter und wurde Hauptumschlagplatz für alle Produkte aus dem reichen Umland.

Ein **Bummel durch die Straßen** der Stadt zeigt, daß Sekondi in die Jahre gekommen ist und wenig von seiner früheren Eleganz behalten hat. Aber dem aufmerksamen Beobachter wird es nicht entgehen, daß hier einmal wohlhabende Kaufleute gewohnt haben; besonders die heute heruntergekommenen Villen in *European Town* in der unmittelbaren Umgebung von Fort Orange lassen dies ahnen. Heutzutage passiert nicht viel in Sekondi. Es ist mehr oder weniger die »Schlafstadt« für Takoradi geworden, wo die Industrie angesiedelt ist und wohin die Beschäftigten täglich zur Arbeit fahren. Außer an den traditionellen Festtagen: dann nämlich geht der Verkehrsstrom schon morgens in die umgekehrte Richtung, dann verwandelt sich diese verträumte Stadt in einen vergnügungssüchtigen Ort, der nicht mehr schlafen geht. Und es wird praktisch alle 14 Tage gefeiert!

Fort Orange steht, wie gesagt, auf einem Felsen, der genau auf die Marinebasis schaut. Um dorthin zu kommen, gehen Sie die Lagoon Road bis zum Ende und fragen dort einfach nach der Burg, die nicht mehr weit ist. Sie dient heute als *Leuchtturm* und steht für Besichtigungen nicht zur Verfügung. Allerdings ist es Besuchern erlaubt, einen Rundgang zu machen. Fotografieren ist wegen der Marinebasis heikel; erst fragen.

Vielleicht der interessanteste Ort in Sekondi ist der **Fischereihafen,** der neben der Marinebasis liegt. Von der Burg läuft man den Hügel herunter und biegt nach rechts Richtung Meer ab. Hier kann man nach Herzenslust fotografieren und sich mit den neugierigen Fischern unterhalten.

Takoradi: Stolz des Westens

Takoradi liegt 10 km westlich von Sekondi, durch ein Industriegebiet und zwei Küstendörfer voneinander getrennt. Takoradi, zu Sekondis großen Zeiten noch ein unbedeutendes Fischerdörfchen, geriet erst 1920 durch den Bau des ersten Hafens an der Goldküste ins Rampenlicht und hat sich seitdem in eine vitale, angenehme Hafenstadt verwandelt. Die Entwicklung ging sehr rasch vonstatten, Wohlstand erreichte die bis dahin vernachlässigte Bevölkerung dieses Gebietes und bald wuchs eine elegante Stadt empor, mit breiten Straßen, schönen

Takoradi: Der Markt findet auf Treppenstufen statt, die Autos beanspruchen den Platz

Wohnhäusern und hohem Lebensstandard. Zur gleichen Zeit wurde Takoradi durch eine Eisenbahnlinie mit Sekondi verbunden, das bereits eine Anbindung an das Gold-Städtchen Tarkwa im Hinterland besaß. Sägewerke entstanden, Industrie im Export-Import-Bereich siedelte sich an, Versicherungsmakler eröffneten Büros, Banken kamen hinzu.

Der beste Ort für einen lauen tropischen Abend in Takoradi ist das ◨ **Harbour View,** nett zum Sitzen, Gukken und Genießen. Snacks vom *Stomach Care Garden* und leckeres Essen vom Chinesen nebenan runden das Angebot ab. Man schaut auf den Hafen mit den Schiffen aus aller Welt, auf die weit geschwungene Bucht bis Sekondi hinaus. Aber aufgepaßt: Da viele Fremde hierher kommen, ist Harbour View auch zum beliebten Revier von Takoradis »Asphaltschwalben« geworden. Dies sollten Sie wissen.

Baden in Sekondi-Takoradi

Zwischen Sekondi und Takoradi liegen zwar kleine **Strände,** aber das sind unromantische Orte in der Nähe der Marinebasis bzw. zwischen Kaianlagen. Für richtige Badefreuden fährt man besser in Richtung Westen aus der Stadt heraus, in die weiter unten beschriebenen Dörfer, wo sich Robinson Crusoe bestimmt wohlgefühlt hätte.

Für diejenigen, denen das zu aufwendig ist, hat Takoradi einen Geheimtip: Unweit des *Atlantik-Hotels* liegt ein toller Strand, den nur wenige kennen. Man nimmt besser ein Taxi vom Hotel, zu Fuß zieht sich der Weg. Zunächst geht es durch eine Villengegend, bis die Mündung des *Whin-Flusses* auftaucht. Hinter der schönen Wasserlandschaft mit zwei wackeligen Holzbrücken liegt ein etwa 3 km langer Sandstrand, an dem man weitgehend ungestört ist. Lassen Sie sich vom selben Taxifahrer nach einer vereinbarten Zeit wieder an der Holzbrücke abholen.

*Tip: ♦ ⊠ *Victoria Beach Resort*, Amanfokuma, ✆ & Fax 031/25695, P.O. Box Ax 1448, Takoradi. Nehmen Sie ein Taxi bis zur *Virgin Island*, überqueren Sie zwei wackelige Brücken über den River Whin und laufen Sie am Strand rund 1,5 km in westlicher Richtung (oder per Taxi Richtung Apowa, Tarkwa Road, dann ca. 300 m hinter der Stadtgrenze links zum Meer abbiegen). Sie treffen auf eine Strandanlage mit Unterkunftsmöglichkeiten: **Victoria Beach.** Hier führt Victoria, eine energische, weitgereiste, gesellige Frau Regie. Sie bekocht ihre Gäste à la carte mit Perlhuhn-Spezialitäten und italienischen Gerichten. Alle Zimmer haben große Betten, WC/Dusche, sind klimatisiert und kosten 25 €.

Praktische Informationen
Verbindungen

Bus in Sekondi: In Sekondi starten alle Busse von der Car Station am Markt.

Bus in Takoradi: In Takoradi gibt es vier Auto- bzw. Busstationen, man muß nur wissen, welcher Bus wo abfährt …

Nach *Accra* (220 km) direkt ab **Intercity-STC-Station**, Axim Rd., ✆ 031/3351. Weniger häufig fahren Busse auch nach *Abidjan* und nach *Kumasi* (über Cape Coast).

Nach *Accra, Kumasi, Tarkwa, Axim, Elubo* mit Minivans ab **Main Car Station** gegenüber Mankesim House.

Nach *Elmina, Cape Coast, Saltpond, Mankesim* oder *Winneba,* also zu den Städten östlich von Takoradi, steigt man an der **Cape Coast/Ashanti Road** zu. Die Tro-Tros hier fahren auch bis Kumasi und Accra.

Nach *Sekondi* und in die anderen Stadtteile wie Fijai, Adiembra, Effia ab der sog. **Tema Station**, nicht weit von John Sarbah Road. Von hier geht es auch in Richtung Grenze zu den Städten *Agona Junction, Busua, Dixcove, Axim, Half Assini* und *Elubo* (von dort weiter nach Abidjan).

Sammeltaxis und **Taxis** für Fahrten in die nähere Umgebung sowie zu den nächstgelegenen Küstendörfern fahren von der Station beim Markt ab.

Bahn: Takoradi hat einen Bahnhof, der Personenverkehr nach Kumasi wurde aber 2006 eingestellt, ↗ Reiseinformationen.

Flug: Takoradis Flughafen (TKD), lange Zeit fürs Militär reserviert, steht auch der zivilen Luftfahrt offen.

Unterkunft in Sekondi

♦ *Hotel Majestic,* P.O. Box 841, Fifth Street, ✆ 46784, 20 bescheidene EZ/DZ ohne jeglichen Komfort 4 – 6 €.

♦ ⊠ ⌂ *Lagoonside Hotel,* 1★, Baka-Ekyir, P.O. Box 192, ✆ 46879, relativ großes Budgethotel mit 24 akzeptablen Zimmern in der Nähe des Gyandu Parks. EZ/DZ für 6 – 12 €.

♦ ⊠ ⌂ *Super Gardens Hotel,* 1★, Kojokrom, P.O. Box 10, ✆ 21068, einfache EZ/DZ 7 – 18 €.

♦ ⌂ *Valley Motel,* P.O. Box SC812, ✆ 46666, Baka-Ekyir, nahe St. John's College. 12 einfache EZ/DZ mit Ventilator 3 – 6 €, mit AC, TV und Telefon 7 – 12 €. Wäscherei.

Unterkunft in Takoradi
Preiswert:

♦ ⊠ ⌂ *Golden Queen Palace,* 1★, ✆ 23463, nahe Memories Restaurant in Richtung Chapel Hill, ist trotz Renovierung ein einfaches Hotel geblieben. Die ruhige, strategisch günstige Lage zu den naheliegenden Restaurants und Discos sind Pluspunkte. Große, einfach eingerichtete Zimmer je nach Ausstattung 8 – 16 €.

- ♠ ✉ ⌑ *Hotel de Mexico,* 2✱, Dixcove Hill 26/A, P.O. Box 0511. Kleines, nicht ganz billiges Hotel mit freundlichem Service. 8 Zimmer, AC, 19 – 35 €; gutes Restaurant.
- ♠ ✉ ⌑ *Hotel de Ruco,* Off Liberation Road, Innenstadtlage, Straße zweigt gegenüber von Agricultural Development Bank ab, ✆ 21248, 12 saubere EZ/DZ zwischen 7 – 18 €, je nach Größe und Ausstattung. Einige DZ sind klimatisiert und haben TV und Telefon. Das Restaurant bietet (ghanaisch) vegetarische Gerichte an.
- ♠ ✉ ⌑ *Western Homes,* 2✱, ✆ 23728, Fax 23534. Liegt vor der Officers Mess. Chalets mit 18 klimatisierten Zimmern, 22 – 40 €, Restaurant mit akzeptable Preisen.
- ♠ ✉ ⌑ *Mosden Hotel,* 2✱, Axim Rd., P.O. Box MC133, ✆ 22266, kleines, etwas schummriges Hotel im 1. Stock des Mankesim White House mit 13 einfachen DZ mit Telefon, TV für 9 €, mit AC 15 €. Unmittelbar neben der STC-Station. Restaurant und Parkplatz sowie eine stark frequentierte Bar mit lauter Musik vorhanden.
- ♠ ✉ ⌑ *Taadi Hotel,* 2✱, P.O. Box 411, ✆ 23778, Fax 23728. 30 riesige Zimmer mit AC, 12 €, Suite 25 €.
- ♠ ⌑ *Zenith Hotel,* Kumasi Road, ✆ 22359, hat 17 saubere Zimmer mit Ventilator, Etagenduschen. DZ 5 – 8 €, großer Hof im Kolonialstil, Bar, abends ghanaische Küche. Liegt auf einer belebten Straße im Zentrum und ist daher etwas laut.

Mittlere Kategorie:

- ♠ ✉ ⌑ ♪ ♫ *African Beach Hotel,* 2✱, P.O. Box 250, ✆ 25148, Fax 21666. Guter Service und nette Atmosphäre. Super Beach front mit großer überdachter Bar und Restaurant mit französischer Küche. Die 15 schönen Zimmer im Chaletstil sind für 40 – 70 € nicht gerade billig, dennoch oft belegt. Sa Live-Musik.
- ♠ ✉ ⌑ ♪ *Ahenfie Hotel,* 2✱, Kumasi Road, P.O. Box 0684, ✆ 2966, nicht weit von der katholischen Kirche am Sekondi Roundabout entfernt. 42 großzügige, saubere Zimmer zwischen 15 € mit Ventilator und 42 für DZ mit AC und Warmwasser. China-Restaurant, Open-air-Bar, Parkplätze und gute Disco, wegen der es gelegentlich laut werden kann, besonders am Wochenende. Das Ahenfie hat etwas gegen zwei Männer in einem Zimmer. Es kommt drauf an, wer am Empfang sitzt.
- ♠ ✉ ⌑ *Alrose Hotel,* 2✱, Dixcove Hill, P.O. Box 748, ✆ 24230, Fax 21109. 15 gut ausgestattete DZ in ruhiger Umgebung; DZ 19 – 25 €, Suite 45 €. Am besten ist der große Garten mit den vielen Blumen.
- ♠ ✉ ⌑ *Animens,* 2✱, Dixcove Hill, P.O. Box 0475, ✆ 2467, 2477. Fax 22481, 25 DZ mit AC, TV und Telefon, 22 – 30 €, Gartenrestaurant, Cocktailbar, Parkplätze, Reinigung. Wird zur Zeit erweitert.
- ♠ ✉ ⌑ *Asempa Hotel,* 2✱, Liberation Road, P.O. Box 0628, ✆ 031/21088. Wurde rechtzeitig zum Fußballfest Anfang 2008 eröffnet und gehört bereits zu den etablierten Häusern der Stadt. Günstige Lage, moderne Einrichtung, gute Bar, großes Restaurant mit internationaler Küche. EZ/DZ mit Klimaanlage, Dusche/WC, TV, 28 – 45 €, inkl. Frühstück. KK: Visa.
- ♠ ✉ *Maggi's Guesthouse,* 2✱, ✆ 22575, Fax 30183, südlich vom African Roundabout in einer Sackgasse liegt dieses gut geführte Haus mit 20 DZ für 25 – 40 € für geräumige Chalets mit Kichenettes (inklusive Frühstück). Gutes Restaurant.

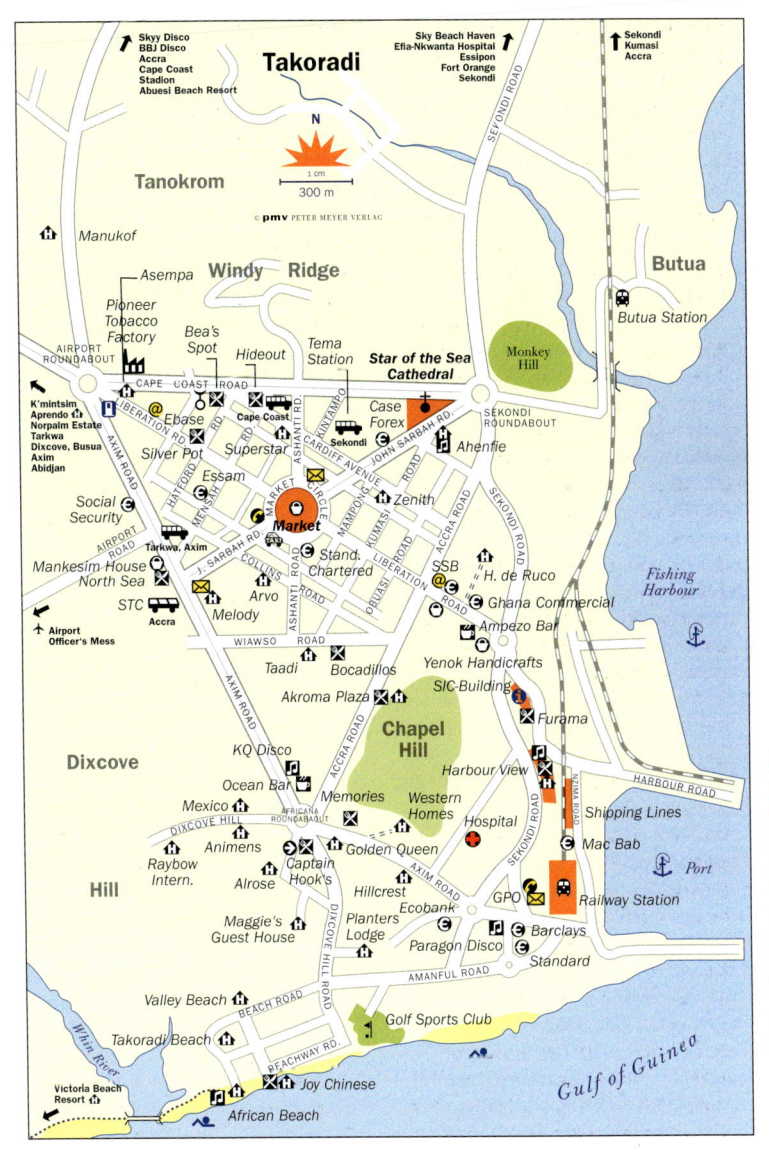

Takoradi

Tanokrom

1 cm = 300 m

© **pmv** PETER MEYER VERLAG

↑ Skyy Disco / BBJ Disco / Accra / Cape Coast / Stadion / Abuesi Beach Resort

↑ Sky Beach Haven / Efia-Nkwanta Hospital / Essipon / Fort Orange / Sekondi

↑ Sekondi / Kumasi / Accra

Manukof

Windy Ridge

Butua

- Asempa
- Pioneer Tobacco Factory
- Bea's Spot
- Hideout
- Tema Station
- Star of the Sea Cathedral
- Monkey Hill
- Butua Station

AIRPORT ROUNDABOUT

← K'mintsim / Aprendo / Norpalm Estate / Tarkwa / Dixcove, Busua / Axim / Abidjan

CAPE COAST ROAD — SEKONDI ROUNDABOUT

- Ebase
- Cape Coast
- Case Forex
- Sekondi
- Ahenfie
- Superstar
- Silver Pot
- Essam
- Zenith
- Social Security
- Tarkwa, Axim
- Mankesim House
- North Sea
- STC → Accra
- Market
- Stand. Chartered
- SSB
- H. de Ruco
- Ghana Commercial
- Arvo
- Melody
- Ampezo Bar
- Airport Officer's Mess
- WIAWSO ROAD
- Taadi
- Bocadillos
- Yenok Handicrafts
- Akroma Plaza
- SIC-Building
- Furama

Chapel Hill

Fishing Harbour

Dixcove

- KQ Disco
- Ocean Bar
- Mexico
- Memories
- Western Homes
- Harbour View
- HARBOUR ROAD
- Shipping Lines
- AFRICANA ROUNDABOUT
- DIXCOVE HILL
- Animens
- Golden Queen
- Hospital
- Mac Bab
- *Port*
- Raybow Intern.
- Alrose
- Captain Hook's
- Hillcrest
- Ecobank
- GPO
- Railway Station
- Maggie's Guest House
- Planters Lodge
- Paragon Disco
- Barclays
- Standard
- AMANFUL ROAD

Hill

- Valley Beach
- Golf Sports Club
- Takoradi Beach
- BEACH ROAD
- BEACHWAY RD.
- *Gulf of Guinea*
- Victoria Beach Resort
- Joy Chinese
- African Beach

Whin River

DIE KÜSTE & DER WESTEN

WESTERN REGION: SEKONDI-TAKORADI

♠ ⊠ *Melody Hotel*, 2✶, P.O. Box 341, ✆ 24109, Axim Road, gegenüber der Intercity-STC-Zentrale, 19 große, mit allen modernen Einrichtungen ausgestattete Zimmer, einheitlich 35 €.

♠ ⊠ *Superstar Hotel*, 2✶, Old Ashanti Road, sehr günstig im Zentrum gelegen; renoviert und aufgewertet. EZ/DZ mit Ventilator 18 €, EZ/DZ mit AC, Telefon und Minibar 24 – 28 €.

♠ ⊠ ⌘ ⊠ *Valley Beach Hotel*, 2✶, Beach Road, ✆ 36910, Fax 26905, 14 komfortable Zimmer, Fitnessraum, Garten. EZ/DZ 45 – 90 € je nach Ausstattung. Viele Geschäftsleute.

Gut und teuer:

♠ ⊠ ⌘ ⊠ ⊕ *Hillcrest Hotel*, 3✶, Chapel Hill, Axim Road, P.O. Box 634, ✆ 22277 oder 22773, hillcresthotelgh@yahoo.com. Hier wurde kräftig renoviert, was dem Hotel einen zusätzlichen Stern einbrachte. Gilt als das beste Hotel der Stadt. Parkplatz, Konferenzsaal, Souvenirshop vorhanden. Eine Übernachtung im komfortablen Zimmer mit großem Bett, TV, Minibar kostet 70 €.

♠ ⊠ ⌘ ⊠ *Planters Lodge*, 2✶, Dixcove Hill Road, P.O. Box 1096, ✆ 22233, Fax 22230, nur 2 Min vom Golfplatz entfernt, eingebettet in einen großen tropischen Garten, gehört zu den besten Adressen vor Ort. Für Liebhaber des Kolonialstils ist es sicher die beste Gelegenheit, altmodische Gastfreundschaft in einem modernen Ambiente zu genießen. Gourmet-Restaurant vorhanden. DZ 80 €.

♠ ⊠ ⚑ *Akroma Plaza Hotel*, 2✶, 7 Chapel Hill Wise Park, P.O. Box 259 AX, ✆ 031/23745, 027/7773863, www.akromaplaza.com. Das recht neue Hotel umfaßt einen Konferenzzentrum, ein beliebtes Restaurant und komfortable, klimatisierte Zimmer mit TV, Telefon. EZ/DZ 30 – 60 €.

♠ ⊠ *Raybow International Hotel*, 2✶, Dixcove Hill Road, ✆ & Fax 22672, www.raybowhotel.com, mittelgroßes Hotel mit feinem Restaurant in ruhiger Lage, DZ 65 – 100 €, Suite 135 €.

♠ ⊠ ⌘ ⊠ *Takoradi Beach Hotel*, 2✶, P.O. Box 648, Beach Road, ✆ 25148, Fax 21666. 32 Zimmer mit TV, Telefon, Bad, Minibar. EZ/DZ 55 – 70 €, Suite ab 90 €. Man fragt sich, wer die überteuerten Zimmer in diesem wenig einladenden Gebäude bezahlt. Pluspunkte jedoch sind der Swimmingpool und die Terrassen-Bar. Es lohnt sich, nach einem Rabatt zu fragen. Oft sind 30 – 40 % drin.

Restaurants in Takoradi

⊠ ➲ ⚠ *Captain Hook's Restaurant*, Dixcove Hill, ✆ 27085, täglich 11 – 23 Uhr. Zur Zeit Takoradis vornehmstes und wohl teuerstes Restaurant mit erlesenen Fisch- und Fleischspezialitäten (6 – 35 €), Pizzen und Pasta (5 – 10 €). Starters und Desserts 4 – 12 €.

✻ **Tip:** Bei Captain Hook's kann man professionelle *Angeltörns* bzw. *Walbeobachtungsfahrten* buchen, der Besitzer aus Österreich ist ein erfahrener Hochseefischer (Blue Marlin, Wahoo, Bonito, Haifisch, Barrakuda usw.). Ausführliche Infos am besten per eMail an Capthook@ghana.com.

⊠ ♠ *Joy Chinese Restaurant & Guesthouse*, Off Beach Road, P.O. Box 1220, ✆ 30347. Großes Restaurant in einladender, romantischer Lage direkt am Meer, beliebtes Ziel der Verliebten der Stadt. Auf bequemen Stühlen kann man stundenlang dem Meeresrauschen zuhören und dabei leckere Sachen essen. Freundliche Bedienung, gute Weine und akzeptable Preise. Angeschlossenes Gästehaus mit 4 Zimmern für 40 € pro Tag.

- *Akroma Plaza,* Chapel Hill, Accra Rd., ℂ 25513 oder 22945, ist der letzte Schrei in Sachen Essen. Geöffnet täglich 8 – 23 Uhr, Live-Band alle 14 Tage an Wochenenden, ghanaische, chinesische und kontinentale Gerichte, inklusive Snacks, Fastfood und Eis; 3 – 7 €. Hier hat man die Wahl zwischen drinnen und draußen.
- *Harbour View Restaurant,* Sekondi Road, ℂ 3576, kontinental-ghanaische Snacks, oberhalb des Hafens, ein beliebtes Freiluft-Lokal zum Sitzen und Bummeln.
- *Furama Restaurant,* Sekondi Road, P.O. Box 619, ℂ 23576, schmackhafte China-Spezialitäten, günstige Preise.
- *Memories,* Axim Rd., täglich 9 – 22.30 Uhr, serviert ghanaische und kontinental-europäische Gerichte zwischen 2 und 7 €.
- *The Hideout,* Cape Coast Rd. (gegenüber PWD), Ecke Old Ashanti Rd., ℂ 21086, Mo – Sa 9 – 21 Uhr. Gute ghanaische Gerichte, kalte Getränke zu fairen Preisen.
- *Bea's Spot,* Cape Coast Rd., schräg gegenüber der PTC-Zigarettenfabrik, ist ein direkter Konkurrent zu Hideout und bietet mehr oder weniger Vergleichbares an.
- *North Sea Restaurant,* im Mankesim House, Axim Rd. gilt als teuer, aber fein. Wie der Name suggeriert, bekommt man hier ausgezeichnete Fischgerichte serviert.
- *Bocadillos Restaurant & Fast Food,* unweit des Taadi Hotels, ℂ 024/4330737; serviert die üblichen Burger, Meatpies und Getränke.
- *Silver Pot Restaurant,* direkt im Zentrum auf der Liberation Rd., bietet ghanaische, chinesische und kontinentale Gerichte in klimatisierten Räumen an. Mit 2,50 – 5 € muß man rechnen, aber man ißt gut.
- **Chop Bars:** Für Leute mit schmalem Geldbeuteln empfehlen sich die zahlreichen Garküchen mit ghanaischer Küche. Viele sind im Bereich des Zentralmarktes sowie nahe der Accra-Station zu finden.

Bars & Nachtclubs
In Sekondi:
- *Club Safari,* Poase Road, und *Cool Spot* nahe Gyandu Stadion.
- *Sky Beach Haven,* direkt am Bosumtwi-Sam Fischerei-Hafen, wahrscheinlich das modernste Lokal am Platz. Von der großen Terrasse aus hat man eine wunderbare Aussicht auf Hafen und Fort Orange sowie auf die Aktivitäten der Fischer. Im angeschlossenen Restaurant ißt man wunderbar fangfrische Meeresspezialitäten. An manchen Wochenenden Live-Musik im Vorhof.

In Takoradi: Einige der besseren Hotels haben gute Musik- oder Cocktailbars, das Ahenfie auch Disco.
- *Ampezo,* gegenüber der Ghana Commercial Bank auf der Liberation Road, gute Musik und Snacks.
- *BBJ,* im Örtchen *Fijai* gelegen, hat eine hauseigene Band und sorgt für Livemusik an Wochenenden.
- *KQ Disco,* Axim Road, wird sehr von der Jugend bevorzugt und spielt moderne Popmusik. Vorteilhaft ist ihre Stadtnähe zur späteren Stunde.
- *Paragon,* ℂ 020/8158245; Hafenbereich, gegenüber Barclays Bank, gehört zu den heißesten Spots der Stadt. Das Haus besteht aus Disco, Restaurant und Nachtclub. Je nach Veranstaltung 2 – 3 € Eintritt, Fr Ladies Night.
- *Skyy Disco,* auf dem Gelände des Skyy-Senders, Axim Road, gehört zu den populärsten Schuppen der Stadt, besonders am Wochenende, wenn die Jugend zum Tanzen dort hin pilgert. Viele Taxis verkehren auf der Strecke. Eintritt 3 €.

Weitere Informationen

Touristeninformation: Das *Tourist Office* befindet sich im 4. Stock des SIC-Buildings auf der Harbour Road, Takoradi. Die Leute hier sind bei der Organisation von Ausflügen in die Natur sehr behilflich, sie stellen Begleitpersonen zur Verfügung.

☀ **Tip:** Das Tourist Office bietet eine sehr zu empfehlende *Ganztagstour zum ↗ Ankasa-Nationalpark*. Kann zum Teil sogar mit einem Allradauto gemacht werden. Kostet ca. 1,50 €, Begleitpersonal 0,75 €/Std.

Telefonvorwahl: ✆ 031.

Geldwechsel: Nahe dem Bahnhof gibt es mehrere Banken (*Standard, Eco*), ebenso im Gebiet zwischen Markt und Axim Rd. (*Social Security, Essam Forex Bureau*).

Essam Forex Bureau am Market Circle hat oft die besten Kurse.

Case Forex Bureau, John Sarbah Road, wechselt alle Währungen.

MacBab Forex Bureau, Nzima Road, Harbour View am Hafen.

Barclays Bank nahe dem Bahnhof, wird von vielen wegen guter Dienste und sehr guter Wechselkurse für Reiseschecks gelobt.

Postamt: Das *General Post Office* liegt im Hafenviertel, circa 150 m oberhalb des Bahnhofs, ein zweites *Postamt* nahe dem Zentralmarkt. Briefmarken, Telegramm- und Telexdienste.

Krankenhaus: Effia Nkwanta Hospital, Sekondi, 4 km vom Stadtzentrum, ✆ 23151.

Takoradi Hospital, 2 km vom Zentrum, ✆ 22501.

Internet: *Ebase*, gegenüber Barclays Bank, Liberation Rd.

SSB Internet, Liberation Road.

Souvenirs: *Trade Fair Handicraft Bureau*, auf der Straße vom Fischereihafen-Roundabout Richtung Market Circle.

Yenok Handicrafts, Sekondi – Takoradi-Road.

DIE SAGENHAFTEN STRÄNDE IM WESTEN

Wer immer von Südseeromantik geträumt hat, wird sie im Westen Ghanas finden: türkisfarbenes, sauberes Wasser, feinsandiger, palmengeküßter Strand, ulkige Dörfer, idyllische Plätze ohne Streß, ohne Hektik …

Unglaublich, daß solche traumhaften Orte immer noch recht unbekannt sind. Wer hierher kommt, wird die Küstenlandschaft paradiesisch finden und gleichzeitig beten, daß es so bleiben möge. Alle hier genannten Dörfer und Strände sind von Sekondi-Takoradi aus innerhalb einer Stunde mit dem Sammeltaxi oder gemietetem Auto zu erreichen. Es handelt sich um kleine und beschauliche Ortschaften, die sich im großen und ganzen ähneln und nicht einen Hauch von touristischer Infrastruktur besitzen. Daher: Essen und Trinken stets mitnehmen!

Vielleicht ändert sich tatsächlich in den kommenden Jahren etwas: Der **Ölfund vor der Westküste** lässt die Menschen in den verschlafenen Ortschaften wie Dixcove, Akwidaa, Cape Three Points und Prince's Town auf Arbeitsplätze und höhere Einkommen hoffen. Mit Grundstücken wird bereits spekuliert, aber ob die Küstenbewohner direkt vom Ölfund profitieren werden …?

Die Palmen von Norpalm Estate

Sollten Sie mehr über **Ölpalmen** wissen wollen, mieten Sie sich ein Taxi für zwei Stunden ab Takoradi oder Agona Junction und fahren Sie zur Verwaltung des Norpalm Estate; sie liegt circa 5 km weit in der Plantage. Dort können Sie eine kostenlose Führung bekommen und viel über diese nutzliche Pflanze erfahren.

Es ist nicht übertrieben: Der Strand von Butre ist kilometerlang

Butre, Busua und Dixcove

In **Agona Junction** (18 km von Takoradi) geht es links ab von der Hauptstraße in Richung Meer, das noch 12 km entfernt ist. Lohnend ist auf jeden Fall zumindest ein Tagesausflug an diesen Küstenabschnitt, denn alle drei Orte sind historische Flecken, die ihren jeweiligen besonderen Charakter erhalten haben. Man könnte sie als »ruhige Ferienorte« passend umschreiben, wenn man sie mit den größeren Anlagen in Gomoa Fetteh und Anomabo vergleicht.

Im Dorf **Apemanim**, circa 2 km von Agona Junction auf der Straße nach Tarkwa, zweigt die Axim-Abidjan-Straße nach links ab. Fast genau an dieser Abfahrt steht eine Verarbeitungsfabrik für Kautschuk. Das Rohprodukt stammt aus den großen Kautschuk-Plantagen (*Rubber Estates*), die die Axim-Straße für mehr als 20 km säumen. Wer mehr über Kautschuk wissen will, sollte sich bei der Fabrik-Verwaltung in Apemanim melden. Eine kleine Tour ist immer möglich.

Wassertouren in Butre

Einst wichtiger Handelsplatz und holländische Hochburg, liegt Butre wunderschön an einer malerischen Bucht mit Flußmündung. Das heute unscheinbare Fischerdorf war während des Sklavenhandels oft wegen seiner strategischen Lage umkämpft. Hoch über dem Dorf thront die Ruine des trutzigen **Fort Battensteyns**, das besichtigt werden kann (2 – 4 €). Wer es den Berg hinauf geschafft hat, wird mit einer schönen Aussicht auf das Umland belohnt.

Die Bewohner von Butre fühlten sich bisher oftmals von den Touristen mit ihren allgegenwärtigen Kameras belästigt. Um die Dinge besser zu regeln, wurde ein **Tourismus-Verein** gegründet. Er organisiert jetzt interessante **Ausflüge auf dem Butre-Fluß** zu festen Preisen (5 € pro Person, die Dauer bitte vorher festlegen), bei denen Sie die Krokodile und Affen in der Natur beobachten können. Für Besucher ohne Nerven werden Anglertripps auf Segelkanus mit den hiesigen Fischern organisiert. Die hiesige Küste ist bekannt für fliegende Fische, Bluemarlin, Thunfisch und Heringe.

ⓘ Interessenten können ihre Wünsche vor Ankunft per Mail mitteilen: butretourism@hotmail.com.

🚶 Wanderung: Sehr wenige Touristen kommen mit dem Auto. Einfacher ist es, von Busua aus zu einem herrlichen Spaziergang in östliche Richtung aufzubrechen. Der fast 3 km lange Fußweg beginnt am Strand von Busua. Nach rund 600 m geradeaus erreicht man eine Stelle, wo eine steile Steintreppe zur Klippe hinaufführt. Oben führt der Pfad weiter über einen Bergrücken mit schönen Aussichten bis ins Dorf hinunter, das man von weitem bereits sieht.

Strandromantik in Busua

Busua ist ein reiner Badeort mit einem sagenhaft schönen Strand. Die romantische Lage mit Blick auf die kleine Insel – *Abrokwa Island* – ist schon immer das Ziel von einheimischen Touristen gewesen, der flache Strand ist selbst für Kleinkinder sehr gut geeignet. Noch 1998 ein Nest ohne Strom und Wasser, ist Busua dank des Tourismus zu neuem Leben erwacht. Schon jetzt sind alle Grundstücke am Meer vergriffen, auf denen Wohlhabende ihre Feriendomizile errichten wollen. Auch so verbringen viele Touristen ihre Ferien und Wochenenden in Busua, wo eine gewisse Infrastruktur bereits existiert. Kleine Restaurants, Bars und Gasthäuser sind vorhanden, eine Brücke über die örtliche Lagune wurde gebaut. Jetzt ist es möglich, von Busua aus direkt mit dem Auto zum benachbarten Dixcove (1,5 km) zu fahren.

Der Fischerhafen Dixcove

Im Vergleich zu Busua ist Dixcove ein viel größerer Ort mit Geschichte. Sofort ins Auge fällt die große, britische **Sklavenburg,** die Dixcove beherrscht. Immer schon ein traditionsbewußter Ort, spielt Tourismus bisher keine große Rolle im Leben der Einheimischen. Das Städtchen lebt von seinem natürlichen Hafen. Früher wurden über ihn Gold- und Menschenexporte abgewickelt, heute ist Fischerei die Haupteinnahmequelle. Während der Sommermonate wird Fisch in großen Mengen angelandet, das ganze Leben dreht sich dann um Ausfahrt und Rückkehr der Fischerboote. Die ausgezeichneten Hummer, Krabben, Muscheln und Fische werden von Händlern in die großen Umschlagzentren von Takoradi und Tarkwa gebracht.

Bald könnte sich der Fokus verschieben: Ein Investor hat die schöne Lage des Städtchens erkannt und plant eine Ferienanlage unmittelbar vor der Burg. Die Anwohner wurden bereits umgesiedelt. Ansonsten haben die Arbeiten zwar noch nicht begonnen, aber nach Fertigstellung dieses Vorhabens wird sich das Gesicht von Dixcove wohl ändern.

Der Ausbau der Verbindungsstraße zwischen Busua und Dixcove hat die beiden Orte näher gebracht. Die früher berüchtigte Strecke ist nun ohne jegliche Überfallgefahr begehbar.

Die Burg von Dixcove

Dixcove ist ein altes Handelsstädtchen der Briten, die 1692 das **Fort Metal Cross** errichteten, primär um den Goldhandel zu kontrollieren, aber natürlich auch, um Sklaven zu verkaufen. Allerdings hatten die Briten hier keine richtige Freude an ihrem Stützpunkt. Die Einheimischen begegneten ihnen mit erbittertem Widerstand, und es dauerte sehr lange, bis die Burg fertiggestellt war; auch dann war ihr Nutzen minimal. Die Besichtigung der Burg ist sehr zu emp-

Standhaft: Alles in Dixcove ist von der Seeluft zerzaust, nur die Festung bleibt standhaft

fehlen! Hier bekommt man eine einfühlsame Führung durch die Sklavenburg. Nicht vergessen, Trinkgeld zu geben, da die netten Führer nicht üppig bezahlt werden und nach Dixcove nicht sehr viele Touristen kommen.

Unterkunft & Essen

Die Anfahrt erfolgt über **Agona Junction** (Busstrecke zwischen Takoradi und Axim), von dort fahren Tro-Tros zur Küste nach Dixcove.

Butre:

♠ ✗ ▲ *The Hideout Lodge*, © 020/7369258 oder 7357039, contact@thehideout-lodge.com, verstecktes Refugium hinter einer Lagune und an einem schönen Strand, komplett eingerichtete DZ, Bungalows und Chalets mit Ventilatoren für 18 – 26 €. Die Betten in einem Gemeinschaftssaal für 5 € gehören zu den preiswertesten Ghanas, Studenten und Camper schlafen für unter 4 €. Gelegentliche Beschwerden über das Duschwasser (salzig), das Essen (ohne Geschmack), den Standort (zu isoliert), den Strand (schlecht); man wundert sich, daß die Leute dennoch bleiben ...

♠ ✗ *Fanta's Folly*, P.O. Box MC 1174, Takoradi, © 024/3213677, www.fantasfolly.com, pbreuillot@hotmail.com. Zwischen Asemasa und Asemkow, die neueste Anlage des Küstenabschnitts. Mit dem Auto ab Takoradi Richtung Agona, in Ewusiajo links Richtung Sesse, ab dort ausgeschildert. Zu Fuß sind es von Butre 5 km. Unter französisch-nigerianischer Leitung, bietet leckere französische und ghanaische Küche für 5 – 11 €. Schöne Bungalows im afrikanischen Stil, EZ/DZ 27 – 54 €, je nach Größe und Ausstattung.

Busua:

♠ ✗ ✗ ✗ @ ▲ ♣ *Golden Beach Resort*, 3✶, insgesamt 26 schöne Bungalows mit je

2 – 3 Zimmern inkl. Küche, Bad, WC und TV, ist die größte Einrichtung vor Ort. An Werktagen recht beschaulich, an Wochenenden und Feiertagen ausgebucht. EZ 40, DZ 45 und Suiten 65 – 75 € mit Meerblick. Fahr- und Strandradverleih. In der NS Sonderpreise für Rucksacktouristen im Personalhaus; mit Gemeinschaftsduschen und -WCs, 4 – 8 €.

♠ ⊠ 🛌 🚣 *African Rainbow Resort,* 1☀, P.O. Box 1106 Takoradi, ✆ 031/32149, arr@africaonline.com.gh; gehört einer ghanaisch-kanadischen Familie. Das freundliche Haus hat 14 Zimmer teils mit AC, teils mit Ventilatoren, großen Betten und Warmwasser. EZ/DZ 40 – 60 €. Gutes Restaurant mit Poolbar, Rooftop-Bar mit angenehmer Luft und schöner Aussicht auf Inselchen. Bootsverleih.

♠ ⊠ 🛌 ⛺ *Alaska Beach,* ✆ 0244/268599, in englischem Besitz, hat einen Zeltplatz und 9 Hütten im afrikanischen Stil am Strand anzubieten. Vorhanden sind sogar Duschen und fließendes Wasser. Das Preis-Leistungs-Verhältnis ist angemessen: Rundhütte ab 10 €, Chalets 15 €, Camping ca. 2 €. Die Matratzen in den Hütten sind der Hit für SM-Fans, melden einige Leser! Andere Low-Budget-Touristen finden das Restaurant (mit Bar) etwas teuer – aber man hat ja Alternativen.

♠ *Sabina's Guesthouse,* an der Hauptstraße, freundlich, saubere Zimmer für Traveller. EZ/DZ 5 €, Essen auf Anfrage 2 €.

♠ 🛌 *Peter's Place,* von einem sehr freundlichen Mann vom Ort geführt, 2 saubere, etwas dunkle Zimmer, direkt am Meer, für günstige 2 €. Bar mit Bier und Schnaps.

♠ ⊠ *Busua Inn,* P.O. Box 19, Busua, ✆ 020/7373579, www.busuainn.com, busuainn@yahoo.com. Ein von Franzosen geführtes kleines, freundliches Haus mit 4 großen Zimmern mit Meerblick, berühmt für seine Kochkünste. EZ/DZ 16 – 40 €.

♠ ⊠ *Ezile Bay Village,* ✆ 020/7373579 oder 024/3087354, www.ezilebay.com, ezilebay@yahoo.com. Unter französischer Leitung, in der schönen Bucht von Akwidaa, unter Surfern ein Geheimtip. Einfache Hütten mit Dusche/WC; kein Strom, aber Sonnenenergie kommt bald. EZ/DZ 5 – 9 €.

♠ ⊠ 🛌 @ *Ghana Spirit,* ✆ 0277/686224, www.ghanaspirit.com, ghanaspirit@hotmail.com. Neu eröffnete Lodge an der Flußmündung, einfache, saubere Hütten mit Moskitonetzen im afrikanischen Stil am Strand von Butre. Wäschedienst, Hängematten. 4 – 15 €, je nach Ausstattung.

♠ ⊠ 🛌 *Dadson's Lodge,* an der Hauptstraße in Richtung Golden Beach Resort. Das relativ große, weiße Haus bietet große Zimmer mit Frühstück und Gemeinschaftsduschen an, EZ 4 €, DZ 5 – 6 €.

♠ *Elisabeth's Guesthouse,* gehörte zu den ersten, die sich im Ort Touristen zuwandte. Elisabeth hat saubere Zimmer für 5 € und Essen auf Anfrage für 2,50 €.

♠ ⊠ 🎵 *Black Mamba Corner* (kein Telefon), an der Mündung gelegen, Deutsch geführt, hat einen schönen Standort und bietet außer Essen mittlerweile auch Chalets in traumhafter, ruhiger Lage mit Doppelbetten und getrennten Duschen für 10 €. Das Restaurant hat eine große Auswahl an Gerichten, 6 – 9 €. Um die Wartezeit zu verkürzen, sollten Gäste ihre Essenswünsche ankündigen. Nebenan sind Trommelworkshops bei den netten Rastas möglich.

Dixcove: Es gibt keine empfehlenswerten Unterkünfte in Dixcove.

Essen & Trinken

Wer fast nichts fürs Essen ausgeben will, kann sich abends entlang der Hauptstraße bei den Chop Bars versorgen oder geht auf den Markt und holt sich für ein paar Cedis Kenkey, Backfisch oder Bananen.

🍴 *Heimat Restaurant,* direkt an der einzigen Kreuzung im Ort, hat einen freundlichen Besitzer. Das Essen ist billig, nach vorheriger Bestellung auch gut. Bei schönem Wetter ist die Heimat ein guter Platz zum Sitzen und Beobachten.

Sankofa Beach Spot, nette Bar am Meer, nicht weit von den Fischerbooten, mit herrlichem Blick auf die Insel. Viele Besucher lassen den Tag hier mit Akpeteshie oder Bier ausklingen. Essen auf Anfrage.

☀ **Tip: Spezialisten in Busua:**

Daniel the Pancake Man, an der Hauptstraße rechts, gegenüber von Sabina's Guesthouse. Die Spezialität dieses umgänglichen Mannes sind Pfannkuchen mit Banane und Schokoladenfüllung. Man darf ruhig sagen, wie die Pfannkuchen sein sollen: süß, mit Meeresfrüchten usw. Erfrischend anders und lecker.

Frank the Juice Man mischt gekonnt frischgepresste Fruchtsäfte für 3 € (1,5 Liter); er ist überall anzutreffen und gibt keine Ruhe, bis seine Säfte alle sind.

Joseph the Lobster Man liefert und kocht für Gäste. Auch er ist bekannt und muß nicht lange gesucht werden.

Okorye Tree Restaurant, ✆ 020/7398523. Direkt neben dem Busua Inn, Fischgerichte und Pizzen. Angeschlossen ist:

Black Star Surf Schule, P.O. Box 84, Agona Ahanta, ✆ 020/7412398, www.blackstarsurfshop.com. Sehr freundliche und ungezwungene Einführung in die Kunst des Wellenreitens. 15 €/Std in der Gruppe, 18 € pro Privatstunde; weitere Stunden ermäßigt. Verkauf und Verleih von Surfbedarf, z.B. Surfbretter für 2 – 6 €/Std. Auch geführte Surftouren und -camps sowie Schnorcheln.

☀ **Tip:** Wer wissen will, wie **Palmwein** gezapft bzw. *Akpeteshie* gebrannt wird, fragt im Dorf nach und wird zur richtigen Stelle gebracht. Diese liegt sehr nah an der Straße nach Agona. Nach all den Erklärungen und Kostproben sollte man natürlich nicht vergessen, etwas Trinkgeld zu hinterlassen. Besser noch ist es, etwas zu kaufen.

☀ **Tip:** Die kleinen Hotels zwischen Akwidaa und Axim (*Green Turtle* in Akwidaa, *The Hideout* in Butre, *Rainbow Hotel*, *Dadson's Lodge* in Busua) planen ein Verbundnetz, das Besuchern zukünftig ermöglichen soll, bequem an der schönen Küste zu wandern. Dann soll eine Tour mit Verpflegung, Unterkunft und Begleitung zum Einheitspreis zu buchen sein.

Dschungelfeeling in Akwidaa und Land's End am Cape Three Points

Der Fischerort Akwidaa – der beste Ausgangspunkt für Ausflüge zum südlichsten Punkt Ghanas – besteht aus zwei Teilen: **Old** und **New Akwidaa.** Zwischen ihnen liegt die *Ezile Lagoon*. Eine schmale, nicht autogerechte Holzbrücke führt vom alten ins neue Dorf. In *Old Akwidaa* bauten die Brandenburger 1684 ihre zweite Burg auf eine schöne Landzunge – die **Dorothea Schanze** – die heute eine Ruine ist. Die große Anlage liegt überwuchert im Wald und kann besichtigt werden.

New Akwidaa ist weniger fotogen, aber wichtig, um zum **Cape Three Points** oder dem gleichnamigen **Naturreservat** zu gelangen. In dem kleinen *Cape Three Points Forest Reserve* wird das vielleicht letzte Stück ursprünglicher Küstenwald bewahrt. Affen, Waldantilopen sowie diversen Vogelarten können hier beobachtet werden. Interessant sind auch Ausflüge im Einbaum durch die Mangroven und das faszinierende Ökosystem voller bunter Vögel und Schmetterlinge. Das ↗ *Green Turtle Guesthouse* hilft bei allen Ausflügen in die nähere Umgebung, ↗ Natur & Naturparks, ● **4.**

Cape Three Points

Zwischen Akwidaa und Prince's Town liegt Ghanas südlichster Punkt mit dem eigenartigen Namen »**Kap der drei Spitzen**« – einer Übersetzung des portugiesischen *Cabo de Tres Puntas*. Es sind tatsächlich drei Landzungen, die weit ins Meer ragen. Den ersten Punkt sieht man ab *Akwidaa*, während man den dritten ab *Aketekyi* (Prince's Town) sieht. Der mittlere, längste Arm an der zerklüfteten Küste reicht rund 300 m weit ins Meer, an seiner Spitze steht ein **Leuchtturm.**

Cape Three Points ist eigentlich der Nabel der Welt ...

Der Leuchtturmwärter auf seinem einsamen Posten freut sich über Abwechslung und zeigt Besuchern gern seinen Turm. Um sein Einkommen aufzubessern, versucht er immer wieder, mehr Geld herauszuschlagen, als erlaubt ist. Hier fegt der Wind über die Klippen, starke Wellen peitschen konstant gegen die Felsen. Von November bis Januar kommen die **Wale,** die in Richtung Südafrika ziehen, so nah ans Land, daß sie ohne Mühe beobachtet werden können.

Meeresschildkröten

Weltweit sind insgesamt acht Arten bekannt. Vor nicht allzu langer Zeit waren vier der fünf Schildkrötenarten, die in tropischen Gebieten leben, in Ghanas Gewässern präsent: **Green Turtle** (*Chelone mydas*), **Olive Ridley** (*Lepidchelys olivacea*), **Lederschildkröte** (*Dermochelys coriacea*) und die sehr seltene **Karettschildkröte** (*Hawksbill; Eretmochelys imbricate*), deren Schildpatt besonders begehrt ist. Inzwischen ist die Karette wegen häufigen Abschlachtens nahezu von der ghanaischen Küste verschwunden. Im Gegensatz zu Landschildkröten sind Meeresschildkröten viel größer, bleiben überwiegend im Salzwasser, besitzen keine Beine, sondern Flossen und sind nicht in der Lage, Ihre Köpfe oder Flossen bei Gefahr in den Panzer einzuziehen. Alle Arten sind geschützt.

Die *Green Turtle,* auch als **Suppenschildkröte** bezeichnet, lebt wie ihre Schwestern die meiste Zeit im Wasser. Doch zur Eiablage kann man sie mit hoher Wahrscheinlichkeit in Ghana antreffen. Ausgewachsen wiegen Green Turtles bis zu 200 kg und können bis 300 Jahre alt werden. Im zarten Alter von 24 Jahren werden die Weibchen geschlechtsreif und legen dann alle drei bis vier Jahre rund 500 Eier pro Saison. Dazu kehren sie zwischen November und März an den Strand zurück, an dem sie selbst einst geschlüpft sind. Daher fallen meistens die weiblichen Tiere den Menschen zum Opfer. Die Männchen bleiben immer in der Tiefsee.

Die flachen Strände zwischen Cape Three Points und Half Assini sind bevorzugte Eiablagegründe der Meeresschildkröten. Inzwischen künden große Schilder von den Tieren und bitten um Schutz. Die Schutzmaßnahmen kommen rechtzeitig, da die Einheimischen Schildkröteneier und das angeblich zarte Fleisch gern verspeisen. Erfreulicherweise nimmt die Zahl der Schildkröten

Ruhiger Arbeitsplatz: Leuchtturm am Kap

an der ghanaischen Küste wieder zu, es ist zu hoffen, daß sehr bald der Konsum dieser Tiere gänzlich aufhört.

Verbindung & Unterkunft

Tro-Tro: Von Takoradi aus ist die Strecke zunächst die gleiche wie nach Dixcove. Ab Agona Junction fahren Tro-Tros über Dixcove nach *Old Akwidaa* (noch 10 km).

Zum Kap: Ohne eigenes Transportmittel ist Cape Three Points fast unmöglich zu erreichen, es sei denn, man ist bereit, den ganzen Bereich zu Fuß zu erkunden. Ab Akwidaa sollte man dann circa 7 Std. Gehzeit zum Kap und zurück einplanen.

Auto: Um direkt nach *New Akwidaa* und *zum Kap* zu gelangen, nimmt man vor Dixcove den ausgeschilderten Abzweig zum Cape Three Points.

♠ *Ceto,* P.O. Box TD 265, Takoradi, © 0272/925633, www.cetoghana.com. Kurz hinter Dixcove befindet sich dieses Strandhaus mit 4 Schlafgelegenheiten für Selbstversorger. Haus bei einer Übernachtung 78 €, 55 € bei zwei, 45 € bei drei Übernachtungen. Spezialität des Hauses sind die Grill-Abende unter freiem Himmel.

♠ ⌧ ☺ ⚡ *Safari Lodge,* P.O. Box 1092, Takoradi, © 0277/723274, SMS an 0246/651329, www.safaribeachlodge.com. Eine in die Landschaft eingepaßte kleine Lodge an der Straße nach Akwidaa mit 7 Zimmern an einem Traumstrand. Angeschlossen sind ein sehr gutes Restaurant und eine kleine Kunstgalerie. 18 – 28 €, je nach Ausstattung.

♠ ⌧ ♥ ⚡ *Green Turtle Lodge,* von Dixcove kommend 1 km vor Old Akwidaa, © 031/26282, 0244/893566, www.greenturtle-lodge.com. Die Lodge von den Briten Tom und Jo Miles war schon immer ein Geheimtip unter Naturliebhabern. Ziel des Öko-Tourismus-Projektes ist, mitzuhelfen, die Umwelt zu schonen, den Tourismus zu fördern und etwas für die Gemeinde zu tun. Die Lodge besteht aus gut eingerichteten Rundhütten aus Lehm; 10 – 20 €. Camper zahlen 5 €, Gemeinschaftsunterkunft 4 €/Pers; Studenten und Entwicklungshelfer bekommen Rabatt. Strandbar und sehr gutes Restaurant mit Meeresspezialitäten.

Prince's Town

Trotz der Nähe zum Drei-Spitzen-Kap gibt es an der Küste keine direkte Verbindung nach **Prisi,** wie Prince's Town auf Akan genannt wird.

Prisi ist von der Lage her ein äußerst schöner Ort, der zwar alles besitzt, wovon man träumt, wenn man an die Tropen denkt, aber leider ziemlich vernachlässigt ist. Er liegt sehr malerisch zwischen einer Lagune mit Mangrovenufer und einer Flußmündung, flankiert vom Meer mit dichten Palmenhainen. Man kann baden, man kann auf der Lagune angeln und bootfahren, man kann mit den Einheimischen fischen gehen …

Nicht nur das, Prince's Town hat eine der zwei deutschen Burgen in Ghana, **Groß-Friedrichsburg.** 1683 von den Preußen gebaut, war sie ein Handelsposten der brandenburgischen Afrika-Gesellschaft, die hier zwischen 1682 und 1732 aktiv war. Als die brandenburgischen Schiffe immer seltener kamen, wurde die Burg an *Nana Konneh,* König dieses Gebiets, übergeben. Er handelte mit allen Nationen und unterbot die Preise, wo er konnte. Prince's Town wurde das größte Schmuggelnest der Goldküste. 1724 konnten die Holländer die Burg erobern, aber der Handel war nicht mehr so lukrativ wie zu Konnehs Zeiten.

ROTER ADLER UNTER AFRIKANISCHER SONNE

▶ Ein weitläufiger Sandstrand mit Kokospalmen. Unmittelbar dahinter in der afrikanischen Sonne ein Fischerdorf, wie es hundertfach in Ghana vorkommt. Und doch ist Prince's Town etwas Besonderes. Die Burg oberhalb des Dorfes war das Hauptquartier der brandenburgisch-preußischen **Kolonie Großfriedrichsburg.**
John Miezah, der Hausmeister, Hotelier und Fremdenführer vor Ort, erzählt die Geschichte der brandenburgischen Periode ohne Pathos. Stimmt sie überhaupt? Ja, doch. Die Anlage sieht sehr deutsch aus. Hatte Brandenburg jemals eine Marine? Lange genug ist es her. Wie damals üblich, ging es um Gold, Elfenbein, Gewürze und Sklaven. Sie blieben relativ kurz, die Deutschen, von 1681 bis 1717. Bilanz der 36 Jahre: rund 30.000 Menschen von Prince's Town nach Amerika deportiert.

1681: *Kurfürst Friedrich-Wilhelm I.* will Brandenburg mächtig und reich machen. Ein kurfürstlicher Rat wird beauftragt, eine Handelsmarine aufzubauen. Eine Brandenburgisch-Afrikanische Kompanie mit Emden als Heimathafen entsteht. Eile ist geboten, die Holländer, Briten und Franzosen sind schon in Westafrika. 1682 ist der rote Adler bereits aktiv in Afrika. Es gelingt, einen Vertrag mit einem Gebietskönig von *Pokesu* (heute Prisi) zu unterzeichnen, der Grundstein zur Festung Groß-Friedrichsburg wird gelegt. Um die Beziehung zu festigen, wird *Prinz Yankey von Pokesu* nach Berlin eingeladen, und er kommt. So geht der Prinz als erster Afrikaner auf Staatsbesuch in Deutschland in die Geschichte ein. **1684** wird er mit allen protokollarischen Ehren empfangen. Brandenburg kann nur drei weitere Gründungen in einem Küstenstrich von 30 km machen. Die Geschäfte laufen eigentlich gut, aber die Kosten sind horrend. Der Wettbewerb unter den Europäern ist scharf, die Transportwege sind lang, das ungewöhnliche Klima und die tropischen Krankheiten mörderisch. **1717,** Brandenburg gehört mittlerweile zu Preußen, wird die Kolonie an Holland verkauft, die Flagge mit dem roten Adler eingeholt. Ende der Kolonialträume in Westafrika.

2001 ist Preußen-Jahr in Deutschland. Die einstige Supermacht wird mit Klang und Gloria überhäuft, nur die Kolonialepisode bleibt im Dunkeln. Nicht so im fernen Prince's Town. Dort möchten die Menschen mit Deutschland wieder Kontakt aufnehmen. Touristen sind willkommen, sie sollen etwas Geld dalassen. Ein Glücksfall, daß es in Potsdam den **Brandenburg-Prince's-Town-Eine-Welt-Verein** gibt, der die »Bevölkerung im Land Brandenburg mit den spezifischen Problemen der sog. Dritten Welt vertraut machen« möchte. Oder? ◀

Literaturtip: *Rotor Adler an Afrikas Küsten* von Ulrich von der Heyden, Historiker und Brandenburger, Selignow Verlag.

Groß-Friedrichsburg wurde 1999 von der UNESCO zum Weltkulturerbe erklärt. Die Burg ist heute teilweise zerfallen, aber einzelne Flügel können besichtigt werden (zwischen 8.30 und 16.30 Uhr). Weil viele Deutsche unbedingt eine *deutsche* Sklavenburg sehen wollen, gibt es hier relativ viele Besucher aus Deutschland. Die Einheimischen sind dennoch sehr freundlich gegenüber Deutschen.

Von der Burg östlich bis zum nächsten Dorf **Akatekyi** sind es wenig mehr als 2 km, die man sehr gut zu Fuß bewältigen kann. Der Spaziergang dorthin durch die Palmenhaine ist allein schon herrlich. Einige Bootsbesitzer haben Akatekyi zu einem kleinen Hafen gemacht. In der Lagune befinden sich **heilige Krokodile,** die man aus dem Wasser beschwören kann. Hierfür sind ein Huhn und eine Flasche Schnaps notwendig (wird vom Dorf besorgt). Als eine Art Eintrittsgebühr müssen Besucher die Kosten tragen. Mittwochs (lokaler heiliger Ruhetag) geschlossen.

Verbindungen

Die Reise nach Prince's Town ist ohne eigenes Transportmittel langwierig, Verpflegungs- und Unterkunftsmöglichkeiten sind dürftig.

Auto: Von Takoradi ca. 30 km Richtung Côte d'Ivoire bis *Abora* fahren. Dort zweigt die Pistenstrecke links nach Prince's Town ab.

Minibus: Von der Main Bus Station in Takoradi irgendeinen Minibus nach Axim nehmen und in Abora aussteigen. Eventuell müssen Sie den Axim-Tarif zahlen, dies ist aber nicht viel. Ab Abora pendeln täglich einige Tro-Tros auf den restlichen 18 km nach Prisi/Prince's Town. Die Wartezeit auf ein Tro-Tro kann je nach Verkehrsaufkommen sehr lang werden.

Unterkunft & mehr

🏠 *Fink's Lodge,* westlich hinter dem Friedhof gelegen, 4 kleine, einfache Holzhütten ohne Strom und fließendes Wasser. Die Lage direkt am Meer und zwischen Kokospalmen macht es attraktiv für junge Paare. DZ ca. 7 €, Essen auf Anfrage. Die Lodge gehört Herrn Fink aus Österreich, der gelegentlich dort Urlaub macht. Es gibt immer wieder Beschwerden über Diebstähle hier, also die Hütte immer geschlossen halten.

🏠 *Bungalow:* Unterhalb der Burg, linker Hand direkt am Meer gelegen, steht ein geräumiger Bungalow mit Garten (Besitzer ist Deutscher), der über den Caretaker der Burg für rund 15 € die Nacht gemietet werden kann. Ideal für Gruppen.

🚶 **Wanderer** haben ab Prince's Town viele Möglichkeiten, z.B. kann man zum *Cape Three Points* laufen. Die Einheimischen reden immer von 2 Std., aber man sollte eher mit 4 rechnen, will man nicht rennen. Oder Sie laufen entlang der Küste 6 km nach Miamia. Sie können auch eine **Piroge** mieten und Miamia paddelnd über den River Kpani ansteuern.

Der Strand von Miamia

Ein Geheimtip für ungestörte, wunderschöne Badefreuden ist dieses Fischerdorf 18 km abseits der Hauptstraße nach Axim. Die Straße ist in der Trockenzeit eine gut befahrbare Piste, die am bekannten Kontrollposten »32« abzweigt. Auch in der Regenzeit ist die Piste befahrbar, allerdings mit mehr Vorsicht. Angekommen, fährt man durch das Dorf bis zum östlichen Ende, um an die schöne Badebucht zu gelangen. Hier haben einige Firmen und Privatpersonen bereits aus dem Vollen geschöpft und Ferienhäuser gebaut. Miamia ist für seinen leckeren, preiswerten Hummer bekannt. Wer welchen kaufen und mitnehmen will, sollte entsprechende Behältnisse für den Transport mitbringen. Das Ambiente in Miamia erinnert ein wenig an Bilder von den Seychellen. Am besten, Sie picknicken oder veranstalten zünftige Grillpartys am Meer. Die Sicht auf die umliegenden Buchten ist traumhaft.

♠ ✈ *Kedass Lodge,* Miamia, PMB, Axim, ✆ 024/3619302, kedass@yahoo.com. Gut eingerichtetes Haus mit verschiedenen Zimmern, 48 – 60 €. Vorhanden sind ein großes Boot für Walbeobachtungen und einfache Kajaks zum Paddeln. Küche im Haus, Essen auf Anfrage. Besucher können nach Absprache in Takoradi abgeholt werden.

Unergründliches Afrika: Krokodil-Beschwörungen

Noch ein interessanter Ort für eine vergleichbare Krokodil-Beschwörung ist das Küstendorf **Egyambra.** Hier in der Lagune leben die *heiligen Krokodile* eines berühmten Orakels, das sehr mächtig sein soll. Die Beschwörung wird vom örtlichen Priester im weißen Gewand vorgenommen, Besucher sollten bereit sein, die Kosten für das Federvieh, das vom Dorf gestellt wird, zu tragen. Die Krokodile haben jedes Mal die Wahl zwischen Huhn oder Hahn, danach diskutieren die Dorfbewohner aufgeregt, was dies zu bedeuten hat. Faszinierend ist hier nicht unbedingt die Fütterung der Echsen, sondern die Tatsache, daß diese Tiere in friedlicher Symbiose mit der Bevölkerung leben. Kein Mensch wurde hier jemals von einem Krokodil überfallen. So ist es schon unglaublich, daß Kinder vor Ankunft und nach der Fütterung im glei-

Dabei sein ist alles, auch wenn Mama Pfefferschoten stößelt

chen Wasser baden und spielen! Es ist nicht bekannt, wie viele Krokodile tatsächlich in der Lagune leben. Die Dorfbewohner meinen jedoch, daß es mehrere seien. Kurioserweise kommt immer nur ein Tier heraus, um die Gaben der Dorfbewohner und Touristen in Empfang zu nehmen. Weil nur eine Opfergabe pro Tag erlaubt ist und dies vor 9 Uhr geschehen muß, sollte man früh genug nach Egyambra aufbrechen.

Anfahrt: Von Takoradi rund 37 km auf der Hauptstraße nach Elubo bis »32« fahren. An diesem Kreuzungspunkt fahren Tro-Tros über die Pistenstrecke links nach Miamia.

Info: Ungefähr 1 km vor Miamia zweigt die Straße rechts ab nach Egyambra. Der erste Schritt führt zum Haus des Chiefs oder

Fetisch-Priesters. Dann sind zwei Hühner und eine Flasche Schnaps für die Krokodilruf-Zeremonie fällig. Do ist Ruhetag.

Romantische Tage in Axim

63 km westlich von Takoradi stößt der Elubo Highway bei Axim auf die Küste. Mit circa 12.000 Einwohnern zählt Axim zu den größeren Orten. **Fort São Antonio,** die zweitälteste Burg Ghanas, wurde 1515 von den Portugiesen gebaut, ein Riesengebäude, das später – auch hier – für den Sklavenhandel benutzt wurde. Die Burg steht sehr günstig und gibt eine exzellente Sicht auf das vorgelagerte Inselchen *Boboewusi* frei. Wenn Sie mit dem Kanu einen kleinen Ausflug zur Insel machen möchten, sprechen Sie mit dem zuständigen *caretaker*.

In der Burg sind die dunklen Kerker, die Verteidigungsanlagen und das Grab eines Gouverneurs, der auf tragische Weise starb, zu besichtigen. Er wartete so sehnsüchtig auf seine Braut, daß er vor lauter Aufregung von der Burg herunterpurzelte, als er das Schiff, mit dem sie kommen sollte, in der Ferne sah!

Trotz seiner malerischen Lage mit den Inselchen plus Sklavenburg wirkt Axim etwas verlassen. Der chronische Geldmangel läßt viele Häuser zusehends verfallen. Dazu gehört auch die imposante, klassizistische Residenz des früheren Holzbarons *George Grant,* ein Ghanaer, der Anfang des 20. Jahrhunderts in den Urwäldern viel Geld machte.

- ♠ *Monte Carlo Hotel,* in Axim, 11 bescheidene Zimmer für müde Gäste, P.O. Box 86.
- ♠ *Frankfaus Guesthouse,* ✆ 0342/22291, P.O. Box 44, 14 einfache EZ 4 €, DZ 7 €.
- ♠ ⊠ ✈ ⚐ *Ankobra Beach,* 1✱, P.O. Box 79, Axim, ✆ 031/92323 oder 0240/969789, www.ghana-resorts.com. Die Anlage mit 16 großen Bungalows an einem Traumstrand gelegen, ist seit 2008 unter neuer Leitung. Gute Küche, professioneller Service. Je nach Kategorie kosten die voll eingerichteten Bungalows und Chalets 30 – 50 €. Hier werden auch Bootsfahrten und Ausflüge zu den Sehenswürdigkeiten in der Umgebung, wie der Axim-Sklavenburg, dem Ankasa-Nationalpark oder der preußischen Sklavenburg in Prince's Town, organisiert. Bitte vor Ort nach den Preisen erkundigen.
- ♠ ⊠ ⚐ *Axim Beach Resort,* P.O. Box 180 Axim, ✆ 0342/72260, 020/8121753, www.aximbeach.com. Mehr als 2 km Pistenstraße südöstlich von Axim auf einer Anhöhe oberhalb einer traumhaften Bucht besitzt die relativ neue Ferienanlage mittlerweile 14 voll eingerichtete Chalets mit Ventilator 30 €, mit AC 35 € ohne MwSt. Das Restaurant brilliert mit frischem Lobster und freundlicher Bedienung. Mit instabiler Stromversorgung muß gelegentlich gerechnet werden, obwohl ein Standby-Generator vorhanden ist. Auch für Leute ohne Auto ist der Rücktransport vom Hotel etwas problematisch, besonders wenn der Telefonempfang instabil ist.
- ♠ ⊠ ⚐ *LouMoon Lodge,* 1✱, P.O. Box 140, Axim, ✆ 0276/930099, 027/9300-99, www.loumoonlodge.com. Die relativ neue Anlage auf einem wunderschönen Küstenabschnitt bei *Agyan,* 6 km östlich von Axim, hat sich schnell zum Favoriten der Besserverdienenden entwickelt. EZ/DZ in großen, gut ausgestatteten Bungalows 45 – 85 €, Luxuszimmer/Chalets zu 80 – 120 €, je nach Saison. Gutes Essen.

✸ **Tip:** Tauschen Sie Geld um, bevor Sie Axim erreichen. Die Banken hier können mit Devisen wenig anfangen.

Gottes eigenes Fleckchen: Ankobra Beach

@ *Cynthia's Internet Café*, nahe Ghana Commercial Bank, schnelle Rechner und freundlicher Service zu moderaten Preisen.

Esiama und Nkroful

Die Hauptstraße von Takoradi nach Elubo führt durch **Esiama**, das als Knotenpunkt für Reisende in den Westen dient. Von hier zweigt die Straße nach *Nkroful, Bokazo* und *Tarkwa* ab. Die Car Station der Kleinstadt ist also sehr wichtig, der gegenüberliegende Markt entsprechend rege. Trotzdem hat Esiama viel von seinem Elan eingebüßt, seitdem eine Krankheit die hiesigen Kokosplantagen zum größten Teil zerstört hat. Zudem ist die Fischerei an diesen Küstenabschnitt zum Erliegen gekommen. Algen und die Folgen von Ölverschmutzungen haben die Fische vertrieben. Es bleibt nur der schöne Sandstrand zu bewundern.

Niemand würde vermutlich einen Fuß hier hin setzen, wenn **Nkroful** nicht der Geburtsort des ersten Präsidenten Ghanas, *Kwame Nkrumahs* wäre. So aber pilgern zu bestimmten Anlässen viele Panafrikanisten zu dem Dorf, um Nkrumahs Andenken zu würdigen. Von seinem Geburtshaus ist allerdings nicht viel zu sehen, lediglich ein kleiner Rundgang durch das ursprüngliche Mausoleum und ein Souvenirshop machen einen Besuch noch interessant. Auch die sauberen Toiletten sind ein starkes Argument für einen Abstecher hierher. Die 4 km Verbindungsstraße von Esiama ist längst geteert, regelmäßig fahren Linientaxis zwischen den beiden Orten.

Info: Obwohl es wenig über Kwame Nkrumah zu sehen gibt, verlangt man einen Eintritt von 4 € für eine Besichtigung!

Unterkunft & Essen
Esiama:

🏠 *Corner Lodge*, P.O. Box 19, ✆ 031/27634, DZ mit Frühstück ab 8 €; das Meer ist 300 m weiter.

🏠 *Maggie's Guesthouse*, an der Hauptstraße, klein, aber mit sehr günstigen, sogar klimatisierten Zimmern zu 10 € und gutem Essen auf Anfrage.

Nkroful:

🏠 ⛔ ⛔ ⛔ ⛔ *B&Q Resort Hotel*, ✆ 0342/22340, 031/25649, ein echtes Highlight: klimatisierte Zimmer mit Balkon, Pool, Tennis – das überrascht. Es ist perfekt für Konferenzen und Tagungen und hat mit 20 – 40 € ein sehr gutes Preis-Leistungsverhältnis. Ein gutes Restaurant und die Bar lassen keine Wünsche offen.

🏠 ⛔ *B&Q Guesthouse*, ✆ 0342/22377, Dependance am Ortseingang für Gäste mit kleinem Budget. Hier kosten die DZ mit Ventilator circa 7 €, die klimatisierten Zimmer bis 10 €; mit Bar.

Das Stelzendorf Nzulezo

90 km von Takoradi und nur rund 35 km von der Grenze zur Elfenbeinküste entfernt liegt das Fischernest **Beyin**. Es ist Standort einer der jüngsten Sklavenburgen Ghanas. Das relativ kleine *Fort Appolonia* wurde 1770 am *Kap Appolonia* von einer britischen Handelskompanie fertiggestellt, um ihren Kontrollanspruch im Westen des Landes zu untermauern. Der Handel mit Gold hatte den Sklavenhandel an Lukrativität überholt, es gab viel Gerangel mit Frankreich um den Zugang zu den Goldlagern.

Heute nutzen viele der Besucher Beyin als Basis für den Ausflug zum Stelzendorf **Nzulezo,** etwa 5 km nördlich. Seither hat sich in Beyin einiges zum Guten verändert. Es gibt ein neues Besucherzentrum mit einem strohgedeckten Rastplatz. Und Dank holländischer Hilfe ist Nzulezo nun erheblich bequemer zu erreichen. Ein schmaler Kanal nahe der Hauptstraße führt jetzt zum See und reduziert dadurch die Gesamtdauer der Anreise um zwei Stunden hin und zurück. Es lohnt sich, mit einem eigenen Auto zu kommen und wegen der Paddeldauer früh anzureisen.

Man läuft auf Holzrampen und Stegen durch die kleine Wassersiedlung, in der rund 400 Menschen leben. Sie sind freundlich, lassen sich gern fotografieren, haben es aber satt, nie die Ergebnisse zu sehen. Wer noch eine Polaroid-Kamera hat, kann sich hier sehr beliebt machen, wenn er ein paar Bilder daläßt.

Vogelkundler sollten möglichst zwei Tage hier verbringen, um die günstigen Möglichkeiten zur Beobachtung auszunutzen. Ideal sind die frühen Morgenstunden auf dem Wasser. Wer ein Fernglas und Geduld mitbringt, kann Zwerggänse, Blaustirnblatthühnchen, Waffen-, Kronen-, Senegal- und Spornkiebitze sehen sowie Rallenreiher, Schwarzreiher, Fischreiher, Purpurreiher, Mohrenralle, Grautoko, Gelbschnabeltoko, Kaffernhornrabe, Schwalbenschwanz-, Zwerg-, und Weißstirnspint, Gabel-, und Strichelracke, Graufischer und Streifenliest.

Anfahrt: Um nach Beyin, Nzulezo und Half Assini zu kommen, startet man am besten von Takoradi. Mit dem Stichwort *Elubo Station* findet man auch den richtigen Ausgangspunkt nahe dem großen *Roundabout* in Richtung Westen. Sagen Sie präzise, wo Sie hin wollen, die Stationsaufseher freuen sich immer auf Kundschaft und lotsen gern Passagiere zum richtigen Bus.

Zu Gast im Stelzendorf: Ein Bierchen, einen Schwatz ...

Info: Letzte Fahrt am Tag ist 15.30 Uhr. Für die Zeit auf dem Wasser sollte man Trinkwasser und eine Kopfbedeckung mitnehmen, man sitzt in der prallen Sonne.

Eintritt: Die Eintrittsgelder werden im Besucherzentrum in Beyin kassiert, ehe die Reise zum Stelzendorf beginnt: 4 € für Besucher, 2 € für Einheimische, 0,50 € für Kamera und 0,50 € mehr für die Dorfgeschichte. Do Ruhetag, aber das Dorf kann man jederzeit besuchen. Im Ort selbst werden Besucher um eine Spende für eine Schulerweiterung gebeten, wenn sie Eintragungen in das Gästebuch machen.

Übrigens: Besucher werden immer ermuntert, freiwillig mit bis zum Dorf zu paddeln. Nach dem Besuch wird auch ein kräftiges Trinkgeld erwartet, da die Burschen sehr schlecht bezahlt werden.

▲ *Beyin Beach Resort,* © 024/2188240 oder 027/5139186, www.beyinbeachresort.com. Diese kleine Ferienanlage direkt am Meer wird seit 2007 von einem engagierten, freundlichen Ehepaar aus England geführt. Die 4 liebevoll eingerichteten Chalets aus Holz kosten EZ/DZ 10 – 32 €, 4-Pers-Hütten 65 € inkl. Frühstück. Aktivitäten: ganztägiger Ausflug in großen Kanus mit den örtlichen Fischern, 2,50 €.

▲ *In der Burg* gibt es 2 dürftige Gästezimmer ohne Strom für 2 €, Kochgelegenheit oder Essen auf Anfrage beim Aufseher. Das Trinkwasser ist trinkbar, aber man sollte hier trotzdem Mineralwasser benutzen.

▲ *F.A. Guesthouse,* Holzbaracke auf Stelzen direkt neben der Burg, bietet außer einem Bett fast nichts. Wasser in Eimern, kein Moskitoschutz und Essen auf Anfrage, 4 €. Hier besser Mineralwasser trinken.

▲ *Homestay Bar & Resthouse,* der freundliche Steve Akpo bietet Übernachtung in 2 sauberen Zimmern à 6 € im Dorf an. Gekühlte Getränke sind vorhanden sowie Essen (2 €) auf Anfrage.

Das Ende Ghanas: Half Assini & Elubo

Der eigenartige Name verrät die Lage Half Assinis, denn die andere Hälfte liegt in Côte d'Ivoire. Die verbleibenden 40 km Pistenstraße von Beyin Richtung Grenze sind denkbar schlecht zu befahren und viel gibt es dort auch nicht zu sehen. Bis auf die breite *Ehy-Lagune* und eine zweite Lagune, die die Lage verschönern. Half Assini ist mit einem feinen, menschenleeren Sandstrand gesegnet, die Menschen leben hauptsächlich vom Fischfang, den sie in großen Pirogen betreiben. Wer gern abseits von allem lebt, kann ab hier noch 5 km Küste für sich allein genießen, bis der letzte Grenzort in **Newtown** erreicht ist.

Falls Sie sich nicht bereits in Beyin befinden, können Sie Half Assini bequemer über die Straße nach Elubo, dem neuen Grenzposten, erreichen. Er ist der Grund, warum Half Assini seit 1985 nicht mehr die geschäftige Grenzstadt ist. Ab Mpataba zur Küste abbiegen und über Tikobo No. 1 auf eine geteerte Straße bis zum Ziel fahren.

Unterkunft und anderes:

- 🏠 *Gracia,* auf der Hauptstraße, bietet durchaus akzeptable Unterkünfte für unter 10 € mit Essen auf Anfrage.
- 🏠 *Victory Hotel* hat ebenfalls mehr als genug Zimmer für den dünnen Strom an Besuchern, die doch hier aufkreuzen. Essen auf Anfrage.

Krankenhaus: *Government Hospital,* ✆ 020/8318964.

Elubo

Die neue Grenzstadt seit 1985 hat den Charakter eines typischen Grenzortes in Westafrika angenommen und gehört zu den geschäftigsten Orten im Westen Ghanas. In den letzten 25 Jahren hat sich Elubo verdoppelt, täglich pendeln Tausende von Reisenden, ehrbaren Händlern, Gaunern, Geldwechslern, Schmugglern und Kleinkriminellen über die Grenze in beide Richtungen. Es geht hektisch und chaotisch zu. Elubo ist häßlich, weil die Stadtplanung kaum mit der rasanten Entwicklung mithalten kann. Hier muß man besonders auf seine Wertsachen aufpassen.

Es gibt keinen Mangel an Autos, die zwischen Takoradi und Elubo verkehren. Ab der lauten und hektischen Car Station sind Busse, Tro-Tros und Minivans praktisch rund um die Uhr unterwegs.

- 🏠 *Cocoville,* ✆ 0345/22041-3, ein relativ großes Haus mit einem vorzüglichen Restaurant und 25 Zimmern, kann als das vornehmste Haus im Ort bezeichnet werden. Seine Lage am Tano (am anderen Ufer ist Côte d'Ivoire) und das Geschehen am Fluß lassen Stunden auf der großen Terrasse im Nu verfliegen. Zwischen 8 € und 20 € kosten die Zimmer, je nach Größe und Ausstattung.
- 🏠 *Falcon,* gegenüber der Car Station im Zentrum, verrmietet einfache Zimmer zwischen 3 und 7 €.

Regenwald pur: Ankasa-Nini-Suhien-Nationalpark

Das noch sehr ursprüngliche Gelände des Ankasa-Nationalparks liegt nicht weit von der internationalen Straße nach Abidjan. Mit Fertigstellung des Besucherzentrums am Eingang des Ankasa-Nationalparks, gleich hinter *Ainyinase* (ca. 70 km von Takoradi) an der Straße nach Elubo ausgeschildert, ist dieser Park endlich zugänglich geworden. Seither ist zudem ständig anwesendes Personal für seine Betreuung zuständig, was für die Natur wieder etwas mehr Schutz bedeutet. Eine Forststraße führt – für einen ghanaischen Park eher ungewöhnlich – direkt durch einen Teil des Parks. Dies ermöglicht eine ausgedehntere Tour mit einem Allradauto. Darüber hinaus gibt es abwechslungsreiche Wanderwege. Seit Januar 2003 ist Ankasa ein »Ökotourismusziel«. Und seitdem begeistert es ein wachsendes Publikum

Königlicher Sumpfvogel: Kronenkranich

mit seinen Wasserfällen, »Bamboo-Kathedrale«, geheimnisvollen Naturpfaden und seltenen Pflanzen.

☀ Tip: Nach Ankasa fährt man, um den Regenwald zu erleben. Trotz Faszination der Natur sollten Besucher wissen: Dschungeltiere sind nicht leicht zu sehen, geschweige denn, zu fotografieren! Sinnvoll ist ein Blitzlicht, denn im Dschungel ist es dunkel.

Anfahrt: Obwohl direkt von der Hauptstraße nach Elubo aus zugänglich, sollten Besucher lieber mit eigenem Auto kommen. Sonst muß man den 6 km langen Stichweg zu Fuß zurücklegen, da hier keine Autos verkehren. Insgesamt 12 km in der gleißenden Sonne sind keine Spaß.

Bus: Ab Takoradi, Agona Junction oder Axim regulären Minibus oder Tro-Tro Richtung Elubo nehmen und spätestens im Städtchen Ainyinase den Fahrer bitten, Sie aussteigen zu lassen. Sie zahlen den Elubo-Preis, aber die Differenz ist nicht einmal nennenswert. Hier sollte dann ein Taxi für die drei- bis vierstündige Besichtigung des Parks gemietet werden, 10 – 12 €.

Ausrüstung: Angepaßte Kleidung ist wichtig, es ist heiß und feucht und lange Märsche sind die Regel. Regenschutz ist sinnvoll und trotz der tropischen Hitze sind kurze Hosen fehl am Platz. Packen Sie eine lange Hose ein (am besten Jeans) und ziehen Sie diese unmittelbar vor der Tour an, sonst werden Sie es bereuen. Ich habe auf einigen Touren schon Leute mit »durchlöcherten« Beinen gesehen!

Verpflegung: Essen und Getränke mitnehmen!

Unterkunft: Wer bleiben möchte, kann in den einfachen, aber guten Hütten übernachten oder campen. Verpflegung mitbringen, Camper die entsprechende Ausrüstung.

Eintritt: Ausländer 4 €, Gruppenmitglieder, Entwicklungshelfer und Studenten 3 €, Kinder 2 €; jede geführte Stunde 1,50 €. Ghanaer 1,80 €, Studenten 1 €, Kinder 0,50 €.

Auskunft: ↗ Natur & Naturparks, ■ 6.

Ankasa Conservation Area, P.O. Box 102 Elubo (120 km von Takoradi, 5 km von Elubo).

Department of Wildlife, ✆ 031/25322 im *Office of the Tourist Board* von Takoradi, hilft bei der Organisation eines Tagesausflugs.

DIE MINENSTADT TARKWA

Von Takoradi aus auf der Hauptstraße in Richtung Norden liegt nach 90 km die Bergbaustadt Tarkwa. Nach Obuasi besitzt Tarkwa die wichtigsten Goldminen des Landes.

Tarkwa (map)

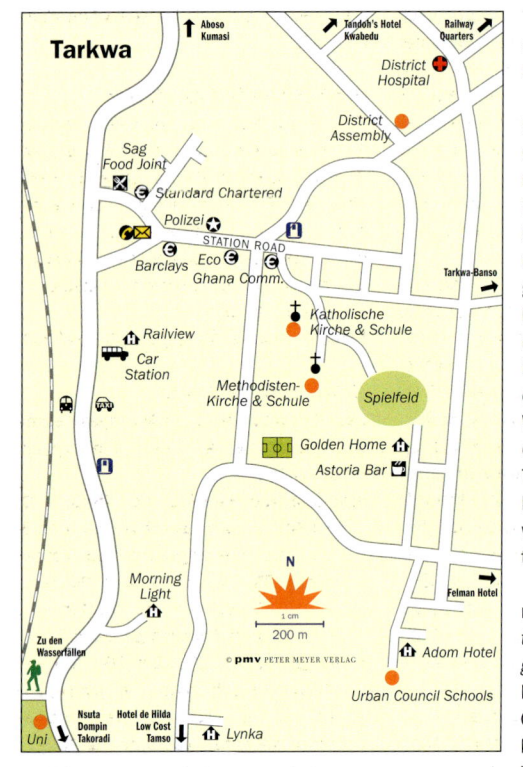

Map labels:
- Aboso / Kumasi
- Tandoh's Hotel / Kwabedu
- Railway Quarters
- District Hospital
- District Assembly
- Sag Food Joint
- Standard Chartered
- Polizei
- Barclays
- Eco Ghana Comm.
- Tarkwa-Banso
- STATION ROAD
- Railview
- Car Station
- Katholische Kirche & Schule
- Methodisten-Kirche & Schule
- Spielfeld
- Golden Home
- Astoria Bar
- Morning Light
- Felman Hotel
- Zu den Wasserfällen
- 1 cm / 200 m
- © pmv PETER MEYER VERLAG
- Adom Hotel
- Urban Council Schools
- Nsuta / Dompim / Takoradi
- Hotel de Hilda / Low Cost / Tamso
- Uni
- Lynka

Es war der Franzose *Pierre Bonnat,* der 1877 als erster Europäer diese Minen entdeckte. Schnell waren die Briten zur Stelle und unternahmen alles, um die reichen Lager auszubeuten. Schon 1907 wurde die erste Eisenbahnlinie zwischen Sekondi und Tarkwa gebaut. In den letzten Jahren sind Kanadier und Australier hinzugezogen, die ins Goldgeschäft investieren und einen kleinen Goldboom ausgelöst haben. Inzwischen sind auch die Südafrikaner groß ins hiesige Goldgeschäft eingestiegen. Die rund 30.000 Tarkwaner leben praktisch alle von den umliegenden Bergwerken.

Denn diese Gegend gehört zu den »reichsten« Gebieten Ghanas überhaupt. Innerhalb weniger Kilometer befinden sich beträchtliche Gold-, Diamanten- und Manganlager. Nur 6 km südlich liegt **Nsuta,** ein Städtchen, das nur vom Manganabbau lebt. Nsuta besitzt eins der größten Lager der Welt, die mächtige *Union Carbide* ist hier mit einer Tochtergesellschaft aktiv. In **Agona** und **Dompim** werden Industriediamanten abgebaut.

2005 bekam Tarkwa eine eigenständige *University of Mines and Technology* (UMAT). Nach den vielen Jahren mit niedrigen Goldpreisen, schlechter Konjunktur und hoher Arbeitslosigkeit, hofft die lokale Wirtschaft nun, dass die neue Straße zwischen Tarkwa und Kumasi bzw. Agona Junction sowie die Erweiterungsmaßnahmen an der Uni einen Aufschwung mit sich bringen.

Touristisches & Aktivitäten

Wer durch Tarkwa kommt, sollte einen Kurzaufenthalt einplanen. Wir befinden uns in einer herrlichen Umgebung mit hügeliger, immergrüner Landschaft. Die dichten Wälder verbergen kleine **Wasserfälle**, die auf Wanderungen entdeckt werden können. Zum Beispiel liegt gleich neben der Universität, rechts von der schmalen Straße, die bergauf zum *Broadcasting House* führt, ein lauschiger, kleiner Wasserfall, den man hier gar nicht vermutet. Auf einer kleinen Abenteuertour den Berg hinauf läßt sich der Verlauf des Wasserfalls bis zum Ausgangspunkt verfolgen. Da kein Hinweisschild daraufhin deutet und nur ein schmaler, teils überwucherter Pfad zum dröhnenden Fall führt, sollten Besucher lieber an der Uni nach dem Weg fragen.

Hinter den Manganbergen von Nsuta liegt im Örtchen **Banso** ein kleiner See, der sich gut für einen Schwimm- und Angelausflug eignet. Der dortige *Mandingo Beach Club,* einst mit Hütten und Holzbänken ausgestattet, ist mittlerweile heruntergekommen aber die umliegenden Palmen am Südrand des Sees verleihen immer noch etwas Atmosphäre. Für ihre vielen Arbeiter besitzen die Minengesellschaften gute Sporteinrichtungen. Sowohl in Tarkwa als auch in Nsuta gibt es private Swimmingpools, Golfplätze, Tennisanlagen und Clubräume zur Freizeitgestaltung. Zugang ist nur durch Werksangehörige möglich, aber Gäste mit Einladung sind willkommen.

Übrigens: Die große Minengesellschaft *AngloGold Ashanti* hat alle Untertagebauaktivitäten in Tarkwa eingestellt. Somit sind die früher von *Ashanti Goldfields* durchgeführten Grubenbesichtigungen nicht mehr möglich. Bewundern kann man heute nur die Mondlandschaft, die die Goldsucher hinterlassen haben. Sie ist von erschreckendem Ausmaß: über 15 km Länge breitet sich westlich von Tarkwa Verwüstung aus. Trotz vollmundiger Beteuerungen findet die versprochene Wiederaufforstung nicht statt.

Praktische Informationen

Nach Tarkwa gibt es sehr gute Verbindungen. Alle Verkehrsverbindungen sowohl zu den Landesteilen im Norden (Dunkwa, Wiawso, Bibiani) als auch mit den entlegenen Distrikten zur ivorischen Grenze (Samereboi, Enchi) führen über Tarkwa. Die Hauptstrecken nach Takoradi und Kumasi sind durchgehend geteert.

Telefonvorwahl: 0362.
Krankenhaus: *District Hosp.,* ✆ 0362/20239.

Unterkunft & Essen

Besucher, die nicht bei den Minengesellschaften unterkommen können, haben folgende Möglichkeiten:

- *Hotel de Hilda*, 3★, Tamso, P.O. Box 347, info@hoteldehilda.com, ✆ 203-25, ist noch besser geworden. Zimmer mit Telefon, TV und Warmwasser, Roomservice, 35 – 70 €. Bar auf der Dachterrasse. Beliebt bei den Minenangestellten.

- *Lynka*, 2★, P.O. Box 267, ✆ & Fax 20412, deutsch-ghanaische Leitung, war lange Zeit das beste Haus der Stadt, hat sich jüngst gegen die wachsende Konkurrenz mit 20 neuen Apartments im Nebenhaus gewappnet. Für Langzeitbesucher und Individualisten, die unabhängig bleiben wollen. Man ißt hervorragend hier und die Zimmer sind makellos. 65 – 90 €.

- *Felman*, P.O. Box TK 133, ✆ 20403, ein kleines Hotel in Marktnähe mit 8 klimatisierten DZ für 8 – 30 € in ruhiger Lage nahe dem Markt. Essen auf Anfrage.

- *Adom,* am Markt, rund 15 Zimmer. Die mit wenig Liebe eingerichteten EZ und DZ kosten 6 – 10 €.

- *Tandoh's Hotel,* P.O. Box 145, ✆ 387, im ruhigen Tarkwa-Stadtteil Kwabedu, hat

26 gut eingerichtete Zimmer in verschiedenen Kategorien für 25 – 40 €.
- ⌂ *Morning Light Hotel*, Takoradi Road, ℂ 20-355, auf einer Anhöhe in der Nachbarschaft des Bahnhofs bzw. Car Station gelegen. Kleines, sauberes Hotel, alle Zimmer sind klimatisiert und haben TV. DZ 9 – 20 €. Essen auf Anfrage.
- ⌂ *Railview*, direkt gegenüber dem Bahnhof, 8 Zimmer, P.O. Box 73, 3 €.
- ⌂ *Golden Home*, New Layout, ℂ 20583, sehr günstig im Zentrum gelegen und unweit des Marktes, hat 12 saubere Zimmer, teils mit Gemeinschaftseinrichtungen; sehr freundlicher Empfang. 5 – 8 €.
- ✕ *Sag Food Joint*, P.O. Box 582, Tarkwa, ℂ 0362/21086, gute Auswahl an ghanaischen und internationalen Gerichten zu moderaten Preisen in angenehmen Räumen. Zur Zeit das beste Lokal der Stadt.

Dschungeltour zum Bia-Nationalpark

Zweifellos ist dies der entlegenste aller Nationalparks. Im äußersten Westen Ghanas, unmittelbar an der Grenze zu Côte d'Ivoire, liegt dieses große Waldgebiet, das in vielen Bereichen so aussieht, wie Mutter Natur es geschaffen hat. Das bergige Terrain ist in seiner Unberührtheit faszinierend. Aufgrund seiner Unerreichbarkeit auf beiden Seiten der Grenze und der geringen Besiedlung des Umlands haben hier viele der bedrohten Tierarten Westafrikas ein ideales Rückzugsgebiet gefunden.

Um zum Ziel zu kommen, haben Besucher zwei Möglichkeiten, die fast gleich entfernt sind (240 km). Besucher aus dem **Südwesten/Takoradi** kommend, reisen zunächst auf der gut ausgebauten Straße nach *Tarkwa* und von dort weiter über *Wassa-Akropong* und *Ayamfuri* nach **Sefwi-Wiawso**. Wer von **Norden/Kumasi** kommt, fährt erst Richtung Westen nach *Bibiani*, dann Richtung Süden nach *Sefwi-Bekwai* (gute Straße) und von dort nach Westen abbiegend ebenfalls nach **Sefwi-Wiawso**. Ab da geht es für die restlichen 95 km holprig zu. Durch das Bergland des Krokosua-Reservats führt der Weg zum Eingang des Bia-Nationalparks bei **New Debiso,** das Büro des *Department of Game & Wildlife* im Ort ist ausgeschildert, die Beamten dort helfen mit Informationen weiter.

Besucher sollten mindestens drei Tage bleiben, wenn sich die lange, strapaziöse Fahrt lohnen soll. Wanderpfade wurden bereits durch den Dschungel geschlagen, die Ranger sind bereit, man erwartet Touristen. Doch die touristische Infrastuktur in den drei **Camps** ist denkbar dürftig, man sollte alles für das Überleben im Dschungel mitbringen: Campingausrüstung, Speis' und Trank, Insektenschutzmittel etc.

Die Mühe lohnt sich immer. Nur frühzeitig genug in Accra oder Kumasi beim *Department of Game & Wildlife* nach den Verhältnissen dort erkundigen.

- ⌂ ⛺ Übernachtung im Dschungelcamp kostet 10 – 15 €, Camper zahlen 1 €.
- ⌂ ✕ *Bia District Assembly Guesthouse*, Essam-Debiso, info@afdevinfo.org. Bietet Übernachtungen und Essen auf Anfrage an. EZ/DZ: 8 – 15 €.
- ✳ **Tip:** Besucher sind ganzjährig willkommen. Allerdings sind die Straßenbedingungen in der Regenzeit Mai – Juni bzw. Sep – Okt äußerst schlecht.

Auskunft: ↗ Natur & Naturparks, ■ **10.**

ASHANTI & BRONG-AHAFO

NATUR & NATURPARKS

GESCHICHTE & GEGENWART

MENSCHEN & KULTUR

REISE-INFORMATIONEN

ZU GAST & LANDESKÜCHE

ACCRA & GREATER ACCRA

DIE KÜSTE & DER WESTEN

ASHANTI & BRONG-AHAFO

DER NORDEN

OST-GHANA & VOLTA-GEBIET

Ashanti Region
Kumasi
Kwamisa
Abofoo
Beepaase
Ejura Techiman Yeji
Mampong/Ash.
Drabonso
Tetrem
Wiamoase
Benim
Sampraso
Nsuta
Kwamang
Bofoum Wildlife Sanctuary
Jamasi
Abaasua
Abasi
Soko
Offinso
Agona
Beposo
Kumawu
Asamang Ashanti
Oyoko
Mampong Sc
Fufuo
Kwaman
Ahenkro
Efiduase
Barekese
Ntonso
Kasam
Asokore
Offin
Kodee
Bonwire
Juaben
Senkye
Mankrangso
Wonoo
Owabi Wildlife S.
Meduma
Abira
Oda
Agog
Asakraka
Owabi
Mamponten
Esaase
Ejisu-Besease
Bobiri Wildlife Sanctuary
Owabi-Res.
Akropong
Aboabo
Aduko-Jachie
Afari
Abuakwa
Nkawie
Ampabame
Onwe
Kubeasi
Uni K.N.U.S.T.
Kwaso
Konongo
Jua
Brofoyedru
Feyiase
Odumase
Banko
Edweneasse
Bomfa
Trede
Amanase
Abono
Pemenase
Kuntanase
Lake Bosumtwi
Obo
Pechi
Senfi
Kokofu
Obo
Akyease
Poano
Anwiankwanta
Asumenya
Manso-Nkwanta
Bekwai
Kokoben
Abwiren
Yapessa
Oda
Koniyaw
Jacobo
Obuom
Dompoase
Patakro
Bodwesango
Anum
Obuasi
Moimsi Hills
New Adubiase
Ayanfure
Dunkwa
Offin
Pra
Asikuma
Asaman
Nsuaem

ASHANTI, DAS HERZ GHANAS

Die 24.390 km² große Region verkörpert manches, was als typisch ghanaisch bezeichnet wird. Das nicht nur im geographischen, sondern auch im wirtschaftlichen, politischen, historischen und kulturellen Sinne. Ashantis Ruf als ein Königreich mit großartiger Zivilisation reicht seit langem weit über die Landesgrenzen hinaus. Es ist wahrscheinlich die im Ausland bekannteste Region Ghanas.

Die Region Ashanti umfaßt ein Gebiet, das hauptsächlich aus feuchtem Regenwald besteht. Im Norden der Region dünnt sich der Wald aus, bis er in eine offene Baumsavanne übergeht. Mit Ausnahme der flachen *Afram-Ebene* im Osten präsentiert sich Ashanti als eine wellige Mittelgebirgslandschaft, deren Berge im *Mampong-Hochland* auf etwa 800 m ansteigen. Es regnet reichlich in Ashanti, darüber hinaus durchströmen fast alle großen Flüsse Ghanas, wie *Pra, Offin, Afram, Tano, Ankobra* und *Volta,* die Region und machen sie zu einem fruchtbaren Gebiet.

Die Geschichte der Asante

Die Ashanti-Region ist die Heimat der *Asante,* der größten Akan-Untergruppe – ein stolzes Volk, berühmt für seine streitbaren, couragierten Krieger, seine vollendete Kunstfertigkeit, seine schillernde Kultur. Die Geschichte dieses Volkes liest sich wie eine lange Litanei von Kriegen, Siegen und Niederlagen. Angefangen vom Freiheitskampf gegen das Brudervolk der *Denkyira* um 1700 und besiegelt an dem unglücklichen Tag 1896, als die Briten ihren König *Prempeh I.* verhafteten und ins Exil auf die Seychellen schickten. Der legendäre Mut der Asante-Krieger wird auf dem Wappen des Königreiches mit dem Stachelschwein – dem *Kotoko* – dokumentiert. Das Volk der Asante, wie damit suggeriert wird, sollte man am besten in Ruhe lassen – genau wie das Stachelschwein, das sich recht gut schützen kann, obwohl es als ein ruhiges, harmloses Tier gilt.

Die genauen **Ursprünge** der Ashanti, wie sie heute allgemein genannt werden, lassen sich nicht eindeutig zurückverfolgen. Der Legende nach waren sie – wie alle Akan – aus einem der früheren Kaiserreiche (wahrscheinlich Mali) ausgewandert. Angeblich wollten sie sich nicht islamisieren lassen, sondern betrachteten es als eine Zumutung, einem anderen Gott als dem ihren zu dienen und zogen es vor, eine neue Heimat zu suchen. Nach Jahrzehnten der Wanderschaft durch die große Savanne ließen sich die Ashanti zunächst im *Adansi-Gebiet* des heutigen Ghana (Obuasi) nieder. Von dort zogen sie in die Gegend des heutigen Kumasi. Nach kurzer Zeit hatten sie bis auf die Denkyira alle anderen Bewohner des Gebietes besiegt und sich untertan gemacht. Der erste König der Ashanti war vermutlich *Kwabia Amenfi,* der nachweislich um 1680 ein Sammelsurium von Kleinststaaten regierte.

Das eigentliche **Königreich der Ashanti** wurde von *Osei Tutu* (1695 – 1711) gegründet, ein weiser, mutiger Mann, dem es gelang, die kleinen, rivalisierenden Sippen gegen ihre Hauptfeinde zusammenzuschließen. Seine Mittel waren clevere Diplomatie und – wenn diese nicht weiterhalf – Gewalt. Um 1700 hatten die Ashanti ihre Unabhängigkeit von den Denkyira erzwungen; die entscheidende *Schlacht von Feyiase* endete wenige Kilometer vor Kumasi mit der Niederlage der Denkyira-Armee. Ashanti war endlich frei, ihre Kriegsführer schworen einen heiligen Eid, nie wieder die Freiheit des Volkes aufs Spiel zu setzen.

Aufstieg und Fall Ashantis

Aber wie so oft in der Geschichte: Das ehemals unterdrückte Volk wurde bald selbst zum Unterdrücker. Kurz nach Erlangen der Freiheit begannen die Ashanti, ihr neugewonnenes Selbstbewußtsein mit militärischer Kraft zu demonstrieren, systematisch wurden alle benachbarten Stämme dem Reich einverleibt. Während seiner Blütezeit unter König *Osei Kwamena* erstreckte sich das Königreich bis weit in die Savannengebiete des Nordens, wo die Stämme der *Talensi* und *Mossi* in das Ashanti-Reich eingegliedert wurden.

Die Asantehene sollen gebildete islamische Sekretäre an ihrem Hof beschäftigt haben, die sich um die finanziellen Angelegenheiten des Reiches kümmerten und akribisch über den Kola- und Goldhandel oder die Steuereinnahmen Buch führten. Für die militärische Ausbildung ihrer Streitkräfte wurden europäische Berater (wahrscheinlich Holländer), die in Waffenkunde versiert waren, unter Vertrag genommen. Kein Wunder, daß Ashantis Soldaten nicht so leicht zu stoppen waren. Südwärts drängte Ashanti bis zur Küste, um an dem lukrativen Handel mit den Europäern teilzuhaben. Als kriegerische Nation hatte Ashanti natürlich sehr viele Kriegsgefangene, die sie gewinnbringend los werden wollten. Aber natürlich wollte man sich dieses einträgliche Geschäft nicht durch die Mittelmänner an der Küste verderben lassen. Wer sich Ashanti in den Weg stellte, wurde eines Besseren belehrt; die *Fanti* wurden Zielscheibe permanenter Attacken.

Für die Briten, die sich an der Küste etabliert hatten und ihrerseits nach einem größeren Einflußbereich in diesem Teil der Welt sehnten, gingen die Ashanti zu weit. Es war der klassische Fall zweier imperialistischer Mächte, die sich nicht ausstehen konnten, weil sie sich so ähnelten. Krieg war die logische Folge. Die Briten täuschten sich; denn auf dem Schlachtfeld waren die Ashanti ihnen ebenbürtig. Die Ashanti-Armeen marschierten mehrmals in Richtung Küste, um den Briten kriegerisch zu begegnen. Erst nach insgesamt sieben Kriegen (1824, 1826, 1873, 1898, 1901) und nach vielen Intrigen gelang es den britischen Soldaten, Kumasi einzunehmen. 1901 wurde Kumasi endgültig erobert, die stolze Hauptstadt der Ashanti in Schutt und Asche gelegt.

Im annektierten Ashanti herrschte Verwirrung, der Asantehene, die Fürsten und seine unmittelbar zugeordneten Minister wurden ihrer Ämter enthoben und einige von ihnen auf die Seychellen deportiert. Die Kolonialmacht setzte statt ihrer in alle Ämter nur solche Männer ein, die ihr treu ergeben waren. Diese genossen selbstverständlich nicht das Vertrauen der Bevölkerung. Die Kluft wollte sich auch dann nicht schließen, als die Briten 1924 dem abgesetzten Kö-

Nana Osei Agyeman Prempeh II, der ab 1935 regierende Asantehene, rechts neben ihm auf einem eigenen Stuhl der Goldene Stuhl. »Nana« ist eine Respektsbezeichnung

nig Prempeh I. erlaubten, in sein Land zurückzukehren. Denn symbolisch für seine beschnittene Macht durfte sich dieser nur noch *Kumasihene* nennen. Mit der Zeit wurde auch für die Briten offensichtlich, daß ganz Ashanti Prempeh als sein Oberhaupt ansah und als nach seinem Tod 1931 sein Nachfolger *Prempeh II.* den Thron bestieg, mußte die Regierung ihn kurz darauf als Asantehene akzeptieren. Ashanti war damit innerhalb der Kronkolonie de facto auferstanden, die Traditionen konnten wieder belebt werden.

Seither haben zwei weitere Asantehene den Thron bestiegen, *Nana Opoku Ware II.* (1970) sowie *Otumfuo Nana Osei Tutu II* (1999).

Wirtschaft heute

Mit über drei Millionen Menschen ist Ashanti relativ dicht besiedelt und durch Landwirtschaft und Bergbau eine der reichsten Regionen Ghanas. Seine Wälder bestehen aus Edelhölzern, die immer noch in Europa begehrt sind, der fruchtbare Boden ermöglicht eine leistungsfähige Landwirtschaft und ist zudem reich an Gold. Seine zentrale, günstige Position lassen alle wichtigen Verkehrswege durch Ashanti führen.

Vor allem die **Landwirtschaft** hat Ashanti reich gemacht. Die Bedingungen sind ideal für den Anbau von *Kakao*. Die Bauern in Ashanti verstanden es am besten, daraus Kapital zu schlagen; die damaligen guten Preise und die hohe Nachfrage bescherte ihnen während der

▶ Prinz Nana Kwaku Dua wurde im April 1999 zum König von Ashanti gewählt und in Anlehnung an den Gründer des Ashanti-Reichs als **Otumfuo Nana Osei Tutu II** inthronisiert. Unter sieben Kandidaten war er als der geeignetste von der Königinmutter ernannt worden. Er gewann daraufhin auch die notwendige Zustimmung des Rats der Könige sowie des Ashanti-Staatsrats und wurde der designierte Nachfolger seines verstorbenen Onkels *Nana Opoku Ware II*. Bis zu seiner Ernennung war Prinz Kwaku Dua in der Öffentlichkeit wenig in Erscheinung getreten. Wer ist dieser Mann, dem man große Besonnenheit nachsagt und der allgemein beliebt ist?

Geboren wurde Prinz Kwaku Dua in Kumasi am 6. Mai 1950 von *Afua Kobi Serwaa Ampem*. Entgegen früherer Praxis wurde der Adelssproß nicht in einer der traditionsreichen Schulen von Kumasi erzogen, sondern wurde früh von seinem Onkel adoptiert und zu einem fernen Verwandten ins ländliche *Sefwi Wiawso* (Westghana) geschickt. Erst mit 14 Jahren kehrte er nach Kumasi zurück. Nach dem Abitur begann er einen Studiengang als Wirtschaftsprüfer im *Institute of Professional Studies*, Legon. 1973 reiste er ins Vereinigte Königreich, wo er sich in der *Kilburn Polytechnic* und anschließend an der *University of North London* einschrieb. Als diplomierter Management- und Verwaltungsfachmann begann er eine Karriere als Finanz-Manager in mehreren Firmen, unter anderem in der großen lebensmittelverarbeitenden Firma Oxo in London. 1980 ging er nach Kanada, um sich durch einen Studiengang im Versicherungswesen an der *University of Toronto* zusätzlich zu qualifizieren.

Als Prinz Kwaku Dua 1985 nach Kumasi zurückkehrte, wurde er selbständiger Unternehmer in der Transportbranche. Er führte seine Firma *Transpomech International Ghana Limited* bis zu seiner Ernennung und Wahl als König von Ashanti. Er begann seine Regierungszeit auf dem »Goldenen Stuhl« mit dem Namen *Otumfuo Nana Osei Tutu II*. Er ist verheiratet und hat drei Kinder. ◀

VON BERUF: ASANTEHENE

Boomjahre der »goldenen Zwanziger« das höchste pro-Kopf-Einkommen in ganz Afrika. Selbst heute, da das Geschäft mit den goldenen Schoten aufgrund der niedrigen Weltmarktpreise nicht mehr so lukrativ ist, bildet Kakao immer noch das wirtschaftliche Rückgrat der Region; es gibt kaum eine Gemeinde, die keine Kakaoplantagen besitzt.

Holzproduktion und -verarbeitung haben ebenfalls Tradition in Ashanti, das seit der Kolonialzeit Zentrum der Holzindustrie ist.

Lange bevor die Europäer kamen, wurde in Ashanti **Gold** geschürft. Ein Teil des Goldes fand auf Handelswegen über Timbuktu, Gao und Djenne seinen Weg sogar bis Europa. Die Goldproduktion und der Goldhandel bleiben einer der Eckpfeiler des Reichtums in Ashanti. Seit dem letzten Jahrhundert wird das Edelmetall industriell abgebaut. Die Reserven sind beträchtlich, in jüngster Zeit wurden immer mehr Gebiete mit Goldvorkommen in Ashanti entdeckt. Das Zentrum des Goldbergbaus ist *Obuasi*, wo die reichste Goldmine der Welt betrieben wird. Ein zweites Gebiet mit reichem Goldvorkommen ist der *Ashanti-Akim-Distrikt* um die beiden Städtchen *Konongo* und *Odumase,* wo das Erz im Tagebau abgebaut wird.

Die Feinschmiedekunst mit den weltberühmten **Ashanti-Goldgewichten**, die vor allem in einigen europäischen Museen zu finden sind (andere originale Exponate sind längst in Sammlerdepots verschwunden), hat eine lange Tradition in Ashanti. Allerdings wird man selten gute Gold- und Silberschmiedeprodukte am Straßenrand oder gar auf dem Markt kaufen können, denn traditionell arbeitet der Schmied nur auf Bestellung. In Kumasi gibt es jedoch einige Ateliers, in denen sich das Stöbern lohnt.

Reisen in Ashanti

Für Touristen ist Ashanti in jeder Hinsicht ein lohnendes Ziel, für das man ein wenig Zeit mitbringen sollte. Außer *Kumasi* sind etliche *Handwerker-Dörfer* und *Naturrefugien* in der Umgebung der Regionshauptstadt attraktiv. Man darf auch hier keine entwickelte Tourismus-Industrie erwarten, aber die gastfreundlichen Ashanti machen einen Besuch zu einem unvergeßlichen, problemlosen Erlebnis.

Traditionelle Baukunst

Besonders typisch an den aus Lehm und Flechtwerk errichteten, mit Palmblättern gedeckten **Wohnhäusern** sind die mit Symbolen dekorierten unteren Mauerteile. Auch wenn mit dem Einzug der modernen Zeit sehr viel von der traditionellen Baukunst verloren gegangen ist, sind in manchen Weilern noch Überbleibsel dieser Baukunst zu entdecken. In Bonwire, wo die Kenteweber leben, existieren gute Beispiele von Häusern im typischen Ashanti-Stil.

Tempelstädte & Schreine

Wenige traditionelle Bauten haben die Kriegs- und Besatzungszeiten des 19. Jahrhunderts überdauert. In jenen Jahren waren die **Kultstätten** als Orte der kulturellen und nationalen Identität von besonderer Bedeutung. *Abosomfie* – auf Englisch **Shrine** genannt – sind Lehmbauten aus Holz, Bambus und Stroh, oft mit geometrischen Mustern oder mythologischen Symbolen bemalte Häuser.

SEHENSWÜRDIGKEITEN IN ASHANTI
Abonu: Bosumtwi-Kratersee
Agogo: Aguosu-Wasserfälle
Bonwire: Kenteweber
Boufuom: Wildlife Sanctuary
Ejiu-Besease: Besease Fetisch-Schrein
Kubease: Bobiri Butterfly Sanctuary
Kumasi: Zentralmarkt, Kulturzentrum, Manhyia-Palast, Militärmuseum, Zoo, Owabi Wildlife Sanctuary
Kumawu: Boufuom Wildlife Sanctuary & Bamfabiri Falls
Ntonso: Färbereien

Interessante Märkte:
Agogo: Di | **Ejisu:** So | **Juaben:** Di | **Kwamang:** Mi | **Ankaase (Ash):** Mi | **Nsuta:** Mi | **Agona-Ashanti:** Mi

Wichtige Festtage:
Bonwire: *Kente Afahye*, Kulturfest, Juli/Aug. Seit Mitte der 90er Jahre wird Ghanas Nationalstoff mit einem Fest gewürdigt. Viel Geld mitnehmen, falls Sie den Kente-Stoff erwerben möchten.
Ejisu: *Yaa Asantewaa Festival*, Fest der Ehrung, Aug
Kumasi: *Adae Kese*, Fest der Erneuerung, Dez/Jan
Kumawu: *Papa*, Fest der Einheit, 2. Märzwoche 5 Tage lang. Nicht versäumen!
Ntonso: *Atweaban*, Kulturfest, Nov
Offinso: *Mmoa ni nko*, Opferfest, Okt
Tafo/Ash: *Gyenpren*, Fest der Bereitschaft, Mai
Ejura: *Yam-Festival*, Erntedankfest, Sep

Insgesamt 35 hat die UNESCO seit 1978 unter Schutz gestellt. Viele sind auch heute noch in Benutzung, da eine beträchtliche Zahl der Bevölkerung ihrer afrikanischen Religion nachgeht. Rund 10 Shrines befinden sich in unmittelbarer Nähe von Kumasi und können besucht werden:

Kentinkronu Shrine nahe der *Universität* Kumasis; dann 12 km nordwestlich von Kumasi Richtung *Bonwire* der **Abirem Shrine**, der **Bodwease Shrine** in *Bodwease* nahe Efiduase und der **Apiakrom Shrine** nahe *Nsuta*; Richtung Westen **Atia Kusi Kwame Shrine** in *Edwenease*, die Schreine in **Ejisu-Besease** und **Aduko-Jachie** (↗ Ausflüge von Kumasi); schließlich der **Patakro Shrine** in *Patakro*, 35 km südlich Richtung Obuasi, und der **Asenemaso Shrine** in *Abuakwa*, 12 km in Richtung Sunyani.

Zu **Adae-Festzeiten** gibt es bei diesen und allen anderen Schreinen in Ashanti religiöse Zeremonien. Besucher sind

Traditionelle Bauweise beim Fetischhaus: Palmstrohgedeckte Dächer, die Gebäude in U-Form angeordnet

willkommen, sie werden von den Tempelpriestern betreut. Für die unausweichlichen Gebete sollte eine Flasche Schnaps im Gepäck des Besuchers nicht fehlen; traditionell werden Gebete nur unter Verwendung von Hochprozentigem ausgesprochen.

KUMASI – DIE GOLDENE

Inmitten einer lieblichen Landschaft mit sanften Bergen und grünen Wäldern liegt Kumasi, die stolze Hauptstadt von Ashanti. Sie ist mit ihren rund 1 Mio Einwohnern nicht nur Ghanas zweitgrößte Stadt, sondern auch das kulturelle Zentrum des Landes. Viele ausländische Besucher sind der Meinung, Kumasi wäre als Hauptstadt der Republik besser geeignet. Sie finden die Stadt schöner, irgendwie »würdiger« als Accra.

Mit Sicherheit würden alle Ashanti diesem Vorschlag von ganzem Herzen zustimmen! Aber Ausländer sollten sich in dieser Frage besser heraushalten, weil Accras Bürger eine ganz andere Meinung dazu haben. Die Hauptstädter halten sich für weltmännischer, zivilisierter, die Bewohner Kumasis meinen, sie seien dagegen geschäftstüchtiger, traditionsbewußter ...

Rückblick

Zweifellos ist Kumasi eine Stadt der Tradition. Ihre Wurzeln haben nichts mit Europa zu tun, sondern entstammen einer authentischen afrikanischen Vergangenheit. Als die ersten Europäer um 1870 mit kriegerischen Absichten nach Ashanti vordrangen, war Kumasi die blühende Hauptstadt eines stolzen Reiches mit mehr als 15.000 Einwohnern.

Der Hohepriester des Königs, ein Baum und ein Stuhl

Die Entstehung der Stadt ist sehr eng mit dem Namen von **Okomfo Anokye** verbunden, jenem Hohepriester und Freund König *Osei Tutus*, der den Ort für die neue Ashanti-Hauptstadt bestimmte. Anokyes spezifische Rolle in Ashanti wurde nie klar definiert. Manche Historiker betrachten ihn als Hochstapler, das Volk verehrt ihn als großen Zauberer mit überirdischen Kräften. Wie auch immer, er war ein gewiefter Politiker und rhetorisch gewandter Psychologe, der genau wußte, wie man eine Nation zusammenschweißt. Laut Legende pflanzte Anokye zwei Setzlinge des Kum-Baumes an zwei verschiedenen Stellen innerhalb des Reiches, die neue Stadt sollte dort errichtet werden, wo einer der Setzlinge prächtig wuchs. Diese Stelle war der Gründungsort der Stadt *Kum-asi;* der Name bedeutet »unter dem Kum-Baum«.

Nach Gründung der Hauptstadt etablierte Osei Tutu mit Anokyes Hilfe eine neue politische Ordnung. Gemeinsam arbeiteten sie eine neue Verfassung aus. Um den Fortbestand des Reiches zu sichern, »zauberte« Anokye – laut Legende – vor den Augen der Ashanti-Fürsten den **Goldenen Stuhl** vom Himmel, der ihnen fortan als Symbol der Einheit des Reiches diente. Dieser Stuhl aus purem Gold existiert heute noch und ist für jeden Ashanti heilig. Er genießt sogar Vorrang vor dem König selbst. Da die Seele des Reiches in dem Stuhl verborgen ist, war die Existenz des *Holy Stool* mit dem Fortbestand des Reiches gleichzusetzen, alles mußte getan werden, um den Stuhl, sprich das Reich, zu sichern. Aus diesem Grunde ist der Goldene Stuhl der

Ashanti ein streng gehütetes Objekt. Nur selten und zu besonderen Anlässen wird er dem Publikum vorgeführt.

Phoenix aus der Asche

Daß Kumasi trotz lebendiger Tradition und starker Verwurzelung in der Vergangenheit eine moderne Stadt ist, hat einen traurigen Grund: Die historische Altstadt wurde während der Kriege gegen die Briten zerstört. Um die **Jahrhundertwende** – Kumasi war auf 30.000 Einwohner angewachsen – eroberten die Briten die Stadt und brannten sie vollkommen nieder. Zurück blieben lediglich Ruinen und rund 3000 Überlebende.

Nur zwölf Jahre brauchten die tapferen Ashanti, um Kumasi wieder aufzubauen. Die kostbaren Zeugnisse ihrer Geschichte jedoch sind unwiederbringlich verloren. Einige britische Soldaten, die bei der Eroberung der Hauptstadt dabeigewesen waren, waren von ihrer Pracht so beeindruckt, daß sie anschließend, nachdem die ganze Herrlichkeit in Flammen aufgegangen war, ihre Eindrücke in Schriften und Zeichnungen festhielten. Einige Exemplare dieser Impressionen sind im *Kriegsmuseum* von Kumasi zu sehen. Die wenigen Reste der vergangenen glorreichen Epoche wurden im Zuge der Modernisierung während der Kolonialzeit für immer zerstört.

Kumasi erlebte nach dem Ersten Weltkrieg eine **zweite Blüte.** Während jener Aufbaujahre profitierte insbesondere Ashanti von den immensen Erlösen aus dem Gold-, Kakao- und Holzhandel. Kumasi wurde als Verkehrsknotenpunkt ausgebaut und 1910 an das Eisenbahnnetz für den Gütertransport angeschlossen. Die Stadt wurde Zentrum eines prosperierenden Wirtschaftsgebietes und wuchs entsprechend rasch. Die reichen Kaufleute bauten großzügige Wohnhäuser für sich und ihre Familien. Schulen, Straßen, Fabriken kamen hinzu und immer mehr Menschen zogen auf der Suche nach Arbeit hierher. Lebten 1960 rund 181.000 Menschen in Kumasi, waren es 1980 schon 500.000 und 28 Jahre später rund 1.200.000.

Wer heute nach Kumasi kommt, sieht das Ergebnis der Wachstumsjahre in der Mischarchitektur, die der Stadt ein eigenes Flair verleiht. Und es kommen immer mehr Besucher, die diese Stadt zu ihrem Stützpunkt machen, um das interessante Umland zu erkunden.

Sehenswertes: Das Kulturzentrum

Ihr erster Anlaufpunkt in Kumasi sollte das *Ghana National Cultural Centre* sein, am einfachsten mit dem Taxi zu erreichen. Das Kulturzentrum im Herzen der Stadt eignet sich gut als Auftakt zur Sightseeingtour; von hier aus kann man die übrige Stadt zu Fuß erkunden.

Vorteilhaft an dieser Reihenfolge ist, daß sich das städtische **Tourismusbüro** auch im Kulturzentrum befindet; dort gibt es Infos, Karten und Literatur über Ashanti. Auch die **Städtische Bibliothek,** ebenfalls im Zentrum gelegen, bietet viele Bücher über die Kultur der Ashanti. Andere Einrichtungen auf dem Gelände des Kulturzentrums sind außer den besuchenswerten *Werkstätten* und dem *Prempeh-Museum* drei **Souvenirgeschäfte,** in welchen man nach der Besichtigung in Ruhe einkaufen kann, ein *Archivbüro* für Export-Genehmigungen von Kulturgegenständen, eine **Modell-**

Ehrensache: Am Kente-Webstuhl sitzen traditionell Männer

Kakaofarm gegenüber der Bibliothek sowie eine ✗ **Bar mit Restaurant.**

Die Werkstätten

Das weitläufige Areal mit viel Grün strahlt Ruhe aus, obwohl es sich mitten in der Großstadt befindet. Die zugrundeliegende Idee des Kulturzentrums ist, Besuchern die vielseitigen Aspekte der ghanaischen Kultur näherzubringen. Wie in einem Mikrokosmos soll hier Ghana vorgestellt werden. Erreicht wird dies durch die über das ganze Gelände verteilt liegenden Werkstätten für die verschiedenen Kunstrichtungen wie Tanz und Gesang, Malerei, Webkunst, Schnitz- und Schmiedekunst, Töpferei, Korbflechterei und Bildhauerei. Den hier angesiedelten Künstlern und Handwerkern kann man bei ihrer Arbeit über die Schulter schauen, sich mit ihnen unterhalten und ihre Produkte gleich kaufen oder dies im Geschenkladen nachholen. Verkauft werden Leder- und Korbwaren, Textilien, Gemälde, Töpfe usw. Für Interessierte werden entsprechende Kurse im Zentrum durchgeführt.

Das Kulturzentrum liegt auf einem sanften Hügel, die Künstlerräume sind entlang dem Rundweg, der durch das Zentrum führt, aufgereiht. So spaziert man langsam an allem vorbei.

Im Zentrum sind in letzter Zeit viele Buden entstanden, die die üblichen **Souvenirs** wie Masken, Körbe und Ketten verkaufen. Hier muss man gut handeln, sonst wird man übers Ohr gehauen …

Prempeh II. Jubilee Museum

Auf dem Gelände des Kulturzentrums, ein wenig oberhalb der Bibliothek, steht das interessante Historische Museum.

Nach dem Großvater des jetzigen Königs benannt, befaßt sich dieses relativ kleine Museum in erster Linie mit der Geschichte Ashantis und seiner Könige.

Ausgestellt sind unter anderem historische Schätze wie die »Unabhängigkeitswanne« *yawaa* der Denkyira, die die tributpflichtigen Ashanti einmal jährlich mit Gold füllen mußten, bis sie sich auflehnten, erst die Wannenträger lynchten, dann die Denkyira besiegten und schließlich die Wanne als Zeichen der Unabhängigkeit behielten. Gezeigt wird auch der *sanaa*-Beutel, das letzte Geschenk des Priesters Anokye an Ashanti, der nicht geöffnet werden darf; der falsche *Goldene Stuhl,* der speziell für die Briten geschaffen wurde, um sie zu düpieren, der *Stuhl der Königinmutter,* der *Batakarikesee,* ein mit Talismanen behangener Kittel, den die Könige im Kampf trugen, sowie historische Fotos und anderes mehr. Der breite offene Platz vor dem Museum ist zu feierlichen Anlässen Versammlungsort des Königs aller Ashanti.

Praktische Informationen

- **Cultural Centre,** ✆ 2633. Die verschiedenen Teile des Zentrums öffnen um 9 Uhr und lassen bis 17 Uhr Besucher ein; der Eintritt ist frei.
- **Tanz und Folklore:** Das Zentrum hat eine eigene Folklore- und Tanztruppe, die gebucht werden kann. Für Unterricht in Trommelkunst, Tanz, Töpfern, Webkunst und Schmieden die Verwaltung ansprechen.
- **Tip:** Es lohnt sich, im *Souvenirladen* des Zentrums vorbeizuschauen. Die Preise dort gehören zu den niedrigsten in Ghana.
- **Prempeh II. Jubilee Museum:** Mo 14 – 17 Uhr sowie Di – Fr 8 – 17 Uhr, Eintritt circa 3 €, Führung alle 30 Min. Fotografieren nur mit Genehmigung.

Der Königspalast

Von allen ghanaischen Königen ist der König von Ashanti der mächtigste, ohne dessen Mitwirkung würde es jede Regierung in Ghana schwer haben. Der jetzige König von Ashanti, **Nana Osei Tutu II.,** regiert seit 1999 in Kumasi und lebt in der offiziellen Residenz aller Asantehene – im **Manhyia Palace** (sprich: Manschia).

Der heutige Asantehene-Palast – sein Vorgängerbau wurde im Krieg von 1900 völlig zerstört – wurde erst 1924 errichtet. Der Gebäudekomplex besteht aus dem *alten Palast,* dem *neuen Palast* von 1970, dem *Palast der Königinmutter,* einem großen Hof, Tagungsräumen, dem Sekretariat und einem Institut für Studien über Ashanti. Im Palast tagt der vom König geführte Staatsrat von Ashanti; solche Tagungen sind öffentlich.

Beim Manhyia-Palast handelt es sich nicht um einen protzigen Bau, der Macht und Reichtum darstellt. Im Gegenteil, es ist eine – für manchen Touristen überraschend – recht bescheidene königliche Bleibe. Ghanaische Könige beziehen ihre Autorität durch ihre persönliche Integrität und Weisheit und nicht durch äußere Merkmale wie Häuser und ähnliche Statussymbole.

Ein **Besuch des Manhyia-Palastes** mit kleiner Führung ist Mo – Fr möglich. Außer zu den offiziellen Anlässen, ist es möglich, dem König in einer Privataudienz (z.B. kleine Gruppen, die sich für die Kultur und Institutionen des eigentlichen Afrikas besonders interessieren) zu begegnen. Er ist ein gebildeter Mann, mit dem über alle Themen gesprochen werden kann. Für solche Audienzen sollte rechtzeitig ein Antrag gestellt werden, adressiert an *The Public Relations Office,* Manhyia Palace, Kumasi. Das Tourismusbüro hilft auch gerne mit Auskunft über Besuchsmöglichkeiten.

Zum 25. Jubiläum des vorherigen Königs wurde 1996 ein kleines, aber interessantes **Museum** auf dem Palastgelände eröffnet. Hier wird sehr anschaulich die Geschichte der Ashantikönige präsentiert.

🅼 Eintritt 3 €, Studenten die Hälfte. Erhältlich ist auch Literatur über Ashanti.

☀ **Tip:** Sie sollten unbedingt versuchen, an einem **Adae-Fest** teilzunehmen. Alle sechs Wochen ist ein Adae-Fest angesagt. Dies findet auf dem Palastgelände statt. Zu solchen Anlässen erscheint der König in seiner vollen Pracht, um die Huldigungen seines Volkes entgegenzunehmen.

Wo Einkaufen ein Erlebnis ist: Kumasis Zentralmarkt

Einen Aufenthalt in Kumasi zu beenden, ohne den dortigen **Zentralmarkt** gesehen zu haben, wäre jammerschade. Der Markt ist ein absoluter Superlativ. Für den Marktbesuch sollten Sie einen ganzen Vor- bzw. Nachmittag reservieren. Der *Central Market* ist groß, er ist laut, er ist vital, charmant und häßlich, er ist chaotisch, aber er funktioniert. Ohne Zweifel hat Kumasi den in seiner Größe beeindruckendsten Markt Afrikas, circa 10 ha groß, was etwa 14 großen Fußballfeldern entspricht. Selbst wenn Sie bereits mehrere Märkte gesehen haben, könnte ein Besuch dort zu einem der Höhepunkte Ihrer Ghanareise werden.

Wie sein Name vermuten läßt, liegt der Zentralmarkt im Zentrum der Stadt, nicht weit vom Bahnhof. Er stellt nicht

Schmale Gassen, die niemals leer sind: Festinstallierte Marktbuden stehen dicht an dicht

nur das eigentliche Herz der Stadt dar, er ist auch ihr Bauch. Man sagt, es gibt außer Flugzeugen und Schiffen fast nichts, was man dort nicht kaufen könnte! Von morgens um 6 bis abends um 6 strömt aus den umliegenden Dörfern und aus der Stadt selbst eine schier unendliche Menschenmenge auf den Markt. Spätestens hier zeigt Afrika sein wahres Gesicht: ohne falsche Scham, lebendig und vielfältig.

Kumasis Zentralmarkt überwältigt die meisten Besucher und macht sie oft innerhalb nur einer halben Stunde so fertig, daß sie schnell das Weite suchen. Trotzdem empfehle ich **Souvenirjägern,** sich Zeit zu nehmen und einfach den Markt zu durchkämmen. Es gibt allerlei zu entdecken. Vor allem Kleider, Töpfer- und Korbwaren, Musikinstrumente, Modeschmuck, Lederwaren wie Taschen und Sandalen und vieles mehr.

Der Kumasi-Markt bietet wahrscheinlich die größte Auswahl an **Stoffen** und Schneiderwaren in ganz Ghana. Hier sollte man die schönen, bunten einheimischen Stoffe kaufen! Doch achten Sie dabei auf Qualität und Herkunft, denn es werden sowohl hochwertige Stoffe *made in Ghana* als auch solche aus Europa und Fernost angeboten. Wenn es geht, bitte keine Importware kaufen. Beim Kauf wissen die Verkäuferinnen, wo sofort genäht werden kann.

Trotz der vielen lohnenden Motive sollte man mit der **Kamera** vorsichtig sein, niemand läßt sich gern einfach anonym ablichten. Erst wenn man etwas gekauft hat oder mit den Verkäuferinnen ins Gespräch gekommen ist, wird alles leichter. Meistens wird man zudem wegen der dunklen Enge ein Blitzlicht brauchen.

Tip: Mit öffentlichen **Toiletten** ist das so eine Sache auf dem Markt. Bevor man das Hotel verläßt, sollte man alles erledigt haben. Sonst wird man vor erheblichen Problemen stehen.

Weitere Sehenswürdigkeiten
Kriegsmuseum im Kumasi Fort

1896 wurde der heutige Komplex gebaut. **Fort Saint George,** wie ihn die Briten nannten, ist der einzige koloniale Stützpunkt im Inland, den Großbritannien baute, um seine Truppen besser schützen zu können. Er wurde während der Kriegsjahre zwischen 1898 und 1900 erheblich ausgebaut. Von Interesse ist die Architektur, denn hier versuchte man zum ersten Mal, den afrikanischen Baustil nachzuahmen, nicht ohne einen gewissen Erfolg.

Heute ist der ehemalige Stützpunkt an der Stewart Avenue oberhalb des Stadtzentrums ein **Kriegsmuseum,** das Ghanas militärische Geschichte des 20. Jahrhunderts zeigt. Man erfährt einiges über die *Anglo-Ashanti-Kriege,* und die Rolle ghanaischer Soldaten an der Seite Britanniens während der beiden Weltkriege. Damals kämpften Ghanaer unter dem Kommando ihrer Kolonisatoren in »fremden Kriegen« in Abessinien und Burma gegen italienische und japanische sowie in Ostafrika gegen deutsche Soldaten. Ausgestellt sind alte Gewehre, Haubitzen, Kanonen, Medaillen, Fahnen und Uniformen.

Kumasi Fort, Di – Sa 9 – 17 Uhr. Eintritt 3 €, Studenten die Hälfte. Fotografieren nicht erlaubt.

Gut behütet

Wer etwas für Hüte übrig hat, kann eine kleine, interessante Ausstellung im **Nurom Hotel** besuchen. In Ghana lebte mal ein Mann mit den meisten Hüten der Welt. Er steht im Guinness-Buch der Rekorde, seine Privatsammlung umfaßt rund 4000 Gegenstände, fein ausgestellt. Einige der Raritäten reichen zurück bis 1927.

Nurom Hotel, New Suame, ↗ Unterkunft.

Kirchen

Die *katholische Kathedrale* mit den zwei Türmen steht exponiert auf dem Hügel oberhalb des Zentralmarktes; täglich um 7 Uhr ist Gottesdienst. Die *anglikanische Kirche* ist nicht weit entfernt von dort. Die *Hauptmoschee* der Moslems steht im Stadtteil Aboabo in Flughafennähe.

Der Zoo

Nur vollständigkeitshalber sei hier erwähnt, daß Kumasi einen Zoo besitzt. Ein Besuch lohnt nicht, die wenigen armen Tiere dort werden keineswegs artgerecht gehalten und fristen ein kümmerliches Dasein. Sie müßten ihre Freiheit zurückerlangen und in den Nationalparks leben dürfen. Die ganze Einrichtung gehört geschlossen, weil sie total überflüssig ist. Zu sehen sind hauptsächlich heimische Tiere wie Schlangen, einige Löwen, Leoparden, Affen, Antilopen, Krokodile, Schildkröten usw. sowie bunte Vögel. Positiv: Der Zoo ist schön schattig, ein Refugium für alle, die Schutz vor der grellen Sonne suchen.

Kumasi Zoo: Täglich 9 – 18 Uhr, Eintritt 1,50 €. Der Zoo liegt mitten in der Stadt, zwischen der brodelnden Kejetia Car Station und dem Kulturzentrum.

© Femi Awonyi

Bote des Königs: Vor der Methodisten-Kirche setzt der Herold als Zeichen seiner Macht einen Fuß auf das Haupt des Löwen

Die Universität K.N.U.S.T.

Ruhesuchende können auf das weitläufige, etwa 12 km² große Gelände der *Kwame Nkrumah University of Science and Technology* am Stadtrand ausweichen. Die 8 km vom Stadtzentrum in östlicher Richtung kann man bequem im Taxi zurücklegen, oder billiger mit dem Tro-Tro vom Zentralmarkt. Besonders an den Wochenenden wird das Unigelände gern für ausgedehnte Spaziergänge benutzt.

✽ **Tip:** Der *Swimmingpool* der *Kwame Nkrumah University of Science & Technology* wurde renoviert und ist seit 2007 wieder in Betrieb. Eintritt für Gäste 3 €.

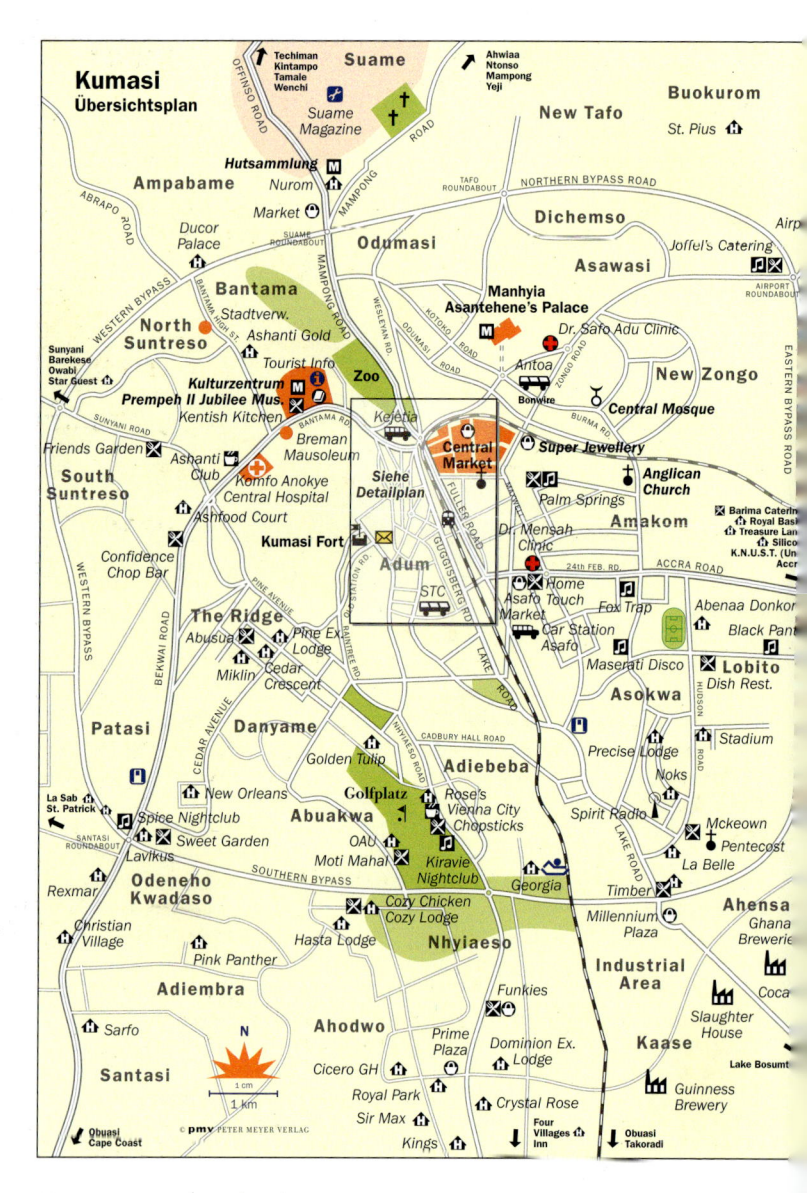

Kumasi
Übersichtsplan

Suame — Techiman, Kintampo, Tamale, Wenchi
Suame Magazine
New Tafo — Ahwiaa, Ntonso, Mampong, Yeji
Buokurom — St. Pius

OFFINSO ROAD · MAMPONG ROAD · TAFO ROUNDABOUT · NORTHERN BYPASS ROAD

Hutsammlung — Nurom Market
Ampabame · ABRAPO ROAD
Ducor Palace
SUAME ROUNDABOUT
Odumasi
Dichemso — Joffel's Catering
Asawasi · AIRPORT ROUNDABOUT · Airp

Bantama — *Stadtverw.*, *Ashanti Gold*, *Tourist Info*
North Suntreso
Sunyani, Barekese, Owabi, Star Guest
WESTERN BYPASS · BANTAMA ROAD · MAMPONG ROAD · WESLEYAN RD · KOTOKO RD
Manhyia Asantehene's Palace · Dr. Safo Adu Clinic
Zoo · Antoa · Bonwire · **New Zongo**
Central Mosque · BURMA RD · EASTERN BYPASS ROAD

Kulturzentrum, *Prempeh II Jubilee Mus.*, *Kentish Kitchen*
SUNYANI ROAD
Friends Garden
South Suntreso
Ashanti Club
Komfo Anokye Central Hospital
Ashfood Court
Breman Mausoleum
Kejeria
Central Market
Super Jewellery
Anglican Church
Barima Catering, Royal Basi, Treasure Lan, Silico, K.N.U.S.T. (Un Accr

Kumasi Fort · *Adum* · *Siehe Detailplan*
Dr. Mensah Clinic · *Palm Springs*
Confidence Chop Bar
PINE AVENUE · GUGGISBERG RD · 24TH FEB. RD. · ACCRA ROAD
The Ridge — *Abusua*, *Pine Ex Lodge*, *Miklin*, *Cedar Crescent*
STC · *Home Touch* · *Asafo Market* · *Fox Trap* · *Car Station Asafo*
Abenaa Donkor · *Black Pant*
Maserati Disco · **Lobito** · *Dish Rest.*
Asokwa · *Stadium*
BEKWAI ROAD · CEDAR AVENUE · NHYIESO ROAD · LAKE ROAD · HUDSON RD
Patasi
Danyame — *Golden Tulip*
CADBURY HALL ROAD
Adiebeba — *Rose's Vienna City Chopsticks*
Precise Lodge · *Noks*
La Sab, St. Patrick · *Spice Nightclub* · *New Orleans*
SANTASI ROUNDABOUT · *Lavikus* · *Sweet Garden*
Abuakwa — *OAU*, *Moti Mahal*, *Kiravie Nightclub*
Golfplatz
Spirit Radio · *Mckeown* · *Pentecost* · *La Belle*
Rexmar
Odeneho Kwadaso
SOUTHERN BYPASS
Cozy Chicken, *Cozy Lodge*
Georgia · *Timber*
Millennium Plaza
Ahensa · *Ghana Breweries*
Christian Village
Hasta Lodge · *Pink Panther*
Nhyiaeso
Industrial Area · *Coca*
Adiembra
Sarfo
Santasi
N · 1 cm · 1 km
© pmv PETER MEYER VERLAG
Ahodwo — *Cicero GH*, *Royal Park*, *Sir Max*, *Kings*
Funkies · *Prime Plaza* · *Dominion Ex. Lodge* · *Crystal Rose* · *Four Villages Inn*
Kaase · *Slaughter House* · *Guinness Brewery* · *Lake Bosumt*

↓ Obuasi, Cape Coast · ↓ Obuasi, Takoradi

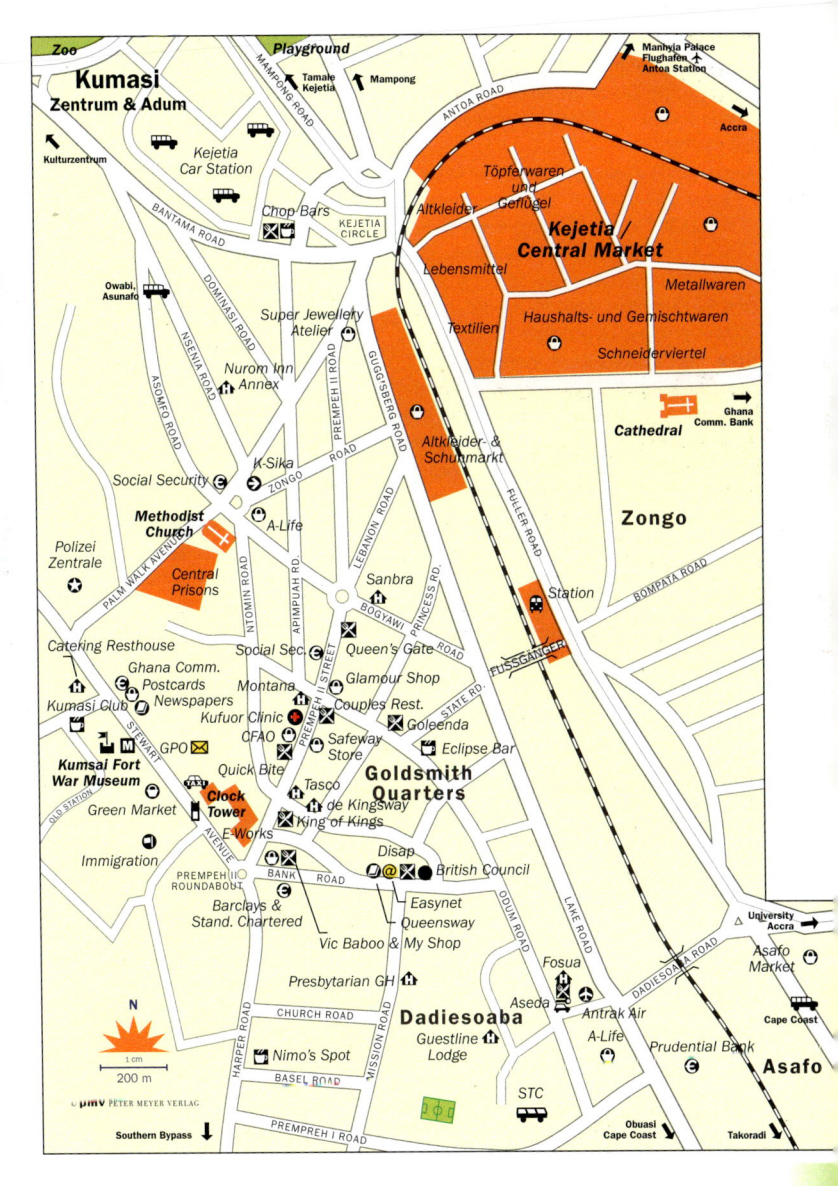

Kumasi
Zentrum & Adum

Zoo • Playground • Mampong Road • Tamale/Kejetia • Mampong • Antoa Road • Manhyia Palace / Flughafen / Antoa Station • Accra

Kulturzentrum • Kejetia Car Station • Chop Bars • Kejetia Circle • Bantama Road • Owabi, Asunafo • Dominasi Road • Super Jewellery Atelier • Nurom Inn Annex • Nsenia Road • Asomfo Road • Prempeh II Road • Guggisberg Road

Töpferwaren und Geflügel • Altkleider • Lebensmittel • **Kejetia / Central Market** • Textilien • Haushalts- und Gemischtwaren • Metallwaren • Schneiderviertel

K-Sika • Zongo Road • Social Security • Methodist Church • A-Life • Lebanon Road • Altkleider- & Schuhmarkt • Fuller Road • **Cathedral** • Ghana Comm. Bank • **Zongo**

Polizei Zentrale • Palm Walk Avenue • Central Prisons • Ntomin Road • Apimpuah Rd. • Sanbra • Bogyawi Road • Princess Rd. • State Rd. • Station • Bompata Road

Catering Resthouse • Ghana Comm. Postcards Newspapers • Kumasi Club • Kufuor Clinic • Montana • Social Sec. • Prempeh I Street • Queen's Gate • Glamour Shop • Couples Rest. • Goleenda • Eclipse Bar • Fussgänger

CFAO • Safeway Store • GPO • Quick Bite • Tasco • de Kingsway • **Goldsmith Quarters**

Kumsai Fort War Museum • Stewart Avenue • Green Market • Clock Tower • King of Kings • E-Works • Immigration • Prempeh II Roundabout • Bank Road • Disap • British Council

Barclays & Stand. Chartered • Easynet • Queensway • Vic Baboo & My Shop • Odum Road • Lake Road • University Accra

Presbyterian GH • Fosua • Harper Road • Church Road • Mission Road • **Dadiesoaba** • Aseda • Antrak Air • A-Life • Dadiesoaba Road • Asafo Market • Cape Coast

Nimo's Spot • Guestline Lodge • Prudential Bank • **Asafo**

N • 1 cm 200 m • © PMV PETER MEYER VERLAG

Basel Road • STC • Obuasi Cape Coast • Takoradi • Southern Bypass • Prempreh I Road

ASHANTI: KUMASI: ZENTRUM

Verbindungen

Flug: Der Provinzflughafen befindet sich am nordöstlichen Stadtrand Kumasis. Ein Taxi dorthin sollte vom Zentrum aus nicht mehr als 5 € kosten!

Antrak Air: Flughafen ✆ 41296, Fax 41296, Mobil 024/890565, Stadtbüro, Asokwa, ✆ 81830, -1, und im Fosua Hotel. Kumasi – Accra täglich 9.15 und 17.45 Uhr, einfach 80 €, hin und zurück 150 €.

CityLink: Flughafen: ✆ 39267. Kumasi – Accra Mo – Fr 7 und 16 Uhr, So 17 Uhr.

Bahn: Nur Güterverkehr, ↗ Reiseinfos.

Bus: *Intercity-STC:* Busbahnhof in Adum, Prempeh I Road; zum Taxifahrer sagen Sie einfach *Transport Yard*. Mehrmals täglich nach Accra (zwischen 3.30 – 17 Uhr stündlich, 5 Std), Tamale (6 Std), Bolgatanga (9 Std) und via Cape Coast nach Takoradi (5 Std).

NEOPLAN-Reisende nach Accra und Takoradi finden am Asafo-Markt Anschluß, *Accra Station* ist das Stichwort.

Minibusse nach Westen und Norden: Kejetia Car Station, Bantama Road, schräg gegenüber vom Zentralmarkt, groß und übersichtlich. Von hier fahren Busse und Sammeltaxis z.B. nach Owabi und Asunafo.

Minibusse nach Norden: Antoa Car Station, nordöstlich vom Zentralmarkt; für Fahrten nach Bonwire.

Unterkunft

Zentrum: Adum & Drumrum

Altstadt: Adum, Goldsmith Quarters. **Im Ring:** Bantama, Ashanti-Newtown, Fanti-Newtown, Asafo, Dadiesoaba, Danyame, The Ridge.

Preisgünstig (unter 20 €)

🔺 ✖ 🛏 *Ashfood Court,* 1✴, Bantama Road, P.O. Box 952, ✆ 22917; 21 EZ/DZ mit Telefon, AC 10 – 20 €. Gutes Restaurant, populäre Cocktailbar, Zimmerservice, Konferenzsaal, Parkplätze. Es lohnt, eins der hinteren Zimmer zu nehmen, im lebhaften Bantama-Viertel herrscht viel Verkehr.

🔺 @ *Guestline Lodge,* Adum, ✆ 22128, mahesh161us@yahoo.com; relativ neues Haus in sehr günstiger, zentraler Lage. Nach Aussage des Betreibers sind sie dabei, dieses Haus zu einer Hochburg für Touristen auszubauen ... 4 – 17 € je nach Ausstattung.

🔺 🛏 *Hotel de Kingsway,* Goldsmith Q., ✆ 262-28, 26441, hat wahrscheinlich die beste Innenstadtlage, was erklärt warum es häufig ausgebucht ist. Für die muffigen Zimmer sind 8 – 15 € überhöht und sollten nur als Notlösung genommen werden.

🔺 🛏 *Montana Hotel,* ✆ 051/32389, Goldsmith Q., Odum Road(zweigt von Prempeh II Street ab). Günstig gelegen und bei Globetrottern früher sehr beliebt, heute ziemlich heruntergekommen. Zimmer erst zeigen lassen. 25 Zimmer mit Ventilator, DZ 5 – 10 €. Manchmal werden die Zimmer »untervermietet«, ohne daß man es merkt. Wertsachen gut aufbewahren.

🔺 *Nurom Inn Annex,* Adum, Nsenia Road, P.O. Box 1400, ✆ 32323; 12 Zimmer 3 – 5 €, Kingsroom mit Balkon 8 €; sauber, freundlich, unweit des Zentralmarktes.

🔺 ⛺ *Presbytarian Guesthouse,* Adum, ✆ 238-79, wird von den meisten Rucksackreisenden angepeilt, da spottbillig. Nach einigen Renovierungen kosten die neuen Zimmer 10 €, die alten 5 €, Frühstück nach Vereinbarung. Zelten 0,50 €/ Person. Immer noch die beste Adresse für Infoaustausch, aber der Service soll mies und holprig sein.

🔺 *Tasco Guesthouse,* Goldsmith Q., Asokwa Road, ✆ 26547, 12 saubere, schöne Zimmer für 6 – 10 €, mit Ventilator und Dusche/WC oder AC und TV; bei Rucksacktouristen sehr beliebt.

Mittelklasse (20 – 60 €)

- ♠ ⊠ ⌂ *Ashanti Gold*, 2✶, Bantama, ✆ 258-75, www.ashantigoldhotel.com, relativ neu, nahe Cultural Centre. 15 gut eingerichtete EZ und DZ zu 60 – 80 €.
- ♠ ⊠ ⌂ *Catering Resthouse*, 2✶, The Ridge, P.O. Box 3179, ✆ 26505, kcrhouse@yahoo.com. Früher ein staatliches Hotel, hat seinen spröden Charme erhalten. Ventilator, Telefon und AC in allen 28 Zimmern, EZ/DZ 10 – 50 €, eigener Parkplatz.
- ♠ ⊠ *Cedar Crescent*, 2✶, The Ridge, P.O. Box KS 1451, ✆ 27238, dankaitoo@yahoo.com, ruhig gelegen. DZ 20 – 45 €.
- ♠ ⊠ ↪ ⊖ @ *Fosua*, 2✶, Dadiesoaba, ✆ 373-829, fosuahotel@yahoo.com. Nur 3 Min von der STC-Station liegt dieses freundliche Hotel im 4. Stock eines Bürohauses. Die ruhigen Zimmer bieten allen Komfort, angemessene Preise, EZ 30 €, DZ 35 €, Suite 50 – 65 €. Kein eigenes Restaurant, aber im 3. Stock gibt es ein Restaurant. Im selben Gebäude ist ein Forex Bureau, das Reiseschecks ohne Aufpreis wechselt – einfach am Empfang fragen!
- ♠ ⊠ ⌂ *Lavikus*, 2✶, Danyame, Santasi Roundabout, P.O. Box 28050, ✆ & Fax 22975. 33 Zimmer mit den größten Betten der Stadt, verkehrsgünstig an einer Ausfallstraße. EZ/DZ 45 – 55 €, 3-Mann-Zimmer 75 €, ohne Frühstück. Boutique.
- ♠ ⊠ ⌂ *New Orleans Guesthouse*, 2✶, Danyame, 19 Volta Road, ✆ 25966, P.O. Box 4515. Hotel mit 18 DZ mit TV und Telefon. Großes Restaurant und großer Garten. 30 – 42 €.
- ♠ *Pine Executive Lodge*, 2✶, The Ridge, P.O. Box 3456, ✆ 26103. Kleines Gasthaus mit feinem, ruhigem Ambiente. Seine 4 großen EZ/DZ mit allem Komfort (Warmwasser) zu 70 € und Essen auf Bestellung sind bei Stammkunden populär.
- ♠ ⊠ *Sanbra Hotel*, 2✶, Adum, nahe Prempeh II Street Circle, P.O. Box 7012, ✆ 3125-6, -7, -8. Hotel in Top-Innenstadtlage mit bewachtem Privatparkplatz, freundlicher Empfang und annehmbaren Preisen in allen Kategorien: 18 – 42 €. Gutes Restaurant, große Auswahl.

Nördliche Stadtteile

Nördlich der Northern Bypass Road: Ampabame, Abrepo, Anomannye, (New) Suame, Breman, Tafo, Buokrom. **Zwischen Zentrum und Northern Bypass:** Odumasi, Dichemso, Manhyia.

Preisgünstig (unter 15 €)

- ♠ *Ducor Palace*, Abrepo Junction, P.O. Box KS 4406, ✆ 25576; trotz annehmbarer Räume und günstiger Zimmerpreise 6 – 12 €, liegt das Haus etwas weit vom Schuß, um wirklich attraktiv zu sein.
- ♠ ⊠ ⌂ *Nurom Hotel*, 1✶, New Suame, Magazine Road, ✆ 4000; die 33 Zimmer gehören zu den besten in dieser Kategorie, EZ/DZ mit Ventilator oder AC 5 – 10 €, Parkplätze.
- ♠ ⌂ *St. Pius Hotel*, Buokrom, P.O. Box 3327; 14 EZ/DZ mit Ventilator; Bar, Essen auf Anfrage, Flughafennähe. EZ/DZ 5 – 9 €.

Südliche Stadtteile

Südwesten: (Odeneho-) Kwadaso, Santasi, Adiembra, Konkromase. **Süden:** Nhyiaeso, TUC Housing Estate, Abuakwa, Adiebeba, Ahodwo, Atasomanso, Apraman, Daban. **Südosten:** Ahensan, Atonsu, Kaase, Agogo.

Preisgünstig (unter 15 €)

- ♠ ⊠ *OAII Hotel*, Nhyiaeso, P.O. Box 9, Abuakwa, ✆ 26499, Fax 27031, wenig bekannt, aber sehr preiswert und durchaus ordentlich, ruhig gelegen und mit einem

- guten indischen Restaurant. 16 DZ 4 – 10 € je nach Ausstattung und Bettgröße. Wer frühstücken will, muß beim Einchecken Bescheid sagen.
- ♠ *Christian Village Guesthouse*, 1✶, Santasi, Obuasi Road, neben der Opoku Ware Sec. School, P.O. Box 99, ✆ 22256. 19 preiswerte, saubere Zimmer in ruhiger Atmosphäre. EZ/DZ 4 – 6 €.
- ♠ ✕ ✉ *La Sab*, 1✶, Kwadaso, nahe Agricultural College, P.O. Box 1937; ✆ 24111, 40 gute Zimmer 5 – 12 €. Restaurant mit ghanaischen und europäischen Gerichten.
- ♠ ✕ ✉ *Sarfo*, 1✶, Santasi, P.O. Box 1674, ✆ 26569, Fax 25529, auf der Hauptstraße nach Obuasi. Großes Haus mit 40 Zimmern, darunter 19 EZ 5 – 8 €, DZ 10 – 15 €. Großes Gartenrestaurant.

Mittelklasse (25 – 60 €)

- ♠ ✕ *Crystal Rose Hotel*, 2✶, Ahodwo, Daaban Rd. 60/61 R , ✆ 36608, Fax 36610, großzügig geschnittene Zimmer in netter Umgebung. 48 – 80 €. Sobald Swimmingpool, Konferenzraum, Jazz- und Grillbar fertig sind, wird es ein 3-Sterne-Haus sein.
- ♠ ✕ ✉ *Cicero Guesthouse*, 2✶, Ahodwo, West Nhyiaeso Road, P.O. Box 4214, ✆ 24473, Fax 24870. 20 komfortabel eingerichtete Zimmer mit AC. Restaurant, Cocktail-, Grillbar, Biergarten. EZ/DZ 60 – 80 €, Suiten 90 – 100 €.
- ♠ ✕ ✉ *Cozy Lodge & Cozy Chicken Restaurant*, 2✶, Nhyiaeso, Mango Tree Lane, P.O. Box 3028, ✆ 33792. Großer Komplex mit komfortablen Zimmern und breiten Betten, 30 – 45 €. ➚ Restaurants.
- ♠ ✕ ✉ *Hasta Lodge*, 2✶, TUC, P.O. Box KS4400, ✆ 25701, admin@kumasimetro.org. Kleines Haus mit 9 komfortabel eingerichteten Zimmern mit Telefon, 19 – 30 €. Gut geeignet für kleine Gruppen.
- ♠ *Dominion Executive Lodge*, 1✶, Ahodwo, Kaasi Road, P.O. Box 3628, ✆ 25645, kleines, aber feines Haus mit 5 DZ und familiärem Service, 60 €, Essen auf Anfrage.
- ♠ ✕ *King's Hotel*, 2✶, Ahodwo, nahe CAL Bank, P.O. Box AH 8803, ✆ 24490.
- ♠ ✕ *Royal Park*, 2✶, Ahodwo, Ahodwo Rd., P.O. Box ST 166, ✆ 39353, Fax 25584. Nettes Hotel mit 10 schönen Zimmern für 55 – 75 €. Alle Zimmer mit AC, Telefon, Minibar und TV. Da der Besitzer Chinese ist, ist ein sehr gutes *China-Restaurant* mit authentischen Spezialitäten angeschlossen. Kasino mit großem Parkplatz angrenzend.
- ♠ ✕ ✉ ☎ ➾ *Sir Max*, 2✶, Ahodwo, Off Daaban Road, P.O. Box 3733, ✆ 25664, 21 großzügig geschnittene Zimmer mit AC in gepflegter Umgebung, Swimmingpool, tolles Restaurant und schöne Terrassenbar; EZ 25 €, DZ 35 €, Suite 45 €. Autovermietung und Tourbuchung hier möglich.

Östliche Stadtteile

Nördlich der Accra Road: Asawasi, Aboabo, Amakom. **Südlich der Accra Road:** New Amakom, Asokwa, Atonsu. **University:** Weeweeso, Ayigya, Kentinkrono.

Preisgünstig (unter 20 €)

- ♠ ✉ *Abenaa Donkor Memorial*, Asokwa, gegenüber Stadion, P.O. Box 1888, ✆ 3256, 20 einfache Zimmer mit Ventilator, Gemeinschafts-WC/-Dusche, 4 – 6 €.
- ♠ ✉ *La Belle*, Asokwa, P.O. Box 8437, ✆ 6210; 11 Zimmer mit AC oder Ventilator 6 – 10 €. Momentan keine Bar und die dunklen Zimmer sind heruntergekommen.
- ♠ ✉ *Stadium Hotel*, 1✶, Asokwa, Hudson Road, südl. vom Stadium, P.O. Box 3340, ✆ 3647, 6374; 19 annehmbare DZ für 12 – 16 € mit Ventilator, 22 – 26 € für gut eingerichtete Zimmer mit AC, TV.

♠ 🛏 *Timber*, Asokwa, P.O. Box AH 8112, ✆ 24803; Low-Budget-Hotel mit belebter Bar, Essen auf Anfrage. EZ/DZ 7 – 10 €.

Mittelklasse (25 – 60 €)

♠ *Precise Lodge*, 2★, Asokwa, P.O. Box ST201, ✆ 38894, plodge@www.plus.com.

♠ ✕ 🛏 *Noks*, 1★, Asokwa, P.O. Box 8556, ✆ 24438; 18 Zimmer in ruhigem Wohngebiet mit AC, Ventilator und Telefon, EZ/DZ 15 – 30 €; Konferenzsaal, Parkplätze, schöner schattiger Garten mit Bar. Sehr gutes Preis-Leistungs-Verhältnis.

Gut und teuer (65 – 120 €)

♠ ✕ 🛏 *Soa Golden Tulip Hotel*, 4★, Rain Tree Road, Ridge, P.O. Box KS 5191, ✆ 051/83777, www.goldentulipkumasicity.com. Anläßlich des Africa Cup of Nations wurde 2008 Kumasis erstes 4-Sterne-Haus eröffnet. 160 elegant ausgestattete Zimmer mit allem entsprechenden Komfort. Kasino und Golfplatz sind selbstverständlich. EZ/DZ 70 – 90 €, Suite 100 – 145 €, inkl. Frühstück und VAT.

♠ 🛏 ✈ ⊖ *Four Villages Inn*, 3★, Old Bekwai Rd., fast 3 km südlich des Ahodwo Cirlce, ✆ 22682, www.fourvillages.com; das Hotel von Charity und Chris wurde mehrmals als bestes Gasthaus in Ashanti prämiert. 55 – 62 € für stilvoll eingerichtete Themen-DZ in einem lauschigen Garten. Die sehr freundliche Atmosphäre läßt Gäste rasch heimisch werden. Gutes Frühstück, gutbürgerliche Küche auf Anfrage. Abholservice, Touren und Internet im Angebot.

♠ ✕ 🛏 ✈ @ *Hotel Georgia*, 3★, Adiebeba, Volta Avenue, ✆ 3915, 22294, georgiaksi@yahoo.com; wurde um einen Stern aufgewertet. Die mehr als 30 Zimmer sind alle gut eingerichtet, aber etwas teuer: EZ 55, DZ 65, Suite 90 €. Jetzt auch mit 15 Apartments, 8 Chalets (100 – 130 €) und ein Internet-Café; Nichtgäste zahlen 2 € für den Swimmingpool. 2 Restaurants mit ghanaischer und internationaler Küche vorhanden. Reiseschecks werden angenommen.

♠ ✕ 🛏 ✈ *Miklin Hotel*, 3★, Danyame/The Ridge, ✆ 39120, -5, P.O. Box KS11730, miklin@africaonline.com.gh, relativ neues Hotel mit 28 Zimmern, 3 Konferenzsälen, riesigem Parkplatz und Terrassenbar; EZ 55, DZ 68, Suite 110 €.

♠ ✕ 🛏 ✈ ⊖ *Rose's Guesthouse*, 3★, Nhyiaeso, Nhyiaeso Road, P.O. Box 4176, ✆ 3500, roses@ghana.com. Gut geführtes Hotel, 10 DZ mit AC, Telefon, 35 – 70 €. Feines Restaurant mit ghanaischer/europäischer Küche, Cocktailbar, Parkplätze, Forex Bureau.

♠ 🛏 🎵 ✈ ⊖ *Pink Panther Hotel*, 3★, Adiembra, gegenüber All Saints School, P.O. Box 3142, ✆ 31924, pinkotel@africaonline.com; 15 gemütliche Zimmer 55 – 60 €, Suite 95 €. Gartenbar und Jazz-Bar mit Live-Band.

♠ ✕ 🛏 ✈ *Rexmar Hotel*, 3★, Odeneho-Kwadaso, Bekwai Road, P.O. Box 3172, ✆ 22294, rexmar@africaonline.com.gh. 17 luxuriös eingerichtete Zimmer mit allem Drum und Dran, DZ 90, Suite 110 €.

♠ ✕ 🛏 ✈ *Royal Basin Resort*, 3★, östlich der Uni gegenüber St. Louis Secondary School, ✆ 60144, 60169, rbasin@ghana.com, etwas am Stadtrand Richtung Accra; gehört zu den besten der Stadt. Gut ausgestattete DZ mit allen Annehmlichkeiten inkl. super Restaurant und Fitnessraum. EZ/DZ 68 €, Suiten 90 €.

♠ ✕ 🛏 ✈ *Silicon Hotel*, 3★, Weeweeso, P.O. Box KS 13172, ✆ 60185, info@siliconhotel.com; das moderne Hotel zielt auf die Klientel aus der Universität. DZ 65 – 90 €.

♠ ◪ ◪ ◪ *Treasure Land Hotel,* 3✶, Ayigya, nahe der Universität; ✆ 61011, www.treasurelandhotel.com. Ein neues Hotel etwas nach hinten versetzt an der Hauptstraße nach Accra. Modern eingerichtet, besitzt alle Komfortmerkmale inkl. Konferenzsaal und Parkplätzen. Ab 35 € für EZ bis 90 € für Luxuszimmer.

Restaurants

Unter den **Hotelrestaurants** sind hervorzuheben *Cozy Lodge, Pink Panther, Sir Max Hotel, Sarfo Hotel.* Für Besucher mit wenig Geld lohnt es sich, in die Töpfe der vielen **Chop Bars** zu gucken. Sie sind um die Car Station Kejetia versammelt.

Ghanaisch

◪ ◪ *Ashanti Home Touch,* Asafo, unmittelbar hinter der Accra-Car-Station, hat gute ghanaische Gerichte zu günstigen Preisen. Beliebter Treff mit sehr lauter Musik und vielen Gästen, besonders Fr und Sa.

◪ *Barima Catering,* Kentinkrono, Accra Road, ✆ 26479, gutes Lokal für feines Ghana-Chop zu humanen Preisen, sehr beliebt nicht nur bei den Studenten der nahen Uni.

◪ *Confidence Chop Bar,* Bekwai Road, südlich des Ashfood Court, beliebtes Eßlokal für schmackhaftes ghanaisches Essen zu normalen Preisen.

◪ *Friends Garden Restaurant,* Suntreso, ✆ 25611, Gewinner des *2003 Restaurant des Jahres* in Ashanti für ghanaische Spezialitäten ist immer noch gut und bietet tolle Fufu-Gerichte ab mittags an. Sonntagmorgens gibt es den populären *Omo-Tuo.* Auch internationale Gerichte.

◪ ◪ *Cozy Chicken Restaurant,* Nhyiaeso, Mango Tree Lane, ➚ Unterkunft, ✆ 337-92, eine der besten Adressen für gepflegte Gastwirtschaft. Hier konzentriert man sich auf ghanaische Fischspezialitäten wie *Banku* und *Tilapia,* die Preise sind verhandelbar, je nach Gewicht des Fisches. Außerdem Hähnchen vom Holzkohlegrill. Angeschlossen ist ein Jazz-Club, der Fr – So ab 20.30 bis zum Morgengrauen spielt.

◪ ◪ *Joffel's Catering Services and Restaurant,* ✆ 21213, P.O. Box M 1466, am Airport Roundabout, serviert überwiegend schmackhafte ghanaische Gerichte zu sehr vernünftigen Preisen.

◪ *Kentish Kitchen,* ✆ 22748, in einem kleinen Garten gegenüber dem Prempeh Museum gelegen, ist ein wunderbarer Fluchtort in den Mittagsstunden; die kalten Getränke und die relativ große Auswahl an Gerichten ziehen viele Besucher an.

◪ *Mckeown Restaurant,* Asokwa, ✆ 81467, neben der Pentecost-Kirche und gegenüber Spirit-FM Station, ist trotz seines Namens ein guter Ort für ghanaisches Essen: Fufu, Banku, Ampesi und Reisgerichte werden für 2 – 6 € am laufenden Band bis Mitternacht produziert.

Indisch/Asiatisch

◪ *Abusua Restaurant,* The Ridge, Pine Road, ✆ 21944, unweit der Pine Ex. Lodge; kleines Restaurant mit indischen und internationalen Gerichten. Aus religiösen Gründen wird hier kein Alkohol verkauft.

◪ *Chopsticks,* Nhyiaeso, in der Nähe von Rose's Guesthouse, ✆ 23221, hat gehobene Preise ab 5 € und bietet außer China-Gerichten auch hervorragende Pizzen an.

◪ *Moti Mahal,* Nhyiaeso, ✆ 29698, neben OAU-Hotel und gegenüber dem Golfclub, 11.30 – 23 Uhr, hauptsächlich indische Gerichte zu etwas gehobenen Preisen.

◪ *Sweet Garden,* Danyame, am Lavikus Hotel, gutes China-Lokal mit freundlicher Bedienung und netter Atmosphäre.

Versorgungsstation: Der Eiermann residiert in einer Garage

- *Vic Baboo's Café,* Adum, ℂ 27657, optimale Lage im Zentrum, bietet seit Jahren erfolgreich gutes Essen in komfortablem Ambiente. Ausländer essen gern hier, weil die Speisekarte fast alles enthält, was in Ghana selten zu haben ist: Pizza, indische, chinesische und vegetarische Kost. Die Preise haben sich erhöht, sind mit 2 – 5 € immer noch ok. Mit Souvenir-Shop.

International
- *Aseda House,* Adum, ℂ 37382, im 3. Stock, unterhalb des Fosua Hotels im gleichen Gebäude, hat ghanaische und internationale Küche in großen Portionen. Hier wird kein Alkohol ausgeschenkt.
- *Couples Restaurant,* Adum, im 1. Stock auf der Prempeh II Street, ℂ 22146, bietet gutes Essen bei freundlicher Bedienung.
- *Dish Restaurant,* Asokwa, Sixth Street, Stadionnähe, bietet ghanaische und internationale Gerichte, auf einer luftigen Terrasse oder im klimatisierten Raum, an.
- *Funkies,* Apino Plaza, Nhyiaeso, Capital Road Junction, ℂ 027/7873400, gehört einem Ghanaer aus den USA. Kenner meinen, er backt die besten Pizzen in ganz Westafrika: Käse, Gemüse, Fleisch, Pepperoni für 3 – 5 €. Ein Stockwerk höher gibt es ein Weingeschäft.
- *Goleenda Restaurant,* Adum, Adum Road, hat sehr gutes, billiges Essen und der Service ist wahnsinnig freundlich!
- *King of Kings,* Adum, fast gegenüber dem Tasco Guesthouse, ℂ 37156, serviert gute ghanaisch-internationale Küche zu niedrigen Preisen.
- *Queen's Gate,* Adum, Prempeh II Street, gegenüber Home Stores, ℂ 81961 oder 0244/283883, große Bar und gute, internationale Küche zu normalen Preisen.

Fast Food
- *Palm Springs,* Amakom, Prempeh Assembly Hall, mit angrenzendem Nachtclub.
- *Quick Bite,* Adum, auf der belebten Prempeh II Street, ℂ 051/36180, bietet Pommes, Pasta und Sandwiches für 2 – 6 €.
- *Rose Joy,* Asafo, im 2. Stock des Fahocha House, ℂ 26838, einfache chinesische Gerichte, auch zum Mitnehmen.
- **Tip:** Für angenehme Überraschungen sorgen die vielen Bars und Eßlokale sowie Garküchen, die im Bereich des Krankenhauses gruppiert sind. Es lohnt sich, abends hinzugehen.

Kumasi bei Nacht
Ashanti sind geschäftstüchtige, aber bodenständige Leute, die nach einem anstrengenden Tag lieber nach Hause und früh schlafen gehen. Entsprechend wenig Orte gibt es, wo

man sich die Nacht vernünftig um die Ohren schlagen kann. Das Vergnügen besteht meistens aus **Kino,** weshalb Lichtspiel- und Videohäuser den größten Reibach machen.

🎬 *Odeon* im Stadtteil Mbrom, *Roxy,* Manhyia, *Romeo,* New Tafo, *Rivoli,* Bantama, *Rex,* Bompata, *Royal,* Asawasi.

Bars und Kneipen

🍴🎵🎾 *Ashanti Club,* Bantama, unweit des Komfo Anokye Hospital. Nichtmitglieder zahlen 2 € für die Benutzung der Einrichtungen: Bar, Pool, Tennis, Basketball.

🍴 *Eclipse Bar,* Adum Road, kalte Getränke, gute Musik, Sitze im Freien und scharfe Fleischspieße; sehr beliebt abends und an Wochenenden.

🍴🎵 *Joffel's Restaurant,* am Airport Roundabout, lange nur als Restaurant bekannt, bietet Fr und Sa Live-Highlife ab 20 Uhr.

🍴 *Kumasi Club,* Adum, hinter Armed Forces Museum, gegen eine kleine Gebühr muß man erst Mitglied im Club werden. Dafür Snooker-Tische, gemütliches Café.

🍴 *Nimo's Spot,* Adum, Harper Road, eine lebendige Bar, die bis 1 Uhr geöffnet hat.

🍴🎵🎾 *Spice Nightclub & Bar,* Odeneho-Kwadaso, ein Gartenlokal in der Nähe des Santasi Roundabout und nicht weit von Lavikus Hotel, wird abends erst richtig lebendig, wenn viele Leute wegen der guten (lauten) Musik und der Grillspezialitäten hineinströmen.

🍴🎾 *Timber Gardens,* Asokwa, Lake Road/Southern Bypass, ✆ 24803, wird an Wochenenden besonders voll. Das große Gartenlokal bietet außer schmackhaften Fleischspießen und kalten Getränken einfache ghanaische Snacks an.

🍴 *Vienna City,* Nhyiaeso, ✆ 24072, Bar mit Roulette-Tisch.

Tanzlokale

Beliebt sind (die Taxifahrer bringen Sie hin): *Hedonist,* Ayigya Ext., *Star Nite Club* nahe dem Stadion und *Black Panther* auf der 6th Street im Stadtteil Lobito, einige Schritte vom Stadion, *Ziloo Boat Spot* im Stadtteil Atonsu-Agogo sowie *Exetra Spot* im Atonsu-Viertel.

🎵 *Fox Trap,* Amakom, Prempeh Assembly Hall, ✆ 34058, mit heißer Musik, manchmal Live-Orchester; Mi Ladies Night, Fr und Sa 4 € pro Person.

🎵🍴 *Kiravie Disco & Nightclub,* Nhyiaeso, beim Golfplatz, ✆ 27815, Eintritt 5 €. Gehört zu den besseren Lokalitäten für einen schönen Abend. Das große Areal umfaßt eine Disco, Tanzveranstaltungen mit Live-Band, eine Freiluftbar und einen sogenannten Tilapia-Joint mit Grillfisch.

🎵 *Maserati,* Amakom, Stadium Area, Sixth Street, moderne Disco für junge Leute, besonders gut an Wochenenden. Eintritt 3 €.

Einkaufen & Besorgen

Wem der ↗ **Zentralmarkt** zu groß ist, geht am besten in eins der **Kaufhäuser** in Adum, wo die meisten Geschäfte angesiedelt sind.

Lebensmittel & Alltagsgegenstände: Auf dem *Markt von Adum* sowie östlich der City auf dem *Asafo Market* gibt es Gemüse sowie Dinge des täglichen Lebens.

My Shop: Größerer Supermarkt in Adum.

A-Life: ✆ 22432, Laden mit allen Alltagswaren im Sortiment; einmal am Roundabout im Zentrum und ein zweites Mal bei der STC-Station im Süden von Adum.

🕑 *Safeway Store:* hat alles, was das westliche Herz begehrt, wenn es um Lebensmittel geht. Vollkornbrot, Müsli, Nudeln, Käse und Wurst sind natürlich teuer, aber was soll's ...

Elektroartikel: Melcom (✆ 051/22284) und ÇFAO, Prempeh II Rd., sowie viele kleinere

Geschäfte auf der gleichen Straße im Zentrum Adums.

Bücher: Der Buchladen auf dem Campus der UST-Uni ist der bestsortierte in der Stadt.

Queensway, Adum, Bank Road, Bücher und Zeitschriften.

Stoffe: Bester Ort ist der große ↗ *Central Market*. Noch eine günstige Möglichkeit ist das kleine Modegeschäft im oberen Bereich des **Cultural Centre**. Weitere Textilgeschäfte gibt es auf der Prempeh II Street.

Gold- und Silberschmuck

Im Stadtteil *Adum* gibt es eine Straße mit einigen Ateliers, die auf Bestellung arbeiten und auch direkt verkaufen. Das Handeln nicht vergessen!

Pearl Jewellery, Asafo, ✆ 23614 oder 27044. Auf der Accra Rd. und in der Nähe des Social Security and National Investment Trust-Gebäudes.

Precious Mineral Company, Ahodwo, Prime Plaza, ✆ 26494. Fein gearbeiteter Gold- und Silberschmuck mit Karatangaben zu guten Preisen.

Super Jewellery Atelier, Roman Hill, fast gegenüber Prempeh Assembly Hall und nicht weit von der Kathedrale, ✆ 25092, Spezialist für Gold- und Silberschmuck.

Weitere Informationen

Informationen: Das *Touristenbüro* befindet sich im ↗ Kulturzentrum.

Post: *Hauptpost*, Adum, auf der oberen Stewart Street. Briefmarken und Telefonieren.

Telefonvorwahl: 051.

Polizei: ✆ 051/999.

Geldwechsel: Es ist völlig unproblematisch, in Kumasi Geld zu wechseln. Praktisch jede Straße im innerstädtischen Bereich hat eine Wechselstube.

Internet: Überall in der Innenstadt gibt es zahlreiche Möglichkeiten. Unter den guten sind: *Easynet*, Bank Road direkt neben

Ein Wink genügt: Ohne die Hilfe der Verkehrspolizei wären die Zebrastreifen überflüssig

dem British Council; *Aseda House* und *Vic Baboos Café* haben auch Computerplätze.

G-Force Microsystems, Millennium Plaza, Lake Road, ℂ 051/21792. Seit 2008 das modernste Internetcafé Kumasis, mit rund 60 schnellen Rechnern. Im gleichen Gebäude befinden sich ein Copy Shop und eine Bank mit Geldautomat. Mo – Sa 8 – 24 Uhr. 0,65 € pro Stunde.

Mietwagen: *Europcar InterRent,* ℂ 5992, P.O. Box M1428.

Krankenhäuser: *Kufuor-Klinik,* Prempeh II Street, Adum, ℂ 2270.

Okomfo Anokye Teaching Hospital, Bantama, ℂ 22301.

City Hospital, ℂ 24470.

KNUST Hospital, ℂ 60320.

Bomso Clinic, nahe der Universität, und *Universitätskrankenhaus* auf dem Unigelände.

Privatkliniken: *Sarfo Adu Klinik,* nahe Manhyia-Palast.

Dr. Mensah, nahe Zentralmarkt.

Regionalverwaltung: ℂ 2633/12.

AUSFLÜGE VON KUMASI

Kumasi ist für Unternehmungen ein idealer Standort, da von hier aus Busse und Sammeltaxis in alle Richtungen fahren. Empfehlenswert sind sowohl Tagesausflüge zu den Handwerksdörfern als auch ausgedehntere Touren in die Natur.

Bevor Sie zu einem Ausflug aufbrechen, denken Sie daran, Proviant und Getränke einzupacken – aufs Land hat sich bisher noch keine Hot-Dog-Kette getraut.

Kunsthandwerk

Der erste Ausflug könnte Sie auf der Mampong Road nach Nordosten aus der Stadt herausführen. Die gut 60 km lange Rundtour können Sie – vielleicht zu mehreren – auch mit einem gemieteten Taxi absolvieren. Hier wie überall außerhalb der Stadt gilt: kräftig handeln!

Die nachfolgenden Orte *Pankrono, Ahwaa, Ampabame* und *Dabaa* waren früher kleine Handwerksdörfer rund um Kumasi, die mittlerweile zur Peripherie der Stadt gehören. Somit haben sie ihren Dorfcharakter verloren.

Die Perlenmacher

An der Straße nach Barekese liegen zwei Dörfer, die für die Herstellung von Glasperlen bekannt sind: **Asuofia** und **Asamang**. Ein drittes Dorf, **Dabaa**, 4 km von Akropong entfernt an der Straße nach Owabi, ist ebenfalls für diesen Schmuck bekannt.

Feines Pulver aus gemahlenem Glas von gebrauchten Flaschen wird mit Farbstoff gemischt, in Formen gegossen und bei hoher Temperatur gebrannt. Bevor ich was Falsches erzähle, lassen Sie sich vor Ort alles genau erklären. Nehmen Sie einen Dolmetscher mit, sonst verpassen Sie eine gute Gelegenheit.

Die Töpfer von Pankrono

Pankrono (auch *Pankronu*) ist ein Zentrum der Töpferei. Bereits am Straßenrand gibt es oft einfache Töpfe zu kaufen, die sich als Blumentöpfe oder als Zimmerdekoration sehr hübsch machen. Das Angebot schwankt sehr von Saison zu Saison, denn es richtet sich nach dem Bedarf der Zeit. Meistens sieht man Haushaltstöpfe ohne Schnickschnack, sonnengetrocknet ohne Farbe, aber mit Glück sind auch kunstvollere dabei, die man für wenig Geld erstehen kann. Wer Zeit hat, sollte zu-

Verkaufsausstellung am Wegrand: Tonwaren

schauen, wie solche Töpfe ohne Drehscheibe gemacht werden. Darin liegt die Kunst!

* **Tip:** Auch **Afari,** 12 km von Kumasi auf der Straße nach *Nkawie* (auch Nkawiekuma) Richtung Westen ist ein Töpferdorf. Die freundlichen Töpfer zeigen Interessierten, die auch etwas kaufen, gern ihre Arbeit.

Die Schnitzer von Ahwiaa und der Heiler von Meduma

Ahwiaa liegt knapp 12 km nordöstlich des Stadtzentrums von Kumasi und ist auf Schnitz- und Bildhauerkunst spezialisiert. Auf der breiten Hauptstraße befinden sich viele Geschäfte, die ausschließlich Gegenstände aus Holz verkaufen. Unter kleinen Schuppen am Straßenrand arbeiten die Schnitzer. Dort kann man auch unmittelbar zugucken, wie die Künstler aus rohen Holzblöcken die verschiedenen, wohlgeformten Dinge entstehen lassen: Figuren, Puppen, Hokker, Stühle, Wandbilder werden in allen Größen gefertigt. Diese Leute sind es allerdings leid, ständig geknipst zu werden, sie verlangen oft Geld für Schnappschüsse. Wer etwas Geld abgibt, hat den Vorteil, daß seine Fragen auch fachmännisch beantwortet werden. Obwohl Ahwiaa oft von Touristen besucht wird, ist alles noch überschaubar und unverdorben geblieben.

Wer sich für traditionelle afrikanische Medizin interessiert, sollte nach **Meduma,** der nächste Ort hinter Ahwiaa, fahren. Dort befindet sich ein *Black & White Shrine*. Der Priester, *Nana Abass,* ist ein Kosmopolit, der sich in der Welt auskennt. Nach mehreren Touren durch Europa und Amerika hat er hier ein modernes Hospital errichtet, in dem hauptsächlich Kräutermedizin angewandt wird.

Die Färber von Ntonso

Nach weiteren 14 km auf der Straße Richtung Mampong kommen Sie nach Ntonso, einem Dorf, in welchem Baumwollstoffe in exquisiten, gedämpften Tönen gefärbt und mit schönen Adinkra-Mustern versehen werden. Die gesamte Herstellung von der Färbung bis zum Bestempeln und Nähen des Stoffes wird nach festgelegten Schritten unternommen, alles manuell. Heutzutage muß man wohl betonen, daß hier nur mit Naturprodukten gearbeitet wird. Die Farben etwa werden in einem komplizierten Verfahren aus Wurzeln und Rinden des *Badie*-Baums gewonnen. Hier müßte das Herz jedes Naturschützers höher schlagen, wenn auch der Rauch aus den vielen offenen Feuerstellen stört.

Die dunklen Textilien mit *Adinkra*-Mustern werden in Ghana normalerweise zu Beerdigungen getragen. Die grünen, weißen und gelben Muster werden zu anderen, fröhlicheren Anlässen getragen. Sie sind einfach schön und können selbstverständlich auch für andere Zwecke direkt beim Erzeuger gekauft werden.

Die Weber von Bonwire

Bonwire ist das Zentrum der Webkunst in Ghana, es ist der Geburtsort des berühmten *Kente-Stoffes*, hier leben die besten Vertreter dieser Zunft. Ein Kente-Prachtexemplar schmückt übrigens die Empfangshalle der UNO in New York – ein Geschenk des ghanaischen Volkes an die Welt.

Kente wird nur zu zeremoniellen Anlässen getragen und symbolisiert mit seinen schillernden Farben Fröhlichkeit und Reichtum. Die Popularität von Kente-Mustern wächst immer mehr, besonders in Amerika, wo Kente-Tücher als dekorative Accessoires benutzt werden.

Im Januar 1998 feierte die Bevölkerung von Bonwire das 300. Jubiläum des Kente. Dieses **Kente-Festival,** bestehend aus einer Ausstellung, Modenschau und *Durbar* (farbenfroher Festtag) war so erfolgreich, daß es alljährlich organisiert wird. Seit dem neuen Jahrtausend wird das Fest tourismusgerecht jährlich im August gefeiert.

In Bonwire kann man alle Phasen der Kentekunst von Anfang bis Ende verfolgen. Natürlich freuen sich die Weber auf Direktkäufe, aber Vorsicht, die Herstellung von Kente ist langwierig. Es werden deswegen auch stolze Preise dafür verlangt. In jüngster Zeit ist es in Bonwire leider recht ungemütlich geworden, die Händler buhlen aggressiv um Kunden und lassen potentiellen Kunden kaum die Ruhe zum Gucken und Staunen.

Ebenfalls ein wichtiger Ort der Kente-Weberei ist das Dorf **Wonoo,** das von Westen kommend vor Bonwire liegt. Die Abzweigung ist in *Abira,* wo man der Piste bis zum Ziel folgt, wo sich auch ein kleines Webereizentrum befindet.

Anfahrt: Von Kumasi entweder die Straße nach Mampong Richtung Norden nehmen und über Ntonso nach *Juaben* fahren, dort rechts nach Bonwire abbiegen (diese Straße ist nicht sehr gut). Oder nach Osten aus Kumasi raus und auf der gut ausgebauten Straße Richtung Accra bis *Ejisu* fahren, dort nach links und noch 8 km bis zum Weberstädtchen weiterfahren. Die Weiterfahrt zum Bofoum-Wildtierreservat ist möglich.

Bus: Mit dem Tro-Tro startet man ab der Antoa Station (nicht weit vom Königspalast) oder ab Asafo Market (via Ejisu). Fahrtzeit 30 bis 40 Minuten.

Messingarbeiten aus Ampabame

Auf der Straße, die Accra mit Kumasi verbindet, haben Liebhaber der Schmie-

Strippenzieher: Mit den Füßen wird der Webstuhl bedient

dekunst circa 16 km vor Kumasi Gelegenheit, in dem Dörfchen *Ampabame-Krofoforom* Schmiede bei der Arbeit zu beobachten. Gefertigt werden Messingwaren wie Cremedosen, Wannen usw. für den Haushalt. Die Produkte werden auch direkt zum Kauf angeboten.

Schreine und Kultstätten

Sehr empohlen sei der Besuch eines traditionellen Kultschreins der Ashanti. Nahe Kumasi finden sich gleich drei der insgesamt zehn unter dem Schutz der UNESCO stehenden *Abosomfie*s:

Von Kumasi kommend Richtung Osten, liegt die erste Stätte im Dorf **Aduko-Jachie,** nur 3 km linker Hand ab *Kwamo.* Im Dorf angekommen, liegt die Kultstätte ungefähr 1 km in Richtung *Tikrem.* Hier im Fetischschrein wohnt ein Priester, der freitags und sonntags in Aktion tritt und Besucher in Empfang nimmt. Der Eintritt kostet 1,50 € für einen Rundgang, eine Séance beim Priester verlangt eine Flasche Schnaps und mindestens 3 €. Dafür tanzt er und demonstriert seine Heilkunst, falls authentische Bittsteller da sein sollten.

Die besterhaltene Kultstätte befindet sich in **Besease,** nur 2 km hinter *Ejisu* auf der Hauptstraße nach Accra, sie ist gut beschildert. Das Kulthaus aus der Mitte des 19. Jahrhunderts geht auf einen noch viel älteren Vorgängerbau zurück und wurde Ende der 90er sorgfältig renoviert und zum Museum umfunktioniert. Es ist mit einem spitzen Palmdach versehen und mit den traditionellen Adinkra-Symbolen dekoriert. Ejisu-Besease gilt als die wichtigste und allerschönste Stätte von allen. Königin *Yaa Asantewaa* soll die Götter hier konsultiert haben,

Entzückt durch Details: Fetischhaus von Ejisu-Besease

bevor sie gegen die Briten in den Krieg zog. Innen sind Fotografien zu Bauweise und Bedeutung von *Abosomfie*s allgemein und diesem Schrein speziell ausgestellt.

> **Eintritt:** 1,50 € für einen Rundgang. Die gleiche Prozedur wie in Aduko-Jachie gilt für eine Séance bei der Priesterin, die nebenan wohnt und nur bei größeren Summen (5 – 10 €) bereit ist, zu tanzen.

Ebenfalls in **Ejisu-Besease,** auf der Hauptstraße befindet sich eine *Ashanti Gallery,* die gutsortiert ist mit Werken einiger ghanaischer Künstler. Ausgestellt sind Malereien, Schnitzwerk, Keramiken und Dekogegenstände. Es lohnt sich, reinzuschauen.

Der *Atia Kusi Kwame Shrine* im Dorf **Edwenease** ist etwa 7 km südlich von Ejisu entfernt, auf der Pistenstraße nach *Kuntanase* und *Bosumtwi-See*. In Onwe ist der weitere Weg bis zum Schrein klar geschildert. Hierher kommen die wenigsten Besucher, hier dürfte deswegen alles authentischer sein. Allerdings braucht man ein Mietauto oder Taxi, sonst dauert der Fußmarsch hin und zurück doch gut drei Stunden in der Sonne.

Mampong/Ashanti

Nur 50 km nördlich von Kumasi liegt die andere kulturell wichtige Stadt der Ashanti, Mampong; der Zusatz »Ash.« ist wichtig, um sie nicht mit Mampong in Akwapim zu verwechseln. Traditionell steht Mampong in seiner Bedeutung direkt hinter Kumasi. So verlangt die Tradition zum Beispiel, daß der Asantehene nichts tut, ohne vorher die Zustimmung des Prinzen von Mampong einzuholen.

Die rund 20.000 Menschen in Mampong leben überwiegend von Plantagenwirtschaft, und es gibt viele schon in früheren Zeiten reich gewordene Kakao-, Kaffee-, und Tabakbauern. Die Stadt liegt im gleichnamigen *Mampong-Hochland,* das bis auf fast 800 m reicht; ihre eigenwillige Lage macht die Stadt für Wanderer und Naturliebhaber besonders attraktiv. Durch die Höhenlage ist auch die Schwüle gemildert, was einen Aufenthalt in Mampong angenehm macht.

Dabei geht es hier sehr ruhig zu. Denn Mampong ist, wie viele andere Städtchen auch, ein Opfer des Staudammprojektes von Akosombo geworden. Da der Voltasee die Verbindungsstraße zwischen Kumasi und Tamale bei Yeji für etliche Kilometer unterbricht, ist Mampong heute ein isolierter Ort ohne die Geschäftigkeit von früher. Nur spärlich wird die einst vielbefahrene Straße benutzt, Reisende nach Norden umfahren lieber den See, um nicht in Yeji übernachten zu müssen. Die Fährverbindung ist noch dazu nicht die zuverlässigste.

Verbindungen & Unterkunft

Die **Mampong Road** ab Kumasi ist asphaltiert und in einem guten Zustand, so daß Mampong innerhalb von 40 Minuten zu erreichen ist. Täglich fahren viele Kleinbusse von Kumasi nach Mampong oder über Mampong nach Ejura, Nkoranza und Yeji.

- *Midway Hotel,* P.O. Box 47, ✆ 0561/240, 10 Zimmer mit WC/Bad; Bar, Essen auf Anfrage.
- *Hotel Video City,* Stadtteil Tadiem, 13 Zimmer mit WC/Bad; Restaurant, Gartenbar und Video-Halle. Bestimmt der beste Ort zum Übernachten.

Obuasi, die Goldgräberstadt

85 km südwestlich von Kumasi, in einem schönen, von grünen Bergen umgebenen Tal, liegt das Zentrum des Goldbergbaus in Ghana. Bereits seit 1895 wird in dem einst kleinen, unscheinbaren Dorf Gold abgebaut. Fast alle der heute 80.000 Einwohner Obuasis, die aus allen Regionen Ghanas kommen, arbeiten oder leben vom Goldabbau. Mit dem Ausbau der Bergbauindustrie wird Obuasi immer wichtiger für Ghanas Wirtschaft. In der jüngsten Vergangenheit wurde verstärkt in diese Industrie investiert und neue Siedlungen für die Arbeiter gebaut – die Stadt wächst rapide.

Hier in Obusai befindet sich eine der größten und reichsten Einzelgoldminen

Typisch: Hochbepackt, oft mit Schlagseite

der Welt. **AngloGold Ashanti** (eine Fusion von *Ashanti Goldfields* und der südafrikanischen *AngloGold)* ist die einzige Industriegesellschaft Afrikas, deren Aktien an der Londoner und New Yorker Börse gehandelt werden. Nach *Rosemont*, USA, ist es das zweitgrößte, börsennotierte goldproduzierende Unternehmen der Welt überhaupt.

Die **Untertage-Einrichtungen,** die teilweise 1000 m tief ins Erdinnere gehen, können besichtigt werden. Bis vor kurzem konnte man sogar mit einem Auto bis 800 m tief in die Mine hineinfahren! Heute geht es zu Fuß bzw. per Fahrstuhl unter Tage, was immer noch sehr spannend und interessant ist. Der Ablauf der Besichtigung ist wohlorganisiert und sehr zu empfehlen.

Doch Obuasi ist nicht nur wegen seines Goldes bekannt. Zur **Apfelsinen**-Zeit zwischen August und September ist es die Apfelsinen-Hauptstadt Ghanas; die wohlschmeckendsten Sorten werden hier geerntet. Und es besitzt auch eins der besten **Fußballstadien,** das *Lenclay Stadium*, im Lande, finanziert und gebaut von der reichen Minengesellschaft.

Minenbesichtigung: Besucher melden sich im Verwaltungszentrum in der Innenstadt (dort wo das Minenarbeitermonument steht), ✆ 40494, 40309, 0244/838854. Dort erhalten sie eine Einführung und werden eingekleidet, bevor die Tour in *Sansu* beginnt. Leute mit Klaustrophobie sollten andere Pläne an diesem Tag machen. Die Preise wurden natürlich erhöht: Touristen zahlen 13,50 € für die 2stündige Tour.

Verbindungen & Infos

Ohne sein Hotel in Kumasi aufzugeben, kann man Obuasi in einem Tagesausflug besuchen.

Kleinbusse: Fahren zu jeder Tageszeit für etwa 2 € ab Car Station/Zentralmarkt, Kumasi. Die Fahrt auf der gutausgebauten Straße dauert 1 Std.

Flug: Obuasi hat einen *Flughafen,* der der AngloGold Ashanti gehört.

Telefonvorwahl: 0582.

Krankenhaus: *Bryant Mission Hospital*, ✆ 41553.

Unterkunft & Restaurants

Die Minen-Gesellschaft besitzt ein gutes Gasthaus mit Bar und Restaurant, ein tolles Schwimmbad sowie Tennis- und Golfplätze für ihre Bediensteten. Leider darf davon nur profitieren, wer dort Gast ist.

🔺 *Anyinam Lodge,* 2★, ✆ 40439, bis vor kurzem noch das vornehmste Haus am Ort. EZ 38, DZ 45, Suite 55, Luxus-Suite 65 €. Angeschlossen ist ein super Restaurant, genannt *Digger's*; große Auswahl an Steaks und englischen Spezialitäten.

🛏 🍴 🛌 ⌖ **Miners Lodge**, 2✱, P.O. Box 933 Obuasi, ✆ 40550-1, im Stadtteil Gauso, 5 Min Fahrt von der Stadt über die Hauptstraße Kumasi – Dunkwa, gut beschildert. Das beste Hotel hier, wird oft von Reisegruppen angesteuert. Alle 24 Zimmer haben Telefon, AC, Minibar und TV; Fitness- und Konferenzraum. EZ/DZ 45 – 60 €.

🛏 **Palmers Palace Hotel**, 1✱, P.O. Box 6, ✆ 287, bietet 19 passabel eingerichtete EZ und DZ für 4 – 7 €.

🛏 **Unity Gardens Hotel**, 1✱, ✆ 0244/420-005, im Stadtteil Nyameso. Hier stehen 10 Low-Budget-Zimmer mit Ventilator zur Verfügung: 4 – 9 €.

🛏 🍴 🛌 ⌖ **Confidence Guesthouse**, 1✱, ✆ 40621, etwa 3 km vom Zentrum auf einem Hügel mit schönem Ausblick, 11 saubere DZ mit AC, Telefon und TV, 10 – 30 €. Kleiner Einkaufsshop, guter Service.

🛏 **Adansiman Hotel**, P.O. Box 253, ✆ 90; 18 Zimmer, Essen auf Anfrage.

🍴 🛌 **Golden View Restaurant & Bar**, im Stadtteil Anyinam, ist stadtbekannt und hat bis spät in die Nacht geöffnet. Man ißt gut, aber ab 22 Uhr nur unter lauter Musikbeschallung.

TRIPS FÜR NATURLIEBHABER

Ashanti besitzt einen großen Nationalpark und mehrere Tierschutzgebiete. Besucher der Schutzgebiete sollten sich vorher in Accra beim Department of Game & Wildlife anmelden oder sich beim Tourismusbüro in Kumasi erkundigen.

Einfacher als der **Digya National Park** im äußersten Osten der Region am Voltasee (↗ Natur & Naturparks) sind jene **Naturschutzgebiete** in der näheren Umgebung Kumasis zu erreichen. Sie stecken voller Geheimnisse und eindrucksvoller Naturerlebnisse.

Owabi Wildlife Sanctuary

Vogelkundler werden im Owabi-Wildtierreservat auf ihre Kosten kommen, einem weitläufigen grünen Areal, 23 km nordwestlich von Kumasi an der Straße nach *Akropong* und *Sunyani*. Für Unkundige auf Anhieb nicht als solcher zu erkennen, handelt es sich hier um einen feuchten Sekundärwald, der vor etwa 60 Jahren angelegt wurde, um Holz für die Pumpstation des kleinen Staudamms zu liefern. Primär steht das Wasser des *Owabi*-Flüßchens unter Naturschutz, wovon aber auch der umliegende Wald mit seinen vielen Tieren profitiert, die hier vor unerbittlichen Jägern sicher sind.

Hauptsächlich zu sehen sind sowohl einheimische als auch viele europäische Vögel, die hier überwintern. Mit Geduld und einem Fernglas kann man Eisvögel, Hornvögel, Eulen, Pfefferfresser, Waldhühner, Greifvögel und sogar Adler beobachten. Dazu gesellen sich Affen und Wildschweine sowie die scheuen Antilopen. Selbst wenn nichts aufkreuzt, ist das Owabi-Areal für einen ausgedehnten Spaziergang auf Trampelpfaden in unberührter Natur gut geeignet; es führen keine Straßen durch das Schutzgebiet.

Eintritt: Ein Spaziergang ohne Führer ist nicht erlaubt. Eintritt 1,50 €, Führer 0,90 € die Stunde. Und nicht vergessen, das Besucherbuch auszufüllen.

Auskunft: ↗ Natur & Naturparks, ♦ 11.

Unterkunft & Verpflegung: Aufgrund der Nähe zu Kumasi ist eine Übernachtung vor Ort nicht ratsam, es sei denn, man will zelten. In Akropong ist Verpflegung reichlich vorhanden.

Verbindung: Von Adum mit dem Tro-Tro ab der Station auf der Nsenia/Asunafu Road. Falls keine Autos nach Esaase vorhanden sein sollten, bis Akropong fahren und von dort ein Taxi oder Tro-Tro nehmen. Ab Esaase läuft man die restlichen 3 km zu Fuß, weil die Straße schlecht ist, oder man nimmt ein Taxi zum Tor des Reservats.

Wandern im Anglerparadies

Circa 18 km von Kumasi auf der Hauptstraße nach *Fufuo* befindet sich das Wasserwerk für die Versorgung der Einwohner von Kumasi. Hier liegt das Dorf **Barekese**, was auf Akan soviel wie »großer Damm« bedeutet und verrät, daß Barekese der Standort eines Staudamms ist. Der Fluß *Offin* wurde hier für Trinkwasserzwecke gestaut und der daraus entstandene kleine See ist ein wahres Anglerparadies; im See wimmelt es nur so vor Fischen!

Aus Sicherheitsgründen darf man den Damm nur mit Genehmigung betreten. Wer hier angeln möchte, sollte sich in Kumasi bei den Behörden im *Regional Administration Office* melden. Wenn sich das als zu kompliziert erweisen sollte, kann man zu den am See gelegenen Nachbardörfern von Barekese fahren und dort fischen. Die Dorfbewohner kennen alle sicheren Ecken.

Auch für Nichtangler ist Barekese einen Ausflug wert. Eine kleine **Wanderung** am See kombiniert mit einem Picknick im Grünen oder gar einer Bootsfahrt mit den Fischern ist sehr reizvoll. Für den Dammbereich ist allerdings wiederum eine Genehmigung notwendig.

Zum Wasserfall im Bofoum-Schutzgebiet

Rund 15 km von dem Städtchen **Kumawu**, rund 40 km hinter Ejisu an der Straße nach Drabonso, liegt dieses wenig bekannte und relativ kleine Schutzgebiet. Im Park befindet sich der **Bamfabiri-Wasserfall** des *Bofoum River*. Vom Parkeingang führt ein Weg zum 2,5 km entfernten Wasserfall. Fast ein Rinnsaal in der Trockenzeit, schwillt er in der Regenzeit zu beachtlicher Größe an.

Eine Tour zum Bamfabiri-Reservat ist etwas schwierig zu organisieren, da der Parkeingang so weit von Kumawu entfernt ist und die Parkformalitäten erst dort zu erledigen sind.

Eintritt: Ausländer 4 €, Gruppenmitglieder, Entwicklungshelfer und Studenten 3 €, Kinder 2 €; jede geführte Stunde 1,50 €. Ghanaer 1,80 €, Studenten 1 €, Kinder 0,50 €. Das *Department of Game & Wildlife* in *Kumawu* kassiert und teilt einen Ranger für die Tour zu. Vorherige Anmeldung über das Büro in Kumasi ist sehr ratsam. Achtung: Do geschlossen!

Auskunft: ↗ Natur & Naturparks, ◆ 13.

Anfahrt: Am besten eine kleine Gruppe bilden und die rund 20 € Automiete für eine ganztägige Tour bezahlen.

Unterkuft: In Efiduase und in Kumawu kann man bescheidene Quartiere für die Nacht erhalten, um z.B. am nächsten Tag die Kwamang-Höhlen zu besichtigen.

Die Kwamang-Höhlen

Soll es abenteuerlich zugehen, sind die wenig erforschten Höhlen von **Kwamang** genau das Richtige. Es handelt sich um etwa 20 Höhlen, die sich rund 65 km nordöstlich von Kumasi beim *Bofoum Wildlife Sanctuary* und 5 km hinter dem

Selten ernst: Grüne Meerkatzen sind echte Rabauken und tollen in Gruppen herum

Städtchen Kwamang befinden. Am schnellsten geht es über die gute Hauptstraße Richtung Mampong, 6 km hinter *Jamasi* zweigt die Straße dann nach *Nsuta* ab, danach sind es noch 10 km auf einer holprigen Piste. Da kaum Touristen hierher kommen, ist keinerlei Infrastruktur vorhanden, man sollte sich auf ein Picknick einstellen und entsprechend packen. Sicherheitshalber sollten Campingutensilien mitgenommen werden, die Umgebung ist sehr interessant und man kann in einer Höhle wild campieren. Mit etwas Glück läßt sich Wild beobachten, es gibt hier sehr viel.

Anmeldungen zu den Höhlen werden von *Opanin Kofi Amoako* in Kwamang entgegengenommen. Er oder sein Assistent begleiten Besucher zu den Höhlen und sollten für ihre Mühe natürlich angemessen entlohnt werden.

Anreise: Von Kumasi mit dem Tro-Tro ab Kejetia Car Station über Nsuta nach Kwamang, zu Fuß zu den Höhlen.

Abstecher ins Gebirge

Ein ebenfalls interessanter Ausflug führt zu den **Bergen von Atwia.** Man fährt bis Abasi, das 3 km von *Abaasua* entfernt ist. In **Abasi**, umgeben von schönen Steinformationen, Monolithen und hohen Klippen, bezahlt man einen Eintritt, bekommt einen Führer und beginnt den Aufstieg zum Berggipfel. Hierzu benötigt man etwas Kondition für die steilen Klippen. Nach circa 500 m wird der Weg unbefestigt. Rutschgefahr! Für die Mühe wird man mit einer grandiosen Aussicht belohnt. Auf der Hochebene befinden sich unberührte Wälder und Grotten, die gelegentlich von frommen Christen als Rückzugsgebiete zur Meditation benutzt werden.

Führer: 1,50 €. Wasser und Verpflegung unbedingt mitnehmen. Feste Schuhe empfehlenswert.

Verbindung: Zunächst nach *Nsuta* fahren und dort nach Autos Richtung Abaasua fragen. Mit etwas Glück steht ein klappriger Kleinbus bzw. ein Taxi fahrbereit.

Wer von Kumasi aus nur zu den Bergen fahren möchte, kommt schneller hin mit einem Tro-Tro über Efiduase nach Abaasua und weiter zu Fuß nach Abasi. Die Straße ist besser und es sind mehr Autos unterwegs, was die Rückkehr einfacher macht.

🏠 ⛺ Man hat die Wahl zwischen dem einfachen *Hotel Eldorado* in Nsuta (ca. 5 € die Nacht) und *Schlafen im Freien* hoch auf dem Bergrücken bei Abasi.

Highlight für Naturliebhaber: Der Wald im Bobiri-Wildtierreservat

Ungefähr 30 km östlich von Kumasi auf der Hauptstraße nach Accra, unweit des Dorfes **Kubeasi,** besteht eine ausgezeichnete Gelegenheit, Tropenwald zu erleben.

Eigentlich wegen seiner Tiere unter Schutz gestellt, ist das *Bobiri Wildlife Sanctuary* in Wahrheit das artenreichste Waldgebiet im ganzen Land, was nur wenigen bekannt ist. Nach Expertenaussagen existieren 104 Hartholzsorten in allen Variationen in diesem 55 km² kleinen Gebiet. Seit 1939 schon wird hier die medizinische Bedeutung der Pflanzenwelt erforscht. Während einer Führung über einen der fünf großen Naturpfade wird das anhand von 102 numerierten Bäumen veranschaulicht. Das auch *Bobiri Forest and Butterfly Sanctuary* genannte Natuschutzprojekt trumpft außerdem mit einer Vielzahl schöner Schmetterlinge auf. Gepflegt wird es gemeinsam von den Dorfbewohnern, finanziert und unterstützt vom Nature Conservation Research Centre und Ghana Tourist Board, ursprünglich von US-Aid und US Peace Corps sowie heute von einer niederländischen Entwicklungshilfeorganisation.

Obwohl Bobiri während eines Tagesausfluges zu absolvieren ist, sollten sich Besucher Zeit nehmen und möglichst übernachten.

Infos: ✆ 60123, Fax 60121, bobiri@forig.org. Im Reservat ist beschränkt Strom vorhanden. Da die telefonische Verbindung mit dem Camp schwierig ist, sollten Besuchspläne besser über das Tourist Board im Kulturzentrum Kumasi eingereicht oder per eMail angekündigt werden.

Auskunft: ↗ Natur & Naturparks, ◆ 12.
Führung: Eine Runde Spaziergang durch den Wald mit Führung kostet 1 €.
Verbindung: Regelmäßig Kleinbusse ab Kumasi-Asafo Market. Alle Autos nach Konongo oder Odumase fahren durch Kubeasi. Die *Rückkehr* allerdings ist ohne eigenes Fahrzeug problematisch. Erstens, weil das Reservat rund 3 km von der Hauptstraße entfernt ist und zweitens, weil die Autos nach Kumasi bereits voll sind, wenn sie Kubeasi erreichen. Besser wäre ein Tro-Tro von Kumasi nach Ejisu und von dort per Mietauto direkt zum Camp.
🏠 Vor Ort unterhält das Forschungsinstitut ein gut eingerichtetes Gasthaus mit 8 Zimmern. Das große DZ mit Bad kostet knapp über 10 €. Zimmer ohne Komfort kosten rund 7 €, Studenten zahlen ca. 5 €.
Verpflegung: Nach Voranmeldung oder durch Mitgebrachtes, das in der dortigen, einfach eingerichteten Küche zubereitet werden kann.

Der heilige See Bosumtwi

Wer es ein wenig abenteuerlich liebt, kann ein Taxi mieten und nach **Abono,** nur 32 km südöstlich von Kumasi, zum Bosumtwi-See fahren, dem heiligen See der Ashanti. Eine schöne Straße führt nach Abono (auch Abonu), direkt ans Ufer des mit 28 km² größten natürlichen Sees Ghanas. Die Umgebung des Sees ist wunderschön, an seinen Ufern kann man wandern, angeln oder sich ausruhen. Der See ist absolut sauber. Vorsicht für Nichtschwimmer, an manchen Stellen ist der See rund 70 m tief.

Für die meisten Ashanti ist Bosumtwi die **Heimat einer ihrer wichtigsten Gottheiten** – *Twi*. Nach dem Glauben ist der Bereich des Sees der letzte Ort, an dem die Seelen aller toten Ashanti bei Twi Abschied von der Erde nehmen. Diese Gottheit soll kein Eisen mögen, weshalb es lange verboten war, eisenhaltige Gegenstände in den See zu tauchen. Im Laufe der Zeit hat sich deshalb eine Technik des Fischens entwickelt, die in Ghana einmalig ist: Die Fischer setzen sich auf schmale Holzlatten und paddeln mit Händen und Füßen durchs Wasser, um ihre Netze auszuwerfen und Körbe auszulegen. Man kann diese Praxis heute noch gut beobachten.

Obwohl auf Anhieb nicht zu vermuten, ist der friedliche Bosumtwi ein **rätselhaftes Gewässer.** Jahrelang stieg sein Wasserspiegel konstant an und überschwemmte etliche der umliegenden Dörfer, ohne daß man wußte, woher das zusätzliche Wasser kam. Es gibt nämlich weder einen Abfluß noch irgendwelche Zuflüsse!

Die Entstehung des Sees an sich gab viele Rätsel auf: Er liegt in einem tiefen Krater, umgeben von wallartigen Bergen, die bis 450 m steil ansteigen. Lange konnten Geologen sich nicht einigen, ob der kreisrunde Krater aus einem erloschenen Vulkan entstand oder von einem Meteoriten verursacht wurde. Neuerliche Untersuchungen mit Hilfe von Experten aus Ghana, Deutschland und den USA haben ergeben, daß der See doch durch einen Meteoriteneinschlag vor anderthalb Millionen Jahren entstanden ist.

Bosumtwi gehört zu den einzigartigen Seen, die explodieren können. In seinem Buch »Ashanti« berichtet *Rattray*, der berühmte Ashanti-Experte, über dieses Phänomen. Tief im Wasser findet eine chemische Reaktion statt, die zu einer Explosion führt. Die Gase, die dabei ausströmen, sollen bestialisch stinken. Im 20. Jahrhundert soll dies nur einmal passiert sein.

Wie auch immer, der Bosumtwi-See mit seiner Wildromantik ist ein beliebter **Ausflugsort für Individualisten.** Und tatsächlich gibt es Pläne, ihn und seine wunderschöne Umgebung als Naherholungsgebiet zu erschließen. Dafür wurde die Straße von Kumasi nach Abono ausgebaut. Einfache Gästehäuser und ein schönes Hotel für Besucher mit gehobenen Ansprüchen direkt am Seeufer sind bereits vorhanden. Damit zählt nunmehr auch Abono, das träge Dorf am See, zu den Ferienorten in Ashanti.

Aber dennoch können die armen Bewohner am See nichts mit den Schönheiten anfangen.

Wer einem Fischer ein wenig Geld gibt, kann ihn auf dessen Einbaum oder Bretterfloß auf den See hinausbegleiten. Ein Netz auszuwerfen, läßt Ungeübte unweigerlich kentern. Oder man kann den steilen Abstieg über den Fußpfad durch die Berge zum See hinunter versuchen; das Wachpersonal oben im Gästehaus kennt den Pfad. Hierfür sind solide Schuhe nötig.

Praktische Informationen

Auf der Straße zum See, unmittelbar hinter Kuntanase, wird neuerdings eine Art Kurtaxe verlangt. Am Schlagbaum muss 1 GHC bezahlt werden, sonst ist keine Weiterfahrt zum See möglich. Wer auf öffentliche Verkehrsmittel angewiesen ist, sollte spätestens gegen 17 Uhr aufbrechen. Danach gibt es kaum noch Fahrzeuge nach Kumasi.

♠ ⌧ ⌴ ♫ Å *Lake Bosumtwi Paradise Resort*, 2✶, ℂ 051/20164 bzw. 020/8130-033, Bungalows mit 76 voll eingerichteten

Gott Abono zu Gefallen: Die Fischer am Bosumtwi-See haben eine eigene Fangtechnik

Zimmern mit Blick auf den See. Klimatisiertes Restaurant mit 100 Plätzen. Einziger Nachteil ist die schleppende, unprofessionelle Bedienung. Ein EZ/DZ für 35 – 45 € die Nacht ist nicht gerade billig, aber alles in allem angemessen. Unter der Woche ist es hier ruhig, aber an Wochenenden erwacht das Hotel mit Erholungssuchenden aus Kumasi zum Leben. Zu Festtagen und gelegentlich auch an Wochenenden spielt eine Live-Band.

Obo:

🔺🏊🚴 *Lake Point Guesthouse*, ✆ 057/220-054, ghanaisch-österreichisches Haus für Ruhesuchende. Liegt rund 2,5 km von Abonu in Obo, wohin die Straße in einem sehr schlechten Zustand ist. Die Strecke läßt sich aber gut zu Fuß bewältigen; wer Gepäck hat, sollte sich bis auf die letzten 500 m heranfahren lassen. Das Haus besitzt 9 geräumige Zimmer mit modernen Waschräumen und WCs sowie Garten und privatem Strand. Fahrrad- und Trekkingtouren können organisiert werden. 10 – 17 € pro Zimmer. Kontakt ist schwierig, oft muß man Nachrichten für eine Rückmeldung hinterlassen, sonst riskiert man eine Nacht auf nüchternem Magen. Hier gibt es häufig Beschwerden über das Essen, das teuer, aber nur aus Konserven bestehen soll. Rechtzeitige Anmeldung dürfte das Problem beheben.

☀ **Tip:** Man bringt am besten Proviant mit und veranstaltet eine Grillparty mit Freunden im Freien. Super.

🔺🍴📷⛺ *Rainbow Garden Village Guesthouse*, P.O. Box AB 37, Akosombo, ✆ 0243/230288, www.rainbowgardenvillage.com; im Dorf Anyinatiase, rund 3 km von Abonu entfernt, direkt am See. Die Rundhütten kosten EZ/DZ 17 – 21 €, Camping 5 €.

Wa
Buipe
Tamale
Bolgatanga
Banda Nkwanta
Bui
Bui National Park
Black Volta River
Banda
Laura
Bamboi
Pumpu
Oyoko
Wella
Fuller Falls
Yabraso
Kintampo Falls
New Longoro
Kintampo
Brong-Ahafo Regio
Menji
Nsawkaw
Hani Begho
Tain
Jema
Offuman
Buabeng-Fie
Monkey
Sanctuary
Abodom
Apenkro
Buoyem
549
Maaso
Tankor
Buabeng-Fien
Bodu
Wenchi
Kintampo Hills
Tanoboase
Pinehi
N
1 cm
7,5 km
© pmv PETER MEYER VERLAG
Techiman
Nkoranza
Akuma
Pru
Berekum
Nsuatre
Odumase
Sunyani
Chiraa
Akumadan
Tano
Afram
Duayaw-Nkwanta
735
Kwamisa
Abofoo
Bechem

BRONG-AHAFO: UR-LAND DER AKAN

Der Name Ahafo sagt schon etwas über das Gebiet aus: Auf Akan bedeutet dies »Jäger« und deutet auf die Tatsache hin, daß die Menschen hier früher nichts anderes taten, als das Großwild des Regenwaldes zu jagen. Heute wird nicht mehr so viel gejagt, und die dichten Wälder von Brong-Ahafo verbergen immer noch vieles, das sehenswert ist. Naturliebhaber, Angler, Bootsfahrer, Schwimmer, Kinder und Enkelkinder von Wandersleuten werden ihre helle Freude an Brong-Ahafo haben.

Ein wenig Hintergrundwissen

Ursprünglich ein Teil von Ashanti, wurde 1960 die Region *Brong-Ahafo* geschaffen, um die Verwaltung dieses Landesteils besser in den Griff zu bekommen. Brong-Ahafo ist mit 39.557 km² die zweitgrößte Region Ghanas. Im Westen, wo Brong-Ahafo an Côte d'Ivoire grenzt, besteht die Vegetation aus dichtem Regenwald. Hier befinden sich Ghanas größte Wälder voller Edelhölzer und unberührter Natur. Die nördlichen Gebiete markieren den allmählichen Übergang vom Wald in die Baumsavanne. Im Osten wird die Region vom mächtigen *Voltasee,* der hier seine breiteste Ausdehnung erreicht, begrenzt.

Mehrere Flüsse Ghanas fließen entweder durch die Region oder entspringen ihren regenreichen Wäldern, so etwa der *Tano,* einer der größten Flüsse, der in den Kintampo-Bergen seine Quelle hat und wie *River Bia* zur Küste abfließt, oder *River Pru,* der im Voltasee endet. Der *Black Volta* bildet auf über 200 km die Nordgrenze zu den Savannen, bevor er sich zum Voltasee verbreitert.

Brong-Ahafo wird von den **Akan-Völkern** als die Wiege ihrer Zivilisation angesehen. Fast alle Akan Stämme führen ihren Ursprung auf jene Zeiten zurück, in denen ihre Vorfahren von Kintampo und Techiman aus in ihre jetzigen Siedlungsgebiete kamen. Brong-Ahafo ist in der Tat das Gebiet, in dem Ghanas frühere Geschichte am ehesten erhellt wird. Hier konnte man bei archäologischen Forschungen in *Hani, Begho* und *Kintampo* spektakuläre Funde zu Tage fördern.

Die Mehrheitsbevölkerung der *Bono* und *Ahafo* sind Akan und unterhalten sehr enge Beziehungen zu den übrigen Ashanti, mit denen sie Kultur und Sprache teilen, wenn auch mit einem anderen Dialekt. In den Grenzgebieten zu

---

SEHENSWÜRDIGKEITEN IN BRONG-AHAFO AUF EINEN BLICK
Apenkro: Wasserfälle
Boabeng-Fiema: Affenreservat
Buoyem: Buoyem-Höhle & Wasserfälle
Goaso: Flußpferde im Tano
Yabraso: Fuller-Wasserfälle
Kintampo: Kintampo-Wasserfälle
Nchiraa: Chiridi-Wasserfälle
Tanoboase: Ursiedlung des Bono-Volkes, Fledermauskolonie
Bui: Bui-Nationalpark
Duasidan: Affenreservat
Interessante Märkte:
Atebubu: Di | **Berekum:** Mo, Do | **Hwediem:** Di | **Jema:** Di | **Kintampo:** Di | **Nkoranza:** Di | **Sunyani:** Mi, Fr | **Techiman:** Di – Fr | **Yeji:** Mo

Côte d'Ivoire leben kleine Minderheitsvölker wie die *Mo, Banda* und *Baulé,* die sehr enge Beziehungen zu Stämmen in Côte d'Ivoire unterhalten.

Brong-Ahafo ist ein Gebiet für intensive Landwirtschaft. Außer Holzverarbeitung gibt es fast keinen anderen Industriezweig in der Region.

SUNYANI, DIE HAUPTSTADT DER REGION

Die mit circa 60.000 Einwohnern größte Stadt ist Sunyani. Es handelt sich um eine relativ junge Stadt, die in den letzten fünfzig Jahren große Wachstumssprünge gemacht hat, als sie aufgrund ihrer günstigen Verkehrslage zur Hauptstadt der neugeschaffenen Region (1959) designiert wurde. Seit jeher war Sunyani der Ort, an dem sich die wichtigen Handelswege kreuzten: der Salzhandel zwischen den Gebieten nördlich des Volta und der Küste, das Gold aus den südlichen Regionen nach Norden und von Ost nach West querte die Handelsroute für Kola und andere Walderzeugnisse die Stadt.

Um 1900 lag der Marktflecken noch in einem großen Waldgebiet voller Elefanten, weshalb das Dorf zu einem regelrechten Marktplatz für Elefantenjäger und Händler wurde. Das Geschäft spiel-

---

FESTE IN BRONG-AHAFO

Apoo

Techiman, Wenchi, 1 Woche im Nov: Apoo ist ein religiöses Fest zur Selbstbesinnung. Der Name bedeutet Ablehnung, alles Böse wird zurückgewiesen. Jeder Tag der Festwoche ist für bestimmte Dinge reserviert. Der erste Tag dient der Selbstbesinnung, bei der die Reinheit der Seele und des Körpers im Mittelpunkt steht. Erst dann können die Götter um Verzeihung für die Verfehlungen des vergangenen Jahres gebeten werden. In jedem Haus wird ein reinigendes Kräuterbad genommen, wobei viel meditiert, wenig gegessen und gesprochen wird. Am sechsten Tag des Festes gibt es einen Umzug, bei dem – ungefähr wie beim Karneval – Kritik und Unmut über Ereignisse oder Personen ausgesprochen werden darf. Niemand wird ausgespart, nicht einmal der örtliche Chief.

Kwafie

Dormaa-Ahenkro, Berekum und Nsuatre, Nov/Dez: Es ist ein Fest der Vereinigung mit religiösem Charakter. Sehr untypisch ist, daß die Bevölkerung zur Erinnerung an die Ahnen zum Meditieren aufgefordert wird! Der Höhepunkt der Feierlichkeiten ist das Anzünden des großen Feuers vor dem Palast – in Anlehnung an die Legende, die besagt, daß das Volk der Dormaa das Feuer nach Ghana brachte. Zum Abschluß findet ein *Durbar* statt, wenn alle Honoratioren des Gebietes dem örtlichen König ihren Treueschwur abgeben. Trommelmusik und Tanz fehlen nicht.

Atebubu: *Foyawo*, Ahnenfest, Okt

Badu: *Fordjour*, Reinigungsfest, 1. Do im Aug

Hwediem: *Adikanfo*, Ahnenfest, Sep

Mannase: *Donkyi*, Erntedankfest, Mai

Nkoranza: *Munufie*, Reinigungsfest, Sep

Prang: *Nkyifie*, Reinigungsfest, Sep

te sich zwischen den einheimischen Jägern, die Elefanten zwecks Broterwerbs jagten, und den ebenfalls berufsmäßigen Fleischkäufern, die sich regelmäßig an diesem Ort trafen. Die Fleischhändler brachten den Jägern Kolanüsse und erhielten dafür Elefantenfleisch, Häute und Elfenbein, die sie an der Küste gewinnbringend u.a. an die Europäer verkaufen konnten. *Asono-nwae* hieß die Stadt ursprünglich im *Akan*, was ungefähr »Elefantenschlachtplatz« bedeutet.

Sobald das Geschäft mit dem Elfenbein – wegen Mangels an Elefanten – nachließ, gingen die Bauern dazu über, Kakaoplantagen anzulegen, was damals eine weise Entscheidung war, denn Kakao erfuhr bald einen guten Absatz auf den Weltmärkten. Die Bauern wurden reich und das Städtchen Sunyani wuchs heran.

Heute ist Sunyani eine großzügig angelegte Stadt mit einer entspannten Atmosphäre. Mit Ausnahme von einigen Sägewerken gibt es kaum Industrie in der Stadt, deren Struktur weiterhin von der Landwirtschaft geprägt ist. Sunyani empfiehlt sich als Hauptstützpunkt für interessante Ausflüge in die Region.

Verbindungen

Nach Accra sind es genau 400 km. Die beiden Hauptstraßen nach Sunyani sind asphaltiert: die Kumasi – Sunyani-Strecke ist in sehr gutem Zustand, die Route über Techiman wurde repariert und ist ebenfalls in gutem Zustand.

Bus: Alle Wege von Süden nach Sunyani führen über Kumasi. Von dort sind es über *Bechem* und *Duayaw-Nkwanta* 130 km auf gut ausgebauter Straße; eine andere Möglichkeit besteht von Norden über *Techiman*. Die Intercity-STC hat ihre Dienste von Kumasi nach Sunyani eingestellt, zur Zeit fahren Sunyani-Passagiere mit dem 1 x täglich verkehrenden STC-Bus Richtung Dormaa-Ahenkro.

Minibusse fahren ab Sunyani in alle Richtungen.

Flug: Sunyani besitzt einen kleinen Flugplatz, der gelegentlich angeflogen wird.

Unterkunft & Essen

▲ *Eusbett Hotel,* 3✶, South Ridge, Fiapre Road, P.O. Box 1167, ✆ 27116 oder 24393, eusbett@gh.com, das beste Haus der Stadt, wenn nicht der Region, hat 25 komfortable Zimmer, sehr gutes Restaurant, Boutique. Je nach Ausstattung und Größe des Zimmers 33 – 66 €.

▲ *Regent Resorts Hotel,* 2✶, ✆ 23018 bzw. 27355, weitläufige Anlage zwischen Abesim (2 km) und Sunyani (4 km), viele Sammeltaxis. Dieses Haus für gehobene Ansprüche wird von Ghanaern mit Deutschland-Erfahrung geführt. Die 28 sehr gut eingerichteten DZ lassen keine Wünsche offen. Gutes Restaurant und Terrassenbar. Ein idealer Ort zum Entspannen. EZ/DZ mit AC, TV und Minibar 19 – 35 €.

▲ *South Ridge Hotel,* 1✶, Fiapre Road, ✆ 22253, etwas außerhalb der Stadt gelegen, hat sich auf 28 Zimmer erweitert und ist seit 2001 immer noch eine Baustelle. Sehr günstige, große DZ mit AC, 19 – 28 €. Gutes Restaurant vorhanden. Viele Sammeltaxis zwischen Fiapre und Sunyani fahren ständig vorbei.

▲ *Tropical Hotel,* 1✶, Kumasi Road, P.O. Box 507, ✆ 27199, Fax 7179, hat ziemlich nachgelassen, aber die 30 Zimmer sind alle sauber, haben AC und meistens TV. EZ und DZ 7 – 10 €, Suite 25 €. Keine Gastronomie mehr, aber in der unmittelbaren Umgebung sind drei Restaurants.

- ↑ ⊠ 🛏 **Point 4,** New Town Road, Low-Budget-Hotel mit großem Garten. 6 € für EZ mit Ventilator und Gemeinschafts-WC/Dusche, 9 € für EZ mit WC/Dusche, DZ mit AC, TV, WC/Dusche für 22 €.
- ↑ 🛏 **Catering Rest House,** ℡ 27280, etwas außerhalb an der Airport Road. Das Haus hat viel von seinem früheren Glanz verloren. Große Zimmer mit AC und TV, mit 12 € preiswert. Das Restaurant wurde geschlossen. Gelegentlich wird das Gelände für heiße Reggae-Partys benutzt, wenn möglich, sollte man woanders schlafen.
- ↑ **Tata Hotel,** Hauptstraße nach Techiman, P.O. Box 487, ℡ 27511, hat ziemlich nachgelassen; Frühstück auf Anfrage; bescheidene, aber saubere Zimmer für 5 – 8 € mit Gemeinschafts-WC und -Duschen.

Restaurants & Ausgehen

- *Georgina*, Fiapre Road, ✆ 2711, im Erdgeschoß des Eusbett Hotels, bietet ghanaische, chinesische und europäische Gerichte in nettem Ambiente für 4 – 8 €.
- *Jacosta*, Off Kumasi Road, ✆ 27289, eine große, luftige Halle mit vielen Tischen und surrenden Ventilatoren. Hier bekommt man gutes ghanaisches Essen für wenig Geld; kühle Getränke und laute Musik gibt's auch immer.
- *Sophisticat*, etwas außerhalb des Zentrums und nahe des Police Headquarters, hat gutes ghanaisch-internationales Essen zu gehobenen Preisen.
- *Mandela*, ✆ 23063, liegt linker Hand der Abesim Road ab, stadtauswärts kurz vor der STC-Station; wird generell als das beste Restaurant der Stadt angesehen. Die Menükarte ist umfangreich, man hat eine große Auswahl.
- *Sanbra Spot*, Abesim Road, ✆ 236-03, linker Hand unmittelbar vor der STC-Station. Hat eine große Bar, Dauerlautmusik und preiswertes ghanaisches Essen. Zudem Tanzmöglichkeiten; täglich bis mindestens 24 Uhr geöffnet.
- *Tyco*, Hauptstraße nach Abesim, ✆ 23540, hinter der Polizeisperre; nagelneues Haus mit Tankstelle, Restaurant und Fast-Food.
- *Silver House*, Nyamaa Street, ✆ 25533, ghanaische Gerichte, hat viele Sitzgelegenheiten auf einer großen, luftigen Terrasse. Sehr angenehm am Abend, allerdings sehr viele Moskitos.
- *Mariott Niteclub* wurde mir von Lesern als Tanzlokal am Fr und Sa empfohlen, aber es gab unterschiedliche Angaben über den Standort. Fragen Sie in Sunyani danach.
- *Sika Disco*, Kumasi Road, ist immer noch aktiv und gutbesucht, besonders an Wochenenden, wenn der Highlife regiert.

Weitere Informationen

Telefonvorwahl: 061.

Geldwechsel: *Ghana Commercial Bank* im Zentrum, Wechselstube gegenüber dem Markt.

Krankenhaus: *Regional Hospital*, außerhalb auf der Straße nach Techiman, ✆ 27256. Für schwierige Fälle.

District Hospital, Bosumtwi/Littlewood Street, fast gegenüber der Car Station; für schnelle Hilfe.

Einkaufen: Im Erdgeschoß des Cocobod-Gebäudes gibt es einen *Supermarkt*, der Importware für den täglichen Bedarf führt.

Die Kakaostadt Berekum

Kaum 2000 Einwohner stark in den dreißiger Jahren des 20. Jahrhunderts, profitierte dieses hübsche Städtchen vom damaligen Kakao-Boom. Beinahe wäre Berekum die regionale Hauptstadt geworden, nur ihre entlegene Position im fernen Westen des Landes erwies sich als ungünstig. Heute ist Berekum nur für die Kakaobauern in der unmittelbaren Umgebung wichtig. Vor ein paar Jahren sah Berekum mehr Touristen als heute, denn alle Reisenden aus Côte d'Ivoire mußten auf ihrem Weg nach Kumasi oder Accra durch die Stadt. Doch mittlerweile fahren die meisten auf der kürzeren Küstenstrecke über Elubo; lediglich die Stoffhändler und Devisenschmuggler pendeln noch über die Strecke bis zur Grenze.

Verbindung & Unterkunft

Berekum liegt 46 km nordwestlich von Sunyani, 36 km von Dormaa-Ahenkro, 94 km von Techiman und 90 km von Wenchi entfernt. Weil die meisten Reisenden lediglich durchfahren und sehr wenige Touristen Berekum als Endziel ansteuern, sind die **Übernachtungsmöglichkeiten** hier ziemlich begrenzt, obwohl Berekum gar nicht so klein ist. Es gibt einige kleine Hotels in der Stadt. Fragen Sie nach *Adjei Hotel, Asiedu Memorial Hotel, Damoah, Do Good, Nyame Hotel.* Sie sind alle fast gleich gut und nicht sehr teuer.

- *Continental Hotel,* ✆ 0642/22040, 16 bescheidene Zimmer mit Ventilator zu 3 – 5 €, Essen auf Anfrage. Für eine Nacht reicht es.

Krankenhaus: *Holy Family Hospital,* ✆ 0642/22034.

Dormaa-Ahenkro

Die Hauptstraße führt von Sunyani über Berekum schnurstracks nach Dormaa-Ahenkro (80 km), einem Örtchen mitten im Regenwald an der Grenze zu Côte d'Ivoire. Es war einmal viel mehr los hier, nun »sprudeln« die Menschenströme nicht mehr wie früher über die Grenze. Der Grenzposten in Dormaa-Ahenkro ist nur noch für den »kleinen Grenzverkehr« zwischen den beiden Völkern, die eng miteinander verwandt sind, wichtig.

Die eigentliche Grenze liegt noch 7 km weiter westlich von Dormaa-Ahenkro in *Badukrom* bzw. *Gonnokrom.* Sehr wenige Autos fahren über diese Grenze zu Zielen in Côte d'Ivoire. Normalerweise ist ein Umsteigen in einer der beiden Grenzstädte notwendig, wobei Gonnokrom besser für den Grenzübertritt per Auto geeignet ist. Gäste mit etwas Zeit sollten Badukrom besuchen, da das Städtchen eine Kuriosität ist. Die Hälfte davon ist ghanaisch und die andere Hälfte ivorisch, Grenzmarkierungen sind jedoch nicht vorhanden. Man geht einfach zu Fuß durch den Ort und begegnet zwei verschieden Welten.

✳ Tip: Die Affen von Duasidan

Falls Sie sich in Grenznähe befinden, sollten Sie einen Ausflug nach *Duasidan* machen. Das Dorfgebiet unweit Dormaa-Ahenkros wurde Anfang 2008 offiziell zum **Schutzreservat für Affen** erklärt und ist mit 22 ha das zweite der Region. Ähnlich wie in ↗ *Buabeng-Fiema* sind die Tiere hier für die Dorfbewohner seit Urzeiten heilig und damit unantastbar. Das Reservat existiert in diesem Sinne schon seit über 120 Jahren und wird von mehr als 1000 *Colobus-, Diana-* und *Mangabeyaffen* bevölkert.

Eintritt: 3 €, Studenten 2,50 €, Kinder 1,50 €. Für alle Fragen ist das District Assembly in Dormaa-Ahenkro, P.O. Box 63, ✆ 0648/22140, zuständig. Dort werden auch Privatunterkünfte in vier Gemeinden der Gegend vermittelt.

🚶 Die Flußpferde vom Tano

Empfehlenswert ist eine **Wanderung** entlang dem **Tano**, der in einem 33 km langen Abschnitt zwischen *Asuhyiae* und *Sienchem* (bei Goaso) einige seltene **Flußpferde**, *hippopotamus amphibius,* beherbergt. Es soll die einzige bekannte Art sein, die in einem Waldhabitat lebt. Flußpferde gehören zu den gefährdeten Tierarten; speziell in Westafrika leben die Populationen so verstreut, daß sich die Bestände kaum vergrößern können. Flußpferde verbringen den größten Teil des Tages dösend im Wasser und kommen nur nachts zum Weiden aus den Flußauen heraus. Eine Begegnung mit den tonnenschweren Urviechern ist eher unwahrscheinlich, aber wer weiß …

Im gleichen Gebiet gibt es auch hervorragende Möglichkeiten zum Angeln, der Tano ist an dieser Stelle unter den

Einheimischen berühmt für seine Katzenfische, Welse und Tilapias.

Die Umweltorganisation *Green Shepherd Ghana,* www.greenshepherd-ghana.org, ist hier in Sachen Umweltaufklärung und in der Finanzierung von Öko-Projekten aktiv.

* **Tip:** Da das Gebiet kein geschütztes Reservat ist, werden keine geführten Touren angeboten. Wer Begleitung braucht, wendet sich an die Asunafo North District Assembly, P.O. Box 1, Guaso, ✆ 051/30044.

Lust auf ein (vielleicht) kühles Guinness?

Unterkunft & Infos

Verbindungen: Von Kumasi fahren Intercity-STC-Busse nach Dormaa-Ahenkro.

Krankenhaus: Presbytarian Hospital, ✆ 0648/22132.

Geld: Es gibt mehrere Wechselstuben hier.

* *Tamea Guesthouse* im Zentrum, saubere, teilweise klimatisierte Zimmer mit TV, Kühlschrank und Dusche; EZ 8, DZ 10 €.
* *Dormaa Hotel,* an der Hauptstraße, ✆ 0648/22131, relativ groß mit 32 Zimmern, teils mit AC und teils mit Ventilator; EZ 3, DZ 6 €.

In Gonnokrom, direkt an der Grenze:

* *Hotel de Corridor,* 16-Zimmer-Haus mit Essen auf Anfrage.
* *Hotel de Maxy,* 21 einfache Zimmer, Bar und Essen auf Anfrage. In beiden Fällen sind die Zimmer für 4 – 7 € zu haben.

In Goaso:

Internet: In Goaso betreibt Green Shepherd Ghana, Goaso-Kukuom-Road, P.O. Box 149, Goaso, ✆ 024/5915914, das einzige Internetcafé mit schnellen Rechnern weit und breit.

Krankenhaus: District Hospital, ✆ 0243/364153.

Mim, die Holz-Stadt

Der einzige industrielle Komplex in der ganzen Region ist in Mim angesiedelt, 60 km Luftlinie südwestlich von Sunyani. Diese Kleinstadt mit circa 6000 Einwohnern ist eins der wichtigsten Zentren der Holzindustrie in ganz Ghana. Mim ist eine Reise wert, nicht des Holzes wegen, sondern wegen der Freizeiteinrichtungen, die für die rund 2000 Arbeiter vor Ort geschaffen wurden. Zum Beispiel besitzt Mim einen *Swimmingpool,* der in einer Region ohne Meer von unschätzbarem Wert ist, Golf, Fußball, Volleyball und Basketball sind dort gleichfalls möglich. Also warum nicht einen Besuch des nahen Regenwaldes mit einem erholsamen Bad und kühlen Bier im firmeneigenen Restaurant verbinden? Bei Interesse kann man nach vorheriger Anmeldung mit bereits erteilter Zusage eine Führung durch das Sägewerk mitmachen.

Info: Interessenten für eine Sägewerk-Führung fragen das Ghana Tourist Board in Accra, Kumasi oder Sunyani.

Verbindung: Nach Mim fahren täglich mehrere Minibusse ab Sunyani oder Techiman, die Straße (80 km) ist in üblem Zustand.

- *Great Boffah Hotel,* ✆ 061/27146, P.O. Box 61; Low-Budget-Haus mit 8 DZ 5 – 8 €; Essen auf Anfrage.
- *Mim Lily Guesthouse,* P.O. Box 70, ✆ 265-41, und
- *Strand Palace,* P.O. Box 61, ✆ 27146, zwei Low-Budget-Hotels, annehmbare Zimmer mit Gemeinschafts-WC unter 10 €.

DIE REGION IM NORDEN

Nach knappen 120 km von Kumasi auf der Straße nach Tamale Richtung Norden erreicht man Techiman, ein wichtiger Handelsort mit günstigen Verbindungen in alle Teile der Region. Ab hier teilt sich die Straße nach Sunyani (60 km) einerseits und nach Tamale (280 km) andererseits. Die Lage und die relativ vielen Hotels der Stadt machen Techiman sehr attraktiv als Basisstation für Ausflüge zu den Sehenswürdigkeiten und Naturparks im Norden Brong-Ahafos.

Techiman, Wiege der Akan

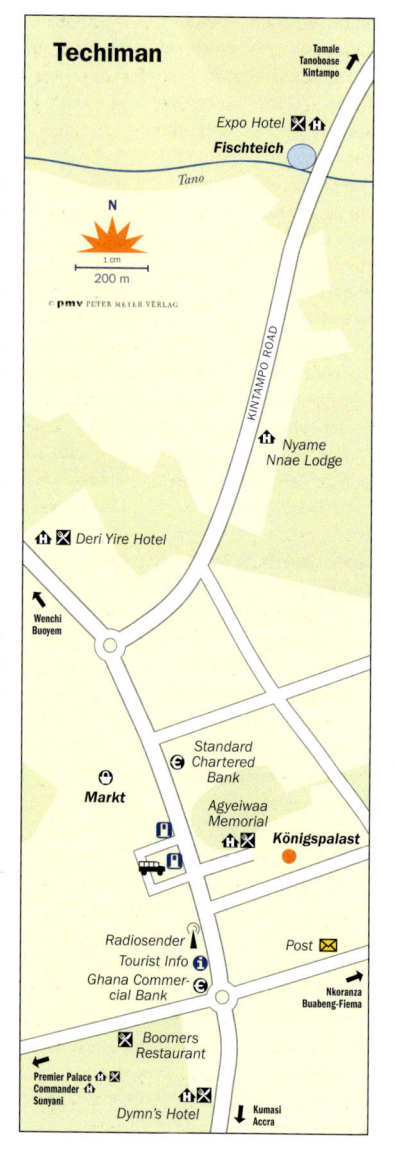

Techiman (12.000 Ew.) besitzt den **größten Wochenmarkt** Ghanas. Er dauert von Dienstag bis Freitag und wird von Händlern aus allen Teilen des Landes und zum Teil aus den benachbarten Ländern besucht. Dies ist der Hauptumschlagplatz für Getreide, Yamswurzeln und Früchte aller Art, für Tonwaren und Textilien. Höhepunkt ist der Freitag, wenn überall Wochenendstimmung herrscht.

Obwohl wenig darauf hinweist, ist Techiman eine für die Akan-Geschichte sehr wichtige Stadt. Wenn man der Legende glauben darf, ist sie die Wiege der Akan. Hier sollen sie in grauer Vorzeit die ersten Siedlungen errichtet haben. Im **Königspalast von Techiman** sollen sich noch konkrete Hinweise darauf befinden. Der *Tano*, der durch Techiman fließt, ist die größte Gottheit der Akan und wird glühend verehrt. Um diesen Fluß ranken sich viele Geschichten und Legenden. Zum Beispiel sollen Riesenfische durch den Tano schwimmen, die Goldkronen auf dem Kopf tragen!

Aber auch andere Lebewesen stehen unter dem Schutz des Tano. So tummeln sich unter einer unscheinbaren Brücke auf der Tamale Road am nördlichen Stadtrand armdicke **Welse** in einem Nebenarm des Tano. Die Fische gelten als heilig, sind strengstens unter Schutz gestellt und dürfen lediglich mit Brot gefüttert werden.

Unterkunft & Essen

- *Premier Palace Hotel,* 2✱, P.O. Box 293 Sunyani Road, ✆ 0653/22329, zur Zeit das beste Hotel der Stadt; Zimmer mit AC 18 – 40 €, ohne 10 – 15 €.
- *Dymns Hotel,* 1✱, ✆ 0653/2112, P.O. Box 206, Kumasi – Tamale-Road. 29 DZ mit AC, TV, Telefon, 9 – 30 €. Großzügiger Garten und Swimmingpool.
- *Agyeiwaa Memorial Hotel,* 1✱, gegenüber dem Car Park im Ortszentrum, P.O. Box 35, ✆ 0653/16; 28 saubere Zimmer, freundliche Bedienung, Restaurant mit ghanaischer Küche. EZ 8 €, DZ mit Ventilator 9 €, mit AC und großen Betten bis 12 €. Großer Garten.
- *Nyame Nnae Lodge,* Kintampo Road, P.O. Box 89; 6 Zimmer, EZ 5, DZ 10 €; Essen auf Anfrage.
- *Commander Hotel,* ✆ 22360; liegt auf der Sunyani Road, ungefähr 1,5 km außerhalb der Stadt. Die großen Zimmer mit Ventilator kosten 10 €.
- *Dery Yire Hotel,* 1✱, P.O. Box 497, ✆ 22706, am Stadtrand, auf der Straße nach Wenchi, ist eine gute Alternative zu den anderen billigen Unterkünften. Die Zimmer mit und ohne AC kosten 8 – 16 €.
- *Expo Hotel,* 1✱, ebenfalls am Stadtrand, diesmal an der Ausfallstraße nach Tamale, hat schöne Zimmer für Ruhesuchende, 10 – 35 €.

Weitere Informationen

Wer Straßenkost vermeiden will, muß sich mit dem Essen in den Hotelrestaurants zufrieden geben. Es gibt nur eine Alternative:

- *Boomers Restaurant,* Sunyani Road, aber noch in der Stadt. Hier sind ghanaische sowie europäische Gerichte im Angebot. Für 1,50 – 4 € ißt man ordentlich.
- *Techiman Tourist Centre,* zwischen Ghana Commercial Bank und Classic FM (großer Sendemast), ✆ 020/8160751.

Krankenhaus: *Holy Family Hospital,* Kintampo Road, ✆ 0653/22031.

Ausflüge von Techiman
Tanoboase, der Heilige Hain und die Tano-Grotte

Der allererste Ausflug dürfte zum heiligen Hain von Tanoboase, der Wohnstätte der mächtigsten Gottheit der Akan,

Taa-Kora, führen. Dieser Ort ist gleichzeitig eine frühe Siedlungsstätte des Bono-Volkes. Hier in das schwierige Terrain voller bizarrer Steinformationen zog sich die Führung der Bono in Krisenzeiten zurück, um Attacken auszuweichen. **Tanoboase,** nur 13 km nördlich von Techiman, liegt direkt an der Hauptstraße nach Kintampo und ist nicht zu verfehlen. In der Ortsmitte weist ein großes Schild auf das *Besucherzentrum* hin. Von dort aus starten die Touren. Noch sind es rund 2 km bis zum Hügel, diese werden im Taxi oder Pkw überbrückt. Angekommen, beginnt ein Führer mit einer sehr interessanten, anderthalbstündigen Tour durch das steinige Gelände. Zu sehen sind die Versammlungsorte, Wohnstätten, Opferstellen, Kriegsschauplätze und andere Bezirke des heiligen Hains. Man bekommt hier die einmalige Chance, Geschichte und viele Einblicke in das frühe Leben der Menschen zu erfahren. Der Hain eignet sich auch für Tageswanderungen durch die Steinstadt oder für Kletterpartien.

Ebenfalls in dieser Umgebung befindet sich die **Quelle des Tano,** deren Grotte man auf der obigen Tour allerdings nicht sehen darf. Nur mit einer Sondergenehmigung wird die Quellgegend betreten, da sie zu den heiligsten Kultstätten der Akan gehört. Besucher, die hierher gelangen, müssen eine Flasche Schnaps für das traditionelle Gebet im Gepäck haben und ein Geldopfer machen; das Besucherzentrum in Tanoboase vermittelt.

Anfahrt: Eine dreistündige Tour per Taxi von Techiman und zurück sollte 20 € nicht überschreiten. Gutes Schuhwerk, Verpflegung und zu trinken nicht vergessen.

Kletterpartie: Wie ein steinernes Walroß liegen die Felsen von Tanoboase in der Landschaft

Eintritt: Ausländer 4 €, Gruppenmitglieder, Entwicklungshelfer und Studenten 3 €, Kinder 2 €; jede geführte Stunde 1,50 €. Ghanaer 1,80 €, Studenten 1 €, Kinder 0,50 €. Infos beim Tourist Centre.

Die Fledermaus-Höhlen von Buoyem

Wer Zeit hat, sollte einen Ganztagsausflug nach Buoyem machen, einem kleinen Dorf in pittoresker Umgebung. Dort, rund 10 km nordwestlich von Techiman, betreiben die Einheimischen in Selbstverwaltung ein Öko-Projekt. Sie bieten drei von Rangern geführte Touren an:

Die *leichteste Tour* dauert rund 40 Minuten und führt etwas steil hinauf zum unspektakulären, aber romantischen **Bibiri-Wasserfall**, der in der Trockenzeit öfters versiegt.

Die zweite Tour ist eine etwa 2-stündige Wanderung durch die schöne, bergige Umgebung, gespickt mit vielen **Höhlen.** Diese dienten einst in Kriegszeiten als Verstecke für die Dörfler. Mittlerweile bevölkern sie große Kolonien von Flughunden (Fruchtfresser)

Die dritte Tour sollte als **Ganztagstour** betrachtet und entsprechend vorbereitet werden. Sie ist circa 12 km lang, dauert 5 bis 6 Stunden. Nach Stationen am Wasserfall und in den Höhlen geht es tief durch den Regenwald.

Preise: Geführte Tour ca. 1,50 € pro Person und Stunde, die Dauer bestimmt der Gast.

Anfahrt: Von der zentralen Taxi-Station in Techiman fahren tagsüber Sammeltaxis für 1 € pro Person, Tro-Tros für 0,25 €.

Kontakt: *Buoyem Caves and Bat Colony*, P.O. Box 119, Techiman. Wenn man sich ankündigt, bereiten sich die örtlichen Ranger besser auf die Touristen vor.

Gästehaus mit 3 einfachen Fremdenzimmern, Patio und Gemeinschafts-WC/Duschen, EZ/DZ 3 €. Gäste können sich selbst versorgen oder Essen (1 Gericht 2 €) beim Caretaker bestellen.

Apenkro-Wasserfall

Obwohl längst unter den Einheimischen bekannt, wurde der Apenkro-Wasserfall erst jüngst »entdeckt«. Der Fluß, der den Wasserfall bildet, fließt sanft über eine Reihe relativ hoher Kaskaden und formt danach einen erfrischenden Pool, der zum Baden einlädt. Die Ortschaft Apenkro liegt rund 24 km westlich von Techiman an der Straße von Wenchi nach Offuman. Zum Wasserfall selbst muß man noch eine Stunde laufen. Das Waldgebiet ist ideal für Wanderungen in einer von Menschen wenig berührten Gegend.

Anfahrt: Nach Apenkro fährt ein Tro-Tro nur zweimal pro Tag, 0,30 €. Bereits bei der Hinfahrt sollte man sich beim Fahrer nach der Rückkehrmöglichkeit erkundigen.

Wenchi: Ausgangspunkt für Hobby-Archäologen

Ungefähr 12.000 Menschen wohnen in Wenchi, vor allem Bauern und Kleinhändler. Nach Wenchi, 152 km nordöstlich von Kumasi, kommen meistens **Archäologen**, die in der Umgebung arbeiten. Sie benutzen das kleine *Resthouse* des Ortes als Stützpunkt in einem Gebiet, in welchem die Infrastruktur recht dürftig ist. Wer nichts zu graben hat, kann einige der Ausgrabungsstätten besuchen.

Typische **Souvenirs** aus der Region sind Töpfer- und Korbwaren sowie Schnitzarbeiten wie Stühle, Puppen und Wandtafeln.

Praktische Informationen

Verbindung: Von Techiman und Sunyani (jeweils ca. 40 km) verkehren täglich viele Taxis und Tro-Tros zwischen diesen Städten. Die Straße ist im passablen Zustand. Die einstündige Fahrt im Linientaxi kostet 1,60 €.

Krankenhaus: *Methodist Hospital*, ℡ 0652/44447.

Zu den archäologischen Fundstätten Hani und Begho

Von Wenchi führt der Weg 65 km weit über eine teilweise schwierige Schotterpiste nach Westen Richtung *Sampa*, dicht an der ivorischen Grenze. In dieser Gegend wurden die ältesten Spuren menschlicher Siedlungen in Ghana gefunden. Die beiden Fundorte, *Hani* und *Begho*, gelten als die wichtigsten Beweise für die Annahme, daß das Siedlungsgebiet der ersten Akan-Einwanderer hier gelegen haben muß. Die vielen Höhlen in der Gegend scheinen die Legenden zu bestätigen, wonach die Ahnen der Akan aus dem Erdboden gekrochen sind.

Um mehr Licht in das undurchsichtige Kapitel der Ursprünge der Akan zu bekommen, hat die Archäologie-Abteilung der *University of Ghana* ihr Haupttätigkeitsfeld auf dieses Gebiet konzentriert und Begho und Hani zum Zentrum ihrer Aktivitäten gemacht. Die *School of Archaeology* der Universität in Accra unterhält hier eine kleine Außenstelle. Einige Fundgegenstände aus den sagenumwobenen Höhlen kann man im *National Museum* in Accra sehen.

Auf dem Rückweg nach Wenchi kann man einen Abstecher nach **Kokoaa** machen. Zunächst auf die Hauptstraße zurück und in Richtung *Dadieso* fahren. Die Abbiegung nach Kokoaa ist nach circa fünf Minuten erreicht. Sie liegt rechter Hand und ist beschildert. In dem kleinen Dorf, 10 km vor *Sampa* (dort eine Übernachtungsmöglichkeit), gibt es hervorragende Töpfer. Am besten eignet sich der Donnerstag, dann ist hier Markttag.

- *Baah Hotel*, ℡ 0652/22690, an der Straße nach Wa, freundlicher Empfang, aber sehr einfache Zimmer zu 3 – 6 €.
- *Pony Hotel*, ℡ 0652/22343, etwas besser, liegt an der Straße nach Kumasi, bietet akzeptable Zimmer für 4 – 8 €.

Für Tierfreunde: Bui-Nationalpark

Bui ist ein abgelegenes, nicht leicht zu erreichendes Natur- und Tierschutzgebiet, ↗ Natur & Naturparks. Von **Wenchi** aus ist das Gelände über *Nsawkaw* per Kleinbus zu erreichen. Bis Nsawkaw ist die Straße bereits geteert, man redet von einem baldigen Ausbau der gesamten Strecke bis zur Grenze bei Sampa. Bis zum **Bui-Camp**, wo die Parkverwaltung sitzt, existiert lediglich 1 x täglich eine Verbindung. Mindestens eine Übernachtung ist daher unvermeidlich. Da keine Brücke über den *Black Volta* führt, kommt die Strecke über *Bamboi* bzw. *Banda Nkwanta* nicht in Frage. Ursprünglich von und für russische Staudammingenieure in den 60ern gebaut, ist die gesamte Anlage in die Jahre gekommen und verfällt zusehends. Bui wird daher nur Hartgesottenen empfohlen.

Anfahrt: Ein Tro-Tro täglich gegen 5.30 Uhr von Wenchi nach Bui (85 km, etwa 3 Std. Fahrtzeit), zurück zwischen 10 und 12 Uhr. Wer gut zu Fuß ist, kann das Tro-Tro nach Banda nehmen und ab da 8 km laufen.

Niemals nach Nsawkaw oder Menji fahren in der Hoffnung auf eine Weiterfahrt. Gibt es nicht!

Achtung: Aufgrund der Bauarbeiten für das Stauseeprojekt wird dieser Nationalpark bald ein anderes Gesicht bekommen. Welches ist zur Zeit unbekannt.

🔺 ⛺ Die *Parkverwaltung* sowie ein *Campingplatz* mit einer Hütte für 20 Personen liegen 4 km nordwestlich vom eigentlichen Park entfernt. Besucher müssen diese entweder zu Fuß gehen oder eventuell im Dorf einen Kanufahrer finden, der sie hinbringt.

Kanufahrt: Alternativ wird man nach Vereinbarung morgens von einem Parkführer vom Camp abgeholt und läuft, da keine Fahrzeuge zur Verfügung stehen, bis zum Dorf (nicht unter 1 Stunde), von wo die Kanutouren starten. Alle, die dort waren, bestätigen, daß die Fahrt auf dem Fluß sehr interessant ist. Bisher gibt es fast eine Garantie, Flußpferde zu sehen. Doch die werden dem Stausee wohl weichen müssen.

Ausrüstung: Alles Notwendige mitnehmen, es gibt keine Verpflegungsmöglichkeit!

Auskunft: ↗ Natur & Naturparks, ■ 16.

Zu den frechen Affen von Buabeng-Fiema

Im Kapitel über ↗ Nationalparks wurde der Besuch dieses interessanten Affenreservates bereits empfohlen, denn hier gehen Religiosität, Tierschutz und Alltag eine bemerkenswerte Symbiose ein. Aufgrund eines religiösen Tabus, das nur in den Dörfern **Buabeng** und **Fiema** besteht, wurden die *Mona-Meerkatzen* und die *Weißbart-Stummelaffen* (englisch: *Black and White Colobus*) nie gejagt oder verfolgt. Als die traditionellen Werte durch den Einfluß des Christentums ins Wanken gerieten, holten sich die Dorf-

An mir kommt keiner vorbei: Weißbart-Stummelaffe beansprucht den Weg für sich

bewohner staatlichen Schutz für ihre Affen. Insbesondere der Weitsicht von *Opanin Akowuah* aus Buabeng ist es zu verdanken, daß nicht nur die Affen, sondern auch deren Lebensraum unter Schutz gestellt wurden. So ist das Reservat heute ein friedliches Inselchen im grünen Regenwald, der sonst wirtschaftlich genutzt wird.

Die Affen, die im Rudel auf Beutezug gehen, sind am besten in **Buabeng** zu beobachten, wo auch die Wildhüter stationiert sind. Wer sich auf ghanaischen Dorfstandard einlassen kann, sollte in der Umgebung (zum Beispiel bei Familie *Akowuah*) mindestens eine Nacht verbringen, denn die Affen sind in den frühen Morgen- und späten Abendstunden am aktivsten und am besten zu beobachten. Die Wildhüter und Dorfbewohner nehmen Besucher mit großer Gastfreundschaft auf.

In **Fiema** können Sie den Ortskönig, den *Chief*, besuchen. Er ist außerdem Priester der Gottheit *Abodwo*, der die Affen beschützt. Gegen einen Obolus zeigt er den Schrein mit dem Wohnsitz der Gottheit. Jeden zweiten Mittwoch wird eine kleine Opferzeremonie im Wald abgehalten, der Besucher nach Absprache sogar beiwohnen dürfen.

☀ **Tip:** Nach rechtzeitiger Anmeldung im Besucherzentrum kann man in Begleitung des Fetisch-Priesters von *Pinehi* einen Teil eines **Höhlensystems besichtigen,** durch das, laut Legende, die ersten Ahnen auf die Erde kamen. Die vorherige Zeremonie bedingt eine Flasche Schnaps und einen Obolus.

Eintritt: Unbedingt im Besucherzentrum an der Straßengabelung anmelden. Ausländer 4 €, Gruppenmitglieder, Entwicklungshelfer und Studenten 3 €, Kinder 2 €; jede geführte Stunde 1,50 €. Ghanaer 1,80 €, Studenten 1 €, Kinder 0,50 €.

❶ *Techiman Tourist Centre* oder beim *Department of Game & Wildlife* in Accra.
↗ Natur & Naturparks, ♦ **17.**

Verbindung & Unterkunft

Da Buabeng-Fiema zwischen Techiman und Kintampo liegt, hat man zwei Möglichkeiten, anzureisen. Von beiden Richtungen aus kann man natürlich auch mit dem Taxi direkt hinfahren (bilden Sie eine Gruppe!); in der Regenzeit ist die Strecke beschwerlich.

Von Techiman nach *Nkoranza* auf einer guten Straße, von dort dann mit dem Taxi oder Tro-Tro noch circa 20 km über *Tankor* auf einer ungeteerten Piste Richtung Norden direkt ins Reservat.

Taxi: Ab Techiman hin und zurück mit 2-Std.-Tour circa 20 €. Techiman bis Nkoranza mit Taxi rund 5 €; Nkoranza bis Buabeng etwas über 15 € mit Mietaxi.

Von Kintampo aus mit dem Tro-Tro, am besten mittwochs, wenn Markttag ist, bis *Buabeng Junction* (30 km). Die restlichen 4 km muß man trampen oder laufen.

🛏 ⛺ *Resthouse,* neben dem Visitors' Centre, circa 1 km vor Buabeng. Hier kosten die bescheidenen, kargen Zimmer 5 €; Camper zahlen 1 €; Solarstrom gibt es, fließendes Wasser nicht, Essen auf Anfrage.

🛏 🍴 *D.K. Damoah Hotel,* das etwas bessere Angebot liegt in *Tankor,* rund 9 km vom Reservat entfernt, dort wo die Straße nach Buabeng-Fiema abzweigt. Hier stehen 6 große Zimmer (4 – 7 €) plus Restaurant (lange vorbestellen) zur Verfügung.

🍽 Vor Ort ist eine Bar mit den üblichen Drinks und Knabbereien vorhanden. Ansonsten Picknick einpacken! Besucher, die bleiben wollen, sollten Konserven und Früchte zum

Kochen mitbringen. Wegen der Affen ist keine Landwirtschaft in der Umgebung möglich.

Kintampo & Umgebung

Mit rund 5000 Einwohnern ist Kintampo der größte Ort zwischen Techiman und Tamale – und eine Hochburg der Archäologie. In den umliegenden *Boyase Hills,* die Teil der Kintampo Hills sind, wurden viele Ausgrabungen gemacht, die zur Entdeckung einer prähistorischen Kultur führten. Die Funde stammen zum Teil aus **Wohnhöhlen** und gehen auf die Zeit bis 1500 v.Chr. zurück, genau wie die Funde von ↗ *Begho* und *Hani,* von *Ntserso* nahe Yapei und *Chukoto* im heutigen Togo – für Archäologen alles keine unbekannten Namen. Anläßlich der Panafrikanischen Konferenz über die Prähistorie in Kinshasa/DRK 1959 bestätigte der britische Forscher *Norman Davies* die Bedeutung der ausgegrabenen Funde. Entdeckte Gegenstände waren Steinwerkzeuge, verzierte Tontöpfe und -scherben, Bohnen, Knochen von Haustieren usw. Damit konnte bewiesen werden, daß es sich um seßhafte Menschen handelte, die teilweise mit Haken im Volta-Fluß fischten, und schon vor den Einflüssen aus dem Norden und Süden eine eigenständige Zivilisation entwickelt hatten, die – wie man von Funden aus *Buipe* weiß – sogar Eisen kannte.

Das **Städtchen** hat ansonsten seine Stellung als strategischer Umschlagplatz für Agrarprodukte längst verloren, trotz seiner günstigen Lage auf der Hauptstraße nach Norden, genau dort, wo der Wald allmählich in Savanne übergeht. Inzwischen wird Kintampo hauptsächlich vom wöchentlichen **Markttag** (Dienstag),

Eimerweise: Mangos am Busstop von Kintampo

zu dem die Bauern aus den umliegenden Dörfern mit ihren Erzeugnissen kommen, und durch die vielen durchfahrenden Reisenden belebt. Wenn Sie hier einen Stopover einlegen, testen Sie die örtliche Spezialität aus Eiern und einer pikanten Pfeffersoße!

Die Wasserfälle bei Kintampo

Touristisch ist die Gegend um Kintampo für Wanderer, Vogelkundler und diejenigen, die Ruhe suchen, interessant. Die größte Attraktion sind die beiden Wasserfälle in der Umgebung von Kintampo.

Der erste, **Kintampo Waterfalls,** ist einfach zu erreichen. Die Attraktion liegt

OWARE UND DA-ME

Wir Ghanaer sind leidenschaftliche Spieler. Weit verbreitet ist **Oware**, ein Zwei-Personen-Spiel, bei dem es auf mathematisches Geschick ankommt. Immerzu sieht man irgendwo zwei Freunde sitzen, die stundenlang Oware spielen. Jeder hat vor sich sechs Mulden mit je vier Kugeln, die so bewegt werden müssen, daß man selbst möglichst viele Kugeln behält, dem Gegner aber so viele wie möglich abluchst. Man kann es überall spielen, mit oder ohne Brett. Kinder zum Beispiel machen einfach Löcher in den Boden und nehmen Steine anstatt Kugeln. Es ist ein sehr altes Spiel: Nach der Legende war *Ntim Gyakari,* König von Denkyira, ein so großer Oware-Narr, daß er auch während des Ashanti-Krieges nicht davon lassen konnte. Er wurde von seinen Feinden kalt erwischt, als er mit seiner Lieblingsfrau Oware spielte. Er verlor seinen Kopf.

Da-me ist Ghanas Antwort auf Schach. Es ist ein Brettspiel, das in ähnlicher Form in Europa gespielt wird, und das aus schwarzen und weißen Feldern besteht, über die am Gegner vorbei schwarze bzw. weiße Steine gezogen werden müssen.

In der Ruhe liegt die Kraft: Beim Da-me-Spiel

circa 250 m rechts der Hauptstraße in Richtung Tamale, rund 5 km hinter der Stadt. Mitten in einem Wäldchen stürzt der *Pumpu River* auf seiner Reise zum Volta-See circa 70 m über schwarzes Gestein. Vor Ort sind ein Besucherzentrum und Campingplatz, von wo aus man Wanderungen unternehmen kann. Eintritt 2 €, Führung kostet extra. Für eine Hin- und Rückfahrt mit dem Taxi plus vielleicht anderthalb Stunden Aufenthalt muß man mit circa 10 € rechnen.

Fuller Waterfalls, die zweite Attraktion, liegt etwa 10 km nordwestlich von Kintampo. Der Weg dorthin geht zunächst in Richtung Tamale und zweigt am Stadtrand links ab, er ist gut beschildert. Zu Fuß ist es ein langer, beschwerlicher Weg, besser ist es, in der Frühe mit einem Tro-Tro auf der holprigen Straße nach Yabraso (Richtung New Longoro) zu fahren und dann bis zum Fluß zu laufen. Der Wasserfall selbst ist ziemlich unspektakulär. In lieblichen Kaskaden überwindet der *Oyoko River* auf seinem Weg zum Schwarzen Volta in mehreren Stufen – die erste vielleicht 10 m hoch – die steinigen Hindernisse. Der Fluß verschwindet interessanterweise in der Umgebung einmal unterirdisch und taucht erst rund 40 m weiter wieder auf. Es ist eine wildromantische Gegend ohne touristische Infrastruktur. Eine kirchliche Gemeinde betet am Wasserfall und verlangt eine Art Anerkennungsgeld von Besuchern (circa 0,20 €). Wanderer sollten Essen, Trinken und viel Zeit mitbringen, dann können sie die ganze Gegend erkunden. Da Transport auf dieser Strecke Glücksache ist, kommt nur eine Taximiete auf Verhandlungsbasis in Frage.

Verbindungen & Unterkunft

Kintampo ist 475 km von Accra, 208 km von Kumasi, 158 km von Sunyani und 98 km von Techiman entfernt.

Bus: Der *STC-Bus* nach Tamale macht hier einen 15-min. Stop, es gibt viele Getränke- und Fruchtstände sowie Garküchen.

Toiletten: Wenn es irgendwie geht, meiden Sie die Toiletten der STC-Station am Markt. Sie sind eine Zumutung. Gehen Sie lieber zum gegenüber liegenden Midway Hotel und bezahlen dort eine Cola für die Klobenutzung.

Krankenhaus: *District Hospital,* ✆ 061/26004.

Unterkunft: Weil der Verkehr in Richtung Norden zunimmt und viele Reisende hier eine Pause machen, sind einige Unterkünfte hinzugekommen. Alle sind Low-budget-Häuser mit einfachen, sauberen Zimmern mit Ventilatoren, Gemeinschaftsduschen bzw. -WC; EZ und DZ 4 – 12 € je nach Ausstattung. Essen gibt es in allen Fällen auf Anfrage:

- *Midway Hotel,* Tamale Road, P.O. Box 81, ✆ 0658/27319;
- *Unam Hotel,* Tamale Road, P.O. Box 155, ✆ 0658/26034;
- *Toronto Guesthouse,* Tamale Road, P.O. Box 180, ✆ 0658/26014;
- *St. Michael's Hotel,* Tamale Road, ✆ 0658/27405.
- *Life Hotel,* hat das beste Angebot; akzeptable DZ mit oder ohne AC für 7 – 12 €.

Station am Voltasee: Yeji

Das alte Yeji, ein Flecken ohne besondere Bedeutung am Fluß gelegen, wurde nach dem Entstehen des Voltastausees in den frühen sechziger Jahren vom ansteigenden Wasser überflutet, und die 5000 Einwohner mußten sich zwangsläufig eine neue Siedlung aufbauen. Das neue Yeji, dessen Einwohnerzahl bald anschwoll, wurde nicht weit von der alten Stelle angelegt und diente eine Zeitlang als Hafen für die vielen Menschen in der Umgebung, denen der fischreiche See ihren Lebensunterhalt bot bzw. bietet. Durch den Fährverkehr auf dem Volta hat Yeji wieder eine bessere Zukunft vor sich. Immer mehr Menschen übernachten hier auf der Durchreise nach Nord oder Süd. Yeji ist theoretisch eine »Hafenstadt«, besitzt aber noch keinen Hafen im eigentlichen Sinne. Es ist jedoch ein Warenumschlagplatz und eine wichtige Station für die Schiffe, die zwischen Akosombo und Buipe verkehren. Montags in Yeji ist großer **Fischmarkt**. Da kann man sehen, was der See hergibt.

Zwar gibt es kaum Urlauber mit Ziel Yeji, aber wegen des Sees gibt es hier durchaus **Sportmöglichkeiten.** Besonders Angler oder Bootsfahrer sollten sich überlegen, ob sie nicht doch ein paar Tage bleiben wollen.

Verbindungen & Praktisches

Yeji ist rund 200 km von Kumasi, 39 km von Salaga, 127 km von Tamale und 66 km von Atebubu entfernt. Die meisten Autofahrer nach Norden meiden Yeji, weil das Übersetzen zum anderen Volta-Ufer langwierig ist. Der See ist hier circa 18 km breit und das Übersetzen dauert mindestens 35 Minuten.

Über Mampong: Die Straße von Kumasi über Mampong/Ashanti und Atebubu nach Yeji ist nun gut ausgebaut.

Fähre: nach *Akosombo* jeden Do, ↗ Volta-Region bzw. Reise-Informationen.

Nach *Makango* täglich ca. um 9 und 15 Uhr. Eine Übernachtung in Yeji ist meist unumgänglich, denn entweder ist die Fähre weg oder fährt erst am nächsten Morgen.

Kanufahrt: Wer möchte, kann sich auch an die Kanubesitzer wenden, die regelmäßig Reisende von Ufer zu Ufer befördern. Allein der Nervenkitzel, mit einem Einbaum den großen See zu überqueren, ist schon groß genug, um diese Variante zu empfehlen. Das Übersetzen ist ganz ungefährlich, weil der See sehr ruhig ist.

Bus: mehrmals täglich vom Makango-Ufer aus nach Tamale, Bolga und Navrongo. Bis Tamale kostet die Fahrt ca. 2 €. Mit rund 4 Stunden rechnen, weil zum größten Teil ungeteerte Piste.

Krankenhaus: *St. Matthias Hospital,* ✆ 0568/ 22022.

Unterkunft

Die Hotels in Yeji sind für das Gebotene überteuert. Es gibt jedoch kein Entrinnen: Man kommt spät an und hat nur die Wahl zwischen Pech und Schwefel. Für die Übernachtung in Yeji kommen gleich vier Häuser in Frage.

🛖 *Volta Hotel,* 12 einfache Zimmer, Plumsklo, Eimerdusche.

🛖 *Alliance Hotel,* ein nettes 16-Zimmer-Hotel mit Bar, Videoraum und kleinem Garten. EZ 4, DZ 5 und »Suite« 7 €. Frühstück und andere Mahlzeiten auf Anfrage.

🛖 *Nifanifa* und 🛖 *Ebenezer Hotel,* im Zentrum, bieten ebenfalls einfache, aber annehmbare Zimmer an. Es ist möglich, daß ein Eimer die Dusche ersetzt.

DER NORDEN

Bolgatanga
Upper East Region
Upper West Region
Wa
Northern Region
Tamale
Volta Region
Brong-Ahafo Region
Ashanti Region
Eastern Region
Volta Region
Western Region
Central Region
Greater Accra
Atlantik

NATUR & NATURPARKS

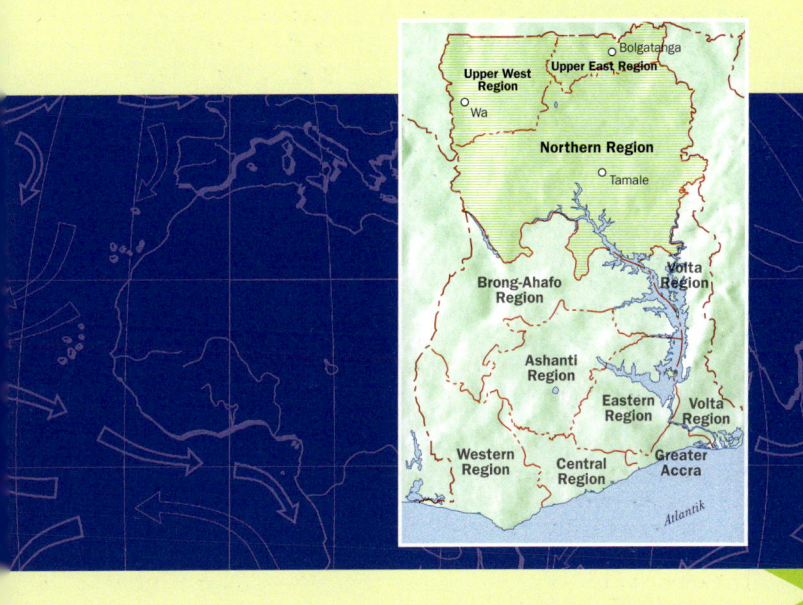

GESCHICHTE & GEGENWART

MENSCHEN & KULTUR

REISE-INFORMATIONEN

ZU GAST & LANDESKÜCHE

ACCRA & GREATER ACCRA

DIE KÜSTE & DER WESTEN

ASHANTI & BRONG-AHAFO

DER NORDEN

OST-GHANA & VOLTA-GEBIET

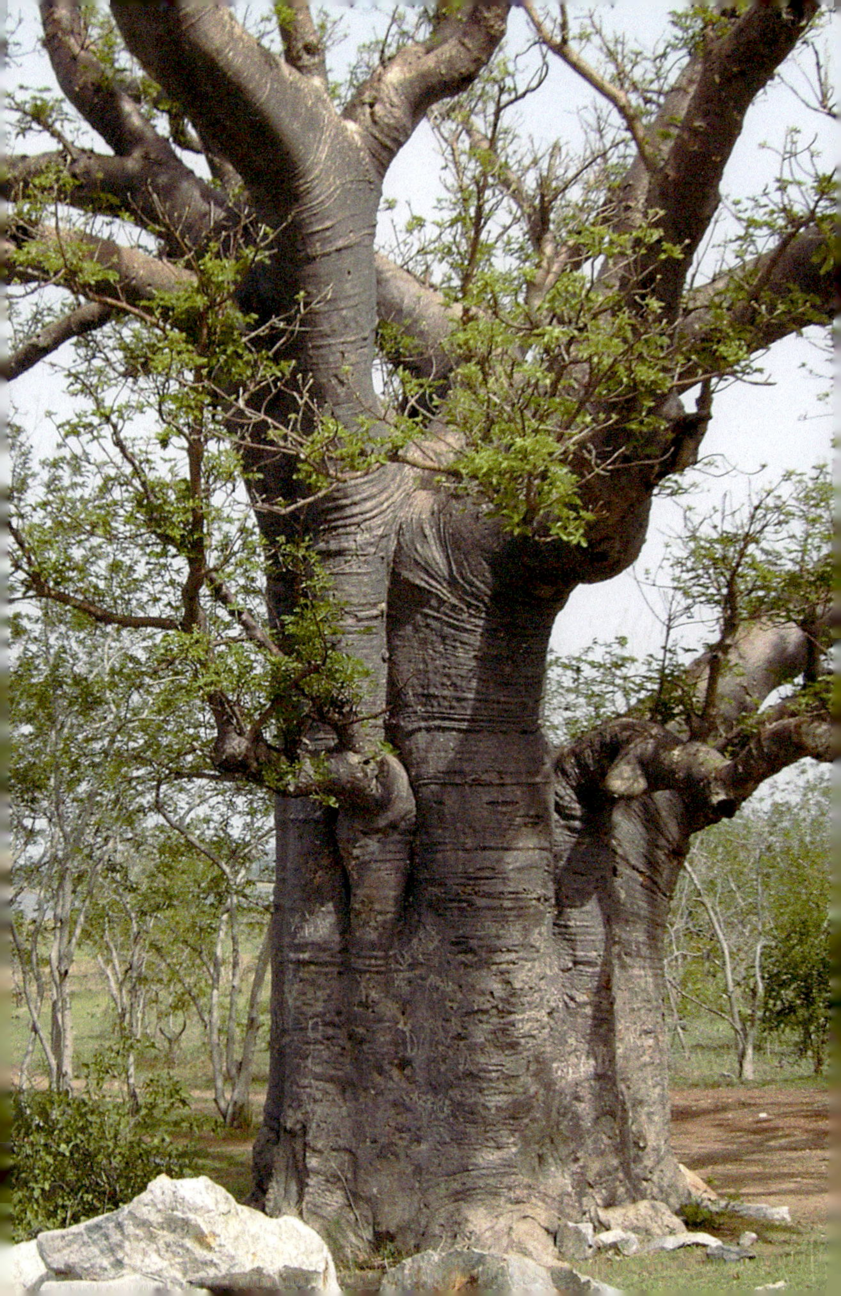

DAS ANDERE GHANA

Der gesamte Norden Ghanas ist am wenigsten von der europäischen Kultur tangiert. Deswegen kann man sagen, daß eine Reise in den Norden – die Region zwischen dem Schwarzen Volta und der Grenze zu Burkina Faso – eine Reise zurück zu den eigentlichen Wurzeln des Landes ist. Zugleich ist es aber auch eine Reise in ein fremd anmutendes Zeitalter. Weitgehend unbeeinflußt von der Kolonisation bewahrt dieser Landesteil ein Höchstmaß an Ursprünglichkeit und läßt jede Reise dorthin zu einem unvergeßlichen Erlebnis werden.

Am Anfang der kolonialen Beherrschung Ghanas waren die nördlichen Regionen oberhalb von Ashanti noch nicht Teil der Kronkolonie Goldküste. Erst 1874 wurde das gesamte Gebiet unter britisches Protektorat gestellt. Es war die Zeit, als die damaligen Großmächte versuchten, so viel Territorium in Afrika wie möglich zu ergattern. Die Frage, wer diesen Teil Afrikas beherrschen sollte, entfachte ein Wettrennen zwischen Britannien, Frankreich und Deutschland. Emissäre der jeweiligen Länder wurden in das Gebiet geschickt, um mit den dortigen Königen »Schutzverträge« zu schließen. Die Briten schickten *George Ekem Ferguson*, einen Ghanaer aus dem Küstenort Anomabo mit englischem Vater, ins Rennen. Er sollte den Ruhm Britanniens im Norden vermehren; und ihm ist es tatsächlich zu verdanken, daß die Kronkolonie erweitert wurde. Die Gebiete, deren Häuptlinge zu Britannien Zutrauen hatten, wurden »britisch« (Ghana), die anderen »französisch« (Burkina Faso) oder »deutsch« (Togo). 1954 fand die formelle Eingliederung der *Northern Territories* in die Kolonie Goldküste statt. Daß hier der eindeutig britische Stempel trotzdem gefehlt hat, ist auf eine wesentliche Tatsache zurückzuführen: Kolonien wurden gegründet, um die Reichtümer der beherrschten Gebiete auszubeuten, für Gebiete ohne ergiebige natürliche Ressourcen wurde kein Geld und keine Mühe verschwendet. Nordghana war in diesem Sinne ziemlich arm; es gab dort weder Gold noch Holz, Diamanten noch Elfenbein – folglich wurde die Region auch nicht nennenswert mit Assimilationsplänen belästigt. Dies erklärt, warum sich die Menschen hier selbst so treu geblieben sind.

Abschied vom Süden

Nach dem Überqueren des Black Voltas läßt man das südliche Ghana mit seinen Waldgebieten und dicht besiedelten Regionen hinter sich und begibt sich in die Savanne. Die Lebensweise in dieser Region unterscheidet sich grundlegend von der im Rest des Landes. Selbst für viele Ghanaer ist der Norden größtenteils *terra incognita*.

Verwaltungsmäßig besteht der Norden Ghanas aus drei Regionen: **Nord** (*Northern Region*), **Ober-West** (*Upper West Region*) und **Ober-Ost** (*Upper East Region*) mit den Hauptstädten *Tamale*, *Wa* und *Bolgatanga*. Alle drei Gebiete sind sich so ähnlich, daß es zulässig ist,

Land der knorrigen Bäume: Baobabs wie dieser in Tono lockern die Savanne auf das gesamte Gebiet als eine Einheit zu betrachten (dennoch beschreibe ich die Regionen einzeln). Vor den Verwaltungsreformen in den 1970er Jahren wurde dieses Gebiet jahrzehntelang einheitlich von Tamale aus verwaltet.

Geographie und Natur

Das »Land des Schwarzen Volta« grenzt im Süden an die Verwaltungsgebiete Brong-Ahafo und Volta-Region. Der Volta-Stausee streckt seinen östlichen Arm bis *Yapei* am Weißen Volta, nur 52 km von Tamale entfernt, während der westliche Arm bis zur neuen Hafenstadt *Buipe* am Zufluß des Schwarzen Volta reicht, knapp 100 km von Tamale entfernt. Einzig am nordöstlichen Rand ist das ansonsten flache Terrain der **High Plains** vom *Gambaga-Hochland,* einem 300 bis knapp 500 m hohen Sandstein-Plateau, unterbrochen. Eine andere nennenswerte Erhebung mit einer Höhe von 180 m befindet sich westlich von Damongo im *Sawla-Bezirk;* sie geht in das 300 bis 400 m über dem Meeresspiegel liegende *Wa-Plateau* über.

Große **Flüsse** sind im Norden selten. Der dominierende Fluß ist auch hier der Volta mit seinen drei Hauptarmen, dem *Schwarzen Volta* im Westen, dem *Roten Volta* im Norden, der sich mit dem aus dem Nordosten kommenden *Weißen Volta* vereint und das Voltabecken durchfließt. Aus dem Westen kommen der *Kulpawn* und aus dem äußersten Osten der *Nasia* dazu.

Die meisten kleineren Flüsse sind wegen der seltenen Regenfälle die größte Zeit des Jahres versiegt. Selbst von weniger kleinen Flüssen wie dem Kulpawn oder dem Nasia bleibt oftmals nicht mehr als ein ausgetrocknetes Flußbett übrig.

Landschaftlich gesehen macht sich im Norden Ghanas der Einfluß des **Sahels** bemerkbar. Eine offene Savannenlandschaft mit Hochgras und gelegentlichem Baumbewuchs ist vorherrschend. Auch das **Klima** ändert sich. Die Temperaturunterschiede werden extremer. Das heißt, wenn es heiß wird, dann richtig, wird es kalt, ist ein Pullover oft willkommen. Die Sonnenstrahlen sind intensiver, die Luft ist trockener, und die Luftfeuchtigkeit ist erheblich niedriger als im südlichen Teil des Landes. Die *Trockenzeit* beginnt im Norden im November und hält bis Juni an.

Diese lange Trockenperiode zeigt sich in der **Vegetation** des Landstriches. In dem weiten, flachen Grasland, durchsetzt mit Büschen und Sträuchern, kommen nur noch widerstandsfähige Bäume wie der Shea-Butter-Baum, Kolanußbaum, Baobab, Mango oder Neem vor. Die Trockensavanne ist Heimat für viele Pflanzen und Tiere, die in den Waldgebieten im südlichen Ghana weitgehend unbekannt sind. Der im Nordwesten liegende *Mole-Nationalpark* bietet Tierfreunden ein weites Beobachtungsfeld.

Die Menschen des Nordens

Doch nicht nur die Landschaft erinnert daran, daß die Wüste im Grunde genommen nicht mehr weit ist. Plötzlich sind die sonst überall verstreut liegenden Dörfer verschwunden, und man findet sich in einer weiten, nahezu unberührten Gegend wieder. Die Bevölkerung lebt weitgehend in kleineren Ansiedlungen von der Landwirtschaft. Der Norden hat die dünnste Bevölkerungsdichte, besonders im westlichen Teil, der so gut wie unbewohnt ist.

Auch die ethnischen Gruppen und die Sprache ändern sich, je weiter man nach Norden kommt. Ganz allgemein kann man sagen, daß die **ethnische Gruppe** der *Mole-Dagbani* hier die Mehrheit stellt. Diese mit ungefähr 16 % der Bevölkerung zweitgrößte Volksgruppe in Ghana stellt keine monolithische Einheit dar, sondern ist in viele Gruppen aufgegliedert: *Dagarti, Dagbani, Mamprusi, Gurma, Kokomba, Kusasi, Busanga, Chokosi, Chereponi, Nanumba, Builsa* sowie einige andere kleinere Stämme. Sie sind oft in Kultur und Sprache eng miteinander verwandt.

Als **Hauptsprache** verliert Akan in den Nordregionen seinen Anspruch als *lingua franca*, obwohl es immer noch von vielen Menschen gesprochen bzw. verstanden wird. Sie befinden sich jetzt im von Sprachwissenschaftlern so benannten *Gur-Sprachgebiet* mit seinen verschiedenen Untergruppen (↗ auch Geschichte, Karte »Ethnische Gliederung«). Die Untergruppe *Dagbani*, mit seinen Dialekten *Mamprusi, Gurma* und *Grusi*, ist die am meisten gesprochene Sprache des Nordens. Allerdings ist es nicht selten, daß hier von Dorf zu Dorf ein anderer Dialekt oder gar eine andere Sprache gesprochen wird.

Noch ein sehr interessanter Aspekt: Wer durch Nordghana reist, wird auch eine ständig wechselnde **Architektur** vorfinden. Die im Süden dominierenden rechtwinkligen Häuser werden jetzt von traditioneller, Lebensweise und Klima angepaßter Architektur abgelöst. Die *Dagomba*-Dörfer rund um Tamale sind

Straßensänger: Die Verdienstmöglichkeiten sind karg im Norden

mit ihren getrennt stehenden runden, strohgedeckten Lehmhütten besonders charakteristisch. Es handelt sich hierbei eher um Familiengemeinschaften, die zusammen Landwirtschaft betreiben, als um Dörfer im eigentlichen Sinne. Die genaue Zusammenstellung der einzelnen Hütten und Bauformen der Dächer, Wände etc. sind von Volksgruppe zu Volksgruppe sehr verschieden.

Im Gegensatz zum mehr christlich orientierten Süden steigt hier der Anteil der Menschen, die sich zum **Islam** bekennen. Der jahrhundertelange moslemische Einfluß, zum Teil durch die eingewanderten Gruppen, zum Teil durch arabische Händler, prägt über weite Landstriche Architektur und Lebensstil.

DAS ANDERE GHANA

Doch die liberale Lebenseinstellung der Ghanaer insgesamt hat auch in diesem Fall zu einem friedlichen Nebeneinander von Christen und Moslems geführt, das öffentliche Leben – insbesondere das Marktgeschehen – ist weiterhin von Frauen geprägt, die in den seltensten Fällen verschleiert sind.

Dafür verändert sich das **Outfit** der Männer. Anstatt lässig über die Schulter geschwungene Stoffe im römischen Toga-Stil tragen die Männer sogenannte *Boubous*. Das sind kaftanartige Gewänder in allen möglichen Farben und Variationen. Häufig zu sehen sind auch die aus handgewebten Stoffen hergestellten Hemden.

Feste & Musik

Trotz aller Unterschiede verbindet eines das ganze Land: die Liebe zu **Festivitäten.** Die kleinste Gelegenheit wird gerne als Anlaß für ein Fest genommen. In keinem anderen Teil des Landes gibt es farbenfrohere, vor Lebensfreude überschäumendere Feste als im Norden. Die Könige zeigen sich an Festtagen hoch zu Roß auf ihren prachtvoll geschmückten Pferden. Wer also in den Norden reist und etwas für Exotik übrig hat, sollte keine Gelegenheit verpassen, bei einem solchen Spektakel dabei zu sein. Unglücklicherweise weiß man nie genau, wann ein solches Fest stattfindet, da der Zeitpunkt von sehr komplizierten Berechnungen und Vorbedingungen abhängig ist. Es ist daher anzuraten, sich auf jeden Fall vorher beim *Tourist Board* in Accra zu erkundigen. Falls auch hier keine Auskunft gegeben werden kann, sollte man sich an das *Regional Coordinating Council Office* in ↗ Tamale oder ↗ Bolgatanga wenden. Dort wird man mit Sicherheit mehr wissen.

Wer in den Norden reist und noch die Highlife-Musik in den Ohren hat, wird sich umstellen müssen. Zwar spielt der nationale Radiosender immer noch Lieder mit diesem mitreißenden Sound, aber die **Musik** des Nordens ist eine andere. Viel »reiner« und mit wenigen Instrumenten gespielt. Ein normales Orchester setzt sich hier aus drei Musikern zusammen: einem Sänger, einem Gorje-Spieler (die *Gorje* ist ein violineähnliches Instrument) sowie einem Trommler. Das afrikanische Xylophon, das *Balafon* mit Kalebassen als Resonanzkörper, stammt auch von hier, es wird aber meist als Soloinstrument eingesetzt.

Wirtschaft im Norden

Der Norden Ghanas, der ein Drittel des Landes ausmacht, hat das ungünstige Erbe der Kolonialzeit bisher nicht überwinden können. Fast alle Städte und Ortschaften sind nur über holprige Pisten miteinander verbunden. Für die profitorientierten Briten war der Ausbau des Verkehrssystems keine lohnende Investition, und nach der Unabhängigkeit hat das Geld dafür schlicht gefehlt. Folglich wurde hier auch nicht investiert, weshalb der Norden industriell weitgehend unterentwickelt ist. Fabriken, die eine solche Bezeichnung verdienen, kann man an den Fingern abzählen. Schlechte Straßen, weite Entfernungen zu anderen Wirtschaftszentren, die Jahrzehnte andauernde schlechte Konjunktur mit zu wenig Arbeitsplätzen führten zu Stagnation und Landflucht.

Nur allmählich bessert sich das Bild ein wenig. Dank **Bewässerungsprojek-**

ten ist ein Fortschritt in der Landwirtschaft festzustellen, besonders im Bereich des Reis- und Baumwollanbaus, in welchem große Zuwachsraten zu verzeichnen sind.

Andere Agrargüter sind z.B. die Kolanuß, die zu Getränken und pharmazeutischen Produkten verarbeitet wird, Tabak, Kenaf und Shea-Butter (wichtig für die Herstellung von kosmetischen Artikeln). Die Bewohner des ghanaischen Nordens lieben Getreideprodukte, die ca. 80 % ihrer Ernährung ausmachen. Fast alle Sorten Getreide werden hier angebaut. Am weitesten verbreitet sind Reis, Hirse, Sorghum und Mais. Selbst das lokal gebraute Bier ist aus fermentierter Hirse.

Zur aktuellen Lage im Nordosten

Die Unruhen der Jahre 1994 und 2002 aufgrund von Landstreitigkeiten und Erbfolgekämpfen in ↗ **Yendi** zwischen den *Kokomba*, *Gonja* und *Dagomba* sind inzwischen abgeklungen. Nach einer dauerhaften politischen Lösung für alle Beteiligten wird allerdings noch gesucht und es wird eine Weile dauern, bis die Konflikte geklärt sind. Reisende sollten sich deshalb aktuell nach den Verhältnissen erkundigen, bevor es nach Yendi geht.

TAMALE & DIE NORTHERN REGION

Wenn man nach langer Fahrt durch die Savanne in Tamale ankommt, gibt es zwei mögliche Eindrücke: Kommt man in der Regenzeit, sieht man eine offene, parkähnliche Landschaft mit viel Grün, man sieht emsige Bauern, die ihre Felder bearbeiten, temperamentvolle Flüsse, die über die Ufer treten sowie kleine und große Farmen, die von blühender Hirse umgeben sind. Kommt man dagegen in der Trockenzeit, die oft mit der Harmattan-Saison einhergeht, dann herrscht über der staubigen, teilweise verdorrten Ebene, die trostloser nicht sein könnte, eine gedrückte Stimmung. Während des Harmattan sinkt die Luftfeuchtigkeit teilweise auf 15 Prozent.

Tamale ist die größte Stadt im Norden Ghanas, insgesamt die viertgrößte des Landes. Daß Tamale mehr als 250.000 Einwohner hat, merkt man erst, wenn der kühlere Abend gekommen ist. Tagsüber bleiben die Menschen zu Hause, weil es draußen meist zu heiß ist.

Schon vor der Kolonialzeit war Tamale das wirtschaftliche und kulturelle Zen-

---

SEHENSWÜRDIGKEITEN NORTHERN REGION
Damongo: Mole-Nationalpark
Gambaga: Gambagastufe
Larabanga: Moschee
Salaga: historischer Slave Market
Tamale: Zentralmarkt, Zentralmoschee
Interessante Märkte:
Bole: Sa | **Damongo:** Sa | **Larabanga:** Mo | **Salaga:** alle 5 Tage | **Sawla:** Mo
Wichtige Festtage:
Bole: *Beng*, Mai
Damongo: *Damba*, Fest des Propheten, Juni
Larabanga: *Damba*, Juni
Tamale: *Bugum*, Fest des Feuers, Jan; *Damba*, Juni
Walewale: *Bugum*, Fest des Feuers, Jan
Yendi: *Bugum*, Fest des Feuers, Jan

trum des Nordens. Tamale entstand als eine Art Königspfalz, an der die Dagomba-Könige zeitweise Hof hielten, da der Ort im Zentrum des Reiches – weit weit weg von den Attacken ihrer Feinde – lag. Aus einer Reihe kleiner Dörfer um den Königshof herum wuchs langsam eine Stadt heran, deren Position sich als sehr günstig für den Handel erwies.

Mittlerweile gehört Tamale zu den am schnellsten wachsenden Städten Ghanas und ist eine geschäftige Stadt mit steigender Bevölkerungszahl. Ihre Rolle als Verkehrsknotenpunkt für den Norden ist, seitdem der Voltastaudamm und der See existieren, bestärkt worden. Mit den beiden Hafenstädten *Buipe* und *Yapei* in ihrer Nähe, hat die Stadt einen problemloseren, billigeren Zugang zu den südlichen Regionen bekommen. Sogar Güter mit Ziel Ouagadougou werden zunehmend mit Schiffen von der Küste bis Buipe und mit Lkw weiter transportiert. Wenn man noch den wichtigen Militärflughafen hinzuzählt, wird die Stellung der Stadt noch deutlicher. Als einer der Austragungsorte des *Africa Cup of Nations* 2008 profitierte die Stadt zudem enorm von zahlreichen Infrastrukturmaßnahmen: Ein nagelneues Stadion, neue Hotels und viele Banken zogen in die Stadt ein, zudem wurde der Flughafen modernisiert.

Stadtbesichtigung per Rad

Tamale besitzt zwar stattliche Alleen mit großen Bäumen, die man in der trockenen Ebene hier gar nicht vermutet hätte, ist aber trotz der hohen Einwohnerzahl ein großes Dorf geblieben. Zwar wird viel gebaut, und latent besteht der Ehrgeiz, eine »richtige« Stadt zu werden. Doch für eine ausgeprägte kulturelle oder gar touristische Infrastruktur ist die ökonomische Basis der Region einfach zu schwach.

Es empfiehlt sich, eine Ortsbesichtigung zu Fuß oder mit dem Fahrrad zu machen. Es gibt viele *Fahrradstände* am **Central Market,** wo man stundenweise ein Gefährt chinesischer oder ghanaischer Bauart mieten kann. Eine Stunde Fahrt kostet um die 1 €. Ziele könnten die *katholische Kirche* und das *Priesterseminar* oder die *Moschee* sowie die *Universität* sein. Der *Gulkpe Palace,* in dem der Gulkpe-Na, ein wichtiger Chief der Dagbon, lebt, fällt wegen seiner typischen Rondavel-Architektur auf, ist aber nicht zu besichtigen.

Eine Straßenecke vom Zentralmarkt entfernt ist der **Kunsthandwerksmarkt** (neben dem Kulturzentrum) für Souvenirjäger besonders interessant. Er hat nämlich die besten Preise für gut gemachte Lederwaren aus Tamale, Körbe und Flechtarbeiten, Musikinstrumente, traditionelle Waffen und andere schöne Dinge. Die authentischen Trachten des Nordens aus handgewebter Baumwolle kann man auf dem »richtigen« Markt erwerben; das Stichwort dafür ist *Fugu*. Sowohl der Hauptmarkt als auch der Kunstmarkt sind täglich geöffnet.

Wer **Straßenkost** liebt und alle Magen-Darm-Geschichten bereits hinter sich hat, wird sich in Tamale wohlfühlen. Hier gibt es das Beste, was Nordghana zu bieten hat: dampfende Reisberge, garniert mit Eiern und Hühnerfleisch, *Omo-tuo* mit Hammel in Gemüsesoße, saftige Fleischspieße, *Suya* genannt.

Das beste, was man abends tun kann, ist, sich in die Innenstadt zu begeben und auf den **Nachtmarkt** zu gehen, um hier Hammelspieße oder Grill-Perlhühner fürs Abendessen zu erstehen. Mit Ausnahme der Bierbars und Nachtmärkte gibt es kaum Nachtleben in der Stadt.

Das vielleicht beste Hirsebier der Stadt soll es in der 🛏 **Jungle Bar** geben. Sie ist dem **Institute of Cross Cultural Studies (TICCS)** angeschlossen, etwa 3 km nördlich vom Zentrum auf der Bolgatanga Road. Das TICCS ist übrigens eine katholische Einrichtung, die wissenschaftliche Studien in interkulturellen Zusammenhängen betreibt. Es wird überwiegend von der *Erzdiozöse Nordghanas* und der *Gemeinde der Divine Word* (Ghana-Ableger) finanziert und verwaltet. In Zusammenarbeit mit der *University of Development Studies* (Tamale) und dem *Akrofi-Christaller Memorial Centre* in Akropong-Akuapem bietet TICCS Master-Programme in *Cross Cultural Development* (interkulturelle Kommunikationswissenschaft) für Studenten aus aller Welt an. Für Ausländer, die in Ghana arbeiten werden, finden zudem Seminare über Kultur und Sprache Ghanas statt. Für Interessenten steht eine gute Fachbibliothek zur Verfügung.

Info: ✆ 22836, www.ticcs.com, ↗ Unterkunft.

Schwimmen

Ein öffentliches Schwimmbad im eigentlichen Sinne gibt es nicht, sehr wohl aber ein recht schönes **Freibad,** das der *Volta River Authority* gehört und gegen eine Gebühr von rund 2 € auch Gästen of-

Frühstücksstand: Auf bekannte Tee- und Kaffee-Marken brauchen Sie nicht zu verzichten

fen steht (außer Mo, ab 12 Uhr); Clubmitglieder zahlen weniger. Die Anlage liegt an der Straße nach Bolgatanga. Als Ziel dem Taxifahrer »VRA Club House« angeben. Großes, gepflegtes Becken und sauberes Wasser. Nachmittags ist da richtig was los.

Verbindungen

Bis Bolgatanga sind es 170 km, 388 km bis Kumasi, bis Salaga 117 km und bis Damongo 140 km. Der beste **Ausgangspunkt** nach Tamale ist in jedem Falle Kumasi, von wo 95 % aller Reisenden in Richtung Norden starten.

Intercity-STC-Bus: Ab *Kumasi* die schnellste Möglichkeit. Über *Techiman, Kintampo* und *Buipe,* wo man den Schwarzen Volta auf einer Brücke überquert. Die Busse starten ab 7 Uhr in Kumasi und sind begehrt, man sollte schon früh zum Busbahnhof gehen.

Tro-Tro: Die zweite Möglichkeit geht ebenfalls ab Kumasi Kejetia Station mit zahlreichen Bussen (KTC), Minivans und Tro-Tros über *Techiman,* ↗ *Yeji.*

Wer etwas in *Sunyani* oder *Wenchi* zu tun hat und nach Tamale weiterfahren möchte, kann das auf der Pistenstrecke über *Bole, Sawla, Damongo* tun. Diese Variante ist beschwerlich, aber die Straße wird zur Zeit geteert.

Straßenverhältnisse: Die Straße von Tamale nach Bolgatanga ist inzwischen sehr gut ausgebaut und entspricht qualitativ der Strecke Tamale – Kintampo. Kostet allerdings etwas Maut. Auch die Straße zwischen Yendi und Tamale ist mittlerweile asphaltiert und in gutem Zustand.

Schiff: Wer von Süden anreist und einen Landrover zur Verfügung hat, kann mit der Fähre von *Akosombo* nach *Kete Krachi* fahren (↗ »Volta Region«) und über *Banda, Bimbila* und *Yendi* nach Tamale gelangen. Diese Straße ist bis Yendi schlecht und wird nur von großen Lkw befahren. Besser ist, man bleibt bis *Yeji* auf dem Schiff und fährt von dort über Makango nach Tamale weiter.

Von Tamale weiter: Alle Wege in den Norden des Landes gehen sternförmig von Tamale weg. Die Straßen sind fast ausnahmslos ungeteert. Wenn Tamale nicht Ihre Endstation sein sollte, versuchen Sie immer zuerst, mit einem **Intercity-STC-Bus** weiterzufahren. Die *Station* ist am Markt. Sonst gleich daneben im *Car Park* probieren. Nach Yendi und Salaga ist es nicht schwer, es verkehren täglich genug Autos.

Flugzeug: Der Flughafen liegt circa 18 km vor Tamale Richtung Bolgatanga. Eine Taxifahrt dorthin kostet rund 6 €, nach jeder Flugzeuglandung fährt ein Shuttlebus in die Stadt. Fotografieren ist auf dem Militärflughafen strengstens verboten. Kameras und Filme von ahnungslosen Touristen wurden dort schon öfter beschlagnahmt. Also, Sie wissen jetzt Bescheid.

Antrak Air: Airport, ✆ 91075, Fax 26529, Mobil 0244/439646. Tamale Stadtbüro: ✆ 22085 oder 024/890565. Tamale – Accra Mo, Mi, Fr, So 12.30 Uhr. Flugzeit 1 Std., einfach 140 €, zurück 260 €, Kinder 100 bzw. 180 €.

Fahrradverleih: Der Händler neben *Forsmuel Internet* hat viele Fahrräder zu vermieten. 1 €/Std. Oder am Markt probieren.

Unterkunft & Essen

Für eine relativ große Stadt wie Tamale gibt es nicht viele Hotels und Restaurants, was daran liegt, dass sich verhältnismäßig wenige Reisende hierher verirren. Die Hotels sind selten ausgebucht, also braucht man nicht vorher zu reservieren. In der Trockenzeit muß mit Wasserknappheit gerechnet werden. Dann gibt es Wasser für Duschzwecke nur in Eimern.

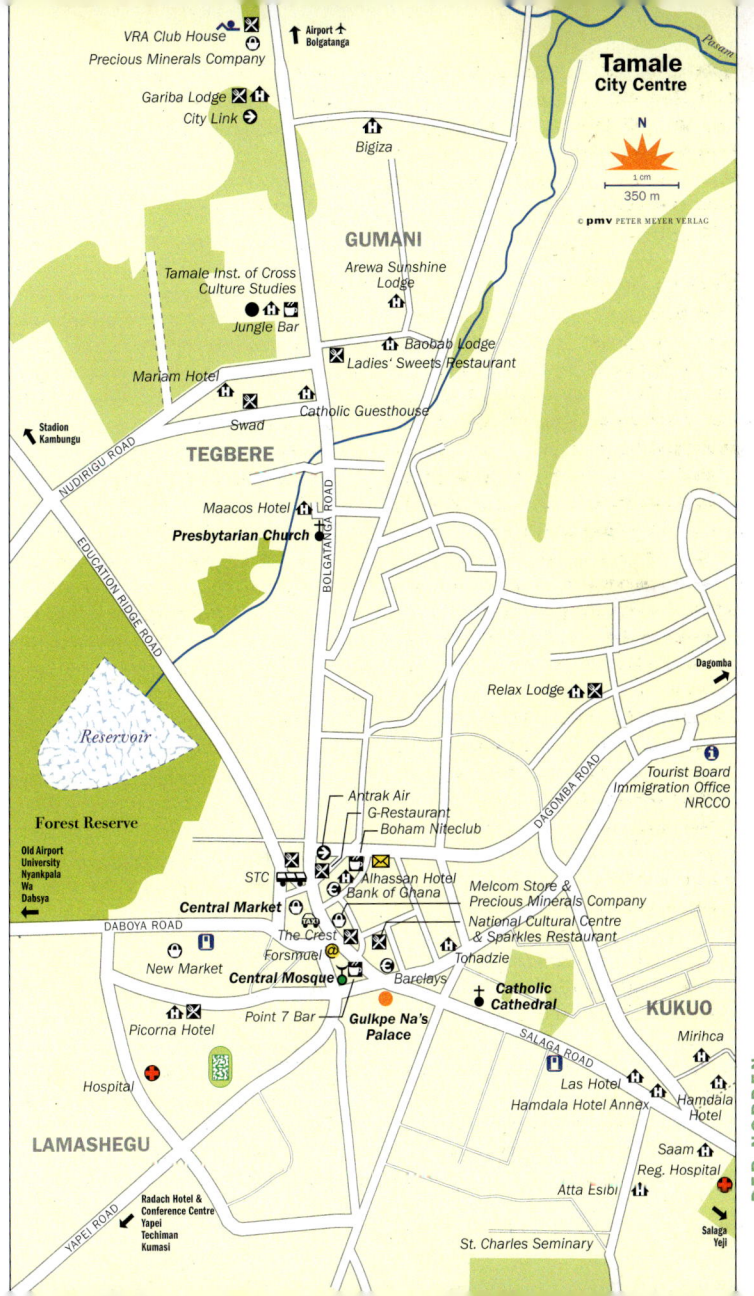

Tamale
City Centre

N · 1 cm / 350 m
© pmv PETER MEYER VERLAG

↑ Airport
  Bolgatanga

VRA Club House
Precious Minerals Company

Gariba Lodge
City Link

Bigiza

GUMANI

Tamale Inst. of Cross Culture Studies
Jungle Bar

Arewa Sunshine Lodge

Baobab Lodge
Ladies' Sweets Restaurant

Mariam Hotel
Catholic Guesthouse
Swad

TEGBERE

← Stadion Kambungu

Maacos Hotel
Presbyterian Church

NUDIRIGU ROAD
EDUCATION RIDGE ROAD
BOLGATANGA ROAD

Reservoir

Relax Lodge

Dagomba →

Forest Reserve

DAGOMBA ROAD

Tourist Board
Immigration Office
NRCCO

← Old Airport
  University
  Nyankpala
  Wa
  Dabsya

Antrak Air
G-Restaurant
Boham Niteclub

STC
Alhassan Hotel
Bank of Ghana

Melcom Store &
Precious Minerals Company

Central Market
DABOYA ROAD

National Cultural Centre
& Sparkles Restaurant

The Crest
Forsmuel
New Market
Central Mosque
Barclays
Tohadzie

Catholic Cathedral

KUKUO

Picorna Hotel
Point 7 Bar
Gulkpe Na's Palace

Mirihca

SALAGA ROAD

Hospital

Las Hotel
Hamdala Hotel Annex
Hamdala Hotel

LAMASHEGU

Saam
Reg. Hospital

YAPEI ROAD
Radach Hotel &
Conference Centre
Yapei
Techiman
Kumasi

Atta Esibi

Salaga
Yeji →

St. Charles Seminary

DER NORDEN

🔺✉🛏🛁☎@ *Gariba Lodge,* 3★, Bolgatanga Road, ✆ 23041-3, Fax -23040, gariba@africaonline.com.gh; kann als eins der besseren Häuser der Stadt bezeichnet werden. 16 schöne DZ 60 €, Suite 75 € im Garten. Die Küche ist auch sehr gut. Angeschlossen ist ein *Communication Centre* mit Internet-Café. Nachteil: ins Zentrum sind es knapp 4 km, schwer zu erreichen.

🔺✉ *Relax Lodge,* 3★, Off Dagomba Road, ✆ 24981, Fax 24978, relax@africaonline.com. DZ 48 – 65 €, ein gutes Restaurant mit indischen und anderen asiatischen Gerichten sorgt für Abwechslung.

🔺✉🛏☎ *Arewa Sunshine Lodge,* 2★, Gumani, Rice City Residential Area, ✆ 239-91, etwas versteckt am Ende einer Seitenstraße, zählt zu den besten Häusern der Stadt. 12 großzügig geschnittene DZ mit allem Komfort für 40 – 55 €. Große Bar im schönen Garten vorhanden.

🔺✉🛏☎ *Mariam Hotel,* 3★, P.O. Box 1600, ✆ 23948, 25497, garibalodge@hotmail.com. Nach endgültiger Fertigstellung in 2007 ist dies nun eins der besten Hotels in Tamale. Freundlicher Empfang, 32 Zimmer mit allem Komfort für 45 – 58 €.

🔺✉🛏 *Radach Hotel & Conference Centre,* 2★, Lamashegu, 73 Industrial Area, ✆ 25-784 oder 25783, Fax 25786; info@radach.org; eins der jüngsten Projekte der Stadt. Das große Haus mit mehr als 70 Betten hat sich auf Konferenzen spezialisiert. Die Zimmer sind alle standardmäßig eingerichtet und kosten 22 – 48 €.

🔺✉ *Hamdala Hotel,* 1★, Kukuo, ✆ 23859, liegt etwas versteckt; hat saubere Zimmer und ein gutes Preis-Leistungs-Verhältnis, große Zimmer für 8 – 25 €, je nach Ausstattung und Komfort. Kleines Restaurant.

🔺 *Hamdala Annex,* ✆ 23228, 25448, an der Salaga Road, sieht von der Straße anziehend aus; DZ ohne AC 10 – 20 €. Viele Sammeltaxis bis in die Innenstadt.

🔺✉🛏🎵 *Las Hotel,* 2★, Kukuo, Salaga Road, ✆ 22158, 20 Zimmer. DZ mit Ventilator oder AC und Chalets mit Minibar 10 – 22 €. Las glänzt mit einem *China-Restaurant* und luftiger Dachterrasse. Disco an Wochenenden.

🔺✉🛏🎵K☎ *Picorna Hotel,* 2★, Kaladan Park, ✆ 22672, P.O. Box 1212, picornahotelgh@yahoo.com. Die 22 Zimmer in mehreren Kategorien waren vielleicht mal gut, sind aber jetzt abgewohnt. Manches funktioniert nicht: Dusche, TV, Telefon, Kühlschrank, Strom. Viele Zimmer sind vergammelt, dafür sind die Preise 12 – 15 € ein Witz. Das *Restaurant* bietet gutes ghanaisches Essen; an Wochenenden sind Kino und Disco angesagt.

🔺🎵 *Alhassan,* Zentrum, ✆ 23638, ist schon lange im Geschäft und war früher ordentlicher geführt. Inzwischen gibt es bessere Möglichkeiten, aber Alhassan mit seiner Citylage bei der STC-Busstation bleibt eine Alternative für die Rucksackträger. Einfache, saubere Zimmer, teils mit Gemeinschaftsduschen und -klos, ab 6 €. Achtung: Am Wochenende ist Disco in *Boham Nightclub* im Erdgeschoß nebenan.

🔺✉ *Atta Esibi Hotel,* südlich der Salaga Road, P.O. Box 223, ✆ 2259; gehört zu den ältesten Hotels der Stadt. 18 DZ, einige mit WC/Dusche und einige nur gemeinschaftlich geteilt, alle mit Ventilatoren, aber ohne AC. Die billigsten Zimmer kosten 5 – 7 €, die besseren 8 – 10 €.

🔺✉ *Baobab Lodge,* Gumani, P.O. Box 185, ✆ 26271 bzw. 0244/179077, eine gute Alternative mit etwas niedrigeren Preisen. Die 11 DZ mit AC kosten je nach Größe und Komfort 21 – 48 €. Für schmale Budgets gibt es auch ein Zimmer zu 20 €.

Nachteil: es gibt kein Restaurant im Haus, Essen wird bestellt.

🔺🍴 **Catholic Guesthouse,** Tegbere, ✆ 222-65. Allein der Name bürgt für Qualität in Ghana. Er bedeutet saubere und komfortable Zimmer, freundlichen Service und preiswertes Frühstück. 4 – 7 € für die Übernachtung, große Freiluftbar mit Getränken zu guten Preisen im großen Garten sind weitere Pluspunkte. Im Norden der Stadt, rund 2 km vom Zentrum.

🔺 **Maacos Hotel,** Bolgatanga Road, ✆ 226-78, rühmt sich, die billigsten Zimmer in Tamale zu haben – was schlicht nicht stimmt. Man muß in jedem Fall WC und Dusche mit anderen teilen. EZ/DZ 4 – 8 €. Bis ins Zentrum sind es 1,5 km.

🔺🍴 **Mirihca Hotel,** Kukuo, Neem Avenue, P.O. Box 739, ✆ 22735, in ruhiger Umgebung, hat annehmbare EZ/DZ zwischen 7 – 15 €, je nach Ausstattung.

🔺🍴 **Tohadzie Hotel,** östlich des Zentrums, ✆ 23610, früher als *Catering Resthouse* unter staatlicher Regie, hat es unter privater Leitung seine Klasse eingebüßt. Die große Anlage ist trostlos und renovierungsbedürftig. Bar und Restaurant trotzdem vorhanden. EZ 5, DZ 8 und 10 €.

🔺🍴 **Saam Hotel,** Salaga Road, ✆ 24200, kleines, unscheinbares Haus unweit des Regional Hospitals mit sehr freundlichem Empfang. Die 6 Zimmer, mit AC, WC/Bad, Minibar, sind für das Gebotene sehr preiswert. EZ 15 €, DZ 20 € inkl. Frühstück.

🔺🍴 **TICCS – Tamale Institute of Cross Cultural Studies Resthouse,** ✆ 22836, www.ticcs.com; liegt in ruhiger Umgebung außerhalb der Stadt in nördlicher Richtung und gehört zu den guten Alternativen im preiswerten Sektor. Die 20 tadellosen Zimmer kosten 5 – 12 €. Die *Jungle Bar* ist bekannt für Fast Food und gutes Bier.

🔺🍴 **Bigiza Court Guest House,** 1★, P.O. Box 469, Tamale, ✆ 071/23531; wurde anläßlich des *Africa Cup of Nations* erheblich erweitert. 36 einwandfreie EZ/DZ mit Klimaanlage, Telefon und TV für 28 – 35 €. Gut sortierte Bar, großes Restaurant mit internationaler Küche.

Restaurants & Ausgehen

🍴🎵 **Boham Niteclub,** ✆ 23638, neben Alhassan Hotel, spielt sehr laute Musik an Wochenenden bis in die Früh und bietet Fast Food und Fleischspieße im Freien an.

🍴 **G-Restaurant (Goil),** Bolgatanga Road, fast gegenüber der STC-Station, kleines Restaurant mit guten ghanaischen und europäischen Gerichten zu fairen Preisen. Die klimatisierten Räume machen es zu einem bequemen Ort, wenn man auf die STC-Busse warten muß.

🍴 **Ladies' Sweets Restaurant,** Gumani, ✆ 26-753, 024/585872, Gartenrestaurant mit großem Parkplatz; wird als teuer eingestuft, hat jedoch gutes Essen für 4 – 9 €. An schlechten Tagen sollte man bis zu einer Stunde für das Essen einkalkulieren.

🍴 **Sparkles Restaurant,** im Erdgeschoß des *National Cultural Centre;* wenn man von der trostlosen Umgebung absieht, gibt es hier gute, preiswerte ghanaische und chinesische Gerichte. Bei rechtzeitiger Anmeldung gibt es das beliebte Perlhuhn mit Yamsbällchen.

🍴 **STC-Restaurant,** Bolgatanga Road, ✆ 22-444, direkt an der STC-Station, gutes ghanaisches Essen und gekühlte Getränke, nicht nur für Reisende. Man kann drinnen im klimatisierten Lokal oder auf der Terrasse sitzen, wo es viel zu sehen gibt.

🍴 **Swad Restaurant,** Tegbere, Off Bolga Road, ✆ 23588, indisch-ghanaisches Outdoor-Restaurant mit großem Angebot an

Pizzen, Fast Food und Vegetarischem. Soll zu den besten der Stadt gehören. Gut für alle, die keinen Reis mit Chicken mehr sehen können. Die Preise sind etwas höher, aber für das Gebotene annehmbar.

- ⌧ ⌸ *The Crest Restaurant,* Bolgatanga Road, ✆ 24898 oder 0244/207608, früher *Giddipass* genannt und immer noch als solche allgemein bekannt, steht im Zentrum und gehört zu den besten der Stadt. Bei einem kühlen Getränk auf der Terrasse im ersten Stock läßt sich das Treiben ringsum prima beobachten.

Weitere Informationen

Telefonvorwahl: 071

Infos: *Ghana Tourist Board,* Residency Road, ✆ 22212, nahe Goil-Tankstelle und G-Restaurant. Kaum brauchbar, weil meistens zu. Für brauchbare Auskunft sollten Gäste zur Zentrale des GTB fahren. Diese liegt versteckt im Verwaltungsdistrikt des *Regional Coordinating Council.*

Northern Regional Coordinating Council Office, P.O. Box 100, Tamale, ✆ 071/22879 oder 22927.

Internet: *Forsmuel Internet,* Bolgatanga Road, genau gegenüber vom *Crest Restaurant,* hat schnelle und zuverlässige Rechner und ist zentral gelegen.

Souvenirs: Empfohlen sind die Stände beim Kulturzentrum. Sie sind gut sortiert und einfacher zu überblicken als das Angebot auf dem brodelnden Zentralmarkt.

Schmuck: *Precious Minerals Company,* neben *VRA* und ein weiterer Ableger in der Nähe von *Melcom Stores,* ✆ 23915. Sehr gut für Schmuck. Gleiche Qualität wie in Accra und Kumasi, aber kleineres Angebot. Auf den hiesigen Märkten ist Schmuck etwas teurer als in Kumasi, dafür ist die Auswahl größer.

Geldwechsel: Kein Forex Bureau, aber *Barclays* bzw. *Standard Chartered Bank* (schräg gegenüber STC-Station). Beide besitzen auch ATMs (Geldautomaten) für Karteninhaber (Visa).

Krankenhaus: *Teaching Hospital,* ✆ 071/22454.

Ausflug nach Salaga

An der Hauptstraße von Tamale nach Makango liegt Salaga. Es hat ungefähr 7000 Einwohner und ist ein historischer Ort. Doch sind schon viele, viele Regenzeiten vergangen, seit dieses heute unscheinbare, staubige Städtchen zu jenen Orten im Lande gehörte, die bereits wichtige Handelsstädte waren, bevor die Europäer kamen. Seine Position in der Mitte zweier Karawanenrouten machte es zu einem wichtigen Umschlagplatz für Güter aus den Wald- und Savannengebieten. Die erste Route führte von Benin über Nordtogo nach *Ferkessedougou* (Côte d'Ivoire). Die zweite verlief in Nord-Süd-Richtung und verband den Sahel mit dem Atlantik. Zu Zeiten des Sklavenhandels war der Sklavenmarkt von Salaga weit über die Landesgrenzen hinaus berühmt und berüchtigt.

Als Ort der Begegnung von Menschen mit verschiedenen zivilisatorischen Einflüssen war Salaga lange Zeit eine Quelle von neuen Ideen. So gilt es trotz gegenteiliger Behauptungen bzw. Geschichten als ausgemacht, daß die **Webkunst der Ashanti** ihre Wurzeln in Salaga hat. Was auch immer die Wahrheit sein mag, diese Kunst der Verwandlung von Baumwollfäden in schön gemusterte Stoffe ist noch sehr lebendig in Salaga. Der **Markt** dort ist einfach klasse! Er findet nur alle fünf Tage statt.

Aber dann erhält Salaga ein ganz anderes Gesicht. Die *Pito*-Bars sind voll, man kann die Produkte der Region erstehen und viele Menschen kennenlernen. Falls Sie unbedingt auf den Markttag warten wollen, können Sie hier übernachten; es gibt drei Möglichkeiten.

Verbindungen & Unterkunft

Verbindungen: Von Tamale nach Salaga sind es 80 km, wobei nur die ersten 35 km bei Tamale asphaltiert sind. Der Rest der einst internationalen Handelsstraße ist eine steinige, holprige Angelegenheit.

Wegen des Voltasees gibt es kaum Pendelverkehr nach Süden. Alle aus dem Süden kommenden Autos landen in *Makango* und fahren über Salaga nach Tamale.

- *Community Centre* (Richtung Post), mit 4 klimatisierten DZ und Essen auf Anfrage für rund 4 – 6 €.
- *Demonstration Home* in Richtung Prempeh bietet saubere Zimmer mit Eimerdusche und Plumsklo für circa 3,50 € an.
- *Presbytarian Guesthouse*, direkt am Markt, 4 einfache DZ zu 4 €.

Die Königsstadt Yendi

Ungefähr 96 km östlich von Tamale liegt Yendi, die altehrwürdige Königsstadt der *Dagomba*. Bereits im 16. Jahrhundert hatten die ersten Könige Yendi zu ihrer Hauptstadt gemacht, nachdem sie ihr ursprüngliches Zentrum in Diari wegen Streitigkeiten mit den Gonja-Völkern hatten räumen müssen. Diese Stellung hat Yendi immer noch inne.

Naturschaukel: Ein bißchen Spaß für die Kinder

Der **Ya-Na** (König) hält hier Hof und kann von Touristen besucht werden. Für solche Audienzen muß man Zeit mitbringen, ein minutiöses Hofritual wird jedesmal abgespult. Es handelt sich übrigens um einen jungen, im Mai 2006 inthronisierten König. Nach der Ermordung des alten Königs 2003 herrschte Unruhe in Yendi, das unter nächtlichem Ausgehverbot stand. Die Lage ist noch immer latent explosiv, da noch alte Rechnungen zu begleichen sind. Das Auswärtige Amt rät zur Vorsicht. Die meisten Dagomba hoffen indes auf ein neues Zeitalter des Friedens.

Bis die Europäer die Handelsrouten veränderten, lag Yendi an jener Route, die Zentren in Benin, Togo, Ghana und Côte d'Ivoire verband. Die koloniale Grenzziehung brachte Yendi in eine iso lierte Lage und untermauerte seine Stellung als Handelsort. Geblieben ist nur die traditionelle Bedeutung als Residenzstadt. Aber auch davon merkt man sehr wenig – bis im Januar das jährliche **Fest**, *Bugum,* beginnt.

Verbindungen & Unterkunft
Täglich fahren viele **Kleinbusse** von Tamale nach Yendi und umgekehrt. Die direkte Route ist inzwischen geteert worden; andere Straßen nach Yendi sind dagegen in keinem guten Zustand.

♠ Wenn es geht, in Tamale Quartier beziehen, denn hier gibt es nur ein kleines *Resthouse* für Durchreisende, das mit Glück Platz haben könnte.

✘ Einige *Bars* und einheimische *Speiselokale* sorgen für das leibliche Wohl, aber Großartiges darf man nicht erwarten.

Krankenhaus: *Saboba Medical Centre,* ✆ 0243/397166.

Zur Gambagastufe
Wenn man in **Gambaga** (160 km von Tamale) angekommen ist, stellt man schnell fest, daß der Name viel größer als der Ort ist. Schwer zu glauben, daß *Tohogu,* der Gründer und erste König der *Mamprusi,* einst seine Hauptstadt hier errichtet hatte. Gambaga hat etwa 1000 Einwohner und ist immer noch die *Königsstadt der Mamprusi,* einem Brudervolk der Dagomba. Ein anderer Grund für den relativ hohen Bekanntheitsgrad des Namens ist die Lage von Gambaga. Der Ort liegt eingebettet in dem gleichnamigen Höhenzug, der sich circa 65 km lang in Ost-West-Richtung zieht. Die sogenannte *Gambaga Scarp,* abrupt auf 500 m ansteigend, bildet den nördlichen Rand des großen Volta-Beckens, das die Geographie des Landes beherrscht. Für den Weißen Volta ist der Höhenzug eine natürliche Mauer, auf deren Nordseite er in westliche Richtung gezwungen wird, bis der Weg nach Süden wieder frei ist.

Nakpanduri, 32 km östlich von Gambaga, 100 km von Bolgatanga und 40 km südlich von Bawku, ist der nächste interessante Ort auf dem schönen Sandstein-Höhenzug. Jäger schätzen die Gegend um Nakpanduri wegen ihres Wildreichtums; Jagdscheine sind bei der *Polizeibehörde* in Gambaga erhältlich.

Nakpanduri hat zudem einen wenig bekannten *Wasserfall,* der nur in der Regenzeit von Juni bis Oktober Wasser führt. Die Einheimischen wissen, wo er ist und werden Sie gern hinführen.

Eine Expedition in diesen Teil Ghanas ist nur mit einem **Allradauto** sinnvoll. Sämtliche Straßen sind ungeteert. Aber die Mühe lohnt sich, da einige der schönsten Landschaften überhaupt – mit abwechslungsreichen Bergen, Tälern und reizenden Dörfern – zwischen Tamale oder Yendi und Gambaga, Nakpanduri und Bawku liegen. Vorher sollte man bei der *District Assembly* in Gambaga um aktuelle Informationen bitten.

✸ **Tip:** In beiden Ortschaften gibt es abgesehen von einem ständig belegten *Resthouse* weder **Unterkünfte** noch **Restaurants**, man muß sich von Mitgebrachtem ernähren oder sich auf dem lokalen Markt mit Essen eindecken.

Mole-Nationalpark, Damongo und Larabanga
Der große Mole-Nationalpark westlich von Tamale ist einer der bekannteren Tierparks von Ghana. Seinetwegen reisen viele Touristen überhaupt nur so

weit in den Norden. Er ist am leichtesten von Tamale aus über Yapei oder von Kumasi aus mit eigenem Fahrzeug über Buipe zu erreichen.

Yapei/Tamale Port

Yapei ist der nördlichste Punkt des Voltasees. Wegen seiner Nähe zur Gebietshauptstadt Tamale (32 km entfernt) war Yapei ursprünglich als der Hafen von Tamale vorgesehen und wird auch in manchen Büchern und Karten immer noch so aufgeführt *(Tamale Port)*. Tatsache ist, daß sich der mit russischer Hilfe gebaute Hafen als unpraktisch erwiesen hat. In der Trockenzeit zieht sich der wasserärmere *Weiße Volta* so weit zurück, daß der Hafen unbrauchbar wird. Aus diesem Grunde wird Yapei nur sporadisch in der Regenzeit von Schiffen angelaufen. Lediglich mit kleinen Kanus und anderen Booten ist dieser Seitenarm zu erkunden.

Yapei ist ein kleines Dorf ohne touristische Attraktion. Für Angler und Fischer ist es jedoch ein guter Ausgangspunkt für Expeditionen. Von den einheimischen Fischern lassen sich Kanus mieten.

Buipe

Buipe ist das Pendant von Yapei am Mündungsgebiet des *Schwarzen Voltas*. In Buipe findet die Voltaschiffahrt offiziell ihr Ende. Alle Schiffe machen hier kehrt, wenn sie nach drei Tagen Fahrt von Akosombo ankommen. Ursprünglich nur ein Dorf am Ufer des Schwarzen Voltas, hat der Ort mit dem kleinen Hafen an Bedeutung gewonnen und wird in Zukunft noch wichtiger werden. Auf dem Markt kann man die Lebensmittelreserven aufstocken, bevor die Weiterreise zu einer Foto-Safari in Mole beginnt. Für eine Rast eignet sich die kleine *Bar* links des Marktes; sie hat immer kühle Getränke.

☀ **Tip:** Wer mit Ziel Mole auf dem Schiff bis Buipe ausharrt, sollte nicht den Fehler begehen, bis Tamale Junction (Nterso) zu fahren, in der Hoffnung, von dort aus nach Mole zu kommen. Ab Tamale Junction sind alle Autos in Richtung Damongo bereits voll, es kann Tage dauern, bis man vom Fleck kommt. Und der Ort hat kein Hotel! Besser man fährt von Buipe nach Tamale, um von dort aus wieder in Richtung Mole zu starten.

Damongo

Mit Sicherheit würde kein Tourist nach Damongo fahren, wenn es nicht das Tierreservat im benachbarten Mole gäbe. Von hier aus ist Mole noch 15 km entfernt. So ist Damongo ein bekanntes Ziel für alle, die Löwen, Elefanten und anderes Wild sehen möchten.

Die Sehenswürdigkeiten des 6000-Seelen-Ortes Damongo erschöpfen sich rasch mit der Aufzählung der Tankstelle, der Post, des Marktes, der Bank und der Schule. Es handelt sich hier um eine vollkommen bäuerliche Struktur. Samstags auf dem Markt kann man zur Unterhaltung Freunde treffen und *Pito* – Hirsebier – trinken.

Larabanga und seine Moschee

12 km nördlich von Damongo und 5 km vom Motel im Naturpark entfernt, liegt ein kleines Dorf, das durch seine Moschee, die älteste in Ghana, zur Berühmtheit geworden ist. Die **Moschee,** 1421 von eifrigen Jüngern des Prophe-

ten erbaut, ist viel kleiner als man erwartet, aber wenn man die Bauzeit bedenkt, ist es schon eine Leistung gewesen. Der Beweis: Sie steht noch.

Leider darf man das Innere des niedlichen Gotteshauses getreu islamischen Brauchs als Ungläubiger nicht besichtigen. Ihr westsudanesischer Baustil ist jedoch bemerkenswert und läßt die Schönheit jener Bauten in Djenne (Mali) ahnen. Der Koran, der früher in der Moschee aufbewahrt wurde, liegt mittlerweile in einem separaten Raum im Haus des örtlichen Imams. Das heilige Buch wurde einst, so will es die Legende, von Gott auf dem *Mystic Stone* eigens für die hier lebenden Gonja abgelegt.

Die einzigartige Moschee von Larabanga, ganz aus Lehm errichtet, steht seit der Jahrtausendwende auf der von der UNESCO geführten Liste der 100 meist gefährdeten Kulturgüter der Welt. In den 1970er Jahren hatte man sie wohlmeinend mit Zement zu konservieren versucht, was ihr sehr geschadet hat, da der Zement nicht nur wasser-, sondern auch luftdicht war. 2003 wurde ihr das Korsett wieder abgenommen und seither wird sie jährlich getüncht – wie seit Jahrhunderten.

Durch die relativ zahlreichen Besucher, die die Moschee in Augenschein nehmen wollen, wurde Larabanga in eine soziale Krise gestürzt. Freigebige Menschen bewirkten, daß die Besucher nun oft von Scharen bettelnder Kinder verfolgt werden. Manchmal gibt es Zeiten der Rückbesinnung, wo dies von den Dorfältesten unterbunden wird. Auch wird man oft von vielen jungen Leuten umzingelt, die sich als **Guides** anbieten, aber in Wirklichkeit keine Ahnung haben. Vermeiden Sie dies, indem Sie im Ort nach den *Salia Brothers* (Zwillingsbrüder) fragen. Ihnen sollte man Vertrauen schenken, sie sorgen dafür, dass die richtige Gebühr in der richtigen Kasse landet. Sie vermieten auch Hütten.

Unglaublich: Ein Baobab versucht, sich Eintritt zu verschaffen in Ghanas älteste Moschee

Der nächste Ort im Westen, **Sawla**, liegt 84 km von Damongo entfernt und bietet ebenfalls keine weitere Infrastruktur. Die staubige Piste dorthin und weiter nach *Bole* im Süden bzw. *Wa* im Norden ist nicht zu empfehlen.

Eintritt: Besichtigung der Moschee 1 €; zusätzliches Entgelt für den Dorfältesten von 1 € wird gern gesehen. www.larabanga.netfirms.com.

Hinweis: Viele Reisende empfehlen, diese Besichtigung zu unterlassen, aufgrund der lästigen Bettelei und Geldschneiderei um die Moschee und den benachbarten *Mystery Stone* herum, um den viele phantastische Geschichten kursieren.

Im Mole-Park unterwegs

Die Statistiken von *Birdlife International* besagen, daß der Mole-Nationalpark die größte Ansammlung von **Vogelarten** in Ghana beherbergt – über 300 an der Zahl. Es gibt extra Wanderungen für Vogelkundler mit einem Spezialisten der Parkverwaltung.

Trotz seiner natürlichen Schönheit und touristischen Attraktivität wird der Park halbherzig verwaltet. Qualität und Angebot des Restaurants haben sich jedoch verbessert.

Eintritt: 4 € pro Pers., je nach Auto auch eine gestaffelte Gebühr, am Eingang zu zahlen. Im Park kommen dann für die Wanderung mit einem Ranger 0,90 € pro Std. und Person hinzu.

Auskunft: Die Telefonverbindung nach Mole ist denkbar schlecht, man sollte hartnäckig bleiben, bis es klappt. Ohne Zimmerreservierung hinzufahren, könnte ins Auge gehen, da die Zimmerzahl begrenzt ist. Besonders Nov – März ist Mole voll.

↗ Natur & Naturparks, ■ **18.**

Buchungen: *The Senior Game Warden,* Mole National Park, P.O. Box 26, Damongo.

Verbindungen nach Mole

Ohne eigenes Fahrzeug führt der Weg nach Damongo bzw. Mole immer über Tamale, insgesamt sind es 140 km nach Damongo. Der 60 km lange ungeteerte Abschnitt ab *Tamale Junction* läßt sich nur mit mäßigem Tempo von 40 bis 60 km/h befahren.

Nach Damongo & Larabanga: Ab Tamale fahren mehrere Kleinbusse am Tag nach Damongo, nur am späten Nachmittag wird es schwieriger, weil der Weg nicht sehr gut ist.

Zum Mole-Park: Von Tamale aus fahren *MMT-Busse* direkt nach Mole; das Ticket kostet etwas über 2 €, 5 Std. Fahrt. Abfahrt ab der New Market Station ist normalerweise um 14 Uhr, aber das wechselt häufig.

Ab Damongo & Larabanga: Trotz der Nähe zu Damongo ist Mole von dort nur schwer zu erreichen; außer Privatautos fahren höchstens zwei Lkw am Tag oder Parkbesucher in die Richtung, und nur mit Glück wird man mitgenommen. Einzig samstags (Markttag) gibt es Chancen auf ein Tro-Tro.

Fahrradverleih: Die 5 km von Larabanga zum Mole-Park sind zu Fuß beschwerlich. Besser ist es, ein Rad zu leihen. In Larabanga bei den Salia Brothers oder im Mole Motel.

☀ Tip: Falls es gar keine andere Fahrgelegenheit nach Mole geben sollte, fährt gegen 9 Uhr täglich auch ein Bus von Tamale nach Wa sowie diverse Minibusse nach Bole/Sawla, die man bis Damongo bzw. Larabanga nehmen kann. Sie zahlen dann den vollen Preis, aber das ist besser als nichts.

Rückfahrt: Sie führt ebenfalls immer über Tamale, Bus ab Mole-Park um 4.30 Uhr. Bitte nicht an der Tamale Junction aussteigen in der Hoffnung auf eine Mitfahrgelegen-

heit nach Kumasi! Alle vorbeifahrenden Autos sind ab Tamale bereits voll besetzt.
* **Tip:** Falls sich mehrere Leute in Tamale treffen, sollte eine Taxi-/Kleinbusmiete in Erwägung gezogen werden. Dürfte nicht mehr als 60 € kosten, und wäre immer noch besser als ewig zu warten und nicht zu wissen, ob ein Auto fährt oder nicht.

Krankenhaus: *District Hospital*, Bole, ✆ 0746/22030.

Unterkunft & Essen
Damongo:
* **Catholic Guesthouse,** Catholic Unity Centre, P.O. Box 81, ✆ 0717/22101.

Larabanga:
* *Salia Bros Guesthouse,* im Dorf, P.O. Box 47, Damongo, ✆ 0717/22007, www.larabanga.netfirms.com, gamdese@yahoo.com. Die Zwillinge bieten einfache, aber saubere Zimmer und annehmbare Hütten für 4 – 6 € die Nacht inkl. Frühstück. Weiteres Essen auf Anfrage. Es werden außerdem Fahrräder (1 €) und Ferngläser (0,50 €) für Touren in den Mole-Park vermietet! Transport zum Park wird von den Salia Brothers im Kleinbus gesichert.

Mole-Nationalpark:
* *Mole Motel,* ✆ 22045, 76581-8, -1 oder 027/7564444, ha@ghana.com, hat einige Verbesserungen gesehen und ist jetzt durchaus annehmbar. Der Swimmingpool funktioniert, die Bar ist gut bestückt, das Essenkochen braucht immer noch lange, aber ist effizienter geworden. Kurz, die ganze Atmosphäre hat sich merklich verbessert. Visa und Mastercard werden akzeptiert. Die 30 großen Zimmer mit Dusche/WC kosten 35 €. Im Schlafsaal für 6 Personen 5 €, Camper zahlen pro Kopf 2 €.

UPPER WEST REGION

Ghana-Besucher, die sich vor allem im Süden aufhalten, werden sich ab und zu fragen, ob alles, was sie zu sehen bekommen, nun eher als afrikanisch oder als westlich einzustufen ist. Das westliche Erbe – angefangen bei Sklavenburgen über Krankenhäuser, richtige Städte mit »richtigen« Häusern und christlichen Kirchen bis zu modernen Discos und Verkehrsstaus – dominiert oft das Bild. Puristen oder Hobbyethnologen unter den Besuchern werden sich fragen, wo ist nun das »richtige« Afrika?

Nun, was man im Süden Ghanas vorfindet, ist authentisch genug und spiegelt den Ablauf der Geschichte wider. Aber die Frage nach dem Unverfälschten ist berechtigt. Im vorherigen Kapitel wurden alle, die Ghana möglichst ohne fremde Einflüsse kennenlernen wollen, in den Norden des Landes eingeladen. Besser noch sollte die Einladung in die Nordwest-Region führen.

SEHENSWÜRDIGKEITEN IN DER UPPER WEST REGION
Gwollu: Verteidigungsmauer
Wa: Zentralmarkt, Zentralmoschee
Tumu: Gbelle Wildlife Sanctuary
Wechiau: Flußpferd-Schutzgebiet

Interessante Märkte:
Jirapa District: rotiert, alle 6 Tage
Nadowli District: rotiert, alle 6 Tage
Tumu: Sa

Wichtige Festtage:
Jirapa, Lawra, Nadowli: *Kobine,* Sep
Lawra: *Sabre,* Nov
Tumu: *Paare Gwiele,* Feb
Wa: *Dumba,* Sep; *Kpini Kyiu,* März

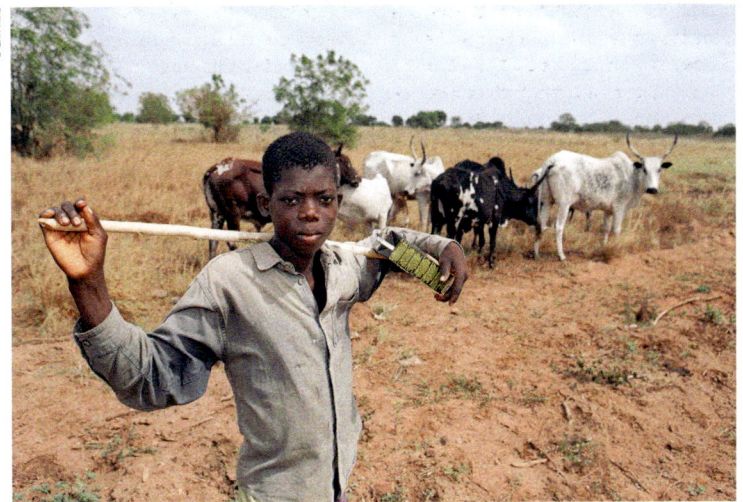

Junger Hirte: Er muß die besten Weideplätze für seine Zeburinder finden

Wirtschaft

Der Nordwesten, flankiert von Burkina Faso und Côte d'Ivoire, ist Ghanas jüngste Verwaltungseinheit. 1985 erst wurde die frühere einheitliche Ober-Nord-Region in zwei separate Einheiten – *Upper West* und *Upper East Region* – geteilt. Eine rein pragmatische Entscheidung, die getroffen wurde, um die Staatsmacht in diesen entlegenen und teilweise vernachlässigten Distrikten Ghanas auch effektiv durchzusetzen.

Der Nordwesten ist eine benachteiligte Region. Sie ist den gleichen klimatischen und geographischen Bedingungen wie das benachbarte Gebiet im Nordosten ausgesetzt. Auch hier überwiegt eindeutig die ländliche Struktur, fast alle Erwerbstätigen sind Bauern. Unter industriellen Gesichtspunkten war die Region schon immer uninteressant, weshalb sich die Infrastruktur seit der kolonialen Ära kaum verändert hat. Elektrifizierung, Telekommunikation und asphaltierte Straßen sind praktisch nicht vorhanden. Mittlerweile haben die Menschen hier verstanden, daß auch mit Reis-, Hirse- und Baumwollanbau Geld zu verdienen ist. Bewässerungsprojekte und bessere Betreuung haben die Lage der Menschen verbessert und die Produktivität gesteigert. Zwar sind mit der Dezentralisierung neue Impulse gekommen, doch der Nordwesten hat noch immer das geringste Pro-Kopf-Einkommen im ganzen Land.

Die Schatten der Geschichte

Trotz der Ähnlichkeiten mit dem Nordosten bleibt ein Unterschied: Diese Region hat eine niedrigere Bevölkerungsdichte. Dieser Zustand ist auf die verheerenden Aktivitäten eines gewissen **Samory** während der Zeit des Sklavenhandels zurückzuführen. *Wirbelsturm Samory,* wie er oft genannt wurde, war ein Gauner, Kriegstreiber und gefürchteter Sklavenhändler, der in weiten Teilen des Sahels ein Terrorregime etabliert hatte und die Bevölkerung in Angst und Schrecken hielt. Samory überfiel systematisch Dörfer, plünderte sie, zerstörte sie und verschleppte und verkaufte ihre Bewohner an die Briten und Franzosen. Es gibt kaum eine Ortschaft in der Region, die nicht von Samorys Räuberbanden heimgesucht wurde.

Reisen im Nordwesten

Die wenigen Gäste, die hierher kommen, besuchen Verwandte oder Freunde. Selten verirrt sich ein Tourist hierhin, weil es kaum Sehenswertes gibt, das die Strapazen der Anfahrt über ungeteerte Straßen rechtfertigt. Insgesamt bietet die Region wenig Annehmlichkeiten in Form von guten Hotels, Restaurants, Swimmingpools oder ähnlichem. Das Leben der Menschen ist einfach zu hart, um Luxus entwickeln zu können. Es ist sehr heiß hier, Temperaturen von 32 bis 42 Grad sind normal. Wer diese Tatsache bedenkt, wird hier im Norden seinen Frieden wiederfinden, womöglich noch ganz andere Seiten von sich selbst kennenlernen: Sobald man sich über seine wundgelaufenen Füße hinweggesetzt hat und anfängt, richtig hinzuschauen, gibt es allerhand zu entdecken. Manchmal sind es nur Details, die begeistern. Der Einfluß des Islam ist hier am stärksten zu sehen: die Feste, die Hochzeiten, der Alltag sind sehr religiös geprägt, begleitet vom Ruf des Muezzins.

Besonders interessant ist hier auch die **Wohn- und Baukultur.** In der Umgebung von Wa sind wir in der Heimat der *Burgenbauer*. Die Dörfer sind kompakte Einheiten, oft von Mauern umgeben, die wie die Trutzburgen von einst sehr schwer einzunehmen wären. Die Einflüsse der Mande-sprechenden Vorfahren aus dem Sahel sind nicht zu übersehen. Kommt man zu den Enklaven der *Lobi*, die ursprünglich die Herren über das Land waren, sieht die Sache ganz anders aus. Die Lobi bauen Häuser mit Flachdächern, auf denen sie Getreide trocknen, und verraten dadurch ihre Tätigkeit als Bauern.

Vorsicht mit dem **Fotografieren!** Islamisch geprägte Menschen möchten nicht abgelichtet werden. Stets daran denken und entsprechend zurückhaltend agieren. Entweder aus weiter Distanz, ganz unauffällig oder gar nicht. Immer ein Gespür für die Situation finden und entsprechend handeln.

Wa — die Vergessene

Wenn man dann tatsächlich in Wa angekommen ist, merkt man, wie weit man alles hinter sich gelassen hat. Der Süden ist weit weg.

Die Gründung von Wa ist – wie so oft bei den Städten im Norden – auf seine Position an einer Handelsroute zurückzuführen. Hier zogen die Karawanen aus dem Sahelgebiet im Norden an die Küste durch. Als Raststation für die Händler wuchs das Dorf, bis es im 17. Jahrhundert zu einem wichtigen Marktplatz geworden war. Die muslimischen Händler aus dem Sahel bekehrten allmählich die Einheimischen, die dann inbrünstig die Religion des Propheten an-

Westsudanesischer Baustil: Weiße Zinnen ragen auch beim Königspalast von Wa in die Höhe

nahmen. Sie bauten zahlreiche Moscheen in Wa, das zu einer islamischen Hochburg in Ghana wurde.

Große Moschee und Königspalast

Sehenswert ist die **Große Moschee,** *New Mosque,* im westsudanesischen Stil. Im Gegensatz zu christlichen Kirchen ist das Innere von Moscheen allerdings für Ungläubige strikt tabu, ein Rundgang durch die Moscheen ist nicht gestattet. Die Gebäude selbst darf man jedoch fotografieren.

Ebenfalls sehenswert ist der **Königspalast.** Es handelt sich um einen weitläufigen Komplex von Häusern, der die verschiedenen königlichen Clans beherbergt. Unmittelbar vor der *Wa'Naa's Residence* liegen die Gräber aller vorausgegangenen Herrscher. Der Palast selbst wurde in traditioneller Bauweise konzipiert und Mitte des 19. Jahrhunderts gebaut. Die Einflüsse aus dem Sahel sind nicht zu verkennen.

Die verheerenden **Überschwemmungen** von 2007 setzten den Sehenswürdigkeiten der Stadt Wa so zu, daß dringend Hilfe zur Rekonstruktion notwendig ist. Auch der berühmte Königspalast ist bis auf einige Teile der Außenfassade komplett zerstört; daher herrscht im Moment Fotoverbot. Auch die Große Moschee konnte den Wassermassen nicht standhalten und ist weitgehend zerstört. Der Wiederaufbau geht langsam voran, Spenden werden gern entgegengenommen.

Fergusons Grab

In Wa wird die Erinnerung an den treuen Diener der englischen Krone *George Ekem Ferguson* wachgehalten. Als Beamter der kolonialen Verwaltung wurde er in den Norden geschickt, um Freundschaftsverträge mit den dortigen Oberhäuptern zu schließen. Es ist sein Verdienst, daß diese Gebiete heute ein Bestandteil Ghanas sind. 1897 wurde Ferguson von dem berüchtigten Sklavenfänger Samory gefangen. Für seinen angeblichen Verrat im Dienste des weißen Mannes wurde er noch im gleichen Jahr enthauptet. Seine Gebeine liegen irgendwo in der Savanne begraben ...

Verbindungen

Eine Reise nach Wa ist immer beschwerlich, weil sämtliche Straßen in einem schlechten Zustand und deswegen nur mühsam befahrbar sind. Accra ist 894 km und Kumasi 624 km weit weg, Bole 124 km, Damongo 179 km, nach Tumu oder bis zur Burkina-Faso-Grenze in Hamale sind es immer noch 135 km und Lawra an der ivorischen Grenze ist 84 km entfernt.

Durch die Aufwertung zur Regionalhauptstadt sind neue Impulse in das Leben der Stadt gekommen. Zur Zeit wird die gesamte Strecke von Wa – Bamboi geteert.

Bus: Wer kein Auto mitbringt, wird es schwer haben, Wa einigermaßen bequem zu verlassen. Einmal am Tag, gegen 5 Uhr morgens, fahren unkomfortable MMT-Busse in Richtung *Tamale* (via Sawla) bzw. *Bolgatanga* (via Tumu). Die Intercity-STC-Busverbindung von Kumasi wurde eingestellt.

Fahrräder können am Markt für wenige GHC pro Stunde gemietet werden.

Unterkunft & Essen

- ♠ ⊠ ⌂ *Upland Hotel,* 2✱, ✆ 0712/22180 bzw. 0756, P.O. Box 308. Dies ist das einzige 2-Sterne Hotel in der ganzen Region, mit Konferenzzimmer, 2 schönen Restaurants, Bar und großem Parkplatz. 3 km südwestlich vom Zentrum. EZ 8 – 10 €, DZ mit Ventilator 15 €, DZ mit AC 20 €.
- ♠ ⊠ ⌂ *Catholic Guesthouse,* Tegberee, 4 km an der Ausfallstraße nach Nandom; Taxi sollte max. 1,50 € bis hierher kosten. Saubere, preiswerte EZ für 3 €, DZ für 6 € mit fließendem Wasser. Einziger Nachteil: Ohne eigenen Pkw ist es etwas abgelegen.
- ♠ *Kunateh Hotel,* im Ortszentrum, ✆ 0756/22102, bietet einige passable Zimmer zu niedrigen Preisen, EZ 5 €, DZ 7 €. Die guten Zimmer mit AC sind meistens belegt.
- ♠ *Seinu Hotel,* Stadtteil Wapani, ✆ 22010, 10 Zimmer, Parkplätze. 5 – 7 €.
- ♠ *Numbu Hotel* und *Hotel du Pond,* ✆ 0756/20018. Wenn gar nichts mehr geht, kann man hier fragen. Es sind allerdings Unterkünfte, die man nicht richtig empfehlen kann, die aber für eine Nacht doch die Katastrophe abwenden.
- ⊠ Das beste Lokal befindet sich im *Upland Hotel,* wo man drinnen oder draußen gute Portionen zu fairen Preisen bekommt.
- ⊠ *Frantech Decent Restaurant,* ✆ 0756/22623, Gartenlokal nahe Kunateh Hotel. Ghanaische Gerichte.
- ⊠ *Prisoners' Canteen,* schräg gegenüber der Post. Ghanaische Gerichte.

Weitere Informationen

Internet: *Maana Linx Internet Café,* in der Nähe des Krankenhauses, hat 10 schnelle Rechner und ist sehr beliebt. 0,80 € pro Stunde.

Trend Computers Café ist die zweite Möglichkeit in der Stadt, mit ebenso schnellen Rechnern. Hier kostet die Stunde 0,60 €.

Krankenhaus: *Regional Hospital,* ✆ 0756/22007.

Nach Wechiau zu den Flußpferden

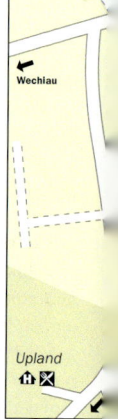

Nach dem Bui-Nationalpark ist das **Wechiau Hippo Sanctuary** der zweite Ort im Land, wo man eine große Anzahl von Flußpferden (rund 50 Tiere) in ihrem natürlichen Habitat bewundern kann. Eine erfreuliche Entwicklung. Außerdem wurden hier rund 250 Vogelarten gezählt. So kann man in der 40 km langen Flußlandschaft nicht nur Pirogen-Safaris machen, sondern auch Vogelbeobachtungen am frühen Morgen. Spannend sind Nachtausflüge, die die Ranger ebenfalls anbieten.

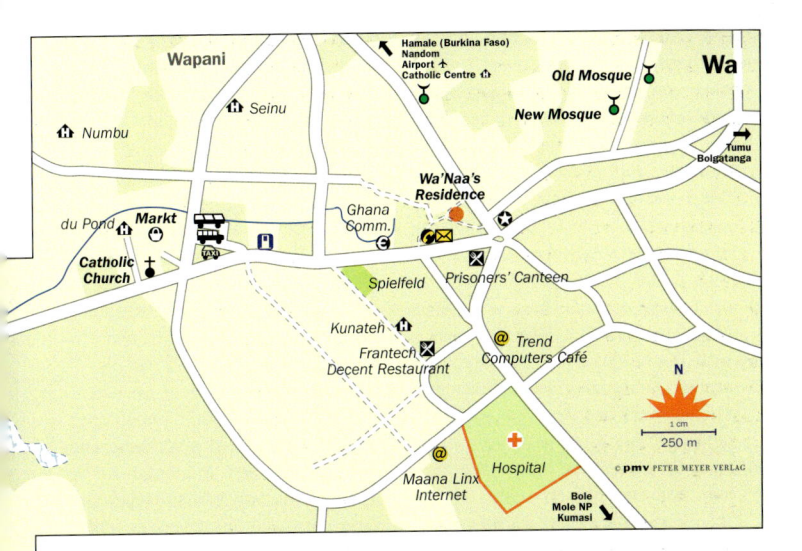

Der Ausflug nach Wechiau (Weschau), rund 45 km von Wa im Grenzland zu Côte d'Ivoire, sollte von Wa aus starten und mindestens eine Übernachtung beinhalten, um die Tiere beobachten zu können. Besonders in der Regenzeit sind die Tiere in der dann üppigen Vegetation schwierig auszumachen. Beste Zeit für eine Tour ist die Trockenzeit von November bis Juni.

Nach Erledigung der Formalitäten und Entrichten der Gebühren im Besucherzentrum von Wechiau geht die Reise weiter zu den Lebensräumen der Hippos: entweder zum **Telewona Camp** (19 km) oder **Tankara Camp** (26 km). Wer ohne Auto nach Wechiau kommt, kann im Besucherzentrum für 1 € ein Fahrrad für die weitere Fahrt mieten. Eine solche Fahrradtour ist sehr anstrengend und dauert rund zwei Stunden in der sengenden Sonne. Bei vorheriger Anmeldung kann alternativ ein Tro-Tro für diesen Abschnitt gechartert werden (hin und zurück rund 20 €). Besucher zu dieser entlegenen und heißen Gegend sollten unbedingt Kopfbedeckung, Proviant und viel zu trinken mitnehmen. In den Camps stehen einfache Lodges zur Verfügung.

Bei einer Tour nach Wechiau sollte nichts vergessen werden: Verpflegung, Moskitonetz und Insektenspray. Für die Nachttouren ist eine Taschenlampe unerläßlich. Um Enttäuschungen zu vermeiden sei gesagt, daß Hippos tagsüber lieber im Wasser bleiben. Oft sieht man nur eine Schnute oberhalb des Wassers.

Abend- und Nachtwanderungen sind hingegen besser.

Anfahrt: Von Wa mit einem gemieteten Allradauto oder einem Tro-Tro ab der großen Car Station in der Innenstadt. Die einstündige Fahrt im Tro-Tro, zunächst gen Süden und bald auf einer staubigen Piste, kostet 0,60 €/Pers. Die beste Zeit zu starten ist morgens zwischen 7 und 8 Uhr.

Hinweis: Auf der Straße nach Wa wird zur Zeit die Strecke zwischen Tinga und Bamboi geteert und soll Mitte 2009 fertig sein.

Eintritt: Die fällige Gebühr von circa 10 € schließt Eintritt zum Schutzgebiet, eine Übernachtung und eine vom Ranger geführte Fluß-Safari in einer Piroge mit ein.

Anmeldung: Für längere Aufenthalte sollte man den freundlichen Leuten vor Ort schreiben, damit sie sich gut auf Ihren Besuch vorbereiten: *Wechiau Hippo Sanctuary,* P.O. Box 569, Wa. www.ncrc-ghana.org.

Auskunft: ↗ Natur & Naturparks, ♦ 19.

Tumu und Gbele-Schutzreservat

Dieses Städtchen unmittelbar vor der Grenze zu Burkina Faso dient Reisenden als Haltepunkt zwischen Wa und Bolgatanga zum Tanken, Essen oder Autowechseln. Wenn dennoch Besucher Tumu als Reiseziel anpeilen, dann weil sie ins **Gbele Resource Reserve** wollen, etwa 55 km südlich von Tumu gelegen. Dort sind verschiedene seltene Antilopen, Büffel, Wildschweine und andere Tierarten zu Hause. Aufgrund der schwachen Kontrollen wird Gbele oft von Wilderern heimgesucht, was sich schmerzlich am Wildbestand bemerkbar macht. Nach der Regenzeit ab Juni entwickelt sich die Savanne zu einer attraktiven Parklandschaft.

Ab Wa sollten Besucher die Strecke Wa – Bolgatanga über *Walembele* nehmen, vorher das **Camp in Wahabu** am Ufer des *Kulpawn* anpeilen. Von Wa oder Navrongo aus kann Gbele im Rahmen eines Tagesausflugs besucht werden. Das *Department of Game & Wildlife* unterhält in Tumu ein Büro (etwas ab von der Bolgatanga Road) und verfügt dort über ein Allradauto, das für rund 20 € gechartert werden kann, vorausgesetzt es ist fahrtüchtig. Ohne eigenes Transportmittel sollte man möglichst vorher den Transport organisieren, sonst ist eine Übernachtung in der Wildnis unausweichlich. Im Reservat selbst sind keine Lodges, und Tumu ist weit. Man kann zur Not im Rangercamp von Wahabu übernachten. Dies setzt allerdings voraus, daß alles für das Camping (Essen und Trinken inklusive) mitgebracht wird.

Andere interessante Orte sind *Jirapa, Nandom* und *Hamile,* alles Ortschaften mit vielen Bewohnern und Missionsstationen, die besucht werden können. Ihre Markttage mit handwerklichen Erzeugnissen sind immer interessant.

Auskunft: ↗ Natur & Naturparks, ● 20.

🏠 *Dubie Top Hill Hotel,* ✆ 0756/22871, kann als das beste im Ort angesehen werden: 4 große, saubere Zimmer mit oder ohne AC, 7 – 10 €.

🏠 *Kings and Queens Hotel, Lims Hotel* und *Government Resthouse,* ebenfalls in Tumu, bieten bescheidene Räumlichkeiten mit Gemeinschafts-WC bzw. Duschen für 3 – 6 €.

Krankenhäuser: *District Hospital,* Tumu, ✆ 0756/22664.

St. Joseph's Hospital, Jirapa, ✆ 0756/2966.

Catholic Hospital, Nandom, ✆ 0756/91164.

DIE UPPER EAST REGION

Wie versteckt liegt die Upper East Region in der äußersten rechten Ecke von Ghana. In dem Bemühen, auch in diesem Gebiet des Landes eine vernünftige Verwaltung zu etablieren, hat gerade diese Region in der jüngsten Vergangenheit eine Verwandlung durchlebt. Ursprünglich als Bestandteil der Nordregion von Tamale aus mitverwaltet, wurde 1960 die Nordost-Region mit Sitz in Bolgatanga geschaffen. 1983 schließlich wurde aus eben dieser »Rippe« eine weitere getrennte Verwaltungseinheit mit Sitz in Wa geschaffen.

Extreme kennzeichnen die Verhältnisse in diesem Teil Ghanas. Hier im »hohen Norden« ist das Land, mit Ausnahme der *Tongo-Hügel* und der *Gambaga-Erhebungen*, sehr flach. Wenn man in der Trockenzeit hierherkommt, wird die Nähe zum Sahel besonders deutlich. Dabei ist der noch mindestens 350 km entfernt! Doch schon hier spürt man seine Kargheit, die immer wieder durch kleinwüchsige Bäume und riesige **Baobabs** unterbrochen wird. Baobabs sind die komischen Bäume mit den großen Stämmen, die nur hoch oben an der Krone ein Blätterkleid aufzuweisen haben. Ihre dicken Stämme, nahezu unverwüstlich und feuerresistent, sind ihre Wasserspeicher, mit denen sie die Trockenzeit überstehen. Das auffallend häufige Vorkommen der Baobabs zeigt, daß das Wasser hier oft knapp wird.

In der **Trockenzeit** regnet es im Nordosten noch weniger als in den Landstrichen um Tamale herum. Die daraus resultierende Wasserknappheit ist jedes Jahr akut. Es ist gar nicht ungewöhnlich, daß die Suche nach Wasser dann zur Hauptbeschäftigung wird. Der trockene Harmattan-Wind aus der Wüste, der zu dieser Zeit über das flache Land streicht, läßt alles Grün verdorren, und bringt nachts viel Kälte mit. Tagsüber knallt die Sonne gnadenlos auf den harten Boden. In der **Regenzeit** dagegen herrschen umgekehrte Verhältnisse. Dann treten plötzlich vorher unbekannte Flüsse aus ihren vertrockneten Betten und überschwemmen große Gebiete. Trotzdem ist das Land fruchtbar. Land-

---

SEHENSWÜRDIGKEITEN DER UPPER EAST REGION

Navrongo: Lehmkathedrale
Paga: Krokodile
Paga-Nania: hist. Pikworo-Sklavenlager
Sirigu: Lehmarchitektur
Tengzug: Tengzug-Schrein
Tongo: singende Felsen
Tono: Tono-See
Widnaba: Kusaasi-Dorftradition

Interessante Märkte:
Die Märkte in dieser Region rotieren alle drei Tage zwischen den Ortschaften. Es genügt, zu fragen, wann der nächste ist und sich ab dann die Reihenfolge zu merken. Interessante Orte für einen Marktbesuch sind **Bawku, Bolgatanga, Gambaga** (UWR) **Navrongo, Paga, Sirigu, Tongo** und **Widnaba**.

Wichtige Festtage:
Bawku: *Don,* Mai; *Samanpiid,* Nov/Dez
Bolgatanga: *Don,* Mai
Navrongo: *Kobine,* Sep
Paga: *Fao,* Nov
Sandema: *Feok,* Dez
Tongo: *Golob,* März; *Boar'Daam,* Nov
Widnaba: *Boar'Daam,* Okt

wirtschaft (Reis, Baumwolle, Gemüse) inklusive Viehzucht sind die Haupterwerbsquellen der Menschen.

Der größte **Fluß** im Nordosten ist der *Weiße Volta*, der größte des Voltasystems. Mit seinen Nebenflüssen *Nasia* und *Kulpawn,* die sich in der Regenzeit zu riesigen Wasserstraßen entwickeln, hat die Region ausreichende Wasserreserven für die Bewässerung von großen Arealen. Der *Vea*- und der *Tono-Stausee* in den gleichnamigen Dörfern, die beide in den 80er Jahren angelegt wurden, sorgen ebenfalls für Wasserreserven.

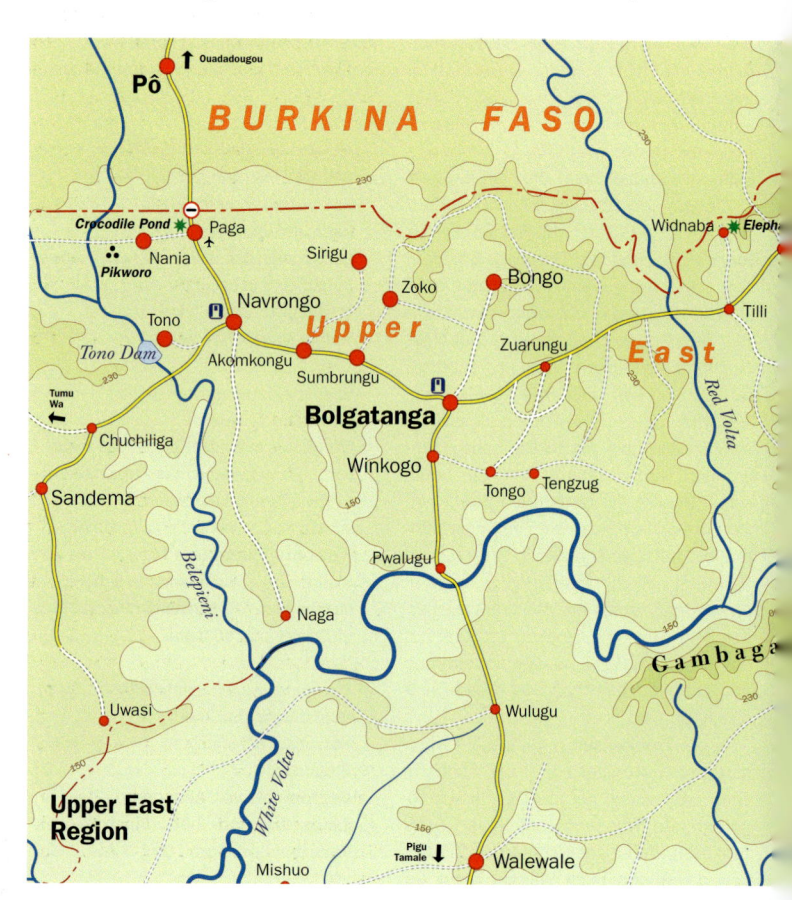

Die **Bevölkerungsdichte** ist unterschiedlich. Während der Distrikt um Sandema nur 12 Menschen pro km² aufzuweisen hat, ist der Distrikt um Bawku mit 280 Menschen pro km² einer der dichtbesiedeltsten im ganzen Land.

Reisen im Nordosten

Der Nordosten hat seinen ganz besonderen Reiz. Was Künstler und Liebhaber der Exotik anzieht, ist die kulturelle Vielfalt auf kleinem Raum und besonders die Architektur. Die verschiedenen ethnischen Gruppen haben sich, angepaßt an ihre jeweilige Lebensart, ganz spezifische Bauarten zugelegt. Die künstlerisch begabten *Kusasi* zum Beispiel bauen große, eng beieinander liegende Häuser, oft *Compounds* genannt, mit runden Grasdächern für ganze Familien, einschließlich deren Vieh. Darin erhält jedes Familienmitglied eine eigene Hütte. Mitten in dieser Ansammlung von Hütten ist ein Hof, auf dem sich das Alltagsleben abspielt, gekocht oder genäht wird und Kinder gehütet werden. Jeder Hüttenkomplex ist mit einer Mauer umgeben. Gute Beispiele der Kusasi-Wohnkultur sieht man in den Ortschaften *Zebila* und *Amkwalaga,* nahe Bawku.

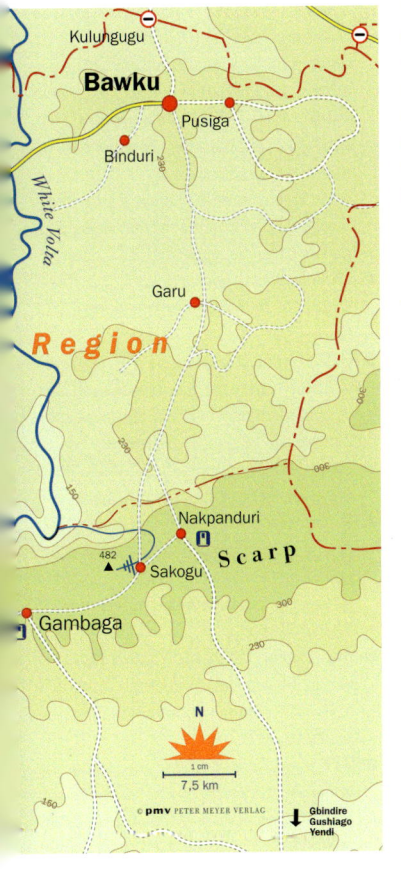

Die Hütten der *Nankanse* sind höher und haben Flachdächer zum Trocknen von Agrarprodukten. Die *Kassena* um Navrongo herum bemalen sorgfältig ihre Häuser.

Bolgatanga

Bolga, wie es von allen liebevoll genannt wird, ist der Hauptort der Nordost-Region. Bolga ist in wenigen Jahren schnell gewachsen. Zählte die Stadt zu Anfang der sechziger Jahre noch 5500 Einwohner, waren es 1970 bereits 18.900, und heute leben über 65.000 Menschen hier. Als Verwaltungszentrum besitzt Bolga die üblichen Attribute: ein paar Schulen, Kino, Kirche, Markt, Krankenhaus, Post, Bank, Tankstellen. Alles in allem eine angenehme Stadt mit ordentlichen Straßen. Jüngst wurde Bolga an das nationale Stromnetz von Akosombo direkt angeschlossen und hat dadurch viele Stromversorgungsprobleme hinter sich gebracht.

Bolga ist nicht sehr groß, und Attraktionen in Form von **Sehenswürdigkeiten** gibt es auch nicht viel, nicht in der Stadt selbst. Wer auf Nummer sicher gehen will, fragt beim ❶ **Tourist-Büro**, das sich neben dem *Information Services Department* auf der Navrongo Road befindet. Zum Kennenlernen empfiehlt es sich, einfach zu Fuß durch die Geschäftsstraßen zu gehen.

Sehenswert ist das **Regional Museum,** wo seit 1998 eine interessante Ausstellung über das Leben der *Lobi* gezeigt wird. Die Lobi, eine kleine ethnische Gruppe im Norden, gelten als »primitiv«, aber die Studie über sie zeigt, wie falsch dieses Urteil ist. Im angrenzenden **House of Culture** wird die Herstellung von Handwerksprodukten aus dem Norden demonstriert.

🅼 Beide Ausstellungen sind kostenlos. Einlaß 9 – 17 Uhr.

Das Volk der *Frafra*, das Bolga seine Stadt nennt, gehört zu den begabtesten Handwerkern Ghanas und fertigt **Leder- und Korbwaren** der höchsten Qualität für das ganze Land. Also wenn Sie nach Bolga kommen, nicht versäumen, in die Geschäfte und auf den **Markt** zu schauen. Gute Souvenirs sind immer drin, und günstiger als hier kriegt man sie nirgends.

Verbindungen

Man kann seinen Wagen hier ruhig stehen lassen und mit dem **Fahrrad** die ganze Gegend erkunden. Das Terrain ist größtenteils flach, Fahrräder sind billig beim Markt zu leihen, und es macht Spaß. Noch ein Vorteil: Man spart Treibstoff, den man vielleicht später dringend benötigen.

Unterkunft & Essen

- *Black Star Hotel,* 1✹, ☏ 072/2346, P.O. Box 40, Bazaar Road. Ein wenig in die Jahre gekommen, jedoch passable Einrichtung für einige Nächte, wenn man es nicht so genau nimmt.
- *Catering Rest House,* im Norden, ☏ 072/2399, P.O. Box 50, hat immer Zimmer frei, sehr wenige Reisende bleiben mehr als zwei Tage hier. Leider ist es sehr trostlos geworden in der großzügig geplanten Anlage. Konzipiert wurde sie als eigenständiges Stadtzentrum mit Swimmingpool, Einkaufspassage etc. Geldmangel hat die Fertigstellung verhindert, geblieben ist nur das Gerippe der Gesamtanlage. Aber eine Art Notbetrieb existiert doch: rund 20 klimatisierte DZ für 8 – 10 €. Das Restaurant hat preisgünstige Gerichte, die nicht über 5 € kosten.
- *Catholic Social Centre,* Bukere, P.O. Box 5, ☏ 22161, hat 24 teils klimatisierte EZ/DZ für 3 – 7 €.
- *Comme çi Comme ça,* 1✹, im Osten, ☏ 22316, beliebte Bar/Restaurant, aber vorhanden sind ebenfalls einige saubere Zimmer für 18 – 42 € pro Nacht.
- *Hotel Oasis,* South Estates, Tamale Road, P.O. Box 297; 11 Zimmer, 5 – 10 €.
- *Nsamini Guesthouse,* Navrongo Road, ☏ 23403, das relativ neue Haus mit 6 Zimmern und Gemeinschaftseinrichtungen ist inzwischen bei Individualtouristen beliebt. EZ/DZ 3 – 5 €.
- *Royal Hotel,* ☏ 22376, Tamale Road, 19 einfache, saubere Zimmer am Stadtrand, teils mit Gemeinschaftseinrichtungen; EZ/DZ 4 – 5 €.
- *Sand Garden Hotel,* 1✹, Daportingdongo, P.O. Box 47, ☏ 23464, Off Zuarungu Road. Hat 29 Zimmer mit Bad/WC, teils AC. EZ 5 – 8, DZ 12 – 20 €. Großer

Biergarten und Restaurant mit umfangreicher Speisekarte vorhanden.

🏠 🍴 *Sinat Minat Lodge*, 1★, Navrongo Road, ✆ 22605, außerhalb, gegenüber der Bolgatanga Technical School. Modern und gut eingerichtete Zimmer für 20 – 50 € pro Übernachtung.

🏠 🍴 *Sira Lodge*, 1★, Navrongo Road, ✆ 244-57, ebenfalls außerhalb der Stadt und nicht sehr weit von dem obigen Haus entfernt. Auch hier sind die Zimmer modern und gut eingerichtet. Eine Übernachtung kostet 18 – 40 €.

🏠 🍴 🛏 *Hotel St. Joseph*, im Zentrum, ✆ 072/23214, P.O. Box 10, hat 16 gemütliche Zimmer. EZ mit Gemeinschaftsduschen ab 6 €, DZ 8 €, DZ mit WC, Dusche und AC 12 – 20 €.

UPPER EAST REGION: BOLGATANGA

Restaurants

✕ **The Diplomat,** SSNIT-Haus, ✆ 22427, ein kleines Lokal mit gutem Essen in klimatisierten Räumen; keine Sitzmöglichkeit draußen, was schade ist.

✕ 🛏 *Comme çi Comme ça,* Daportingdongo, ✆ 22355 oder 22316, ist hauptsächlich ein Restaurant mit Bar. Das Restaurant mit großer Auswahl ist das beste der Stadt, seine luftigen, strohgedeckten Chalets dienen als Bar und gehören zu den beliebtesten Trinklokalen in Bolga.

✕ *Swad Restaurant,* Navrongo Road, im Gebäude der Ghana News Agency, ✆ 24126, bietet Fast-Food in vielen Variationen an. Sehr gut für alle, die keinen Reis mehr sehen können.

Weitere Informationen

Informationen: *Tourist Board,* Navrongo Road, ✆ 072/23416, P.O. Box 395.

Upper East Coordinating Council, P.O. Box 50, Bolgatanga, ✆ 072/22040 oder 22424.

Reiseveranstalter: *Tanga Tours,* Black Star Hotel, Bolga, ✆ 024/4816767, www.tangatours.org; eine belgisch-ghanaische Organisation veranstaltet diverse Touren, Preise sind Verhandlungssache. Es können auch Fahrräder und Motorräder geliehen werden: Fahrrad 4, Mountainbike 5, Mofa 15, Motorrad 40 € am Tag.

Rasheed Anaba, ✆ 024/6445348, www.geocities.com/downafrica. Der beliebte Guide Prinz Abdullah ist nicht mehr da, aber mit Rasheed Anaba, der die Touren jetzt führt, ist ein guter Ersatz gefunden.

Geldwechsel: *Hopewell Forex Bureau,* Afteba Road, hat sehr gute Wechselkurse.

Barclays Bank, Commercial Street, hat einen Geldautomaten.

Internet: *Globe Express,* Afteba Road, bietet die besten Möglichkeiten zum Surfen. Viele Reisende behaupten, hier die schnellsten Verbindungen in ganz Ghana gesehen zu haben.

Krankenhaus: *Regional Hospital,* ✆ 071/22-461.

Die singenden Felsen von Tongo

Nur 7 km südöstlich von Bolgatanga in den *Talensi-Bergen* liegt das Dorf Tongo. Unmittelbar vor Anstieg der Berge gelegen, kann Tongo als das Tor zur Heimat der Talensi- und Nabdam-Völker angesehen werden. Ein Phänomen hat Tongo berühmt gemacht. Hier gibt es singende Felsen. Zwischen Dezember und März fegen die trockenen Harmattanwinde aus der Sahelzone durch die Gegend, werden durch die vielen Ritzen und Höhlen der Talensi-Berge gepreßt, was melodische Pfeiftöne erzeugt. Während dieser Zeit wandern Besucher durch die Felder, auf der Suche nach der schönsten Musik.

Allerdings kommen die wenigsten Besucher deswegen hierher. Tongo ist vielmehr der Standort von zwei sehr farbenfrohen, lebendigen **Festen,** die mit Inbrunst zelebriert werden: Das *Golob Festival* im März vertreibt die Lethargie der Trockenzeit und läutet die fette Jahreszeit ein, das *Boar Dam Festival* Ende Oktober dankt den Göttern für die reichliche Ernte.

Der Schrein von Tengzug

Rund 4 km östlich von Tongo liegt Tengzug, von den Einheimischen *Tengzuuge* genannt und Standort einer der berühmtesten **Kultstätten** in Ghana. Ab Tongo steigt die Straße steil an, hinauf in die kargen Talensi-Berge voller Felsen, Steine, Höhlen und zu den typischen Gehöften der fleißigen Bauern. Man befindet sich in einer herrlichen Landschaft mit weiten Panoramablicken, die bis zum Tal des Roten Volta und der Gambaga-Hochebene reichen.

Die vielen Felsvorsprünge und Höhlen hier sind die Heimat etlicher Gottheiten, die von der Bevölkerung verehrt werden. Seit Jahrhunderten sind einige dieser Kultstätten Zielort von Gläubigen und Touristen. Der berühmteste von allen ist der Schrein der Gottheit **Ba'ar Tonna'ab Jaa-re**, der in einer Höhle in einem Berg oberhalb von Tengzug existiert. Ein kleines Besucherzentrum heißt Tagesgäste willkommen, bevor die Tour zum Schrein beginnt. Eine Besichtigung des großen Hauses des Priesters mit seinen 20 Frauen und 305 Verwandten ist möglich. Ba'ar Tonna'ab Jaa-re erfüllt jeden Wunsch eines Bittstellers, der es bis hierher schafft. Davor natürlich muß eine aufwändige Zeremonie mit Opfergaben und Bittgängen organisiert werden, der Priester des Schreins wohnt gleich nebenan und sagt genau was benötigt wird. Beim Eintreten in den Schrein muss der Oberkörper komplett frei sein, bei beiden Geschlechtern. Die Hose darf man anbehalten, muss sie aber bis zu den Knien hochkrempeln. Sollte ein Wunsch in Erfüllung gehen, muß der Bittsteller versprechen, etwas Gutes für den Priester und seine Gemeinde zu tun. Zur Zeit hat er sechs Autos in Tengzug stehen, die er nicht unbedingt braucht.

Wasser, Konserven und Knabberzeug für den Ausflug nicht vergessen, da es sich um eine sehr ländliche Gegend handelt, in der keinerlei Restauration vorhanden ist. Wer die Hitze gut vertragen kann, hat eine tolle Gelegenheit, das liebliche Bergland zwischen Tongo und Tengzug zu Fuß zu erkunden. Die Hartgesottenen dürfen sogar an der Bolga-Tongo-Abfahrt aussteigen und die 7 km zu Fuß bewältigen. Die schönste Zeit ist zwischen Juni und November.

Verbindungen

Der Trip zu den Felsen und dem Schrein sollte wie eine Pilgerfahrt betrachtet werden, für die Menschen hier ist das Gelände heilig genug. Ohne Einverständnis des Chiefs läuft nichts und seine Tür wird sich nur nach einem Obolus in Form von Schnaps oder Geld öffnen.

Anmeldung: Vor Besichtigungen sollten sich Besucher im *Visitors' Centre* anmelden und die entsprechenden Gebühren bezahlen: Eintritt 2 €, 1 € für die Besichtigung des Hauses, 1 € für den Besuch des Schreins.

Tro-Tro: Von Bolga (Station Zuarungu Road) nach *Tongo* rund 30 Minuten.

Nach *Tengzug* zu kommen, ist etwas problematisch, weil keine regulären Transportmöglichkeiten dorthin existieren. An Markttagen (alle drei Tage) verbindet ein Tro-Tro die Talensi-Dörfer mit Tongo. Besucher nach Tengzug müssen die 4 km entweder zu Fuß ablegen oder eine Gruppe bilden und ein Taxi für einen halbtägigen Ausflug mieten (20 – 30 €).

Unterkunft: Es gibt keine Unterkünfte für Touristen in Tongo bzw. Tengzug, wohl aber Camping und gelegentlich die Chance, bei Einheimischen zu übernachten.

Navrongo, Tono und Paga

Mit Bolga als Basis könnte man innerhalb eines Tages den Distrikt Navrongo-Paga erkunden, ohne das Hotel zu wechseln. Die 32 km bis Navrongo legen

Sammeltaxis innerhalb einer halben Stunde zurück. Während der Regenzeit ist dies eine schöne Strecke. Die gut ausgebaute internationale Straße führt durch eine liebliche Kulturlandschaft voller wogender Hirsefelder, schön bemalter Lehmbauten und stolzer Baobabs.

Die Kathedrale von Navrongo

Navrongo hat um die 10.000 Einwohner, in ihrer Mehrheit Kleinbauern und Händler. Das Städtchen ist eine katholische Hochburg mit Bischofssitz und vielen kirchlichen Einrichtungen. Hier haben die *Orden der Weißen Väter* bzw. *Schwestern* fest Fuß gefaßt. Um das Jahr 1860 hatte der französische Kardinal *Charles de Lavigerie* die Missionstätigkeit in Afrika erneut angeregt. 1906 kamen die ersten Priester nach Navrongo, 1919 wurde mit dem Bau der **Kathedrale** begonnen. Heute ist sie die Hauptattraktion der Stadt. Zum ersten Mal wurde der Versuch gemacht, afrikanische Baukunst bzw. »Kunst am Bau« in Szene zu setzen. Gelungen ist die Umsetzung von christlichen Themen in alltägliche afrikanische Motive. Bemerkenswert ist die Tatsache, daß die Kunstwerke von Frauen geschaffen wurden, die im Norden traditionell für die Verschönerung von Bauten zuständig sind. Es bietet sich an, die Kathedrale sonntags zu besuchen, um die Mischung aus afrikanischem Ambiente mit Gesang und Getrommel und christlichem Gottesdienst mitzuerleben.

Picknick am Tono-Stausee

Je nach Interessenlage bietet sich ab Navrongo eine Tour zum **Tono-Stausee** an. Dort kann man angeln, bootfahren oder Vögel beobachten. In den 1970er Jahren zu Bewässerungszwecken angelegt, hat der mittelgroße See das Gebiet und das Leben der Menschen völlig verändert. Die Bauern sind ihre Wassersorgen los, einige sind Fischer geworden und man kann sogar frischen Fisch (Tilapia) in den Restaurants rundherum bestellen. Das Gebiet wurde zudem Heimat vieler **Vögel**. Gesichtet wurden rund 70 Arten, darunter Bart- und Stelzvögel, Fisch- und Silberreiher, Pirol, Gabarhabicht, Bussard, Schwarzbauch- und Senegaltrappe sowie Schwarzkehlchen, Sporniebitz, Senegalkiebitz und Senegalrake sowie Schwalbenschwanz-, Weißkehl- und Zwergspint. Auch nachts gibt es gute Gelegenheiten, seltene Vögel zu beobachten.

Am See selbst ist keinerlei Bewirtung möglich, das heißt, alles Nötige für ein Picknick mitnehmen. Zur Einkehr steht das *Tono Guesthouse* zur Verfügung, allerdings liegt es 2 km nördlich vom See. Der Tono-See ist circa 7 km von Navrongo entfernt, man nimmt zunächst die Straße nach Sandema bzw. Tumu und biegt nach rund 2 km rechts ab. Zu erreichen nur per Taxi oder Fahrrad.

Die heiligen Krokodile von Paga

Die Hauptstraße nach Burkina Faso führt von Navrongo direkt zum Provinznest Paga, berühmt, weil es die allerletzte Ortschaft vor Burkina Faso ist. Pagas Rolle ist einfach die einer Grenzstadt, allerdings ohne die Geschäftigkeit und Hektik, die normalerweise mit solchen Orten verbunden sind.

Allerdings ist Paga auch bekannt als Touristenziel. Denn im Ort gibt es zwei Teiche voller Krokodile. Der erste, größere **Chief's Pool** liegt unmittelbar vor dem

Auf einem Felsplateau befand sich der Eßplatz für die gefangenen Menschen: Die Vertiefungen dienten vielleicht dazu, Getreide zu mahlen oder Essen zu fassen

Grenzposten und soll die meisten Tiere haben. Seine Lage am Rand der Hauptstraße ist nicht zu verfehlen. Der zweite – **Zenga Pool** – liegt östlich hinter der Ortschaft und beherbergt die größeren Tiere. Da nicht auf Anhieb zu finden, sollten Besucher im Dorfzentrum nach dem *Chief's House* fragen. Hier gibt es einige arbeitslose Jungs, die sich als Führer ausgeben, also aufgepasst. Laut Legende sind die Krokodile mit den Menschen hier verwandt und werden geschützt. Insgesamt sollen ungefähr 200 Tiere in den beiden Teichen leben. Obwohl keineswegs zahm, tun sie nichts, solange die Wärter dabei sind. Um sie aus dem Wasser zu locken, kauft man ein Huhn, das dann den Echsen geopfert wird. Ein Hühnchen kostet mindestens 3 €, der Eintritt 1,50 €.

Der kleine **Palast** des örtlichen Chiefs selbst ist ebenfalls sehenswert, ein gutes Beispiel der Architektur im Norden Ghanas. Auf Wunsch und nach Zahlung eines Freundschaftspreises (1 €) gibt es eine kleine Besichtigung des Hauses.

Der Sklavenmarkt von Nania

Rund 2 km westlich von Paga, unmittelbar hinter dem Dorf Nania, befindet sich der **Pikworo-Sklavenmarkt,** eine verborgene, guterhaltene Leidensstätte von einst. Den Angaben zufolge war dieses Camp während des Höhepunktes des Sklavenhandels zwischen 1840 und 1870 das größte im Nordosten Ghanas. Rund 200 Menschen wurden hier regelmäßig zusammengepfercht, bevor sie weiter nach Süden transportiert wurden. Zu sehen sind die Eßplätze, der Versammlungsort, der Friedhof, der Wachturm und der Folterplatz.

Der schnellste Weg zum Camp ist natürlich mit dem Taxi für circa 4 € hin und zurück. Oder man mietet ein Fahrrad im Zentrum von Paga für rund drei Stunden à 0,50 €. Oder man läuft einfach hin und zurück.

Eintritt: Ausländer 4 €, Gruppenmitglieder, Entwicklungshelfer und Studenten 3 €, Kinder 2 €; jede geführte Stunde 1,50 €. Ghanaer 1,80 €, Studenten 1 €, Kinder 0,50 €.

Verbindungen

Navrongo ist 106 km von Tumu, 192 km von Tamale, 114 km von Bawku und 288 km von Yendi entfernt. Paga ist 130 km von Bawku, 208 km von Tamale, 576 km von Kumasi und 846 km von Accra entfernt.

Navrongo wird mehrmals täglich von Bussen, Minibussen und Tro-Tros von Tamale und Kumasi erreicht. Nur 9 km von der Burkina-Faso-Grenze entfernt, ist das Städtchen zwangsläufig eine Durchgangsstation für alle Reisende, nach Burkina Faso.

Tono ist nur mit dem Taxi zu erreichen. Mit dem Taxifahrer gleich die Zeit für die Rückfahrt vereinbaren, sonst muß man die 5 km bis Navrongo per Pedes zurücklegen.

Paga: Wenn man Paga vor 18 Uhr erreicht, kann man ab der Grenze mit dem Sammeltaxi sehr schnell nach Navrongo bzw. Bolga zurückfahren.

Unterkunft & Essen

Navrongo:

- ♠ ✕ 🏠 *Mayaga Hotel,* 1★, ✆ 0742/22327, hat 20 akzeptable Zimmer zwischen 6 und 8 €. Es gibt sogar eine Suite für 15 €. Im Restaurant wird frischer Fisch aus dem Tono-See serviert. Auch im Angebot ist *Perlhuhn mit Yam-Bällchen,* das man vorbestellen sollte.
- ♠ ✕ 🏠 *St. Lucion Guesthouse,* auch als *Community Centre* bekannt, ✆ 0742/22707, bei der Taxi-Station. Saubere Zimmer mit Ventilator oder AC 5 – 7 €. Angeschlossen ist ein großer Hof, der als Bar und Restaurant dient. Hier kann man auch etwas anderes als Reis und Huhn bekommen, aber den dortigen Jollof zu kaltem Bier kann man trotzdem empfehlen.
- ♠ *Tono Guesthouse,* ungefähr 2 km vom Stausee, laut Aussage einiger Weltenbummler ist dies das sauberste überhaupt in Ghana. Es kostet um die 12 € pro Nacht.
- ✕ *Tiko's Bar,* nahe der Intercity-STC-Haltestelle im Zentrum hat gutes Essen.
- ✕ *Mayfair Spot,* im Zentrum, gleich gegenüber der Car Station, hat immer gute, laute Musik, kühle Getränke und recht akzeptables Essen für Gäste parat.
- ✕ ✕ *Tono Irrigation Projects Clubs* hat einen Swimmingpool, den die zahlende Öffentlichkeit Dez – Ende Mai mitbenutzen darf, Eintritt rund 1,50 €. Im Clubhaus kann man ebenso Tischtennis und Billard spielen wie faulenzen.

Paga:

Oft werden die heruntergekommenen Zimmer im Chalet neben dem Chief's Pool zuerst angeboten. Man sollte sie getrost ablehnen, weil es bessere Alternativen gibt. Zum Beispiel:

- ♠ ✕ *Kubs Lodge,* ✆ 0243/243444, ein bescheidenes Hotel direkt an der Grenze, DZ 8 – 15 € je nach Ausstattung. Angeschlossen ist ein gutes Restaurant mit laufendem TV und lauter Musik.
- ✕ Direkt an der Grenze, neben dem Zollhaus, befindet sich ein Freiluft-Restaurant ohne Namen, das die üblichen eisgekühlten Getränke, Pasta- und Reisgerichte im Angebot hat.

Sirigu und Widnaba

Wer tiefere Einblicke in das Leben der Menschen im ländlichen Raum Nordghanas erhalten möchte, hat in *Sirigu* und *Widnaba* ausführlich Gelegenheit dazu. Davor muß das leidige Transportproblem gelöst werden; besonders in den Tagen ohne Marktgeschehen. Oft wird das Mieten eines Taxis für eine Tagestour unvermeidbar sein. Passionierte Radfahrer können in der Innenstadt von Bolga auch Fahrräder für Ganztagstouren zu den Zielorten mieten.

Sirigu ist bekannt für seine besondere **Architektur mit kunstvoller Bemalung.** Das Dorf liegt in Grenznähe zu Burkina Faso, ungefähr 35 km von Bolgatanga entfernt. Obwohl Navrongo näher liegt, ist es einfacher, von Bolga aus zu starten, da von dort eine reguläre Tro-Tro-Verbindung existiert. Von Bolga geht die Reise zunächst bis *Akomkongu,* dort rechts ab und noch 17 km auf einer Piste bis Sirigu weiter. Im Ort bitte nach dem **SWOPA Centre** fragen, dort warten Leute, die sich auf Ihren Besuch freuen. Das Zentrum hat sogar nette Hütten für Besucher, die bleiben möchten. Um einen vorbereiteten Empfang zu haben, sollte man sich mindestens einen Tag vor Ankunft ankündigen. Dann sind die Getränke gekühlt und das Essen ist gekocht. Eine Dorfbesichtigung, die zum Markt, Königshaus und zum Schrein führt, kostet 2 €, zweitägige Workshops für Töpferei, Malerei, Hausbau und -dekoration sind möglich. Das Zentrum hat auch eine kleine Verkaufsgalerie mit Produkten bzw. Souvenirs aus dem Ort.

❶ **SWOPA Centre:** ✆ 072/24378. Anmeldung bei Frau Kasise, ✆ 0244/8222232, 822276 oder 23432.

Widnaba ist ebenfalls ein kleines Nest im Tal des Roten Volta, unweit der Grenze. Das **Ökotourismus-Dorf** ist auf jeden Fall einen Besuch wert. Es gibt viele **Führungen**, die jeweils 1,50 € kosten, und Aktivitäten wie Vogelbeobachtung, Tour zu einem ehemaligen Sklavenlager, Wanderung im Bereich des Grenzgebiets, Radfahren, Bergsteigen, Führung durch die Ortschaft und Begegnung mit den Einheimischen. Wer hoffte, hier Elefanten beobachten zu können, wird enttäuscht. Sie kommen seit ein paar Jahren aufgrund der Klimaveränderungen nicht mehr in dieses Gebiet.

Stattdessen kann man verschiedene kulturelle Darbictungen sehen. Man sollte sich dafür einen Tag vorher anmelden, damit alle Tänzer und Musiker auch anwesend sind. Zuständig für alle Besucher ist das *Visitors' Centre* im Ort. Die Mitarbeiter in dem kleinen Dorf sind nicht zu verfehlen, sie warten eh den ganzen Tag auf Gäste.

❶ ⌂ **Widnaba Ecotourism,** ✆ 024/6654409. Für rund 5 € gibt es eine Übernachtungsmöglichkeit in sehr einfachen Hütten ohne Strom; Essenswünsche sollten gleich nach Ankunft in Widnaba geäußert werden.

✱ **Tip:** Bei der Anreise sollte man wie beschrieben die Straße Richtung Bawku nehmen, aber nicht bis Tili, sondern bis Zebila fahren und von dort die Abzweigung nach Widnaba nehmen. Die Straße ab Tili ist besser für Fahrräder und Motorräder geeignet. Oft warten dort die Dorfbewohner mit Motorrädern auf Fahrgäste nach Widnaba; sehr hart verhandeln.

Die Grenzstadt Bawku

Bawku (*Borku*) liegt in der nordöstlichsten Ecke Ghanas, hat annähernd

22.000 Einwohner und dient Reisenden nach Burkina Faso oder Togo als letzte Station. Die Nordgrenze bei *Kulungugu* ist nur 8 km entfernt, *Pusiga* in Richtung Osten (Togo) ist 25 km weg.

Wie in allen Grenzstädten hat sich auch in Bawku eine Mischkultur etabliert. Halb verschleierte Frauen der *Peuhl-* oder *Fulani-Völker* zum Beispiel, die normalerweise weiter im Norden des Sahel wohnen, sind keine Seltenheit in Bawku. Sie sind meist an ihren aufwendigen Schmuckornamenten zu erkennen. Manchmal sind sie hellhäutig. Auffällig sind auch die muskulösen Bauern von stattlichem Körperbau, die an Markttagen die Szene beherrschen.

Überhaupt ist der **Markt** die Hauptattraktion in Bawku. Alle drei Tage ist Markt, gleichzeitig mit Bolgatanga. Damit verschieben sich die Wochentage. Vor allem Montags ist dort die Hölle los, wenn Hunderte von Bauern herkommen, um ihre Produkte zu verkaufen. Hier sieht man Früchte und Gegenstände, die man im Norden sonst nirgendwo sieht. Eine Erkundungstour über den Markt, um herauszufinden, was so alles angeboten wird, könnte ein sehr interessanter Tag werden.

Es gibt keine Industrie in Bawku. Geld wird mit der heimischen Verarbeitung von Sheanüssen zu Butter, Mehl und Öl erwirtschaftet; ein Teil der Nüsse gelangt auch nach Übersee, wo sie zu Extrakten für die Kosmetikindustrie verarbeitet werden.

Der andere touristische Höhepunkt befindet sich im nahegelegenen **Pusiga**, wo ein *Schrein* zu Ehren von *Naa Gbewaa*, erster König der Mamprusi, steht.

Verbindungen & Informationen

Bawku liegt 32 km östlich von Zebila, 78 km von Bolgatanga, 245 km von Tamale, 341 km von Yendi.

Auto: Von Tamale geht es zunächst auf der nördlichen Hauptstraße in Richtung Bolga, von *Walewale* führt die Straße über Gambaga und *Nakpanduri* (56 km) nach Bawku. Sie ist ungeteert und anstrengend zu fahren. Allradantrieb ist sinnvoll.

Bus: Es gibt eine tägliche Intercity-STC-Busverbindung von Tamale nach Bolgatanga, von dort über Zuarungu und Zebila.

Minibus: Bis Bolga fahren, an der dortigen Car Station umsteigen.

Krankenhaus: *Presbytarian Hosp.,* © 0743/22700.

Achtung: Landstreitigkeiten im Nordosten Ghanas haben häufig zu gewalttätigen Konflikten geführt. Obwohl Touristen bisher nicht betroffen waren, rät das Auswärtige Amt zur Vorsicht bei Reisen in dieser Gegend. Besonders *Bawku, Binduri, Gushiegu, Pusiga* und *Zabzugu* sind Unruheherde, in denen sogar nächtliche Ausgangssperren verhängt werden.

Übernachtung & Essen

Man hat grundsätzlich nur drei Möglichkeiten, einigermaßen zivilisiert zu schlafen.

- ⬆ *Hollywood Hotel,* etwa 3 km außerhalb auf der Straße nach Bolga ist in Ordnung, aber isoliert. Große Zimmer mit Ventilator und Duschwasser aus Eimern, 7 €.
- ⬆ *Presbytarian Guesthouse,* gleich hinter der katholischen Kirche. Große, einfache, saubere Zimmer zu 5 €.
- ✖ Im *Him Hotel* kann man zwar nicht gut übernachten, aber einigermaßen ordentlich essen. Hier und in allen Eßlokalen gibt es gegrillte Perlhühner zu Brot, Yams, Reis und Kenkey.

OST-GHANA & VOLTA-GEBIET

Upper East Region
Upper West Region
Northern Region
Volta Region
Brong-Ahafo Region
Ashanti Region
Eastern Region
Ho
Koforidua
Western Region
Central Region
Greater Accra
Atlantik

NATUR & NATURPARKS

GESCHICHTE & GEGENWART

MENSCHEN & KULTUR

REISE-INFORMATIONEN

ZU GAST & LANDESKÜCHE

ACCRA & GREATER ACCRA

DIE KÜSTE & DER WESTEN

ASHANTI & BRONG-AHAFO

DER NORDEN

OST-GHANA & VOLTA-GEBIET

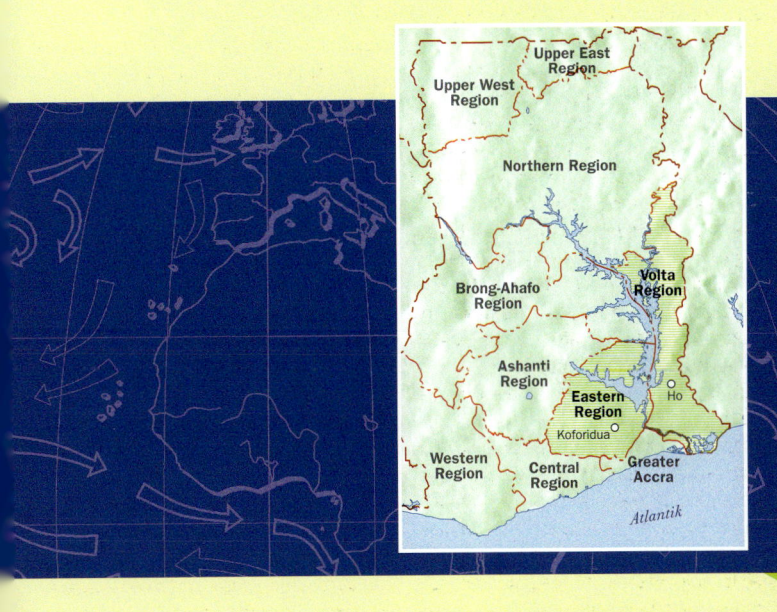

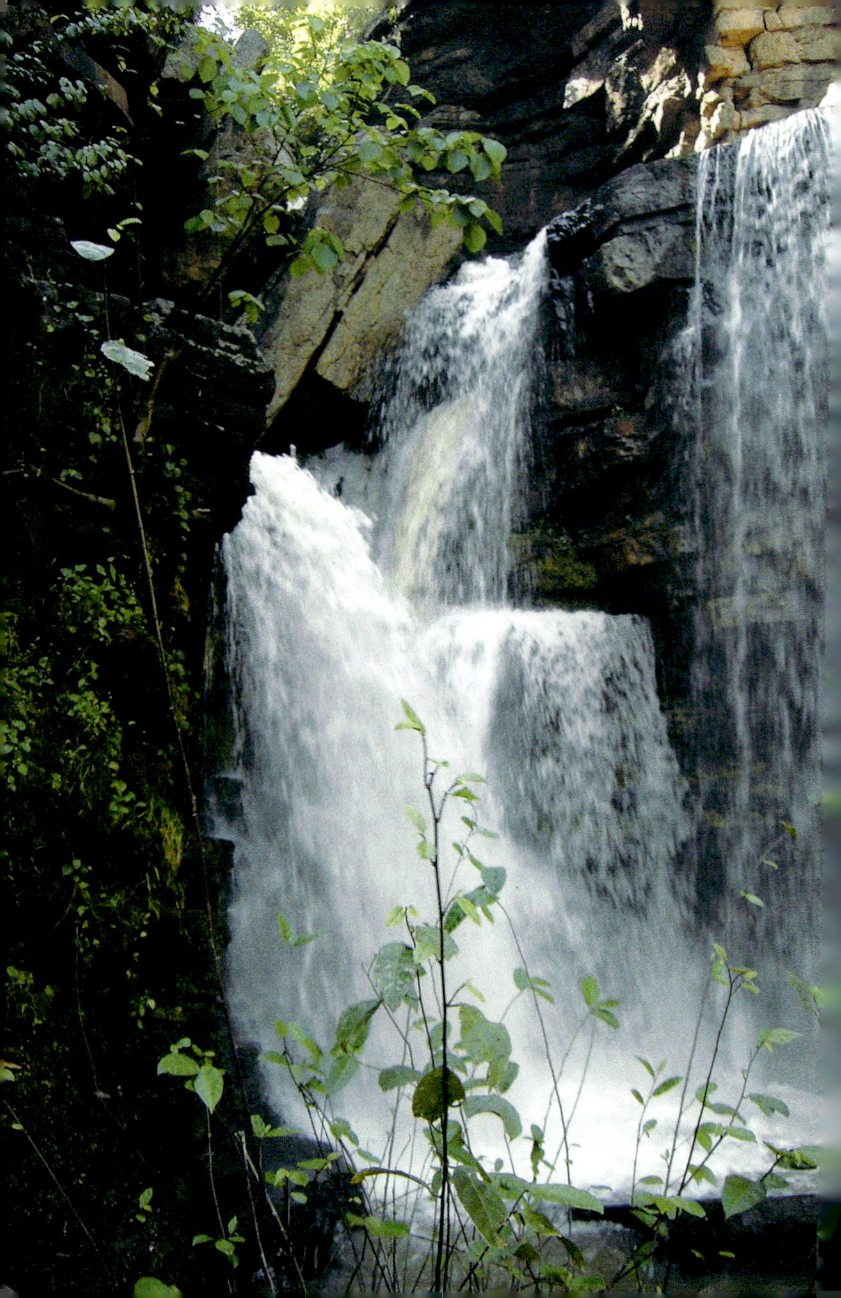

DIE GRÜNEN BERGE DER EASTERN REGION

Die Eastern Region ist ungefähr 20.000 km² groß und landschaftlich anmutig mit sanften Bergen, flachen Tälern und friedvollen Ortschaften auf fruchtbarem Boden. Unmittelbar hinter Accra erheben sich die langgestreckten, kammartigen Berge, die sich nordwestlich und nordöstlich von der Küste ins Landesinnere ausdehnen. Die Berge haben ihre Namen von den verschiedenen Stammesgebieten erhalten: Akwapim, Akim, Kwahu, Juaben.

Von Aburi bis kurz vor Koforidua bilden diese **Berge** das *Akwapim-Hochland,* das seine Fortsetzung in der Akwapim-Togo-Kette in der Volta-Region findet. Von Nsawam bis Kibi steigt die Landschaft zu den *Atiwa-Bergen,* die quer zur Mampong-Stufe liegen, steil an und verläuft in Nordwest-Südost-Richtung. Auf ihr liegen parallel verlaufend die *Kwahu-Berge,* die sich von Begoro bis Obo erstrecken und sanft zum Voltasee auslaufen. Insgesamt handelt es sich um eine Landschaft mit Mittelgebirgscharakter, die Höhen bis 800 m erreicht. In dieser lieblichen Landschaft liegen versteckt einige schöne Wasserfälle und interessante, wenn auch kleine Naturparks, die es zu entdecken gilt.

Von der Nordflanke der Kwahu-Berge aus kann man die zerrissene Form des Voltasees gut erkennen. An schönen Tagen kann man vom hochgelegenen *Abetifi* aus auch die flache *Afram-Ebene* klar sehen, die ihre Landzungen auf der anderen Seite des Sees ins Wasser schiebt und im Norden durch den *Obosum-Fluß* begrenzt wird. Die dünn besiedelten Afram Plains sind das einzige Flachlandgebiet in Ost-Ghana.

Tosend: In der Regenzeit wird der Akaa-Wasserfall bei Huhunya richtig eindrucksvoll

Trotz der verschiedenen Namen der **Volksgruppen** – *Akim, Akwamu, Akwapim, Juaben, Kwahu* – ist die Bevölkerung ein Teil der großen Akan-Gemeinschaft, die die gleichen Traditionen und ähnliche Bräuche pflegen wie ihre Stammesverwandten in Ashanti oder an der Küste. Auch ihre Sprache ist die gleiche, nur in den Dialekten unterscheiden sie sich voneinander. Lediglich das Gebiet um Odumasi und Somanya wird von den *Krobo* bewohnt, die mit den Shai und Ga an der Küste die ethnische Gruppe der *Ga-Adangbe* bilden.

Früher dienten die Berge als Rückzugsgebiet für die militärisch schwachen Völker. Dadurch konnten sie ihre Kultur und Sprache gut erhalten und pflegen. Paradoxerweise waren diese relativ unzugänglichen Gebiete später Ziel der ersten protestantischen Missionare, für die es im wohltuenden Klima der Berge leichter war, die Menschen zu bekehren. Tausende wurden getauft, es wurden Schulen gegründet und Kirchen gebaut. In den Bergstädtchen entstanden einige der ersten Bildungseinrichtungen Ghanas. Auch heute noch stammen die prominentesten Kirchenmänner Ghanas aus diesem Gebiet.

Obwohl das Land überwiegend fruchtbar ist, sind die Bergbewohner im allgemeinen keine begeisterten Landwirte. Besonders die *Kwahu* sind in Ghana als gewiefte, tüchtige und deswegen wohlhabende Geschäftsleute bekannt. Ihre Städte zeigen es. Dort, wo es vom Terrain her möglich ist, hat die Landwirtschaft trotzdem eine gewisse Bedeutung, so etwa bei den arbeitsamen *Krobo*. Die Gebiete um New Juaben und Kibi sind als Kakaozentren wichtig.

Reisen in Ost-Ghana

Die touristischen Angebote im eigentlichen Sinne sind sehr einfach. Aber mit ein wenig Zeit im Gepäck kann man in dieser wald- und wasserreichen Gegend seine Tage mit Angeln, Wandern und Bootfahren verbringen. Eine Tour könnte zum Baumriesen von **Esen-Epam** führen, eine andere über die Berge zwischen Accra und **Koforidua**. Entlang dieser Strek-

---

SEHENSWÜRDIGKEITEN EASTERN REGION AUF EINEN BLICK

Aburi: Botanischer Garten
Adasawase: Wasserfälle, Höhlen und Vulkankrater
Akim Oda: Big Tree
Akosombo: Staudamm
Akropong-Awukugua: Geburtsort von Okomfo Anokye
Atimpoku: Volta-Wasserlandschaft
New Tafo: Kakaoforschungsinstitut
Atiwa: Atwirebu Forest Reserve
Bunso: Arboretum

Interessante Märkte:

Aburi: tägl. Souvenirmarkt | **Adawso:** Di, Fr | **Asesewa:** Mo, Mi | **Akyim Enyiresi:** Do | **Koforidua,** *Agatha Market:* Mo, Fr | **Nkurakan:** Mo |

FESTE IN OST-GHANA

Odwira:

Aburi, Akropong, Amanokrom, Sept – Okt: *Odwira* bedeutet Erneuerung der Bande zwischen den Lebenden und den Toten, es ist eine Zeit der Freude, das Fest sehr farbenfroh.

Ngmayem:

Krobo-Odumase, Somanya, März – April: Das traditionelle, sehr bewegende Neujahrs- bzw. Erntedankfest der Yilo- und Manya-Krobo wird zwischen März und April von Stadt zu Stadt gefeiert.

Dipo:

Somanya, März: In anderen Ländern Afrikas ist dieser Brauch mehr verbreitet, in Ghana ist Dipo, das von den Krobo gefeiert wird, die einzige öffentliche Einführungszeremonie und damit für Touristen wohl die einzige Gelegenheit, diese mitzuerleben. Es geht um die Einführung der jungen Frauen in die Gesellschaft. Die Kandidatinnen, meist zwischen 12 und 14 Jahre alt, werden in traditioneller Aufmachung vorgestellt. Es ist eine Art Schönheitswettbewerb, bei dem die Vorzüge der jungen Damen zur Schau gestellt werden.

Weitere Festtage:

Abetifi: *Okwawuman Afahye,* Feb
Akuse: *Volo,* Exodusfest, März
Akwamufie: *Apafram,* Jan
Asutuare: *Osudoku,* Mai
Atimpoku: *Yam-Festival,* Sep
Kibi: *Ahumkan,* Juni
Koforidua: *Akwantukese,* Nov
Krobo-Odumase: *Dipo* zwischen 14. und 18. April
Mpraeso, Nkawkaw: *Akwasidae Kese,* Jan

ke befinden sich malerisch gelegene Bergdörfer mit einigen der ersten Häuser, die die Missionare im 18. Jahrhundert errichteten. Eine dritte Tour sollte zum **Botanischen Garten** von Aburi und zum **Akosombo-Staudamm** am Volta führen, der sehr eindrucksvoll ist.

Ein Vorteil für viele Ausflugsziele in der Ostregion ist ihre Nähe zu Accra. Etliche können bequem innerhalb von zwei Stunden von Accra aus erreicht werden, ohne das Hotel wechseln zu müssen.

IM WESTEN DES OSTENS

Wer in nordwestliche Richtung Accra verläßt, erreicht nach 23 km zunächst Nsawam, die Ananas-Hauptstadt Ghanas, bevor es in das funkelnde Herz der Eastern Region geht – das Diamantenzentrum um Akwatia.

Bis **Nsawam** dauert die Fahrt mit dem Auto von Accra aus auf dem gutausgebauten Highway Richtung Kumasi zwanzig Minuten. Das wichtige Handelsstädtchen mit circa 20.000 Einwohnern und einem großem Markt lebt vom Ananas-Geschäft. Die Früchte werden in großem Stil auf Plantagen kultiviert und in mehreren Fabriken weiterverarbeitet. Ein Großteil der Ernte wird mittlerweile auch nach Europa exportiert, als »Flug-Ananas« erscheinen die Früchte auf deutschen Märkten.

Akim Oda und Akwatia

Das sind zwei Diamantenstädte fast im äußersten Westen der Eastern Region. **Akim Oda** am *Birim River* hat 12.000 Einwohner und ist eingebettet in einen dichten Waldgürtel von stiller Schönheit. In der näheren Umgebung befindet sich der **Big Tree,** mit den stattlichen Maßen von 10,37 m Umfang und 66,11 m Höhe der größte Baum Westafrikas! Er steht im **Forstreservat von Esen-Epam** bei *Asantemanso*. Es ist denkbar einfach, hin zu gelangen. Ob von Accra oder Cape Coast, man nimmt irgendeinen Minibus in Richtung Akim-Oda. Wenn Sie zum Fahrer »Big Tree« sagen, hält er an der Abzweigung, die zum Baum führt. Ein Häuschen mit Wärter steht zum Empfang bereit. Bis zum Baum sind es dann 270 m ohne Führung. Es handelt sich hier um einen 500 Jahre alten Bako-Baum, *tieghemalla heckelii*. Oft kommen Traditionalisten hierher, um dem imposanten Baum, der ihrem Glauben zufolge eine Seele hat und heilig ist, mit Opfergaben zu huldigen. Für die Rückfahrt bleiben Sie einfach mit gehobenem Daumen am Rand der Hauptstraße stehen, bis ein Minibus Sie mitnimmt.

Auskunft: ↗ Natur & Naturparks, ● 21. 1 € Eintritt, es sind keine touristischen Einrichtungen vorhanden.

Zusammen mit **Akwatia** bildet Oda das **Diamantenzentrum Ghanas.** Hauptsächlich werden große Mengen an Industriediamanten gewonnen, was Ghana zum fünftgrößten Diamantenstaat Afrikas macht. Wegen des regen Schmuggelgeschäfts ist hier mit häufigen Kontrollen zu rechnen. In Akwatia bekommen Interessierte eine Führung über die in Tagebauweise betriebene Anlage.

Verbindung & Unterkunft

Von Accra geht's am schnellsten mit dem **Auto** über Winneba und Swedru. Sonst kann man Akim-Oda auch per Tro-Tro über Nsawam und Asamankese erreichen.

Akim Oda:
- 🏨 Ankomah Lodge, 1★, ✆ 0882/2815, P.O. Box 444, großer Parkplatz, 10 – 16 €.
- 🏨 GME Motel, auf der Hauptstraße nach Akwatia, ✆ 0882/22320, P.O. Box 205, 13 Zimmer, 8 – 15 €.
- 🏨 Madarena Hotel, 11 bescheidene Zimmer ebenfalls im Zentrum, 6 – 15 €.
- 🏨 Morning Star Hotel, ✆ 0882/2144, Stadtzentrum, Low Budget Haus mit 10 DZ, 6 – 15 €.
- 🏨 Top View Lodge, 4 DZ zu 10 €.

Krankenhaus: *District Hospital*, ✆ 0882/22007.

Akwatia:

Besucher sollten besser in Akwatia übernachten, wo die Diamantengesellschaft ein gutes Gästehaus sowie Sporteinrichtungen unterhält:
- 🏨 GCDC Guesthouse, 4 gut eingerichtete DZ mit Küche; Bar, Tennis und Golf. EZ 15 €, DZ 22 €. Vorherige Anmeldung ist nicht erforderlich, aber bei Gruppen sehr zu empfehlen: *Ghana Chamber of Mines*, ✆ 021/760652, Fax 760653.
- 🏨 Filadefia Hotel Annex, P.O. Box 44, 8 – 15 €, Essen auf Anfrage.
- 🏨 Syldorf Everest Hotel, P.O. Box 137, 8 – 15 €, Essen auf Anfrage.

Krankenhaus: *St. Dominic Hospital*, ✆ 0244/810658. Katholisches Krankenhaus mit 6 deutschen Ordensschwestern.

KOFORIDUA UND DIE KWAHU-BERGE

In Ghana ist die Hauptstadt der Ostregion wegen ihrer angeblich so schönen Frauen bekannt. Ob das stimmt …? Mit offenen Augen durch die Straßen von Koforidua zu laufen, ist jedenfalls sicher nicht verkehrt.

Koforidua ist eine freundliche, angenehme Provinzstadt mit circa 70.000 Menschen. Die Tallage der Stadt, umschlossen von den sanften *Juaben-Bergen* mit dem markanten Berg *Obuotabiri* im Hintergrund, gibt Koforidua ein eigenes Flair.

☀ **Tip:** Ausflüge zur Bergspitze sind per Taxi möglich. Die Rundreise von circa 12 km kostet circa 6 €, inkl. Wartezeit. Vom Obuotabiri ist die Aussicht über die Berglandschaft einfach umwerfend schön!

Die Stadt verdankt ihr Wachstum dem **Kakaoanbau**. Zu Beginn dieses Jahrhunderts brachte die Investition in dieses Geschäft lohnende Rendite mit sich. Der steile Aufstieg der Stadt erlitt durch einen mysteriösen Pilzbefall der Kakaobäume einen herben Einbruch, führte aber nicht zu einem völligen wirtschaftlichen Zusammenbruch. Koforidua besaß genügend Eigendynamik, um ein wichtiges Zentrum der Forst- und Landwirtschaft zu bleiben. Heute noch bilden Handel und Landwirtschaft die beiden Säulen im wirtschaftlichen Leben der Stadt. An **Markttagen** strömen Hunderte von Bauern aus den umliegenden Dörfern hierher, um ihre Produkte in der Provinzhauptstadt zu verkaufen. Koforidua wird durch viele junge Leute belebt, die hier eine der zahlreichen Schulen besuchen.

Märkte in und um Koforidua

Wer es ruhig liebt, kann sein Quartier in Koforidua aufschlagen, um das interessante Umland kennenzulernen. Denn Anziehungskraft besitzen auch die vielen Marktstädtchen in der Umgebung. Sie sind bunt, lebendig und immer einen Besuch wert.

Ein Meer von Plantains: Die Kochbananen eignen sich leider nicht zum rohen Verzehr

Agatha Market: In der Stadt selbst empfiehlt sich ein Abstecher zu diesem Markt am Jackson Park. Hauptsächlich werden hier Lebensmittel aus dem Umland verkauft. Mo und Fr sind sehr belebt und deshalb interessant.

Adawso Market: Zwischen Mamfe und Koforidua am Fuße des Akwapim-Bergkammes. Textilien, Handwerksprodukte, Gemüse, Lebensmittel. Di, Fr.

Asesewa Market: Ein alter Marktflekken nördlich von Koforidua, spezialisiert auf Lebensmittel. Mo, Mi.

Akyim Enyiresi: von Accra 170 km in Richtung Kumasi; hervorragend für Korbwaren.

Wasserfälle, Höhlen und schöne Wanderungen

Viele Besucher in Koforidua machen als erstes einen ganztägigen Ausflug zu den Wasserfällen in der Gegend um *Huhunya* nördlich von Koforidua. Es empfiehlt sich, früh zu starten, denn es gibt relativ viel zu sehen bzw. zu unternehmen. Im Umkreis von circa 5 Kilometern gibt es drei Wasserfälle, etliche Steinkuriositäten und Höhlen und damit auch viele Gelegenheiten zum Wandern!

Zunächst fährt man 7 km auf der Straße nach Adukrom bis zum Dorf **Nkurakan,** das an Markttagen (Mo) zum Leben erwacht. Links neben dem Markt beginnt die Nebenstraße, die nach **Huhunya** und schließlich zu den Wasserfällen führt (insgesamt 20 km). Die Straße ab Koforidua ist durchgehend sehr gut befahrbar und bietet nach dem Abzweig in Nkurakan zahlreiche Landschaftspanoramen. Ein großer Wegweiser zeigt den Weg zum ersten Wasserfall, den **Akaa Waterfalls.** Nach einem kurzen

Fußmarsch hört man das Getöse schon, aber noch müssen 122 Betonstufen nach unten bewältigt werden.

Info: Eintritt 1,50 €. Das Kassieren und die Führung geschehen in Eigenregie der Einheimischen. Die Zuständigen kommen Ihnen bereits bei der Ankunft entgegen, um ihres Amtes zu walten.

🏃 Falls die Zeit dafür reicht, empfiehlt es sich, für weitere 1,50 € eine geführte Wanderung zunächst zu den nahegelegenen **Obosabea-Steinen** zu unternehmen. Wegen der rätselhaften Formen auf den Steinen werden Sie hier Legenden zu hören bekommen, die Sie nicht mehr aus dem Staunen herauskommen lassen werden. Danach kommt die fast 2-km-Wanderung zu den **Obuom-Höhlen,** die früher angeblich bis zu 10.000 Leuten Unterschlupf in Kriegszeiten boten!

Von hier sind es nur 1,5 km bis zu den wenig bekannten **Nsuta Waterfalls** auf dem gleichen Fluß. Ein Waldweg führt durch ein grünes Tal zu den Wasserfällen. Da etwas abseits gelegen, eignet sich der Besuch als Teil einer großen Wanderung, weil jede Besichtigung extra Geld kostet.

Erst dann folgt die Weiterfahrt zum berühmteren Wasserfall, den **Boti Waterfalls** – etwa 3 km entfernt. Der Wasserfall befindet sich gleich hinter den Häusern, man hört ihn schon vom Parkplatz aus. Auch hier kosten der Eintritt und die Fotoerlaubnis je 1,50 €. Der Wasserfall selbst ist schön, aber wenig spektakulär. In zwei großen Strahlen fällt das Wasser vom circa 35 m hohen Felsen zu Boden. Die Gegend ist durch ihre üppige Vegetation wildromantisch und lädt zum Verweilen ein. Dies kann man im *Boti-Gästehaus* mit zwei Fremdenzimmern oder in der angeschlossenen *Bar* ausdehnen (kein Essen).

Das Gebiet um den Boti-Wasserfall eignet sich sehr gut für einen halbtägigen Aufenthalt. Eine zweistündige Wanderung mit Führer (weitere 1,50 €) bringt Besucher zum sogenannten **Umbrella Stone.** Auf dem gleichen Weg ist eine seltene **dreigabelige Ölpalme** zu bewundern.

✸ **Tip:** Der *Pawnpawn River*, in dessen Lauf die Wasserfälle entstanden sind, führt nicht immer Wasser (Nov – April). In den Regenmonaten (Mai – Sep) ist er aber wasserreich und ein schönes Ausflugsziel.

✸ **Tip:** Es gibt dort keine Bewirtung, also empfiehlt es sich, alles Erforderliche für ein schönes Picknick einzupacken. Sie sollten früh starten, damit Sie die Dunkelheit nicht überrascht. Gutes Schuhwerk, Wasser und Sonnenschutz unbedingt mitnehmen.

Verbindungen

Koforidua ist 85 km von ✈ Accra entfernt und schnell zu erreichen, auch mit Tro-Tro und Kleinbus (von Tudu-Station). Von Koforidua

Botschaft des Himmels? Obosabea-Stein

Steinpilz: Der Umbrella Stone thront auf einem Hügel

sind es 194 km nach Kumasi, Akosombo 82 km, 59 km nach Kibi.

Auto: Entweder über *Nsawam* und *Suhum* auf der gut ausgebauten Hauptstraße nach Kumasi; das ist etwas länger, aber schneller. Oder über die Höhenstraße über *Aburi* und *Mamfe*. Es ist die schönere Route, die über die Akwapim-Berge führt.

Fähren: ab *Adawso* und *Nketepo*, ↗ Reise-Informationen.

Unterkunft

▲ ✕ ⌂ *Capital View Hotel*, 2✶, P.O. Box 1099, ✆ 26873 und 20874; mit 19 bequemen DZ, Restaurant, alfresco-Bar in ruhiger Lage. Je nach Größe und Lage des Zimmers 30 – 40 €.

▲ ✕ ⌂ *St. James Hotel*, 2✶, ✆ 23165, Densuegya Rd., 3 km vom Stadtzentrum, ✆ 3165, saintjameshotel@hotmail.com. 23 Zimmer, alle mit Minibar, TV und AC, Bad/WC ausgestattet. DZ 28 –35 €.

▲ ✕ ⌂ *Mac-Dic Royal Plaza Luxury Hotel*, 3✶, www.royalplazahotel.org, ✆ 081/26-476; hat sich nach umfangreichen Renovierungsarbeiten zu einem Luxushotel, wenn nicht zum besten der Stadt, gewandelt. Die klimatisierten Zimmer mit TV, Telefon und Minibar kosten 55 – 115 €, je nach Ausstattung. Bar und Restaurant sind gut, der Service ist allerdings schleppend wie eh und je.

▲ ✕ *Partners MAY Hotel*, 2✶, ✆ 231.138, in einem Garten gelegen. Ein schönes neues Restaurant mit guten ghanaischen Gerichten ist nun vorhanden. Die Zimmerpreise sind entsprechend gestiegen: Standardzimmer 15 – 25 €, Suite (mit AC, TV, Minibar) ab 35 €.

▲ ✕ ⌂ *Eredec*, 1✶, Forces Street, circa 2 km vom Zentrum, ✆ 23234. War früher gut, jetzt ein wenig vernachlässigt. 40 Zimmer mit WC/Dusche, EZ 12 €, DZ 20 €.

▲ ✕ *Kes Hotel*, 1✶, P.O. Box 824, ✆ 23326, ein bodenständiges, einfaches Hotel mit freundlichem Service. Die Zimmer, teils klimatisiert, sind für 6 – 8 € zu haben.

▲ ⌂ *Eastland Hotel*, Old Estate, hat eine Bar, aber kein Restaurant, einfache Zimmer mit Ventilator, Dusche/WC 5 – 8 €.

▲ *GNAT Hostel*, ✆ 22746, Fax 23591, am südöstlichen Stadtrand in Richtung Accra, hat 20 gute Zimmer für 8 – 10 € anzubieten.

▲ ✕ *Starland Hotel*, Old Estate, ✆ 22664, das bessere der 3 in Old Estate, hat 10 Zimmer, teils klimatisiert, für 8 – 15 €. Nicht zu verachten ist sein gutes Restaurant mit schmackhaften Hühnergerichten.

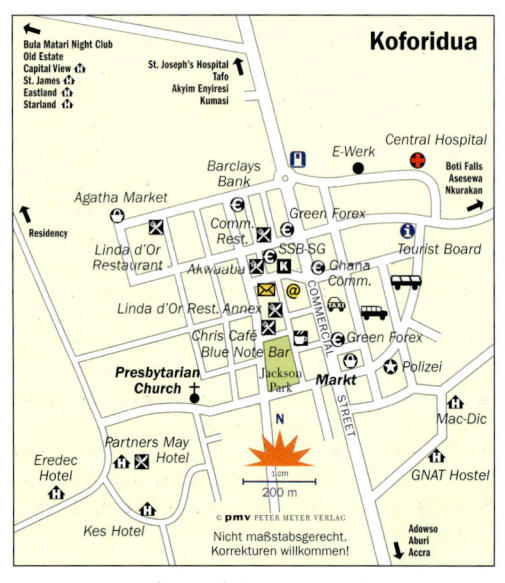

Essen & Trinken

- **Akwaaba Restaurant,** im 1. Stock des SSNIT-Gebäudes, gehört zu den besten Restaurants der Stadt. Hier wird internationale Küche in feinem Ambiente serviert. Die Bedienung ist aufmerksam, die Preise sind durchaus akzeptabel. Der Ableger im Zentrum, unweit des *Chris Cafés*, bietet chinesisches Essen und ghanaische Snacks an.
- *Chris Café,* beim Jackson Park, der Ableger des Akwaaba hat einen irreführenden Namen, weil hier preiswerte, gute ghanaische Gerichte serviert werden und nicht Kaffee und Kuchen.
- *Commercial Restaurant,* im Telex Office-Gebäude untergebracht, einfache, aber gute ghanaische Küche zu niedrigen Preisen.
- *Linda d'Or,* beim Agatha Market, seit eh und je *das* Restaurant in Koforidua. Es bietet immer noch gute Mahlzeiten und ein gepflegtes Ambiente. Eine große Freiluftbar mit kühlen Getränken sorgt für eine entspannte Atmosphäre. Mittags gibt es auch Snacks und Gegrilltes.
- *Linda d'Or Annex,* neben dem Telecom-Gebäude, hat das gleiche Angebot wie im Mutterhaus, allerdings kann man hier nicht im Freien essen.
- *Blue Note Bar* im Stadtzentrum, nahe Jackson Park, Getränke und Snacks werden von aufmerksamen Kellnerinnen serviert.
- *Bula Matari Night Club,* Old Estate Junction. Ein geräumiges Freiluftlokal mit Tanzveranstaltungen am Wochenende. Snacks und Getränke in reichhaltigem Angebot.

Weitere Informationen

Geldwechsel: Theoretisch ist Geldwechseln in allen Banken der Region möglich. Praktisch aber handelt es sich um Provinzorte, die wenig mit Tourismus zu tun haben, weshalb man in Koforidua tauschen sollte.

Green Forex Bureau, Adu Sarkodie Street, Ofosua House, © 21949, Commercial Street, © 28337.

Barclays Bank, Hospital Road, © 081/22228 oder 22354, wechselt problemlos Reiseschecks und hat einen Geldautomaten für Visa-Card-Besitzer.

Telefonvorwahl: 081.

Krankenhäuser: Das *Central Hospital* in Koforidua ist das größte in der Region.

St. Joseph's Hospital, Koforidua, ist ein katholisch geführtes Krankenhaus mit exzellenter orthopädischer Abteilung.

Kleinere Krankenhäuser gibt es in Achiase, Akim Oda, Akroso, Akwatia, Asamankese, Begoro, Akuse, Mpraeso-Atibie, Suhum, Tafo und Somanya.

Das Kakao-Institut

24 km von Koforidua entfernt liegt an der Straße nach Kumasi in **New Tafo** das **Institut für Kakaoforschung.** Es ist ein wirklich lohnendes Ausflugsziel. Das Forschungszentrum des *Cocoa Research Institute of Ghana (CRIG)* betreibt an diesem Ort seit 1938 Forschung in Sachen Kakao, Kaffee, Tee und Karité-Butter (Sheanut) sowie andere einheimische oder eingeführte Bäume mit fetthaltigen Früchten. Das Institut befaßt sich zudem mit einer der beiden am weitesten verbreiteten Krankheiten des Kakaos, der *Black Pod Disease.* Bei dieser, auch Schwarzfäule genannten, Krankheit legt sich ein Pilz auf Blätter, Stamm oder Früchte und trocknet diese von innen aus. Die Ausbreitung der Krankheit kann zwar durch Entfernen und Verbrennen der befallenen Früchte eingedämmt werden, doch jedes Jahr gibt es wegen ihr riesige Ernteausfälle. Betroffen sind vor allem Regionen mit relativ niedrigen Temperaturen und einem sehr feuchten und niederschlagsreichen Klima.

Eine Besichtigung des Instituts und der angrenzenden Kakaofarm gibt interessante Einblicke in die Behandlung der Rohprodukte für die Schokolade. Es lohnt sich, an einer Führung teilzunehmen, so kann man von den Spezialisten vor Ort fast alles über die »goldene Pflanze« Ghanas lernen.

In begrenztem Umfang werden hier Cremes, Seifen, Gin, Weinbrand und Wein auf Kakaobasis produziert und zum Verkauf angeboten.

Info: CRIG, *Institut für Kakaoforschung,* P.O. Box 8, New Tafo, ✆ 081/22029 oder 22221, crig@crig.org, www.cocobod.gh. Vorherige Anmeldung ist nicht erforderlich, aber bei Gruppen sehr zu empfehlen. Zur Zeit kosten die Führungen 0,50 €.

Verbindung: Das Institut ist problemlos ab Koforidua Car Station zu erreichen; die Tro-Tros in Richtung New Tafo fahren in der Nähe des Marktes ab. Zurück ist die Car Station im Zentrum von Tafo die richtige für Taxis und Tro-Tro.

🏠 🍴 🍸 @ Das Institut verfügt über Gästehaus, Restaurant, Bar, Golfplatz, Swimmingpool und Internet-Café. 12 Zimmer, 10 – 50 €.

Geheimnisvolles Atiwa-Atwirebu

Zwischen New Tafo und Nkawkaw liegt 12 km südlich der Hauptstraße nach Kumasi **Kibi,** ein friedliches Nest mit viel Tradition. Früher waren hier evangelische Missionare sehr aktiv. Außer der schönen Lage umgeben von den Akim-Bergen und ihrer traditionellen Stellung als Sitz des *Omanhenene von Akim,* bietet Kibi selbst nicht sehr viel für Touristen. Der Ort wird nur zum *Odwira-Fest* im Dezember sehr lebendig.

Ein guter Grund, dieses Gebiet nicht so schnell zu verlassen, ist der **magische Wald von Atiwa-Atwirebu,** ein *Naturreservat,* 10 km außerhalb Kibis in Richtung Accra gelegen. Kurz vor dem Ortsschild von *Sagyamase* geht es links ab auf eine Piste, die zunächst in den Wald und anschließend rund 700 m hinauf in die Berge führt. Oben angelangt endet die Piste, man befindet sich bereits im Reservat, spätestens jetzt sollte man sich feste Schuhe für ein kleines Abenteuer im sagenhaften Dschungel anziehen.

Beim Eindringen in den Wald verläßt man die äußere Welt für einige Zeit, es tut sich ein natürliches Paradies auf, voller verborgener Schönheit, nahezu unbekannt, lebendig. Die unzähligen seltenen Blumen und mannshohen Farne lassen die Herzen aller Naturliebhaber höher schlagen. Dazu gesellen sich unzählige bunte Schmetterlinge. Wenn das alles keine Wirkung erzielen sollte, bleibt noch das beklemmende, angsteinflößende Gefühl, das die ungewohnten Vogelstimmen, seltsamen Geräusche und das Tiergebrüll hervorrufen. In der Ferne hört man das ominöse Rauschen von noch unentdeckten Wasserfällen. Je länger man hier verweilt, desto mehr wird man zu einem Teil der überragenden Natur.

Es empfiehlt sich, eine Tour in Begleitung von Botanikexperten zu unternehmen; Auskunft in Bunso.

Auskunft: ↗ Natur & Naturparks, ● 22
Verbindung: Auf dem Accra – Kumasi-Highway ist Kibi 93 km von Accra (über Suhum), 29 km von Bunso, 30 km von New Tafo, 80 km von Nkawkaw sowie 59 km von Koforidua entfernt. Schlafen sollte man am besten in Tafo oder Koforidua und dort dann ein Taxi oder Bus mieten.

Unbekannte Naturschätze

Naturliebhaber sollten sich Zeit nehmen, um die schöne Mittelgebirgslandschaft bis 650 m um **Anyinam** zu durchstreifen. Bisher wurden die potentiellen Möglichkeiten des Tourismus hier kaum ausgeschöpft. Doch in den nahen Bergen befinden sich die **Quellen** der Flüsse *Birim* und *Densu*. Und in den umliegenden Gemeinden von Anyinam warten Naturschenswürdigkeiten auf ihre Entdeckung: In *Adasawase* gibt es 5 **Wasserfälle,** in *Ahankrasu, Osubenkrom* und *Pameng* weitere 3 Wasserfälle. Erst vor drei Jahren wurde nahe Adasawase der zweitgrößte Wasserfall Ghanas – der **Tini Waterfall** – beiläufig entdeckt! Ein 60-m-Ungetüm, dessen Antlitz sich aber erst nach einem zweistündigen Waldmarsch offenbart. Eine Piste wurde inzwischen von Anyinam bis 2 km vor den Wasserfall gebaut.

ℹ *Atiwa District Assembly,* P.O. Box 14, Kwabeng.

Bunso und Begoro

Dieser ausgedehnte Ausflug führt zu den Städtchen der Umgebung Koforiduas *Osiem, Bunso, Begoro.*

Ihr erstes Ziel hinter New Tafo sollte direkt nach **Bunso** führen, ein Katzensprung von circa 20 Minuten mit dem Auto. Bunso selbst hat nichts zu bieten, aber kurz vor dem Städtchen liegt eine Agrarversuchsstation, die noch zum CRIG-Institut gehört und die man besichtigen kann. Von Tafo kommend, kündigt ein Schild das **Bunso Arboretum** (Baumgarten) an. Nach der Eintragung ins Besucherbuch beginnt eine einstündige Tour mit einem Führer, der von den verschiedenen Bäumen im Park erzählt. Anhand dieser »Baumschule« werden Farmer und Biologen im Umgang mit den Bäumen, Früchten und Krankheiten geschult. Die Tour ist so angelegt, daß sie oben am ruhig gelegenen Gästehaus endet, wo es Getränke und eine Übernach-

tungsmöglichkeit für Romantiker und Ruhesuchende gibt.
Eintritt: 1,50 €.

🔼 🛉 🍴 ⛺ *Arboretum Guesthouse,* 027/540-124, 081/24124, P.O. Box 7, Bunso; mit 3 geräumigen Schlafzimmern plus Wohnraum. DZ 1 Person 10, 2 Personen 15 €. Suite für 4 Personen 22 €. Auf dem Gelände kann für 1,50 € gezeltet werden.

Verpflegung: Wer zu übernachten gedenkt, sollte Sachen zum Kochen mitbringen oder ein Picknick einpacken.

🔼 *Mensco Hotel,* P.O. Box 19, Anyinam, ✆ 081/24326; von Accra kommend am Ortseingang, einfache EZ/DZ für 6 – 10 €.

🔼 🍴 🛉 ⏰ *Stopping Point Hotel,* Asiakura – Kumasi-Road, P.O. Box 41, ✆ 081/241-89, 0277/14394, stoppingpoint2002 @yahoo.com; modernes Haus im Zentrum des Städtchens, Dachterrasse. EZ/DZ für 12 – 22 €, je nach Komfort.

In die Berge nach Begoro

Nach dem Besuch des Arboretums können Sie einen Abstecher in die südlichen Ausläufer der *Kwahu-Berge* machen. Fahren Sie dazu zurück nach **Osiem**, im Prinzip nur eine Kreuzung, doch hier können Reisende ohne eigenes Auto für die Fahrt in die Berge umsteigen. Allein die 20minütige Fahrt nach Begoro ist schon interessant, die geteerte Straße führt langsam, aber stetig auf die Hochebene hinauf. Dann erscheint **Begoro**, ein grünes Städtchen mit rund 5000 Einwohnern, das ebenfalls eine Agrarforschungsstation besitzt.

Von Interesse sind drei mittelgroße **Wasserfälle**, zu denen ein 2 km langer Wanderweg führt. Keine spektakuläre Sache, aber für Entdecker recht spannend. Da der Weg zu den Wasserfällen nicht beschildert und sonst auch nicht leicht zu finden ist, ist man auf die Hilfe der Einheimischen angewiesen. Jedes Kind kennt den Pfad bis zu den Fällen, die besser in der Regenzeit von April bis September besucht werden sollten.

Begoro hat drei *Gästehäuser,* die für Übernachtungen empfohlen werden können:

🔼 🍴 *Sweet Memories Hotel,* im Norden, ✆ 081/23005, P.O. Box 31, bietet Essen und Übernachtung in bescheidenen, aber sauberen DZ an, 10 – 15 €.

🔼 *St. Monica's Lodge,* im Stadtzentrum, hat Zimmer für 5 – 10 €, Essen auf Nachfrage.

🔼 🍴 *Dorcas Hotel,* im Süden, ✆ 081/25434 oder 22614, P.O. Box 21, kontert mit 6 Zimmern für 5 – 10 €, gutes Restaurant.

Nkawkaw

Ab New Tafo in Richtung Kumasi fängt es an, interessanter zu werden. Die Landschaft wird vielseitiger, sie gewinnt an Höhe; ab **Anyinam** fährt man langsam in die Ausläufer der Kwahu-Berge. Nach anderthalb Stunden ist **Nkawkaw** (circa 25.000 Einwohner) erreicht. In der Ferne machen sich bereits die Konturen des anschließenden Berglandes bemerkbar. Mit seiner schönen Lage am Fuße des imposanten Kalksteinmassivs auf der Hauptstraße nach Kumasi besitzt Nkawkaw nicht nur einen natürlichen Anziehungspunkt, es ist auch ein wichtiger Verkehrs- und Handelsknotenpunkt mit Verbindungen nach mehreren Seiten. Nkawkaw ist das Tor zum gesamten Kwahu-Bergland. Von hier aus führt die Straße hinauf zu den hübschen Städten der Kwahus auf der Hochebene und weiter zu der Afram-Ebene jenseits des Voltasees. Die Stadt eignet sich sehr gut als Basis für eine kurze Pause, in denen man die Bergregion auf eigene Faust entdecken kann. Zu den Pluspunkten dieser Stadt gehören auch die preiswerten **Töpferwaren,** die man hier kaufen kann. Wer in der unmittelbaren Umgebung weiterstöbert, stößt auf zahlreiche Dörfer, die schöne Bauerntöpfereien machen. *Oframase, Kwahu-Nsaba, Mpraeso-Amanfram* sind solche Orte mit stolzer Töpfertradition.

Verbindung & Unterkunft

Nkawkaw liegt fast genau auf halber Strecke zwischen Accra und Kumasi. Die Car Station in Nkawkaw befindet sich neben dem Markt, von hier fahren Busse in alle Richtungen ab.
Unterkunft: Alle Zimmer in den folgenden Hotels kosten zwischen 4 und 15 €:
- *Bertrams' Hotel,* Innenstadt, P.O. Box 41, ✆ 0842/128, 13 Zimmer.
- *De Ship,* Innenstadt, ✆ 0842/22237, P.O. Box 279, 14 Zimmer.
- *Ecowas Point,* Kumasi Road, P17, ✆ 0842/22478, ein für Autofahrer günstig gelegenes Motel mit klimatisierten Räumen, TV und gutem Restaurant. EZ/DZ für 7 – 12 €.
- *Rojo Hotel,* 1★ , Mpraeso Road, P.O. Box 351, ✆ 0842/22221, 0244/250593. Mit Sicherheit eines der besten Häuser der Stadt. EZ/DZ in teils klimatisierten Räumen für 6 – 14 €.
- *Starlight Hotel,* Akyiaso, Kumasi-Highway North, P.O. Box 174, 16 Zimmer.
- *Topway Hotel,* Mpraeso Road, P.O. Box 285, ✆ 020/8559770; 11 bescheiden ausgestattete EZ/DZ mit Ventilator für 4 – 12 €. Essen auf Anfrage.
- *Classic Kitchen* und *Odweanoma Restaurant* sind zwei einfache, aber durchaus annehmbare Restaurants im Ort.
- *All in One,* am Ortsrand, an der Tankstelle in Richtung Kumasi; mit ghanaischen Spezialitäten und kühlen Drinks.
- *Goil Restaurant,* gleich daneben, ebenfalls mit landestypischen Spezialitäten.

Wandern bei Mpraeso und Obo

An der Car Station von Nkawkaw warten auch die Kleinbusse für die Reise zur Hochebene hinter dem Berg *Ejuanema,* dessen Spitze etwa 750 m aufragt. Durch die Ortsmitte von Nkawkaw führt die Straße ins Bergland, eine Kletterpartie mit einem fast 8 km langen steilen Anstieg bis **Mpraeso.** Der Ort ist größer, als man vermutet hätte und könnte mit ein wenig Anstrengung noch schöner werden. Von hier aus kann man weiter hinunter nach **Adawso** am Ufer des Voltasees fahren, wo Angler und Bootfans ein wahres Paradies vorfinden werden. Adawso kann auch als Ausgangspunkt für Exkursionen in den großen *Digya-Nationalpark* dienen.

Ab Mpraeso führt eine andere Straße auf der Hochebene 8 km nach **Obo** weiter. Obo ist eine wirklich hübsches Städtchen mit ansehnlichen Villen, die vielen reichen Geschäftsleuten aus der Gegend als Wochenenddomizil dienen. Hier sollten Ausflügler, die in die Berge wollen, Quartier beziehen.

Aufgrund des milden Klimas und der landschaftlichen Reize eignet sich das Kwahu-Hochland sehr gut für **Wanderungen.** Auf einer Höhe von etwa 700 Metern ist die Luft nicht so schwül, es läßt sich besser laufen, die Landschaft ist wunderschön. Man wandert entweder einfach auf der Straße oder über Trampelpfade von Farm zu Farm. Interessant sind zum Beispiel die **katholische Grotte** von **Kwahu-Tafo** mit den großen, sehenswerten Statuen und der kleine, aber hübsche **Wasserfall,** nur einige Schritte außerhalb Kwahu-Tafos auf der Kotoso Road, der spektakuläre Felsen von **Buruku,** den die Einheimischen als Schutzgottheit verehren sowie das Fischerdorf **Kotoso** am Volta. Von November bis Februar, in der Harmattan-Saison, ist die Sicht allerdings durch Nebel erheblich beeinträchtigt.

Von *Kwahu Tafo* bietet sich eine insgesamt 12 km lange **Rundwanderung** zum heiligen Felsen *Buruku* durch die herrliche Landschaft an. Die Tour in der heißen Sonne ist allerdings äußerst anstrengend. Eine milde Variante: sich mit einem Taxi zum Berg fahren lassen und nur den halben Weg zurück laufen. Proviant, Kopfbedeckung und 1 – 2 Liter Wasser unbedingt mitnehmen.

Das **Ghana International Paragliding Festival** wurde 2004 ins Leben gerufen und findet seitdem jedes Jahr zu Ostern in Mpraeso-Atibie statt. Das Festival hat sich langsam etabliert, mittlerweile kommen sogar Paraglider aus aller Welt, um den Sport hier auszuüben.

Ghana International Paragliding Festival, www.ghanaparaglidingfestival.com. Mitfliegen in Tandems bei den Profis möglich, Erwachsene 38, Kinder 20 €.

Unterkunft & Essen

Mpraeso:

- Ohene Nana Classic Hotel, 1★, ✆ 0846/22011 oder 22090, P.O. Box 19; EZ 12 €, DZ 18 €.

Obo:

- Central Hotel, im Zentrum, ✆ 0842/22050, P.O. Box 12, Low-Budget-Hotel mit 12 Betten und allem, was Reisende brauchen. Nur DZ, 10 – 20 €.
- Eagle's Peak Resort, neues Restaurant und Bar mit ghanaischen und internationalen Gerichten, teils vegetarisch; sehr annehmbare Preise. Der Besitzer ist amerikanischer Buddhist.

Obomeng:

- Awo Gyaa Hotel, 2★, ✆ 020/ 8134881 oder 021/668954, P.O. Box 242, Mpraeso, ein neues Hotel mit 17 Zimmern zu 15 bzw. 22 €.

Kwahu-Pepease:

- Modak Royal Hotel, 2★, ✆ 027/6164-80 bzw. 616489, samodake@gh.com, etwa 15 km von Mpraeso in Richtung Abelifi. Hoch im Gebirge liegt dieses neue Hotel für Wochenendbesucher aus Accra. Die Anlage besteht aus 18 volleingerichteten Chalets mit allem Komfort, die ab 26 € zu haben sind. Mit sehr gutem Restaurant.

Zu den Afram Plains und über den Voltasee

Von **Kwahu Tafo** führt eine Straße von der Höhe hinab ans Ufer des Voltasees nach **Adawso**. Der See ist an dieser Stelle rund 11 km breit. Passionierte Angler sollten unbedingt herkommen, da dieser Arm des Voltasees besonders fischreich ist. Lassen Sie sich privat absetzen und abholen oder reisen Sie mit einem Mietauto an. Sonst kann die Rückreise mangels Transportmöglichkeiten sehr abenteuerlich werden.

Adawso selbst ist ein kleines Dorf mit zwei Bars und einer Car Station, mehr nicht. Aber es gibt hier eine viel benutzte Fähre für die Überfahrt nach **Ekye-Amanfrom**. Alle zwei Stunden legt sie von Adawso ab, die Überfahrt dauert etwa 30 Minuten und kostet 1 €.

Die *Afram Plains* sind von Baumsavanne und Hochgras geprägt. Es gibt aus touristischer Sicht keinen Grund, die Afram Plains zu besuchen. Dennoch könnte gerade diese sehr ländliche und karge Gegend anziehend auf einige Besucher wirken oder als alternativer Weg in die ↗ Volta-Region dienen. Sollte diese Variante für Sie verlockend sein, starten Sie von **Ekye-Amanfrom** aus mit einem Auto nach **Donkorkrom** (Distrikt-Hauptstadt) und weiter nach **Agordeke,** allerdings sind die Straßen sehr schlecht. Von dort legt ein Fährschiff ab nach **Kpandu-Torkor.** Überfahrt Agordeke – Kpandu-Torkor: 2 Stunden, 1,80 €. Letztes Fährschiff täglich 11 Uhr. Die frühe Fähre um 6 Uhr sollten Sie meiden, denn es gibt in Agordeke keine Übernachtungsmöglichkeit.

Unterkunft in Donkorkrom
- *Genesis Guesthouse*, P.O. Box 5, ✆ 0848/22000; bescheidene EZ/DZ mit Ventilator für 5 – 9 €. Essen auf Anfrage.
- *St. Michael's Guesthouse*, ✆ 0848/22043; EZ/DZ mit Gemeinschaftstoiletten und -duschen für 4 – 6 €. Essen auf Anfrage.

DURCH DIE AKWAPIM-BERGE ZUM VOLTA-STAUDAMM

In der Bergregion von Akwapim sind etliche Spuren des Mitbegründers von Ashanti, Okomfo Anokye, zu finden.

Der große Hohepriester und Freund des ersten Königs, *Osei Tutu*, stammt zwar aus Agona in Ashanti, doch seine Lehrjahre als Priester absolvierte er in *Tutu-Akwapim*. Fast überall dort lebt seine Legende fort, sein Ruhm als Wunderheiler und Zauberer ist ungebrochen, und es existieren immer noch Zeugnisse seines Wirkens in der Gegend. *Awukugua, Apirede, Amanokrom* und *Berekuso* sind zwar nur winzige Siedlungen, doch Hochburgen der Anokye-Verehrung und Orte, in denen er rätselhafte Sagen hinterlassen hat.

Aburi
Von Accra in Richtung Akwapim-Berge ist das erste touristische Ausflugsziel unweigerlich Aburi, lediglich 32 km auf der nördlichen Ausfallstraße nach Mamfe. Zunächst führt der Weg an der ältesten Universität Ghanas in ↗ **Legon** vorbei. Ein Abstecher dorthin lohnt durchaus. Die Uni ist wegen ihrer Architektur sehenswert und sehr schön gelegen.

Je weiter man aus Accra raus fährt, desto näher rücken die Berge, die wie eine Wand im Weg zu stehen scheinen, bis die Straße selbst anfängt zu steigen. Der Wagenmotor heult auf, die Kletterpartie zum **Akwapim-Bergkamm** hinauf beginnt. In wenigen Minuten befindet man sich oberhalb der *Accra-Ebene*. Die Landschaft öffnet sich wie ein Bilderbuch, das Panorama erstreckt sich bis zum Meer. Wen die Neugier packt, kann die Kletterfahrt unterbrechen, um die wunderschöne Aussicht zu genießen. An klaren Tagen kann man von hier aus Accra und Tema wie ein Schachbrett vor sich sehen, nachts flackern die Lichter der beiden Großstädte aus der Ferne.

457 m hoch über dem Meeresspiegel gelegen hat **Aburi** ein angenehmes, gesundes Klima und ist ein beliebter Ausflugsort für die Bewohner der heißen und schwülen Accra-Ebene. Nicht ohne Grund wählte Ghanas erster Präsident

Aburi als Standort für sein Wochenendhaus. Die Straße nach Aburi führt unmittelbar an der *Peduase Lodge,* die heute noch von Staatsgästen genutzt wird, vorbei.

Eine Fahrt durch den Ortskern verrät schnell, daß Aburi in die Jahre gekommen ist. Bereits im letzten Jahrhundert hatte die Lage des Städtchens eine starke Anziehungskraft auf die vielen Missionare, die Aburi als einen der Hauptstandorte für ihre Christianisierungstätigkeit wählten. Die Kirchen und Schulen, die zu dieser Zeit gegründet wurden, zeugen noch von Aburis früherer Rolle als Bildungszentrum.

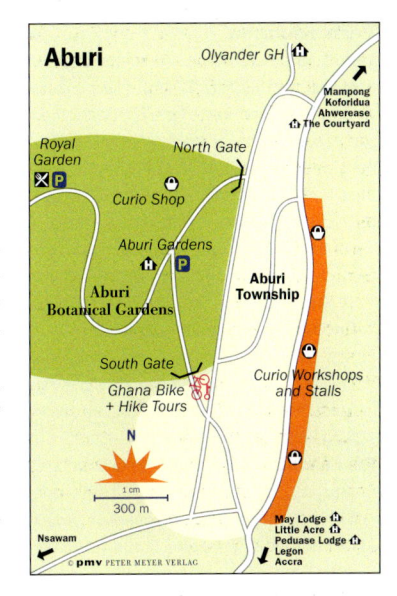

✳ Tip: Masken aus Holz

Genau dort, wo sich die Straße aus Richtung Accra gabelt und die Straße nach Aburi beginnt, sollten Sie Halt machen. In den Holzbaracken unmittelbar am Straßenrand arbeiten und verkaufen talentierte Schnitzer gut gemachte Souvenirs aus Holz. Einige ihrer Produkte sind Trommeln, Masken, Fruchtbarkeitspuppen, Hocker und Holzbilder. Die Zeit dafür sollte man sich nehmen, weil die Preise für die Objekte hier günstiger als in Accra sind. Im benachbarten *Ahwerease,* nur 2 km weiter, werden ebenfalls schöne Schnitzarbeiten zum Verkauf angeboten.

Der Botanische Garten

Die Hauptattraktion von Aburi ist sein berühmter Botanischer Garten. 1890 eröffneten Britanniens Kolonialbeamte eine Forschungsstation für die Landwirtschaft, genau an der Stelle, an der heute der Garten llegl. Im Laufe der Zeit wurde die Forschung ausgebaut, bis eine ansehnliche Sammlung von tropischen Pflanzen vorhanden war. Heute ist es ein weitläufiges Parkgelände mit ausgewachsenen, imposanten Bäumen und vielfältigen Pflanzen, die bunte Schmetterlinge und Vögel anziehen. Viele der Pflanzen im Park wurden aus anderen tropischen Ländern eingeführt und sind nicht unbedingt in Ghana heimisch. Für kundige Besucher sind alle Pflanzen mit ihren lateinischen Namen versehen. Der Botanische Garten ist ein sehr angenehmer Ort für einen Tagesausflug und ist zu Recht das Ziel vieler Besucher aus Accra, besonders an Wochenenden.

Eintritt: Ausländer 4 €, Gruppenmitglieder, Entwicklungshelfer und Studenten 3 €, Kinder 2 €; jede geführte Stunde 1,50 €. Ghanaer 1,80 €, Studenten 1 €, Kinder 0,50 €.

Verbindungen

Von Accra aus ist Aburi am schnellsten mit dem **Taxi** zu erreichen (32 km). Gleich das Taxi für den ganzen Tag mieten und den Preis vorher aushandeln. Für 6 Std. inklusive Rückfahrt sollte man mit 45 € rechnen.

Bus: Es fahren recht viele Kleinbusse nach Aburi. Gleich neben dem *Makola Market* in ↗ Accra befindet sich die Busstation. Hin- und Rückfahrt kosten gut 1 €; jeweils 1 Std Fahrt.

☀ **Tip:** Bus-Reisende sollten von Aburi in Richtung Accra mit dem Linientaxi nach *Madina* und von dort mit dem Tro-Tro weiter fahren. Direkte Verbindungen dauern länger und kosten oft viel Geld.

Fahrradverleih: *Ghana Bike + Hike Tours*, P.O. Box 5, Aburi, ✆ 0242/267390 oder 0244/209587. www.aburibike.ch. Unmittelbar vor den Toren des Botanischen Gartens kann man gute Mountainbikes leihen und Fahrradtouren zu den Sehenswürdigkeiten der Umgebung buchen. Der Besitzer aus der Schweiz ist abgereist, aber sonst ist alles gleich geblieben.

Unterkunft & Essen

- 🏠✉ *Little Acre Hotel*, 2✶, ✆ 0876/22079, Fax 22078, relativ neues Haus im ghanaischen Stil mit gut ausgestatteten Zimmern und vorzüglichem Restaurant; großer Vorgarten und Terrasse. Nur DZ für 25 – 35 €.
- 🏠 *Aburi Gardens Resthouse*, ✆ 0876/220-37, hat sich zu einem Dreckloch entwickelt und sollte gemieden werden. Nichts funktioniert, der Empfang ist sehr unfreundlich.
- 🏠✉ *The Courtyard S.J.*, 1✶, ✆ 0872/222-04 bzw. 0244/341434, liegt mitten in der Natur, nur 2 km außerhalb des Botanischen Gartens in der Ortschaft Tutu-Akwapim. 8 klimatisierte Zimmer, EZ/DZ 15 – 25 €, freundliche Bedienung.
- 🏠✉ *Olyander Guesthouse*, ✆ 0876/22058, 7 Zimmer, liegt nördlich des Nordtors, EZ/DZ 8 – 15 €.

Auf ewig verbunden: Seltsam gewachsene Palme im Aburi-Garten

- ⚑ *May Restaurant & Lodge,* am Ortseingang im Süden gelegen, hat Zimmer mit der gleichen Qualität wie Olyander, aber ein besseres Restaurant. Die einwandfreien Zimmer kosten ab 10 €.
- *Royal Garden,* fungiert als das Restaurant des Parks und bietet eine abwechslungsreiche Karte mit teuren Menüs. In ruhiger Atmosphäre speist man auf einer Terrasse mit großartigem Blick auf satte Natur.

Mampong-Akwapim, Larteh und Akropong

Bleibt man auf der Höhenstraße, kommt man nach 8 km unweigerlich in **Mampong-Akwapim** an. Es ist der Ort, an dem *Tetteh Quarshie* 1879 die erste Kakaofarm der damaligen Goldküste anlegte, um zu testen, ob die Pflanze hier gedeihen würde. Er hatte während seines Aufenthaltes auf der spanisch besetzten Insel *Fernando Po* vor der nigerianischen Küste die Kakaopflanze kennengelernt und mitgebracht. Die Pflanze gedieh hier so prächtig, daß kurz darauf viele Bauern begannen, Plantagen anzulegen. Einige der ursprünglichen Bäume sind noch zu sehen. Das Wohnhaus des ghanaischen Pioniers kann man in Mampong besichtigen. Interessenten sollten sich im Haus des Königs melden. Zu Tetteh Quarshies Andenken wurde ein Krankenhaus in seinem Namen gebaut.

Zum Schrein von Larteh

Von Mampong führt die Straße zunächst nach *Mamfe,* wo sich der Weg teilt. Links geht es bergab nach Koforidua. Der rechte Weg führt nach Larteh, ein altes, traditionsreiches Bergstädtchen auf dem Akwapim-Kamm, das zu den ersten missionierten Orten im ganzen Land zählt. Larteh ist zudem der Standort des **Oparebea-Schreins.**

Hierher strömen gläubige, un- und andersgläubige Pilger, um die Rituale und Zeremonien einer unverfälschten afrikanischen Religion kennenzulernen. An normalen Tagen der Andacht werden keine Eintrittsgelder verlangt, doch Besucher tun gut daran, eine Flasche Gin ins Gepäck zu packen, denn Ghanas Götter lieben bekanntlich Gin. Für spezielle Verabredungen wird ein Obolus gern entgegengenommen. Das Touristenbüro in Accra kann dabei behilflich sein.

Larteh, 56 km von Accra, kann auch über **Dodowa** erreicht werden, von wo die Straße die Ebene verläßt und in die Berge geht; ↗ Greater Accra, »Ausflug in die Shai-Berge«.

Die Fürstenstadt Akropong

Wieder auf der Höhenstraße folgt 4 km hinter Mamfe Akropong. Akropong bedeutet einfach »Hauptstadt« auf Akan und ist in der Tat der kulturelle Hauptort der Akwapim, wo der *Omanhene* (Gebietskönig) residiert. Wie fast alle Orte hier in den Bergen, die circa 500 m hoch liegen, ist Akropong eine alte Stadt mit sehr frühen Kontakten zu deutschen protestantischen Missionaren aus der Bremer Gegend. In den Bergen im Umland liegen drei **Wasserfälle** – *Akropong, Obosomase, Konkonru* – verborgen, die man mit Hilfe der sehr freundlichen Leute entdecken kann.

Wenn Sie bis Akropong kommen, sollten Sie unbedingt noch die restlichen 6 km bis **Awukugua** fahren. Es ist der Geburtsort des legendären Fetischpriesters *Okomfo Anokye* (Anotschie), der das Königreich von Ashanti mitbegründete. Anokye war ein Jugendfreund und Mentor von *Osei Tutu,* dem ersten König von Ashanti. In ganz Ghana ist Anokye bekannt für die vielen Wundertaten, die er vollbracht haben soll: Unter anderem holte er den *Goldenen Stuhl* der Ashantis vom Himmel, der symbolisch die Existenz des Volkes sichert! In Awukugua sind noch andere unglaubliche Geschichten über ihn zu hören. Halten Sie einfach in der Ortsmitte an und fragen Sie nach dem Haus von Anokye. Die freundlichen Leute werden Sie hineinbitten in ein unscheinbares Haus, in dem noch immer die Verwandten des legendären Priesters wohnen. Alles hier ist heilig, also bitte Schuhe ausziehen im Vorzimmer. Was folgt, ist die phantastische Geschichte eines Mannes, der die Ghanaer noch immer fasziniert. Es wird kein Eintritt verlangt, aber nach dem Besuch sollte 1 GHC pro Person jedem Besucher doch wert sein.

Unterkunft, Essen & anderes
Mampong-Akwapim:
Krankenhaus: *Tetteh Quarshie Memorial Hospital,* ✆ 0872/22011.
Larteh:
- *Tamara's Hilltop Restaurant,* Samanya Road, ✆ 028/9122558; einst beliebter Zielort von Ausflüglern aus Accra, ist nicht mehr so gefragt wie früher, aber der atemberaubend schöne Blick auf die gegenüber liegenden Shai Hills und das gute Essen sind immer noch überzeugend.

Akropong-Akwapim:
- *Palm Hill Hotel & Restaurant,* 2✶, P.O. Box 109, ✆ 087/222230, 0244/233859, Palm_Hill@yahoo.com. Etwas abseits der Landstraße steht dieses Haus von Aburi kommend versteckt am Ortseingang von Akropong. Eine Piste zweigt vom Ortsschild links ab und führt circa 150 m zum Hotel. Wunderbar in der Natur gelegen, hat dieses Haus in ghanaischem Stil 16 DZ, alle komplett mit TV, Dusche/WC und Kühlschrank ausgestattet; 25 € die Nacht. Vom angrenzenden Restaurant mit Panoramablick auf die sanften Akwapim-Berge schwärmen viele Reisende von der Essensqualität. Am Wochenende und an Feiertagen ist Palm Hill ein beliebtes Ausflugsziel. Erweiterungsarbeiten sind im Gange, um die Bettenzahl zu verdoppeln.
- *La Constance Luxury Executive Lodge,* 2✶, P.O. Box 250, ✆ 020/8140250. Alle Zimmer kosten 20 – 30 € die Nacht.
- *Bella Vista Luxury Guesthouse,* Akufo Rd., P.O. Box AP 386, ✆ 028/9100377, www.bellavista.gh.com; schön gelegenes Haus mit freundlichem Empfang. 9 große klimatisierte DZ mit Bad/WC, 32 – 38 €. Gute Küche. An Wochenenden reservieren.
- *Saeco Hotel,* P.O. Box 91, ✆ 087/23472. Kurz vor dem Ortseingang aus Mamfe kommend zweigt die Straße nach links zum Hotel ab. Ruhig gelegen und mit durchaus akzeptablen EZ/DZ mit Klimaanlage und Telefon für 25 – 35 €.
- *Akuapim Grill,* Mamfe-Akropong Road, am Ortseingang von Akropong, sicherlich eines der Besten in der Umgebung und bekannt für gutes Essen, kühle Getränke und freundlichen Service. Gerichte 2 – 4 €.
- **Tip:** Während des **Odwira-Festes** im Sept/Okt ist Akropong besonders interessant.

Mamfe:
- *Cozy Ridge Hotel,* Koforidua Road, ✆ 028/ 252220, elemawusi@yahoo.com; relativ großes Hotel mit schönem Garten und gutem Restaurant im Ortszentrum. EZ/DZ mit Ventilator/Klimaanlage, TV und Telefon für 18 – 30 €, je nach Ausstattung.

Somanya, Krobo Odumase und Kpong

Wer vom Akwapim-Hochland nach Akosombo fahren möchte, muss unweigerlich runter vom Berg. Man hat zwei Möglichkeiten: Entweder östlich nach *Adukrom* oder westlich nach *Larteh* fahren, dann die jeweilige Paßstraße nach Akosombo nehmen. In beiden Fällen kommt man im Krobo-Distrikt mit den dicht besiedelten Städten **Somanya** und **Krobo Odumase** an. Jedes Jahr im April bzw. Mai tobt hier der Bär, wenn beim Dipo-Fest knapp bekleidete Jungfrauen in die Gesellschaft eingeführt werden, ↗ Kultur.

Die beiden Städte sind für ihre **Glasperlen** bekannt. Legen Sie unbedingt in Krobo Odumase eine Pause ein, um die Produktionsstätte der Glasperlenmacher zu besichtigen. Hier kann man die ganze Prozedur von Anfang bis zum Endprodukt beobachten. Der Besuch ist kostenlos, die Gastgeber freuen sich aber natürlich, wenn Sie dort Souvenirs erstehen.

Cedi Bead Factory, Krobo Odumase, ✆ 081/24106/8, Mo – Sa 10 – 17 Uhr geöffnet.

Nur 12 km weiter östlich liegt das quirlige Städtchen **Kpong**, direkt am Volta, das bekannt ist für seinen leckeren Weißfisch Tilapia, der hier in großen Mengen aus dem Fluß gefischt wird. Eine halbstündige Kanufahrt mit den Fischern ist immer möglich und sollte unbedingt eingeplant werden.

▲ ✖ ☐ *Starr Villas Motel*, Okwenya, Tema-Akosombo Highway, PMB Somanya, ✆ 081/91533. 3 km südlich von Kpong, gut geführtes Motel mit gemütlichem Restaurant, Freiluftbar und sauberen Zimmern. EZ/DZ mit Klimaanlage, TV, Bad/WC für 12 – 18 €.

▲ ✖ *Traycourt Leisure Spot*, Okwenya, Kpong-Akosombo Road, P.O. Box 193, Akosombo, ✆ 024/531042; saubere, aber renovierungsbedürftige EZ/DZ mit Klimaanlage oder Ventilator für 4 – 10 €. Gartenrestaurant mit ghanaischen Speisen. Transport hin und zurück ist für Nichtmotorisierte immer etwas problematisch.

Akosombo & Staudamm

Akosombo ist ein Synonym für »Voltasee« und »Staudamm«. Es ist eine relativ neue Stadt, deren Grundstein in den sechziger Jahren des 20. Jahrhunderts gelegt wurde, als für die Bauleute des Staudammes Häuser und Kneipen aus dem Boden gestampft wurden. Zweifellos gehört Akosombo landschaftlich gesehen zu den reizvollsten Orten Ghanas, eingebettet in die bilderbuchschönen *Akwamu-Berge* am Ufer des Sees. Es ist zugleich ein Ort mit sehr viel Freizeitwert: Angeln, Fischen, Schwimmen, Bootfahren sowie Wandern stehen hier bei vielen auf dem Programm.

Sehr viele Besucher kommen natürlich her, um den **Staudamm** zu besichtigen, doch hierfür benötigen Sie eine Genehmigung von der *Volta River Authority* (VRA) und ein Auto für die Fahrt zur Staumauer. Es ist schon faszinierend, die gewaltigen Ausmaße der Anlage zu sehen, und doch muß man staunen, daß so eine kleine Mauer so viel Wasser aufhalten kann.

Akosombo ist zugleich eine **Hafenstadt** und für etliche bloß Durchgangsstation auf ihrer Reise nach *Kpandu-Torkor* an der Ostseite des Sees (↗ Volta Region), nach Kete Krachi, Hausa Kope

SCHIFFSREISEN AUF DEM VOLTASEE

▶ Eine Reise per Fährschiff von **Akosombo** im Süden nach **Yeji** im Norden des Voltasees dauert insgesamt 31 Stunden. Auf dieser Fahrt lernt man Ghana auf eine ganz andere Weise kennen. Bei schönem Wetter (Juli – Sept) kann man atemberaubende Sonnenuntergänge erleben, nachts öffnet sich der Himmel und läßt Abermillionen glitzernde Sterne am Firmament aufleuchten. Und tagsüber kann man sich in Betrachtungen über den afrikanischen *Way of Life* versenken oder den Blick auf die Natur genießen. Ganz allmählich sieht man den Übergang vom engen Voltatal mit den grün-blau bewaldeten *Akwamu-Bergen* im Hintergrund zur flachen *Afram-Ebene* mit den ersten Anzeichen einer Savannenlandschaft an sich vorüberziehen. Der See weitet sich. Nahe *Kete Krachi* verschwindet der Wald ganz, von nun an dominiert Grasland.

An Bord befinden sich überwiegend weibliche Passagiere, oft schwerbepackt und mit einem Troß Kinder. Wie sie sich unter den erschwerten Bedingungen auf dem Schiff verhalten, wie selbstverständlich sie sich ihren Kindern widmen, kochen und sogar während der Fahrt Handel treiben, ist sagenhaft. Das Improvisierte und Abenteuerliche, das damit einhergeht, machen den Reiz dieser Reise aus.

Dennoch ist diese Reise nicht jedermanns Sache. Die Abfahrtszeiten sind ein Thema für sich. Es kommt vor, daß die Fahrt mehrere Stunden verspätet losgeht. Wer Komfort sucht, wird ihn kaum auf der Frachtfähre finden. Auf der **Yapei Queen** existieren nur zwei Kabinen der *1. Klasse,* wer sich diese sichern will, muss Mo gegen 8.30 Uhr am Ticketschalter sein. Die *2. Klasse* ist eine klimatisierte Gemeinschaftsunterkunft für 12 Personen mit harten Holzbetten, sie ist immer voll. Bei schönem Wetter ist das *Außendeck* ohne jeglichen Komfort recht annehmbar; man sieht viel, muß sich seinen Platz aber erkämpfen. Zwar kann man an Bord Essen und Getränke bekommen, doch das Angebot ist dürftig. Besser ist es, alles für die lange Reise selbst mitzubringen, inklusive Toilettenpapier, Konserven, Obst, Schlafsack und Matten für die Nächte an Deck (Juli – Sept kann es sehr kalt auf dem See werden). Zu empfehlen sind die dicken Schilfmatten, die es auf den Märkten billig zu kaufen gibt. Anschließend eignen sie sich prima als Abschiedsgeschenk an die Reisebekanntschaften.

FAHRPLAN DER FÄHREN

Die Reise führt über fünf Stationen mit Halt in **Kpandu-Torkor, Kete Krachi, Hausa Kope** und **Yeji**. Wo genau das Schiff tatsächlich hält, hängt vom Wasserspiegel ab. Besonders während der Trockenzeit (Nordghana, Nov – Mai) ist der Pegel oft so niedrig, daß Kpandu-Torkor und Hausa Kope nicht angelaufen werden können.

Akosombo – Yeji:
Yapei Queen: Mo meistens um 16.30 Uhr.
  1. Klasse 22 €/Pers; 2. Klasse 8 €,

Außendeck 6 €. Pkw 28 €, Minibus oder Allrad 58 €. Für Passagiere ist in Yeji Endstation, von dort geht es Mi zurück.

Info: *Volta Lake Transport Company (VLTC),* ✆ 0251/20084, P.O. Box 75, Akosombo, ✆ 021/665300 in Accra. Das Büro direkt am Hafen gibt aktuelle Auskünfte.

WOCHENENDAUSFLUG

An Wochenenden fährt das Passagierschiff *Dodi Princess* der VLC von Akosombo zur **Dodi Island**. Die Tour steht quasi unter dem Motto »der Weg ist das Ziel«, denn auf Dodi selbst ist wenig los. Schön ist die Fahrt an sich und was unterwegs geboten wird: Musik nebst einem guten Mittagessen. Der Ausflug dauert insgesamt 5 Stunden. Es empfiehlt sich, schon gegen 9 Uhr an Bord zu gehen, sonst sind die guten Plätze weg. Das Schiff fährt pünktlich ab.

Info: *Volta Hotel,* ✆ 662639 oder 662649, Reservierungen auch ✆ 0244/101419 bzw. 683019 im *Valco Trust House Accra*. Abfahrt Sa, So und Fei 10 Uhr. Das Gesamtpaket von Bootsfahrt, Liveband, Barbecue, Mittagessen und einem Getränk kostet 16 €, für Kinder unter 12 Jahre 10 €.

✴ **Tip:** Am Hafen von Akosombo gibt es keine Taxis oder Tro-Tros. Bitte vorher mit einem Taxifahrer die Abholung ausmachen, sonst bleibt man stehen. Fahrtdauer Accra – Akosombo 1 Stunde.

oder Yeji im Norden (↗ »Schiffsreisen auf dem Voltasee«). Auf dem kleinen **Markt** oberhalb der *Marina* versorgen sich die einheimischen Frauen mit den nötigsten Sachen vor der langen Reise auf dem See. Wer Zeit und Geld hat, sollte sich möglichst gut verpflegen, bevor es losgeht. Im feinen 🏨 **Volta Hotel** gegenüber dem Staudamm kann man vernünftig essen und sich sehr gut entspannen. Als beste Alternative kann man auch im gepflegten 🏨 **Marina Club** am Hafen Sandwiches, andere Snacks und Erfrischungen vor der Abreise bekommen. Der Klub liegt ein wenig versteckt, etwa 400 m hinter den Gebäuden der Hafenverwaltung, auf dem Weg nach Ajena.

✴ **Tip:** Eine Spezialität, die es nur hier gibt, sind »one-man-thousand«, winzige frittierte Fische, die hervorragend schmecken.

Genehmigung zur Staudamm-Besichtigung: Besucher müssen sich unbedingt im *Besucherzentrum* anmelden. Es befindet sich (hinter dem Abzweig nach Akosombo) links der Straße zum Damm im Erdgeschoß der *Ghana Commercial Bank;* das 3stöckige weiße Haus ist nicht zu verfehlen. 12 – 13 Uhr ist Pause.

Eintritt: 4 € pro Person. Da Taxis auf der Staumauer nicht erlaubt sind, muss man in einen firmeneigenen Pkw umsteigen und dafür auch noch extra 4,50 € berappen, falls man nicht mit eigenem (oder gemietetem) Auto ankommt.

Verbindungen

Von Accra ist Akosombo genau 102 km entfernt. Alle Intercity-STC-**Busse** nach Ho und Hohoe halten in Atimpoku. Akosombo liegt hinter Atimpoku noch 8 km vor dem Staudamm. Wer in Akosombo ankommt, kann mit

dem Taxi für rund 4 € zum Staudamm bzw. Hafen (Marina) fahren.
Schiff: ↗ »Schiffsreisen auf dem Voltasee«.
Geldumtausch: in kleinen Mengen nur im Volta Hotel möglich.

Unterkunft & Essen

Essen nach 20 Uhr nur im Volta Hotel bzw. nach Voranmeldung.

Akosombo:

🏠 ⊠ 🛏 ♨ ⚿ ♪ 🚶 *Volta Hotel,* 4✱, ⓒ 0251/20731, voltaht@africaonline.com.gh, gehört zur Arcor-Kette. Modernes Haus mit 34 klimatisierten Zimmern mit Balkon und 4 Suiten. Bar mit einladender Terrasse, Konferenzraum, Golfanlage, Tennis. EZ 90 €, DZ 100 €, Suite 130 €. Für Nichtübernachtungsgäste kostet das Buffet 6 €, europäisches Frühstück 3 €. An Wochenenden gibt es eine Hausdisco, 3 € Eintritt. Von der breiten Terrasse aus, die gegenüber dem Staudamm postiert ist, hat man einen sagenhaften Ausblick auf den See und das schöne Umland.

🏠 *Zito Guest Inn,* P.O. Box 188, ⓒ 0251/474, unweit des Marktplatzes, eine gute Ausweichmöglichkeit. DZ mit WC/Dusche, AC rund 14 €, DZ mit Ventilator 10 €. Die Räume sind sauber und das Hotel wird von netten Leuten geführt. Essen auf Anfrage. Hat eine Dependance im Nachbardorf *Powmu.*

🏠 ⊠ *Soundrest,* P.O. Box 187, ⓒ 0251/20288; zwischen Akosombo und Atimpoku in einer schönen Anlage gelegen; mit blitzsauberen Toiletten und Duschen, EZ/DZ mit AC 10 – 15 €, mit AC 20 – 25 €. Bar, Restaurant, freundliche Bedienung.

Mangoase:

🏠 ⊠ 🛏 ♨ ⚿ *Afrikiko Waterfront Resort,* P.O. Box AB 353, ⓒ 0251/20081. 024/38-7763, afrikiko@leisure.com, am Ufer des Volta. Relativ neu und bei Besuchern sehr beliebt. Kinderspielplatz, Trommelmusik-Veranstaltungen am Wochenende, Bootsverleih. Die Anlage entwickelt sich allmählich zu einem Wellness-Hotel mit allerlei Anwendungen wie Massagen und Gesichtspflege zu allerdings hohen Preisen. Klimatisierte EZ/DZ 16 – 45 €, Chalets 60 €, Suite 80 €, Camping 3 €.

Ankyease-Valley:

🏠 ⚿ *Abadi Idyll Lodge,* P.O. Box AB 317, ⓒ und Fax 0251/21044. Dieses deutsch-ghanaische Haus liegt idyllisch im Ankyease-Tal hinter dem Atimpoku Roundabout, auf der Straße zum Staudamm. Nach 1 km links abbiegen. Bezugsfertig für circa 30 Leute sind 3 komfortable Chalets im afrikanischen Stil (50 €), 5 DZ (25 €) und 4 Lehmhäuser (15 €). Der Manager ist Deutscher und freut sich auf deutsche Besucher.

Atimpoku: Gäste, die dort übernachten wollen, sollten kurz nach *Kpong* gleich dem Fahrer Bescheid sagen, sonst landet man erst im Ort.

🏠 ⊠ 🛏 ⚿ ✈ *Aylos Bay Resort,* ⓒ 0251/2009-3, -4, P.O. Box AB37, Akosombo, www.aylosbay.com. Schon seit 1998 in Betrieb ist diese wunderschöne Anlage direkt am Ufer des Volta, ein guter Ort zum Entspannen. Die Anlage hat 3 Chalets zu circa 30 €, hervorragendes Essen im Restaurant und in der Open-Air-Bar. Camping-, Bootsfahrt- und Bademöglichkeiten.

🏠 ⊠ 🛏 *Continental,* 3✱, ⓒ 0251/200-91, -92, Fax 20092, P.O. Box 277, Akosombo, ach0251@msn.com; ein neues Haus mit moderner Einrichtung am Ufer des Volta gelegen, mit 26 DZ 55 – 95 €.

🏠 🛏 *Benkum Hotel,* ⓒ 0251/20050, P.O. Box 36, Akosombo, nahe der Car Station, empfehlenswert. Das kleine Haus hat bescheidene, aber saubere Zimmer mit Ventilator für weniger als 6 €.

New Senchi:

- *Riverside Resort,* Atimpoku Road, ✆ 0251/296, senchirl@africaonline.com.gh. Gleich hinter New Senchi zweigt rechts eine Straße ab, die nach 500 m zur Anlage und zum Volta führt (gut beschildert). Angekommen, eröffnet sich ein grandioses Fluß-Panorama. 6 Zimmer und 4 Bungalows, EZ 15 €, DZ in Bungalows mit Dusche und WC 18 – 22 €. Essen auf Anfrage.

- *Lakeside Motel,* 1✶, ✆ 0251/20310, 2 km vor der Brücke. Saubere Zimmer, das Preis-Leistungs-Verhältnis stimmt; 15 Zimmer, EZ 5, DZ 6, DBZ 8 €. Die Köche sind gut, aber sehr langsam.

- *Backyard Guesthouse,* New Akrade, ✆ 0251/20416. 8 ruhige, gut eingerichtete DZ à 22 €. Essen auf Anfrage.

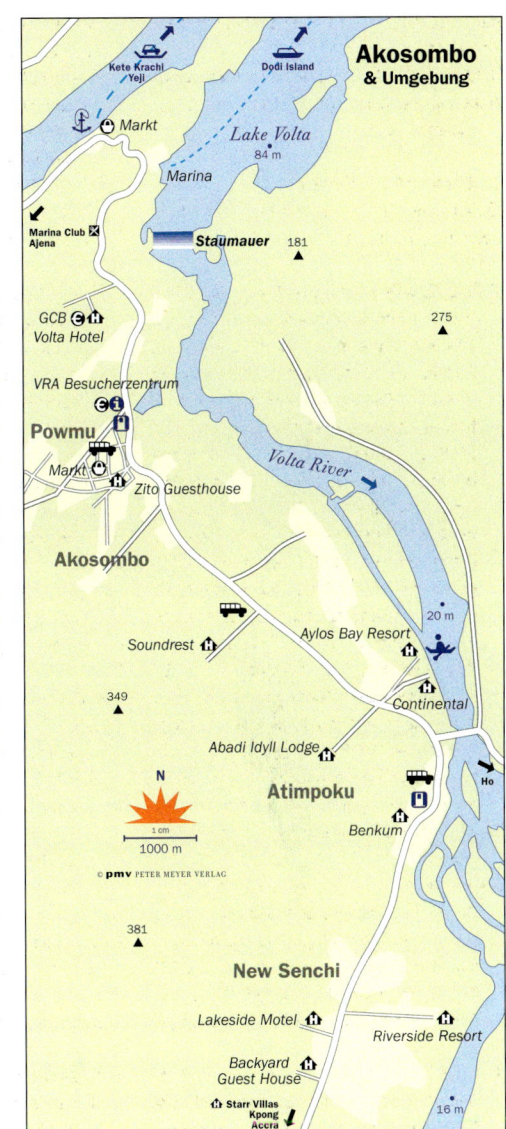

OST-GHANA: DURCH DIE AKWAPIM-BERGE ZUM VOLTA-STAUDAMM   461

Kete Krachi
Volta Region
Volta Region
N
1 cm
7,5 km
© pmv PETER MEYER VERLAG
Kadjebi
Jasikan
Kute
Bodada
Bowiri
Tetema
Baglo
Range
Odomi
Worawora
Mpeasem
Baika
Dayi
727
Mlabo
Akpafu
Likpe-Todome
Hohoe
Tsatsadu
Afegame
Agumatsa Nat. Res.
Togo
Alavanyo Abeh.
Wegbe
Wli
Zogbedze
Ahenkro
Kpame
Fadome
Gbledi
Xetu
Agumatsa
Tagbo
Lake Volta
Agordeke
968
Afadzato
Helu
Liati Wote
Soba
Nyagbo
Torkor
Leklebi-Agbesia
Kpandu
Golokuati
Liati
Logba Tota
Akwapim
Date
Dafar
Kpalimé
344
Sovie
Dayi
Monkey Sanct.
Tafi Atome
Wuinta
Fume
Ve-Koluene
Amedzofe
Logba Alekpeti
Anfoega
Honuta
Biakpa
Kpedze
Vakpo
543
Vane
Klave
Dzolokpuita
Shia
Have Etoe
Anfoeta
Nyive
Dodi Island
Todze
Dzana
Maste
Ferry
Excursion
Dzemeni
Kpeve
Adzokoe
Bame
Ho
Anyinawase
Boso
Kpetoe
Anum
Gyekiti
Ziope
Abutia Kloe
Kalakpa Wildlife Sanctuary
sewa
Anyaboni
Adjena
Marina
Akosombo Dam
Akosombo
Adome
Mangoase

WASSER, WALD UND HÖHLEN: DIE VOLTA REGION

Die Volta Region östlich von Volta-Fluß und -See reicht vom Anlo-Distrikt an der Küste bis zum Distrikt Krachi im Norden und ist mit 20.580 km² die viertgrößte Region des Landes. Ursprünglich ein Teil der deutschen Kolonie Togo, Trans-Volta genannt, gehört die Region erst seit 1956 zu Ghana. Das Gebiet, das treuhänderisch von den Briten verwaltet wurde, entschied sich damals in einer Volksabstimmung für eine Union mit Ghana. Wenn man so will, wurde die Republik Ghana Nutznießer der deutschen Niederlage im Ersten Weltkrieg, als Deutschland auf seine Kolonien verzichten mußte. Noch nicht lange her, da gab es noch Menschen in diesem Teil Ghanas, die sich an die deutsche Herrschaft erinnern und sogar einige Brocken Deutsch sprachen.

Das Volta-Gebiet ist ein Land der Kontraste. Es beherbergt den niedrigsten *(Keta Lagoon)* und den höchsten Punkt *(Mount Afadzato)* Ghanas. Die nördlichen und südlichen Bereiche sind durch flache Savannen gekennzeichnet und eignen sich für Viehzucht und Gemüseanbau. Die Waldzone dazwischen wird von Nord nach Süd von Bergen durchzogen. Sie wird für die extensive Produktion von Kakao, Kaffee und Mais genutzt. Etwas überraschend an der Topographie ist, daß sie keine nennenswerten Bodenschätze enthält, lediglich im Voltadelta bei *Anloga* im Süden wird Öl vermutet.

In **landschaftlicher Hinsicht** ist vor allem das Gebiet zwischen Ho und Kadjebi besonders reizvoll. Obwohl die von Südwest nach Nordost verlaufende *Akwapim-Togo-Kette* die höchsten Erhebungen Ghanas beherbergt, weist die Region einen Mittelgebirgscharakter von eher lieblicher Prägung auf. Nur entlang der Grenze zu Togo, wo die *Akwamu-* und *Ho-Berge* in die *Atakora-Kette* übergehen, kann man von einem Bergklima sprechen, das sich von dem schwülen Küstenklima merklich und wohltuend unterscheidet. Hier werden Höhen zwischen 700 und 900 m erreicht. Nahe bei *Liati Wote*, 22 km südlich von Hohoe, befindet sich Ghanas höchster Berg *Afadzato* mit knapp 900 m. Dort liegen Höhlen in den Kalksteinfelsen, Wasserfälle und Naturreservate versteckt.

Der gesamte Westen der Voltaregion wird vom Voltasee eingenommen. Doch außer bei *Kpandu*, das auch einen Fährhafen besitzt, ist die Seeseite dünn besiedelt und unerschlossen.

Bevölkerung

Mit Ausnahme einiger Distrikte im Norden, die von *Akan-* bzw. *Guan-Völkern* bewohnt werden, wird die Volta-Region überwiegend von *Ewe* bevölkert. Sie sind mit dem Mehrheitsvolk der Ewe in Togo eng verwandt. Die Trennung zwischen beiden wurde, wie mancherorts in Afrika, durch den Kolonialismus vollzogen; hier von den Briten, dort von den Franzosen ohne Rücksicht auf traditionelle Bindungen, einfach mit dem Bleistift auf dem Papier. Nach einhelliger Meinung der Ethnologen und nach eigenen Erzählungen stammen die Ewe-Völker ursprünglich aus dem Delta-Gebiet des Niger im heutigen Nigeria. Es gibt keine Sprachverwandtschaft mehr mit Nigeria, aber wohl doch mit Togo, wo die *Fon*-Sprache sowohl Elemente aus den *Ewe*- als auch aus den *Yoruba*-Sprachen assimiliert hat.

Reisen im Voltagebiet

Für Touristen, besonders für Aktivurlauber, hat die Volta-Region eine Menge Vorzüge, um wunderbare Ferien verleben zu können. Volta-Fluß und -See bieten auf der gesamten Ostküste von circa 250 km Länge sowie der 60 km langen Atlantikküste im Süden sehr günstige Möglichkeiten für **Wassersport**. Man hat die Wahl zwischen Sonnenbaden unter Palmen an der Küste, Schwimmen, Angeln, Bootfahren oder im Voltasee von Insel zu Insel zu »hoppen«. **Aber Vorsicht beim Baden im Atlantik:** In diesem Teil Ghanas hat er eine starke Brandung und ist oft sehr tückisch. Nichtschwimmer sollten nur die zahmen Strände von *Dzelukope*, *Denu* und *Woe* ansteuern und nicht überall das Baden bzw. das Leben riskieren.

SEHENSWÜRDIGKEITEN
VOLTA REGION AUF EINEN BLICK

Abutia Kloe: Kalakpa Wildlife Sanctuary
Alavanyo Abehenease: Tsatsadu-Wasserfälle
Amedzofe: Gbazeme-Wasserfälle, Mount Gemi
Keta: Keta Lagoon und Verteidigungswall
Leklebi-Agbesia: Aflambo-Wasserfälle
Liati-Wote: Mount Adadjato, Tagbo-Wasserfälle
Logba Tota: Akpom-Wasserfälle und Höhlen
Nkwanta: Kyabobo-Nationalpark
Tafi Atome: Affenreservat
Wli-Afegame: Wli-Agumatsa-Wasserfälle, Agumatsa-Waldreservat
Xavi: Vogelreservat

Interessante Märkte:
Ho: mehrmals pro Woche | **Anyanui:** Mi

FESTE DER VOLTA REGION
Hogbetsotso:
Anloga, 1. Sa im Nov: Das größte Fest der Ewe an der Küste ist »Exodus«, das man möglichst nicht versäumen sollte. Das Fest erinnert an die Flucht der Ewe aus ihrer angestammten Heimat in *Notsie* (Togo). So wie die Geschichte erzählt wird, litten die Ewe lange unter einem brutalen Herrscher namens *Agokoli*, der ihnen keine Freiheit gewährte, nachdem sie sich, aus Osten kommend, in seinem Gebiet niedergelassen hatten. Aufgrund von Agokolis magischen Kräften konnten sich die Leute nur entfernen, indem sie rückwärts liefen. Das Fest tourt durch die Orte der Küste.

Weitere Festtage:
Agbozume: *Sometutuza*, Sep
Aflao: *Godigbeza*, April, Nov
Akpafu: *Odomi*, Reisfest, Jan
Alavanyo: *Golofose*, Nov
Amedzofe: *Yam*, Okt
Anfoega: *Asikloe*, März
Ho: *Yam-Festival*, Sep
Hohoe: *Yam-Festival, Gbidukor*, Dez
Kpandu: *Gbidukor*, Dez
Nkwanta: *Dzodzi-Ble, Yam-Festival*, Nov
Peki: *Gbidukor*, Nov/Dez
Wli, *Agumatsa*, letzter Sa im Okt

Aufgehängt: 640 m weit ohne Zwischenpfeiler schwingt sich die Brücke über den Volta

Die bewaldeten **Berge** bieten Gelegenheit, verborgene Wasserfälle im zentralen Hochland zu entdecken. Hier gibt es die größten und schönsten in Ghana überhaupt. Die Region hat auch drei Naturparks: das *Kalakpa-Wildreservat* bei Abutia Kloe südlich von Ho, den *Kyabobo-Nationalpark* und das *Agumatsa-Naturreservat* bei Hohoe, das Ghanas höchsten Wasserfall beherbergt. Sie sind voller selten gewordener Pflanzen, Fledermäuse, Vogel-, Affen- und Antilopenarten.

Das Voltagebiet besitzt eine relativ gute **Infrastruktur.** Die Hauptstrecken sind asphaltiert und zwischen den Städtchen verkehren Busse und Sammeltaxis. Soll es jedoch abseits in die Berge oder Richtung See gehen, wird es ohne eigenes Auto problematischer.

Souvenirs aus dem Volta-Gebiet

Es gibt keine für diese Region besonders typischen Gegenstände, sogar den **Kente-Stoff** webt man hier (↗ bei *Kpetoe*). Wenn es Unterschiede zu Akan-Gebieten gibt, handelt es sich eher um kleine Nuancen, die kaum ins Gewicht fallen. Zwei weitere Tips habe ich dennoch für Sie:

Keramik: einfach, preiswert und schön. Es gibt sie reichlich in den Dörfern *Ve-Koluenu* und *Fume,* nicht weit von Ho. Fragen Sie nach dem Markttag; auf den Märkten ist es schön bunt und das Angebot interessant. Nicht vergessen, um den Preis zu feilschen. Selbst wenn es nur *Just for fun* ist.

Schmiedekunst: Waffenliebhaber werden ihre Freude in *Alavanyo* haben. Das Dorf ist die Heimat von begabten Waffenschmieden. Wie es heißt, wurden so-

WASSER, WALD UND HÖHLEN: DIE VOLTA REGION

gar einige Gewehre für den Ersten Weltkrieg in Alavanyo gefertigt. Dies ist schwer zu glauben, aber da die Deutschen damals dort das Sagen hatten, ist alles möglich. Ein Tagesausflug kann von Kpandu, Ho oder Hohoe aus gemacht werden. *Abehenease* ist nicht weit von Alavanyo, dort sind die schönen *Tsatsadu-Kaskaden*. Die beiden Orte lassen sich gut miteinander kombinieren.

HO: DAS TOR ZU DEN BERGEN

Die günstige Lage von Ho im Südosten des Landes gab den Ausschlag für die Wahl als Hauptstadt der Volta-Region. Ursprünglich war Ho eine Ansammlung von Dörfern an einer alten, wichtigen Karawanenroute, die den Schnittpunkt zwischen dem Bergland im Norden und der flachen Savanne im Süden darstellte. Ho lag genau auf dem Ost-West-Handelsweg, der quer durch Ghana lief und Orte wie Kpalimé (Togo) und Bondoukou (Côte d'Ivoire) verband. Auf dieser Strecke wurden wichtige Güter wie Salz, Kolanüsse, Sklaven und Gold getauscht.

Um 1900 wurde Ho von den Deutschen als einer der Verwaltungsorte für ihre Kolonie Togo ausgesucht. Ausschlaggebend war die Berglandschaft mit angenehmem Klima. Bald folgten christliche Missionare, vor allem aus Norddeutschland, die Kirchen und Schulen für ihre Missionsarbeit gründeten. Nach 1914 mußten die Deutschen diesen Teil Togos den Briten überlassen. Die neuen Herren lernten schnell, das angenehme Klima um Ho zu genießen und behielten den Status der Stadt als Verwaltungszentrum für die Region bei.

Heute ist Ho eine überschaubare, ruhige Kleinstadt mit circa 60.000 Einwohnern, überwiegend Bauern, Händler und Staatsbedienstete. Ho ist Sitz der Verwaltungszentrale, *Regional Coordinating Council* genannt, wo Sie auch Auskünfte zur Region und zum (bescheidenen) **Museum der Geschichte** bekommen. In der gesamten Region ist mit wenigen Ausnahmen keine Industrie vorhanden. Der große **Markt** von Ho dient als Umschlagplatz für die Vermarktung von Lebensmitteln aus dem landwirtschaftlich geprägten Umland.

Wie so oft, ist auch diese Provinzstadt nicht sehr ergiebig, wenn es um Abwechslung im europäischen Sinne geht. Ho hat vom »rein Touristischen« her wenig zu bieten. Lediglich der alte **Friedhof** mit den Gräbern der ersten Missionare und Kolonialbeamten aus Deutschland könnte Interesse erwecken. Besonders dann, wenn man sich fragt, was die Kerle jemals bewog, sich so weit von der Heimat zu entfernen.

Praktische Informationen

Als Regionalhauptstadt hat Ho alle **wichtigen Einrichtungen** wie *Post* (Telefon, Briefe), *Krankenhaus, Tankstellen, Hotels* und *Einkaufsmöglichkeiten*. *Geld* kann man in allen Geschäftsbanken wechseln, es gibt mindestens drei in Ho. Besser zurecht kommt man in solchen Kleinstädten, wenn man Leute kennenlernt, mit denen bei einigen Flaschen Bier (Cola tut's auch) über alles gesprochen werden kann.

Telefonvorwahl: 091

Tourist-Info: *Ghana Tourist Board,* im SIC-Gebäude nahe der GOIL-Tankstelle. Es lohnt sich hinzugehen, die Beamten dort sind sehr zuvorkommend und überhäufen Besucher mit Informationen über Sehenswürdigkeiten der gesamten Region.

Internet: Im Zentrum und an der Straße zum Markt gibt es mindestens drei Cafés, die alle schnelle Anschlüsse haben und rund 1,50 € pro Stunde verlangen.

Geld: Der hiesige *Barclays-Bank-Ableger* hat einen Geldautomaten auf der Accra Road für Visa-Card-Besitzer und wechselt auch Devisen zu guten Kursen.

Krankenhaus: *Regional Hospital,* © 091/28205.

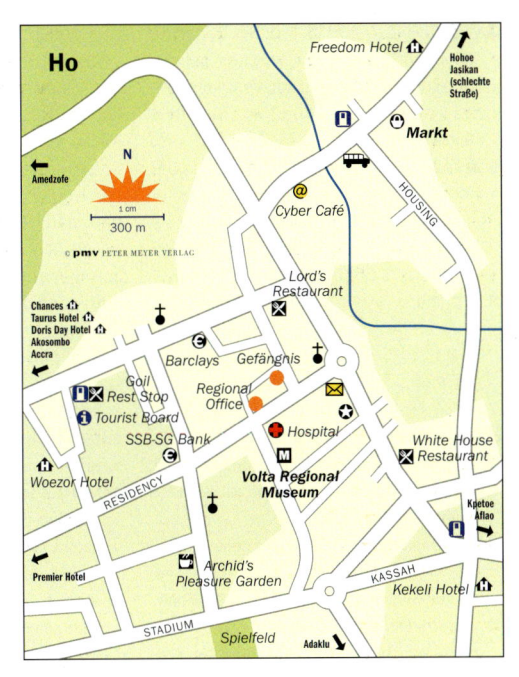

Verbindungen

Nach Ho startet man am besten von Accra (184 km) aus. Zunächst Richtung Akosombo geht es bei *Atimpoku* über die Voltabrücke. Von Ho sind es 60 km nach Amedzofe, 65 km nach Kpandu, 80 km nach Akosombo, 126 km nach Hohoe.

Busstation: an der südlichen Ortseinfahrt. Täglich mindestens ein *Intercity-STC-Bus* nach Ho, sonst viele Kleinbusse ab Accra, Makola-Markt. *Minibusse* bzw. Tro-Tros nehmen rund 2 € für die Fahrt Accra – Ho.

Unterkunft & Essen

▲ ⊠ *Chances Hotel,* 2✱, © 8344, Fax 270-83, P.O. Box 605, chanceshotel@hotmail.com. Zur Zeit die erste Adresse am Ort. Das in die Landschaft gut eingefügte Hotel liegt von Accra kommend am Ortseingang. Im Restaurant wird gut gekocht. Alle Zimmer mit WC/Dusche, TV, Telefon und zum Teil AC. EZ 50, DZ 55 €.

▲ ⊠ ♫ *Woezor Hotel* (auch *Catering Resthouse),* 2✱, P.O. Box 339, © 28339, großzügig angelegtes Hotel mit 40 Zimmern in ruhiger Umgebung, aber mit recht schleppendem Service. EZ mit Ventilator 10 – 12 €, DZ mit AC 28 – 30 €; gelegentlich Live-Musik an Wochenenden.

▲ ⊠ ♫ *Premier Hotel,* 1✱, Residency, P.O. Box 339, © 2534. 32 Zimmer mit AC oder Ventilator und Telefon; Konferenzzimmer, Parkplätze.

▲ ⊠ ♫ *Taurus Hotel,* 1✱, © 26574, P.O. Box 251, 10-Zimmer-Haus; EZ 11 – 15 €, DZ 16 – 20 € je nach Größe.

VOLTA REGION: HO

- ♠ ⊠ 🛏 *Kekeli,* ✆ 26670, P.O. Box 224, Ho – Kpodzi -Road, ist bei Backpackern beliebt. 36 einfache Zimmer, mit Ventilator 9 – 12 €, mit AC 20 – 30 €; im 20-Betten-Schlafsaal 5 €.
- ♠ ⊠ 🛏 ≈ *Freedom Hotel,* ✆ 28258 oder 020/8113400, Fax 28151, hat sich zu einer feinen Adresse herausgeputzt und besitzt 37 Zimmer und ein sehr gutes Restaurant. EZ 35, DZ 46 €.
- ♠ ⊠ 🛏 *Doris Day Hotel & Restaurant,* Peace Palace, Accra Road, P.O. Box 459, ✆ 5678. Ghanaische Spezialitäten. EZ mit AC, Parkplätze, ruhige Lage.

Restaurants & Bars

- ⊠ *Lord's Restaurant,* im Zentrum, 10 – 22 Uhr, bietet sowohl ghanaische als auch europäische Gerichte an.
- ⊠ *White House,* im Zentrum, ein beliebtes Lokal mit ghanaischen Gerichten. Es hat eine gute Auswahl an Snacks und Fast-Food.
- 🛏 *Archid's Pleasure Garden,* Nursery/Starlets 91 Road, Gartenlokal mit rustikalem Ambiente, einheimischen Gerichten. Wird an Wochenenden sehr stark besucht.
- 🛏 *Goil Rest Stop,* 10 – 23 Uhr geöffnet, ist ein netter Ort für ein Bier.

Die Weber von Kpetoe

Zugegeben, die Sehenswürdigkeiten von Ho sind im Nu erschöpft. Wenn Sie nun Lust und Zeit haben, fahren Sie nach **Kpetoe,** nur 25 km von Ho entfernt, in südöstliche Richtung auf die Togo-Grenze zu. Kpetoe ist fast eine Grenzstadt, weil von hier aus die Grenze mühelos überquert werden kann. Die Straße bringt den Reisenden aber nicht unbedingt nach Togo. Ab Kpetoe macht sie einen großen Knick nach Süden, in Richtung Meer. Sie führt mehrere Kilometer haargenau an der Grenze entlang und verbindet Grenzorte wie *Ziope, Dzodze* und *Denu* mit *Aflao* und endet schließlich an der Atlantikküste (↗ »Die Atlantikküste der Volta Region«).

Ghanas Nationaltracht, **Kente,** gibt es nicht nur in Ashanti. In diesem Teil Ghanas sind die Leute ebenfalls felsenfest davon überzeugt, daß Kente seine Wurzeln genau hier hat. Wie dem auch sei, man kann ausgezeichnete Stoffe in Kpetoe erstehen. Der aufmerksame Beobachter wird merken, daß es doch Unterschiede in Webtechnik und Muster zwischen den hiesigen Stoffen und denen aus Ashanti gibt. Ein Vorteil: Die Stoffe sind hier billiger als in Bonwire.

Anfahrt: Kpetoe kann man in einem Tagesausflug von Ho schnell erreichen; Sammeltaxis oder Kleinbusse verkehren regelmäßig auf der Strecke. Zunächst nach Kpetoe, anschließend auf der Straße nach Denu bleiben und bis Dzodze fahren. Von dort bis zum weiter südlich gelegenen *Agbozume,* wo es ebenfalls Kente-Weber gibt, sind es nur 16 km auf einer ungeteerten, aber gut zu befahrenen Straße.

Die Berge von Amedzofe

Von Ho geht es zunächst in Richtung **Dzolokpuita** und **Vane.** Es ist die Heimat der *Avatime,* ein Guan-Volk, die Ghana als erste besiedelten. Sie wanderten aus der Accra-Ebene kommend in die herrlichen Berge ein und haben bestimmt nicht mehr die Absicht wegzugehen.

Hoch auf einem Berg in 721 m Höhe gelegen, 60 km nördlich von Ho und nur einen Katzensprung von der Togogrenze entfernt, liegt **Amedzofe,** das Städtchen mit der vielleicht schönsten Lage in ganz

Hausberg mit Gipfelkreuz: Mount Gami

Ghana. Zumindest viele, die Amedzofe sehen, behaupten es. Im Ort selbst ist selten was los – ideal für Erholungssuchende. Wie wäre es mit ein wenig Wandern durch die gesunde Bergluft oder gar mit Bergsteigen? **Mount Gami** ist der Hausberg Amedzofes und dessen Hauptattraktion. Er thront über der Stadt und wird von fast allen Besuchern bezwungen. Auf seinem Gipfel (etwas über 770 m) steht quasi als Wahrzeichen ein markantes Kreuz – Erbe der Kolonialzeit, denn der Ort war früher eine Verwaltungsstelle der deutschen Kolonialbehörde in Togo. Von hier oben kann man weit in die schöne Berglandschaft der Umgebung gucken, bis zum silbrig schimmernden Voltasee in der Ferne. Für die Gipfelerstürmung benötigen Sie nichts weiter als Turnschuhe und vielleicht ein Fernglas.

Wie könnte es in dieser Landschaft anders sein, Amedzofe besitzt seinen eigenen **Wasserfall**. Er kann allerdings nur den ganz Hartgesottenen empfohlen werden, denn in der Regenzeit ist der Weg dorthin mehr als abenteuerlich. Abschnittsweise geht er steil abwärts und ist besonders nach Regenfällen sehr glitschig. Erforderlich sind ein ortskundiger Führer, festes Schuhwerk und möglichst keine Handtaschen oder Kameras. Man braucht immer wieder alle Hände und Füße, um weiterzukommen.

☀ **Tip:** Jedes Jahr im **Oktober** wacht das Bergstädtchen anlässlich des örtlichen **Yam-Festivals** auf. Dann gilt es herauszufinden, wer bei diesem Erntedankfest den größten Yam des Jahres gezüchtet hat. Begleitet wird der Wettbewerb von Trommeltanz, Prozessionen und Musik.

Verbindung & Unterkunft

Die Route zwischen Dzolokpuita und Vane (circa 5 km) ist eine Pistenstrecke, die in der Regenzeit für Pkw fast unpassierbar ist. Autos mit Allradantrieb, Vans oder Minibusse sind hier angesagt. Ab Vane, wo es in Serpentinen richtig bergauf geht, ist die Straße geteert. Von Vane ist Amedzofe für Taxis und Minibusse nicht weit. Aus Accra kommend, ist es besser, die Abzweigung in Fume zu nehmen und über Biakpa und Vane nach Amedzofe zu fahren.

Amedzofe:

- 🏠 **Akofa Guesthouse,** ✆ 024/2202855. Mit Abstand das beste Haus im Ort. 5 große, saubere Zimmer mit Ventilator, Dusche/WC. Selbstverpflegern steht eine Küche zur Verfügung, auf Anfrage kann man sich aber auch bekochen lassen. EZ/DZ 6 – 8 €. Reservierung empfohlen.
- 🏠 **Government Resthouse,** obwohl etwas außerhalb, bietet das Haus ein super Panorama. Die Zimmer sind gigantisch groß. Gäste müssen sich hier selbst versorgen! Dennoch empfehlenswert.

In Vane und Biakpa:

- 🏠 Die Übernachtung in einem der einfachen Gästehäuser kostet bis 5 €. Diese Zimmer können sogar über die *District Assembly* in Ho gebucht werden.
- 🏠 *Mountain Paradise Lodge,* ✆ 020/8137-086, 8198505, www.mountainparadise-biakpa.com; von Biakpa 1 km Richtung Fume, glänzt zweifelsohne mit ihrer sagenhaften Lage oberhalb des Örtchens. Freundliche Bedienung, akzeptable EZ/DZ für 8 – 10 €. Essen auf Anfrage. Geführte Wandertouren im Angebot, 2 € pro Person.

Weiterreise nach Hohoe

Für diejenigen, die weiter nach Hohoe wollen, ist es manchmal schwierig von Amedzofe wegzukommen. Die Straße ist in keinem guten Zustand und Verbindungen sind selten. Zur Reduzierung der Wartezeit empfiehlt es sich, zur Hauptstraße in **Fume** (6 km) zu wandern, falls Ihr Gepäck es zuläßt. In Fume gibt es keine Transportprobleme, egal wohin. Vor allem die Landschaft ist reizend. Bei Unsicherheit vermittelt das Touristenbüro in Amedzofe sogar einen Führer.

Affen-Reservat von Tafi

Wer sich für Affen interessiert, sollte von Hohoe aus nach **Tafi-Atome** fahren. Die Ortschaft liegt etwas abseits der Hauptstraße nach Ho. Eine Abzweigung führt ab **Logba Alakpeti** auf einer Schotterpiste 6 km weit zum Reservat. An Markttagen (Di und Sa) ist ein Transport dorthin kein Problem, ansonsten müssen Sie ab Logba Alakpeti entweder laufen, auf das einzige Tro-Tro stundenlang warten oder ab Hohoe ein Taxi mieten. Eine andere Variante ist, die ganze Gegend mit dem Fahrrad abzuklappern. Dabei bietet sich die Gelegenheit, den **Wasserfall** in **Logba Tota** zu besichtigen.

Das **Tafi-Atome Monkey Sanctuary** wurde 1992 eingerichtet, um die hiesige Mona-Meerkatzen-Population vor den Wilderern zu schützen, die ohne Respekt vor den Traditionen die Tiere als Gratisfleischration angesehen hatten. Inzwischen hat sich die jahrhundertealte Symbiose wieder eingependelt und die Population ist bei stabilen 60 – 80 Affen angelangt. Die Affen kommen frühmorgens oder abends kurz vor Sonnenuntergang ins Dorf. Bevor man zum Affengucken loszieht, muß ein Obolus beim Chief entrichtet und ein Eintrag ins Gästebuch geleistet werden. Nach der Besichtigung gibt es nochmals einen Vortrag über Tierschutz (bis ein Trinkgeld kommt, behaupten einige Besucher).

Eintritt: Ausländer 4 €, Gruppenmitglieder, Entwicklungshelfer und Studenten 3 €, Kinder 2 €; jede geführte Stunde 1,50 €. Ghanaer 1,80 €, Studenten 1 €, Kinder 0,50 €.

Auskunft: ↗ Natur & Naturparks, ♦ 25. *Ecotourism Planning Committee,* P.O. Box 492, Hohoe, ✆ 0935/22081.

🏠 🍴 EZ 3,50 €, DZ 6 €, Essen auf Bestellung. Gäste können mit der Dorfbevölkerung abends tanzen und trommeln.

Verbindung: Tafi liegt 68 km von Ho entfernt und 43 km südlich von Hohoe.

FÄHRHÄFEN AM VOLTA

Kpandu & Torkor

Kpandu, am Ufer des Voltasees, hat 16.000 Einwohner und durch den See etwas an Bedeutung gewonnen. Mit dem zusätzlichen Zugang übers Wasser konnte die Stadt ihre Infrastruktur verbessern. Güter können nun billiger über die Wasserstraße hergebracht werden. Kpandu könnte auch von passionierten Anglern als Stützpunkt benutzt werden, um die großen *Tilapia* und *Katzenfische* aus dem Volta zu holen.

Im nur wenige Kilometer von der Stadt entfernten Dorf **Torkor** ist ein kleiner Behelfshafen entstanden. Von Torkor aus kann man mit kleinen Booten zu den Fährschiffen fahren, die aufgrund des seichten Wassers nicht näher an das Land herankommen können (zu den Fähren ↗ Reise-Informationen bzw. Akosombo). Fischer und Angler können von Torkor aus Boote mieten, um die umliegenden unbesiedelten Inseln zu erkunden.

Theoretisch kann man mit dem Fährschiff nach Kpandu kommen. Man sollte dies aber besser nicht tun. Es ist sehr beschwerlich: Erstens kommen alle Schiffe aus Akosombo nachts an, zweitens gibt es eigentlich gar keinen Hafen, die Schiffe ankern, wie gesagt, einige Kilometer entfernt. Kleine Boote führen das Übersetzen an Land durch. Mitten in der Nacht!

Die Grotten von Kpandu

Kpandu besitzt zwei Höhlen. Die größere in **Agbenohoe,** ein wenig außerhalb Kpandus, ist ein katholischer Wallfahrtsort und dient der Marienverehrung. Ne-

Grün, gelb, rot: Die Voltasee-Fischer zeigen Flagge für Ghana

ben der Grotte schließt sich ein Affenreservat an, wo die Tiere unbehelligt leben. Die zweite Grotte ist »ökumenisch« und liegt knapp 2 km von Kpandu im Stadtteil **Aziavi**. Beide sind für Pilger ganzjährig offen.

Verbindungen

Kpandu liegt 70 km von Hohoe entfernt.

Ab Akosombo: über den Volta wie nach Ho. In *Anyirawase* dann rechts auf der Straße nach Hohoe über *Kpeve* und weiter bis *Hove Etoe*, wo der Abzweig nach Kpandu beschildert ist.

Ab Hohoe geht es zunächst in Richtung Westen, vorbei an *Alavanyo Abehenease* bis *Kpame*, dann den Abzweig über *Zogbedze* in Richtung Süden nehmen, wo die Straße besser ist.

Unterkunft & Essen

- *Refco Motel,* ✆ 0962/230, wahrscheinlich das beste Haus im Ort, in hübscher Umgebung gelegen, mit 10 durchaus ordentlichen Zimmern und Essen auf Bestellung, DZ 4 – 8 €, je nach Ausstattung.
- *Sylka Lodge,* P.O. Box 161, im Stadtteil Gabi hinter dem Sportfeld, 8 Zimmer, Bar, Restaurant.
- *Restaurant Justice Club* auf der Hauptstraße bietet riesige Portionen Reis oder Chips mit leckerem Huhn für weniger als knapp 2 €. Ansonsten Straßenkost.

Kete Krachi

Das ursprüngliche Kete Krachi existiert nicht mehr. Es wurde in den 60er Jahren des 20. Jahrhunderts, als das Staudammprojekt seiner Vollendung entgegenwuchs, in den Fluten des ansteigenden Voltasees ertränkt. Für die rund 3000 Menschen mußte eine neue Heimat an sicherer Stelle gebaut werden. Das neue Kete Krachi ist jetzt Anlegeplatz für alle Fährschiffe, die zwischen Akosombo und Buipe verkehren.

Die alte Stadt war in ganz Ghana sehr berühmt. Erstens war Krachi einmal die Endstation einer wichtigen Karavanenroute, die mit Vorliebe von Sklavenjägern benutzt wurde; bis hierher wurden die Menschen aus den nördlichen Gebieten getrieben und in Krachi für die Reise zur Küste in Boote gesetzt. Zweitens war Krachi der Standort einer der ältesten islamischen Universitäten in Westafrika. Hier lebte im 15. Jahrhundert *Alhaji Oumarou Titibrika,* ein berühmter Marabout und Muslim-Gelehrter. Er übersetzte den Koran in Haussa – mit arabischer Schrift! Titibrika fungierte außerdem als Orakel, zu dem Tausende Menschen pilgerten, um Hilfe in allen Lebenslagen zu suchen.

Aber das ist alles sehr lange her. Das heutige Kete Krachi ist ein kleiner Umschlagplatz für alle Güter, die per Schiff ankommen. Der See hat alle Zufahrtsstraßen vom Süden nach Krachi unterbrochen und das Städtchen isoliert. Zweimal die Woche wird der bescheidene Hafen lebendig, wenn ein Schiff anlegt. Fischfang, Handel und Landwirtschaft sind die Haupteinnahmequellen der Leute hier, Tourismus ist mehr als Nebensache.

Die Lage Kete Krachis am Scheidepunkt des Sees, wo er sich in drei Teile teilt, ist sehr schön. Einige ruhige Tage können Fischfans, Angler und Ruderboot-Sportler hier schon verbringen. Ungestört kann man badend und Fisch essend auf das nächste Schiff warten. *No hurry,* es kommt bestimmt.

Verbindungen & Unterkunft

Nach Krachi kommt man am besten mit dem **Schiff**. Alles andere ist zu beschwerlich und umständlich. Von Norden kommend, startet man in Yeji, vom Süden geht's ab ✈ Akosombo über Kpandu nach Krachi.

Richtung Norden: Theoretisch kann man sein **Auto** auf das Schiff verladen und über Krachi Richtung Norden weiterfahren. In der Tat gibt es eine Straße von Krachi über *Banda, Bimbilla, Yendi* nach *Tamale* (Northern Region). Praktisch sollte man dies nicht tun, die Piste ist für Pkw zu schlecht. Nur große Lkw, Busse und Autos mit Allradantrieb können es wagen.

- *Hotel Simon*, sehr einfach, 3 € pro Nacht. Für den Preis kann man wirklich nicht mehr als ein Lager erwarten. Das Hotel liegt sehr günstig in Kete Krachi, Busse nach Tamale oder Yendi halten früh morgens direkt davor.
- *Gästehaus der District Assembly,* 1 km östlich vom Ort, ruhig und schön gelegen, mit Seeblick. 3 DZ mit eigenem Bad 4 €, 7 EZ zu 2,50 €.

HOHOE & AUSFLÜGE

Aktive Besucher der Volta-Region sollten möglichst in Hohoe Quartier beziehen und von dort Ausflüge in die wunderbare Umgebung unternehmen, die viele Überraschungen bietet.

Mit ungefähr 30.000 Einwohnern ist Hohoe der Hauptort des nördlichen Voltagebiets. Die Stadt wäre beinahe die regionale Hauptstadt geworden, doch ihre entlegene Grenzlage war zu ungünstig. Da das Gebiet sehr von der Landwirtschaft geprägt ist und so gut wie keine Industrie besitzt, gibt es wenig Aufregendes über Hohoe selbst zu berichten. Wie in fast allen anderen Provinzstädten gibt es ein Postamt, ein Krankenhaus, einen Markt, Kino, einige Banken und Forex Bureau, ein paar Tankstellen und einige Schulen in Hohoe. Den Rest kann man sich schenken.

Was für Hohoe spricht, sind die attraktiven und empfehlenswerten **Natursehenswürdigkeiten** in der unmittelbaren Umgebung der Stadt. Ohne zu übertreiben, kann man behaupten, es gibt wenige Städte in Ghana mit vergleichbaren touristischen Möglichkeiten wie diese. Als zweitgrößte Stadt der Region ist Hohoe ein guter Stützpunkt für Touren in die schöne Bergregion. Nehmen Sie sich mindestens drei Tage Zeit, um die versteckten Wasserfälle, Kalksteinhöhlen und Grotten ganz in Ruhe entdecken. Nicht vergessen: Keine der Attraktionen hier werden in irgendeiner Art und Weise touristisch ausgebeutet. Nichts ist organisiert. Wer in Hohoe nicht nur Bier trinken will, muß seine persönliche Tour in eigener Regie vorbereiten und durchführen.

Das *District Assembly* hat in Hohoe ein kleines **Touristenzentrum** eingerichtet, das einige Broschüren und Infos parat hält. Besucher sollten dort nachfragen, bevor sie ins Hinterland aufbrechen. Das Büro befindet sich im Zentrum des Städtchens, etwa zehn Minuten zu Fuß von der Car Station.

Wer sich für Kräutermedizin interessiert, wird in Hohoe eine sehr gute Gelegenheit haben, mehr darüber zu erfahren. Hier lebt der **Kräuterdoktor** *Dr. Noamesi*, ein studierter Biologe, der seit Jahren ein *Herbal Treatment Center* betreibt. Er heilt Malaria, Unfruchtbarkeit, Schlangenbisse, Diabetes, Haarausfall

Hohoe

(Kartenskizze mit Orten: Jasikan/Jadiasi/Bimbila/Yendi, Evergreen Lodge, Dr. Noamesi, Matvin Hotel, Dayi, Palm Grove Restaurant & Batik-Laden, Presbyterian Church, Catholic Church, Baika/Kute, Grand Hotel, Bank of Ghana, Hospital, Barclays Bank, Ghana Comm. Bank, District Assembly, Galaxy Lodge/Likpe Todome/Afegame/Wli, Kit-Cut Gardens, Hotel de Mork, Kpandu, Akosombo, Accra, AME Church, Taste Lodge, Pacific Guesthouse, Geduld Hotel, Fodome Xetu)

Kartenskizze
Korrekturen willkommen!

© pmv PETER MEYER VERLAG

---

und allerlei andere Leiden. Besucher sind herzlich willkommen, sollten aber auch etwas kaufen.

Herbal Treatment Center: *Dr. Noamesi,* Jasikan Road, P.O. Box 383, ✆ 0935/22095.

Verbindungen

Von Accra aus geht es zunächst bis **Anyinawase** auf der gleichen Straße wie nach Ho. In Anyinawase teilt sich die Straße; halten Sie sich links und fahren in nördliche Richtung über die Höhenstraße von *Kpeve* nach Hohoe. Von *Kpandu* aus haben Sie zwei Möglichkeiten nach Hohoe. Die erste führt über die ungeteerte Piste nach *Zogbedze* und *Kpame,* an *Alavanyo* vorbei, wo die schönen ↗ *Tsatsadu-Kaskaden* zu sehen sind. Eine bessere Strecke führt über *Avatime* und *Golokuati.*

Intercity-STC-**Busse** sowie andere Kleinbusse starten täglich von Accra (Makola Market) nach Hohoe. Bitte gezielt in Accra erkundigen.

Telefonvorwahl: 0935.

Krankenhaus: *District Hosp.,* ✆ 0935/22042.

Achtung: Die *Barclays Bank,* OLA Road, P.O. Box 101, ✆ 0935/2022, hat einen Bankautomaten (nur Visa). Tauschen Sie trotzdem schon vorher Geld um, da dieser Automat zuweilen defekt ist und sich weit und breit keine andere Möglichkeit bietet, Geld zu wechseln.

Unterkunft & Essen

▲ ✖ *Matvin Hotel,* P.O. Box 197, ✆ 2134, 25 Zimmer, 2 Chalets, Bad/WC, alles sehr sauber. Schön gelegen am Ufer des Dayi-Flusses, nur 1,5 km vom Zentrum entfernt. Hier stimmt das Preis-Leistungs-Verhältnis: 6 – 12 €. Die Küche ist sehr gut und das Personal freundlich.

▲ ✖ *Geduld Hotel,* Fodome Road P.O. Box 207, Hohoe, ✆ 22117, mit 10 DZ und einem guten Restaurant. Der Name ist wirklich das deutsche »Geduld«, die Besitzerin hat in Heidelberg Betriebswirtschaft studiert. Geduld braucht man allerdings im Restaurant, am besten das Menu schon 2 Stunden vorher mit der Köchin absprechen, dann hat sie genügend Zeit zu werkeln. 6 der Zimmer sind mit WC/Dusche, TV ausgestattet. Die großen DZ im 1. Stock haben einen wunderschönen Balkon. EZ 9, DZ bis 20 €. Das hoteleigene Fahrzeug für Ausflüge ist gepflegt und der Fahrer sehr nett; man sollte aber vorher die Preise aushandeln.

▲ ✖ ⌂ *Hotel de Mork,* Kpoeta, Accra Road, ✆ 22082, ist nicht ganz in Hohoe, kann aber wohl als gute Alternative dienen. Das relativ neue Haus verfügt über gut eingerichtete Zimmer. DZ 9 – 15 €, je nach Kategorie.

▲ ✖ ⌂ *Galaxy Lodge,* Off Likpe Road, ✆ 0935/20533 und 024/4046041; mit Sicherheit eines der besten Hotels in Hohoe. Große EZ/DZ mit Klimaanlage/Ventilator und TV für 10 – 22 €. Wenn Sie mit Gepäck reisen, sollten Sie sich ein Taxi nehmen. Die Lodge liegt 2 km außerhalb auf der Straße nach Lipke.

▲ *Pacific Guesthouse,* P.O. Box 316, ✆ 221-46. 10 saubere Zimmer, 7 – 15 € pro Nacht. Angeschlossene klimatisierte Chalets kosten rund 25 €. Essen auf Anfrage.

▲ ✖ *Taste Lodge,* Fodome Road, ✆ 22025, gegenüber der Kirche der *African Methodist Episcopal (AME).* Die 25 € für ein schön möbliertes DZ mit AC, TV und fließendem (auch heißem) Wasser sind gut angelegt. Alleinreisende sollten hier auf ein EZ bestehen, sonst wird immer einem ein DZ zum höheren Preis angedreht. Das Restaurant, wie der Name sagt, bietet wirklich wunderbares Essen.

▲ ✖ *Grand Hotel,* im Zentrum, ✆ 22053; größter Pluspunkt ist seine Lage im Zentrum, EZ 3 €, DZ 8 € mit Gemeinschaftsduschen und -toiletten. Auch hier kann man das (preiswerte) Essen wirklich empfehlen. Serviert werden nicht nur ghanaische Gerichte, sondern auch etwas für Leute, die sich schwer an neue Sachen gewöhnen.

▲ ✖ *Evergreen Lodge,* ✆ 22254, am Stadtrand, nur einige Meter von Matvin Hotel entfernt; neues Haus, das einem ehemaligen Minister gehören soll. Wenn das Haus oft leer steht, dann nur wegen seiner isolierten Lage, denn die Zimmer sind super und mit allem Komfort eingerichtet. Pro Zimmer 15 – 30 €, je nach Ausstattung. Ein gutes Restaurant ist vorhanden.

▲ ✖ ⌚ *Palm Grove Restaurant & Hotel,* ✆ 020/8192926, befindet sich an der Straße Richtung Jasikan. Die Besitzerin ist eine hervorragende Köchin und kann wunderbare vegetarische Speisen zubereiten. Auch ghanaische und »internationale« Küche, Pizzen und Sandwiches. Vorherige Anmeldung ist von Vorteil. Man sitzt im schönen Palmengarten, wo auch die Temperaturen etwas angenehmer sind. Hier bekommt man Wagaschi (den lokalen Käse) in einer scharfen Soße zubereitet. Außerdem werden *Batik-Workshops* angeboten, bei denen Interessierte bei der Herstellung der schönen ghanaischen Stoffmuster zugucken können. Und natürlich kann man sie kaufen. Auch Übernachtung möglich, 7 DZ mit Dusche/WC.

- *KitCut-Gardens*, am südwestlichen Ende von Hohoe (Richtung Kpando, gegenüber dem Mork-Hotel). Gutes Restaurant, auch hier ist es sehr schön zum Draußensitzen. Von der Bestellung bis zum Servieren des Essens vergeht eine gute Stunde (frittierte Tilapia). Preislich recht günstig.

Wasserfälle, Berge & Höhlen

Achtung: Besonders in Hohoe geben sich viele junge Leute als Fremdenführer *(guides)* aus und verlangen Geld von arglosen Besuchern für Leistungen, die sie nicht erbringen können. Vielleicht kennen sie den Weg, aber nicht die Fauna und Flora. Daher immer erst zum *District Assembly* gehen, ↗ Natur & Naturparks.

Tip: Bei diesen Ausflügen wird sich immer die Frage des Transportmittels stellen, denn es geht durch sehr ländliches Gebiet, das allenfalls sporadisch von Tro-Tros angesteuert wird. Das Hinfahren geht meistens gut, die Rückkehr ist aber oft problematisch. Eigentlich lohnt es sich für alle Touren außerhalb der Stadt, ein Taxi halb- oder ganztags zu mieten. Wenn man sich zu kleinen Gruppen zusammen tut und den Preis vorher festmacht, dürfte der Spaß nicht teuer kommen.

Zum Wli-Wasserfall

Ein Ausflug sollte unbedingt zum Wli-Wasserfall führen. Etwas südlich des Dorfes **Afegame,** 25 km östlich von Hohoe, befindet sich Ghanas höchster Wasserfall. Der Wli-Wasserfall liegt genau an der Grenze zu Togo und wird von dem Bergfluß *Agumatsa* mit klarem Wasser gespeist. Zunächst fließt das Wasser aus einer Bergwand heraus und schießt, grenzüberschreitend, für einige 100 Meter über einige versteckte Kaskaden, bevor es von circa 60 m Höhe auf ghanaischer Seite frei herunterfällt.

Man befindet sich hier in einem Naturschutzgebiet, dem **Agumatsa-Naturreservat.** Hunderte von Schmetterlingen, Fledermäusen und Vögeln tummeln sich in dem wildromantischen Waldstück, das nicht mehr kultiviert werden darf.

Der Fußmarsch zum Wasserfall führt direkt zur unsichtbaren Togo-Grenze hin, man benötigt eine Anmeldung (1,50 €) mit Gästebucheintrag und einen Führer, bevor es losgehen kann. Der Führer erwartet von Touristen immer ein Trinkgeld. Der Marsch vom Dorf zum Wasserfall ist voller Abenteuer und Spannung. Bis dorthin sind es 3 km, für die man besonders in der Regenzeit feste Schuhe braucht. Bis zum Wasserfall wird der Agumatsa-Fluß genau 12 Mal auf Brücken überquert. Es ist das gleiche Wasser, das vom Wasserfall kommt und den Weg ins Tal sucht.

Ebenfalls im Hohoe District, im Dorf **Leklebi-Agbesia,** befindet sich der durchaus schöne, nahezu unbekannte **Aflabo-Wasserfall,** samt vielen Höhlen und herrlichen Waldwegen, auf denen Sie wandern können. Das Dorf liegt etwa 6 km östlich von Golokuati bzw. 18 km südöstlich von Hohoe. Man erreicht es am einfachsten auf der Hauptstraße von oder nach Ho. In Golokuati fahren ab der Car Station Sammeltaxis auf einer Pistenstrecke nach Leklebi-Ag-

Naturschauspiel: Sprühend stürzt der Wli-Wasserfall aus dem Berg zu Tal

besia, den langen Strahl des Wasserfalls sieht man schon 3 km vor Ankunft. Bis zum Pool des Wasserfalls geht es durch Kakaofarmen und dichten Wald steil hinauf. Viele Jugendliche betätigen sich gegen ein Trinkgeld als Wanderführer oder Träger von Gepäck.

Anreise: Die 25 km nach *Wli* ab Hohoe Car Station sind mit einem Tro-Tro innerhalb 1 Stunde zu meistern; unter 1 €. Spätestens um 17 Uhr sollte die Rückreise angetreten werden.

Eintritt: zum Schutzgebiet 1,50 €.

Auskunft: ↗ Natur & Naturparks, ● 24

🔺 ⛺ *Waterfall Lodge,* P.O. Box 133, Hohoe, ✆ 0935/20057, www.ghanacamping.com, bernhardhagspiel@web.de. 350 m vom Büro der Naturschutzbehörde entfernt liegt diese wunderschön gelegene Anlage, die von einem deutschen Ehepaar betrieben wird. Mit Blick auf die Berge und den Wli-Wasserfall. 7 saubere, helle EZ/ DZ mit Ventilator für 7 – 12 € inkl. Frühstück. Auf Anfrage und Vorbestellung werden Spätzle & Co. aufgetischt.

🔺 ✖ *Wli Water Heights Hotel,* P.O. Box 63, Hohoe, ✆ 020/9119152 oder 8373163, www.wliwaterheightshotel.com, psapathy@yahoo.com; ghanaisches Haus mit großer Gastfreundschaft und guter Küche, liegt gegenüber der Abbiegung zum Wasserfall auf der Hauptstraße. 5 saubere Zimmer für 6 – 15 €, je nach Einrichtung.

🔺 *Blue House Guesthouse,* noch am Rande von Wli-Afegame, bevor die Straße zum Besucherzentrum abzweigt, steht dieses kleine Haus mit 4 einfachen Zimmern (WC/ Dusche draußen), EZ/DZ 5 – 7 €.

VOLTA REGION: HOHOE & AUSFLÜGE

Die Höhlen von Likpe-Todome

Sollten Sie mit eigenem Auto unterwegs sein und etwas Zeit haben, können Sie den Wli-Besuch mit einer herrlichen Wanderung zu den Höhlen von Likpe-Todome verbinden. Diese liegen nur 5 km nördlich von Wli und sind gut ausgeschildert. Ungefähr 45 Minuten in den Bergen oberhalb des Dorfes liegen 6 Höhlen, die alle besichtigt werden können. Bevor Sie losgehen, sollten Sie erst zum Chief, möglichst mit einer Flasche Schnaps oder mindestens 3 €. Die Zeremonie ist interessant und gibt Einblicke in die lokale Tradition. Die Höhlen sind nicht spektakulär, aber die erfrischenden Stunden in einer schönen Umgebung mit tollen Ausblicken lohnen sich (inklusive Wli-Wasserfall und Wanderung rund 4 Stunden).

🔺 *Government Resthouse*, Likpe Todome, Zimmer mit TV und Ventilator kostet hier unter 6 €; Essen auf Anfrage.

Der Tagbo-Wasserfall

Zu den bisher unbekannteren Wasserfällen gehört der von **Liati-Wote,** circa 20 km südlich von Hohoe. Von Hohoe aus erreicht man den Ort entweder über Likpe-Todome und Wli-Afegame, wie zum Wasserfall, dann nach Süden schwenkend (28 km). Oder von Süden kommend geht es ab Golokuati 18 km nordöstlich in Richtung Togo-Grenzland, bis Liati Wote erreicht ist.

Die Straßen hierher sind – besonders in der Regenzeit – schlecht, und nur wenige Leute machen sich die Mühe, den Tagbo-Wasserfall zu besuchen, obwohl er sehenswert ist. Der Tagbo-Wasserfall befindet sich mitten im üppigen Regenwald und führt ganzjährig Wasser. Von

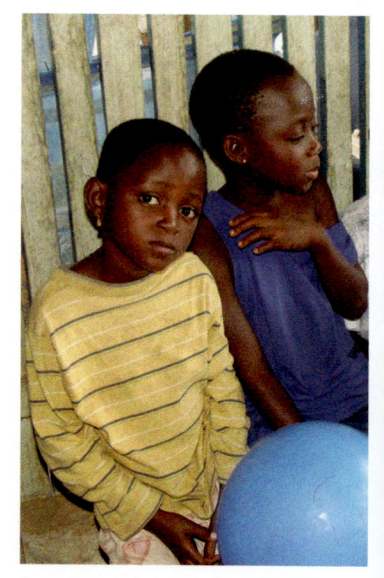

Junge Reisebekanntschaft aus Liati-Wote

Liati-Wote geht es in einem Fußmarsch von circa einer Stunde bis zum Wasserfall. Der Pfad führt durch Schmetterlingskolonien, Bananen-, Kakao- und Kaffeeplantagen, unterwegs gibt es auch mehrere Palmwein-Stationen. Mit Glück trifft man den Zapfer, der gern etwas vom Wein probieren läßt. Ansonsten den Rucksack mit den Fressalien fürs Picknick nicht vergessen!

Eintritt: 1,50 € und 0,90 € für den Führer.

Info: *Tourist Board Volta Region,* ✆ 091/26560, oder *Liati Wote Tourist Committee,* P.O. Box 495, Hohoe.

Afadzato, Ghanas höchster Berg

Ebenfalls bei **Liati-Wote**, dicht an die Togogrenze geschmiegt, liegt Ghanas höchster Berg *Afadzato,* mit 968 m knapp unter der 1000-Meter-Marke. Obwohl nicht sehr hoch, sollte der Berg nicht unterschätzt werden. Nur Leute mit guter Kondition und stabilem Kreislauf sollten Afadzato erklimmen. In der Trockenzeit sind viele Touristen und eifrige Wanderer in dieser Gegend zu sehen. Genug zu trinken und zu essen für einen Tagesausflug in den Rucksack einpacken und gutes, sprich trittfestes Schuhwerk nicht vergessen! Taxi von Amedzofe (30 km nördlich) oder Hohoe für den ganzen Tag mieten – und schon hat man einen schönen Tag vor sich.

Kalkstein-Höhlen

In **Nyagbo** und **Logba Tota,** zwei kleinen Orten zwischen Golokuati und Liati-Wote, gibt es Kalksteinberge mit interessanten Höhlen voller Stalagmiten und Stalaktiten. Logba hat auch einen kleinen See, der genauso aussieht wie der Bosumtwi-See von Ashanti in Miniaturausgabe. Da es keine geregelten Führungen gibt, sollten sich Besucher im Ort melden. Der *Chief* sorgt dann schon für Begleitung, wenn er eine Flasche Schnaps für die Götter erhalten hat. Es ist wirklich so.

🔺 *Afadjato Guesthouse,* am Ortseingang Richtung Golkuati, ✆ 028/5085939; 6 einfach eingerichtete EZ/DZ mit Ventilator und Moskitonetz, sowie Gemeinschaftstoiletten für 4 – 5 €. Essen auf Anfrage.

Die Tsatsadu-Kaskaden

Die Tsatsadu-Wasserfälle erreicht man auf der Strecke von Hohoe nach Kpandu über *Zogbedze* und *Kpame*. In der hübschen, hügeligen Landschaft bei **Alavanyo Abehenease** (circa 10 km von Hohoe) liegen diese dreistufigen Kaskaden. Im Dorf angekommen, geht man zu Fuß bis zum oberen Ende des Weges, wo ein weißes Kreuz steht. Hier beginnen die Kaskaden. Hier befindet sich auch ein *Meditation and Prayer Centre* der katholischen Kirche, das zudem Unterkunft anbietet.

Man muß jedoch nicht bis zum Berggipfel laufen. 500 m hinter dem Dorf zweigt ein unauffälliger Pfad nach rechts ab und führt zum unteren Bereich der Kaskaden hinunter, wo das Wasser richtig grollt und tost. Da die Dorfleute ihre Besucher nicht gern allein ziehen lassen, empfiehlt es sich, erst beim Chief nach Begleitung zu fragen.

Nutzen Sie Ihren Ausflug für eine **Wanderung** in der schönen Umgebung. Es gibt viele Kakaofarmen, und die Bauern erklären gern die verschiedenen Arbeitsstufen, bis die Frucht zur Verarbeitung abgeholt wird.

Der **Transport** zurück nach Hohoe oder Ho gestaltet sich sehr schwierig am Spätnachmittag. Es empfiehlt sich, besser ein Taxi für den gesamten Trip zu mieten. Oder man bricht sehr früh auf, um relativ früh wieder zurück zu können.

🔺 *Meditation and Prayer Centre,* kein Telefon, Chalets mit Dusche und Toilette für je 7 – 12 €. Übernachtungsgäste sollten Proviant mitbringen.

Nördlich von Hohoe und zum Kyabobo-Nationalpark

Durch den Volta-Stausee und die daraus resultierende Unterbrechung der Straßenverbindung nach Nordghana zwischen Kpandu und Kete Krachi müssen Umwege in Kauf genommen werden. Die **Ost-Strecke bis Tamale** führt ab Hohoe östlich über *Jasikan, Kadjebi, Nkwanta, Bimbila* und *Yendi*. Es handelt sich um ein größtenteils unbekanntes Terrain, das durch die höchsten und schönsten Berglandschaften Ghanas führt. Von Hohoe bis Kadjebi ist die Straße bereits geteert, dann aber folgt eine lange Pistenstrecke, die viel Ausdauer erfordert. Wenn man offiziellen Verlautbarungen glauben schenkt, soll die ganze Strecke bis Yendi asphaltiert werden. Das wäre gut, um die Bergregion um Nkwanta für den Tourismus besser zugänglich zu machen.

Kyabobo National Park

Nur 10 km nordöstlich von Nkwanta liegt der 360 km² große **Kyabobo National Park.** Der Park liegt in einem Hochland auf 700 – 760 m Höhe und besteht aus Regenwald und Savanne. Die Parkverwaltung finden Sie 3 km vor dem eigentlichen Parkeingang. Besonders interessant sind die seltenen Vögel und die exotischen Schmetterlinge, von denen über 500 Arten den Park bevölkern. Es gibt rund 235 Vogelarten, darunter so seltene wie die Getupfte Nachtschwalbe, *Caprimulgus tristigma*, den Kap-Sperlingskauz, *Glaucidium capense,* und den Lagdenwürger, *Malaconotus lagdeni*. Viele Jahre der unkontrollierten Jagd reduzierten die Zahl der Elefanten, Leoparden, Riesenantilopen, Büffel, Wasserböcke, Affen und Warzenschweine drastisch, bis das Areal 1997 als Schutzgebiet deklariert wurde. Mit niederländischer Hilfe ist in den wenigen Jahren seit der Entstehung des Nationalparks recht viel geschehen. Allmählich siedeln sich Tiere aus dem benachbarten *Parc National de Fazao* in Togo hier an. Die Parkverwaltung arbeitet effektiv, sechs Camps und zwei Campingplätze wurden schon errichtet. Vier interessante **Wanderwege** sind begehbar: Laboum – Laboum Wasserfall 4 Stunden; Laboum – Brust-Berge 3 Stunden; Koué – Pawa Camp 5 Stunden; Shiare – Kilinga 3 Stunden. Gute Schuhe empfohlen.

☀ **Tip:** Als weitere interessante Ausflugsziele in der Umgebung bieten sich das »hängende« Dorf Shiare und der 876 m hohe **Mount Djebobo,** der als zweithöchster Berg Ghanas mitten im Park liegt, an.

Praktisches

Touren: Parkbesucher melden sich beim Büro der *District Assembly* in Nkwanta, wo ebenfalls ein Büro der Parkbehörde untergebracht ist.

Eintritt: Ausländer 4 €, Gruppenmitglieder, Entwicklungshelfer und Studenten 3 €, Kinder 2 €; jede geführte Stunde 1,50 €. Ghanaer 1,80 €, Studenten 1 €, Kinder 0,50 €.

Auskunft: ↗ Natur & Naturparks, ■ **25.**

Unterkunft

🏠 *Kilimanjaro Hotel,* P.O. Box 87, Nkwanta, ✆ 020/8152464; deckt gerade noch die Bedürfnisse des müden Wanderers. 8 bescheidene EZ/DZ für 6 – 9 €. Essen auf Anfrage.

🏠 ✉ 🛏 *Gateway Hotel,* das beste Haus im Ort ist relativ neu und hat schöne, klimatisierte EZ/DZ zu 18 € und Chalets zu 22 €.

☀ **Tip:** 🏠 ✉ 🛏 ⛺ *Bowiri-Lackham Lodge,* P.O. Box 537, Hohoe, ✆ & Fax 021/238192, relativ neues Touristencamp in **Bowiri,** 22 km nördlich von Hohoe und auf dem Weg nach Kyabobo. Wurde mit Unterstützung einer britischen NGO verwirklicht. Die Lodge mit Zeltplatz hat einfache Chalets mit Strom und Wasser; Zelte 5 €, 8 € fürs Chalet. Falls Übernachtungen in der Natur geplant sind, Schlafsack und all die üblichen Sachen nicht vergessen.

DIE ATLANTIKKÜSTE DES VOLTA-GEBIETES

Die langgestreckte Volta-Region, im Süden vom Atlantik begrenzt, hat auch Sonnenanbetern und Strandfans einiges zu bieten. Etwa hundert Kilometer östlich von Accra gelegen, fungiert Sogakope als Tor zu den Küstenstädten.

Jenseits des Volta: Sogakope

Diese Kleinstadt (*Sogakofe* ausgesprochen) auf der Hauptstraße von Accra nach Lomé, liegt am linken Ufer des Voltas, der nach langer Reise aus dem Sahel und vom Akosombo-Damm aufgehalten, ganz träge durch das Städtchen fließt. Sogakope markiert das Tor zum Volta-Gebiet. Von hier bis zur Togo-Grenze in Aflao ist es nicht mehr weit, die Menschen sind mit denen auf der anderen Grenzseite verwandt.

Die reichen **Fischgründe** am unteren Volta ermöglichen den Einwohnern ein einträgliches Geschäft. Sogakope ist das Ziel von Fischhändlern aus ganz Ghana, die hierher kommen, um große Mengen Fisch aufzukaufen.

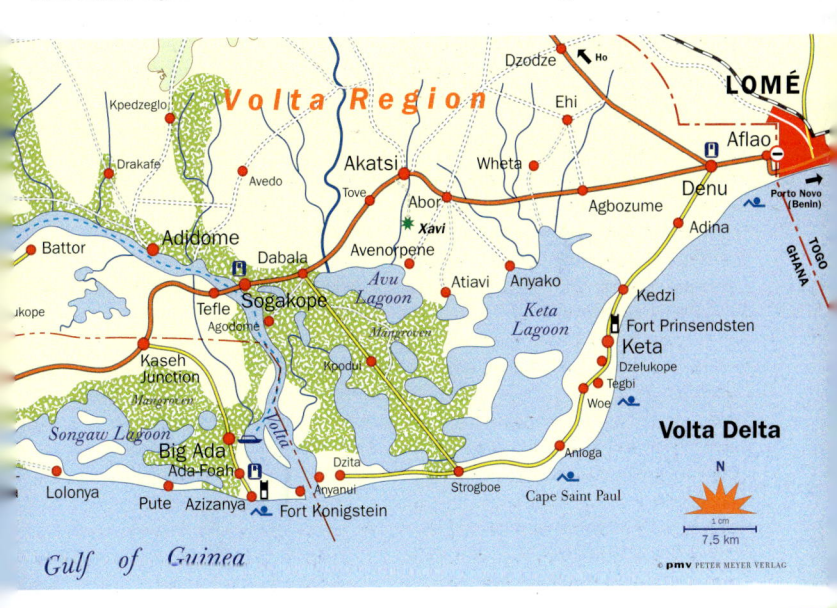

Warum so viele Touristen, die keinen Fisch kaufen wollen, dennoch nach Sogakope kommen, ist auf das prominente Cisneros-Hotel am Stadtrand zurückzuführen. Besonders viele Besucher, die zur Volta-Mündung nach *Ada-Foah* aufbrechen, beenden den Tag hier mit einem Gelage aus Volta-Barsch und viel Bier.

* **Tip:** In **Agbozume** (auch *Agbosome*), 55 km Richtung Grenze gelegen, können Sie günstig **Kente-Stoffe** erwerben, die traditionell im Ort gewebt werden.

Unterkunft & Essen

🛏 ⊠ ⌂ ⚐ @ ⚓ *Hotel Cisneros*, 3✱, ✆ 0968/28494, 22312, cisneros@africa-online.com.gh. 65 Zimmer, am Volta-Ufer. Die romantische Lage, gekoppelt mit klimatisierten Räumen, Restaurant mit Straußenfleisch-Gerichten, Pool, Privatzoo, Spielplatz, Gartenbar und Tennisplatz machen aus dem Komplex ein echtes Ausflugsziel. Den schleppenden Service kann man da schon mal hinnehmen. Ein kleines Boot für kurze Touren auf dem Volta steht zur Verfügung. EZ 45 €, DZ 70 €.

🛏 ⊠ ⌂ *Volta View Hotel*, 1✱, ✆ 0968/210, Fax 211, ebenfalls schön am Fluß gelegen, 25 Zimmer teilweise mit TV, Telefon, EZ 12 €, DZ 18 €.

⊠ ⌂ ⛱ 🐎 *Holy Trinity Spa & Health Farm*, P.O. Box AN 12828, ✆ 0244/8384-66, -68, www.htmcspa.com. Gleich in der Nachbarschaft von *Cisneros Hotel*, am Volta-Ufer, steht Ghanas erste Kurklinik bzw. Gesundheitsfarm. Hier sind die Betten nur für Kurgäste, aber das Restaurant bedient Gäste. Die verschiedenen Anwendungen (Beauty, Massage, Wassertherapie) kosten 20 – 80 €.

Fähre: Die große Passagierfähre hat ihren Dienst zwischen **Akuse** und **Ada-Foah** (eigentlich bis Anyanui/Azizanya) wieder aufgenommen.

Markt: Mi ist Markttag in **Anyanui** und alles wird lebendig. **Azizanya** (GA) auf der anderen Flußseite ist ebenfalls sehr bunt an Markttagen, wenn man von den vielen bettelnden Kindern absieht. In diesem Bereich sind sehr viele Vögel zu sehen, also die Ferngläser nicht vergessen.

Krankenhaus: *South Tongu District Hospital*, ✆ 091/91207.

Das Xavi-Vogelschutzreservat

Wenn Sie von Sogakope kommend auf der Hauptstraße nach Lomé bleiben, kommen Sie unweigerlich nach **Akatsi**, ein Marktort ohne touristische Attraktion. Touristen, die hier Halt machen, wollen meistens umsteigen. Ihr Ziel ist das **Vogelschutzreservat in Xavi** (*Havi* ausgesprochen). Die Straße zum 10 km entfernten Xavi liegt aus Westen kommend 1 km vor Akatsi und ist gut beschildert. Das Xavi Öko-Tourismus-Projekt auf dem *Lotor River* liegt in einer lieblichen Landschaft bestehend aus Feuchtgebieten und Küstensavanne. Wer mit etwas Zeit hierher kommt, wird rund 90 Vogelarten beobachten können. Für eine einstündige Kanutour plus Eintrittsgeld zahlt man 2,80 € pro Kopf, die besten Zeiten sind frühmorgens und spätnachmittags. Ferngläser, Essen und Trinken nicht vergesen.

In Xavi kann man außerdem einen kleinen Ausflug zu einem **Baobabhain** machen. Dort erhält man eine Einleitung in die Nutzbarkeit der rund 60 gigantischen Bäume, die bis zu 15 m hoch und 9 m breit werden können. Die Früchte des Baobabs sind eßbar.

Auskunft: ➚ Natur & Naturparks, ◆ 27.

🛏 *Black Cat Hotel*, Akatsi, mit einfachen, sauberen Zimmern für 7 – 9 €.

🛏 *Viglin Lodge*, im Zentrum von Akatsi, hat große, saubere Zimmer, teilweise klimatisiert und mit TV, 6 – 18 €.

Andere Landschaft, andere Atmosphäre: Aus den Bergen zurück ans Meer

♠ ⊠ *Magava Hotel*, Richtung Aflao, etwas vom Städtchen abgelegen; einfache, preiswerte Zimmer, 7 – 16 €. Ein gutes Restaurant mit großer Karte ist vorhanden.

Die Lagunenstadt Keta

Ketas Lage auf einer schmalen Sandbank zwischen einer großen Lagune und dem wilden Atlantik macht den Ort einmalig. Bis auf diese Landzunge steht die Stadt praktisch mitten im Wasser. Früher war Keta wegen der beispiellosen, strategisch günstigen Position so begehrt, daß alle europäischen Händler versuchten, Keta als ihren Stützpunkt aufzubauen. Als erste kamen die Holländer. Um ihren Handel in diesem Teil der Goldküste vor den Dänen, Deutschen und Briten zu schützen, bauten sie die **Burg Prinsendsten,** die noch als Ruine steht.

In den 1950er Jahren hatte Keta um die 27.000 Einwohner. Diese Zahl hat sich seither wenig geändert, aber die Stadt hat sehr viel von ihrem früheren Elan verloren, der Kontrast zwischen wildem Atlantik und friedlicher Lagune existiert nicht mehr. Das **Meer** wird schon seit Mitte des 19. Jahrhunderts immer bedrohlicher. In regelmäßigen Abständen wird Keta von mächtigen, gefährlichen Wellen heimgesucht, ständig ist die Stadt von Überschwemmungen bedroht.

Eine Legende erzählt, der Atlantik habe einst seine Wellen sogar bis über die Stufen der Kathedrale, in der die ersten beiden Missionare des Ortes bestattet sind, getrieben und das Land rundum abgetragen. Doch dank tagelanger inbrünstiger Gebete der Bewohner von Keta wich das Meer zurück und brachte so

VOLTA REGION: DIE ATLANTIKKÜSTE 483

gar Sand und Landmasse wieder an Ort und Stelle. Ein zweites Wunder tut bald Not ...

Auf einer schmale Landzunge liegen zu einem »Großraum Keta« aneinandergereiht die Gemeinden **Keta-Stadt, Dzelukope, Tegbi** und **Woe**. Zusammen bieten sie genug Möglichkeiten für einen mehrtägigen Aufenthalt, der mit Vogelbeobachtung, Schwimmen, Bootfahren und Strandspaziergängen problemlos gefüllt werden kann. Mit der Fertigstellung des **Verteidigungswalls**, *Sea Defence Wall*, zwischen Meer und Lagune und einer neuen Straße nach Denu und Aflao erlebt Keta nun eine Art Renaissance. Jetzt schon hat der Verkehr in Richtung Togo zugenommen, es kommen mehr Besucher, was zu der Entstehung von mehr Fremdenverkehr geführt hat.

Günstige **Bademöglichkeiten** existieren am *Kap St. Paul* und in *Woe*, beide in der Nähe von Keta.

Fische & Vögel: Keta Lagoon

Die Keta Lagoon ist die größte in Ghana. Das ruhige Gewässer beherbergt Unmengen von **Fischen** diverser Arten, die im brackigen Wasser besonders gut gedeihen. Mit den vielen kleinen Inseln in der Keta Lagoon haben Petris Jünger wunderbare Möglichkeiten zum Angeln. Tausende von Vögeln haben die Inselchen zu ihrer Heimat gemacht und finden, nahezu ungestört, paradiesische Existenzbedingungen. Hierher kommen gerne Ornithologen, um die vielen Wasservögel zu beobachten.

In der Trockenperiode kann es passieren, daß die Lagune kaum Wasser führt. Dann ist nur noch ein schales, braunes Gewässer vorhanden. Die Erwartungen also bitte nicht zu hoch schrauben, selbst wenn die Lagune bei Hochwasser doch ansehnlich wirkt.

Wer gern **Vögel beobachtet**, kann von Keta aus weiter bis zur Voltamündung fahren und Tausende von Zugvögeln beobachten. Ferngläser nicht vergessen!

Verbindung & Unterkunft

Bus: Von Accra aus ist Keta sehr leicht zu erreichen. Man geht einfach zur Tudu-Station, nahe Makola Market, und fragt nach den Minibussen dorthin. Im Bereich Tema ist die Ashaiman-Station die Richtige für Fahrten gen Osten.

- *Lorneh Lodge & Beach Resort*, 3★, Keta-Tegbi, ℘ 0902/210144 oder 0244/368298, rund 7 km vom Stadtzentrum, steht der neue Stern von Keta unverfehlbar auf der Hauptstraße nach Dabala/Sogakope. Die Strandanlage mit 40 Zimmern und einem guten Restaurant zieht Gäste aus Nah und Fern an. 20 € für Zimmer mit Dusche und bis 40 € für klimatisierte Suiten sind angemessen.

- *Keta Beach Hotel*, 1★, ℘ 21228, war früher wegen der zentralen Lage beliebt, hat inzwischen viel Konkurrenz bekommen. Das mittelgroße Haus mit 26 abgewohnten Zimmern für 5 – 10 € bzw. 22 € pro Übernachtung sind im Vergleich zum örtlichen Angebot teuer. Das Restaurant kocht auch nur auf Anfrage.

- *Abutia Guesthouse*, Keta-Woe, ℘ 222-39, auch auf der Straße nach Dabala, ist eine preiswerte Alternative auf der Lagunenseite von Woe. Makellos saubere Zimmer, ein schöner Garten und eine angenehme, ruhige Atmosphäre; für 6 – 10 €. Nur der Koch wird oft kritisiert.

- *Larota Guesthouse*, Keta-Tegbi, ℘ 42393, etwa 4 km südlich vom Zentrum, ist ausgezeichnet, finden viele Gäste, die dort übernachtet haben. Alles stimmt: der Empfang ist freundlich, die sauberen Zimmer haben TV, die Preise 4 – 8 € sind angemessen. Essen auf Anfrage.

▲ ✕ ☾ *Hotel Vilcabamba*, 1✶, ✆ 0962/354, auf der anderen Lagunenseite nahe Denu, kann als Alternative dienen. Seine 32 Zimmer, Restaurant und Bar sind meistens mit Togo-Reisenden gefüllt; EZ unter 6 €, DZ 8 – 12 €.

An Togos Grenze: Aflao

Die Absurdität, die die Kolonialisierung geschaffen hat, springt einem, wenn man nach Aflao kommt, sofort ins Auge. Diese Stadt ist eigentlich die andere Hälfte von *Lomé* in Togo und von ihr nur durch die Grenzposten geteilt. Für Reisende ist Aflao die erste oder letzte Stadt Ghanas, je nachdem in welche Richtung die Reise geht. Das Schicksal der Stadt ist eng mit ihrer Grenzlage verbunden und läßt sie ein ständiges Wechselbad durchleben: In schlechten Zeiten ist die Grenze zu, die Geschäfte gehen zurück, in guten Zeiten, wenn die Grenze offen ist, ist in Aflao die Hölle los. Reisende nach Togo, Benin und Nigeria kommen hier durch und geben Geld aus. Kein Wunder, daß Händler, Geldwechsler und Schmuggler zum festen Erscheinungsbild der Stadt gehören. Fast alle Erwachsenen in der rund 17.000 Einwohner zählenden Stadt sind Geschäftsleute. Täglich kommen viele Besucher aus Lomé, um in den billigeren Läden auf ghanaischer Seite einzukaufen.

URZEITECHSEN: MEERESSCHILDKRÖTEN

▶ Meeresschildkröten sind weltweit stark vom Aussterben bedroht und stehen unter Artenschutz. Die Zeit der Eiablage ist ein besonders kritischer Lebensabschnitt für die Tiere. Jedes Jahr im Dezember verlassen die alten Damen abends in Scharen das schützende Wasser und kriechen an den Strand, um mit ihren Flossen circa hundert tennisballgroße Eier mühsam im Sand zu vergraben. Nach etwa 60 Tagen, im März, beginnen die Jungtiere zu schlüpfen und versuchen sofort nach ihrer Geburt, den Weg ins rettende Naß zu finden. Hierbei orientieren sie sich am Leuchten des Horizonts. Durch die touristische Erschließung der Strände wird die erfolgreiche Fortpflanzung jedoch zunehmend verhindert. Streunende Hunde und Fußgänger sind eine Gefahr für die verbuddelten Eier; die Beleuchtung von Hotelanlagen stört den natürlichen Orientierungssinn der jungen Schildkröten – auch Taschenlampen und das Blitzlichtgewitter der Touristen gehören dazu. Bedenken Sie diese aktive Bedrohung für die Tiere, wenn Sie sich von Hotelangeboten locken und zu den Legebänken führen lassen. Nur in Begleitung eines kundigen Führers der Naturschutzbehörden und -organisationen können Sie sicher davon ausgehen, die Schildkröten nicht zu stören. ◀

Die internationale Straße nach Nigeria führt durch Aflao, man kann sie gar nicht verfehlen. Hier sind die Grenzbeamten extra wachsam und fummeln mehr in Gepäckstücken herum als sonst. Sie sind an die vielen Gauner gewöhnt, die täglich versuchen, zollpflichtige Sachen durchzuschmuggeln. Also aufgepaßt.

Praktische Informationen

Aflaos Hauptstraße in Richtung Grenze hat mehrere *Forex Bureaux* zum **Geldwechseln**. Hier und nicht auf der Straße sollte man auch Geld tauschen. Die letzte **Tankmöglichkeit** auf ghanaischer Seite befindet sich in *Denu*, 8 km vor Aflao. Dort sollte man volltanken. Das Benzin ist in Ghana billiger als in Togo, und um Tankfahrten von Togo zu unterbinden, hat Aflao keine Tankstellen mehr.

Aflao ist 106 km von Ho, 38 km von Keta, 78 km von Ada, 116 km von Sogakope und 269 km von Accra entfernt.

* **Tip:** Die Hauptstraße nach Accra ist in sehr schlechtem Zustand, wird aber zwischen Denu und Sogakope zu einem Highway ausgebaut. Bis zur Fertigstellung, voraussichtlich Ende 2009, kann man alternativ von Denu die Küstenstraße über Keta nach Sogakope nehmen, von dort weiter nach Accra.

Unterkunft & Essen

♠ ✕ ⌂ *Hotel Makavo*, 1✱, Makavo Junction Road, ✆ 0962/30409, P.O. Box 240, 21 Zimmer. DZ unklimatisiert 11 – 15 €, mit AC 22 €. Beherbergt das beste Restaurant und den beliebtesten Biergarten der Stadt.

♠ ✕ ⌂ *Hotel Ewotsige*, Lome Road, ✆ 0962/30426, P.O. Box 221, 14 Zimmer, 7 – 15 € je nach Ausstattung.

♠ ✕ ⌂ *Klom Dedie*, Off Lome Road, ✆ 0962/30265, P.O. Box 91, 12 Zimmer, 7 – 15 € je nach Ausstattung, gutes Restaurant mit Spezialitäten der Region und lebhafte Bar.

♠ ✕ *Sanaa Hotel*, Lome Road, ✆ 0962/303-20, P.O. Box 37, unweit des Marktes, 15 Zimmer mit AC 10 – 15 €; hier machen sie Probleme, wenn sich zwei Männer ein Zimmer teilen wollen.

Auf Wiedersehen in Ghana!

KARTEN & REGISTER

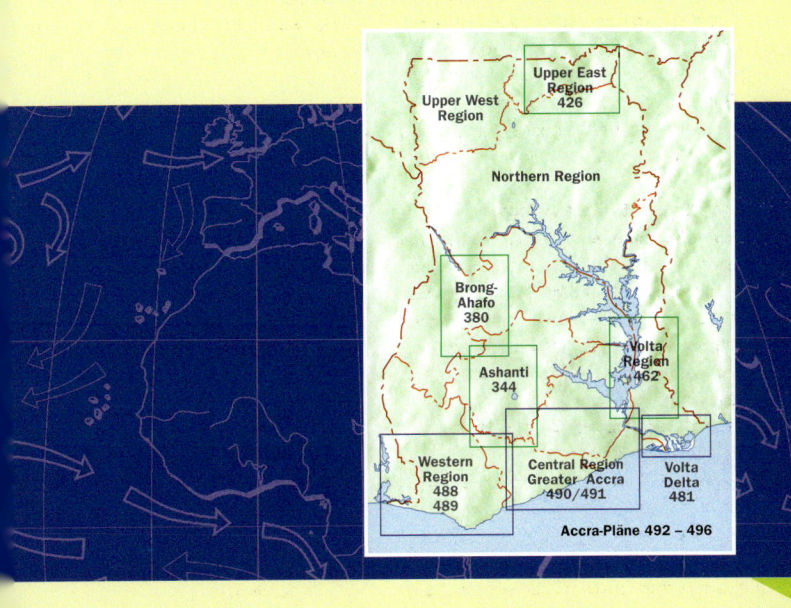

Upper West Region
Upper East Region 426
Northern Region
Brong-Ahafo 380
Ashanti 344
Volta Region 462
Western Region 488 489
Central Region Greater Accra 490/491
Volta Delta 481
Accra-Pläne 492 – 496

NATUR & NATURPARKS

GESCHICHTE & GEGENWART

MENSCHEN & KULTUR

REISE-INFORMATIONEN

ZU GAST & LANDESKÜCHE

ACCRA & GREATER ACCRA

DIE KÜSTE & DER WESTEN

ASHANTI & BRONG-AHAFO

DER NORDEN

OST-GHANA & VOLTA-GEBIET

Western Region

Yoyo Forest Reserve

Boin Forest Reserve

Ankasa-Nini-Suhien National Park

- Yakase
- Enchi
- Akyemfo
- Dunkwa
- Asa
- Dibi
- Sewum
- Akrézi
- Koffikro
- Samreboe
- Ayamé
- Abidjan
- Aboisso
- Abouti
- Boinsa
- Maféré
- Tanoso
- Alaoukro
- Elubo
- Malamalakro
- Ankasa
- Ainyinase
- Frambo
- Alenda
- Mpataba
- New Town
- Jewi Wharf
- Tikobo No. 1
- Half Assini
- Nauli
- Bonyere
- Nzulezo
- Appolonia
- Beyin
- Eikwe

Bia · *Eholié* · *Ehania* · *Tano*

Abi Lagoon · *Ehy Lagoon* · *Tano Lagoon* · *Amansuri Lagoon*

CÔTE D'IVOIRE / GHANA

N
1 cm = 7,5 km

© pmv PETER MEYER VERLAG

Gulf of Guinea

Region
Ayanfure
Dunkwa
Offin
Asikuma
Nsuaem
Asaman
Wassa Akropong
Pra
Fum
Bawdie
Bogoso
Twifo-Praso
Banso
Huni Valley
Ateku
Twifo Mampon
Paaso
Nyame
Heman Mpenkro
Asasitre
Ankaako
Prestea
Bondae
Aboso
Enyinabrim
Esaaman
Rock Shrine
Wassa Domama
Tarkwa
Nsuta
Bonsaso
Obosomase
Akutuaso
Krobo
Krobo Island
Abren
Efuto-M
Dompim
Daboase
Heman
Beposo
Kissi
Simpa
Awonakrom
Benso
Manso
Dutch
Anibil
Nsuaem
Ayim
Butre
Mpohor
Ntwaaban
Shama
São Sebastiao
Bokazo
kroful
Ankwao
Ankobra Rain Forest Res.
Rubber Estate
Norpalm Estate
Orange
Abuesi
Abora
Apemanim
Apowa
Sekondi-Takoradi
ntonio
Axim
Dadwen
»32«
Nyan
Agona Junction
Sese
Pumpuni
Edjam
Asemkow
Pepre Point
Agyan
Fgyambra
Butre
Metal Cross
Busua
Mutrakni Point
Miamia
Gr-Friedrichsburg
Akatekyi
Dixcove
Prince's Town (Prisi)
New Akwidaa
Akwidaa
Achowa Point
Cape Three Points

Eastern
Central
Region
Dompoase
Obuom
Bodwesango
Abirem
Abomasa
Asuom
Birim
Akim Akropo
Ajuafo
Anum
New Adubiase
Pramkese
Kade
Abenasi
Akwatia
Osenase
Pra
Akim Oda
Kokotenten
Asantemanso
Esen-Epam Forest
Asuboa
Asamankese
Achiasi
Aperade
Akroso
Kokoso
Brakwa
Assin Foso
Jamra
Nyakrom
Assin-Attandaso Reserve
Breman-Asikuma
Agona Swedru
Nnonkor Nsuo
Assin Manso
Kakum National Park
Nakwa
Paaso
Afiaso
Nyamenekyere
Tumfukuro
Mesomagor
Jakai
Ajumako Oware
Amisa
Esiam
Nkoranza
Asasitre
Ankaako
Ayaise
Abora-Dunkwa
Nyankumasi Ahenkro
Abeadze-Dominase
Enyan-Maim
Ankamu
Gomoa-Otsi
Jukwa
Abrafo
Asuansi
Akrofrom
Mankesim
Dwokwa
Abrem
Kakum
Abakrampa
Ankaful
Legu
Mumford
Efuto-Mfuom
Efutu
Eguafo
Asebu
Amsterdam
Abandze
Kormantse
Saltpond
Asaafa
Nakwa
Akra
Muna
Tantum
William
Anomabo
Moree
Biriwa
Kissi
Ayensudo
Ampenyi
Elmina
Cape Coast
Brenu Akyinim
Ankwanda
Dutch Komenda

**Central Region
Greater Accra**

KOKOMLEMLE
ASYLUM DOWN
ADABRAKA
NORTH RIDGE
EAST RIDGE
Hotels im Nordwesten:
Sunlodge
Sanaa
Kingsby
Maple Leaf
H. de Joko
Darold
Capital Court
Kumbaya
Paramount
Lincoln
Dzorwulu
North Kaneshie
Achimota
Abelemkpe
Tesano
Nsawam
Kumasi
Adinkra Art Gallery
Kaneshie Market
Kaneshie Car Station
Barclays Bank
Ghana Commercial Bank
Weija
Kwasheiman
Kwasheibu
Obetsebi Lamptey Circle
West Ring Road
Ritz
Kaneshie Market
Kaneshie Car Station
TOYITSO ST.
NSAWAM ROAD
NEW TOWN ROAD
HEARTSLANE
FAANOFA RD.
FAANOFA ROAD
HOSPITAL RD.
KOKONTE ST.
KUSIA STREET
OROKO STREET
STAR AVENUE
PALM STREET
MAHOGANY ROAD
NIMA ROAD
NIMA CIRCLE
KANDA HIGH ROAD
RING ROAD CENTRAL
RING ROAD WEST
KWAME NKRUMAH CIRCLE
FIFTH CRESCENT
THIRD CRESCENT
FIRST MANGOTREE AVENUE
EIGHTH AVENUE ST.
SEVENTH AVENUE EXTENSION
MOZAMB
ODANTA STREET
COCONUT AVE.
MACHEL RD.
ESEFOO STREET
SAMORA
WATER ROAD
SIXTH AVENUE
INDEPENDENCE AVENUE
OSU AVENUE
OSU L
TENTH ROAD
KENTE STREET
FARRAR AVENUE
DUTCHESS AVENUE
KOJO THOMPSON ROAD
TACKIE TAWIAH AVENUE
ALEX DRIVE
KOFI AVE.
KWAME NKRUMAH AVENUE
B.E.A. ROAD
CASTLE ROAD
JONES
NELSON ROAD
N. LIB
ADITR
MUSEUM CIRCLE
BARNES ROAD
EIGHTH AVENUE
SEVENTH AVENUE
SUDAN
LIBYA
AFRICAN LIBERATION
EIGHT
Accra Technical Training Centre
Kokomlemle GH
Paloma Shopping Arcades
Meridian House
Czech Rep.
Pyramid House
Emirates & Lufthansa
ICB
Social Sec.
Paloma
Adehye
Uni
Apstar
Ivy's
Alitalia & SAA
KLM & Kenya Airways
North Ridge
Jazz Optimist
DHL
Accra North Post Office
King David
Neoplan
Circle Station
Busy Internet
Asanka
Bus Stop
Next Stop
Asaase Pa
ADB (Western Union)
Gye Nyame
Kob Lodge
Connet
Wok Inn
Vienna City
Kilimanjaro
Mr. Bigg
Honest Chef
The Loom
Ashia Fabrics
Burkina Faso
Korkdam
Lemon Lodge
Switzerland
Glenn's Disco
President
Niagara
GGEA
Jewellery
Trust Towers
Fox Trap
Shalimar
White Bell
Dental Clinic
Miracle Mirage
Germany
West. Africa Exams. Council
Mental Hospital
YMCA
Chips & Chops
Sunrise
Ridge Hospital
Holy Spirit Cathedral
The Warehouse
St. George
Crown Prince
YWCA
National Museum
Maretco
Avenida
Auntie Grace Chop Bar
OAU (AU)
Min. of Inform.
Calvary Methodist Centre
Ecobank HQ
Unilever
CAL Merchant Bank
Ridge Tower
George Padmore Memorial Library
Metropolitan Allied Bank
Valco House
USIS

Accra Downtown

Districts
- VICTORIABORG
- TUDU
- USSHER TOWN
- JAMES TOWN

Landmarks & Buildings
- State House
- Stadium
- Kwame Nkrumah Conference Centre
- Ministry of Interior
- Independence Arch
- Independence (Black Star) Square
- Department of Wildlife
- Afia African Village
- FAO
- Children's Park
- Theatre Gardens
- British Council
- National Theatre
- Börse
- Novotel
- Diamond House (Mineral Shop)
- Mali
- Ministry of Tourism
- Rep. House
- Accra Polytechnic
- Standard Bank
- Glamour Stores
- Tudu Station
- Makola Market
- Tema Station
- National Lotteries
- Accra Arts Centre & Souvenir Market
- Rex
- EP Bookshop
- Old Parliament
- Central Library
- Supreme Court
- Nkrumah Mem. Park
- Bank of Ghana & Ghana Comm. Bank
- Standard Bank
- Woolworth's
- Woodin Fashion Centre
- Voluntary Workcamp Ass.
- Holy Trinity Cathedral
- Akuma Cultural Village
- Osekan
- Ussher Fort (Crèveceur)
- James Fort, Amamomo Beach GH
- Makola Shopping Mall
- Presbyterian Church
- Merchant
- Rawlings Park
- Glamour Stores
- Pagan House
- CAL
- Ghana House
- GPO
- Barclays
- Multisports
- Holy Trinity
- BG Internet Café
- UTC Mall
- Budget
- Akuaba
- Rückkehrerbüro
- Swanzy Arcades
- Los Amigos
- Always
- Prudential Bank
- Cocoa House
- Ethopian Air Ivoire
- NIB
- Tro-Tro Station
- Liberty House
- Children's Hospital
- Textile Bazaar
- Wato Club
- Back Pass
- Standard Chartered
- Central Mosque Ring Road West
- Kole Lagoon West Ring Road Korle-Bu Hospital

Streets & Roads
- CASTLE ROAD
- SECOND AVENUE
- THIRD AV.
- ETHIOPIA ROAD
- FOURTH ROAD
- EGYPT ROAD
- GAMEL AV.
- TUNISIA AVENUE
- MALAM AWUDU RD
- SIR CHARLES OUIST STREET
- KINBU ROAD
- THE OVAL RD
- RACE COURSE RD
- LIBERIA ROAD
- 28TH FEBRUARY ROAD
- SECRETARIAT RD
- MARINE DRIVE
- BARNES RD. EXT.
- INDEPENDENCE AVENUE
- BARNES ROAD
- TREASURY ROAD
- DODOO STREET
- HIGH STREET
- LIBERIA ROAD
- TUDU RD. CRESC.
- KINBU ROAD
- ELECTRICITY RD
- THORPE RD.
- ADJABEN ROAD
- KOJO THOMPSON ROAD
- TUDU ROAD
- STATION ROAD
- KIMBERLEY AVENUE
- DERBY AVENUE
- MAKOLA SQUARE
- LUTTERODT STREET
- KWAME NKRUMAH AVENUE
- SOUTH LIBERIA ROAD
- OKAI-KWEI ROAD
- AGBOGBLOSHI ROAD
- MAMLESHIE ROAD
- COMMERCIAL STREET
- SELWYN MARKET STREET
- LUTTERODT CIRCLE
- ZONG LANE
- LIT STREET
- GANASHIE STREET
- AMOONAKWA ROAD
- FEARON ROAD
- ASAFOATSE NETTEY ROAD
- TROCADERO AVENUE
- BANNERMAN ROAD
- HANSEN ROAD
- Z ON STREET
- BRUCE ROAD
- OKAITEY NETTEY AVENUE
- HANSEN ROAD

Riviera Beach

200 m

© pmv PETER MEYER VERLAG

Restaurants in Osu

1. Tandoor
2. Brunchie
3. Ramec Snack
4. Blue Ribbon
5. Palace
6. Osu Food Court & Monsoon Rest.
7. New Century China
8. Chez André
9. Dynasty
10. Tiptop Chinese
11. Princess Garden
12. Dolly's
13. Haveli
14. Asanka Locals
15. Dragon House
16. El Gaucho
17. Buka Fine African

Accra
Osu

200 m

Hotels im Südosten:
La Palm
La Beach
Mayfair
Next Door
Harbin
Ramada Resort Accra
Bacio Buna
Billy Jean
Akwaaba
Beachcomber Chalets
Unique Catering
African Royal Beach Hotel
Jokers Bar

Omanye House
Trade Fair Centre
Polyklinik
La
Teshie
Nungua
Tema

SOUTH LA ESTATE

OSU (Christiansborg)

Christiansborg (The Castle)

Parliament House

Osu Cemetary

Mariset Plaza
Marriott
May's
Ghana Comm. Bank
Blue Gate
Ryan's Pub
Auwa Centre
Papaye
ByWel
Lizzie's
Sotrec
Osu
African Market
Seoul Grill

Klotey Lagoon

Gulf of Guinea

RING ROAD EAST
OSU CLOSE
LA BY-PASS
FIRST OSTWE STREET
THIRD OSTWE STREET
FOURTH OSTWE STREET
JOMO STREET
JOMO LINK
FIRST KAADZANO STREET
THIRD KAADZANO STREET
AQUARIUS CRESCENT
KLANNAA STREET
AGBAWE ROAD
OSHIE ROAD
LA ROAD
OKODAN ROAD
ANUMANSA STREET
NMETSOBU STREET
SAI KOJO STREET
JOEL SONNE ST.
CANTONMENTS
ABEBRESEM STREET
TROAS STREET
LOKKO STREET
BASEL STREET
MISSION ROAD
KUMI QUIST STREET
SALEM ROAD
SOUTH ROAD
AJUMANKO ROAD
ANUSAI ATSO ROAD
LOKKO ROAD
LA ROAD
HOLDEN STREET
KARL ROBERTO
CASTLE DRIVE

© pmv PETER MEYER VERLAG

Accra Airport & Cantonments

WEST AIRPORT RESIDENTIAL AREA

AIRPORT CITY

CANTONMENTS

N 1 cm / 200 m

© pmv PETER MEYER VERLAG

Labels and Locations

- Airside Hotel ↑
- KIA Airline House ↗ 200 m
- Tetteh Quarshie Circle, Kwame Nkrumah Motorway, Legon, East Legon, Madina, Aburi, Koforidua ↑
- Tourist Info
- Kotoka International Airport
- Dr. Amilcar Cabral Road
- Airport Junction
- Airport North
- Aerostar
- Liberation Link
- Airport View
- The Landing
- in Airport Residential: (1 km)
  - Panorama
  - Granada
  - Shangri-La
- in East Legon: Secaps (2 km)
  - Ange Hill
  - Bay View
  - Erata
  - George Court
  - Mensvic Palace
  - Trevi
  - Feladel (Adenta)
- M-Plaza
- Mall
- Agostino Neto Road
- Liberation Road
- Airport By-Pass
- Cargo
- Alliance Française
- Shell Highlife
- South Liberation Link
- Holiday Inn (im Bau)
- Hotels:
  - M-Plaza
  - Nogahili
  - Sam's Cottage
- Golden Tulip
- Old Airport Road
- Achimota Road
- La Pergola
- Max Mart
- Military Hospital
- Akuafo Intersection
- "37"-Tro Tro Station
- Aviation Social Centre
- Giffard Road
- Survey Department / Map Sales
- Flagstaff, Ako Adjei Interchange, Ring Road, Downtown
- Veg. Health Food
- Frank Davis
- Italy
- Home Touch
- New Nkwadum
- Burma
- El-Wak Stadium
- Jawaharlal Nehru Road
- Fourth Circular Road
- First Circular Rd.
- Third Circ. Rd.
- Fourth Circular Rd.
- Kakramaji?
- Goethe Inst. & NAFTI
- Cantonments Circle, North Labone, Danquah Circle, Ring Road East, Osu
- Du Bois House
- Second Circular Road
- Mahe...

REGISTER

Städte, freistehende Sehenswürdigkeiten
Natur und geographische Begriffe
Personen, Völker
Schlagworte

A

AAMA 147, 254
Abaasi 376
Abaasua 376
Abakrampa 277
Abandze 278, 279, **287**
Abehenease 466, 472, 479
Abetifi 439, 440
Abira 370
Abono 350, 377
Abosomfie 349
Abrafo 279, 299, 301
Abuakwa 350
Abura 117
Aburi 117, 252, 440, **452**, P. 453
Abutia-Kloe 48, 464
Accra 15, 22, 38, 47, 80, 84, 105, 116, 144, 151, **201**, 278, 279, P. ↗ Kartenatlas
   Archäologische Museum 215
   Arts Centre 209, 245
   Cantonments 205, 214, 229
   Christiansborg 207
   DuBois-Museum 214, 246
   Flughafen 220
   G. Padmore Memorial Lib. 213, 246
   Golden Jubilee House 214
   Kaneshie, Markt 205, 219, 220, 225, 231
   Kongreßzentrum 210
   Kw. Nkrumah Memorial 210
   Legon, Uni 215, 246
   Makola Market 212, 218, 219
   Nationalmuseum 211
   Nationaltheater 212, 243
   Night Market 219
   Osu, Markt 219, 228
   Tourist-Information 247

Accra-Ebene 16, 452
Acquaye, Saka 124
Ada 16, 48, 253, 262, **264**, 278, 481, 486
Ada-Foah 117, 253, 266, 481
Adae 113, 350, 355
Adasawase 440, 448
Adawso 172, 440, 443, 450, 451
Adinkra 104, 109, 369, 370, 371
Aduko-Jachie 350, 371
Afadzato 32, 463, 478
Afari 369
Afegame 476
Affen-Reservat 386, 393, 470
Aflabo-Wasserfall 476
Aflao 154, 464, **485**
Afram-Ebene 17, 345, 451
Agatha 443
Agbenohoe 471
Agbozume 464, 468, 482
Agogo 350
Agona 117, 312, 340, 350
Agona Junction 323
Agona Swedru 46, 117, 279, 280, **285**
Agordeke 452
Agotime 117
Agumatsa-Naturreservat 47, 465, 476
Agyeman Prempeh I. 90
Ahwiaa 369
Aidoo, Ama Ata 123
Aiyinase 312
Ajumako 279, 280
Akaa Waterfalls 443
Akan 52, 55, 56, 83, 98, 381
Akanebene 16
Akatekyi 332
Akatsi 48, 482
Akim 98, 439
Akim-Oda 46, 77, 440, **441**, 442
Akosombo, Ort u. Staudamm 43, 144, 171, 172, 252, 259, 398, 440, **457**, 458, 460, P. 461, 472
Akowuah, Opanin 394
Akpafu 116, 464
Akpeteshie 198
Akplabanya 264

Akropong 117, 252, 440, **455**, 456
Akuse 116, 440
Akwamu 204, 439
Akwamu-Berge 457
Akwamufie 116, 440
Akwapim 98
Akwapim-Berge 15, 16, 17, 252, 439, 452
Akwasi Boachie 98
Akwatia 77, **441**, 442
Akwidaa 40, **328**
Akyemfo 279
Akyim Enyiresi 440, 443
Alavanyo Abehenease 464, 465, 472, 479
Alphabetisierung 84
Amanokrom 117, 440
Amasaman 253
Amedzofe 80, 464, **468**
Amkalagwa 96
Amkwalaga 427
Amo, Wilhelm Antonio 98, 313
Ampabame-Krofoforom 370, 371
Ampaw, King 124
Ampenyi 148, 309
Ananse 122
Anfoega 116, 117, 464
AngoGold Ashanti Inc. 76, 341, 373
Ankasa-Nini-Suhien-Nationalpark 32, 40, 311, 338
Ankobra Beach 16, 20, 148
Ankobra Rainforest Reserve 40
Ankyease-Valley 460
Anloga 463, 464
Anokye, Okomfo 351, 452
Anomabo 278, 279, 280, **287**, 401
Anomabo Beach 144
Antwi, Kwadwo 121
Anum 20
Anyanui 267, 464
Anyinam 448, 449
Anyinawase 474
Apam 278, 279, 280, **285**
Apemanim 323
Apenkro-Wasserfall 381, 391
Apiakrom Shrine 350
Arboretum 448

REGISTER   **497**

Architektur 110, 403
Armstrong, Louis 287
Artenschutz 152
Asafo 89, 277, 286, 364 – 367
Asamang 368
Asante 345
Asantehene 348, 354
Asare, Meshack 124
Asebu 277
Asenemaso Shrine 350
Asesewa 440, 443
Ashaiman 263
Ashanti Region 15, 247, 343, 345
Ashanti-Hochland 16, 17
Askia Touré 55
Assin Foso 279, 301
Assin Manso 117, 301
Assin-Attandaso Nature Reserve 32, 40
Asuansi 277
Asuofia 368
Asutuare 116, 440
Atebubu 43, 117, 381, 382
Atia Kusi Kwame Shrine 350, 372
Atimpoku 440, 460, 461, 467
Atiwa-Atwirebu Forest Reserve 32, 46, **447**
Atiwa-Berge 439, 440
Atlantikküste 481
Augustaburg 264, 278
Auswärtiges Amt 129
Avatime 468
Avatime-Berge 47
Awaso 77
Awoonor, Kofi 123
Axim 16, 22, 40, 148, 278, **334**
Ayensudo 309
Azambuja, Diego de 303
Aziavi 472
Azikiwe, Nnamdi 65
Azizanya 266

B

Badu 117, 382
Badukrom 386
Balanda Hitam 306
Bamboi 392
Bambusorchester 301

Bamfabiri-Wasserfall 42, 375
Banda Nkwanta 392
Banso 341
Baobab 28, 425, 482
Barekese 375
Bawku 105, 116, 425, **435**
Begho 381, 392, 395
Begoro **448**
Berekum 117, 381, 382, **385**
Berge von Atwia 376
Bettelnde Kinder 179
Beyin 117, 278, 312, 336
Bia-Nationalpark 32, 41, 144, 311, 342, 381
Biakpa 470
Bibiri-Wasserfall 391
Big Ada 265
Bilharziose 160, 265
Bimbila 408, 480
Birim 20
Biriwa 288
Black Volta 381, 392
Boabeng, ↗ **Buabeng**
Bobiri-Wildtierreservat 42, 377
Bodwease Shrine 350
Bofoum Wildlife Sanctuary 42, 350, 375
Bogoso 36, 312
Boin Forest Reserve 41
Bois, W.E.B. du 65
Bole 116, 405, 417, 418
Bolgatanga 76, 84, 116, 154, 401, 425, **427**, P. 429
Bondoukou 466
Bonnat, Pierre 76, 340
Bono 381
Bonwire 109, 116, 350, 370
Borku 435
Bosumtwi-See 17, 372, 377, 479
Botanischer Garten Aburi 252, 453
Boti-Wasserfall 443, 444
Botschaft 133
Bowiri 480
Boyase Hills 395
Brandenburg 331
Bremer Mission 62
Brenu-Akyinim 309
British Fort 278
British Komenda 310

Brong-Ahafo 15, 98, 247, P. 380
Buabeng-Fiema-Affenschutzreservat 44, 80, 381, 386, 393, 394
Bucht von Benin 19
Bui-Nationalpark 43, 381, 392
Buipe 172, 415
Builsa 403
Bunso 80, 440, **448**
Buoyem 381, 391
Burgen P. 60, 272
Burkina Faso 15, 154
Buruku 451
Busia, Kofi 64
Busua 117, **323**, 324, 325, P. 327
Busanga 403
Butler, Victor 105
Butre 278, **323**, 325

C

Camping 40, 143, 144
Canopy Walkway 39, 299
Cape Coast 38, 80, 84, 117, 278, 279, 280, **289**, P. 295, Centre P. 297
Cape Coast Castle 272, 278, 290
Cape Three Points 16, 32, 40, 78, 312, 328
Cape Three Points Forest Reserve 40, 311, 328
Captain Glover 266
Casely-Hayford, John 63
CEDECOM 40
Central Region 15, 247, 279
Chemu-Lagune 202
Chereponi 403
Cholera 140, 160
Chokosi 403
Chop Bar 188, 190
Christentum 96
Christiansborg 203, 208, 273, 278
Chukoto 395
Coastal Wetlands Development Project 267
Coco Beach 144, 255
Columbus, Christoph 305
Community-based Ecotourism 80
Compound 427
Conraadsburg 306
Côte d'Ivoire 15, 154

Crèvecœur 278
CRIG 447
Cultural Centre 107

D

Dabaa 368
Dadieso 43, 392
Dagarti 403
Dagbon 116
Dagomba 403, 413
Dambai 172
Damfa 148
Damongo 172, 405, **415**, 418
Danquah, J.B. 65
Darko, Ama 123
Davies, Norman 395
Dawhwenya 264
Delaquis, Ato 105, 216
Department of Game & Wildlife 37, 267
Deutschland 79, 162, 258
Diamanten 77, 441
Diaz, Bartholomeus 305
Digya National Park 43, 374, 450
Diplomatische Vertretungen 133
Dixcove 117, 278, 279, 312, **323**, 324, 326
Djoleto, Amu 124
Dodi Island 172, 459
Dodowa 116, 252, 253, 455
Domama Rock Shrine 302
Dominase 117
Dompim 340
Donkor, Kofi Nduro 216, 217
Dormaa-Ahenkro 117, 382, **386**
Dorothea Schanze 328
Dschungel 28
DuBois, William Edward Burghardt 214, 215
Dumas, Alexandre 266
Dunkwa 76
Durbar 114
Durchfall 159
Dutch Komenda 310
Dutukpene 17
Dzelokope 464, 484
Dzodze 468
Dzolokpuita 468

E

E-zwitch Smartcard 131
Eastern Region 15, 247, **439**
ECOWAS 166
Edina 272, 279
Edina-Bucht 304
Edwenease 350, 372
Efutu 280
Efutu-Mfuom 302
Egyambra 333
Ehy-Lagune 20, 337
Eisenbahn 171
Ejisu-Beseease 350, 371
Ejuanema 450
Ejura 43, 350
Ekyiamenfurom 172, 451
Elmina 38, 59, 74, 80, 116, 144, 278, 279, 280, **303**, P. 306, 312
Elmina Beach 308
Elmina Castle 305
Elubo 154, **337**, 338
Enyan-Kakraba 116
Enyan-Maim 116, 117
Erdbeben 204
Erdgas, -öl 78
Esen-Epam 46, 441
Esiama/Essiama 117, 279, 311, 312, **335**
Essema 279
Essumeja 117
Ethnische Gliederung P. 57
Ewe 56, 83, 463
Ewiebo 279
Export 78

F

Fähre, -hafen 172, 471
Familie 93
Fanti 56, 98, 277, 280, 346
Farben, Färber 104, 369
Feiertage 116, 555
Ferguson's Grab 421
Fernsehen 162
Fest, -kalender 116, 155, 207, 253, 280, 312, 350, 382, 404, 418, 425, 440, 464
Fetu 117
Ferguson, George Ekem 401, 421

Fiema 44, 393, 394
Fischerei 74
Flußpferd 386, 393, 422
Forest Reserve Esen-Epam 46, 441
Fort Amsterdam 278, 287
Fort Appolonia 278
Fort Battensteyn 278, 323
Fort Fredensborg 264, 278
Fort Goude Hoop 278, 281
Fort Leydsaamheid 278, 285
Fort Metal Cross 278, 324
Fort Nassau 278
Fort Orange 278, 315
Fort Prinsendsten 278, 483
Fort Saint George 356
Fort São Antonio 278, 334
Fort São Sebastiao 278
Fort Sekondi 278
Fort Vernon 263
Fort Victoria 278, 292
Fort Vredensburg 278
Fort William 273, 278, 287, 288
Fort Williams 278, 292
Foso 277
Frafra 428
Frauen 90, 180
Fredensborg 264, 278
Freunde von Ankobra 41
Friedrich-Wilhelm I 60, 331
Frühstück 187
Führerschein 135
Fuller Waterfalls 397
Fume 465, 470

G

Ga-Adangbe 56, 83
Gambaga-Hochland 402, 405, 425
Gambaga-Stufe 17, 19, 414
Garten von Aburi 452
Gastfreundschaft 85, 177
Gbele Resource Reserve 46, 424
Gelbfieber 136
George Padmore Memorial Library on African Affairs 213
Ghana im Internet 129
Ghana National Cultural Centre 352
Ghana Tourist Board 80, 247

Glover, Ablade 216
Gold 36, 76, 349
Goldene Stuhl 90, 351, 354
Goldgewicht 349
Goldküste, Kolonie 62, 272
Golf von Guinea 15, 20
Golloh, Anku 105
Gomoah Fetteh 144, **281**
Gonja 58
Gonnokrom 386, 387
Gonyo Kipo 116
Greater Accra 15, 252
Groß-Friedrichsburg 272, 278, 330, 331
Grusi 403
Guan 55, 463
Guesthouse 164
Guggisberg, Gordon 205
Guide 180, 416
Gurma 403

H

Half Assini 16, 279, **337**
Hamile 424
Hani 381, 392, 395
Harmattan 23
Haukal, Ibn 52
Hausa Kope 458
Heiler von Meduma 369
Heiliger Hain 389
Heinrich der Seefahrer 58, 271
Hepatitis 140
Herzog, Werner 124
High Plains 17, 402
Highlife 120, 121, 293
Historisches Museum für westafrikanische Geschichte 290
Ho 47, 84, 464, **466**
Hochland von Orodara 19
Hoggar-Route 153
Höhle 394, 471, 478, 479
Hohoe 47, 117, 464, 470, 472, **473**, P. 474
Hotel-Kategorien 163
Huhunya 443
Hwidiem 117, 381, 382
Hygiene 136

I – J

Impfung 136
Industrie 78, 259
Infostellen 206
Initiationsriten 93
Inlandflüge 222
Intercity-STC 165, 222
Islam 96, 403
Jahreszeit 20
Jamasi 376
James Fort 203, 273, 278
Jasikan 480
Java Museum 306
Jirapa 418, 424
Juaben 439
Jukwa 277

K

K.N.U.S.T. 100, 357
Kadjebi 480
KAIPTC 258
Kakao 72, 347, 385, 442
Kakao-Institut 447
Kakum-Nationalpark 32, 38, 144, 281, 299
Kalakpa-Wildreservat 48, 465
Kanda-Accra 148
Karte 146, 170
Kaseh Junction 268
Kautschuk-Plantage 312
Kente 108, 370, 465, 468
Kentinkronu Shrine 350
Kenyatta, Jomo 65
Keramik 105, 465
Keta 278, 464, **483**
Keta Lagoon 463, 484
Kete Krachi 43, 172, 458, **472**
Kibi 46, 116, 117, 440, 447
King Tackie 88
Kintampo 381, 394, **395**
Kintampo Waterfalls 396
Klima 20, 22
Klottey-Lagune 202
KO-SA Cultural Centre 148, 310
Kobinah Ghartey 88
Kofi Annan International Peacekeeping Training Centre 258
Koforidua 17, 47, 84, 252, 440, **442**, P. 446

Kokoaa 392
Kokomba 403
Kokosfarm 312
Kokrobitey 144, 147, 254
Kolonialismus 62
Koluedor 264
Komenda 278, 310
König 89
Königspalast 354, 389, 421
Konigstein 278
Konongo 76, 349
Konsulat 133
Korbwaren 428
Korle-Lagune 202
Kormantse 287
Korruption 179
Kotoka International Airport 150, 220
Kotoso 451
Kpalimé 466
Kpandu 452, 458, 464, **471**, 474
Kpeshie-Lagune 202
Kpetoe 109, **468**
Kpong 252, 457
Krankenversicherung 140
Kreditkarte 132
Krobo 116, 117, 439, 440
Krobo-Odumase 116, 440, 457
Krokodile, heilige 332, 333, 432
Krokosua Resource Reserve 41, 311
Kubeasi 42, 80, 350, 377
Kufuor, J.A. 69
Kulpawn 17, 402
Kultstätte ↗ Schrein
Kulungugu 436
Kumasi 22, 23, 42, 80, 84, 107, 117, 144, **351**, 368, P. 358, P. 359
   Adum 360
   Central Market 355
   Fort 356
   Kriegsmuseum 356
   Kulturzentrum 352
   Universität 350, 357
Kumawu 114, 116, 350, 375
Kunsthandwerk 102, 368, 406
Kusasi 403
Küstenebene 16
Kwabia Amenfi 345

Kwadjo Deh 88
Kwadwokrum 172
Kwahu 439
Kwahu-Berge 439, 442
Kwahu-Ebene 17
Kwahu-Nsaba 450
Kwahu-Pepease 451
Kwahu-Tafo 451
Kwamang, -Höhlen 350, 375
Kyabobo-Nationalpark 48, 465, 479, 480

L

La 204
La Beach 144, 255
Labadi 255
Laboun Waterfalls 48
Laing, Kojo 123
Larabanga 97, 405, **415**, 418
Larteh 96, **455**, 456
Laterit 19
Legon 100, 215, 452
Leklebi-Agbesia 464, 476
Liati-Wote 80, 463, 464, 478
Likpe-Todome 478
Lima, Geraldo da 265
Limann, Hilla 68
Logba Alekpeti 470
Logba-Tota 464, 479
Lotor River 48
Low Plains 16

M

Maclean, George 63
Makango 172, 398
Makola Market 218
Malaria 137
Malerei 104
Mamase 116
Mamfe 252, 455, 456
Mampong-Akwapim 72, **455**, 456
Mampong-Hochland 17, 252, 345, 372
Mampong/Ashanti **372**, 398
Mamprusi 403, 414
Mangan 78
Mangoase 460
Manhyia-Palast 354
Mankesim 279, 280, **286**, 287
Mankoadze 284

Mansa Kankan Musa 54
Mansa Moussa Keita 53
Masken 453
McCarthy, Sir Charles 62
Meduma 369
Meeresschildkröten 265, 267, 283, 329
Mensah, E.T. 121, 287
Mesomagor 301
Messingarbeiten 370
Metro Mass Transit 166
Mfuma 279
Mfuom 302
Miamia **332**
Mietwagen 169
Mills, Prof. Atta 69, 71
Mills, T. Hutton 63
Mim 144, **387**
Mina de Ouro 272
Minenbesichtigung 373
Missionare 61
Mobiltelefon 158
Mole-Dagbani 56, 83, 403
Mole-Nationalpark 32, 44, 402, 414, 417, 418
Monsun 22
Moree 278, 279
Moscheen 415, 421
Mossi 346
Mount Afadzato 463
Mount Djebobo 480
Mount Gami 469
Mpohor/Benso 117, 312
Mpraeso, -Amanfram 440, **450**, 451
Mücke 31, 139
Museum zur Sklavengeschichte 279
Musik 118, 404

N

Nachname 279
NAFAC 117
Nakpanduri 414
Nana Abass 369
Nana Opoku Ware II. 347
Nana Osei Tutu II 354
Nandom 424
Nania 433
Nankanse 427

Nanumba 403
Nasia 17, 402
Nationalmuseum 107, 211, 212
Nationalpark 37, P. Naturschutzgebiete 34
Naturräume P. 18
Navrongo 20, 105, 425, **431**, 432, 434
Nee-Owoo, Francis Kwartei 216, 217
NEOPLAN 166
New Akwidaa 328
New Debiso 42, 342
New Juaben 117
New Ningo 264
New Senchi 461
New Tafo 144, 440, 447
Newtown 338
Ningo 253, 263
Nkawie 369
Nkawkaw 440, **449**
Nkoranza 44, 117, 381, 382
Nkran 279
Nkroful 65, **335**
Nkrumah, Kwame 63, 65, 66, 71, 75, 335, 210,
Nkurakan 440, 443
Nkwanta 48, 464, 480
Nord-Ghana, Northern Region 15, 247, 399, 401, 405
Nordost-Ghana 15, 247, 401, **425**, P. 426
Nordwest-Ghana 15, 247, 401, **418**
Notfall 158, 161
Nsawam 441
Nsawkaw 392
Nsuatre 117, 382
Nsuta 78, 144, 340, 350, 376
Nsuta Waterfalls 444
Nterso 395
Ntonso 109, 117, 350, 369
Nyagbo 479
Nyanyano 148
Nzulezo **336**

O

Obo 379, **450**, 451
Obomeng 451
Obosabea-Steine 444

Obosomase 455
Obuasi 36, 76, 107, 144, 349, **372**
Obuom-Höhlen 444
Odehe Centre 148
Odumase 349
Odumasi 94
Offin 20, 277, 345, 375
Offinso 117, 350
Öffnungszeiten 155
Ofori Atta 88
Oframase 450
Oguaa 279, 289
Old Akwidaa 328
Old Ningo 264, 278
Omanhene 89
Oparebea-Schrein 96, 455
Organisation Afrikanischer Einheit (OAU) 66
Osei Kwamena 346
Osei Tutu 345
Osiem 449
Ost-Ghana 15, 247, **439**
Osu Castle 278
Oti 17, 20
Otumfuo Nana Osei Tutu II 347, 348
Ouagadougou 154
Owabi Wildlife Sanctuary 42, 374
Oyster Bay 304

P – Q

Padmore, George 213
Paga 80, 117, 425, **431**, 434
Palme, -Plantage 26, 78, 198, 312, 322, 327
PANAFEST 117, 207, 301
Pankrono 368
Parque National de Fazao-Malfacassa 48
Patakoro Shrine 96, 350
Pawnpaw River 444
Peki 117, 464
Perlenmacher 368
Pikworo Sklavenmarkt 433
Pito 198, 415
Plateau von Wa 19
Pokoasi 17
Pomadze 277

Posuban-Schrein 96, 277, 287, 288, 304
Pra 16, 20, 313, 345
Prampram 253, **263**
Prang 117, 382
Prempeh I. 88, 345
Prempeh II. 347
Prempeh II. Jubilee Museum 353
Prestea 36, 76, 107
Prince Brew 88
Prince's Town, Prisi 61, 117, 278, 279, **330**
Pru 17, 381
Pusiga 436

Quarcoe, Philip 98
Quarshie, Tetteh 455

R – S

Rassismus 86
Rawlings, Jerry John 68
Regenmengen, -zeit P. 21, 22
Regenwald 20, 24, 299
Regional Museum 428
Reiseagentur, -veranstalter 147, 223
Reiseapotheke 140, 145
Reiseversicherung 130
Restaurant 188
Rock Shrine 302
Roter Volta 20, 402
Rundfunk 162
Sagyamase 447
Sahel 19, 51, 402
Sakumo-Lagune 202
Saltpond 117, 279, 280, **286**, 287
Samory 420
Sampa 392
Sandema 117, 425
São Jago da Mina 272, 278, 304, 306
São Jorge da Mina 59, 272, 278, 303, 305
Savanne 17, 28
Sawla 96, 405, 417
Schmiedekunst 465
Schnitzkunst 107, 369
Schrein, Shrine 96, 349, 371, 430, 455

Schule 99, 292
Schwarzer Volta 19, 402, 415
Sefwi-Wiawso 342
Sekondi-Takoradi 74, 84, 116, 117, 278, 280, **314**, 315
Sene 17
Senya Beraku 116, 278, 279, **281**
Setordji, Kofi 216
Shai Hills Resource Reserve 38, 252
Shama 117, 278, 279, 312, **313**
Simpa 279
Sirigu 80, **425**, 435
Sklavenburg P. 60, 111, 272, 278
Sklavenhandel 273, P. 275, 291, 301
Sogakope 48, 268, **481**
Somanya 94, 116, 252, 440, 457
Songaw Lagoon 32, 33, 264
Songhay 54
Sonni Ali Ber 54
Souvenir, -markt 103, 183, 209
Sprache 97, 403
Stanley, H.M. 266
Stelzendorf 336
Straßenverkehr 169
Straußenfarm 302
Sundiata (der Löwe) 53
Sunyani 84, 381, **382**, P. 384
SWOPA Centre 435

T

Tafi Atome 80, 464, 470
Tafi-Atome-Affenschutzreservat 47, **470**
Tafo 23, 116
Tafo/Ash 350
Tagbo-Wasserfall 478
Takoradi 16, 40, 41, 144, **314**, 315, P. 319
Talensi 346
Talensi-Berge 430
Talensi-Nabdam-Distrikt 117
Tamale 22, 84, 172, 401, **405**, P. 409, 479
Tamale Port 415
Tanezrouft-Piste 153
Tankara Camp 423
Tanken 171

Tano 16, 20, 345, 381, 386, 390
Tano-Grotte 389
Tanoboase 80, 381, 389, 390
Tänze 119
Tarkwa 36, 42, 76, 107, 144, 312, **339**, P. 340
Taxi 168, 225
Techiman 44, 117, 381, 382, P. 388, 394
Tegbi 484
Telewona Camp 423
Tema 15, 74, 75, 144, 253, **259**
Temperatur 20, 202
Tengzug 80, 425, 430
Teshie-Nungua 148, 253, 256, 258, 278
Tetanus 140
Tini Waterfall 448
Togo 15, 154, 267, 485
Togo-Atakora-Berge 47
Tohogu 414
Tongo 96, 116, 425, **430**
Tono-Stausee 425, **431**, 432
Töpfer, -waren 368, 450
Torkor 452, 458, 464, **471**, 474
Trinkgeld 188
Trinkwasser 159
Tro-Tro 167, 224
Trockenzeit 23
Trommeln 119, 147
Tropeninstitute 138
Tropischer Wald 24
Tsatsadu-Kaskaden 466, 479
Tumu 46, 418, **424**
Tunka Maghan Ciss 52
Twi 56, 98, 377
Twifo Damang 144

U – V

Überlandbus 165
Umbrella Stone 444
Unabhängigkeitstag 115, 116
UNESCO 41, 272, 290, 304, 350, 371, 416
Universität 100, 293
University of Mines and Technology 340
University of Science and Technology 357
Upper East Region 15, 247, 401, **425**, P. 426
Upper West Region 15, 247, 401, **418**
Ussher Fort 204, 273, 278
Vane 468, 470
Ve-Koluenu 465
Vegetationszonen P. 34
Verfassung 68
Victoria Beach 317
Visum 132, 251
Volta 15, 17, 19, 345, 471, 481
Volta Lake Transport Co. 172
Volta Region 15, 247, P. 462
Volta River Authority 172, 457
Volta-Staudamm 20, 75, 259
Voltamündung 32, 33, 262
Voltasee 19, 171, 172, 397, 457
Vorwahlnummern 157

W

Wa 84, 401, 418, **420**, P. 423
Wahabu 424
Währung 130
Walewale 116, 405
Wassa Domama 80, 302, 312
Wassa-Akropong 116, 312, 342
Wasserfall 375, 391, 397, 414, 439, 443, 444, 448, 449, 451, 455, 469, 470, 476, 478

Weber 370, 412
Wechiau Hippo Sanctuary 46, 80, 418, **422**
Wechselkurs 131, 155, 156
Weihnachten 118
Weija-See 202
Weißer Volta 20, 402, 426
Wenchi 17, 43, 117, 382, **391**, 392
West-Ghana, Western Region 15, 247, 311
Widnaba 80, 425, **435**
Williams, Eric 65
Winneba 116, 148, 277, 279, 280, **282**, P. 284
Winneba Junction 283, 285
Wli-Wasserfall 47, 48, 464, 476
Woe 464, 484
Wohnhöhlen 395
Wonoo 370
WWF 41

X – Y – Z

Xavi-Vogelschutzreservat 48, 80, 482, 464
Yaa Asantewaa 90
Yabraso 381
Yapei 172, 415
Yassin, Abdullah Ibn 52
Yatenga-Hochebene 20
Yeji 172, 381, **397,** 458
Yenahin 77
Yendi 58, 405, 408, **413,** 480
Yilo-Krobo 116
Yoyo Forest Reserve 41
Zebila 427
Zentral Region 15, 271
Zentralmarkt 355, 366
Ziope 468
Zoll 135, 151
Zoo 357

Afrika Service Agentur

Jojo Cobbinah
Ihr Spezialist für Westafrika

- Umfassende, kostengünstige Beratung zu allen Fragen zu Westafrika
- Landeskundliche Schulungen
- Sprachtraining & Übersetzungsdienst
- Flugtickets für Ghana und weltweit
- Reisebuchungen – kompetent und zuverlässig
- Organisation von Rundreisen
- Buchung von Unterkünften in ganz Westafrika

Afrika Service Agentur
Am Grün 28 • D-35037 Marburg • Tel & Fax: 06421/308777 (Mo – Fr 8 – 18 h)
info@afrika-service-agentur.com • www.afrika-service-agentur.com

Erik Hinz
Bildjournalismus & Fotodesign

www.hinz-foto.de
erik@hinz-foto.de

REISESERVICE SACCO
Bringing people together.®

REISESERVICE SACCO –
MARKTFÜHRER FÜR WEST AFRIKA

Wir sprechen deutsch, englisch, französisch,
italienisch, portugiesisch und spanisch.
Unser Telefon-Service-Center ist für Sie da von
Montag bis Freitag 9.00 bis 12.30 Uhr und
13.30 bis 18 Uhr, Samstag 9.00 bis 12.30 Uhr.
Wir bieten pausenlos schnellen und zuverlässigen
Reiseservice – für Anfragen und Direkt-Buchungen.

Mehr Informationen unter: **www.africafly.de**

Reiseservice Sacco
Münchenerstrasse 27 (2 Stock) 83022 Rosenheim
Telefon 08031.188 90 Telefax 08031.1889 18
e-mail: info@reiseservice-sacco.de

Bringing people together.®

WEST AFRICAN
RESCUE ASSOCIATION
You have a travel insurance policy,
but who is providing the first class medical support you need in Ghana?
The best medical service for our members only!
Sign up now!
WWW.WESTAFRICAN-RESCUE.COM

pmv PETER MEYER VERLAG

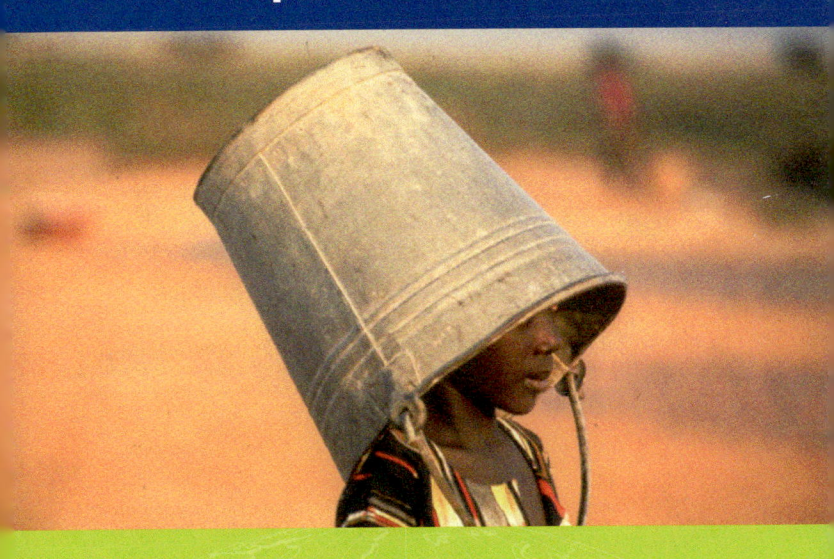

pmv: Reiseführer mit Herz und Verstand
Reisen? Aber natürlich!

Als Individualist sprühen Sie vor Wanderlust und Tatendrang. Damit bei all den Touren und Aktivitäten die Natur nicht auf der Strecke bleibt, sind die Vorschläge in diesem Reiseführer sorgfältig ausgesucht. Buch und Karte wurden möglichst umweltschonend hergestellt, nämlich auf ökologisch korrektem FSC-Papier. Da bei der Produktion das Entstehen von CO_2 unvermeidlich ist, unterstützt der Peter Meyer Verlag mit einer Ausgleichszahlung klimafreundliche Projekte. Klimaneutrales Handeln gehört zu unserer Verantwortung – damit Sie Ihren Tatendrang auch in Zukunft in intakter Natur ausleben können.

Wenn auch Sie klimabewusst reisen möchten, können Sie unter www.atmosfair.de für Ausgleichsprojekte spenden. Mehr über das Umwelt-Engagement des Verlages und seiner Partner unter www.PeterMeyerVerlag.de

Anderen Kulturen offen begegnen,
die Natur intensiv erleben: **pmv**

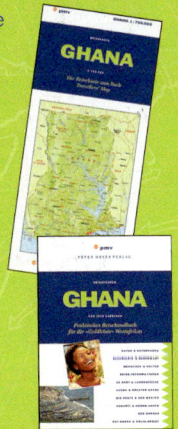

klimaneutral

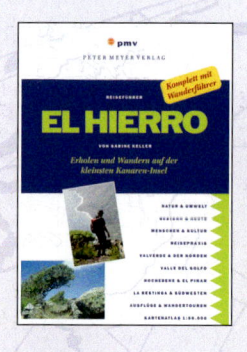

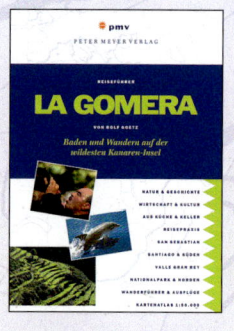

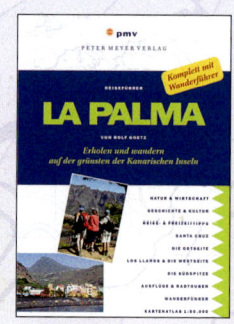

EL HIERRO
Erholen und Wandern auf der kleinsten Kanaren-Insel
Sabine Keller

Natur & Ruhe pur – der ideale Führer für Naturfreunde. Eine Insel-Insiderin führt kompetent und einfühlsam über das wildromantische Eiland – mit Auto, Mountainbike und vor allem wandernd. Hervorragend der detaillierte Wanderführer mit flächendeckender Inselkarte im idealen Wandermaßstab 1:50.000. Und natürlich alle Unterkünfte, Restaurants und Kneipen.

»Keine bisherige Publikation reicht auch nur annähernd an die Informationsdichte- und -fülle heran …«
Institutum Canarium

978-3-89859-147-8
320 Seiten; 19,95 Euro

LA GOMERA
Baden und Wandern auf der wildesten Kanaren-Insel
Rolf Goetz

Gomera – das Eiland für Aktive und Genießer jeden Alters. Die uralte Vulkanlandschaft ist ein Paradies für Wanderer. Detaillierte Infos zu Land und Leuten, reisepraktische Tipps und die schönsten Wanderrouten, Strände und Ausflüge, Essen und Trinken – stets topaktuell und mit hervorragenden Wanderkarten und Ortsplänen.

»Pflichtlektüre für Kanaren-Urlauber.«
Reise & Preise

ISBN 3-89859-142-5
320 Seiten; 18,95 Euro

Alle pmv-Inselführer mit komplettem Wanderführer und Wanderkarten 1:50.000!

LA PALMA
Erholen und wandern auf der grünsten der Kanarischen Inseln
Rolf Goetz

Dieses Buch führt Sie kundig durch das Naturwunder La Palma. Der Autor – intimer Kenner der Kanaren – zeigt Ihnen in 20 Wandertouren und detaillierten Farbkarten »wo's lang geht«. Topaktuelle Tipps zu Anreise, Unterkunft, Ausflügen und Aktivitäten: Radfahren, Schwimmen, Sonnenbaden, Bummeln und natürlich gut Essen und Trinken.

»Das Buch ist für jeden Fan der Kanarischen Inseln ein Ereignis.« Hola España

ISBN 3-89859-141-7
320 Seiten; 19,95 Euro

Aktuelle Informationen im Internet unter
www.PeterMeyerverlag.de

COSTA BLANCA
Reisehandbuch und Ausflugsführer für Strand- und Aktivurlaub
Axel Tiedemann

Baden an Sandstränden oder unter schroffen Klippen, Stadtbummel durch das mediterrane Alicante, Wandern in bizarren Berglandschaften und im größten Palmenwald Europas, Highlife in Benidorm und ausgelassene Fiestas im Hinterland der Weißen Küste der Povinz Alicante – vorgestellt in Texten, die Freude machen beim Lesen.

»… zeigt, wo die Costa Blanca noch spanisch ist.«
Kontakt

ISBN 3-89859-132-8
384 Seiten; 16,95 Euro

▶ **JETZT**
rund 50 weitere Titel lieferbar! Verlagsprospekt
www.PeterMeyerVerlag.de
bestellen. **Am besten jetzt.**

ITALIEN AUTOFREI
Venedig, Cinque Terre, Capri und andere autofreie Urlaubsorte
Stefan & Sumeeta Hasenbichler, Gerald Majer, Claudia Willner

Italienurlaub ohne Abgasgestank und Motorenlärm? Was zunächst paradox erscheint, ist mit »Italien autofrei« tatsächlich möglich: Die Autoren, bekehrte Verkehrsteilnehmer, haben sämtliche zu 100 % autofreie Urlaubsorte in Italien zusammengetragen. Kulturgeschichtliche Hintergrundinformationen sowie praktische Angaben natürlich auch zur autofreien Anfahrt bieten bewährte pmv-Qualität.

3-89859-152-2
256 Seiten; 18,95 Euro

POLEN: OSTSEE UND MASUREN
Strände, Städte & Natur – Aktivurlaub in Nordpolen
Wolfgang Kling, Grazyna Kling

Von echten Insidern für sportlich Aktive, für Familien und Kulturbewusste, aktuell und vielseitig: Die ganze Küste und ihr Hinterland von Pommern bis zum Naturpark Masuren. Städte, Sehenswürdigkeiten und Burgen sowie Rad- und Wandertouren in herrlicher Natur, Schiffs- und Paddeltouren auf idyllischen Seen und Flüssen.

»Anschaulich und kompakt schildert das deutsch-polnische Autorenpaar Geographie, Geschichte und Gegenwart Nordpolens […] viel Detailwissen.«
FAZ – Frankfurter Allgemeine Zeitung

ISBN 3-89859-139-5
416 Seiten; 19,95 Euro

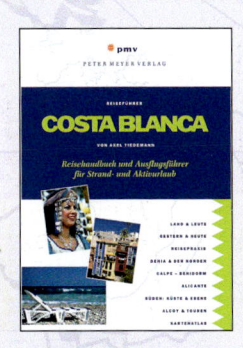

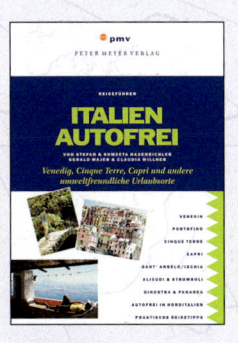

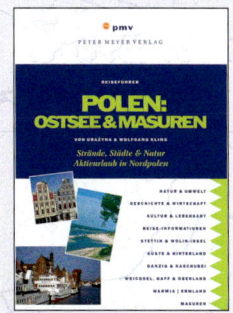

pmv PETER MEYER VERLAG

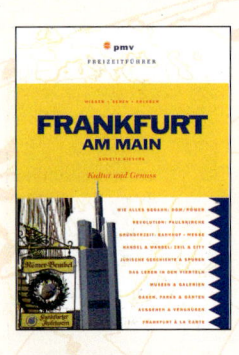

FRANKFURT AM MAIN
Kultur & Genuss
Annette Sievers

Wussten Sie, dass in Frankfurt bald wieder ein Fürstenpalais stehen wird? Dass dort immer noch kräftig gejazzt und gejammt wird? Und wie die Mainmetropole überhaupt zu ihrem Namen kam? All dies und noch viel mehr finden Sie, hintergründig und ansprechend aufbereitet, im aktuellen pmv-Stadtführer »Frankfurt am Main: Kultur & Genuss für Einheimische und Besucher«.

»Machen wir es kurz: Selten habe ich einen so guten, einen so informativen Reiseführer gelesen.«
hr-Info

»Wunderbar! Empfehlenswert!«
www.amazon.de

ISBN 978-3-89859-125-6
416 Seiten; 16,95 Euro

BERLIN UND UMGEBUNG MIT KINDERN
1001 Aktivitäten und Ausflüge mit S & U
Ina Kalanpé

Und wieder heißt es: »Vor die Haustür, fertig – los!« Mit dieser vielfältigen Auswahl an Ausflügen und Aktivitäten sowie den umfassenden praktischen Informationen können Familien mit Kindern zwischen 3 und 13 Jahren jederzeit auch spontan je nach Lust und Wetter aufbrechen.

»Mit diesem Buch im Gepäck haben Eltern mit Kindern – in Deutschland unterwegs – leichtes Spiel. Nutzt man die Ideen und Tipps, dürften die Quengeleien gegen null tendieren.«
DER TAGESSPIEGEL

ISBN 3-89859-421-1
320 Seiten; 14,95 Euro

Die pmv Reihe »... mit Kindern« wurde 2007, 2008 und 2009 mit dem ITB BuchAward prämiert.

KÖLN, BONN UND DAS SÜDLICHE RHEINLAND
Kultur & Genuss
Christine Peter, Wolfgang Michel

Für Reisende und Einheimische, die Sinn für Kultur und Genuss haben und sich von zahlreichen Ausflugs-, Wander- und Kulturtipps nach Köln, Bonn und in das Rheinland entführen lassen wollen: Der pmv-Freizeitführer bietet eine sorgfältig recherchierte Auswahl an Sehenswürdigkeiten, regional-kulturellen Informationen, Ausflugslokalen, Ferienadressen und vielem mehr. Da wird der Geheimtipp zum Highlight und umgekehrt!

»... mehr als Baedeker-Gelehrsamkeit.«
Frankfurter Rundschau

ISBN 978-3-89859-148-5
256 Seiten; 14,95 Euro

WELTWEIT GRÖSSTE REISEMESSE
1. Platz
»Reisen mit Kindern«
ITB BuchAward 2009

Aktuelle Informationen im Internet unter www.PeterMeyerverlag.de

RHEINLAND MIT KINDERN
Über 500 Aktivitäten und Ausflüge bei jedem Wetter

Ingrid Retterath

Für spontane Ausflüge gründlich recherchiert: Der neue pmv-Freizeitführer »Rheinland mit Kindern« bietet rund 500 Ausflüge und Aktivitäten für kleine Naturfreunde und Kulturfans inklusive Preisen, Öffnungszeiten und Anfahrtsbeschreibung. Ob Schwimmbad, Radtour oder Museum, hier findet jedes Familienmitglied schnell seinen Lieblingstipp.

»500 Ideen, sich die freie Zeit zu vertreiben.« Kölner Stadt-Anzeiger

»Das Buch hat das klassische Jackentaschenformat und ist damit ausgesprochen benutzerfreundlich. Vor dem Ausflug einstecken, fertig.«
Neuß-Grevenbroicher Zeitung

ISBN 978-3-89859-409-7
320 Seiten; 14,95 Euro

EIFEL: MEHRTAGESTOUREN
Die 10 schönsten Streckenwanderungen mit leichtem Gepäck

Mathieu Klos

10 Streckenwanderungen in der Eifel und den Ardennen, 28 Etappen, 684 Kilometer und rund 17.000 Höhenmeter: Da ist für Genuss- wie auch sportliche Wanderer garantiert die richtige Tour dabei.

»Eifelfreunde und Trekkingfans haben auf dieses Buch gewartet. ›Du musst wandern‹ – mit diesem Buch bestimmt!«
www.eifeltour.de

»Adresshinweise helfen bei der Suche nach Tisch und Bett. Und die bunten Bilder zeigen, wo Deutschland am grünsten ist.« DIE ZEIT

ISBN 3-89859-309-6
192 Seiten; 14,95 Euro

AUSFLÜGE MIT GENUSS: RHEINGAU, RHEINHESSEN
Wandern • Radeln • Einkehren
pmv/FR

Ausfliegen und Genießen je nach Lust und Laune, Wind und Wetter, Zeit und Kondition: Man nehme 18 Tourenvorschläge, füge 26 Einkehrtipps hinzu und würze das Ganze mit praktischen Informationen, aussagekräftigen Bildern und detaillierten Karten – heraus kommt der pmv-Freizeitführer »Ausflüge mit Genuss – Rheingau & Rheinhessen«!

»Ein praxisnah geschriebenes Buch, das Lust auf Entdeckungstouren in dieser landschaftlich schönen Region macht.«
Eßlinger Zeitung

ISBN 3-89859-302-9
128 Seiten; 14,95 Euro

pmv PETER MEYER VERLAG

Symbol	Bedeutung	Symbol	Bedeutung	Symbol	Bedeutung
❶	Touristen-Information	⌂	Hotel, Unterkunft		Fort, Burg
↻	Reisebüro	🚌	Busplatz, Haltestelle		Turm
✈	Flugbüro, Fluggesellschaft	🚐	Tro-Tros, Lorry Station		Leuchtturm
✚	Polizei / Konsulat	🚖	Taxistandplatz		Sender
✉	Post, Kurierdienst	🚗	Mietwagenfirma		Industrie
☎	Telefon / @ Internet	⛴	Autofähre / Boot		Sportstätte
€	Bank, Wechselstube	✈	Flughafen, Flugfeld		Fahrradverleih
✚	Krankenhaus	⚓	Hafen		Strand, Badestelle
	Kaufhaus, Laden, Markt		Tankstelle		Wasserfall
	Buchhandlung, Bibliothek	P	Parkplatz		Staudamm
M	Museum	⊖	Grenzübergang		Höhle
K	Kino / T Theater	✝	Kirche	278 ▲	Gipfelhöhe in m
✗	Restaurant		Moschee		Ausblick
	Bar, Café, Kneipe	✝	Friedhof	✳	Natursehenswürdigkeit
♪	Kulturzentrum, Musiklokal	♦	Denkmal / Ruine		

© pmv PETER MEYER VERLAG

KARTENVERZEICHNIS

Aburi 453
Accra: Airport & Cantonments 496
Accra: Downtown 492
Accra: Osu & Ringway Estate 494
Akosombo & Umgebung 461
Ashanti & Eastern Region 344
Bolgatanga 429
Brong-Ahafo 380
Busua 327
Cape Coast Centre 297
Cape Coast, Übersicht 295
Central Region & Küste 488
Elmina & Elmina Beach 306
Ethnische Gliederung 57
Greater Accra 490
Ho 467
Hohoe 474
Koforidua 446
Kumasi: Übersicht 358
Kumasi: Zentrum & Adum 359
Naturräume 18
Mittelalterliche Großreiche 53
Regenmengen pro Jahr 21
Schnitt durch den Westen Ghanas 19
Sklavenburgen in Ghana 60
Sklavenhandel – Die Routen im 17. und 18. Jh. 273
Sunyani 384
Takoradi 319
Tamale 409
Tarkwa 340
Techiman 388
Upper East Region 426
Vegetationszonen & Naturschutzgebiete 34
Volta Delta 481
Volta Region 462
Wa 422
Western Region & Küste 488
Winneba 284

☀ **pmv MAP**, Ghana 1:750.000, 65 x 90 cm: Höhenschichten und -linien in m, Landschaften, Naturschutzgebiete, Verkehrsnetz, Sehenswürdigkeiten, Verwaltungsgrenzen, vor Ort abgeglichene Straßenzustände und Ortsnamen. Vom Autor und Verlag dieses Buches, auf die Reisepraxis abgestimmt. Die ideale Ergänzung. 19,95 €, www.PeterMeyerVerlag.de.